文华
化华
PUHUA BOOKS

我
们
一
起
解
决
问
题

亲密关系

从婚姻到家庭

第 5 版

布莱恩·K. 威廉姆斯（Brian K. Williams）

[美] 斯泰西·C. 索耶（Stacey C. Sawyer）　　著

卡尔·M. 瓦尔斯特伦（Carl M. Wahlstrom）

张俊杰　王恩娜　刘笑笑　译

MARRIAGES, FAMILIES AND
INTIMATE RELATIONSHIPS
FIFTH EDITION

人民邮电出版社

北　京

图书在版编目（CIP）数据

亲密关系：从婚姻到家庭：第5版／（美）布莱恩·K.威廉姆斯（Brian K. Williams），（美）斯泰西·C.索耶（Stacey C. Sawyer），（美）卡尔·M.瓦尔斯特伦（Carl M. Wahlstrom）著；张俊杰，王恩娜，刘笑笑译. -- 北京：人民邮电出版社，2023.5（2023.6重印）
ISBN 978-7-115-61155-0

Ⅰ. ①亲… Ⅱ. ①布… ②斯… ③卡… ④张… ⑤王… ⑥刘… Ⅲ. ①婚姻－家庭关系－通俗读物 Ⅳ. ①C913.13-49

中国国家版本馆CIP数据核字(2023)第035721号

内 容 提 要

爱情分为几种类型？男人和女人的角色发生了哪些变化？原生家庭在个体择偶的过程中发挥了怎样的作用？在当今日新月异的现实生活里我们还能找到自己的灵魂伴侣吗？在不可预测的经济环境、全球化、智能化及无处不在的媒体的影响下，我们怎样才能找到合适的伴侣并且与其建立长期、稳定、优质的亲密关系呢？

本书是一部从心理学和社会学角度，介绍婚姻、家庭与亲密关系的系统、全面的经典作品。本书作者结合全新研究和实例，运用多种研究方法，深刻地剖析了婚姻、家庭、亲密关系的本质及其相互影响。本书旨在为读者提供更加全面地理解亲密关系的新视角，帮助读者建立起关于爱情、婚姻、家庭、子女养育、工作、压力等多个方面的正确认知，从而获得更加稳固和长久的亲密关系。

本书适合高校心理学、社会学专业的师生，社会工作、心理咨询领域的从业者，以及希望了解和改善亲密关系的读者阅读。

◆ 著　　[美]布莱恩·K. 威廉姆斯（Brian K. Williams）
　　　　[美]斯泰西·C. 索耶（Stacey C. Sawyer）
　　　　[美]卡尔·M. 瓦尔斯特伦（Carl M. Wahlstrom）
　　译　　张俊杰　王恩娜　刘笑笑
　　责任编辑　曹延延
　　责任印制　彭志环
◆ 人民邮电出版社出版发行　　北京市丰台区成寿寺路11号
　　邮编 100164　电子邮件 315@ptpress.com.cn
　　网址 https://www.ptpress.com.cn
　　天津翔远印刷有限公司印刷
◆ 开本：787×1092　1/16
　　印张：29　　　　　　　　　2023年5月第1版
　　字数：800千字　　　　　　2023年6月天津第2次印刷
　　著作权合同登记号　图字：01-2020-7502 号

定　价：138.00 元
读者服务热线：（010）81055656　印装质量热线：（010）81055316
反盗版热线：（010）81055315
广告经营许可证：京东市监广登字20170147号

赞誉

（按姓氏拼音顺序排列）

炽热的爱情、温暖的家庭和亲密关系牵动着我们的幸福。个体在家庭中发展，家庭随着社会而变迁。心理学家对恋爱、婚姻、家庭进行了大量研究，本书作者对其进行了精准提炼。本书内容生动、贴近生活、可读性强。我相信本书能为读者在理解和建立亲密关系的过程中带来很多启发。

——陈祉妍

中国科学院心理研究所教授

亲密关系是人类的永恒话题，是幸福感的根本来源。本书立足爱情、婚姻、生育、老龄化等人生议题，基于科学的理论和研究数据，勾勒出了一幅关于婚姻与家庭的全景图。本书内容丰富、可读性强，能够帮助读者更好地认识婚姻与家庭的组成与发展过程，构建优质的亲密关系。

——蔺秀云

北京师范大学心理学系教授

我们往往需要用一生的时间去探索亲密关系这一重要人生课题。经由此书，读者将从全新的视角看待从选择伴侣到与伴侣组建家庭，以及为人父母等过程，从而更好地与伴侣在情感上相互联结，在亲密关系中收获幸福。

——孟馥

中国心理学会临床心理学注册工作委员会委员

《亲密关系》（第 5 版）一书不仅为读者梳理了关于亲密关系的重要概念和洞见，而且介绍了在当下环境中每个人都需要了解的问题，如工作对亲密关系的影响，如何应对压力、危机和暴力，以及处理离婚和再婚问题等，是一部值得反复阅读的著作。

——苏彦捷

中国心理学会理事长、北京大学教授、博士生导师

在复杂的世界中寻找和建立亲密关系，是每个人的课题。《亲密关系》（第 5 版）一书用"近距离观察"，通过对社会学的结构、功能、冲突和符号互动理论建立起批判性思维，能帮助读者具有反思性地学习爱的能力。

——佟新

北京大学社会学系教授、北京大学中国工人与劳动研究中心主任

《亲密关系》（第 5 版）是一本实用性与可读性俱佳的亲密关系科普读物。相信在阅读本书后，读者能在爱情、择偶、婚姻、家庭、育儿、工作、压力、两性沟通等方面建立全新的认知，从而更深刻和全面地理解和感悟亲密关系的真谛。

——伍新春

北京师范大学心理学系教授

近些年来，婚姻与家庭治疗在我国的心理学服务体系中逐渐流行起来，但采用的理论和方法大多是从西方引进的，分支众多、理论庞杂。

本书的内容全面且系统，是西方心理学者撰写的一本关于婚姻与家庭主题的集大成者。在本书中，作者结合互联网时代的背景和实例，汇集了全新研究和实践成果，能帮助读者深入了解婚姻与家庭的知识，并学会如何助人、自助以及圆满自己的人生。无论你从事何种职业，本书一定会帮助你在婚姻与家庭生活中收获远超你阅读本书之前所能体验到的幸福。

——张建新

中国社会心理学会原理事长、中国科学院心理研究所研究员

致敬

我将本书献给我的父母亲——哈里·A. 威廉姆斯（Harry A.Williams）和格特鲁德·S. 威廉姆斯（Gertrude S.Williams），感谢他们给我留下的宝贵回忆；也献给我的孩子和他们的配偶，还有我的孙子孙女们，他们是在帕洛阿尔托的柯克、朱莉娅、尼古拉斯、莉莉和在奥克兰的西尔维亚、斯科特和阿提克斯，我希望他们可以在阅读本书的过程中有所收获。

——布莱恩·K. 威廉姆斯

我将本书献给彼得，我们作为一家人相处的时间太短了。

——斯泰西·C. 索耶

感谢我的妻子和最好的朋友南希·J. 瓦尔斯特伦（Nancy J. Wahlstrom）。感谢你的爱、支持与鼓励。

——卡尔·M. 瓦尔斯特伦

在当下这个复杂的世界里，人们还能在亲密关系中收获幸福吗？在不可预测的经济趋势、全球化、智能化，以及无处不在的媒体等对现代生活和我们的期望施加了巨大影响的背景下，我们是否可以通过学习一些专业知识建立持久的人际关系？

《亲密关系：从婚姻到家庭》（第 5 版）不仅讨论了社会科学领域中有关亲密关系的基本概念和洞见，而且能帮助读者获得他们感兴趣的、有用的信息，并回答对他们来说非常重要的问题。我们试图通过整合我们的优势撰写出一本基于研究且具有高度可读性与实用性的，关于亲密关系、家庭和个人幸福的著作，以吸引当今容易分心、以视觉信息为导向的读者。

浏览一下目录你就会发现，本书涵盖了大多数读者所期待的亲密关系方面的主题和原则：性别、爱情、婚姻、性行为、养育等。此外，我们还介绍了当今读者需要了解的问题：非婚家庭和住户；工作对亲密关系的影响；如何管理压力、危机和暴力以及处理离婚和再婚问题。

除此之外，我们认为本书还具有 4 个关键特征：

- 强调实用性；
- 强调可读性；
- 以读者为中心的学习方法；
- 强调时代性。

1. 强调实用性：重要主题和特点

我们希望本书尽可能地对读者有用且有意义。因此，我们不仅介绍了关于亲密关系的基本概念和最新研究，而且提供了大量的实用建议，这些建议是读者试图通过互联网和社交网络，或者从他们的朋友、老师及报纸和杂志中获取的。这些建议不仅出现在正文中，而且体现在以下几个方面。

- **大众文化、媒体和技术**　该版块常出现在每章开头，主要通过展示我们从电视、流行音乐、互联网、广告中接收到的关于亲密关系的、常常有误导作用的信息，帮助读者区分事实和迷思。
- **重要数据**　该版块提供了具有挑战性的统计数据，有助于读者关注关于婚姻、家庭和亲密关系的重要数据。我们使用的统计数据指出了种族、民族、性别、社会阶层和年龄等多方面的显著差异。
- **实际行动**　该版块通常在每章至少出现一次，提供了具体的建议，读者会发现这些建议对他们的个人生活和工作是有益的。
- **实例**　该版块用真实例子来说明书中的关键点。

2. 强调可读性：帮助读者记住信息

研究表明，以富有想象力和通俗易懂的风格编写的教科书可以显著提升读者记住相关信息的能力。所以，我们尽可能详尽地列出了标题并将其当作帮助读者前进的路标，并使用编号和弹出式列表，以形成精细的知识体系。除了以小模块的形式呈现信息外，我们还采用了一些新闻报道的方法，包括大量的例子、丰富多彩的事实等，以使内容尽可能有趣。

此外，为了帮助读者了解重要术语的含义，在正文中，我们将每个关键术语加粗，而且注明了英文原文。

3. 以读者为中心的学习方法

本书使用了在视觉上有吸引力的、类似杂志的版面设计风格，以帮助读者有目的地阅读。

在每章开头，我们都通过呈现关于大众文化、媒体和技术的开篇讨论引出主题，接着，我们将继续使用以下这些教学方法。

- 在每一章的开头，我们都给出了旨在激起读者兴趣、激发读者积极性的"核心内容"。
- "本章导读"提供了本章将要介绍的主要内容。
- 在学习目标之后，每章各个部分的开头都有"概述"，主要介绍了读者即将阅读的每个部分的主要内容。
- 批判性思维问题贯穿始终，目的是鼓励读者积极地进行反思。
- 每一章中的关键术语都会在章末再次出现，以便读者随时参考。
- "总结与回顾"重新为读者梳理了学习目标，以及最重要的概念。

4. 强调时代性：第5版的新内容

我们对本书第5版所做的最重要的修订部分是全面更新了引文部分，以便介绍最新的研究成果。因此，我们在修订第 5 版时下了很大功夫，并且纳入了反映 2016 年至 2018 年相关主题研究结果的统计数据。我们也参考了很多最近的研究。

我们在第 2 章中对 8 种主要的社会学理论进行了全面的讨论。然后，我们展示了如何将最重要的 3 种理论——结构 - 功能、冲突和符号互动——应用于其余每一章，如性别、婚姻、生育、为人父母、工作和离婚等。

最后，我们完善了实例等相关内容，我们称之为"近距离观察"，以便它们能在教学中发挥更重要的作用。

致谢

感谢以下审稿人对本书的贡献：弗吉尼亚联邦大学的戴安娜·库钦（Diana Cutchin），杰克逊州立大学的康桑德拉·麦克尼尔（ConSandra McNeil），峡谷学院的谢尔顿·赫芬（Sheldon Helfing），米德尔塞克斯社区学院的约翰·阿贝格（John Ambenge），东密西西比州社区学院的杰里·戴维斯（Jerry Davis），佐治亚州立大学的苏珊·科迪（Susan Cody），科皮亚林肯社区学院的基思·斯托瓦尔（Keith Stovall），桥港大学的帕特里夏·索耶（Patricia Sawyer），库亚和加社区学院的蒂雅妮·里德（Tiffanie Reed）。

感谢以下审稿人对本书第 4 版的贡献：卡托巴山谷社区学院的博比·布兰农（Bobbie Brannon），哈钦森社区学院的克莱尔·卡尔森（Clare Carlson），杜佩奇学院的沙欣·乔杜里（Shaheen Chowdhury），宾夕法尼亚州立大学的大卫·伊格贝恩（David Eggebeen），爱荷华州西部社区学院的斯蒂芬·格伦农（Stephen Glennon），蒙特克莱尔州立大学林达尔·考（Lyndal Khaw），北卡罗来纳大学威尔明顿分校的戴安娜·列维（Diane E. Levy），鞍峰学院的妮可·梅杰（Nicole Major），巴特勒社区学院的丹·穆赫维齐（Dan Muhwezi），奥克兰社区学院的艾琳·斯沃德洛 - 弗里德（Irene Swerdlow-Freed），乔治亚州立大学的詹鹤英（Heying Zhan）。

感谢以下审稿人对本书第 3 版的贡献：北得克萨斯州大学的阿米·莫尔（Ami Moore），鞍峰学院的妮可·洛夫图斯（Nicole Loftus），巴特勒社区学院的丹·穆赫维齐（Dan Muhwezi）。此外，我们非常感谢以下审稿人对本书第 2 版的贡献：卡托巴山谷社区学院的博比·布兰农（Bobbie Brannon）；科森尼斯河学院的德瓦·乔普克（Deva Chopyak），爱荷华州西部社区学院的斯蒂芬·格伦农（Stephen Glennon），巴特勒社区学院的丹·穆赫维齐（Dan Muhwezi），纽约州立大学普拉特斯堡分校的杰奎琳·厄特尔（Jacqueline Oertel）和萨福克郡社区学院的冯多拉·威尔逊 - 科尔岑（Vondora Wilson-Corzen）。

最后，我们要感谢以下审稿人对本书的第 1 版做出的贡献：加利福尼亚州立大学斯坦尼斯洛斯分校的菲尼斯·巴特拉姆（Phyliss Bartram），库亚马卡学院的 A. 特蕾西·博茨（A.Therese Botz），爱迪生社区学院的凯瑟琳·克里夫顿（Katherine Clifton），弗吉尼亚联邦大学的戴安娜·盖伊·卡钦（Diana Gay Cutchin），萨金特雷诺兹社区学院的盖尔·丹德烈亚（Gayle D'Andrea），波特兰州立大学的丽莎·迪宁（Lisa Deneen），得克萨斯理工大学的夏洛特·邓纳姆（Charlotte Dunham），林肯大学的弗里达·福勒（Frieda Fowler），加利福尼亚州立大学洛杉矶分校的里克·弗雷泽（Rick Fraser），洛杉矶皮尔斯学院的菲尔·吉列（Phil Gillette），费耶特维尔技术社区学院的乔治·W. 格兰恩（George W. Glann），诺曼戴尔社区学院的琳达·L. 格林（Linda L. Green），西肯塔基大学的比尔·C. 格林沃特（Bill C. Greenwalt），卡斯帕学院的查德·汉森（Chad Hanson），得克萨斯卫斯理大学的莎拉·霍斯福尔（Sara Horsfall），圣菲社区学院的吉恩·豪斯（Gene House），卡姆登郡学院的万达·卡卢扎（Wanda Kaluza），切萨皮克学院的让 - 路易斯·马尚（Jean-Louis Marchand），埃尔斯沃斯社区学院的利兹·马修斯（Liz Matthews），佐治亚南方大学的特伦特·毛雷尔（Trent Maurer），皇后学院的朴高民（Pyong Gap Min），大急流城社区学院的帕特里夏·A. 米萨德（Patricia A. Missad），杜佩奇学院的克里斯汀·A. 蒙尼尔（Christine A. Monnier），拿骚社区学院的詹姆斯·E. 波罗（James E. Polo），托马斯·纳尔逊社区学院的玛格丽特·E. 普雷布尔（Margaret E. Preble），南内华达社区学院的约翰·C. 普尔弗（John C. Pulver），米德尔塞克斯社区学院的帕特里夏·索耶（Patricia Sawyer），圣达菲社区学院的肯尼斯·L. 斯迈利（Kenneth L. Smylie），圣菲利普斯学院的蕾妮·S. 托兰（Renee S.Torain）和佛罗里达大西洋大学的张乃华（Naihua Zhang）。

本书的封面上只有三个人的名字，但是其他几十个人也对本书的出版做出了重要贡献。我们要感谢培生的工作人员：执行投资组经理杰夫·马歇尔（Jeff Marshall）和内容制作人玛丽·多诺万（Mary Donovan）。我们还要感谢 Ohlinger 工作室的布鲁克·威尔逊（Brooke Wilson）和梅根·维图奇（Megan Vertucci），以及 SPi Global 公司的穆罕默德·沙胡尔·哈米德（Mohamed Shahul Hameed）所做的出色、细致的工作。此外，我们还要感谢 Lumina Datamatics 有限公司的阿卜杜勒·卡德尔（Abdul Khader），伊莱恩·科斯塔（Elaine Kosta）和克里斯蒂娜·卑尔根（Krystyna Bergen）的贡献。最后，还要感谢来自杰纳西社区学院的社会学系助理教授苏珊·德雷克塞尔（Susan Drexel）和社会学名誉教授鲁思·安第斯（Ruth Andes）。

目录

03 第3章
性别：男性和女性的意义 / 057

09 第 9 章
变化：非传统的家庭 / 213

10 第 10 章
生育：有关是否生孩子的决定 / 249

13 第 13 章
危机：应对压力、危机、暴力和虐待 / 329

第 1 章

寻找：在复杂的
世界中寻找亲密关系

核心内容

1.1 爱情和人际关系如何影响个人幸福

1.2 家庭的组成部分、类型和益处

1.3 影响家庭生活的强大力量

本章导读

每个人都在追寻幸福，这是本章首先论及的主题。其次，我们将考察婚姻和家庭的组成部分。最后，我们将描述家庭的有益之处，以及正在改变家庭现状的经济情况和人口趋势。

大众文化、媒体和技术

我们追求的是什么

莎拉，我对你的爱永无止境，就好像有一条结实的锁链将我牢牢系住。但对祖国的热爱似一阵强风，将我和这条锁链一起吹向战场。

此刻，和你一起度过的所有幸福时光的记忆，如潮水般涌上心头，我为拥有许多那样的日子而感激你，要让我忘掉这些记忆、让我抛却未来的希望是不可能的。希望我们将来能够恩爱地生活在一起，看着咱们的儿子在身边长大成人。

我知道，对于命运，我知之甚少，但我听到有人向我耳语……我将安然无恙地回到我所爱的人身边。如果我没有回去，我亲爱的莎拉，请不要忘记我有多爱你。战场上的我即使还剩最后一口气，也会低声呼唤你的名字。

这封致妻子的温柔、热情的信，是由罗得岛的联合军少校苏利文·巴卢（Sullivan Ballou）撰写的。而就在写完这封信的一周后，即 1861 年 7 月 21 日，他在美国内战中的第一次"奔牛河"战役中牺牲了（Ballou, 1861）。这封信似乎表达了我们所有人都在追求的品质：爱、奉献和忠诚。幸福不就是亲密关系、婚姻和家庭的全部吗？这不就是我们期望得到也希望给予他人的吗？

■ **婚姻的兴盛与消亡** 我们生活在一个变化万千的时代，但是在当今的许多婚姻之中，有些伴侣仍可能有类似的奉献精神。事实上，总体来说，已婚人士比单身人士幸福（Gower and Helliwell, 2017）。一项涉及

15 000 多对夫妻的经典研究表明，对婚姻满意和充满激情的夫妻们会这样描述他们的婚姻：充满活力的（9%）、和谐的（8%）、公平的（8%），以及传统的（10%）（Fowers et al.，1996；Lavee and Olson，1993；Olson and Fowers，1993）。

不幸的是，在 14% 的"冲突"夫妻、11% 的"以经济为中心"但不幸福的夫妻，以及 40% 的最不幸福的"失去活力型"夫妻（其特征是"对婚姻关系的各个方面都不满意"）的掩盖下，幸福的夫妻显得黯然失色。该研究评估了关系的 9 个维度：人格问题、沟通、解决冲突、休闲活动、父母身份、家人和朋友、宗教、财务状况和性行为。

■ **为什么不像投资工作一样投资亲密关系** 上述研究的研究者之一大卫·奥尔森（David Olson）认为，许多夫妻之所以不幸福，部分是因为社会对婚姻制度的帮助微不足道（Olson，1992）。比如，大多数人认为，随着职业生涯的发展，他们应该为了精进技能而在学习上投入时间和金钱。但是，他们对婚姻没有这种认识。

基于这一点，请认真阅读本书，这就像你在事业发展中的投入一样。

■ **大众文化、大众媒体和互联网告诉了我们什么** 我们对爱情和家庭的看法不仅受到我们自己的生活经历的影响，而且受到大众文化、大众媒体和互联网（包括社交媒体）的影响。电视节目、电影、音乐、杂志、Facebook、Instagram、Twitter，当然还有广告给我们传达了某些画面、刻板印象和神话传说，比如：

- 我们每个人都有一个灵魂伴侣，他 / 她就存在于这个世界的某个地方，在一项

调查中，2/3 的美国人认为这一想法是正确的（Monmouth University Polling Institute，2017）；

- 如果我们彼此足够相爱，我们就可以克服所有问题；
- 伴侣应该是一切：最好的朋友、极好的性伴侣、同情对方的知己和优秀的家庭供养者；
- 正常家庭是由父亲、母亲和孩子以及近亲组成的联系紧密的单位；
- 完美的家庭"永远在我们身边"，并能提供爱与支持；
- 社会问题的主要根源是家庭破裂。

归属感、统一性和连续性是人类的强烈需求。那么什么样的关系可以满足我们的愿望？这就是本书的主题。

1.1 在爱情与亲密关系中寻觅幸福

核心内容：

爱情和人际关系如何影响个人幸福

概述 许多人认为，如果找到合适的人，并与之建立正确的亲密关系，他们就会感到幸福。实际上，最幸福的人是那些已婚者，即使有些伴侣并不是最合适的。与生活中的其他事情一样，你可以控制自己的情感从而获得幸福。幸福的夫妻在至少 5 个方面具有共同的优势：良好的沟通模式，关系具有弹性，情感联系密切，彼此性格相容，并且对如何处理冲突能达成一致。

幸福 它被写在《美国独立宣言》中，

传播于流行歌曲中，比如法雷尔·威廉姆斯（Pharrell Williams）的《幸福》（*Happy*）；它也被当作自助书的书名，比如《这本书会让你幸福》（*This Book Will Make You Happy*）。亚里士多德（Aristotle）认为，幸福是一种至高无上的成就，它是至高无上的财富，以致其他所有事情都是成就它的手段。心理学家威廉·詹姆斯（William James）认为幸福如此重要，以致"事实上，对大多数人而言，如何获得、如何保持、如何重获幸福实际上是他们做所有事情的动机"（Myers，1992）。另一位心理学家亚伯拉罕·马斯洛（Abraham Maslow）提出了需求的 5 个层次：生理、安全、归属感、自尊和自我实现，最后一个需求代表开发个人最大潜能的需求。

为了达成收获幸福的目的，我们需要知道：与幸福相关的亲密关系、婚姻和家庭是什么样的。学者们说，研究证据表明，对幸福有至关重要影响的一个因素是婚姻（Grover and Helliwell，2017）。已婚人士比其他人更幸福，在一项调查中，有 43% 的已婚受访者表示他们"非常幸福"，而未婚人士中则只有 22% 的人这样认为（Pew Research Center，2006）。

让我们先来看看当前有关爱和幸福的事实。

幸福：爱与孤独

最幸福的人似乎只会花较少的时间独处，而会花更多时间与朋友和家人在一起。事实上，孤独感可能是导致一个人不健康的风险因素，因为孤独感是导致血压升高、睡眠紊乱和自杀风险增加的主要风险因素（Caccioppo and Patrick，2008；Cigna，2018）。

但是，单身人士的情况并非如此，一些研究表明，婚姻实际上减少了社会联系，已婚子女与父母的接触变少了，包括经济上的联系和情感上的支持（Gerstel and Sarkisian，2007）。有些人认为亲密的朋友是他们自己"选择的家人"。

幸福 开怀大笑、感觉良好、精力充沛——这些是与幸福相关的特质吗？与他人的亲密关系使你感到快乐、变得"完整"了吗？如果没有亲密关系，还有什么能让你感到幸福吗？

婚姻与幸福

最幸福的人是已婚者。在芝加哥大学社会学家琳达·韦特（Linda Waite）的调查中，

表示自己"非常幸福"的人：

- 40% 已婚；
- 24% 正在同居；

- 22% 从未结过婚；
- 18% 曾结过婚（Waite and Gallagher，2001）。

盖洛普（Gallup）最近进行的一项民意调查表明，有 65% 的已婚成年人对自己的生活感到满意，而只有 45% 的未婚成年人对自己的生活表示满意（Carroll，2007）。当被问及自己的个人幸福时，有 59% 的已婚成年人说自己很幸福，而在未婚成年人中，这一比例为 41%。

韦特说，有证据表明从过去一直到现在结婚的人就更幸福，而且更强有力的研究表明，成年人一旦结婚，他们的幸福感就会提升。

一位作家说："实际上，也许婚姻不是幸福的关键，关系本身的质量才是。"这也就是说，无论你是否已婚，你都可以将你称呼为伴侣的人视作最好的朋友。也许这才是影响幸福的最重要因素，而不是结婚与否（Brodwin，2016）。

爱情、欣赏、亲密和幸福

成功的婚姻只需要爱情吗？"说'我爱你'只是一句话而已，"42 岁的宾夕法尼亚州工程师克里斯·克莱恩（Chris Kline）说道。相反，克莱恩更喜欢为妻子做"需要付出努力、制订计划和做自我牺牲"的事情，比如在寒冷的早晨为她的汽车预热。他说："这表明你将对方放在第一位。"心理学教授哈里·T. 雷斯（Harry T. Reis）说："小而无私的行为，经常能够传达爱意。"他主要研究夫妻间的互动，并认为互动不仅是一种礼节，而且能使伴侣双方在婚姻中都更幸福。

重要数据 ⟫⟫⟫ 婚姻、家庭和幸福

- **谁感觉更幸福呢** 韦特的研究表明约 40% 的已婚人士说他们感到幸福；而在未婚同居的人士中，这一比例为 24%（Waite and Gallagher，2001）。

- **什么有助于幸福呢** 75% 的幸福夫妻认为是他们彼此间高质量的沟通；而只有 11% 的不幸福的夫妻是这样认为的（Olson and Olson，2000）。

- **幸福会发生改变吗** 在一项研究中，婚姻开始时不幸福的夫妻之中有约 2/3 的人在 5 年之后说他们感到幸福（Waite，2005）。在另一项关于幼儿的不幸福父母的研究中，也有 2/3 的人在 10 年之后说他们感到幸福或非常幸福（Benson and McKay，2017）。

- **人们结婚的年龄变大了吗** 1970 年，男性初次结婚年龄的中位数为 23.2 岁，女性为 20.8 岁；到了 2017 年，男性为 29.5 岁，女性为 27.4 岁（U.S. Census Bureau，2011；Geiger and Livingston，2018）。

- **结婚家庭的比例下降了吗** 结婚家庭的比例从 1970 年的 71% 下降到了 2017 年的 44%（Schondelmyer，2017）。

实际行动　• • •

幸福：它在你手中吗

我们理应幸福吗？也许不是。"我们不是为快乐而生的，"有人说道，"相反，我们生来就是为了生存和繁衍……努力工作和抚养孩子可能不会让我们更快乐，但正是这些信念维系着社会的运转。"（Clements，2006）

我们既不太善于判断自己或他人的幸福程度，也不善于预测什么会让我们幸福。事实上，人们长期高估了他们的同辈群体的幸福水平，正是这一误解引发了孤独感（Jordan et al.，2011）。

这其中发生了什么呢？你会有这样的感觉是因为你生来就是如此，还是因为那些发生在你身上的事情（比如，你在考试中得了 A- 或 F-）让你兴高采烈或沮丧抑郁？

幸福"设定点"

是先天的还是后天的，是你的基因还是你所处的环境，哪一种因素对你的情绪影响更大？

科学家认为，一个人的幸福水平大约有一半受到遗传因素的影响。我们每个人都有一个情绪的"设定点"或者说基线，这就像我们的体重也有标准一样。理查德·戴维森（Richard Davidson）和他的同事们以及其他学者的研究为该设定点确定了一个指标（Lyubomirsky，2013；Lyubomirsky et al.，2005）。他们发现，一些不幸的人患有临床抑郁症或焦虑症；而另一些幸运的人快乐且热情，并很少受负面情绪的困扰。当然，大多数人都处于中间状态，情绪好坏参半。

虽然设定点可以随着时间的推移而改变，但有趣的是，通常情况下，设定点可以防止我们的情绪持续起伏或走向极端（Lucas et al.，2004）。无论经历了什么，无论是中彩票还是遭遇可怕的事故，大多数人的情绪通常会在一年内恢复到既定的设定点。这种现象有时被称为"快乐水车效应"（hedonic treadmill）或"享乐适应效应"（hedonic adaptation），即我们会迅速适应生活中的变化，因此最终感觉不会好到哪里去（Brickman and Campbell，1971；Brody，2013）。

事实上，社会心理学家丹尼尔·吉尔伯特（Daniel Gilbert）的研究表明，人们倾向于认为事件将对他们产生比实际情况更大、更持久的影响，无论是好事还是坏事（Gilbert，2006；Gilbert and Ebert，2002；Wilson et al.，2001）。吉尔伯特的理论认为，我们拥有一种"心理免疫系统"（psychological immune system），该免疫系统将在我们应对重大负面事件（如失业或配偶去世）时发挥作用，而不会在应对琐碎的负面事件（如汽车抛锚）时发挥作用。这正如一位评论家所说："我们的日常幸福感可能更多地取决于小事而不是大事。"（Stossel，2006）

金钱能买到幸福吗

根据一些经济学家的观点，一个国家的经济增长确实与幸福相关（Sacks et al. 2013；Stevenson and Wolfers，2008）。也就是说，一个国家越富裕，它的人民就越幸福。根据经济合作与发展组织（Organisation for Economic Co-operation and Development，OECD）2016 年的数据，在居民自我报告的幸福感方面，美国排第 15 位，挪威排第 1 位，加拿大排第 7 位，墨西哥排第 22 位。根据世界幸福报告（World Happiness Report），在世界各国的幸福排序中芬兰排第 1 位，加拿大排第 7 位，美国排第 18 位，（Helliwell et al.，2018）。该报告使用了基于预期寿命、收入、自由、社会支持、信任和慷慨的评级系统。

通常，生活在极端贫困中的人不如那些基本需求得到满足的人幸福。然而，在此之外，财富并不会带来更幸福的生活（Diener and Diener，2008；Diener and Oishi，2000）。管理学教授大卫·施卡德（David Schkade）说："只要你足够安全、感到温暖，又吃饱了饭，更多财富就不会带来太大影响。"（Clements，2006）事实上，人们赚的钱越多，反而越有可能把时间花在工作、通勤和其他没有多少乐趣的强制性活动上（Kahneman et al.，2006）。

最近的一项研究表明，对身处美国的个体来说，实现情绪幸福的理想年实际收入是 60 000 美元 ~ 70 000 美元，达成总体生活满意度的理想年实际收入是 95 000 美元（Jebb et al.，2018），这大约是 2017 年实际个人收入中位数的 3 倍（U.S. Census Bureau，2018）。研究人员还发现，非常高的收入实际上会导致生活满意度下降。

一位名叫索尼娅·柳米斯基（Sonja Lyuomirsky）的学者建议，如果你想买到幸福，那么你就需要把钱花在别人身上，而不是自己身上；花在能促进个人成长的事情上（如上烹饪课）；花在很多小事上，而不是一件大事上；花在体验上（如一次特别的旅行），而不是物质上（Gross Domestic Happiness，2011）。

然而，总的来说，金钱买不到幸福。电影《星球大战》（Star Wars）的导演乔治·卢卡斯（George Lucas）说："金钱可以买到快乐，但快乐不是幸福。幸福是一种超越快乐的感觉。"（Wilson，2004）伊利诺伊大学的心理学家埃德·迪纳（Ed Diener）说，因为欲望是无限的，所以"物质主义是幸福的毒药"（Elias，2002a）。幸福意味着控制我们想要更多的先天欲望。生物心理学家丹尼尔·内特尔认为："进化并没有让我们获得幸福，它只会让我们更执着地追求幸福。"（Daniel Nettle，2005）

你住在哪里？文化对幸福的影响

文化对幸福的影响不仅受基因的影响，而且受民族文化的影响。在美国，皮尤研究中心于 2006 年对 3 000 名美国人进行的民意调查表明，84% 的人称自己"非常快乐"。然而，在不同文化间构成幸福的要素可能存在差异。

幸福的概念　如果你要写一则宣传幸福的广告，你会怎么写？
　　你认为对大多数人来说，怎样才能获得真正的幸福？

"每个人都想感觉良好，"斯坦福大学心理学教授珍妮·蔡（Jeanne Tsai）说，"但人们会用不同的方式让自己感觉良好"（Platoni，2006）。比如，珍妮·蔡发现，欧洲裔美国人渴望更高涨的兴奋感，而亚裔美国人往往在东方的保持沉着和西方的奔放之间徘徊（Tsai et al.，2004，2006）。根据学者克里斯蒂娜·科切米多娃的观点，在当前的美国，主要的情感规范是她所说的"快乐文化"（Christina Kotchemidova，2005）。

幸福还可能取决于你住在哪里，正如以下指标表明的那样。

• **世界幸福数据库**（World Database of Happiness）《幸福研究杂志》（*Journal of Happiness Studies*）的主编、荷兰社会学家鲁特·范霍温（Ruut Veenhoven）2018 年的研究表明，在 158 个国家和地区中，生活在哥斯达黎加的人们最幸福，紧随其后的是丹麦、墨西哥、冰岛、加拿大和瑞士。在范霍温的世界幸福数据库中，美国排在第 22 位，多哥和坦桑尼亚排在最后两位。

• **幸福星球指数**（The Happy Planet Index）　该指数由设在伦敦的新经济基金会福祉中心设计（Jeffrey et al.，2016），并根据生态足迹（环境影响）[1]、健康、预期寿命和不平等程度对幸福感进行排名。在 2016 年的版本中，哥斯达黎加再次在 140 个国家和地区中排名第一，紧随其后的是墨西哥、哥伦比亚、瓦努阿图和越南，而美国由于其巨大的生态足迹排在第 108 位，加拿大排在第 85 位，多哥、卢森堡和乍得排在最后。

• **世界幸福报告**（The World Happiness Report）　该报告由联合国发起，由哥伦比亚大学地球研究所使用基于预期寿命、收入、自由、社会支持、信任和慷慨的评级系统进行制作（Helliwell et al.，2018）。在这份报告中，丹麦、挪威、瑞士、荷兰和瑞典的人民最幸福。在 156 个国家和地区中，美国排在第 17 位，加拿大排在第 6 位，墨西哥排在第 16 位。

---

① 生态足迹（ecological footprint）是一种帮助我们衡量自己消耗了多少地球自然资源的工具。它就像一张资产负债表，可用于比较人类使用的资源总量和地球上可用的资源总量。我们可以通过研究这张资产负债表，看到不同国家的人们分别使用了多少资源。——译者注

- **世界幸福地图**（The World Happiness Map） 莱斯特大学的分析社会心理学家阿德里安·怀特（Adrian White）于 2007 年制作了一份"世界幸福地图"，他发现丹麦在 178 个国家和地区中排名第一，紧随其后的是瑞士、奥地利、冰岛、巴哈马和芬兰，美国的排名是第 23 位。"一个国家的幸福水平与其人民的健康状况密切相关，"怀特说道，"其次是财富……然后是受教育水平。"（Wagner，2006）

- **幸福蓝色地带**（The Blue Zones of Happiness） 2017 年，记者丹·比特纳（Dan Buettner）已经在《国家地理杂志》（National Geographic）工作了 15 年，他在寻找地球上最不寻常的人群方面积累了与众不同的知识，这促使

他以生活满意度为衡量标准，探索幸福的秘密。在他的《幸福的蓝色地带：来自世界上最幸福的人的经验》（The Blue Zones of Happiness: Lessons from the World's Happiest People）一书中，他描述了地球上最幸福的 3 个地方：哥斯达黎加的卡塔戈省、丹麦和新加坡。

良好的医疗保健系统可能是丹麦人在这些名单中名列前茅的原因之一（Christensen et al.，2006）。除了享有终身免费的医疗保健以外，丹麦人还被免去了大学学费，还有 10 个月的带薪产假以及有保障的退休生活。此外，他们生活在一种低期望的文化中，因此当事情进展不顺利时，他们并不会非常失望。

在本书中，我们将时不时地探讨幸福这个主题。

约翰·戈特曼（John Gottman）是《改变婚姻的十堂课》（Ten Lessons to Transform Your Marriage）一书的合著者之一（Gottman et al.，2007）。他指出，成功的夫妻在每次的消极互动中至少会说或做 5 件积极的事情（Parker-Pope，2011）。戈特曼和他的妻子朱莉·施瓦兹·戈特曼（Julie Schwartz Gottman）开设的西雅图戈特曼研究所"爱的实验室"（The Love Lab）专门研究婚姻稳定性和预测离婚。他说："关于一对夫妻是否会离婚的最有效的单一预测指标是轻蔑，比如在争论时纠正对方的语法。"他认为，蔑视的最好解药是培养"欣赏的文化"，不断寻找"欣赏的事物和传达尊重的时刻"（Gottman，2007）。当然，对伴侣表达赞赏

也会使你自身感觉更好（Barton et al.，2015；Bernstein，2014；Gable et al.，2012；Gordon et al.，2012；Monfort et al.，2014）。欣赏是与他人建立亲密关系的基础，而**亲密关系使个体与自己在智力、身体和情感方面产生联系的某人之间存在着强烈的情感和分享欲**。

亲密关系中的你有多幸福

什么是幸福的夫妻知道且会做的事情？而不幸福的夫妻有哪些不知道的事情？你目前是否正处于一段幸福的亲密关系之中？

在本章开头，我们提到了明尼苏达大学的家庭研究先驱大卫·奥尔森。奥尔森发现，幸福的夫妻至少在他们关系的 5 个主要方面做得很好：（1）能很好地进行沟

通；（2）作为伴侣，他们的关系富有弹性；（3）在情感上彼此亲密；（4）具有相容的性格；（5）对如何处理冲突有一致见解。比如，有 75% 的幸福夫妻认为彼此能进行高质量的交流，而只有 11% 的不幸福夫妻这样认为。

影响夫妻幸福的其他方面包括（6）他们的性关系；（7）他们如何选择休闲活动；（8）家人和朋友的影响；（9）财务管理能力；（10）能否就精神信仰达成一致。

我们将在接下来的章节中探讨这些问题。

> 一个人身处的文化会如何影响他的幸福？

1.2 婚姻与家庭：基本概念

核心内容：

家庭的组成部分、类型和益处

> **概述** 婚姻有 5 个组成部分：情感、仪式、法律、性忠诚和教养子女。家庭可能是传统的"现代"家庭或核心家庭，也可能是"后现代"家庭，比如双核家庭或重组家庭，甚至是由"附属亲属"组成的家庭，即由于情感上的亲密关系而形成的家庭。

结婚会让你幸福吗？很多人都这么认为。但是一项针对 24 000 人的研究表明，大多数人对婚后生活的满意程度并不比婚前高（Lucas et al.，2003）。研究者埃德·迪纳（Ed Diener）说："有一些事情可以使我们更幸福，但是诸如结婚之类的外部因素并不是改变我们的幸福设定点的捷径。"（Becker，2003）个

人情绪的基线使情绪的起伏保持相对稳定。

实际上，社会学家琳达·韦特经过 5 年多的时间对成千上万对已婚夫妻进行调查后，有了如下发现（Linda Waite，2005）。

■ 刚步入婚姻时不幸福的夫妻中有 2/3 在 5 年后表示感到幸福。

■ 那些刚步入婚姻时就不幸福，因此在 5 年后离婚的人，并不比那些一直与原配偶生活在一起的人更幸福。

这些结果与另一项涉及不幸福父母的研究结果相吻合，该研究表明 2/3 的夫妻表示结婚 10 年后他们感到幸福或非常幸福（Benson and McKay，2017）。

韦特说："婚姻有一定的可塑性，是起伏不定的。随着时间的流逝，许多问题都会得以解决，已婚人士会变得更幸福。这是一些人不相信的结论，这是因为他们对婚姻有着不切实际的想法。"（Elias，2002b）

什么是婚姻

婚姻可以被定义为社会认可的配偶关系 从前这个定义指的是异性间的婚姻，但是自 2015 年 6 月美国最高法院历史性地做出裁决以来，同性婚姻现在在美国也是合法婚姻。婚姻有 5 个组成部分：（1）情感；（2）仪式；（3）法律；（4）性忠诚；（5）教养子女。

情感：爱是必需的吗 在美国大部分地区，人们为爱而结婚，或者至少是为他们所认为的爱。有 93% 的已婚美国人和 84% 的未婚人士表示，爱是结婚的重要原因（Cohn，2013）。

而在世界许多地区甚至在美国和加拿大的某些文化中，情况并非如此。在这些地区

和文化中, 个体的配偶是由其父母来选定的。然而, 即使是在这些婚姻中, 随着夫妻之间不断彼此相互了解, 人们也常会期待他们能慢慢地爱上对方。

仪式: 教堂、州政府还是其他组织机构 每种文化都有某种形式的仪式来巩固婚姻这一联盟, 社会学家称之为 "文化普遍性" (cultural universals)。在美国, 你需要获得所属司法管辖区政府的结婚许可, 由获授权人执行仪式, 通常有两名见证人在场, 你还需要将必要的文件上交给政府。

你可能会选择举行传统婚礼仪式, 也可能会在教堂结婚。你还有很多其他选择。有时, 夫妻将由政府公务员见证结婚, 然后在对他们而言更有意义的宗教场所或其他场所再次举行结婚仪式。在法国, 一对住在农村的夫妻可能会举行以下 3 种仪式: 民事仪式 (由市政厅的市长执行)、宗教仪式 (由教堂里的牧师执行) 和乡村仪式。在乡村仪式上, 村民们会举办宴会, 在宴会上他们可能会唱歌、敬酒以及敲打锅碗瓢盆, 来提醒这对夫妻婚姻中可能存在的困难。

水下婚礼 合法的婚姻需要国家提供一纸证明, 但仪式的形式并不受限制。在西方文化中, 大多数夫妻更喜欢宗教仪式, 其他夫妻则常选择通过在对他们有意义的场合进行宣誓结婚, 无论是宗教性的还是民事性的。比如, 在溜冰或跳伞时甚至在水下。请问, 你期待的婚礼采用的是哪种形式? 为什么?

法律: 是否涉及所在州政府 通常, 要获得未经父母同意的结婚许可, 新娘和新郎必须年满 18 岁 (密西西比州和内布拉斯加利福尼亚州是例外), 并且可能必须进行验血 (以筛查性传播疾病等)。申请和领取结婚证也需要一段等待的时间。不同州的法律对在父母同意下可以结婚的最低年龄有不同的要求。

持有证书的婚姻具有影响财产、子女、债务和继承事务的法律地位。已婚人士彼此共有财产, 在一方死亡时另一方成为配偶财产的继承人, 配偶双方对抚养子女负有同等责任, 在大多数州, 配偶双方也对彼此的债务负有责任。

在美国的某些州认可的一种无证婚姻是事实婚姻 (common-law marriage), **处于这种婚姻中的男人和女人在一起生活, 他们会被认为已婚并在法律上得到认可。**

性忠诚: 婚姻是否需要一夫一妻制和排他性 对大多数人来说, 婚姻是建立在性独占性基础上的, 即一方应该在性方面忠于其配偶。但现在也有了一些变化。婚姻可以分为 3 种类型: 一夫一妻制, 这是北美唯一合法的婚姻形式; 多配偶制, 它有两种形式, 即一夫多妻制和一妻多夫制。

■ **一夫一妻制 一夫一妻制是指仅有一位配偶 一夫一妻制 (monogamy) 是一种婚姻关系形式, 伴侣需要对彼此保持忠诚。过去, 打破这种婚姻规则的行为 (不忠、私通、通奸、出轨) 是离婚的法律依据。**

■ **一夫多妻制 一夫多妻制的多配偶制是指丈夫有超过一位妻子 多配偶制是指一个人可以有多位配偶的婚姻形式。一夫多**

妻制（polygamy）是一位丈夫可以有多位妻子的婚姻形式。这是在美国西部、加拿大和墨西哥的部分地区曾出现的婚姻类型。后来美国各州政府将这种婚姻视为非法的。一夫多妻制在全球58个国家是合法的，尽管联合国认为一夫多妻制侵犯了女性的权利。

■ **一妻多夫制** 一妻多夫制的多配偶制是指妻子有超过一位丈夫 一妻多夫制（polyandry）是一位妻子可以有多位丈夫的婚姻形式。一妻多夫制是一种罕见的多配偶制，它在印度、非洲、北极和太平洋诸岛的某些地区曾经出现过（Crook and Crook, 1988；Starkweather and Hames, 2012）。一妻多夫制在北美也是非法的，通常不会得到任何政府或宗教组织的批准，而只是作为一种文化习俗存在。

教养子女：孩子是结婚的主要原因吗 如果你决定结婚，你可能是为了获得爱情、陪伴和幸福。生儿育女可能是你认为你们会在合适的时间做的事情，或者根本不会做的事情。

但是，从社会的角度来看，生儿育女可能是异性婚姻制度存在的主要原因。也就是说，异性婚姻的主要目的是为孩子的出生、社会化、成长提供一个稳定的框架，而这是在许多国家的人们无法很好地完成甚至根本无法做到的。因此，尽管目前美国未婚父母所生的孩子数量众多，但父亲和母亲在面对结婚时仍有一定的压力。事实上，美国在可能的情况下会坚持要求未婚父母继续对其后代负责，这一点体现在一些案例中，比如美国试图让未婚父亲（有时也包括未婚母亲）支付子女的抚养费用。

什么是家庭

已婚夫妻生儿育女之后，是否意味着他们是一家人？实际上，他们可能早已是一家人了。比如，按照美国税法的定义，已婚夫妻需要共同供养双方父母。此外，很明显，未婚夫妻与子女也构成了家庭，这表明界定"家庭"比界定"婚姻"要困难得多。

有趣的是，多年来，公众对家庭定义的看法发生了变化，因此，现在大多数美国人说，有孩子的同性夫妻以及已婚的同性夫妻也可以被视为一个家庭，但不认为未婚同居伴侣可以被视为一个家庭，不论是同性伴侣还是异性伴侣，除非他们有孩子（Powell et al., 2010）。

家庭事项 如果"家庭"一词仅描述一对已婚的有子女的伴侣，那么我们应如何称呼未婚的有子女的伴侣（无论他们是否是异性恋）？

家庭与住户：有一定区别　传统上，家庭是由两个或两个以上有血缘关系、婚姻或领养关系并住在一起的人组成的单元。因此，这个传统定义不包括寄养家庭，即在一起生活的同性夫妻以及孩子由父母以外的其他几个人抚养的组合。家庭不同于住户（household），美国人口普查局将住户定义为共同居住的任何群体。

让我们来共同探讨不同类型的家庭安排。

原来的"现代"家庭：核心家庭　也许你的原生家庭和你即将要组成的家庭都是核心家庭。核心家庭（nuclear family）也曾被视作现代家庭的典范，它是指由父亲、母亲和子女组成的家庭。该词由人类学家乔治·默多克（George Murdock）于 1949 年创造，是大多数人想到异性恋家庭时所想到的理想化版本。最古老的核心家庭的例子是在以有意义的方式布置的骨骼中发现的，这是德国考古学家于一个距今 4 600 年前的石器时代晚期的坟墓中发掘的（Haak et al.，2008）。

在过去，核心家庭常常被视作传统家庭（traditional family），**其中男人的角色是丈夫、父亲和挣钱的人，而女人的角色是妻子、母亲和家庭主妇。**

核心家庭可以是 2 种类型——原生家庭或生育家庭——之一。

■ 原生家庭　原生家庭（family of origin），**也被称为定向家庭（family of orientation）**，即一个人出生或成长的家庭　正如你可能预料的那样，这种家庭对你和你对婚姻与家庭的看法都产生了重要的影响。

■ 再生家庭　再生家庭（family of procreation），**也被称为同居家庭（family of cohabitation），如果一个人结婚并育有子女，则该家庭就形成了**　根据美国人口普查局的数据，2016 年，美国有 69% 的儿童与两位已婚的异性父母生活在一起，该比例低于 1960 年的 73%（U.S. Census Bureau，2017d）。

当前的"后现代家庭"（postmodern family）：双核心家庭、重组家庭和单亲家庭　过去对家庭的定义——核心家庭——似乎不再足以涵盖我们今天看到的各种各样的家庭形式。因此，出现了**后现代家庭**，来描述家庭形式的巨大变化，包括单亲家庭和没有孩子的夫妻。

后现代家庭的 3 个常见例子是双核心家庭、重组家庭和单亲家庭。

■ **双核心家庭**　双核心家庭（binuclear family）**是指家庭成员生活在两个不同家庭的家庭**　这种家庭出现的常见原因是父母离婚，而孩子还会与父母共度时光。当孩子们谈到"本周去妈妈家，下周去爸爸家"时，他们就身处于一个双核心家庭。

■ **重组家庭**　重组家庭（blended family）也被称为继亲家庭（stepfamily），**是指两个有过婚姻的人结婚，其中一人或两人把以前的婚姻关系中的一个或多个孩子带进当前家庭而形成的家庭**　显然，如果父母中的一方或双方与上一段婚姻或关系中有子女的人再婚，子女会发现自己不仅是双核心家庭的一员，而且是重组家庭的一员。

■ **单亲家庭**　单亲家庭（single-parent families）**是指一个或多个孩子与单亲父母中的某一方共同生活的家庭**　美国儿童与未婚父母住在一起的比例自 1968 年以来翻了一番多，从当时的 13% 上升到了 2017 年的

32%（Livingston，2018）。大约有 21% 的人与单身母亲住在一起，有 4% 的人与单身父亲住在一起。

扩展家庭（extended family）是指包括亲戚和附属亲属的家庭　毫无疑问，许多人认为他们的家庭不仅仅包括核心家庭中的那些人。扩展家庭不仅包括核心家庭，而且包括叔叔阿姨、侄子侄女、堂兄弟姐妹、祖父母和曾祖父母。

此外，一个后现代家庭可能不仅有亲属，而且可能有附属亲属。

■　亲戚　亲戚是指因血缘、婚姻或领养等关系而成为的亲属，从祖父母到子侄再到连襟都是。当然，有些亲戚通常不会和你住在同一个家庭里，但也有很多种情况。比如，祖父母抚养孙子孙女的情况并不少见，因为介于两者之间的一代人无法做到这一点。2012 年，3% 的家庭群体中有抚养 18 岁以下孙子孙女的祖父母（Ellis and Simmons，2014）。经济"大衰退"结束的第二年，美国有 9% 的儿童与祖父母住在一起。

■　附属亲属　附属亲属（affiliated kin）是指本无血缘关系的人，被视为家庭的一员。比如，离异母亲的教父母或男友可能被认为是该家庭的附属亲属。主要的判断标准似乎是情感上的亲密，而不是通过婚姻、再婚、血缘或领养建立的关系。一位学者确定了 23 种不同类型的家庭结构，他说，有些家庭结构中只包括朋友或团体家庭成员（Wu，1996）。

家庭之外：扩展家庭与居住模式　在许多国家和文化中，扩展家庭的成员彼此住得很近。事实上，家庭有 3 种常见的居住方式：新居、从夫居和从妻居。

■　新居　新居（neolocal）是指建立自己的家　这是北美的惯常模式。新居指的是新婚夫妻建立了自己的家庭，而不与新娘或新郎的父母居住在一起的情况。

■　从夫居　从夫居（patrilocal）是指居住于丈夫的家庭　这是世界上最常见的模式。从夫居指的是新婚夫妻与丈夫的原生家庭居住在一起的情况。

■　从妻居　从妻居（matrilocal）是指居住于妻子的家庭　这种模式并不常见。从妻居指的是新婚夫妻与妻子的原生家庭居住在一起的情况。比如，这种模式发生在太平洋岛屿和非洲的一些群体中，以及一些美洲原住民中。

在大萧条时期（The Great Recession）[①]，失业和房屋被抵押迫使更多的人进入多代家庭——即至少有 3 代人的家庭——从而生活下去。事实上，2016 年，有多达 20% 的美国人生活在多代家庭中，与 1980 年 12% 的人生活在这样的家庭中相比，这是一个巨大的跃升（Cohn and Passel，2018；Fry and Passel，2014）。

现在有越来越多的亚洲人、西班牙人和在外国出生的人喜欢多代家庭，这推动了越来越多的多代家庭的出现。此外，130 年来第一次与父母住在一起成为 18 ~ 34 岁成年人最常见的选择（Cohn and Passel，2018）。刚离婚的人和他们的孩子往往无法承担自己的房租，所以会搬到父母或祖父母那里。中年夫妻也可能和自己的父母住在一起。

[①]　大萧条时期是指 1929 年至 1933 年发源于美国，后来波及整个资本主义世界，其中包括美国、英国、法国、德国和日本等资本主义国家的经济衰退。——译者注

为什么要有家庭呢？生活在家庭的 4 个益处

人们为什么需要家庭呢？伟大的家庭社会学家威廉·古德推论说，生活在传统家庭有 4 个好处：（1）经济效益；（2）亲近；（3）熟悉；（4）持续支持（William Goode, 1982）。

经济效益：规模经济　家庭带来了经济效益。如果夫妻双方都有收入，买房子就容易多了。一个人既可以为自己也可以为三四名家庭成员打扫房子、洗衣服或者买日用品。这种时间和金钱的节省源于所谓的规模经济（economies of scale）——"家庭生产设施"规模的扩大导致单位成本降低。换句话说，如果为一个人提供服务的费用分摊到 3 ~ 4 个人身上，则每个人的服务费就会减少。事实上，经营家庭的大部分工作（喂养婴儿、修剪草坪等）都没有太大的难度，所以几乎任何人都可以做，无论你是工人还是神经外科医生。

"现在的你是怎样的人，曾经的我也是怎样的人。" 在某个时刻，年长的女人很可能看起来很像年轻的女人。你们家照顾年长成员的传统是什么样的？这种传统是否会延伸到直系亲属之外的阿姨、叔叔和其他人？当你年老的时候，你希望和家人有什么样的联系？

亲近：便利性　如果你是一位单亲父母，需要有人照看你的孩子，或者如果你想

和朋友坐下来聊聊天，你可能不得不想一些办法。因此，家庭的第二个好处是家庭成员离得很近，因此个体更容易从家庭成员那里获得帮助或陪伴。

如果你是一位身边没有家人并且必须外出工作的单亲家长，孩子生病就是一种危机。你会坚持让孩子去上学吗（即使你知道不应该让他去）？还是会在工作时把孩子一个人留在家里（这是经常发生的事情，尽管大多数这样做的父母都有很大的担忧，特别是因为这是非法的）？或者你会打电话给你的老板，假装你生病了，不能来上班吗？相比之下，如果你足够幸运地住在没有工作的亲属身边，比如你自己的父母，或者你的兄弟姐妹，并且他们同意照看孩子，这样的问题就会变得更容易处理。

熟悉：在你最好的时候和最差的时候　其他家庭成员通常比任何人都更容易知道你到底是谁，反之亦然。也就是说，一个家庭提供了熟悉感，因为你和家人都清楚彼此的优缺点。他们看过你既自私又不理智的时刻，但他们也看到了你的善良和勇敢。大多数人的朋友可能不会如此了解他们。

持续支持：为你而存在的人　用诗人罗伯特·弗罗斯特（Robert Frost）的话说，"当你不得不去那里的时候，他们不得不接纳你"，这不就是你的家吗？虽然朋友可能会给你情感上的安慰，银行家可能会借钱给你，你雇用的承包商可能会帮你修理管道，但家庭和家人至少可以提供持续支持的可能性：长期的情感支持、依恋和帮助。

> 解释不断变化的经济因素如何影响和拓展家庭。

1.3　影响关系和家庭的主要因素

核心内容：

影响家庭生活的强大力量

概述　传统家庭正从根本上受到经济和人口因素的影响。在经济上，这类家庭受到工业革命、技术变革、全球化、大众媒体和流行文化以及最近的经济变化的影响。人口趋势正在影响族裔和种族多样性的变化。

根据著名管理学家彼得·德鲁克（Peter Drucker）的说法，在西方历史上，每隔几百年就会发生一次急剧的变革，在这个过程中，社会在几十年内会进行自我重组，包括它的世界观、它的基本价值观、它的社会和政治结构、它的艺术、它的核心制度体系（Drucker，1993）。今天，我们正在经历巨大的变革，主要的经济、技术和人口力量对亲密关系、婚姻和家庭产生了深刻的影响。

经济的力量

在这一部分，我们将探讨：（1）工业革命；（2）技术变革；（3）全球化；（4）大众媒体和流行文化；（5）最近的经济变化对亲密关系、婚姻和家庭生活的影响。

工业革命的影响：从家庭主义到个人主义　在过去的一个半世纪里，强大的经济力量使家庭的重心从家庭主义转向个人主义。

■　家庭主义　在工业革命之前（在美国主要发生在 19 世纪中后期），人力劳动是生产商品的主要手段。在那个时代，家庭主要生活在农场或村庄，主要为自己生产商品。社会学家安东尼·吉登斯指出："传统家庭，首先是一个经济单位。"（Anthony Giddens，2003）

因此，家庭决策遵循了家庭主义的哲学，即当作出决定时，家庭对集体的关注优先于对个人的关注。在墨西哥和世界其他许多地方，家庭主义仍然是家庭的指导原则。

■　个人主义　随着美国的工业化，家庭无法再自给自足。男性被迫离开家到磨坊和工厂工作，而女性则被要求做家务和养育孩子。因此，男性在育儿方面变得不那么积极，大量儿童不再被视为家族企业的劳动力贡献者，而是被当作家庭资源的消耗者。

为了养活孩子，父母双方都被迫外出工作，从而形成了双收入家庭，家庭搬到了城市，以便有机会获得在工厂工作的机会。由于父母都不在家，孩子们很少受到父母的正面管教（Zaretsky，1976）。越来越多的家庭决策转向个人主义哲学，也就是说，当做出决策时，个人的利益优先于家庭的集体利益。个人主义促使父母对个人成就感的追求和对儿童的较少关注，有人认为，这可能导致父母较少关注如何养育孩子和更多的父母缺席，从而导致青少年犯罪率、离婚率的增加（Hewlett，1992；Small，2002）。

技术变革：更复杂还是更多选择　伟大文明的标志一直是它们有效的通信系统。起初，通信是以交通为基础的，包括罗马帝国的公路网、北美大陆横贯东西的铁路和后来的飞机与州际公路。

■　从运输到通信　运输开始让位于电子信息技术。1906 年发明的真空管促使商业电台诞生。电视于 1925 年在英国诞生。

在 20 世纪 50 年代和 60 年代，随着电视在世界各地的普及，哲学家马歇尔·麦克卢汉提出了"地球村"的概念，航空旅行和电子媒体导致时间和空间的"收缩"，使全球人民之间的交流变得更容易（Marshall McLuhan，1951，1960，1964；McLuhan and Fiore，1967）。之后，随着寻呼机、手机、传真机和语音信箱的诞生，世界正在变得越来越小。

■ **计算机、互联网和网站** 迈克尔·马龙说，微处理器是 20 世纪最重要的发明（Michael Malone，1995）。这种用于所有计算机的"硅芯片"促成了消费电子产品、海量数据库的革命，当然还有互联网，也就是全世界计算机连接而成的"网络的网络"。

如果不是蒂姆·伯纳斯 - 李（Tim Berners-Lee）做出的贡献，互联网可能仍然是院士们的领地，他在 1991 年首次提出了万维网（World Wide Web）。他的研究成果将互联网扩展为世界性的大众媒介。

现在我们进入了第二代互联网时代，其中包括社交网站、共享共同纽带的互联网用户的在线社区，如 Facebook、Twitter 和 LinkedIn。同样重要的还有媒体共享网站，即会员分享照片、视频和音乐等媒体的在线社交网络。

■ **生物学的发展** 1953 年发现的 DNA——作为进化和遗传基础的"活线"，让研究人员深入了解了制造和维持所有生命的分子。现在，科学家们正在学习重新定义医学，它正在从一门试图治疗疾病症状的学科，转变为一门发现并解决确切问题的学科。

实际行动 • • •

社交媒体对人际关系有何影响

当你不得不放弃使用社交媒体时，你有何感想？像在戒酒吗？会疯狂地渴望重新使用它吗？焦虑吗？紧张吗？马里兰大学的一项研究显示，这些术语——与酗酒相关的术语——其实最常被用来形容 24 小时不使用所有社交媒体的美国大学生（International Center For Media And The Public Agenda，2010）。

他们是对媒体本身上瘾了吗？学生们实际上是对错过了社会关系（朋友和与他人的关系）感到痛苦。研究主管苏珊·默勒（Susan Moeller）说："大学生们谈论得最激烈的是无法使用电话、即时通信、电子邮件和 Facebook，这意味着他们无法与住在附近的朋友联系，更不用说与那些远方的朋友联系了。"

互联网一代

健康研究组织凯泽家族基金会主任维基·里多特（Vicky Rideout）说，对 8 ~ 18 岁的年轻人来说，媒体和移动设备是"孩子们呼吸的空气的一部分"。事实上，这个年龄段的儿童和青少年每天在各种形式的社交媒体上花费近 8 个小时（Rideout et al.，2010）。对所谓的互联网一代（iGeneration）来说，在全天候技术支持下长大的他们擅长进行多任务处理，渴望即时性，并有能力利用技术创造大量的"内容"，比如在 Facebook 上发布视频（Anderson and Jiang，2018；Rosen，2010；Twenge，2017）。

研究者已经写了很多关于媒体和技术对注意力持续时间、学习技能、商业效率和隐私可能产生不良影响的文章。这些文章表明，不断查看智能手机和沉溺于网络的人更有可能健忘、注意力不集中、对周围环境缺乏意识（Anderson and Rainie，2018；Hadlington，2015；Friedman，2018；Rideout and Robb，2018）。但是科技是让人们减少了社交，还是增强了人际关系呢？

通信技术的积极面貌

一些研究表明互联网、手机，尤其是社交媒体用户"往往拥有更多样化和更丰富的亲密关系"（Hampton et al.，2011，2015a，2015b）。凯斯·汉普顿（Keith Hampton）说："通信技术让我们的许多关系变得更持久和普遍。"由于 65 岁及以上的非制度化人群中约有 28% 的人独居（Administration on Aging，2018），因此网络可能为人们提供了与他人保持联系的机会（Bambina，2007）。但通信技术为社会带来的积极因素并不只有这些。一位作家说："多亏了社交网络服务，人们更有可能参加高中和大学的聚会，因为他们和朋友有共同的兴趣爱好。"（Swartz，2009）通信技术使远离家乡的军人和大学生能

与家人和朋友保持联系，父母还能在网上找到自己熟识的老朋友（Weise，2010）。青少年使用互联网不仅是为了维持现有的友谊，而且是为了与他们在浏览 Instagram 等社交媒体或玩游戏时认识的同龄人建立新的友谊。当然，正如我们在前文中讨论的那样，通信技术首先帮助人们找到了亲密关系，就像通过在线约会服务一样。

通信技术的负面影响

布兰达·坎佩尔（Brenda Campell）抱怨她的丈夫："他似乎再也不能完全沉浸在这一刻了。"她的配偶科德被电子设备带来的刺激分心了，以致他忘记了他们一起吃晚餐的约定，也很难专注于家庭。

许多智能手机和计算机的用户发现这些设备更具侵扰性，使其难以集中注意力，并使压力水平有所提升（Clark et al.，2017；Rosen，2012，2015；Turkel，2011；Vannucci et al.，2017）。《纽约时报》的一项民意调查表明，45 岁以下的人受到的影响尤其严重，近 30% 的人表示，这些设备让他们更难集中注意力，相比之下，在年龄较大的用户中这一比例为 10%（Connelly，2010）。尽管其他人不同意，但一些学者担心"用电子设备交流的便利可能会减弱青少年与朋友面对面交流的兴趣"（Rideout and Robb，2018；Subrahmanyam and Greenfield，2008）。一些研究表明，如果健康的人在互联网

上花费太多时间就容易患抑郁症（Lam and Peng，2010；Steers et al.，2014）。

通信技术还会通过其他方式使人类的互动变得更糟。

生物学上的一些发现有助于治疗生育问题。人们预测，基因疗法将有助于未来的父母不必再担心孩子患有智力低下、囊性纤维化和脊柱裂等令人心碎的疾病。也许生物学上的新发现有助于治愈老年疾病，包括阿尔茨海默病等。

科技对人际关系既有好的影响，也有坏的影响。比如，航空旅行的便利可能会让养家糊口的人远离家人，但电子邮件、手机和视频会议可能会让他们保持联系。改进的节育形式允许人们在身体上亲密接触的同时，能接受更多教育和追求职业发展，但它们也会将人们从围绕着育儿展开的大家庭纽带中拉出来。

全球化 我们所生活的世界正被全球化迅速改变。**全球化指的是世界经济变得更加相互依存的趋势。**今天，世界经济作为一个整体市场而不是多个国家的市场相互作用的趋势日趋显著。

全球化是好是坏？在这一问题上存在着截然相反的论点。

■ **支持全球化论据** 一些人认为，美国出口、国际贸易和美国经济之间的全球联系是一件好事（Collins，2015；Josephson，2017）。对美国来说，全球化拓宽了获得商品和服务的渠道，创造了就业机会，使公司更具竞争力，并降低了商品价格。对贫穷国家来说，全球化给了他们发展经济的机会，可以让人们摆脱贫困。对全世界来说，全球化可以更轻松地传播信息和技术，提高文化意识。

■ **反对全球化的论点** 批评者表示，全球化限制了美国保护其特定经济部门的能力，使其更容易受到外部冲击的影响（Collins，2017；Josephson，2017；Pryor，2002）。比如，世界各地的金融危机导致来自全球各地所投资的巨额盈余资金流入美国，并被用于投资房地产和信贷泡沫，最终引发次贷危机，导致2007 ~ 2009年"大衰退"，伤害了许多人。

全球化还导致美国一些高薪、低技能的制造业工作岗位减少，因为这些工作岗位已经转移到发展中国家。此外，跨国公司决定将投资和业务转向海外，而不是美国。这些变化引发的一个重要结果是财富不平等加剧，这（连同移民的挑战）导致选民对美国和欧洲的政治领导人持强烈反对的态度（Smick，2018）。

全球化的一个结果是，美国经济不再由制造业和商品生产主导，而是由商业、医疗和社会服务等服务业主导。2014 ~ 2024年产生的就业增长中，预计服务业提供的岗位将占大部分（U.S. Department of Labor，2015）。

服务业中的一些工作需要大学文凭，而且工资很高（比如，一般管理者、医生、高校教师）。不幸的是，大多数岗位持续增加的服务性工作不需要员工接受太多教育，而且工资也不高（比如，餐饮服务人员、零售销售人员、收银员、文员、保安、卡车司机、护理员和清洁工）。由于人际关系和家庭的稳定和幸福在很大程度上取决于高薪的工作，因此，全球化为一些家庭带来了困扰。

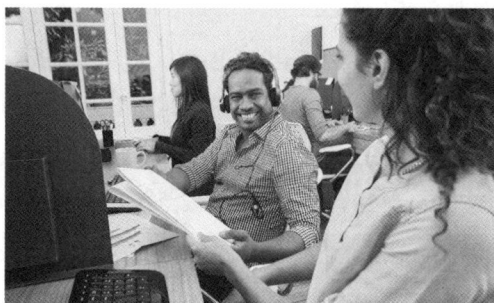

全球化和技术　更便利的跨境贸易可能会给美国带来许多好处，比如获得更便宜的产品和服务。但是，如果传统的美国高薪工作转移到印度等发展中国家（那里有数百个像这样的客户呼叫中心），你和你的家庭将受到怎样的影响？你应该如何为这种可能性做准备？

大众传媒与流行文化：摆脱无聊与其他影响　心理治疗师经常将通奸和离婚归咎于沟通障碍和其他问题，但主要的威胁会不会是纯粹感到无聊？一项针对 123 对已婚夫妇的研究表明，那些在婚姻的第 7 年深感无聊的人不太可能对他们在第 16 年的婚姻感到满意（Tsapelas et al., 2009）。

我们将在后文中讨论夫妻不忠的原因，在这里，让我们考虑一下人们为对抗现代生活中的无聊而建立的巨大帝国——大众媒体、娱乐业，以及所有那些试图销售新车、衣服、音乐和产品以增强生活趣味性的公司。

大众媒体——流行文化——是我们关于生活中的角色、信仰和价值观的许多信息的主要来源，无论这些信息是准确的还是不准确的。

■　**角色**　角色（role）是指在特定群体或文化中占据一定社会地位的人被期望遵循的行为模式。配偶被期望扮演一个角色，父母被期望扮演另一个角色，有时两者会发生冲突，这就是角色冲突。比如，流行杂志可能会鼓励你在伴侣面前表现得狂野和性感，但又要冷静，并对孩子负责。

■　**信仰**　信仰（beliefs）是指人们对什么是真实的定义和解释。大众媒体延续并强化了许多信仰——比如，长期婚姻是"成功的"，短期婚姻是"失败的"。

■　**价值观**　价值观（values）是根深蒂固的，它是指关于什么是对的，什么是错的，什么是人们想要的信仰和态度，什么是人们不想要的信仰和态度。媒体鼓励相互冲突的价值观，比如，在一段浪漫关系中"掌控一切"被视为可取的，而"站在你的男人身边"也被视为恰当的。

因为大众媒体和流行文化可以对我们在亲密关系、婚姻和家庭方面的角色、信仰和价值观产生如此大的影响，所以我们在每一章都将以这些强大影响的例子及对其展开的讨论开始。

"大衰退"及其后果：财富的重新分配　这场"大衰退"于 2007 年开始，于 2009 年正式结束。2008 年，抵押贷款标的价值的下降和房价的暴跌重创了银行和其他金融机构。2008 年 9 月雷曼兄弟投资银行的破产引发了美国金融体系的近乎崩溃。股价暴跌，一年后下跌了 34%，致使 14 万亿美元的家庭财富流失，840 万个工作岗位消失，美国失业率飙升至 10%（Belsie, 2010）。经济衰退蔓延到全球，影响了从冰岛、爱尔兰、日本等许多国家和地区。

2009 年，美丽劳动者（65 岁以下）家庭收入中位数下降 4.6%，没有医疗保险的人数增加 440 万人，近 4 400 万人生活在贫困中，占人口的 14% 以上，这是 15 年来的最高比例，也是半个多世纪以来的最高比例。超过 1/4 的非裔美国人和相近比例的拉美裔美国人是穷人，超过 1 500 万儿童被发现处于贫困状态中。2017 年，美国最富有的 1% 的人拥有的财富比过去 50 年的任何时候都多（Ingraham，2017；Schwartz，2018；Wolff，2017）。

这对家庭的影响是巨大的。我们之前提到过，现在越来越多的多代家庭生活在一起，更多的祖父母在抚养孩子，更多的孩子（32%）与未婚父母生活在一起（Livingston，2018）。此外，越来越多的年轻人搬回家与父母住在一起（Fry，2017a）。婴儿的出生率也已经下降（Rettner，2018）。越来越少的美国人拥有自己的房子或搬到新的住所（Fry，2007b）。结婚的人同样较少（Schneider et al.，2018）。美国花了整整 10 年的时间才将经济恢复到衰退前的水平（DePilis，2018；Fox，2018）。

人口统计趋势

人口学是对人口和人口特征（比如家庭规模、结婚率和离婚率，以及族裔和种族）进行研究的学科，也被称为"人口统计学"。

图 1-1 介绍了 2017 年美国的主要种族和民族群体的比例。**种族描述了将一个群体与另一个群体区分开来的具有遗传性的身体特征。民族描述了将一个群体与另一个群体区分开来的文化特征。**

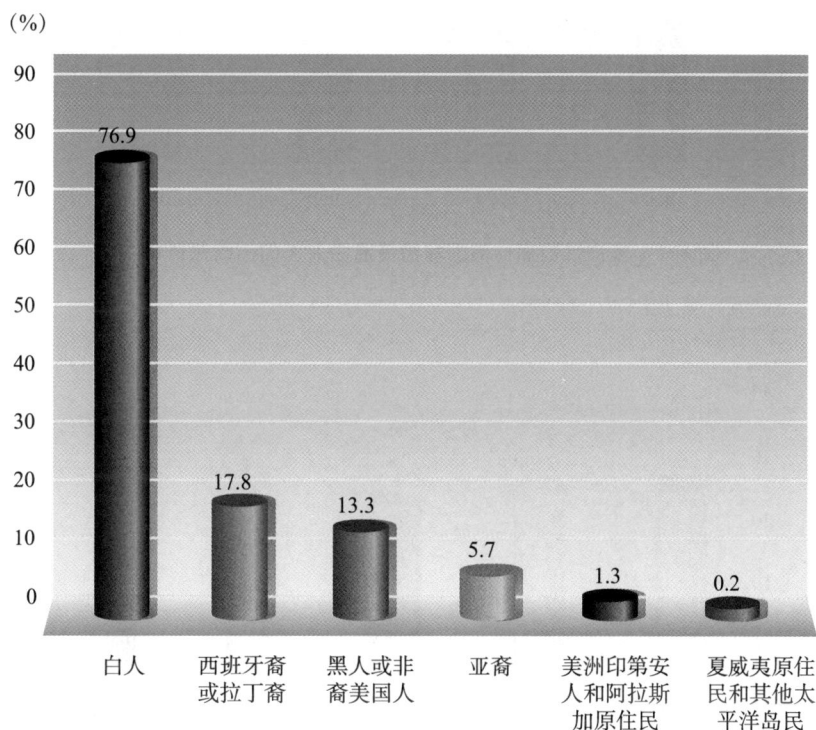

图 1-1　多样性数据：2017 年美国主要种族和族裔群体（每人仅报告一个种族）

资料来源：U.S. Census Bureau, 2015b.

过去对美国婚姻和家庭的大部分研究都是针对白人展开的，尤其是非拉美裔的白人（拉美裔可以是任何种族）。关于白人的研究结果不能代表其他族裔的情况。欧洲白人的占比从 1950 年的 76% 下滑到 2020 年的 62%，到 2060 年预计将下滑到 43%（见图 1-2）。的确，美国的种族和民族构成情况正在发生重大变化。造成这场人口剧变的一大因素是新移民：2015 年，13.4% 的美国人是在外国出生的，约有 4 320 万人（Lopez

and Radford，2017）。1960 年，居住在美国的移民中有 84% 的人出生在欧洲或加拿大，到了 2015 年，只有 13.5% 的人出生在欧洲或加拿大，其余的来自非欧洲国家（见图 1-3）。如今，根据美国人口普查局的数据，"美国的外国出生人口已经达到了 1910 年以来的最高比例"，《纽约时报》的一位记者写道（Tavernise，2018）。预计到 2065 年，生活在美国的移民数量将增加近一倍（Cohn，2015）。

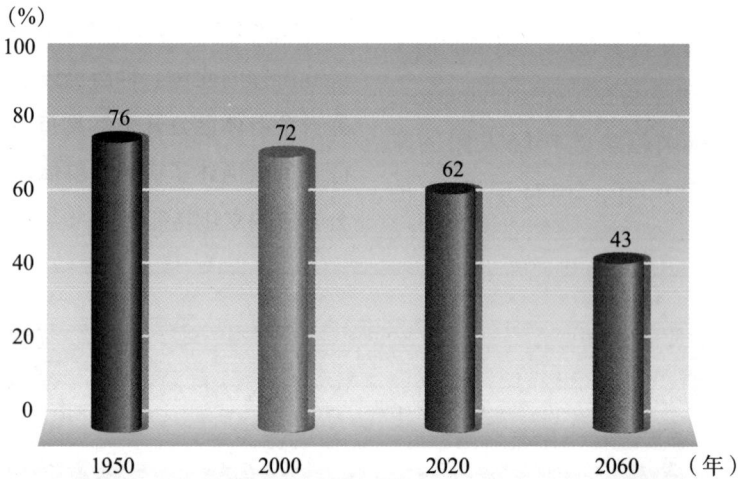

图 1-2　多样性数据：美国非拉美裔白人人口占比预计将减少

资料来源：Projections of the size and composition of the U.S. Population, 2014.

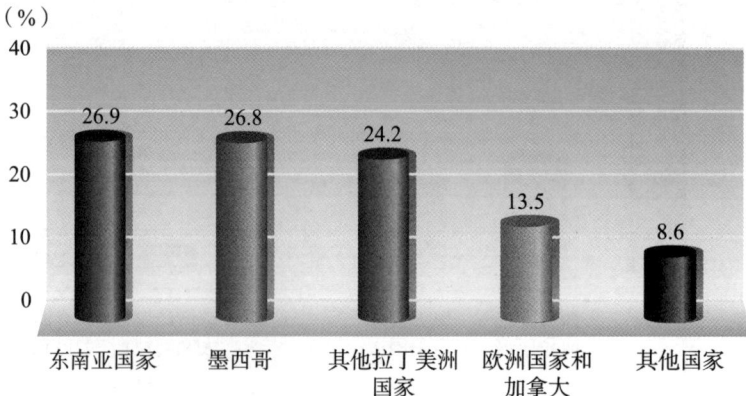

图 1-3　多样性数据：2015 年外国出生的美国人

注：按原籍地区划分的美国合法移民。

资料来源：J. Radford, 2017.

你的个人探索

在 20 世纪 50 年代和 60 年代的杂志广告中，你会看到一家人的照片中通常都是白人，爸爸穿着西装打着领带去上班，同时挥手招呼留在家里的妈妈，妈妈身旁是孩子们。显然，这个由同一种族的家庭成员组成的核心家庭不再是今天的主流。除了单亲家庭、再婚家庭变多外，同居未婚家庭（有的家庭成员之间是恋人，有的不是）、没有孩子的家庭、同性家庭，以及其他类型的"家庭"也越来越多。

然而，神话往往难以破灭。正如我们已经看到的一样，各种各样的因素提高了我们对亲密和幸福的期望。这就是为什么我们在每一章的开头都用了很长的篇幅讨论流行文化、媒体和技术的影响，以及为什么我们试图在整本书中处理各种其他因素，包括种族、民族和经济。

本书主要对亲密关系进行研究，这也是为了帮助你进行个人探索，寻找与另一个人在一起的幸福。这是你将需要学习的最重要的课程之一。正如心理学家丹·贝克所说，我们希望你能通过学习"练习欣赏或爱"来实现幸福（Corliss，2003）。

> 大众媒体和流行文化如何塑造人们的价值观、信仰和社会角色？

总结与回顾

1.1 在爱情与亲密关系中寻觅幸福

爱情和人际关系如何影响个人幸福

■ 人们寻求幸福的一种方式是与另一个人建立亲密关系。亲密是对另一个人的强烈的爱、承诺，并与另一个人分享智力、身体和情感上的联系。研究表明，幸福的实现既受一个人的基因的影响，又受一个人所处的社会环境的影响。快乐的人倾向于花大部分时间与朋友和家人在一起，而只花相对较少的时间独处。已婚人士往往是最幸福的人之一，而且往往有更强烈的幸福感。

■ 幸福的夫妇在他们的关系中往往会呈现出 5 个关键特征：（1）能很好地进行沟通；（2）作为伴侣，他们的关系富有弹性；（3）在情感上彼此亲密；（4）具有相容的个性；（5）对如何处理冲突有一致见解。夫妻的性关系、对休闲活动的选择、朋友和家人的影响、理财能力、精神信仰是否一致也影响着他们的幸福感。

1.2 婚姻与家庭：基本概念

家庭的组成部分、类型和益处

■ 与未婚者相比，已婚者往往会随着时间的推移变得越来越幸福。对婚姻不切实际的期望可能会阻碍个体在婚姻中获

得幸福。很多人怀疑个体是否能获得深度的亲密关系。

■ 婚姻可以被定义为一种社会认可的交配关系，包括 5 个组成部分：（1）情感；（2）仪式；（3）法律；（4）性忠诚；（5）教养子女。

■ 尽管大多数北美人因爱情而结婚，但其他一些文化支持包办婚姻。对所有文化来说，婚姻需要某种类型的仪式，从非常世俗的到非常神圣的，它巩固或支撑着一对夫妇的感情。

■ 同居不需要许可证，但结婚需要，婚姻会影响财产、子女、债务和遗产。美国各州可以设定最低结婚年龄，并设定其他要求，如验血和等待期。

■ 普通法婚姻，即一对同居的情侣表示自己已经结婚，在几个州得到法律承认。

■ 对许多人来说，婚姻或性关系涉及一夫一妻制，一个人只对一位伴侣做出承诺。然而，世界各地都存在其他婚姻形式，如一夫多妻制，或涉及多个配偶的婚姻，包括一夫多妻制（丈夫有多位妻子）和一妻多夫制（妻子有多位丈夫）。

■ 从社会角度看，婚姻的主要功能是为生育、养育和保护儿童提供一个稳定的框架。在可能的情况下，社会仍然期望未婚父母对其子女负责，这从子女抚养费

问题上可见一斑。

■　在传统定义中，家庭被定义为由两个或两个以上因血缘、婚姻或领养而生活在一起的人组成的单位。婚姻之外的家庭概念可能是主观的，有孩子的未婚夫妇被视为一个家庭，就像有孩子的已婚夫妇一样。

■　在不同的国家和地区，家庭的性质和结构可能会有所不同。核心家庭曾被认为是现代家庭，由住在一个家庭里的父亲、母亲和孩子组成。核心家庭曾经被认为是传统的家庭，或者男人的角色主要是丈夫、父亲和挣钱的人，女人的角色主要是妻子、母亲和家庭主妇的家庭。核心家庭可以是一个人出生和成长的家庭，也可以是两个人通过结婚生子组成的家庭。

■　由于各种社会力量，家庭结构已从核心家庭演变为被称为后现代家庭的新形式，其中的 3 个例子是双核心家庭（成员生活在两个不同家庭）、重组家庭或继亲家庭（两个有过婚姻的人结婚，其中一人或两人把以前的婚姻关系中的一个或多个孩子带进当前家庭而形成的家庭），以及单亲家庭。

■　"大家庭"一词进一步扩大了家庭的定义，它包括叔叔、阿姨、侄女、侄子、堂兄弟姐妹、祖父母和曾祖父母。后现代家庭可能由亲属组成，这些亲属根据血缘、婚姻或关系被定义为亲属。大家庭也可能由与亲属无关的个体组成，他们将彼此视为亲属。

■　大家庭的成员可以住得很近，甚至可以住在同一个家庭里。家庭主要有 3 种常见的居住方式，包括新居（新婚夫妇建立自己的家庭，不与新娘或新郎的父母一同居住）、从夫居（新婚夫妇与丈夫的家人住在一起）或从妻居（新婚夫妇与妻子的家人住在一起）。

■　家庭生活有 4 个好处：（1）经济效益，体现在规模经济（单位成本降低）上，因为家庭的规模扩大了；（2）亲近，因为家庭成员住得很近，因此获得帮助或陪伴变得更方便；（3）熟悉，家庭成员知道其他成员在顺境和逆境中的特征；（4）持续支持，家庭成员可以提供长期的情感支持、依恋和帮助。

1.3　影响关系和家庭的主要因素

影响家庭生活的强大力量

■　传统的家庭结构一直受到经济和人口趋势（工业革命、技术变革、全球化、大众媒体和流行文化和经济文化）的影响。从人口统计学上看，这种家庭也在经历种族和种族多样性的变化。

■　经济力量迫使家庭从崇尚家庭主义（家庭利益优先）转变为崇尚个人主义（个人利益优先）。

■　交通（汽车、航空旅行）和通信（手机、互联网、生物技术）方面的技术变革给家庭带来了好的和坏的影响，比如便利的交通将人们分开，但电子技术让人们保持着联系。

■　全球化——走向更相互依存的世界经济体系的趋势——通过减少高薪的制造业工作岗位和增加收入较低的服务业工作岗位来影响美国经济，这反过来又会影响关系和家庭的稳定与幸福。

■　大众媒体是关于成功和幸福的信息和错误信息的主要来源，它可以塑造人们关于社会角色的价值观、信仰和想法。媒体在传递成功的性别角色的形象的同时传递了充满不确定性和相互冲突的信息。

■　2007 年至 2009 年的"大衰退"导致更多的多代家庭生活在一起，更多的祖父母不得不抚养孩子，更多的年轻人搬回家与父母住在一起，婴儿的出生率有所下降，更少的美国人拥有自己的房子或搬到新的住所，结婚的人更少，移民也更少。

■　人口学主要研究人口和人口特征，涉及家庭规模、结婚率、离婚率以及族裔和种族构成等问题。种族描述了将一个群体与另一个群体区分开来的有关遗传的身体特征。民族性描述了将一个群体与另一个群体区分开来的文化特征。过去大多数关于婚姻和家庭的研究都是以白人为基础的，无法代表少数群体的状况。

■　美国的种族和种族多样性正在发生变化。因为不同的群体对家庭有不同的信仰和价值观，所以不同群体之间的互动可能会引发家庭、离婚率和生育率方面的变化。

第 2 章

研究亲密
行为的方法

核心内容

2.1 运用批判性思维的步骤

2.2 关于家庭的 8 种关键理论观点，以及宏观层面和微观层面的理论取向如何应用于这些观点

2.3 科学研究的 5 种主要类型和客观性的重要性

本章导读

首先，我们将讨论思维模式和非批判性思维，并探讨使思维变得更开放的方法。其次，我们将描述关于家庭的理论观点。最后，我们将介绍如何评估研究方法和研究成果。

大众文化、媒体和技术

广告会影响你吗

媒体作家肯·奥莱塔（Ken Auletta）断言，广告实际上是一种娱乐形式。如果广告喊得足够响亮，讲的故事足够聪明，它们就可以让人们做任何事情（Auletta，2018）。

你认为自己能对广告免疫吗

2017 年，美国成年人平均每天看电视的时间略多于 4 小时，而电视是一种主要由广告支持的交流媒体。人们花在看电视上的时间比前几年有所减少，因为同一名成年人花了更多时间在其他带有广告的设备上：平均每天在移动设备上花费 5 小时 50 分钟。事实上，现在成年人每天花在主要媒体上的平均时间会多于 12 小时（US Adults Now Spend 12 Hours 7 Minutes a Day Consuming Media，2017）。

美国 8 岁以下儿童平均每天在媒体上花费 2 小时 19 分钟（Rideout，2017）。8 ~ 12 岁的孩子平均每天花在不同娱乐媒体上的时间约为 6 小时，儿童和青少年每天在媒体上花费约 11 小时（Rideout，2015）。事实上，根据美国儿科学会的一份政策声明，年轻人花在媒体上的时间比他们在学校的时间还要多。

当然，电视和数字媒体上都充斥着广告。媒体动力公司（Media Dynamics Inc.）的一项研究指出，美国人平均每天会接触 360 个广告（Johnson，2014），但其他研究者估计实际每天接触的广告量可能多达 4 000 ~ 10 000 个（Marshall，2015）！

当然，你可能会认为，你不会受到这股商业主义浪潮的影响，因为你不是没有头脑的机器人。相反，你觉得自己是老练的、警觉的，并且根本不可能被如此明显的炒作所影响。但你可能错了。我们无法忽视各种各样的商业信息。广告行业杂志《广告时代》（*Advertising Age*）主编兰斯·克雷恩表示，只有 8% 的广告信息是被人们有意识地接收的（Rance Crain，1997）。尽管我们都愿意认为我们是有选择权的生物，也就是说，我们会行使自由意志，但大多数社会学家认为，个人行为受到学校教育、大众媒体等强加给我们的社会力量和社会规则的影响（Colagouri，

2011）。正如我们在本章最后一部分所讨论的，这种对社会结构和文化对人际决策影响的认识被称为社会学的想象力。

也许你认为广告不值得收获那么多关注。但正如几位研究人员所展示的，技术和大众媒体已经改变了人类的感官体验，比如垃圾食品、香烟、电影和录音带来了味觉、嗅觉、视觉、听觉和触觉的革命（Cross and Proctor，2014；Postrel，2013；Wu，2017）。

如果广告真的没有对我们产生任何影响，为什么全世界的公司每年要在广告上花费 6 400 亿美元？如果没有人注意广告，为什么大力推广的意大利起泡酒普洛赛克的销量在 2014 年增长了 1/3，而没做推广的香槟的销量几乎没有增长（Schaefer，2015）？正如学者苏特·贾利指出的那样，要想不受广告的影响，就必须生活在文化之外（Sut Jhaly，1998）。但没有人生活在文化之外。

2.1 学习如何思考：思想开放的关键

核心内容：
运用批判性思维的步骤

概述　首先，我们将讨论非批判性思维如何阻碍我们接近真相。其次，我们将描述运用批判性思维的 4 个步骤。

我们在前文中已经说过，寻求幸福是人

们发展亲密关系的主要动机。但拥有幸福就足够了吗？你更愿意拥有幸福的生活还是有意义的生活？

有人说，幸福就是得到你想要的，实现你的愿望。但在更大的生活和社区背景下，在实现自我和目标时获得的价值感可能并不总是让你感到幸福。生活中的意义与健康、工作和生活满意度以及工作表现相关（Baumeister et al.，2013；Parker，2014）。

"出生于 1984 年至 1995 年的'千禧一

代'似乎对由意义定义的生活更感兴趣，而不是某些人所谓的幸福"，两位在该领域做过研究的学者写道（Smith and Aakers，2013）。出生于 1995 年至 2009 年的"Z 世代"似乎也会倾向于寻找人生意义，尤其是在工作之中（Jenkins，2017）。

重要数据 ⇒ 时代的变化

- **我们每天将多少时间花在媒体上**　近期的一项研究表明，美国成年人平均每天会花 12 小时 7 分钟在媒体上。
- **女性更快乐吗**　女性报告说，她们的幸福感在过去几十年里有所减弱（Stevenson and Wolfers，2009）。
- **社会科学研究是如何进行的**　在观察性研究中，研究人员通过观察人们在通常环境中的行为收集数据，但这种方法并不常用，在最近的研究论文中只占不到 5%（Nye，1988）。

寻找意义始于独立思考。因此，本章的目的是脱离我们关于幸福的主题，讨论进行自由思考的方法。

非批判性思维与奇幻思维

我们周围到处都是非批判性思维。人们沉迷于占星术、命理学和类似胡说八道的歪理邪说。一些人相信"水晶疗法"和"彩色疗法"，他们认为怪人和庸医可以用杏核提取物治疗癌症，或者用铜手镯治疗关节炎。除此之外，有些"聪明人"相信，仅凭精神力量就可以掰弯勺子。

非批判性思维也可以用心理学家詹姆斯·阿尔科克（James Alcock）所说的奇幻思维（magical thinking）来诠释，它是对两个接连发生的事件的解释，这种思维认为其中一个事件直接引发了另一个事件，而不考虑二者之间是否确实存在因果关系。比如，"当我感冒时，我会服用大量维生素 C，并想象我的免疫系统会消灭细菌""每次参加比赛的时候，我必须穿同一件衣服"见表 2-1。

表 2-1　奇幻思维的例子

- 如果球队获胜，我就不换衣服
- 我会阅读每日星座运势以免遇到麻烦
- 犯罪和暴力与传统家庭的破裂有关
- 谈论未来的可能性时，我会敲木头
- 每天步行 1 000 米会让我在 5 年内减掉几十斤的体重
- 我必须远离数字"8"
- 在我"诅咒"自己之后，坏事更可能发生（比如吹嘘从未考试不及格）
- 想象或祈祷可以摧毁癌细胞
- 某些人可以利用他们的超能力破案

资料来源：Alcock, 1995.

奇幻思维似乎植根于人的大脑回路中，而且这一现象相当普遍。一位作家指出，"即使是将自己塑造成怀疑论者的人，也会举行一些似乎毫无意义的奇怪仪式"（Carey，2007）。对许多运动员、赌徒、水手和其他人来说，奇幻思维是一种生活方式，他们会以严肃的态度精心设计非常荒谬的仪式。学生们也会神奇地思考一些事物，比如"我必须穿着我的'幸运衫'去参加期末考试"。

奇幻思维作为一种非批判性思维，可能具有一定危险性。詹姆斯·兰迪驳斥了超自然现象支持者的说法，他说："我们生活在一个以前所未有的速度扩大知识边界的社会。我们常常只能接触到外界提供给我们的信息的一小部分。将我们的认知与有关魔法和幻想的幼稚概念混合在一起，会削弱我们对周围世界的感知能力。我们必须追求真理。"（James Randi，1992）

实例：奇幻思维

疫苗怀疑者

2000 年，美国宣布消灭麻疹，这得益于儿童广泛接种疫苗以及美国在公共卫生方面取得的成功。麻疹是一种具有高度传染性的呼吸道疾病，可导致人们感染肺炎、脑炎甚至死亡，尤其是在幼儿中。然而，2015 年，这种疾病突然卷土重来，起因是一名受感染的国际游客去了南加利福尼亚州的迪士尼（Aliday，2015a）。

病毒在加利福尼亚州的人群中肆意传播。正如一名记者所述，在过去的 20 年未接种疫苗的成年人和儿童的人数异常多（Aliday，2015b）。是什么造成麻疹的再度猖獗？尽管国际旅行的便利性和美国某些社区的贫困是影响健康的两个因素，但最关键的因素是未接种疫苗的儿童，正如《纽约时报》的专栏作家弗兰克·布鲁尼所描述的那样（Frank Bruni，2015）。事实上，一项研究表明，最有可能拒绝让孩子接种疫苗的人往往

是受过良好教育的且富有的白人（Yang et al.，2016）。

认为健康是理所当然的

今天的许多人也许在没有疫苗的流行病猖獗的过去根本无法存活下来，比如 20 世纪 30 年代的百日咳每年可能导致多达 8 000 名婴儿死亡；还有在 20 世纪 50 年代，脊髓灰质炎没有治愈方法，而且往往会使受害者终身瘫痪（Offit，2014）。在腮腺炎 - 麻疹 - 风疹（mumps–measles–rubella，MMR）疫苗普及之前，麻疹每年导致很多人死亡。当时没有能证明疫苗的好处的研究结论。作家丹尼尔·亨宁格说："如今生活如此美好，许多年轻父母相信，如果他们的孩子得了重病，医生一定能减轻孩子的痛苦。"（Daniel Henninger，2015）由于麻疹和其他从前会致命的疾病在美国没有长期传播，因此许多人认为没有必要接种疫苗（McKay and Whalen，2015a）。

怀疑疫苗与自闭症有联系

许多好心的甚至受过高等教育的父母不仅没有意识到麻疹的危险性，而且质疑在孩子出生后的头两年给他们接种 17 种疫苗是否明智。他们担心，如果接种疫苗过早且剂量过高，可能会引发哮喘、过敏和其他慢性疾病（Aliday and Colliver，2015）。其他人则信奉"自然育儿"文化，将疫苗与"垃圾食品、电视和超声波"混为一谈，正如一位被误导的家长所说（McKay and Whalen，2015b）。

然而，对许多反疫苗者来说，最令人担忧的是 1998 年发表在英国医学杂志《柳叶刀》（The Lancet）上的一份著名报告，该报告声称 MMR 疫苗与自闭症之间存在联系，即使《柳叶刀》后来撤回了这篇文章（Rao and Andrade，2011）。儿科教授兼疫苗专家保罗·奥菲特写道："这项研究不仅大错特错，而且正如 10 多项研究表明的那样，还存在谎言。该报告的作者英国外科医生安德鲁·韦克菲尔德（Andrew Wakefield）也被剥夺了医疗执照。"（Paul Offit，2014）然而，在美国，从 1991 年到 2006 年，每年被误导的选择不接种疫苗的父母的比例为 6%。

反科学与互联网

布鲁尼说："反疫苗运动的规模和影响力反映了人们对科学的漠视。"（Bruni，2015）一些反疫苗者受到名人和激进分子的影响，这些名人和激进分子包括主持人、模特珍妮·麦卡锡（Jenny McCarthy）以及一位作家所说的"因为喝开菲尔（发酵牛奶）而觉得有权对公共健康发表指导性言论的人"（Belafante，2014），其他人则受到互联网的影响。

布鲁尼指出，互联网"让人们更容易开展自己的'研究'，并能引导他们找到值得信赖的和不值得信赖的网站"（Bruni，2015）。由于当今媒体的多样性和饱和性，因此几乎每个观点都有输出平台。一个疯狂的假设可以通过人们一遍又一遍地重复而备受关注，以致其他人开始相信它一定有一些道理。

最终，加利福尼亚州通过了一项于 2016 年生效的法律来扭转局面，该法律取消了所有个人信仰豁免权，在没有疫苗接种证明的情况下，儿童不能入学。"一项法律比 1 000 条公共服务公告更有效地改变了激进分子的行为，"一篇文章这样评论道（Oster and Kocks，2018）。

然而，反疫苗运动在其他方面造成了损害。疾病控制中心（Reddy，2017）发现，只有 43% 的青少年接种了人乳头瘤病毒（HPV）疫苗，人乳头瘤病毒每年会引发 30 000 例癌症病例。HPV 疫苗使用量的减少在很大程度上要归因于加利福尼亚州反疫苗者的反疫苗情绪。

你怎么认为

想通过改变人们的行为习惯从而使其接受新知识是困难的。事实上，科学证据通常无法有效减少误解，因为人们对什么是"事实"的信仰往往与他们的政治和文化观点以及他们的身份有关（Nyhan，2014；Risen，2015；Risen and Nussbaum，2015）。你也是这样认为的吗？

我们思维的敌人：思维模式　清晰思维的敌人是我们的思维模式。随着不断成长，我们逐渐形成了影响我们如何应对新想法的思维模式。这些思维模式由我们个人经历和我们成长的各种社会环境所塑造。思维模式决定了我们认为哪些想法是重要的，也决定了我们会忽略哪些想法。正如一本关于清晰思维的书所指出的："我们不能关注发生在我们周围的所有事件。因此，我们的大脑会过滤一些我们观察到的事实，从而让其他的观察和事实进入我们的意识觉察范围"（Ruchlis and Oddo，1990）。

危险就在于，我们往往只听自己想听到的信息，而忽略其他信息（Hertz，2013）。皮尤研究中心的一项研究表明，这就是为什么尽管美国人获得了前所未有的丰富信息，但倾向于将自己置身于不同的政治立场中（Pew Research Center，2017）。斯坦福大学政治学家山托·艾扬格（Shanto Iyengar）及其合著者发现，在美国人的自我定义中，政党归属甚至是比性别、种族、语言、宗教或民族更强有力的定义（Martinovich，2017；Westwood et al.，2017）。

拥有思维模式让生活变得舒适。然而，正如鲁克利斯和奥多所指出的："熟悉的关系和事件变得如此普遍，以致我们希望它们永远持续下去。然后我们发现自己完全没有准备好接受必要的改变，即使改变正摆在我们面前。"在本章，我们将为你提供一些工具，以帮助你找到亲密关系和人际关系中重要的东西，社会学创始人奥古斯特·孔德（Auguste Comte）称之为实证主义，即从事实中获得的知识，换句话说即真相。

批判性思维：清晰、怀疑、积极

调整思维模式的方法是使用批判性思维。批判性思维（critical thinking）意味着运用清晰的思维、怀疑的思维、积极的思维。它积极寻求理解、分析和评估信息，以解决具体问题。比如，当你试图分析某人的观点或你自己的观点是否正确时，你需要运用批判性思维。与被动思维不同，在被动思维中你会毫无疑问地接受外界给你的信息，批判性思维意味着你会不断质疑一切。

运用批判性思维的步骤　幸运的是，批判性思维是可以学习的，就像你可以学习如何探索互联网一样。

批判性思维的 4 个步骤：

1. 了解问题；
2. 收集信息并进行解释；
3. 制订计划并实施计划；
4. 评估计划的有效性。

以上这 4 个步骤似乎是符合常规的。但令人惊讶的是，我们经常会使用非常规的方式来解决问题。因此，请参考下面"实践活动"中的具体步骤。

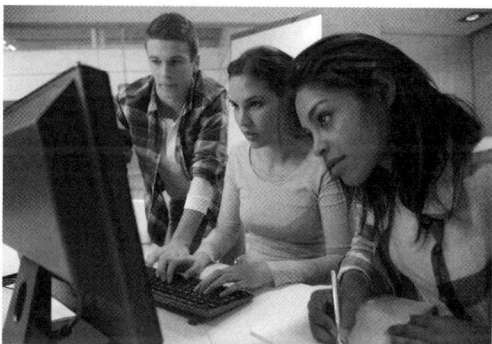

批判性思维　为撰写学期论文做研究的学生正在进行批判性思维的第 3 步。你认为批判性思维方法在校外有实际应用的例子吗？为什么？

实际行动 • • •

批判性思维的步骤

1. 了解问题

关于考试，有多少次你被告知要阅读指导语？在阅读如何操作新电器或组装儿童玩具的手册时，你是否经常会重新阅读说明书？在这两种情况下，你都需要迈出必要的第一步：确保你理解问题所在，这是最基本的。

冲动是有害的。如果你不理解问题，你可能会浪费大量时间来解决它，而且始终无法解决。要理解问题，你可能需要阅读两遍或更多遍问题（比如数学题），你还可能会请别人（比如老师）澄清，或者寻求其他解释（比如看城市路线图而不是各州路线图）。

通常，你可以通过讨论问题更好地理解问题，就像在学习小组中与其他学生进行讨论一样。

2. 收集信息并进行解释

有时候，你只要确保理解了一个问题，就能找到相应的解决方案。然而，在有些时候，你可能需要获得额外的信息并对其加以解释。也就是说，你需要列出可以给你带来帮助的资源，或者找出阻碍你解决问题的方面。

比如，如果你的问题是你需要为婚姻和家庭课程写一篇关于能使夫妻更好地进行沟通的论文，你就需要搜索互联网或从图书馆获取有关该主题的书籍和其他信息。然后你需要对这些信息进行解释，以确保你知道沟通中的自信和攻击性之间的区别。

3. 制订计划并实施计划

制订计划有时是最困难的一步。原因在于你可能不得不在几个备选方案中进行选择。比如，在撰写关于夫妻交流的文章时，你必须在几个备用的大纲之中选出最优的那一个，并借鉴各种实例。

此外，你需要实施这个计划，这个计划可能可行，也可能不可行。也许你所做的研究无法支持你的论文的最初研究方向，因此你将不得不重新思考你需要采用的方法。

4. 评估计划的有效性

最终，你完成了关于夫妻沟通的论文。也许在这一过程中你备受折磨，在这种情况下，你会想知道下一次该怎么做。也许你的计划做得没问题，但有些事情本来可以处理得更好。

从事件中吸取教训是批判性思维的重要组成部分，也是一个不应忽视的步骤。如果你的经验是成功的，它能应用于其他类似的问题吗？如果你只取得了一部分成功，你能找到改变收集信息步骤或制订计划步骤的方法吗？如果这次经历对你来说是一场灾难，你能从中总结出一条教训，并把它写在便利贴上然后贴在办公桌上吗？比如，"在检索论文时寻找最近发表的论文"。

我们在"实践活动"中描述的是批判性思维技能。认知心理学家 D. 艾伦·本斯利 （D. Alan Bensley）说："大多数研究表明，你可以教授这些技能。但批判性思维不同于其他类型的思维。批判性思维与推理的认知能力有关。批判性思维与决定你是否选择使用这些技能的特质直接相关。"（Begley，2006）换句话说，好奇、开放、乐于接受新经验、更信任理性数据（头脑）而非直觉（本能）是批判性思维技能发挥作用所需的特质。

> 批判性思维的 4 个步骤是什么？你如何将它们应用到现实生活中？

2.2　关于家庭的理论观点

核心内容：

关于家庭的 8 种关键理论观点，以及宏观层面和微观层面的理论取向如何应用于这些观点

> 概述　理论提供了解释过程和事件发生原因的视角。看待婚姻和家庭的 8 种理论视角是结构 - 功能视角、冲突视角、符号互动视角、家庭系统视角、社会交换视角、女性主义视角、生态视角和家庭发展视角。

我们如何才能最好地理解婚姻和家庭？也许我们需要理论，即通过一个视角或一组陈述解释过程和事件发生的原因。记者卡尔·齐默说："理论既不是预感，也不是猜测，它们是科学皇冠上的明珠。"（Carl Zimmer，2016）

布朗大学生物学家肯尼斯·米勒（Kenneth Miller）解释道："理论是一套将一系列事实联系在一起的解释体系。它不仅解释了这些事实，而且预测了你应该从其他观察过程和实验中发现什么。"（Zimmer，2016）理论可以帮助我们分析研究结果，从而使我们据此提出可以纳入政策、程序、法律和治疗方法的解决方案。

虽然讨论家庭理论的教科书可能涵盖多达 16 个理论视角，但我们仅具体描述以下 8 种理论视角：（1）结构 - 功能；（2）冲突；（3）符号互动（我们将其视为最重要的理论）；（4）家庭系统；（5）社会交换；（6）女性主义；（7）生态；（8）家庭发展，见表 2-2。注意，前 3 种理论是最重要的，也是被社会学家使用得最广泛的。在接下来的章节中，我们将介绍如何将这 3 种理论应用于本书中讨论的特定主题（如性别和性）。

表 2-2　8 种理论视角的比较

	结构 - 功能	冲突	符号互动	家庭系统	社会交换	女性主义	生态	家庭发展
理论取向	宏观	宏观	微观	微观	微观	宏观和微观	宏观和微观	宏观和微观
主要特征	稳定性、共识、工具性和表达性角色；显性功能和隐性功能	冲突、对稀缺资源的竞争、缺乏共识、社会不平等	持续的内部家庭互动；家庭成员的行为和反应	家庭成员相互关联，一个人的变化会导致其他人也有所变化；所有人都朝着巩固家庭的方向努力	人们在人际关系中的互动代表了每个人为最大化利益和最小化成本所做的努力	女性角色的不平等是男性在家庭和社会中占主导地位的结果	家庭受到其直接环境和间接环境的影响	家庭成员在经历与年龄相关的阶段时完成相应的任务

（续表）

	结构 – 功能	冲突	符号互动	家庭系统	社会交换	女性主义	生态	家庭发展
理论取向	宏观	宏观	微观	微观	微观	宏观和微观	宏观和微观	宏观和微观
问题举例	家庭有什么功能？家庭对社会稳定有何贡献	谁能在当下的社会安排中受益	家庭互动如何为家庭创造现实？家庭成员在家庭的体验是怎样的	家庭成员如何在家庭中经历危机（疾病、经济变化、物质滥用）	伴侣对另一半的情感冷漠有何反应	男性如何从传统的性别角色中受益？女性如何受到传统家庭定义的压迫	个人如何通过与环境的互动来成长和适应社会	家庭角色如何因孩子或父亲或母亲的缺席或存在而改变

2 种类型的理论视角：宏观取向和微观取向

社会学家将理论视角分为宏观取向和微观取向。

宏观层面的取向：自上而下的观点　宏观层面理论取向（macro-level orientation）是侧重于大规模的社会模式。结构 - 功能视角和冲突视角就是宏观层面取向的两个例子。它们采用自上而下的视角看待经济力量、社会运动、技术创新和流行文化等对婚姻和家庭产生的广泛影响。

微观层面的取向：自下而上的观点　微观层面理论取向（micro-level orientation）关注的是小规模的社会模式，侧重于特定环境中的个体互动。符号互动视角是微观层面取向的一个例子。它采用自下而上的视角，假设社会是无数个个体日常互动的产物，个体对现实的感知是不断变化的。

现在让我们来思考这些理论本身。

结构 – 功能视角：家庭是履行基本职责的社会机构

作为宏观层面理论取向的一个代表，结构 - 功能视角（structural-functional perspective）认为家庭是为确保社会稳定而履行基本职责的社会机构。就像你的身体是由各个部分组成的，它们会一起工作从而使你能够正常生活一样，社会也被视为由社会机构（家庭、学校、政府部门等）组成的，它们使社会能够发挥作用并具有稳定性。结构 - 功能论者不仅关注家庭对社会发挥的功能，而且关注家庭对其成员发挥的功能及其成员对家庭发挥的功能。

20 世纪 50 年代和 60 年代，结构 - 功能视角的主要支持者是社会学家塔尔科特·帕森斯（Talcott Parsons），他认为当丈夫和父亲扮演工具性角色，而妻子和母亲扮演表达性角色时，家庭的功能最好。工具性角色（instrumental role）指男性是养家糊口的人，他们勤奋、自信、有竞争力。表达性角色（expressive role）指女性是家庭主妇，她们是养育者和支持者（Parsons and Bales, 1955）。这种狭隘的性别角色是"帕森斯时代"的常态，在那之后情况发生了变化，至少在美国的大部分地区是这样的。

结构 - 功能主义者认为存在两种功能：显性功能和隐性功能。

■ 显性功能　显性功能（manifest

functions）指的是开放的和有意识的功能。**显性功能是有预期目标的** 比如，工业化的显性功能是更快更好地开展建设。汽车的显性功能是使人们能从一个地方到达另一个地方。手机的功能是使人们能更容易地相互交谈。家庭的功能是提供经济支持、配偶之间能相互支持和照顾孩子。

■ **隐性功能** 隐性功能（latent functions）指的是无意识的但有潜在作用的功能 隐性功能是无意识的、偶然的，甚至是隐蔽的。比如，工业化的一些隐性功能是放松家庭对孩子的控制，因为父母不再于家中工作。汽车的隐性功能是改变约会的性质。手机的隐性功能则从简单的对话扩展到了发送和接收信息、浏览网页和使用 GPS，这些功能引发了网络欺凌、个人数据被黑客入侵等问题，也让远程医疗、在线约会和身体健康监测等得以出现。家庭的一个隐性功能是塑造严格的性别角色，比如强迫孩子从事与父母相同的职业。

从结构 - 功能的角度来看，今天的家庭主要有三个主要功能，它们都是为了给整个社会带来稳定，如下所述。

■ **确保社会有源源不断的新成员并成为其社会化的源泉** 家庭持续向社会提供新成员，以促使其稳定发展。此外，这些成员不能仅仅是纯粹的新鲜血液，还必须学会说社会接受的语言，理解社会的规范和角色。也就是说，家庭是社会化的源泉之一，**社会化（socialization）的过程就是子女学习适合其社会和文化的态度、信仰和价值观，以便在社会中有效地发挥作用的过程**。许多国家内部有不同的文化，而且不同文化的语言和规范差异很大，这对整个社会的稳定构成了威胁。

■ **为家庭成员提供经济支持** 直到最近，家庭也主要服务于经济而非情感目的。即使在 20 世纪初的美国，家庭在很大程度上也是一个经济单位，旨在为其成员提供食物、住所等。在没有强大社会安全网络的国家的贫困家庭中仍然可以看到经济功能的重要性。在经济困难时期，美国的丈夫和妻子互相帮助的方式也能显现这一功能，比如当丈夫失业时，妻子就会成为重要的家庭支柱。

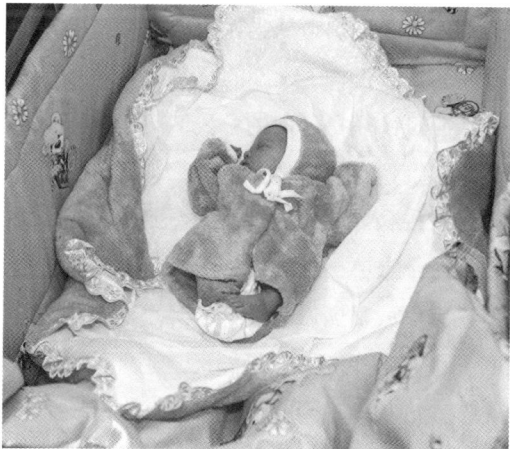

新成员 根据结构 - 功能理论观点，家庭的一项功能是确保不断有新成员，并使他们适应社会的价值观。你认为社会化进程是从家庭开始的吗？使用不同颜色的身份卡片或毯子——男孩是蓝色的，女孩是粉色的？这种性别社会化在多大程度上正在改变？

■ **为家庭成员提供情感支持** 请回忆第 1 章 "寻找" 中诗人罗伯特·弗罗斯特的话，他说家是 "当你不得不去那里的时候，他们不得不接纳你的地方"。这意味着一个家庭不仅会给予其成员经济上的支持，而且会给予其成员情感上的支持。当然，并非所有家庭都如此支持家庭成员。事实上，正如我们在本书中的其他章节所讨论的那样，有些家庭可能会给家庭成员带来相当大的压力。即便如此，从最广泛意义上来说的家庭成员——不仅是直系亲属，还包括祖父母、阿姨和叔叔——都可以成为人们从朋友或咨询师那里无法获得的情感支持的来源。

冲突视角：家庭的正常状态中充满了冲突与变化

作为宏观层面理论取向的另一代表，冲突视角（conflict perspective）认为个人和群体在争夺权力和稀缺资源方面基本上是相互冲突的。事实上，不同于结构 - 功能主义者，冲突理论的拥护者认为家庭内部和整个社会群体（社会机构）之间的竞争和斗争是自然的，而且往往是可取的。我们可以从不同群体对性别角色、性教育、干细胞研究、堕胎和死亡权利等问题的观点中看到这一点。并不是一个家庭所做的每件事都是和谐的，也不是家庭成员所做的每件事都是对彼此有益的。夫妻之间会在面临分工问题时发生冲突，父母和孩子会在面临家庭作业和约会问题时发生冲突，亲戚之间会在面临如何举办节日仪式时发生冲突。虽然家庭差异可能会带来积极的变化，但它们也可能导致冲突升级，如家庭暴力。

应用该理论视角 根据冲突理论支持者的说法，家庭困难可能是由社会问题或结构性变化引起的，比如美国制造业的工作岗位被机器人和海外廉价劳动力夺走，从而导致美国经济的去工业化。只是现在，变革的步伐可能正在加快，通过人工智能编程的机器能从经验中学习，这提高了生产力，但也加速破坏了原有工作环境（Shultz，2018）。

冲突理论的支持者认为，出现分歧的原因有如下两个。

■ **权力冲突** 我们所有人都希望能独立自主和自由选择。然而，生活在关系或家庭中意味着我们必须处理其他人的欲望。因此，许多关系都充满了围绕家务、育儿，以及如何度过假期而展开的权力斗争。

■ **资源冲突** 父母和孩子为谁可以使用计算机、谁可以观看哪些电视节目、谁可以使用汽车等问题而争论不休。大多数家庭从来没有足够的时间和金钱出门旅行，因此冲突就会随之而来。

符号互动视角：人们的互动最终决定了他们的行为

赫伯特·布鲁默采用了"符号互动"一词来指代人际互动的过程（Herbert Blumer，1969）。他的观点主要由二十世纪二三十年代有影响力的社会学家查尔斯·霍顿·库利（Charles Horton Cooley）和乔治·赫伯特·米德（George Herbert Mead）的作品中的理论观点发展而来。

作为微观层面（而非宏观层面）理论取向的代表，符号互动视角（symbolic interaction perspective）关注家庭内部的互动——家庭成员的持续行动和相互反应。从该理论视角来看，一个家庭并不是一个标准结构（如结构 - 功能主义者所认为的那样），而是其成员自发地相互作用时的创造产物。也就是说，一个家庭是基于其成员的互动而呈现出自己的真实状态的。正如社会学家威廉·I. 托马斯（William I.Thomas）所说的著名的托马斯定理（Thomas Theory）："如果人们将情境定义为真实的，那么它们的后果就是真实的"（Thomas and Thomas，1928）。

为了发生互动或互惠行为，必须有两个人在行动并相互回应。这些互动是通过符号——我们通过观察他人的言行来解释或定义的姿势或语言——进行的。

应用该理论视角　符号互动视角基于以下 3 种机制。

■ **情境的定义**　情境的定义意味着当人们将情境定义为真实的时，它会产生真实的后果。比如，你如何理解约会对象在派对上与他人交流的眼神和话语（是礼貌的还是充满调情意味的？）决定了接下来的现实（这可能是无害的，但如果它让你产生嫉妒情绪的话就可能是有害的）。

■ **基于他人互动的自我形象**　你的自我形象是对他人如何与你互动的反应。比如，你可以把你的约会对象与聚会上的其他人热情地攀谈解释为他不认为你很重要。如果这种情况经常发生，可能会让你形成消极的自我形象。

■ **行为的可预测性**　在你定义了情况并确定了你认为自己应该如何表现之后，你和另一个人就会在当前和未来以可预测的方式行事。比如，如果你认为自己的约会对象在与另一个人调情，那么你可能不仅在这个派对上会嫉妒那个人，而且在未来的派对上也会嫉妒同一个人。

家庭系统视角：家庭成员是相互联系的，其中一名成员的变化会影响其他家庭成员

作为微观层面理论取向的另一个代表，家庭系统视角（family systems perspective）认为家庭成员构成了一个由整体中相互关联的部分组成的系统，其中一部分的变化会改变其他部分。这一观点代表了一种有点传统的模式，它的支持者感兴趣的不是家庭成员个人，而是成员之间如何互动以做出决策和解决问题，从而实现系统的集体目标（Day，1995）。

应用该理论视角　家庭系统中的一个关键概念是平衡。也就是说，某一部分的变化会让整个家庭做出调整，从而使家庭达到平衡。一个明显的例子是，当主要收入者失业时，家庭中的其他人都会做出调整，以便家庭能继续维持下去。也就是说，另一方可能会尝试寻找工作，孩子的花销会减少，以及寻求外部的帮助和支持等。

更有趣的是，家庭还有情绪平衡，即家庭成员的表达和行为方式可能会受到家庭任何一部分变化的威胁。一个常见的例子是，当第一个孩子出生之后，夫妻之间互动的动力会随之改变。阿明·布罗特说："我相信，孩子的出生是这么多离婚发生在孩子还小的时候的主要原因之一，因为你把注意力集中在孩子身上，你累得要命，你们不再约会，也不会花时间改善你们的关系，你们也不会花太多时间互相滋养对方。"（Armin Brott and Curiel，2001）

为了保持最初的平衡，新手父母可能会尝试不让自己和伴侣只专注于孩子，并分担购物和做饭等责任，另外一起吃饭或一起做一些其他事情（Curiel，2001）。

社会交换视角：个人在关系中寻求最大的利益和最小的成本

作为符号互动视角（因此代表微观层面理论取向）的一个分支，社会交换视角（social exchange perspective）提出，个体的互动行为代表其为最大化自己的利益和最小

化成本所做的努力（Blau，1964；Homans，1958）。你从一段关系中寻求的好处（或回报）具体可能包括以下任何一方面或所有方面：财富、安全感、情感、吸引力、地位、青春、权力、名望。如果一段关系让你付出的代价超过了回报，你很可能会想结束这段关系。

应用该理论视角 社会交换视角使用了一个类似经济学的理性模型，在这个模型中，夫妻在关系中用明显的成本换取明显的收益（比如，她得到了安全感，他得到了后代）。但在很多关系中，如果我们仅从外部观察，我们无法知道这对夫妇分别能得到什么好处。

事实上，一方甚至可能不知道另一方没有得到好处。米歇尔·韦纳·戴维斯（Michele Weiner Davis）是《打破离婚》（Divorce Busting）一书的作者，她创造了"离家出走的妻子"（walkaway wives）这一短语来描述这样一种现象，即女性一开始是婚姻的守护者，但最终却从不关注她们、不回应她们唠叨的丈夫身边撤离。因而当妻子们在情感上停止投入（因为收益低于成本），开始静静地准备离开时，丈夫们却因为没有了唠叨而松了一口气（好处更多、代价更少），但当被告知他们的婚姻已经结束时，他们却震惊了。韦纳·戴维斯给丈夫们的建议是"花时间和女人一起聊天、做愉快的事情对女人来说并不是蛋糕上的糖衣，而是蛋糕本身"（Peterson，2000）。

女性主义视角：男性主导导致男女不平等

有几种女性主义观点。事实上，一位学者确定了11种女性主义的变体（Lorber，1998）。然而，作为冲突视角的一个分支，我们可以将女性主义视角（feminist perspective）概括为女性角色的不平等是男性在家庭和社会中占主导地位的结果。也就是说，各种观点的共同点是不平等和压迫这两个概念。

应用该理论视角 一个长期存在的女性主义者的信念是，婚姻让男人更快乐，但让女人更痛苦。这是女性主义学者杰西·伯纳德提出的观点，它助长了女性主义认为婚姻制度压迫女性的信念（Jessie Bernard，1972）。

离家出走的妻子 从社会交换的角度来看，婚姻中的伴侣以成本换取利益。当丈夫不再关注妻子时，妻子可能会停止唠叨，开始情感退缩，并计划离开（她们认为婚姻的收益低于成本）。丈夫们可能因不再被唠叨而松了一口气，然而当妻子离开时他们却感到惊讶。你在看似稳定的婚姻中，见过这类现象吗？

然而，随后的调查表明伯纳德的研究存在缺陷，一项对10 641名澳大利亚成年人展开的研究的结论（De Vaus，2002）与她的结论完全矛盾。尽管伯纳德发现已婚女性比已婚男性或单身女性更抑郁，而已婚男性没有单身男性抑郁，但澳大利亚的研究表明，精神疾病在男性和女性中的比例相同，均为 16%，但二者的疾病种类不同。抑郁和焦虑在女性中更常见，而酗酒等行为往往会影响男性。另外，宾夕法尼亚大学的一些经济学家所做的一项研究表明，在过去的几十年中，无论是已婚的还是未婚的女性都报告说幸福感减弱了（Stevenson and Wolfers，2009）。

无论如何，女性主义观点已经产生了一些重要的文化和政治后果。我们主要介绍其中的 3 个方面。

■　**强调平等**　女性主义者坚持认为，配偶应该是平等的伴侣，妻子不应该比丈夫承担更多的家务和育儿任务，而且夫妻双方都应该享有探亲假。他们还提倡父亲对养育子女有很大影响的观点。女性主义者坚持《离婚法》应当更平等，也一直在努力保障生育权利。

■　**不是只有一种家庭**　女性主义者挑战丈夫应该养家糊口，妻子应该做家庭主妇的观点（尤其是传统结构 - 功能主义者的观点），并扩大了家庭定义的范围，包括单亲家庭、同性家庭、继亲家庭以及祖父母和孙子女组成的家庭，任何家庭都可以是不同种族和民族的结合。

■　**减少骚扰和暴力**　女性主义者的一个重要贡献是坚持认为社会需要密切关注如何减少性骚扰、约会和家庭暴力以及针对儿童的攻击。这一观点导致警方在处理家庭纠纷、法院发布限制令以及对因瘀伤和殴打而接受治疗的女性和儿童进行医疗检查方面的政策发生了变化。

男性研究　在女性主义研究出现之前，社会科学家倾向于错误地将仅涉及男性的研究结果概括为同时适用于男性和女性。因此，女性主义者的贡献在于指出女性在选举、犯罪、教育等许多社会领域的经验是不一样的。

然而，在家庭这一研究领域，情况恰恰相反：男性常常被忽视。也就是说，传统学者研究家庭时，似乎认为男性不是家庭的重要组成部分，即使在研究男性时，他们似乎也认为男性的家庭生活并不重要。最近，人们开始越来越多地关注男性的经历如何受到关于男性的身份定位的社会观念的影响。此外，学者们正在研究男性在家庭中的角色，如丈夫、父亲、儿子、前配偶，等等。

尽管男性研究是一门相对较新的学科，但它已经有了自己的学术机构，比如美国心理学会的第 51 分部——男性与阳刚之气心理研究协会出版了《男性与男性气质心理学》（*Psychology of Men and Masculinity*）杂志。美国男性研究网站协会表示，其宗旨是"在全球范围内开展对男性和男性气质的批判性研究"（Doyle and Femiano，1999）。男性与男性气质研究中心位于纽约州立大学石溪分校，由迈克尔·金梅尔（Michael Kimmel）领导，并提供男性气质研究硕士课程。该中心的网站宣称它"致力于对男孩、男性、男性气质和性别进行跨学科研究"

生态视角：家庭受到环境的影响

生态学视角（ecological perspective）考察一个家庭（或个人）是如何受到环境的影响以及如何影响其所在环境的。生态视角是社会学和心理学中较新的视角之一，它既体现了宏观层面的理论取向，也体现了微观层面的理论取向。生态视角认为，人类的行为同时受直接环境和间接环境的影响，比如从家庭、学校、政府和教堂，一直到地球的物理、生物环境（Bronfenbrenner，1979；Bubolz and Sontag，1993）。

应用该理论视角　电视屏幕传递的情感信息对婴儿行为的影响可以在 12 个月大的婴儿身上观察到（Mumme and Fernald，2003）。在婴儿观看一段成年女演员对玩具做出积极或消极情绪反应的短片后，1 岁的婴儿在与玩具互动时也会表现出类似的情绪。该研究的主要研究者唐娜·L. 穆姆（Donna L. Mumme）说："他们能识别出一个人在看什么，当然，他们也能捕捉到情绪。但 1 岁的孩子能从 20 秒的视频中收集到如此多的信息，足以让我们感到非常震惊"（Goode，2003）。

另一项针对 1 300 名婴幼儿的研究表明，年幼的孩子看电视的次数越多，他们在学龄早期就越难以集中注意力（Christakis et al.，2004）。其他研究表明，3 岁时频繁看电视与行为问题及对社会发展、课堂参与和学业成就的长期影响有关（Manganello and Taylor，2009；Pagani et al.，2010）。

生态视角的拥护者可能会说，这些实验展示了个体如何通过与周围环境的交互来成长和适应，无论是他们的父母（直接环境）还是大众媒体（间接环境）。

家庭发展视角：个人和家庭在人生的各个阶段都会发生变化

家庭发展视角同时体现了宏观和微观两个层面的理论取向。家庭发展视角（family development perspective）指出了家庭成员在家庭生命周期的各个阶段所需要完成的发展任务。家庭生命周期有几种不同形式，但最著名的是《家庭发展》（Family Development）一书的作者伊芙琳·杜瓦尔提出的家庭生命周期的 8 个阶段，见表 2-3（Evelyn Duvall，1957；Duvall and Miller，1985）。另一位重要的研究者是莫妮卡·麦戈德里克（Monica McGoldrick），她提出了家庭生命周期的 5 个阶段（McGoldrick et al.，1993）。在家庭生命周期中，成员的角色和关系会发生变化，这在很大程度上取决于他们如何适应养育子女的责任。

表 2-3　家庭生命周期的 8 个阶段

1. 已婚夫妇：无子女
2. 生育家庭，持续时间约为 2.5 年：最大的孩子年龄小于 2.5 岁
3. 有学龄前儿童的家庭，大约持续 3.5 年：最大的孩子 2.5 ～ 6 岁
4. 有学龄儿童的家庭，大约持续 7 年：最大的孩子 6 ～ 13 岁
5. 有青少年的家庭，大约持续 7 年：最大的孩子 13 ～ 20 岁
6. 作为启动中心的家庭，持续约 8 年：最大的孩子成年并已独立
7. 中年家庭：空巢无子女
8. 老龄化家庭：从退休到配偶一方或双方死亡

注：当然，这 8 个阶段并不普遍；许多人较晚才会组建家庭或根本没有孩子。

资料来源：Duvall, 1957.

应用该理论视角　家庭发展视角的一个关键贡献是提出了家庭成员在家庭生命周期中的各个阶段必须完成相应的发展任务，即肩负特定的角色期望和责任（Duvall and Miller，1985）。比如，在第一阶段，你和你的伴侣必须建立一段双方都满意的婚姻，融入亲属关系网络，适应怀孕的过程并做出为人父母的承诺。在第三阶段，你必须融入学龄家庭的社区，鼓励孩子们取得教育成就。在第五阶段，你必须帮助青少年发展成熟，并发展后父母时代的职业生涯和兴趣。在第七阶段，即中年家庭阶段，你必须重建婚姻关系，并与长辈和孩子保持良好的亲属关系。

当然，你可能会看到，生活中有许多家庭并不会完全遵照这一家庭生命发展周期发展。比如，如何将这一理论应用于单亲家庭、丁克家庭和多代家庭？离婚是如何改变发展任务的？我们将在后文中探讨这些问题。

有没有哪个理论视角比其他的更好

如果你面对一段明显不好的关系或一个显然有问题的家庭，你会倾向于用哪种理论视角或者首先采用哪种理论视角进行分析解读？其实，所有理论视角都有其价值，但也都有其缺陷。

优缺点　在这里，我们只描述最重要的优缺点。

■　结构 - 功能视角　结构 - 功能理论在20 世纪 50 年代和 60 年代占据主导地位，该视角有助于形成关于家庭秩序和稳定以及政治、法律和经济如何影响家庭结构的观点。

然而，这种观点也有缺陷，因为它狭隘地将家庭视为家庭成员具有共同价值观的和谐单位，并将离婚视为导致家庭破裂的直接原因（Mann et al.，1997）。它还因没有充分关注个人的日常互动而受到批评。早期对工具性和表达性角色的定义也已不再是美国社会的主流。

■　冲突视角　冲突视角为现有家庭结构有益于社会的结构 - 功能理论提供了一个令人耳目一新的替代方案。也就是说，冲突理论家要求我们看看实际上谁在从这些结构中获得好处。

然而，这种观点也因强调冲突而不是秩序，以及认为分歧导致冲突而不是接纳与合作而受到指责。对冲突问题的认识可以导致积极的社会变革，比如亲密伴侣暴力引起的法律变革。

■　符号互动视角　与前面的理论观点不同，符号互动视角将注意力集中在家庭成员的日常互动上。

然而，也正是由于这个原因，它也被指责忽视了对家庭影响更大的社会因素，如经济和政治力量。批评人士还表示，符号互动论对个性、气质和权力的关注并不充分。此外，它似乎强调个人幸福比责任和稳定等家庭价值观重要（Schvaneveldt，1981）。

■　家庭系统视角　家庭系统视角聚焦于家庭成员相互间的联系，强调各家庭成员对整个家庭的重要性。它还强调家庭的动态变化，其中的某一个变化会引发家庭试图恢复平衡的尝试。

然而，许多学者甚至难以就家庭系统的观点达成一致（Melito，1985）。这种观点也源于对功能失调家庭的治疗和临床工作，因此，在家庭系统的观点是否可以应用于功能家庭方面存在一些争论。此外，这种观点并没有充分考虑更广泛的社会、经济和政治力量对特定家庭的影响。

■ **社会交换视角**　社会交换视角从收益和成本的角度评估家庭关系，从而强调个人选择的重要性，以及群体现象和社会结构源自个人行为的概念。

然而，这一观点因假设人们总是以理性、算计的方式行事而受到批评。它还因强调个人的利己主义而不是利他主义和家庭价值观而受到指责。

■ **女性主义视角**　包含各种观点的女性主义视角引起了人们对家庭角色、男性和女性角色是社会建构的产物这一理念的必要关注——这些角色通常由男性创造以维持男性的权力。

另外，这种观点因强调个人感受而非客观性，强调观察和访谈而不是定量研究而受到批评（Maynard，1994）。

■ **生态视角**　生态理论很有价值，因为它强调家庭及其政治和社会环境的相互作用。

然而，有时想弄清环境如何影响家庭是比较困难的，尤其是继亲家庭或同性家庭等非常见的家庭类型（Ganongetal，1995；Klein and White，1996）。

■ **家庭发展视角**　家庭发展视角关注家庭而不是家庭中的个人，并强调成功完成发展任务的重要性。这一观点有助于研究者深入了解有孩子和父母的核心家庭。

这种观点受到批评的主要原因是家庭并不总是按照明确的阶段性发展的（Winton 1995）；它也向白人、中产阶级家庭倾斜（Hogan and Astone，1986）；此外，家庭生命周期的概念忽略了其他类型的家庭，比

如单亲家庭、离异家庭和同性家庭（Laird，1993；Rodgers and White，1993；Slater，1995）。

2.3　你怎么知道什么是真实的？如何评估研究成果

核心内容：
科学研究的 5 种主要类型和客观性的重要性

概述　科学研究的 5 种主要方法包括调查研究、临床研究、观察研究、实验研究和其他研究（跨文化、历史和纵向研究）。在查看研究结果时，要注意自己经验中的盲点，以及可能影响研究的缺陷。研究（尤其是实验研究）的目的通常是检验假设、进行预测或对现象提供可能的解释。

直觉　如果你在酒吧遇到某人，你会在多大程度上依靠直觉来评估此人？什么因素会影响你的判断？你认为自己的判断在一年后还能站得住脚吗？

我们中的大多数人都相信自己的直觉是做决定的指路明灯。用心理学家大卫·迈尔斯（David Myers）的话来说，直觉通常表现为像"网站弹出广告"一样的洞察力和冲

动，直觉是无意识的、自动的、看不见的思维，可能是很有价值的。这种毫不费力、直接、几乎没有经过深思熟虑的真实感塑造了我们的恐惧、我们对人的印象、我们的预感和我们的工作决定。

然而，直觉并不一定都是准确的（Young，2017）。康涅狄格大学的心理学家斯图尔特·维塞说："人们一再证明，直觉是不准确的。根据直觉做出决定是错误的。"（Peterson，2003）

由于直觉容易导致感知和判断的扭曲，研究婚姻、家庭与亲密关系以及其他主题的社会科学家会使用科学方法，以尽可能避免受主观偏见的影响。

主要的 5 种科学研究方法是（1）调查研究；（2）临床研究；（3）观察研究；（4）实验研究；（5）其他研究，包括跨文化、历史、纵向、内容分析和二次分析研究。

调查研究：通过问卷调查或访谈从代表性样本中收集数据

调查研究（survey research）使用问卷法或访谈法从小型代表性群体（样本：samples）中收集数据，然后将其进行推广并得出适用于较大群体（总体：populations）的有效结论。美国人口普查（有关婚姻和家庭事务的主要信息来源）就是一个例子，该调查每 10 年进行一次。另一个例子是著名的盖洛普和罗珀组织进行的民意调查。这些调查采用书面问卷调查或面对面及电话采访的方式进行。大学也经常就校园公共安全等问题对学生进行调查。

调查研究分为如下 3 个步骤。

第 1 步：确定人口和样本　社会科学家使用总体这个词来描述他们想要研究的任何众所周知的群体。第一步是找到一个样本，即要研究的总体的一小部分。

样本可能具有代表性或非代表性。

■ **代表性（随机）样本**　样本应该是代表性样本（representative sample）或随机样本（random sample）——总体中的每个人都有同样的机会被包括在该样本内。比如，你可能会在每 5 个人口普查区的每 5 个街区的每 5 个房屋中采访每 5 个人。许多专家认为随机研究是进行研究的"黄金标准"（Preidt，2007）。

■ **非代表性样本**　在科学上无效。非代表性样本（nonrepresentative sample）指的是研究人员出于方便或可用性选择参与调查的人员。比如，教授在课堂上请学生回答问题，杂志邀请读者回答问卷，或者电视节目要求观众通过互联网做出回应。

形成代表性样本或随机样本的一种方式是分层随机抽样（stratified random sample），即由总体中特定亚组组成样本，其中每个亚组中的每个人都有相等的机会被纳入研究当中。比如，如果你打算比较已婚女性和单身男性对性的态度，你首先要确定两组的成员，然后使用随机数（比如从每 5 个人中选出 1 人）从每组中选择相应样本。

第 2 步：收集数据：使用问卷或访谈数据　可以通过 2 种方式收集数据：问卷调查法或访谈法。

■ **问卷调查法**　使用问卷的好处是价格低廉、易于管理，并且允许调查执行者和调查参与者匿名。问的问题（比如"你每周都做爱吗？"）通常是封闭式的，这意味着受访者只需要在相同类型的答案中进行选择

（比如"总是、经常、有时、很少、从不"），因此更容易制表和量化。

问卷调查的缺点是调查参与者无法进行深入回答，社会科学中的许多问题过于复杂，无法如此简单地加以探讨。

■ **访谈法** 使用访谈法（通过电话或面对面询问，一对一或一对多的形式）的好处在于，访谈者能更深入地探索答案，向受访者提出后续问题，并了解更符合受访者观点的现实情况，而不是调查设计师预先设想的选项。提出的问题既可以是封闭式的，也可以是开放式的，以便受访者说出他们的真实感受。

访谈法的一个缺点是可能存在访谈者偏见（interviewer bias），访谈者的先入之见可能会影响他们如何提问，并向他们的受访者传递语言或非语言的信息。访谈者还需要密切关注他们使用什么样的词汇，所用词汇应该与访谈对象本身的复杂程度相匹配。

第 3 步：分析和概括结果　调查结果出炉后，研究者会对回答情况进行统计，并使用计算机对结果进行分析。在此他们需要确定的是，调查的结果是否具有代表性，**也就是说，样本的结果是否可以代表总体，即所属的更大群体**。比如，在加利福尼亚州比弗利山庄的中上阶层非西班牙裔白人青少年中进行的关于青少年性行为的调查的结果是否可以适用于洛杉矶地区其他族裔和收入水平的青少年？（答案是可能不行。）

一项调查的结果可能需要进一步的调查来进行验证，并使用我们在这里讨论的其他研究方法。

临床研究：对咨询中的个人或团体进行深入研究

临床研究（clinical research）需要深入研究那些因心理、亲密关系或婚姻 / 家庭问题而向心理健康专业人员寻求咨询的个人或小团体。心理健康专业人员包括心理学家、精神病学家、社会工作者或有执照的婚姻顾问等（Miller and Crabtree，1994）。**大多数临床研究涉及案例研究法（case study method），由临床从业者通过访谈、观察和记录直接与个人或家庭合作。**

与其他研究方法一样，临床研究也有优势和劣势，具体如下。

■ **优势：大量洞察见解**　临床研究可以从深入的、长期的研究中获得大量的洞察见解。此外，对咨询技术及其结果的描述对咨询或治疗也有帮助。

■ **劣势：结果不具有代表性**　因为接受咨询或心理治疗的患者不能代表一般人群，所以研究结果无法代表普通的个人或家庭，尤其是处于困境中的个人或家庭的情况。

临床研究　这类研究是基于那些向心理健康专家（如社会工作者）寻求咨询的人，如图所示。这种研究的局限性可能是什么？

观察研究：观察人们在日常环境中的行为

在观察研究（observational research）中，研究者通过观察人们在日常环境的表现获取信息数据。观察人们的行为似乎是获取社会科学知识的一种有效途径，但各种类型的观察研究既有优势也有劣势。

两种观察研究　观察研究分为两种类型，具体如下。

■ **参与式观察——与被试匿名互动**
在参与式观察（participant observation）中，研究者会与被试互动，但不透露自己是研究者。一个例子是，如果你在当地高中做教师助理时，对青少年约会行为进行观察研究就属于参与式观察研究。

■ **非参与式观察——只是观察对象**
在非参与式观察（nonparticipant observation）中，研究者在不与被试产生互动的情况下对他们进行观察。一个例子是，如果你只是通过录像机或单向镜观察一个高中俱乐部，或者坐在大学生会堂里，观察人们在公众场合如何表达情感，这就属于非参与式观察研究。

观察研究同样既有优势也有劣势，具体如下。

■ **优势**　非参与式观察被认为是有价值的，因为观察者的存在不会干扰自然情况的发生，因此观察对象不太容易改变他们的行为。此外，与调查研究不同，观察研究允许研究者对观察对象进行长时间的研究。最后，研究者可以通过使用其他研究方法（如访谈法）对观察到的数据进行跟踪调查。

■ **劣势**　在参与式观察研究中，被试可能会试图隐藏社会无法接受的行为。事实

上，社会学家用霍桑效应（hawthorne effect）这个词来指被试因为意识到自己被观察而改变其典型行为的情况。此外，还有伦理问题：研究者可能会发现很难不做参与者而只作观察者（比如，当一名被试试图伤害另一个人时）。另一个缺点是对人进行研究而不向他们透露自己正在进行研究这一伦理问题。最后，由于观察是非常主观的，因此总是存在研究者自我报告的偏见问题。

一项研究表明，观察法并不常用（Nye，1988）。尽管如此，观察性研究仍然经常在科学文献中被积极引用，即使随机研究（被认为在科学上更准确）与观察性研究的主张相矛盾（Tatsoni et al.，2007）。

实验研究：在控制条件下测量行为

在实验中，各种因素或行为在受到严格控制的情况下被测量或监测。在实验研究中，研究者试图在控制条件下分离单一因素或行为，以确定其影响。通常，做实验的目的是检验一个假设、一个预测或对一个现象的可能解释，如"每周玩 40 个小时的电子游戏可能会引发抑郁症"。

两种变量　我们称之为"因素"或"行为"，科学家称之为变量（variable），即在实验中可以改变或操纵的因素。比如，如果你是一名研究者，你对什么能提高人们的自尊感兴趣，你就可以让你的一些学生参加测试，以测量他们的自尊。然后，你可以让学生接触某个变量，比如，进行更多运动，然后测试他们的自尊是否有所提高，这里的变量是运动。

变量有两种类型：自变量和因变量。

■ **自变量**　自变量（independent variable）

是研究者可以控制或操纵的因素或行为。在我们的例子中，这是学生被要求进行运动的量（或缺乏运动的量）。

- **因变量** 因变量（dependent variable）是受自变量变化影响的因素或行为。比如，我们的自尊水平取决于我们所做的运动。

- **实验组与对照组** 在进行实验的传统方法中，选择两组人，并根据相似特征（如年龄、性别和教育程度）进行匹配。然后将参与者分为两组：实验组和对照组。

- **实验组** 在实验组（experimental group）中，参与者接触到研究者引入的自变量。

- **对照组** 在对照组（control group）中，研究者不会将参与者导向自变量。

实验研究也有其优劣势，具体如下。

- **优势** 实验研究的一个优势是，研究者可以直接观察行为，因此他们不像调查研究那样依赖参与者对其行为的说法（或谎言）。

第二个优势是，研究者可以控制实验中的许多因素，因此他们可以分离变量。

- **劣势** 实验研究的一个劣势是，研究者观察到的行为发生在人为布置的环境中，而不是自然环境中。因此，研究对象的行为可能与他们在复杂的现实世界中的行为有所不同。

另一个劣势是，被试通常是大学生或者有偿志愿者，因此可能无法代表所有群体的情况。

其他类型的研究

值得一提的其他类型的研究。

跨文化研究 在跨文化研究（cross-cultural study）中，社会学家比较了不同类型社会中的家庭生活的数据。比如对婚姻仪式和育儿实践的研究。这类研究大多是人类学研究，就像 20 世纪 30 年代玛格丽特·米德（Margaret Mead）在波利尼西亚进行的研究一样。

历史研究 在历史研究（historical study）中，研究者通过比较人口普查、社会机构或人口统计数据来确定家庭生活的变化模式。一个例子是用社会机构的数据揭示女性如何应对家庭暴力（Gordon，1988）。

纵向研究 在纵向研究（longitudinal study）中，研究者通过使用调查问卷或访谈，在若干年内对早期调查进行跟踪。一个例子是对已婚夫妇的研究，看看哪些因素影响了他们的婚姻质量和持续时间。

内容分析 内容分析（content analysis）是对文化艺术品或各种交流形式的系统进行检查，以提取主题数据并得出关于社会生活的结论。比如，你可以查看几本杂志的广告，了解女性美的文化模式。

二次分析 二次分析（secondary analysis）是对其他研究者收集的数据的分析。比如，如果你要分析一项离婚研究的原始数据，你就是在做二次分析。你进行二次分析的原因可能是你缺乏进行原始研究的资金，或者是因为现有的数据包含的信息并不是原始研究者关注的重点。这种研究方法的一个缺点是，最终数据或者收集数据的方式可能是不正确的。二次分析可能会促使研究者使用相同或不同的研究方法做进一步的研究。

正如你可能怀疑的那样，研究者经常使用不同的研究方法，比如，使用调查法来创建一个假设，然后使用实验法或内容分析法来检验该假设，并通过展开新的调查来收集更多的最新信息。

努力做到客观：你怎么知道什么是真的

我们大多数人对婚姻、家庭与亲密关系都有自己的看法，有些人甚至可能持有根深蒂固的观念，这是我们的家庭背景、宗教信仰、媒体影响和个人经验共同塑造的。但是，考虑到你可能会在某些关系中投入的一切，包括时间、精力、金钱和强烈的情感，你可能会认为客观地看待婚姻、家庭与亲密关系显然是有必要的。

在审视研究结果时，我们要考虑影响客观性的 2 个问题：（1）你的思维模式；（2）可能影响研究的缺陷。

你的思维模式：潜在的过滤器　以下是个人经历影响我们思维模式的 3 个例子。

■ **民族中心主义**——"我的国家或文化是最好的"　这种观点代表了民族中心主义（ethnocentrism），**即认为一个人所从属的文化比其他的文化要优越**。一个例子体现在韦斯利·斯奈普斯（Wesley Snipes）和伍迪·哈勒森（Woody Harrelson）拍摄的关于城市篮球运动员的经典电影《白人不会跳》（*White Men Can't Jump*）的标题中。

■ **异性恋偏见**——"唯一合法的家庭是异性恋家庭"　异性恋主义是指认为标准家庭是由异性恋者组成的，**同性家庭（由男女同性恋者组成）不能被视为真正的家庭**。1996 年，罗宾·威廉姆斯（Robin Williams）主演的电影《鸟笼》（*The Birdcage*）嘲讽了这种思维模式。

■ **无子女偏见**——"养育孩子是婚姻的最终目的"　许多夫妇认为他们结合的最终目的是生育孩子。然而，也有许多夫妇发现，他们喜欢无子女给他们带来的自由和可自由支配的收入，尽管他们可能不得不忍受来自失望的父母的批评。

❝ 实例：研究中可能存在的偏见

喝酒有好处吗

很长一段时间以来，人们一直认为，如果你每天喝一杯葡萄酒、啤酒或鸡尾酒，可能会预防心脏病发作，并帮助你延长寿命。但这是真的吗？

在 2017 年，美国国立卫生研究院决定启动一项需耗资一亿美元的临床实验，以验证每天喝一杯可以预防心脏病发作的假设（Rabin，2017）。同意支付其中的大部分费用的公司有安海斯 - 布什公司（Anheuser-Busch IBev）、喜力啤酒（Heineken）、帝亚吉欧（Diageo）、保乐力加（Pernod Ricard）和嘉士伯（Carlsberg），它们都是有实力的酒精饮料制造商。不过，负责监督这项研究的美国国家酒精滥用和酒精中毒研究所（National Institute of Alcohol Abuse and Alcoholism，NIAAA）所长表示，这项研究将不受酒精行业的影响。

几个月后，政府终止了这项研究。一份外部报告揭露了美国国家酒精滥用和酒精中毒研究所高管似乎在有意引导人们关注酒精可能带来的好处（Burton，2018）。此外，据《纽约时报》报道，该研究的首席调查员发现"在规划该研究时，美国国家酒精滥用和酒精中毒研究所高管与啤酒和白酒高管保持着密切、频繁的联系"（Rabin，2018）。

你怎么认为

如果一项研究是由一个与结果有重要利害关系的组织或个人资助的，它能保持公正、公平吗？你会如何设计你的研究以消除这种偏见？

　　研究中可能存在的缺陷　根据国际传播研究机构（International Communications Research）为厨具制造商所做的一项调查，最流行的亲昵称呼是"亲爱的"（65%）、"小可爱"（30%）、"宝贝"（11%）和"小甜心"（6%）（Crystal，2014）。你有多少次听到或读到这样的调查结果？它们是真的吗？

　　消费者研究公司经常被雇来使他们的调查结果符合客户的利益。然而，即使是学术性的社会科学研究也会有缺陷，具体如下。

　　■　**研究者偏见**　我们的价值观和思维模式可能会潜在地影响研究。一名异性恋研究者可能会对同性恋者的行为做出某些不准确的无意识假设。

　　■　**有偏差样本**　样本中的人应该是被随机选择的，否则结果会有偏差。比如，采访失业人员将产生与采访就业人员不同的结果。

　　■　**未设置对照组**　要研究某一个群体的自变量，你还必须设置一个对照组，该组应没有暴露于该变量。如果你想知道经常看电视的人是不是很焦虑，你还需要弄清楚普通的电视观众是否也会焦虑。

　　■　**问题措辞不中立**　调查问题的定义清楚吗？毕竟，"同居"到底是什么意思呢？这意味着性吗？比如，由于经济原因，老年人可能会住在一起。

　　■　**时间和其他歪曲**　数据可能具有时间敏感性，或者研究对象可能会歪曲他们的答案。1990年的调查结果在2012年是否仍然适用？65岁的人能否准确地记住他们40年前蜜月时的经历？

　　■　**信度和效度问题：结果是否可以复制**　信度（reliability）是指一种测量方法在由相同或其他研究者重复测量时，产生相同结果的程度。一个测量你智力的测试应该在一段时间内产生基本相同的分数，这意味着它是可靠的。效度（validity）是指一种测量方法在多大程度上实际测量了它声称要测量的东西，并且没有偏差的程度。比如，如果一项测试是用来预测成绩的，那么被试在该测试中的得分应该反映其个人的实际成绩。

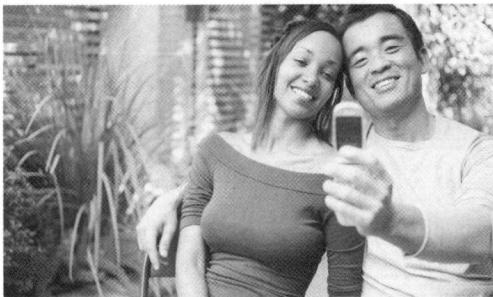

无子女偏见　这对夫妇可能希望他们的孩子将来会喜欢上这张照片。但如果他们没有孩子呢？如果你对这对夫妇进行了多年研究，你会不会因为他们选择了不要孩子而认为他们的生活并不幸福？你会认为他们是"自私的"吗？

可重复性（replication）是指能在相同条件下重现实验结果的情况。当一项科学研究被重复进行并每次都会产生相同的结果时，就代表原始研究可重复。

近年来，社会科学中出现了"可重复性危机"或"复现性危机"，因为许多研究不能被重复。比如，有研究者发现，21 项社会科学研究中只有 13 项能够成功重复（Achenbach，2018；Camerer et al.，2018；Van Bavel，2016）。此外，两位心理学家说，重复性研究在学术界并不特别流行，部分原因是终身教职、晋升和科研基金等学术奖励"往往会流向提出令人兴奋的新发现的学者，尽管他们的研究可能经不起推敲，也就是说，难以重复"（Warne and Wagge，2018；Wood and Randall，2018）。

实例：可靠性问题

一篇关于同性婚姻的论文被撤回

2012 年，加利福尼亚大学洛杉矶分校（UCLA）政治学系研究生迈克尔·J. 拉古尔（Michael J.LaCour）进行了一项调查，他在调查中提出了这样一个问题：在本案中，与同性恋问题有个人利害关系的拉票者是否真的能持久地影响选民对同性婚姻的看法（Carey and Belluck，2015）？他的研究数据结果表明他们可以。2014 年，拉古尔和哥伦比亚大学的学术顾问唐纳德·P. 格林（Donald P. Green）在美国最有影响力的科学期刊之一的《科学》（Science）上发表了一篇关于这一主题的论文（LaCour and Green，2014）。

然而，后来其他试图跟进这项工作的研究生发现了数据被歪曲的证据，当拉古尔拒绝提供他用来得出结论的原始数据时，《科学》杂志在格林的要求下撤回了该论文（Carey，2015）。

这起事件臭名昭著，因为它帮助拉古尔获得了世界顶级学校之一的普林斯顿大学的助理教授职位。它也表明，在科学论文中吸引眼球的主题和大众媒体的关注对达成学术野心有多么重要（Schreiber，2015）。

美国社会学协会（American Sociology Association）有一套职业标准和道德规范，研究者在进行研究时必须遵守。

你怎么认为

你认为，如果耸人听闻的主题和媒体的关注开始在研究主题的选择中发挥更重要的作用，科学本身的方向是否会被改变？

运用社会学的想象力：不同的人、不同的家庭

理论和研究思考是否像是空泛的抽象概念，与你自己的私人生活相去甚远？几十年前，C. 赖特·米尔斯（C.Wright Mills）在《社会学的想象力》（The Sociological

Imagination）中提出，个体的私人问题会受到他/她无法控制的社会力量的影响。米尔斯称这一概念为社会学的想象力（sociological imagination），即社会结构和文化对人际决策的影响。

因此，影响你对事物看法的不仅是你的家庭和受教育水平，还有更庞大的社会力量，如性别角色、媒体和宗教等。下一次，当你看到一部关于抵制女性拥有投票权（美国女性在 1920 年获得了这一权利）的纪录片时，请试着思考推动这种抵抗的力量（Barkhorn，2012）。

同样，社会学的想象力也是一个可以帮助我们观察家庭不断变化的性质的很好的视角。如今，正如我们所提到的，家庭不再只是由一个养家糊口的人、一个家庭主妇和一个或多个孩子组成的核心家庭。北美已经成为一个由不同种类的家庭组成的地区，包括完整的、持久的家庭和重组家庭；一个人赚钱的家庭和两个人赚钱的家庭；无子女家庭和多代同堂家庭；双亲家庭和单亲家庭；亲生父母组成的家庭和养父母组成的家庭；年轻家庭和重组家庭；异性家庭和同性家庭及变性者家庭；能与孩子亲密接触的父母和不能与孩子亲密接触的父母组成的家庭；独居的单身人士和分居的夫妇，以及向所有家庭成员敞开心扉的个人和家庭。在本书的其余部分，我们会将以上理论观点和科学研究工具应用于这些迷人的主题当中。

> 识别并讨论阻碍客观性的几个因素。

总结与回顾

2.1 学习如何思考：思想开放的关键

运用批判性思维的步骤

■ 由于在特定的文化中长大，因此我们很难走出家门，客观地分析我们的家庭和其他关系是如何发展的。爱和亲密关系的情感性质也使我们很难对其有一种清晰的理解。我们的社会化和个人生活经历塑造了一种影响我们认知的思维模式。

■ 思想开放需要避免奇幻思维，即将两个密切发生的事件解释为其中一个引发了另一个，但不考虑二者之间是否真的存在因果关系。一个更好的方法是发展批判性思维。批判性思维意味着清晰的思维、怀疑的思维和积极的思维。它积极寻求理解、分析和评估信息以解决问题。批判性思维是可以习得的，涉及 4 个步骤：（1）了解问题；（2）收集信息并解释问题；（3）制订计划并实施计划；（4）评估方案的有效性。

2.2 关于家庭的理论观点

关于家庭的 8 种关键理论观点，以及宏观层面和微观层面的理论取向如何应用于这些观点

■ 理论是解释过程和事件发生原因的视角。看待婚姻和家庭的 8 个视角是（1）结构 - 功能；（2）冲突；（3）符号互动；（4）家庭系统；（5）社会交换；（6）女性主义；（7）生态；（8）家庭发展。

■ 社会学家将理论视角分为两种类型：宏观层面的理论取向和微观层面的理论取向。宏观取向的理论关注的是大规模的社会模式。结构 - 功能视角和冲突视角是两个例子。它们采取自上而下的视角看待经济力量、社会运动、科技创新和流行文化。微观取向的理论侧重于小规模的社会模式，专注于特定环境中的个体互动。符号互动视角是微观层面取向的一个例子。它采用了自下而上的视角，假设社会是无数个个体日常互动的产物，个体对现实的感知是不断变化的。

■ 结构 - 功能视角将家庭视为一个社会机构，为社会履行基本职责，确保社会稳定。也就是说，家庭是社会化的一个来源。通过这个过程，孩子们可以习得适合他们的社会和文化的态度、信仰和价值观，从而在社会中有效地发挥作用。传统的结构 - 功能主义认为男性扮演工具性角色（他是养家糊口的人，他坚强、勤奋、有竞争力），而女性扮演表达性角色（家庭主妇和养育者）。结构 - 功能主义者识别显性功能（开放的、陈述性的和有意识

的功能）和隐性功能（无意识的但有潜在作用的功能）。

■　冲突视角认为个人和群体在争夺权力和稀缺资源方面是相互冲突的。

■　符号互动视角关注家庭内部互动以及家庭成员之间持续的行动和反应。

■　家庭系统视角认为，家庭成员构成了一个由相互关联的部分组成的系统，其中一部分的变化会改变其他部分。

■　社会交换视角认为，人们的互动代表了每个人为收益最大化和成本最小化所做的努力。

■　女性主义视角认为，女性角色的不平等是男性在家庭和社会中占据主导地位的结果。

■　生态视角研究家庭（或个人）如何受其环境的影响并对其所在环境产生影响。

■　家庭发展视角认为，家庭成员需要在家庭生命周期的各个阶段完成相应的发展任务，在这些阶段中，家庭成员的角色和关系的变化主要取决于他们如何承担没有子女或养育子女的责任。

2.3　你怎么知道什么是真实的？如何评估研究成果

科学研究的 5 种主要类型和客观性的重要性

■　为了进一步增强认知的客观性，了解科学研究的基本类型和可能影响它

们的缺陷，以及自身经验的盲点是很重要的。科学研究的 5 种主要类型是（1）调查研究；（2）临床研究；（3）观察研究；（4）实验研究；（5）其他研究：如跨文化、历史、纵向、内容分析和二次分析研究。

■　调查研究使用问卷或访谈形式从小型代表性群体（样本）收集数据；然后，调查结果会被用于更广泛的群体（总体）。在调查过程中研究者可以使用代表性样本、非代表性样本或分层随机样本。研究者可以通过使用问卷法或访谈法收集信息。在进行访谈时，研究者需要意识到他们自己的先入之见可能会导致采访者产生偏差。

■　临床研究需要对因心理问题或关系问题寻求心理咨询的个人或小团体进行深入研究。大量的临床研究涉及案例研究的使用，这些案例研究是由临床从业者通过访谈、直接观察和记录分析一对一地与个人或家庭合作得出的。

■　在观察研究中，研究者通过观察自然环境中的人收集数据。观察研究可以是参与式观察（研究者与他们的被试进行自然互动，但并不表明他们是研究者）或非参与式观察（研究者只观察但不与被试进行互动）。观察研究的一个缺点是可能会出现霍桑效应（研究对象会因为意识到自己正在被观察而改变其典型行为）。

■　在实验研究中，研究者试图在控

制条件下分离单一因素或行为，以确定其影响。通常，做实验的目的是检验一个假设，即对一种现象的预测或可能的解释。研究者会使用可以操纵和测量的变量、因素或行为。变量可以是自变量（研究者可以控制或操纵的因素）或因变量（受自变量变化影响的因素或行为）。为了确定因变量是否真的受到自变量的影响，研究者应使用涉及自变量的实验组和未涉及自变量的对照组。

■　其他研究方法包括跨文化研究（社会学家比较来自不同文化的家庭生活数据），历史研究（研究者比较人口普查、社会机构或人口数据，以确定家庭生活的变化模式），纵向研究（研究者使用数年

的问卷或访谈来跟进早期研究），内容分析（研究者对文化作品或各种形式的交流进行系统检查，以提取主题数据并得出有关社会生活的结论）以及二次分析。

■　研究的客观性可能因民族中心主义、异性恋偏见和无子女偏见而受到影响。当研究者存在偏见、样本存在偏差、未使用对照组、问题描述不中立、数据具有时间敏感性，以及存在信度和效度问题时，就可能导致研究无法被复制（重复进行该研究，每次都会产生相同的结果）的情况。

■　社会学的想象力是指社会结构和文化对人际决策的影响。

第 3 章

性别：男性和
女性的意义

核心内容

3.1 比较和对比性、性角色、性别和性别角色

3.2 性别角色社会化的 4 种主要理论

3.3 性别角色社会化的来源

3.4 传统性别角色社会化的优势和劣势，以及社会影响对性别角色的影响

本章导读

　　本章将探讨能明智地讨论性别问题所需的词汇。首先，我们将介绍解释性别差异的 4 个主要理论。其次，我们将讨论除了媒体之外，影响我们性别行为的关键因素：父母、同龄人、教师和工作场所。最后，我们将探讨传统性别角色的好处和坏处，以及性别角色是如何变化的。

大众文化、媒体和技术

性别刻板印象的多样性

　　《今日美国》专栏作家安德烈·曼德尔宣称，好莱坞的编剧可能已经了解到，并非所有女性都扮演着传统的性别角色（Andrea Mandell，2015）。现在电影制作人倾向于把每个女性角色都吹捧成"强势女主角"，即在男人的眼里完美结合了决心、智慧和信念的人。因此，就出现了 2018 年的漫画电影《女谍玉娇龙》（*Modesty Blaise*）和《神奇女侠》（*Wonder Woman*），还有桑德拉·布洛克（Sandra Bullock）的《瞒天过海：美人计》（*Ocean's 8*），这是乔治·克鲁尼（George Clooney）的《十一罗汉》（*Ocean's 11*）的性别互换翻拍版，以及获得奥斯卡提名的《三块广告牌》（*Three Billboards Outside Ebbing*）中的弗朗西斯·麦克多曼（Frances McDormand）和《泥土之界》（*Mudbound*）中的玛丽·J. 布利奇（Mary J. Blige），她们扮演的角色不再是传统意义上的那种友善的女性，而是睿智的、勇猛的、不屈的女性。那么，是什么因素使人们萌生了女性角色在电影中必须迷人或富有同情心这一想法呢？

好莱坞和大众媒体对女性的态度真的改变了吗？不幸的是，正如我们将要探讨的那样，大众媒体等对女性的态度未完全改变。然而，我们不必接受那些硬性或软性的描述女性的说法。玛丽亚·伯顿·纳尔逊（Mariah Burton Nelson）是一位身高2米多的前职业篮球运动员，著有《女人越强壮，男人越喜欢足球》（*The Stronger Women Get, the More Men Love Football*）一书。她说道："由于社会压力，人们会以符合性别刻板印象的方式行事。当我们抵制这种压力时，我们就拥有了自由，并可以无视性别刻板印象来选择兴趣、服装，甚至是性伴侣。"

关于性别差异，我们的流行文化中有哪些刻板印象？根据定义，刻板印象是对某一类人的夸大期望，当我们将其应用到个人身上时，可能是完全不准确的，以下是一些具体例子。

■　**电影角色**　据说在美国，近2/3的女性年龄在40岁以上（Kite and Kite，2013）。然而，从倡导电影行业性别多样性的好莱坞来看，2017年好莱坞票房100强电影中的女演员大多是20多岁（32%）和30多岁（25%），而大多数男演员都是30多岁（31%）和40多岁（27%）。女明星在34岁时出演电影的收入最高，但随着年龄的增长，她们的收入迅速下降；对于男电影明星来说，他们的收入在51岁时达到顶峰，而且他们的报酬会随着时间的推移而增加（De Pater et al.，2014）。

此外，在2017年美国国内票房最高的100部电影中，女性扮演主角的电影仅占24%，主要角色仅占34%（Lauzen，2018a）。50多岁的男性角色的比例（18%）超过了50多岁的女性角色的比例（8%）。在所有有台词的角色中，女性只占34%。

女性角色的形象也是不同的。比如，女性角色（53%）比男性角色（40%）更有可能已婚，而且男性角色（69%）比女性角色（55%）在工作环境中出现的比例更高。

镜头背后也存在着不平等：电视和电影中的女性研究中心（the Center for the Study of Women in Television and Film）的负责人玛莎·M.劳赞说，2017年排名前250位的电影行业工作者中，只有11%的导演和11%的编剧是女性（Martha M. Lauzen，2018b）。虽然女性占购票人数的一半，但在过去10年中，100部票房最高的电影中只有4%是由女性导演的（Dowd，2017）。

■　**电视**　2016～2017年，在广播、网络、有线电视和流媒体节目中，女性占所有有台词角色的43%，而主要角色中女性仅占42%。大多数女性角色是20多岁和30多岁（65%），而大多数男性角色是30多岁和40多岁（61%）。与男性角色（79%）相比，观众不太可能了解女性角色的职业地位（73%）（Lauzen，2017）。

根据劳赞的研究，女性更有可能扮演"以个人生活为导向的角色"，而男性更有可能扮演"以工作为导向的角色"。因此，大部分女性仍然扮演家庭主妇的角色，而男性则扮演商业主管之类的角色。男性往往是积极的问题解决者——飞行员、医生、科学家——他们将他人从危险的境地中拯救出来。电视上的女性传统角色包括家庭主妇、记者、护士（Lauzen，2017；Smith，2013）。

■　**广告**　根据广告中的性别偏见研究，25%的广告只有男性，而5%的广告只有女性（Narayanan et al.，2018）。广告中男性角色的数量大约是女性角色的2倍，男性角色的台词量是女性的3倍。该研究分析了从化妆品到保险，再到与社会相关的 33 个不同类别的广告。

每天，大众媒体和流行文化都给我们描绘了一幅男人和女人应该如何付诸行动的图景。但是，男人真的比女人更具攻击性、更爱冒险、更专横吗？女人通常比男人更依赖他人、更胆小、更深情吗？让我们来看看这些问题的背景。

3.1 性别和性别角色

核心内容：
比较和对比性、性角色、性别和性别角色

概述 要谈论性别，你需要知道性与性别、性角色和性别角色，以及社会化和性别认同的含义。这有助于理解变装者、变性者和间性者之间的区别。最后，你应该了解与性别歧视相关的词汇：父权制和母权制、性别歧视和性骚扰。

当你想到牧马人、赛车手、狙击手时，你会想到男性还是女性？当你想到保姆、小学教师、化妆品销售员和职业橄榄球大联盟球队的啦啦队队长时，你脑海中浮现的是男性还是女性？是的，我们现在都意识到，许多职业没有那么严格的性别划分，但旧的思维习惯仍然难以改变。

重要数据 ➡️ 性别差异

- **美貌和金钱重要吗** 在不同的男性和女性群体中，异性恋男性被外表漂亮的年轻女性吸引，而异性恋女性被有经济实力的男性吸引（Buss，1989）。在 2016 年，美国女性的收入中位数（每周 749 美元）仅为男性（每周 915 美元）的 82%（Bureau of Labor Statistics，2017）。

- **为什么更多的男性会失败** 在美国，男性会获得 70% 的 D 和 F 的成绩，占高中辍学和注意力缺陷障碍的 80%，仅占大学生的 44%，占杀人犯的 90%——几乎是女性的 9 倍（American Council on Education，2010）。

- **女性的工作** 2016 年，美国女性占儿童保育工作者的 94.4%，占秘书和行政助理的 94.6%，占接待员的 90.1%，占注册护士的 90%，占教师助理的 89.3%，占护理、精神和家庭健康助理的 88.1%，占簿记、会计和审计办事员的 88.5%，占家政清洁工的 89.6%，占中小学教师的 78.5%（Bureau of Labor Statistics，2017）。

- **男性的工作** 在美国，男性占采掘工人的 97%，占建筑师和工程师的 83.8%，占农业、林业和渔业工人的 76.6%，占工程师的 74.5%，占律师的 62.6%，占内科和外科医生的 60%，占法官、治安法官和其他司法工作者的 71.9%，占管理者的 60.2%。

而那些乍一看似乎在性别认同上有些模糊的人，比如喜欢穿女装的男性，或者接受手术后具有男性外貌特征的女性，又该怎么办呢？他们是"男性化"的还是"女性化"的？此外，正如我们将解释的那样，所有那些自我认同为"无性别者""第三性别者""双性别者"的人，又该怎么办呢？

如何谈论性别：词汇

当你填写驾照申请表时，你会被要求说明你的性别。"性"和"性别"一样吗？答案是否定的。

为了让我们的讨论清晰明确，让我们仔细思考我们在本书中使用的术语。

性　性（sex）指的是我们与生俱来的生物学特征，这些特征决定了我们是男性还是女性。 当然，性包括解剖学上的差异，以及你的生理是否允许你生育孩子，它还包括性染色体、激素和生理上的差异。比如，女性有X染色体（XX）；男性有Y染色体（XY）。男性和女性有相同的性激素，但男性通常有更多的睾丸素，女性有更多的雌激素和孕酮。

性别　性别（gender）是指与男性或女性相关的社会习得的态度和行为。 在成长的过程中，我们会从社会和文化对我们的期望中获得这些。也就是说，性别是由社会创造的一种社会结构、社会机制、现象或分类。

社会学家塔尔科特·帕森斯（Talcott Parsons）是结构功能主义家庭理论的支持者，他认为丈夫或父亲扮演着养家糊口的工具性角色，并且需要努力工作、坚韧、有竞争力；妻子或母亲扮演着家庭主妇的表达性角色，通常发挥着养育和支持作用（Parsons and Bales，1955）。在大众的心目中，男性

和女性的特质通常被认为是对立的（见表3-1）。

表 3-1　对立的性别特质

男性的特质	女性的特质
主动的	被动的
有野心的	包容的
善于分析的	倾向于依靠直觉
坚定自信的	乐于接受的
吸引力来源于成就	吸引力来源于外表
勇敢的	羞怯的
竞争的	合作的
主导性的	服从性的
独立的	依赖他人的
不敏感的	敏感的
理性的	感性的
强壮的	柔弱的

注：许多美国人认为以上特征区分了男性和女性。
资料来源：Macionis, 2001.

角色、性别角色和性角色

角色　角色（role）是拥有特定身份的人被预期表现出的行为。 这里的关键词是预期的。角色由在特定文化中的特定情况下为特定的人定义的期望组成。因此，紧急医疗救护技术员在交通事故中的作用是拯救生命。

性别角色　性别角色（gender role）指在特定文化中对女性或男性的预期行为，是社会对每个性别的态度和表现的预期。 比如，在美国，女性通常被期望是细心的和有爱心的，而男性通常被期望是有竞争力的和雄心勃勃的。然而，在20世纪30年代的人类学家玛格丽特·米德研究的某些新几内亚部落中，女性被认为是占主导地位的，而男性则被认为是顺从的。即使在今天，在

几内亚比绍的奥兰戈群岛上，女性也是提出求婚的人，一旦被求婚，男性就无力拒绝（Callimachi，2007）。

性角色 人们经常用"性角色"这个词来表示性别角色，但从严格意义上讲这是不正确的。**性角色（sex role）是由生物性限制定义的行为。** 比如，只有女性可以生育，只有男性可以捐精。

社会化与性别认同

我们如何知道自己应该扮演什么样的性别角色呢？我们往往会通过学习或社会化来做到这一点，人们通过学习或社会化了解他们所属群体的特征，比如了解家庭或同龄人群体的态度、价值观和行为。学习可以创造出我们作为男人或女人的自我意识——我们的性别认同。

性别认同（gender identity）是一个人对自己是否是男性或女性的心理感受。 这可能与他/她的生理结构相符，也可能不符。患有性别认同障碍的人，现在被称为性别焦虑症患者（gender dysphoria），**他们是那些对自己出生时的生理性别感到强烈不满的人。** 性别焦虑症患者不是同性恋者。每 100 人中就有 1 人患有性别焦虑症（Saraswat et al.，2015；Savic et al.，2010）。

就像性取向一样，性别认同的生物学基础有些神秘，一些研究人员怀疑它与发育中胎儿的激素暴露有关（Garcia-Falgueras and Swabb，2010；Hines，2010；Saraswat et al.，2015；Savic et al.，2010）。

易装癖

有些人喜欢扮演或偶尔被迫扮演其他性别角色。你可以在易装癖的例子中看到这一点，易装癖（cross-dresser）是指某种性别的成员穿着异性衣服、戴着假发等，打扮成另一个性别的成员。易装者可能是异性恋者、同性恋者、双性恋者，或者三者都不是。

最初，易装（drag），**即穿着异性服装，** 只适用于男性，比如在舞台上穿着女性服装的男演员。

有时艺人需要扮演易装者，比如特伦斯·斯坦普（Terence Stamp）在 1994 年的电影《沙漠妖姬》（*The Adventures of Priscilla, Queen of the Desert*）中扮演的变装皇后"伯纳黛特"。

变性者和间性者

一个更复杂的性别认同问题出现在变性者身上。变性者（transsexual individual）即**有某一性别的生理性特征的人具有另一种性别的身份认同或自我概念，并通过接受手术变成另一种性别。**

出生时是女性但具有男性性别认同的人，平均会花费 30 000 美元 ~ 70 000 美元用于变性手术（Buchanan，2007；Mead，2018；Toro，2013）。**变性手术也被称为性别重置手术，是指改变变性者的外表和其现有的性特征的功能，使其转变为与其所期望的性别一致的外科手术。**

从男性转变到女性的变性者可能需要支付 50 000 美元 ~ 67 000 美元进行隆胸手术和阴道成形手术，同时还要接受面部女性化手术和激光脱毛手术。

美国航空公司、苹果、百思买等一些大公司现在将医疗相关保险纳入了员工福利（Japsen，2016；Leff，2011）。克里斯汀·乔根森是最著名的变性者之一，她于 1953 年在丹麦接受了一系列手术（Christine Jorgensen，

1967）。

间性者（intersexual）指既有男性性器官又有女性性器官，或性器官不明显的人。他们的性器官没有充分发育。有人指出，大约每 4 000 个婴儿中就有一个出生时生殖器"不明确"（Dennis，2004）。

在澳大利亚和德国，生殖器不明确的孩子的父母被允许推迟或不在孩子的出生证明上填写性别，直到孩子可以做出自己的选择为止（Bendavid，2013）。

你是什么性别

有没有超越通常的"男人"和"女人"这两个概念来思考性别的方式？如果人们不觉得自己"被困在了错误的身体里"，而是像大学生布里特·吉尔伯特（Britt Gilbert）所说的那样，只是不知道自己想要什么样的身体呢（Schulman，2013）？真的有"性别流动"吗？

你对加利福尼亚州允许的"性别中立"出生证（既不是男性也不是女性）有什么看法（Caron，2017）？该州的新法律旨在让个体更容易在出生证明上更改性别，但在此之

前个体需要获得法院命令或提交性别过渡临床治疗证明（Katz，2017）。纽约的出生证也被提议采用所谓的"X"性别类别（Hajela，2018）。

变性者的概念

曾几何时，性少数群体被归类为"男同性恋者和女同性恋者"，男同性恋者指被其他男性吸引的男性，女同性恋者是指被其他女性吸引的女性。

近年来，这一群体被扩大到包括双性恋者，即对男女都会产生性欲的人，以及跨性别者和酷儿，这 5 个群体按其首字母缩写为 LGBTQ——女同性恋者（lesbians）、男同性恋者（gays）、双性恋者（bisexuals）、跨性别者（transgender）和酷儿（queer）。

跨性别者，指那些对自己性别的感觉与他们出生时的性别特征不同的人（Huston，2015）。据估计，0.03% 的美国人认为自己在出生时收到的性别标签不合适。酷儿也是一个笼统的术语，用于描述女同性恋者、男同性恋者、双性恋者和跨性别群体的成员。

实例：一个变性者的例子

布鲁斯·詹纳成为凯特琳·詹纳

"布鲁斯在 1976 年的十项全能比赛中获得奥运金牌时，我为他感到无比自豪，"他 88 岁的母亲埃丝特·詹纳（Esther Jenner）说，"但我现在更为他感到骄傲，因为他的行为需要很大的勇气。"

那是在 2015 年年初，65 岁的布鲁斯·詹纳（Bruce Jenner）在接受变性手术后，穿着性感内衣出现在《名利场》（Vanity Fair）杂志的封面上，标题是"请叫我凯特琳"。在不到 5 个小时后，这一事件在詹纳的 Twitter 账户上引发了创纪录的 150 万条推文（Mandel，2015）。詹纳很幸运地得到了母亲和孩子

们的支持。然而，一项调查表明，57%的被采访的变性者报告说遭到了严重的家庭排斥（Grant et al.，2011）。

近年来，詹纳主要作为卡戴珊真人秀节目中冷漠的家长而为人所知，但他第一次引起世界的注意是作为 1976 年蒙特利尔夏季奥运会的金牌得主，这使他被称为世界上最伟大的运动员（Lyall and Bernstein，2015）。《名利场》的文章透露，詹纳在 20 世纪 80 年代开始转变性别，他说："在发表演讲和出现在电视广告中时，人们对我一无所知……人们不知道我的内心是完全空虚的。"几十年来，他经历了 3 段婚姻，有了十个子女和继子女，但这个秘密一直没有被揭露。

"经历了这么长时间的挣扎之后，我很高兴能活出真正的自己，"詹纳在声明中写道，"欢迎来到这个世界，凯特琳。"尽管詹纳做了这么多的宣传，但她仍坚称自己这样做不是为了钱。她说："我这样做是为了救助我的灵魂，并帮助其他人。"

一位作家指出，跨性别者可能决定不做任何生理改变，而只是简单地认同他们选择的性别（Dreier，2015）。或者他们也可以更进一步接受变性手术。詹纳本人首先接受了面部女性化手术，然后接受了变性手术。

事实上，许多跨性别者都经历过暴力问题（Bravo，2015）。

你怎么认为

《纽约时报》专栏作家尼古拉斯·克里斯托夫写道："社会上有很多人坚持认为性别是完全二元的，但事实上，有压倒性的证据表明性别是连续的。"（Nicholas Kristof，2015）你怎么看？你对詹纳或任何其他人的性别转变有何看法？

3.2 关于为什么性别角色不同的一些理论

核心内容：

性别角色社会化的 4 种主要理论

概述 解释性别差异的 4 种主要理论：社会生物学理论、社会学习理论、认知发展理论和性别图式理论。

在我们的社会中，女性的美貌受到高度重视。事实上，在许多社会都是如此。世界各地的异性恋男性似乎都被外表迷人的年轻女性所吸引，尽管美的标准可能会有所不同，毕竟美的定义是一种社会构造，它会随着时间和文化的不同而变化。与此相对应，一些研究表明，女性则会被在赚钱方面有野心的男性吸引。事实上，研究者在 37 个不同社会的男性和女性群体中发现了以上 2 种特征（Buss，1989；Whitefield Madrano，2016）。

社会学家将这种女性容貌和男性财富之间的所谓权衡称为"美貌—地位"交换，尽管一些学者认为这是一种幻觉（McClintock，2014，2017）。也有人指出，男性是否会利用帅气外表吸引地位更高的女性，这一点还没有得到检验（McClintock，2014）。

为什么男性和女性会表现出这些性别差异呢（如果这些差异都是真实存在的）？研究者提出了几种理论来解释这一问题。让我们思考以下这些理论：（1）社会生物学理论；（2）社会学习理论；（3）认知发展理论；（4）性别图式理论。我们并不认为一种理论观点比任何其他理论观点更好；事实上，它们经常被一起使用。这些理论的价值是有限的，因为它们往往是从基于不充分样本的研究中发展出来的，因此不能说它们适用于所有社会群体。

社会生物学理论：生物学决定了我们的性别差异吗

生物学塑造了性别的行为吗？神经科学家卢安·布里泽丁在回顾数百项关于性别之间根本差异的研究后提出我们每个人刚开始都拥有"女性大脑"，但在婴儿的生命进入8周后，雄激素充斥着男性的大脑，削弱了交流中心的连接，而雌激素则会增强这些连接（Louann Brizendine，2006）。布里泽丁认为，这些差异能让女性成为更好的谈判者和调解人，让男性成为更好的战士和独行侠（Henig，2006）。

另外，格奥尔格·S.克兰兹（Georg S.Kranz）及其同事最近做的神经科学研究表明，"性别认同有其神经基础，它存在于一个光谱中，就像人类的许多行为一样"（Friedman，2015），这或许可以解释为什么在儿童和青少年中，性别认同具有不断变化的特点。

社会生物学理论认为，我们的社会行为和性别行为是生物差异的结果。尽管男性和女性有相同的性相关激素，即内分泌腺分泌

到血液中的化学物质，但男性通常有更多的雄激素，女性通常有更多的雌激素和孕激素。这些激素和它们背后的不同性染色体无疑是产生不同身体特征的原因，比如，男性的胡须和女性的乳房。

美丽和富有　你是否同意过去一些社会生物学家提出的古老的"美貌—地位"交换的观点，即生物学解释了异性恋男性因其明显的生育能力而寻求有吸引力的女性，以及异性恋女性因其明显的安全感需求而寻求经济条件较好的男性的性别差异行为？

但社会生物学家认为，这些生物学基础也可以解释性别行为的进化差异，比如前面提到的关于异性恋男性寻找有吸引力的女性和异性恋女性寻找经济上有保障的男性的观察结果。就延续物种的目标而言，这些理论家说，男性寻求的配偶更容易生育；而女性寻求的配偶因其物质基础更容易保证其后代的安全（Ellis and Symons，1990；Symons，1987；Symons and Ellis，1989）。

社会学习理论：环境决定了我们的性别差异吗

社会学习理论（social learning theory）认为，我们通过与环境的互动来习得态度和行为。社会学习理论以行为心理学为基础，强调的是可观察的行为，而不是无法观察到的内在感受。

两种学习方式　行为主义者认为，学习有两种方式：通过强化和通过模拟。

■ **通过强化学习——奖励和惩罚**　我们可以鼓励男孩玩娃娃吗？我们可以让女孩通过使用拳脚来保护自己吗？对大多数孩子来说，对这些问题的回答表明我们是通过强化进行学习的。可取的行为会得到奖励，不可取的行为会得到惩罚。也就是说，孩子们更倾向于重复做经常伴随着奖励的行为（"你把娃娃照顾得很好"），而不是重复做经常伴随着惩罚的行为（"不要让那些男孩推你"）。

■ **通过模拟学习——模仿**　在成长过程中，我们大多数人都会模仿父母、其他孩子、其他成年人的同性特征，甚至模仿我们在大众媒体上看到的人物。在社会学习理论中，**通过参照他人行为的学习被称为模仿**（modeling）。总的来说，孩子们似乎在模仿有教养、有权势或两者兼备的成年人，比如他们的父母。

如今，一些人担心男孩和女孩通过模仿学习不同的行为这一状况。评论员迈克尔·伊恩·布莱克写道："太多男孩被困在同一个令人窒息的、过时的男子气概模式中，在其中男子气概的衡量标准是力量，这让他们没有办法在不被削弱的情况下展现脆弱，男子气概意味着拥有关于他人的权力。"（Michael Ian Black，2018）另外，女孩们则受益于数十年来"关于女性身份的多样性和情感的丰富性"的观点。因此，她们在学校各个方面的表现都优于男孩。

认知发展理论：我们的年龄决定了我们的性别差异吗

社会学习理论认为，儿童和成年人的学习方式是相同的。相比之下，认知发展理论认为，我们的学习方式取决于我们的年龄。根据认知发展理论（cognitive development theory），随着年龄的增长，儿童的思维、理解和推理方式会发生变化，这是个体变得成熟和积累社会经验的结果，这一观点基于瑞士心理学家让·皮亚杰的研究结果（Jean Piaget，1950、1954），后来劳伦斯·科尔伯格进一步证实了这一观点（Lawrence Kohlberg，1966，1969）。科尔伯格指出，不同发育阶段的儿童对性别认同的处理方式不同。

■ **2岁**　2岁时，你可能已经意识到存在两种性别，并能正确地认定你是男孩还是女孩。然而，此时你不会认为性别是恒定的。相反，你会根据可变化的属性来识别性别，比如头发长度（男孩是短发，女孩是长发）和衣服类型（男孩穿裤子，女孩穿裙子）。儿童和成年人会根据生殖器识别性别，但两岁的孩子还不会用这种方式思考（Maccoby，1990；Bussey and Bandura，1992）。

■ **5岁**　5岁时，你会有一种性别认同感，你可能会认为自己想做女孩的事情或男孩的事情，只是因为这对你来说很舒服。

■ **6岁和7岁**　到了六七岁，你可能已经开始理解你和其他人的性别是无法改变的，而不像头发和衣服的样式，每天都可以不同。

科尔伯格的研究受到了批评，因为它只基于男性，但后来他将女性也纳入了研究范畴之内（Gilligan，1979）。

性别图式理论：我们是否建立了组织性别认知的心理类别

一些认知发展理论已经被纳入性别图式理论。性别图式理论（gender schema theory）

认为，在儿童时期，我们发展了一个知识框架——一个关于我们认为男性和女性通常会做什么的性别图式，然后我们使用这个框架来解释有关性别的新信息。桑德拉·贝姆认为，图式是用于组织我们对文化刺激的感知的心理类别（Sandra Bem，1981）。性别图式理论与符号互动论一致，后者认为人们通过日常互动形成对美、老年和社会生活其他方面的定义。

因此，我们就意识到了人们对男性（包括男孩）的文化期望是独立、勇敢和坚强，我们将这些观点纳入了我们的男性性别图式当中。而对女孩，我们在情感、养育和理解等方面也采取了同样的做法。这些图式一旦形成，就会影响我们处理性别相关信息的方式，因此，我们很容易将烤饼干和女孩联系起来，而将足球和男孩联系起来。

显然，这种通过文化期望发展起来的图式是建立性别刻板印象的一种方式。事实上，这种刻板印象在青春期往往变得更加僵化。性别刻板印象（gender stereotype）是认为男女都应具有传统的性别角色特征的信念。在成年后，许多人对期待典型性别特征的信念变得不再那么僵化。

显然，这种通过文化期望的发展是建立性别定型观念的一种方式。事实上，这种定型观念在青春期往往变得更加僵硬。性别定型观念是指认为男人和女人都应显现出传统的性别角色特征。后来，在成年后，许多人对他们关于性别特征的期望的信念变得不那么僵化。

思考性别认同的 4 种理论（社会生物学、社会学习、认知发展和性别图式），找出最合理的一个理论，并设法支持你的选择。

3.3　性别社会化：谁教我们如何扮演男性或女性

核心内容：

性别角色社会化的来源

概述　除了大众媒体以外，影响性别行为的主要环境因素是父母、同龄人、教师和工作场所。

社会生物学强调，性别差异是基于生物学的。然而，其他 3 种理论认为，我们主要从环境中学习性别行为。主要的环境影响因素有（1）父母；（2）同龄人；（3）教师；（4）工作场所。本章开头讨论的流行文化和大众传媒构成了第五种影响因素。许多人认为，宗教也是一个主要影响因素。符号互动论者认为，作为一种社会建构，性别是个体通过与重要他人的互动获得的。结构功能论者认为，性别认同和性别角色受到教育、宗教和大众媒体等重大社会力量的影响。

父母对我们的影响

在你小的时候，谁是你的主要看护人？是父亲、母亲或父母双方，还是祖父母？不管是谁，主要看护人对你学习性别角色的方式影响最大，尤其是在婴儿期和童年时期。

如果你不是父母，你可能没有意识到为人父母要做多少工作——养育婴儿、换尿布、洗澡、看病、买衣服和玩具、提供学校教育、接送看病和陪同玩耍，等等。然而，当这一切发生时，你的父母和大多数人一样，可能不知道他们的言行在多大程度上影响了你对男性气质和女性气质的看法（Chen et al.，2014；Firestone，2010）。

最特别的是，他们可能没有意识到自己对待女孩和男孩的方式上常常存在着微妙的不同（Leaper，2013；Leaper and Farkas，2014；Leaper and Tenenbaum，2017）。或者，如果他们意识到了，他们也只认为自己需要调整自己的行为，以迎合孩子们的不同个性或内在差异。

让我们思考这些影响的一些方面。

父亲和母亲如何区别对待孩子　父母倾向于根据自己的性别对孩子进行不同的社会化教育（Leaper，2014；Sabatini and Leaper，2004）。

■ **父亲做什么**　父亲与儿子相处的时间往往多于与女儿相处的时间，他们倾向于以赠送礼物或金钱的形式表达关爱（Mascaro et al.，2017；Nikiforidis et al.，2017；Raley and Bianchi，2006）。然而，父亲对孩子来说也是重要的玩伴。通常父亲为儿子设定的成就标准比女儿的更高，而且在游戏中更具进取心，更有目标导向性。父亲们在养育女儿时倾向于强调情绪和感受。在父亲缺席的情况下长大的女性通常很难建立持久的关系（Thomas，2018）。

■ **母亲做什么**　母亲倾向于对女儿和儿子平等地表达爱意和给予口头表扬。然而，和父亲一样，母亲也倾向于在与女儿的关系中强调情绪和感受。研究表明，与父亲主导的家庭相比，母亲主导的单亲家庭中，孩子的传统性别养育方式更少见（Friedman et al.，2007；Sabattini and Leaper，2004）。

父母让孩子社交的 4 种方式　根据安·奥克利（Ann Oakley）的经典著作《性、性别与社会》（*Sex, Gender and Society*）一书，从婴儿期到成年期，父母主要会通过 4 种微妙的方式使他们的孩子社会化。

避免性别刻板印象　如果你是男性，你的父亲或母亲是否不鼓励你在厨房帮忙，因为这是"女人的工作"？如果你是女性，你的父母是否也会试图把你推向存在性别刻板印象的活动中？你现在对这些活动有什么感觉？

■ **使用不同的身体语言和语言**　如果你是男性，相比你的姐姐妹妹，你的父母是否会较粗暴地对待你，告诉你不要哭，同时因为你是"一个坚强的男孩"而欣赏你？如果你是女性，相比你的哥哥弟弟，他们是否会更温柔地对待你，比如抱着你并告诉你，"让男孩来做那件事"？身体和语言上的操控是父母影响孩子性别角色的一个重要部分。

■ **将注意力转移到某些定型的性别识别对象上**　你的父母是否会给你买诸如娃

娃、赛车和足球之类的玩具？某些玩具、服装、运动器材和其他物品往往在文化上更倾向于接近一种性别而非另一种性别。男孩的玩具倾向于鼓励身体活动，而女孩的玩具倾向于强调与他人亲近和与母亲的沟通（Leaper and Bigler，2018；Spinner et al.，2018）。

■ **对同一行为应用不同的语言描述** 即使多年以后，在职业生涯中工作的女性也可能会发现，她们必须以不同的标准处理同一行为，比如，同样的工作行为，发生在女性身上会被称为"咄咄逼人"，发生在男性身上则被称为"有进取心"，并受到赞赏。同样的事情也发生在儿童时期：男孩因为"活跃"而受到鼓励，而女孩则因为"过于活跃"而受到责备；女孩因"温柔"而受到称赞，而男孩则因"不够坚强"而受到批评（Heilman，2012）。

■ **鼓励或阻止某些刻板的性别认同活动** 作为一个男孩，你是否被要求帮助你的母亲做针线活、做饭、熨衣服等？作为一个女孩，你是否被要求帮助你的父亲做庭院工作、铲雪、倒垃圾等？对大多数孩子来说，情况往往是相反的。对女孩做室内家务和男孩做室外家务的认同往往会使个体形成对性别角色的刻板印象（Cunningham，2001；Leaper，2002；Shellenbarger，2006）。

阶级、种族和宗教的差异 你对性别问题的看法也可能取决于你的社会阶层、种族和宗教背景。

如果你是白人，出身于中产阶级，你的性别刻板印象可能没有出身于工薪阶层的白人那么强烈，尤其是女性。

如果你是一名来自拉丁裔工薪阶层的年轻女性，你的父母可能会要求你更顾家——这一期望通常不适用于拉丁裔男性（Saracho and Spodek，2007；Zinn，2002）。

如果你是非裔美国人，你可能从小就没有那么多关于性别的传统观念（Ryle，2015；Taylor，2002）。事实上，如果你是黑人女性，你长大后可能会比白人家庭长大的人更独立（Belgrave et al.，2016）。某项研究表明，尽管许多美国人认为犯罪、失业和贫困在非裔美国男性中普遍存在，"但事实是，大多数黑人男性不会被监禁、不会失业，也不会陷入贫穷当中。"（Wilcox et al.，2018）。然而，这些年轻人中的大多数人经常报告说自己在各种社会环境中受到歧视，从而导致自尊水平下降（Mereish et al.，2016；Okeke-Adeyanju et al.，2014）。

尽管参加教会的女性多于男性，宗教可以强化性别刻板印象，因为许多宗教都有着父权制的基础。一些研究表明，经常去教堂的人比不经常去教堂的人更有可能对性别角色持有传统观念（Woodhead，2007）。

同龄人对我们的影响

你的父母可能是第一个影响你的性别角色的人，但在你上学后，其他孩子——**同辈群体**，即与你年龄相仿，并在阶级等方面与你相似的人——也是影响你的性别角色的重要因素。尽管你的父母可能对他们中的一些人有些疑虑，但你的同龄人可能会对你产生一些积极的影响（La Greca and Harrison，2005）。

人们发现，女孩会鼓励其他女孩以女性风格行事，这种风格以联系为导向，注重维护个人关系、合作和支持。正如可以预期的那样，男孩有时会鼓励其他男孩采用男性风格，这种风格以地位为导向，注重支配的目标（意味着人们是社会系统的"生产者"和"产品"）。

在儿童中，游戏角色常常是按性别划分的，同辈群体用他们的赞成或反对来影响我们对玩具、游戏、食物、音乐、电视节目等的选择（Barbu et al., 2011；Carter, 1987）。孩子们会主动地进行相互社会化，以使自己的行为符合其他相同性别成员的特定互动方式。研究表明，女孩会鼓励其他女孩以女性化或与他人"共事"的方式行事，这种方式注重人际关系、合作和相互支持。正如我们可以预期的那样，男孩有时会鼓励其他男孩采用男性化的方式行事，这种方式以地位为导向，注重支配的目标。主体意味着人既是社会制度的制造者，也是社会制度的产物。然而，我们也会发现男孩的行为与性别规范背道而驰的情况，有些男孩被鼓励用"共事"的方式，而不被鼓励用"独断"的方式（Hibbard and Buhrmester, 1998）。

女孩如何受到影响　女孩通常会影响其他女孩玩娃娃。事实上，平均每名女孩拥有 8 个芭比娃娃。总的来说，我们去任何一家玩具店都会发现，所谓适合女孩的玩具包括娃娃屋和衣服、厨房用具、化妆品以及缝纫和手工艺品套件。女孩的玩具往往强调家庭性、养育性、被动性、想象力和情感表达（Blakemore and Centers, 2005）。

此外，女孩从男孩那里得到外表是女性受欢迎的最重要的指标的暗示。女孩们会经常贬低那些她们认为超重、身体发育不良、过度发育或其他方面没有吸引力的女孩（Eder et al., 1995）。

男孩如何受到影响　男孩希望其他男孩玩他们自己的那种玩偶，尽管它们被称为"人形公仔"，如手持武器的超能战士（Power Rangers）、特种部队（G.I. Joe）和星球大战玩具。其他所谓适合男孩的玩具包括塑料枪和剑、蝙蝠侠和蜘蛛侠的服装、变形金刚、乐高积木、木工套件、赛车、足球和棒球，以及游戏机。男孩的玩具往往强调逻辑、规则、竞争和攻击性（Blakemore and Centers, 2005）。

男孩通过关注作为女孩最理想特征的吸引力，以及作为男孩最理想特征的强硬，使用诸如"窝囊废"这样的词来贬低被认为不够自信的男孩，来促进性别刻板印象的形成（Eder et al., 1995）。

最近令人耳目一新的状况是，玩具制造商和主要连锁店的趋势是创建性别中立或双性化的标签和商店过道，以展示滑板车、游戏模具和其他男孩女孩都能接受的玩具。比如，塔吉特公司在其商店里不再为玩具贴标签（Tabuchi, 2015）。

实例：性别差异

男孩和女孩谁更强

《该隐的封印》（Raising Cain）一书的合著者之一的儿童心理学家迈克尔·汤普森（Michael Thompson）说："也许是因为男性在社会中享有如此多的权力和声望，所以有一种认为男孩必然会

成功的倾向。"（Kindlon and Thompson，
2000）"因此，人们只在男孩身上看到了
没有力量的迹象，而忽视了所有表明他
们有麻烦的证据。"（Mulrine，2001）国
际老龄化专家斯蒂芬·奥斯塔补充说：
"几乎在每个年龄段，女性似乎都比男性
生存得更好。"（Steven Austad，2017）男
孩的早产率较高，在子宫内面临更大的
患上并发症和死亡的风险（Blencowe et
al.，2013）。

有人认为，男孩在四五岁时就被文
化弄得情感无能了（Chu，2014）。男生
占被贴上"学习障碍"标签的学生的 2/3
（Biddle，2009）。他们的成绩也比女孩
差，占 D 和 F 成绩的 70%（Coates and
Draves，2006；Gurian，2001）。他们上
大学的可能性也较小，根据美国教育部
的数据，到 2026 年，男性预计只占大学
生的 43%（Marcus，2017）。男性占杀人
犯的 90%，这几乎是女性的 9 倍（Cooper
and Smith，2011）。

但据说美国女孩的行为也变得更像

男孩，而且情况并不乐观。女孩可能不
像男孩那样暴力，但也有人宣称，她们
正变得像同龄男孩那样吸烟、喝酒并惹
上法律纠纷（Phillips，1998）。然而，
没有足够的实证依据能支持这一论断
（Arnott，2008）。

更重要的是性别刻板印象的作用，
以及女孩和男孩对性别的看法，这些都
是在青春期早期形成的。根据一份报告，
当女孩进入青春期后，她们变得脆弱，
需要保护以维护她们的健康，而男孩
则被视为强大和独立的代表（Dastagir，
2007）。顺应性别刻板印象的结果是，男
孩会参与更多的身体暴力行为，更容易
遭受意外伤害，而女孩更容易患抑郁症，
更容易遭受暴力，更容易辍学（Blum et
al.，2017）。

你怎么认为

总的来说，一个性别是否比另一个
性别更强呢？为什么会存在性别间的差
异呢？

教育如何影响我们

在你开始上学后——托儿所，幼儿园、
小学——你的同龄人和老师都开始影响你对
适当的性别行为的想法。因为你所遇到的大
多数老师可能是女性，所以你可能会倾向于
认为与成年人的互动主要是与女性的互动。

教师还巧妙地影响了男孩和女孩，让他
们之间的不同之处多于相似之处。

教师如何影响男孩 过去，至少在白
人儿童中，在从幼儿园到大学的各个阶段，

男孩往往会比女孩得到更多的关注（Lips，
1995）。与女孩相比，男孩更有可能在课堂
上被点名，被给予更多的谈话时间，得到表
扬的同时，也会受到严厉的惩罚（Kindlon
and Thompson，2000；Pollack，1998）。最近
的一项研究表明，教师把顽皮的男孩——那
些被当作"班级小丑"的男孩——视为具有
破坏性的，但把顽皮的女孩只视为贪玩的，
这会对男孩的自尊心和他们在之后生活中的
自我认知产生负面影响（Barnett，2018）。

教师如何影响女孩　总的来说，女孩在大多数学校科目中的表现比男孩好，而且是在各个年级（Voyer and Voyer，2014）。一位作家指出，这有时被归因于缺乏男教师，但教师性别已被发现对学生的学术成就没有明确的影响（Carrington et al.，2005）。相反，女孩似乎做得更好，因为她们比男孩读的书更多、学得更多、表现得更好，而且她们对教育有积极的看法（Gershenson and Holt，2015；Organisation for Economic Co-operation and Development，2000；Toth et al.，2016）。

非传统的性别角色　男护士、女汽车修理工。如果你遇到了扮演非传统性别角色的人，你会感到惊讶吗？

工作如何影响我们

工作场所中的性别差距可能正在慢慢缩小。但在你的成长过程中，你对性别角色的认识可能受你所看到的哪些职业由女性主导，哪些由男性主导的影响。

女性主导的职业　美国劳工部的数据显示，在 2016 年女性最集中的职业中，女性占儿童保育员的 94.4%；占秘书和行政助理的 94.6%；占接待员和信息办事员的 90.1%；占注册护士的 90%；占教师助理的 89.3%；占精神病和家庭健康助理的 88.1%；占簿记员、会计和审计文员的 88.5%；占中小学教师的 78.5%（Bureau of Labor Statistics，2018）。通常，大约一半的职业女性受雇于管理者。

男性主导的职业　根据美国政府的统计，2016 年男性占建筑和采掘（采矿）工人的 97%；占建筑师和工程师的 83.8%；占农业、林业和渔业工人的 76.6%；占工程师的 74.5%；占律师的 62.6%；占内科医生和外科医生的 60%；占法官和其他司法工作者的 71.9%；占管理者的 60.2%（Bureau of Labor Statistics，2014）。在政治方面，大多数美国参议员和国会代表是男性（尽管这种情况正在改变）。在军队中，只有 16% 的士兵和 18% 的军官是女性（Reynolds and Shendruk，2018）。

识别并解释父母（有意识地或无意识地）使其子女社会化的方式。

3.4 转型中的性别角色：多元化的男性与女性形象

核心内容：

传统性别角色社会化的优势和劣势，以及社会影响对性别角色的影响

概述 遵循传统性别角色规则行事的男人和女人可能会从他们的关系中获得某些好处，但也会经历某些挫折。然而，越来越多的性别角色正在发生转变。

传统的性别角色曾经是基于生物学差异的。在工业化前的社会中，男性更庞大的身体和更强大的力量在带来食物和提供防御方面受到高度重视，因此扮演着父权制角色。女性在生殖和怀孕方面几乎没有选择，因此扮演着母系角色。而在如今的工业社会中，这些生物学差异不再那么重要。

传统性别角色的优势

传统性别角色能促进社会稳定，因为它们是可预测的——关系中的双方都清楚自己的权利和责任。因此，传统性别角色之所以持续存在，是因为只要伴侣双方都愿意付出，并对回报感到满意，这种性别角色划分就能提供一些好处。让我们看看这些好处是什么。

对男性的好处 正如我们所看到的，传统男性角色的核心特征是工具性的，重点是外出工作。也就是说，传统男性最重要的功能是成为他们家庭的资源供应者和保护者。

因此，男性的侵略性、支配性和权力导向性能帮助他们在工作场所中有出色的表现，这带来了以下这些好处。

■ 收入较多和其他与工作相关的优势 2016 年，根据美国劳工部的数据，女性的平均全职周薪为 749 美元，而男性为 915 美元（Morath，2018）。2013 年，美国女性的中位数收入为 39 157 美元，是男性中位收入的 78.3%（Hoffman and Averett，2015）。

2002 年，根据美国国税局的研究，在年薪低于 25 000 美元的人群中，女性人数超过男性，占总人数的 57%；在年薪为 25 000 美元 ~ 30 000 美元的人群中，男性和女性的人数大致相当，然而，在这个范围内，男性占主导地位，而且工资越高的人群中男性的人数就越多。比如，在 50 001 美元 ~ 100 000 美元的范围内，男女比例为 10∶1；在 100 001 美元以上的范围内，男女比例为 13∶1。

■ 减少家务劳动和婚姻压力 民意调查显示，虽然一些美国人（40%）认为男性和女性有相同的获得晋升和发展的工作机会，但更多的人（46%）认为男性有更多的机会（Moore，2014）。当然还有传统性别角色的权衡，男性可以从典型的女性家庭劳动（家务、食物准备、育儿等）的乏味和压力中解脱出来（Lippe，2010）。

对女性的好处 传统女性角色的核心特征是表达性的，重点是表达温柔的情感和关注他人的需求。因此，对传统女性来说，最重要的职能是照顾家庭——收拾房子、做饭、抚养孩子、在情感上支持丈夫，这有以下这些好处。

■ 身份与人际关系息息相关 女性比男性更多地为家庭生活而调整自己的事业，并且往往比男性更努力地与家庭成员保持联

系，比如组织家庭聚会等（Parker, 2015; Szell and Thurner, 2013）。人们认为，与男性相比，女性似乎会从关系中获得更多的满足感（Cherry, 1998; J Jones et al., 1990）。然而，最近的一项调查表明，关系对女性的重要性不如对男性的重要性，有 20% 的女性说她们宁愿享受孤独、追求成功和快乐，也不愿维持一段不快乐的关系（Avvo, 2016）。

■ **与儿童建立更密切的联系** 作为母亲的传统女性不仅能花更多的时间与孩子在一起，而且能帮助孩子成长（Harris, 1994）。女性的主要工作是成为好母亲和好妻子的观念因文化和国家的不同而有很大的差异。比如，根据 2017 年针对 22 个国家18 180 名成年人的益普索全球趋势调查，印度尼西亚约有 70% 的受访者认同这一观念，俄罗斯为 69%，印度为 64%，而美国仅为40%（Bhattacharya, 2017）。相比之下，传统的父亲往往在晚年后悔自己与孩子的不亲密。

传统性别角色的劣势

如果伴侣双方都同意传统角色所代表的工作分工——他负责养家糊口，她负责照顾家人——他们可能会找到满足感。然而，每个人也都在放弃一些东西。让我们看看传统性别角色的劣势是什么。

对男性的弊端 如果你是男性，你身份的核心特征是你的工作和职业生涯，它可能会夺走你的宝贵经验，甚至对你的健康产生负面影响，具体如下。

■ **个人自我价值与工作职位及收入挂钩** 各个领域的佼佼者们站在金字塔的顶端，但在这个过程中，你爬得越高，剩下的空间就越小。因此，大多数金字塔攀登者从未登上过塔顶。因此，那些比上不足的男人，或者那些做兼职乃至失业的男人，更容易感到自己没有男子气概，甚至患上抑郁症（Gaylin, 1992; Goodwin, 1990; Vendello and Bosson, 2013）。

■ **与工作相关的压力** 为获得薪酬而工作可能是非常有压力的。这可能是由专横的主管、不愉快的客户或同事、身体上的压力、感到无聊和其他困难造成的。事实上，根据 2014 年的一份报告，52.3% 的美国人（包括男性和女性）说他们在工作中不快乐（Chen et al., 2014）。什么使员工在工作中最幸福？59% 的人说"对工作感兴趣"让他们感到满意，60.6% 的人说"投入工作中的成就感"让他们感到愉快（Adams, 2014）。毫无疑问，大多数员工认为他们在这两个方面没有得到充分满足。

■ **缺少家庭生活的时间** 如果你把大部分时间花在工作上，与家人（包括孩子）在一起的时间必然会减少。许多孩子认为自己的父亲是与自己疏远的人，因为父亲经常外出工作。试图兼顾工作和家庭生活的男性往往会经历角色超载（Gerson, 1993; Korabik et al., 2017; Perry-Jenkins, 2007）。

■ **有限的情感表达，会引发个体的孤独感和对亲密关系的恐惧感** 强壮、有竞争力但没有情感的男性不仅仅是电影中的角色，而且一直是传统男性的标准。但无法分享情感会引发孤独、愤怒、抑郁和对亲密关系的恐惧等情绪（Miles, 2017; Thelen et al., 2000; Vandervoort, 2012）。

■ **离婚时对子女监护权的限制** 由于传统的、以事业为重的男性往往没有花很多时间与他们的孩子在一起，因此在离婚时，男性可能会发现自己在争取孩子监护权方面处于不利地位。

对女性的弊端　女性也有自己的一系列问题，具体如下。

- **收入和职业成就感减少**　这部分是因为在过去传统女性重视母性而不是职业发展，她们往往不会取得较高学位（Ross and Van Willigen，1997）。如今，更多女性获得了大学学位，但男性仍然赚更多的钱（Napolitano，2018）。事实上，根据美国劳工部的数据，美国女性收入的中位数（749 美元 / 周）只有男性（915 美元 / 周）的 82% 左右（Chaney，2017）。女性在接受教育和赚钱方面一直在进步，但男性的收入普遍较高，而女性更容易生活在贫困中（Blau and Kahn，2017；White House Council on Women and Girls，2011）。

离婚对传统女性来说是一个特别不幸的后果。事实上，有传统背景的女性如果独自生活或成为单亲母亲，就更容易面临贫困的风险，这就产生了"贫困女性化"的说法。经济不平等也是许多其他国家的常态。

- **依赖配偶，导致不幸福**　传统的妻子和母亲的角色对女人来说意味着要依靠丈夫的经济支持。男性在结婚后似乎比未婚时更快乐，而传统女性则相反，他们可能觉得家务和养育孩子的任务无聊、令她们疲惫不堪，而且永无止境。与未婚女性相比，传统婚姻中的妻子报告了更多的压力症状、更多的生活不幸福感、更多的挫折感及婚姻问题（Kiecolt-Glaser and Newton，2001；Perrone-McGovern et al.，2009）。这种依赖性也可能使一些女性不愿意或不能离开这段关系。

- **外貌困境**　斯坦福大学法学系教授黛博拉·罗德在《美丽的偏见》（The Beauty Bias）一书中指出，吸引力是一个严重的问题（Deborah Rhode，2010）。她说："基于外表的偏见是社会和法律上可接受的偏见的最后堡垒。"（Platoni，2010）正是这种偏见助长了美国每年 660 亿美元的减肥市场和全球 320 亿美元的整容市场。对吸引力的强调——尽管它对男性和女性都有影响——意味着一些年轻女性很容易为了保持苗条身材变得饮食失调（厌食症和贪食症）和养成其他不健康的习惯。

- **个人自我价值感较差**　一般来说，女性比男性更缺乏积极的自我价值感——自尊水平更低，对自己的智力缺乏自信（Furham and Gasson，1998；Kay and Shipman，2014）。

改变性别角色

尽管传统的性别角色有一些优点，但有时人们确实会摒弃它们，也许是出于必要，比如当妻子和母亲必须工作以赚取第二份收入时，或者当父亲失去工作并无意中成为"家庭主夫"时。然而，越来越多的人自愿选择放弃传统的性别角色（Gerson，1985）。事实上，在 2009 年的一项调查中，84% 的"千禧一代"不认同"女性应该回归她们在社会中的传统角色"的观点（Pew Research Center，2009）。在这方面，她们得到了女性和男性相关运动的指导。

女性运动　在美国，女性主义（feminism）认为女性应该拥有与男性相同的经济、社会和政治权利。它起源于 19 世纪废除奴隶制的运动，这场运动使女性对自己的劣势非常敏感，比如被禁止拥有财产或担任陪审员。

美国第一次女性权利大会于 1848 年在纽约的塞涅卡瀑布的大街上举行。1920 年，女性赢得了选举权，此后，女性运动在近 40 年内没有再兴起（Renzetti and Curran，2012）。

20 世纪 60 年代和 70 年代，随着黑人民权运动和其他政治活动的兴起以及贝蒂·弗里丹（Betty Friedan）所写的《女性的奥秘》（The Fminine Mystique）一书的出版，女性主义开始重新确立自己的地位。美国全国女性组织（National Organization for Women，NOW）成立于 1966 年，是一个具有改革思想的组织，最终发展到有 50 万名成员。女性运动总体上支持通过美国《宪法》的《平等权利修正案》（该修正案未通过），对女性和少数族裔采取平权行动，废除工作场所的性别歧视，获取合法堕胎的权利，并让政府补贴儿童保育费，结束对女性的暴力行为，以及接受女性扮演非传统的性别角色。

然而，女性主义并没有统一的声音。事实上，现代女性主义有几种观点（Lindsey，2015；Renzetti and Curran，2012；Whittier，1995）。

■ **自由主义女性主义——植根于性别的不平等** 自由主义女性主义，或称"平等权利女性主义"主要关注通过法律和社会改革争取个人权利和实现女性机会平等。

■ **社会主义女性主义——植根于阶级冲突的性别分工** 认为性别分工和性别不平等是阶级冲突的表现。这种观点主张政府支持育儿假和儿童保育，以使女性能够获得更好的生活。

■ **激进女性主义——根植于父权制的不平等** 激进女性主义认为女性遭受男性压迫或父系社会是女性不平等的原因，并且有时主张将女性的角色从现有社会体系中分离出来。父系社会（patriarchy）描述的是权力和权威主要由男人掌握的社会安排。激进女性主义的一个关键重点是男性主导的机构对女性实施的身体和心理暴力。父系社会作为一种政治制度的概念在诸如凯特·米利特（Kate Millett）的《性政治》（Sexual Politics）、安德里亚·德沃金（Andrea Dworkin）的《憎恨女人》（Women Hating）和苏珊·布朗米勒 1975 年的《违背我们的意愿》（Against Our Will）等书中都有讨论。

■ **女同性恋女性主义——根植于异性恋主导地位的压迫** 女同性恋女性主义关注异性恋的主导地位，特别是作为父系社会的一种表现。

■ **保守女性主义** 保守女性主义，至少在其最激进的形式下，提倡女性回归传统的性别和家庭角色。由佩尼·南斯（Penny Nance）领导的"关心美国女性组织"和由玛乔丽·丹南费尔瑟（Marjorie Dannenfelser）领导的"反堕胎组织"就是很好的例子（Valenti，2018a）。

男性运动 女性运动鼓励男性通过举行自己的运动来重新考虑自己的性别角色。美国于 1975 年首次召开维护男权的会议，从那以后每年都举行一次。

像女性主义一样，男性运动也有不同的派别，具体如下（Kimmel，2010，2012；Renzetti and Curran，2012）。

■ **女性主义支持者** 作为男性运动的自由派分支，女性主义支持者同意女性主义者的观点，即父系社会有利于异性恋白人男性，但它迫使所有男性中的少数族裔和同性恋者都必须遵循僵化的性别角色，这个分支的代表是全国男性反对性别歧视组织（National Organization for Men Against Sexism，NOMAS）。

■ **反女性主义者** 男性运动的保守派

分支，反女性主义者相信男性的支配地位是自然而然地形成的，因此必须抵制女性争取性别平等的努力。

■ **男性主义者** 男性运动的一个较新的变体是男性主义者，他们同意父权制导致对女性的压迫和孤立，但更关注男性达成自我实现和进行自我表达的尝试。诗人罗伯特·布莱（Robert Bly，1990）的《铁约翰》（*Iron John*）中讨论的观点反映了这一派的思想，这促使男性之间的篝火聚会盛行，在聚会中男性被鼓励分享感受，释放他们内心的"野性"。

最近，多伦多大学心理学教授乔丹·彼得森（Jordan Peterson）坚定地捍卫了传统的性别角色，他说男性精神正受到攻击（Bowles，2018；Sanneh，2018）。彼得森认为秩序是阳刚的，混乱是阴柔的，为此他写了一本叫《人生十二法则：应对混乱生活的良药》（*12 Rules for Life: An Antidote to Chaos*）的书。他认为"成长和停止抱怨生活是艰难的"，从而抵制那些敦促男人以更柔和、更女性化的方式行事的社会趋势。一些女性主义作家指出，社会没有像最近为女孩所做的那样，呈现男孩应遵循的生活模式，这使他们更容易受到反女性主义的影响（Rich，2018；Valenti，2018b）。

在男性运动中，并不是所有的男性都能被归入这三组中的一组。比如，有许多男性采取性别中立的方法，主张所有男性和女性享有平等的权利和责任，而不把当前的不平等现象归咎于某个性别。

角色冲突、双性化和后性别关系

女性和男性运动带来的对传统性别角色意识的觉醒引发了许多焦虑和困惑。然而，这也暗示着超越这些角色的希望。

焦虑与困惑：角色冲突的影响 身处传统的性别角色会让人感到不安，但转换性别角色也是如此，特别是当许多旧的期望仍然存在的时候。**当两个或多个角色的期望不兼容时，就会发生角色冲突**（role conflict）。比如，拥有全职工作的女性可能会发现，她们不可能同时成为好母亲，她们需要照顾生病的孩子、参加学校活动，等等。承担家务或育儿责任的男性可能会因为没有像配偶那样做好这些事而感到自己无法胜任。角色冲突会引发与压力相关的问题，包括失眠、头痛和产生各种紧张的情绪（Canales and Lopez，2013；Weber et al.，1997）。

后性别超越：超越性别 一些男女伴侣已经摒弃了性别决定命运的观念，比如，能够养家糊口是男性成功的定义，善于持家是女性成功的定义（Lindsey，2015；Pew Research Center，2009；Winograd and Hais，2012）。在这些关系中，伴侣双方都有自己的事业，也都在这段关系中养育孩子，而且都拒绝将性别作为不平等的意识形态的理由。换句话说，他们的关系可以被描述为超越性别的后性别关系。

双性化：达成灵活性 无论你是男人还是女人，难道你没有可能既是具有竞争性和以成就为导向的，又是温柔的吗？也就是说，你可以同时拥有与传统男性气质相关的工具性特征和与传统女性气质相关的表达性特征。

如果是这样，你会被认为是双性化的。**双性化是指一个人同时具有文化上定义的男**

性和女性的特征。在古希腊语中，"andros"的意思是"男人"，"gyne"的意思是"女人"。显然，双性化的好处是你会成为一个更灵活的人，比如，在一种情况下你是重逻辑的，而在另一种情况下你是重情感的，或者在某些时候是有竞争力的，而在其他时候是利他的（Bem，1975；Cheng，2005；Vonk and Ashmore，1993）。心理学家米哈里·契克森米哈赖（Mihaly Csikszentmihalyi）声称，具有创造性和创新性思维的人通常同时具有男性特征和女性特征，他将其称为心理双生性。

双性化 你认为在一个人身上同时拥有文化上定义的男性和女性的特征，是否可以使一个人变得更灵活？本页左图中两名女拳击手在拳击场上打得难解难分，这是不是"不淑女"的行为？上页右图表明男人也有哭泣的时候，尽管他们不会像女人一样频繁地哭泣。你认为这些照片有什么不妥之处吗？

你想要什么呢

你认为自己在一段关系中扮演着什么样的角色？在平等的关系中，伴侣双方都追求事业，但也要在平等的基础上关心家庭和孩子，这不仅能使双方公平地共同分担所有工作，而且每一方都能对另一方的经历感同身受。此外，作为男性，与传统婚姻中的男人相比，你会在这段关系中失去权力，投入在你的事业中的时间更少。而作为女性，你会发现自己与孩子的接触较少，不得不在追求事业的过程中做出必要的妥协。

表 3-2 显示了如何从 3 种主要的理论视角——结构 - 功能主义视角、冲突视角和符号互动视角——看待性别问题。

表 3-2　理解性别的视角：3 种社会学理论视角的比较

结构 - 功能视角（宏观取向）
• 明确界定男性（工具性 / 养家糊口）和女性（表达性 / 育儿和做家务）的性别角色，为社会带来稳定性
• 各方对明确界定的角色达成了共识和协议
• 性别角色通过宗教和媒体等社会机构得到强化
• 有悖于传统的性别角色会受到强有力的社会制裁以使社会保持平衡

冲突视角（宏观取向）
• 性别角色不再被明确界定或完全接受
• 社会力量（如接受对高中以上教育的需求、生活成本的增加以及双职工家庭的必要性）通过对稀缺资源的竞争和重新分配来影响性别的重新定义
• 严格定义的性别角色被认为限制了男性和女性的潜力
• 由于僵化的角色定义，女性成为受害者，这反映在女性较低的收入和女性领导占比较少方面

符号互动视角（微观取向）
• 赋予性别角色的意义是通过日常社会互动所进行的社会建构
• 早期与重要他人的社会化模式确立了影响成年人性别角色的期望
• 人们发展出自己对男性气质和女性气质的定义，而这些社会建构又反过来影响着人们的看法
• 关于什么是理想的、美丽的和英俊的想法会随着时间的推移而改变，并影响伴侣的选择

你认为女性运动和男性运动对性别角色有什么影响？

总结与回顾

3.1　性别和性别角色

比较和对比性、性角色、性别和性别角色

■　要谈论性别，首先你要学习正确的词汇。性指的是我们与生俱来的生物特征，这些特征决定了我们是男性还是女性。性别是指作为男性或女性的社会习得的态度和行为。也就是说，性别是一种社会结构，是一种由社会创造的机制、现象或分类。

■　你还应该理解角色之间的区别，角色是拥有特定身份的人被预期表现出的行为；性别角色是在特定文化中女性或男性的预期行为；性角色是由生物性限制定义的行为。我们通过社会化学习性别角色，社会化是个人学习其所在群体特征（被认为适合他们的态度、价值观和行为）的过程。这种学习过程创造了人们的性别认同，即一个人对自己是男性还是女性的心理感受，这可能与他/她的生理结构相符，也可能不相符。患有性别认同障碍的人，是指那些对自己出生时被分配的性和性别感到强烈不满的人。性别焦虑症患者不是同性恋者，而是意味着你内心对自己性别的感受与你的外表所呈现出来的性别是不同的。

■　有些人扮演着其他性别的角色。比如，易装癖者，即一种性别的成员打扮成另一性别的模样。

■　一个更复杂的性别认同问题出现在变性者身上，变性者是指有某一种生理性别的人具有另一种性别的身份认同，并通过接受手术变成另一种性别。双性人是指同时拥有男性和女性性器官的人，或者性器官不明显的人。

3.2　关于为什么性别角色不同的一些理论

性别角色社会化的 4 种主要理论

■　有几种理论被提出来解释性别差异，我们重点思考其中的 4 种。

■　社会生物学理论认为，我们的社会行为和性别行为都源于生物学上的差异。比如，男女会分泌不同的激素，这些激素和它们背后的性染色体使男女产生了不同的生理特征。

■　社会学习理论认为，我们通过与环境的互动学习态度和行为。学习是以两种方式进行的。第一种是通过强化学习，即通过做出可取的行为得到奖励，而做出不可取的行为会得到惩罚。第二种是通过模拟来学习，也被称为**模仿**。

■　认知发展理论认为，当我们还是孩子的时候，我们在认知发展方面的生理准备——我们的思维、理解和推理过程——影响了我们对环境中有关性别差异的线索的反应。该理论的两位支持者是皮亚杰和科尔伯格。

- 一些认知发展理论已经融入性别图式理论，该理论认为，在儿童时期，我们形成了一个关于我们认为男性和女性通常会做什么的知识框架，即性别图式，然后我们用这个框架解释关于性别的新信息。文化期望会促使形成性别刻板印象，即认为男性和女性都应表现出传统的性别角色特征。

3.3　性别社会化：谁教我们如何扮演男性或女性

性别角色社会化的来源

- 社会生物学强调，性别差异是基于生物学的。然而，其他3种理论认为，我们主要从环境中学习性别行为。除了社会文化和大众传媒以外，我们还描述了其他4种影响因素。

- 我们受到父母的影响，父亲和母亲会根据孩子的性别，对其采取不一样的社会化影响策略。父母对孩子进行社会化的4种方式是（1）使用不同的身体语言和语言；（2）将注意力转移到某些定型的性别识别对象上；（3）对同一行为应用不同的语言描述；（4）鼓励或阻止某些刻板的性别认同活动。你对性别问题的看法也可能受你的社会阶层、种族和宗教背景的影响。

- 我们会受到老师的影响，他们可能会潜移默化地让男孩和女孩产生更多的不同之处。

- 我们还会受到工作的影响，我们可以观察哪些职业由男性主导，哪些职业由女性主导。

3.4　转型中的性别角色：多元化的男性与女性形象

传统性别角色社会化的优势和劣势，以及社会影响对性别角色的影响

- 传统的性别角色有一些优势。传统男性角色的核心特征是工具性的，重点是外出工作。这会带来更高的收入和其他与工作相关的优势，减少家务和婚姻压力。

- 传统女性角色的核心特征是表达性的，重点是表达温柔的情感和关注他人的需求。这样做的好处是，女性的身份是与人际关系而不是工作联系在一起，而且她们能与子女建立更紧密的联系。

- 传统的性别角色也有劣势。对男性来说，缺点是他们的个人自我价值与工作职位和收入挂钩；他们承受着与工作有关的压力；他们花在家庭生活的时间较少；他们只被允许进行有限的情感表达，这导致他们产生了孤独感和对亲密关系的恐惧感；在离婚时，他们也很难获得孩子的监护权。

- 对女性来说，传统性别角色的弊端是收入和职业成就感降低。她们依赖自己的配偶，这可能导致她们感到不幸福、对吸引力的标准看得太重，以及个人自我价值感较低。

第 4 章

参与：约会与求爱

核心内容

4.1 约会的主要功能，以及封闭式求爱和开放式求爱的概念

4.2 在寻找伴侣时封闭领域和开放领域的含义，以及技术如何影响人们寻找伴侣的方式

4.3 约会行为的 2 种不同模式

4.4 人们面对关系恶化的 4 种反应方式，以及结束关系所涉及的影响因素

本章导读

　　首先，我们将讨论求爱，包括封闭式的求爱系统和开放式的求爱系统、约会的 6 大功能，以及约会是如何作为一个筛选过程进行运作的。其次，我们将描述与他人会面的 4 种方式，并介绍约会的发展变化。最后，我们将讨论关系恶化和分手的各个方面。

大众文化、媒体和技术

见面和约会

　　玛丽亚·达瓦娜·黑德利（Maria Dahvana Headley）是纽约大学的一名 20 岁的本科生，她正在寻找爱情。她决定开始接受任何邀请她约会的人，除了那些已婚的、未成年的、喝醉的男人以外。为了保证安全，她制定了一个规则：不进入任何人的车，也不告诉约会对象她住在哪里（McGinn，2006）。在接下来的 150 次的约会中，她遇到了一名带着宠物蜥蜴的地铁售票员，一个无家可归的人，一位和他母亲住在一起的百万富翁，几个不会说英语的人，10 位出租车司机，还有一位哑剧演员等（Headley，2007）。

　　作家马克·米勒（Mark Miller）的约会时间比黑德利长得多——自 1995 年离婚以来，他已经约会了 19 年——在《500 次约会：在线约会战争》（*500 Dates: Dispatches from the Online Dating Wars*）一书中，他描述了自己的寻爱之旅的一些情况：他遇到的人包括一名穿着制服的护

林员，一名承认自己的实际年龄比约会资料上的年龄大 15 岁的女性，还有一个人说，约会是如此消耗精力，米勒是她放弃约会之前的"最后一搏"。

他们的努力所取得的效果如何呢？在黑德利所谓的"疯狂约会"期间，她遇到了一位比她大 25 岁的剧作家，他离婚了，并且有两个孩子。他是罗伯特·申克坎（Robert Schenkkan），他获得过普利策奖，是《肯塔基周期》（The Kentucky Cycle）一书的作者。后来他们结婚了，但在 2013 年离婚。而 62 岁的米勒在接受采访时表示，他可能收获了 7 种"童话般的结局"，这些关系的持续时间从 7 个月到 4 年不等。然而，到最后，他仍在寻找爱情（Italie, 2015）。

为了找到那个适合你的人，你真的需要和 500 个人约会吗？有些人只和一个人交往，并和那个人共度一生。但根据美国人口普查局的数据，如今约有 45.2% 的美国成年人单身，而在 1950 年只有 22%。社会学系教授埃里克·克兰伯格（Eric Klinenberg）表示，现在人们可能比以往任何时候都更容易与其他人见面，因为现在有很多先进的技术可以让我们互相联系（Klinenberg, 2014）。然而，《独行》（Going Solo）一书的作者表示，如今人们真正寻找的是灵魂伴侣，这是一个关键问题。

人们对约会和恋爱的兴趣高涨，无论是在网站上、媒体上、书籍上、电影中，还是诸如真人相亲秀之类的交友节目里。

曾几何时，与另一个人"交往"被理解为求爱的一种形式，即根据一套公认的规则，从约会到保持稳定关系再到结婚的缓慢地追求伴侣的过程。如今，关于约会的规则是混乱的和不确定的，下面是一些具体例子。

■ **不同的角色和期望** 在过去的几十年里，很多人都认为年轻女性不应该给男性打电话。而现在，女性不仅会给男性打电话，而且会经常发起浪漫的约会邀请。恋爱专家杰西卡·马萨（Jessica Massa）和丽贝卡·维甘德（Rebecca Wiegand）建议，年轻女性应该接触她们身边所有的单身男性，不管他们是英俊的还是邋遢的，而不是期待着一个手捧一打玫瑰、周五晚上预定晚餐的"王子"，因为只有这样，浪漫才会降临（Swarns，2012）。

■ **选择的悖论** 许多人正在使用曾经被认为是非常规的方式，如社交媒体、在线约会网站和约会应用程序来尝试认识他人（Conkle, 2010；Shulevitz, 2016；Smith, 2016）。然而，这些科技给单身人士提供了如此多的选择，实际上可能会使他们远离承诺。克兰伯格说，这是一个选择的悖论问题，有这么多的选择使人们更容易找到每个人的缺点，而很难选出一个即使有缺点也愿意与之相伴一生的人。

4.1　约会的游戏

核心内容：
约会的主要功能，以及封闭式求爱和开放式求爱的概念

概述　首先，我们将描述求爱的概念，包括封闭式求爱系统（包办婚姻）和开放式求爱系统（关系市场）。其次，我们将描述约会的6大功能。最后，我们认为约会是一个筛选过程，或者是一个关系驱动的或事件驱动的承诺。

重要数据 ➥ 连接

- **最常见的见面方式是什么**　美国异性恋者是在酒吧、餐馆（24%）或者通过朋友（29%）、互联网（22%）及同事（10%）认识伴侣的；美国同性恋者是在酒吧、餐馆（20%）或者通过互联网（68%）、朋友（13%）及同事（7%）认识他们的伴侣的（Rosenfeld and Thomas，2012）。

- **有很多办公室恋情吗**　在一项调查中，1/4的员工说他们曾经或正在经历办公室恋情（SHRM，2013）。在另一项调查中，56%的人承认这一点（Vandewater，2013）。

- **为什么伴侣会分手**　在一项研究中，导致大学生分手的原因有"失去兴趣"（男性28%，女性26%）、"不忠"（男性18%，女性22%）、"远距离"（男性21%，女性16%）、"父母/朋友不认可"（男性3%，女性4%）和"其他的或复杂的原因"（男性30%，女性32%）（Byron and McCandless，2010）。

人际关系为什么这么难以维系

当然对有些人来说维系人际关系并不难。但对许多人来说，与他人交流所需要的精力和时间令人感到身心俱疲，因此约会频率的减少也就不足为奇了。在2006年皮尤研究中心做了一项调查，受访的单身人士中，只有16%的人表示他们正在寻找伴侣；55%的人表示对恋爱没有兴趣（Madden and Rainie，2006）。而在身处约会市场的单身人士中，36%的人说他们在过去3个月里没有约会过；13%的人只有1次约会经历；22%的人有2~4次约会经历；25%的人有5次或更多的约会经历。

显然，在寻找伴侣这一过程中，存在着许多不确定性。让我们来具体看看。

求爱：从父母决定到人际关系市场

本章的总主题是参与：约会和寻找伴侣。在代替婚姻的约会和同居变得如此流行之前，寻求伴侣的行为被称为求爱（courtship），是指逐步做出对婚姻的承诺的过程。让我们来分析一下求爱的背景。

封闭式求爱系统：包办婚姻 在过去的时代（而且在许多文化中现在仍然如此），求爱是一个封闭的系统：孩子们的婚姻是由他们的父母决定的。这导致形成了包办婚姻，即一种伴侣由家庭或家族决定的婚姻，**个体通常不会自主选择伴侣**。包办婚姻往往会带来以下这些方面的变化。

■ **彩礼和嫁妆** 在一些国家，包办婚姻涉及彩礼（bride price），**是一种求爱习俗，男方必须为未来新娘的家庭带来财富以获得迎娶她的权利**。另外，新娘也被要求提供嫁妆，即**女方为婚姻带来的财富或物品**。嫁妆多的女人比嫁妆少的女人更受欢迎（Anderson，2007）。

嫁妆的习俗是如此的根深蒂固，甚至在科技改变了许多其他事情的时候，它仍在盛行。比如，在南非，人们现在可以通过电子转账方式支付新娘的嫁妆，这样新娘的父亲就不用冒着带着厚厚的现金穿过犯罪猖獗的地区的风险（Wexler and Gamede，2017）。然而，这一传统也有其残酷的缺点。比如，在印度，每年有 8 000 多名女性死于这一制度，有时是被丈夫或姻亲杀害，因为新娘的家庭筹不到嫁妆，有时是因未能达到嫁妆的标准羞愧而自杀（McCarthy，2017）。

■ **私奔** 在过去的一些传统社会中，如英格兰，年轻的夫妇必须寻求父母的祝福或同意才能结婚。如果没有得到许可，这对夫妇可能会私奔，然后在其他地方结婚，**私奔是指离家出走并在远离伴侣双方原生家庭的某个地方结婚**，如今，在大多数国家，私奔意味着不告诉任何人就结婚，尤其是父母，通常是为了放弃正式的婚礼（Callaway，2018）。

■ **强迫型婚姻** 包办婚姻的一种极端形式是强迫型婚姻（forced marriage），**是指新娘或新郎或两者被强迫违背自己的意愿并在胁迫下结婚**，这里的胁迫既可能是身体上的压力，也可能是情感上的压力（Soriano，2006）。在欧洲，一些强迫婚姻包括东欧女性与男性的假婚姻，这些男性通常是亚洲人或非洲人，他们希望通过婚姻获得身份证明，从而获得在欧洲生活和工作的权利。比如，克拉拉·巴洛戈瓦（Klara Balogova）18岁时身无分文，而且怀孕了，她的父母强迫她从斯洛伐克长途跋涉来到英国，嫁给一个素未谋面的 23 岁的巴基斯坦人。这个男人娶她仅仅是为了获得身份证明从而留在欧盟（Hui and Janicek，2015）。

开放式求爱系统：恋爱市场 如今，北美和西方国家已经从有明确婚姻目标的封闭式求爱系统转变成开放式求爱系统（open courtship system），**在这个系统中，大多数人一般都会自己选择伴侣**。封闭式求爱系统主要涉及年轻人和从未结婚的人，而开放式求爱系统则涉及几乎所有寻找伴侣的人：年轻的、年老的、单身的、离婚的人士（Whitehead，2012）。

开放式求爱系统是一个类似于 eBay 的系统，即一种关系市场（relationship market），也被称为婚姻市场（marriage market），**潜在的伴侣会比较合格候选者的个人、社会和财务资源，然后反复权衡以求其能获得最好的伴侣**（Coltrane and Adams，2008；Jagesic，2014）。人们会去单身酒吧寻找性伴侣或约会对象。这个系统当然符合社会交换的视角，该理论认为，人们的互动代表了每个人为实现自身利益（财富、情感、地位等）最大化和成本最小化所做的努力。

在关系市场上，人们有一个基于他们的资产和负债的所谓市场价值，他们用这些资产和负债与未来的伴侣"讨价还价"或"交易"。这个市场的参与者可能会强调不同的目标，具体如下。

■ **寻求传统伴侣关系的人**　在寻求传统婚姻伴侣的人群中，男性可能会利用他们在经济体系中的优势地位，提供经济保障和地位作为谈判的筹码。女性则提供烹饪和其他家庭技能、吸引力、抚养孩子的能力、情感支持等（Fales et al., 2016；Sprecher et al., 1994）。

■ **寻求平等伴侣关系的人**　寻求更平等的安排的男性和女性都扮演着相似的角色，可能会强调彼此拥有相似的资源。这些资源包括收入潜力、受教育水平、社会地位、情感支持，以及共同分担育儿和家庭责任的意愿。

在美国，为实现以上这些目标的求爱机制被称为约会。

关系市场　不同于那些婚姻由父母包办的文化中的夫妻，在北美寻求伴侣的男女通常会加入"婚姻市场"，在这个市场中，他们会比较资源，然后讨价还价，以获得最好的结果。你觉得这是寻找伴侣的最佳方式吗？

约会的功能

约会是为了建立长期排他性关系而与人社交的过程。 在北美，约会出现于 20 世纪初，自那以后约会的流行程度有所不同。比如，约会在 20 世纪 60 年代和 70 年代不再流行，但在 20 世纪 80 年代和 90 年代又重新流行起来。然而，如今，传统的约会和承诺关系已经变得不那么流行。

约会至少有 6 种功能，其中 4 种比较明显：（1）娱乐；（2）陪伴；（3）亲密和性；（4）伴侣的选择。而有 2 种没那么明显：（5）社会化；（6）地位。让我们思考一下这些功能。

■ **娱乐**　约会应该是有趣的。无论约会是见面吃饭、看电影、跳舞，还是只是一起闲逛，一个主要的目的是娱乐。从这个方面来看，两个人约会和三四个人聚在一起都是为了自娱自乐，没有什么不同。

■ **陪伴**　无论你是一名单身大学生、刚离婚的单亲父母，还是独居的退休人士，约会都是一种维持友谊、避免孤独的方式。

■ **亲密和性**　不同年龄段的人对约会有不同的目的，一个人约会可能是为了寻找浪漫的亲密关系，也可能是为了寻找与性相关的亲密关系。

■ **伴侣的选择**　显然，对许多人来说，约会的重要目标之一是找到一位可以与之形成持久关系的伴侣，尤其是适合结婚的伴侣。事实上，约会关系中的双方越相信他们会结婚，这段关系就会越稳定（Niehuis et al., 2009）。

■ **社会化**　社会化是人们学习其群体特征的过程，即学习作为个人和社会成员生存所需技能的过程。在我们生命的早期，我们倾向于主要和与自己同性别的孩子互动。我们成年后，约会有助于我们进行社会化，使我们与异性和谐相处。

■ **地位**　地位指附属于社会中某一特

定地位者的社会等级或威望。对成年人来说，约会可以使他们通过向他人展示自己更有吸引力、更成熟，从而更容易被接受。当一个人与一个特别受欢迎的人、有运动天赋或有吸引力的人约会时，情况尤其如此。

在整个"约会游戏"中，筛选的过程可能一直在进行。让我们探讨一下这个过程。

约会是一个筛选过程吗

你可能认为自己可以自由地选择世界上的任何人与自己约会，事实上，如今有了互联网约会服务，这也变得越来越可行。然而，一些学者认为，约会是一个筛选潜在伴侣的过程，目的是达成门当户对型婚姻（homogamy），即具有相似教育背景、种族、民族、年龄和社会阶层的伴侣之间的婚姻。你可能认为自己是在行使自由意志，但在此我们可以看到社会学的想象力在发挥作用：社会结构和文化对你的人际关系决策产生的潜在影响。

筛选的类型：接近度、内部结婚、外部通婚　人们被筛选的方式包括接近度、内部结婚和外部通婚。

■　**接近度——在附近的人**　你可以根据接近度（propinquity）来筛选人，它指某个潜在约会对象在距离和时间上的接近程度，会起到筛选器的作用。这主要是指地理上的接近性，即我们与在学校、工作场所、教堂或社交网络有交集的人更容易结识。

比如，大学中哪个专业的男生和女生最有可能与同专业同学交往并结婚？根据对2012年美国人口普查数据的分析，最容易找到伴侣的本科专业首先是神学和宗教专业，其次是普通科学、药学、音乐和计算机科学

（Kopf，2015a）。男性和女性在哪类职业中最容易与伴侣相遇并结婚？律师、农民和教育工作者最有可能与类似职业的人结婚；矿工、建筑工人和金融业人士与类似职业的人结婚的可能性最小（Kopf，2015b）。

■　**内部结婚——与同一社会群体的人结成婚姻**　如果基于内部结婚筛选他人，你可能会感受到压力。内部结婚（endogamy）是指一个人基于种族、宗教和社会阶层方面来与自己所属社会群体中的成员结婚的文化期望。虽然有很多关于"牛仔与女继承人"之类的故事，但传统上父母鼓励他们的后代在自己所属的社会群体中寻找配偶。

■　**外部通婚——与家族团体以外的人结成婚姻**　文化也可能鼓励你去外部通婚（exogamy），即一个人与家族以外的人结婚的文化期望。

可能的影响因素：种族、阶级、年龄

图 4-1 介绍了人们寻找的伴侣所具备的主要特征（Dijkstra and Barelds，2008；Kerchoff and Davis，1962；Shpancer，2014）。正如我们刚才解释的那样，接近度在约会中起到了筛选器的作用，而身体的吸引力是不言而喻的。让我们来具体讨论图4-1 中显示的其他因素。

种族和民族　传统上，种族一直是影响约会、同居和婚姻模式的一个重要因素（Blackwell and Lichter，2000）。然而，在过去几十年中，跨种族约会却越来越被美国公众所接受。这反映在不同种族和不同民族的结婚率上。2015 年，每 10 个已婚成年人中就有 1 人的配偶是与其不同种族或民族的，这一比例高于 1980 年的 3.2%（Johnson

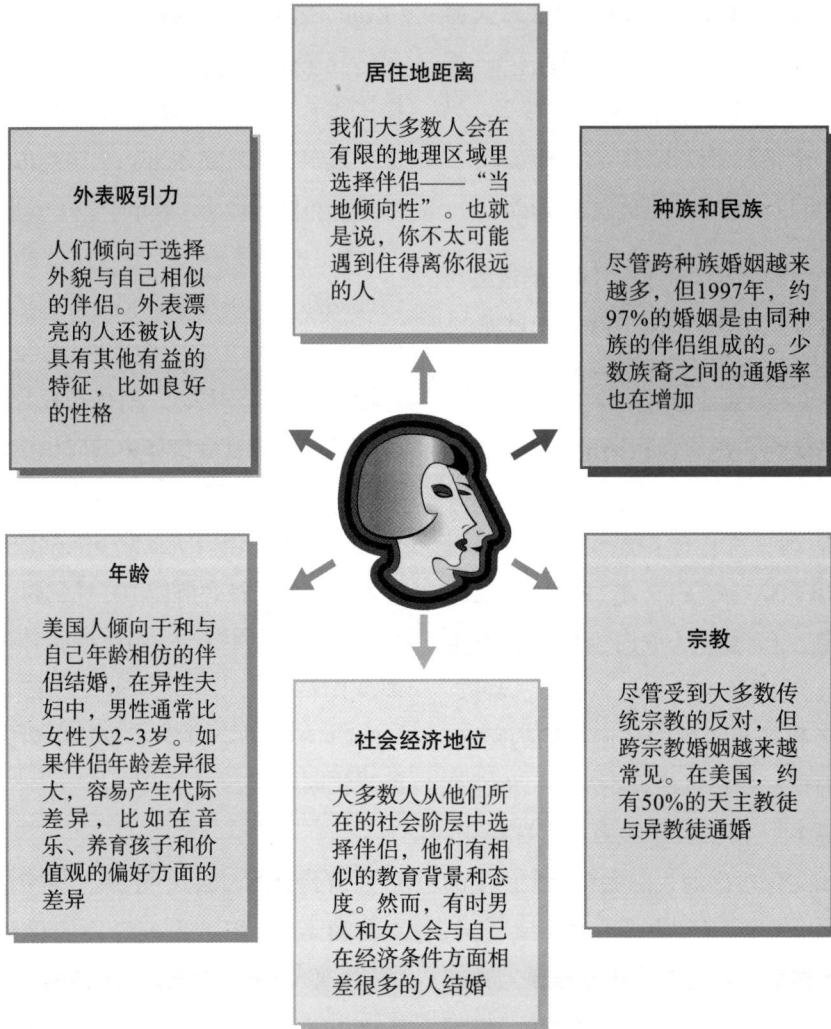

居住地距离

我们大多数人会在有限的地理区域里选择伴侣——"当地倾向性"。也就是说，你不太可能遇到住得离你很远的人

外表吸引力

人们倾向于选择外貌与自己相似的伴侣。外表漂亮的人还被认为具有其他有益的特征，比如良好的性格

种族和民族

尽管跨种族婚姻越来越多，但1997年，约97%的婚姻是由同种族的伴侣组成的。少数族裔之间的通婚率也在增加

年龄

美国人倾向于和与自己年龄相仿的伴侣结婚，在异性夫妇中，男性通常比女性大2~3岁。如果伴侣年龄差异很大，容易产生代际差异，比如在音乐、养育孩子和价值观的偏好方面的差异

社会经济地位

大多数人从他们所在的社会阶层中选择伴侣，他们有相似的教育背景和态度。然而，有时男人和女人会与自己在经济条件方面相差很多的人结婚

宗教

尽管受到大多数传统宗教的反对，但跨宗教婚姻越来越常见。在美国，约有50%的天主教徒与异教徒通婚

图 4-1　寻找伴侣：可能符合条件的人

注：除了个性特征之外，门当户对型婚姻中影响个体选择伴侣的最重要的因素包括居住地距离、外表吸引力、种族和民族、宗教、社会经济地位和年龄。这些因素对异性恋和同性恋都有一定影响。

and Kreider，2013；Livingston and Brown，2017）。在 2017 年美国的新婚婚姻中，1/6 的婚姻由不同种族或民族的人组成（Livingston and Brown，2017）。

皮尤研究中心的一项研究显示，在所谓的"千禧一代"中，有93%的人赞成黑人和白人约会，这使他们成为史上"包容度最高的一代"。在过去的 20 年中，即使是老一辈的人也越来越接受跨种族约会，见图 4-2。

与前几代人相比，美国年轻人的开放心态也可以从他们对 2013 年盖洛普民意调查的回答中得到印证。该研究表明，30 岁以下的人中支持异族婚姻的比例要高得多，而 65 岁以上的人中的支持率则要低得多（Newport，2013）。具体结果如下：18 ~ 29 岁的人中有96%；30 ~ 49 岁的人中有93%；50 ~ 64 岁的人中有84%；65 岁及以上的人中有70%。

非裔美国人和性别研究教授埃尔伍

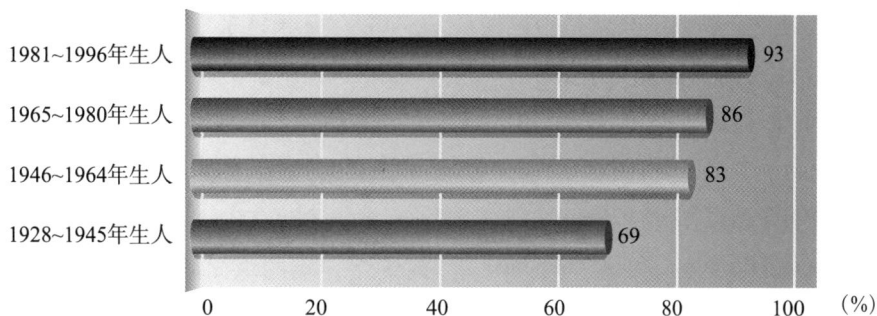

出生年代	百分比
1981~1996年生人	93
1965~1980年生人	86
1946~1964年生人	83
1928~1945年生人	69

图 4-2　多样性数据：你可以接受跨种族约会吗

资料来源：Pew Research Center, 2010.

德·沃森认为，人们越来越宽容的原因可能是"年轻的美国人成长在一个有着多元文化形象的环境中，从体育、电视、音乐、性别到文学"（Elwood Watson，2014）。最近描绘跨种族情侣的电视剧有《实习医生格蕾》（*Grey's Anatomy*）、《摩登家庭》（*Modern Family*）等。

然而，即使在 21 世纪，不同种族的伴侣仍然会受到不同的对待。比如，一位斯坦福大学的白人女学生在谈到外籍男友时抱怨道："虽然我父母试着接受我的男友，但他们说不知道该怎么跟他交谈。"（Ricketts，2004）

社会经济地位（阶级）　约会行为因社会阶层而异，人们倾向于和自己处于同社会阶层的人约会，这在中产阶级和上层阶级家庭中尤为明显。社会学家安德鲁·切尔林（Andrew Cherlin）说："美国家庭生活中最明显的区别就是是否拥有学士学位。"（Miller，2017；Cherlin，2014）近年来，收入较高的大学毕业生的婚姻状况比较稳定，而没有大学学历的人的婚姻状况则较不稳定。目前，18 ~ 55 岁的中上层阶级成年人中有 56% 已婚，相比之下，工薪阶层的已婚比例为 39%，穷人的已婚比例为 26%（Wilcox and Wang，2017）。

然而，今天，特别是越来越多的女性嫁给了受教育程度低于她们的丈夫，尽管收入不一定低于她们（Kim and Sakamoto，2017；Wang，2014；Wilcox and Wang，2017）。

社会阶级中存在婚配梯度（mating gradient）或婚姻梯度（marriage gradient），指的是在受教育程度和职业成就方面，男性倾向于与不如自己的对象结婚，而女性则倾向于与胜过自己的对象结婚。向上通婚的倾向被称为上嫁婚配；向下通婚则被称为下嫁婚配。

年龄　没有法律要求我们要在一定的年龄范围内结婚，但年龄仍然是约会或寻找伴侣的一个重要因素。这在女性所谓的"婚姻挤压"中尤其明显。在婚姻挤压（marriage squeeze）中，一种性别比另一种性别拥有更多的合格婚姻候选人。因为女性倾向于嫁给比自己年龄大一点的男性，所以总的来说，可达到适婚年龄的女人比男人多。随着时间的推移，这种不平衡会加剧，65 岁以上的未婚男性会越来越少。

约会的 2 种方式

有 2 种看待约会的方式：（1）利用 3

个阶段的筛选过程，以测试彼此是否匹配；
（2）是关系驱动还是事件驱动的承诺。

利用 3 个阶段筛选过程　有人认为，约
会的情侣要经历一个被称为刺激—价值—角
色的 3 个阶段的筛选过程（Murstein，1976，
1986；Dijkstra and Barelds，2008；Shpancer，
2014），具体如下。

■　**筛选阶段 1：刺激—身体吸引**　在第
1 阶段，人们主要判断自己是否被对方的身
体所吸引。人们走到一起，是因为他们彼此
被对方的身体吸引（正如大众媒体、流行文
化等教导他们如何定义吸引力一样），这就
是第 1 个筛选阶段。

■　**筛选阶段 2：价值观—相似观点**　在
第 2 阶段，两个人比较各自的价值观，以确
定他们是否兼容。比如，他们会考虑在个人
抱负、子女教育、政治观点等方面是否一
致，这是第 2 个筛选阶段。

■　**筛选阶段 3：角色—兼容性**　在第
3 阶段，双方协商角色的兼容性，比如，他
们将如何处理工作、安排家务和开展休闲活
动，这就代表了第 3 个筛选阶段。

关系驱动的承诺与事件驱动的承诺　有
两位学者提出了一种替代筛选过程的方法，
具体如下。

■　**关系驱动型的夫妻**　如前所述，一
些约会的情侣经历了一个筛选或关系驱动的
过程，随着两人对彼此的偏好、价值观、目
标和角色的深入了解，他们对彼此的承诺不
断加深。

■　**事件驱动型夫妻**　其他夫妇则经历
了一个由事件驱动的过程——伴侣双方在承
诺和矛盾心理之间来回摇摆，通常非常戏剧
化。他们可能会吵架，暂时分开，然后又和

好如初。从长远来看，这样的过程可能会对
双方的关系产生不太积极的结果。

亲密的约会关系和个人成长

约会有助于个人成长吗？一项针对 301
对约会伴侣的纵向研究表明，约会确实有
助于个人成长（Ruvolo and Brennan，1997；
Ruvolo and Ruvolo，2005）。

根据"成长是个人变得更接近其理想的
感知"这一定义，研究者假设，伴侣越爱一
个人，这个人随后就会成长得越快（Rogers，
1954）。该研究假设亲密关系可能会对一个
人的生活产生影响，然后研究了在维持 5 个
月的亲密关系中个人在成长方面的变化。

1997 年，鲁沃罗和布伦南写道："如果
这种短期的、相对随意的关系能使个体成长
和发展的话，更严肃、更长期的关系促进个
体发展的潜力可能会更大。"研究得出的结论
是，人们从约会对象那里得到的支持和爱确
实预示着他们之后经历的成长。

> 在过去的 25 年中，父母对孩子发展亲密
> 关系的影响发生了怎样的变化？为什么？

4.2　约会：寻找和选择一位伴侣

核心内容：
在寻找伴侣时封闭领域和开放领域
的含义，以及技术如何影响人们寻
找伴侣的方式

> **概述**　约会的 4 种方式是个人介绍、分
> 类广告、在线约会和介绍服务。

浪漫的电影情节通常是围绕着老套的偶然相遇展开的：两个遛狗的人的狗链被套住了；一个人掉的包裹被另一个人捡了起来；汽车抛锚；等等。但现实生活中的情侣通常是如何相遇的呢？事实上，实验表明，遛狗通常是一种好方式。一份报告表明，如果男人牵着狗的话，他们更容易得到女人的电话号码。（Rabin，2018；Jolly，2015）。

在人群中寻找伴侣

如果你住在一个大城市或在一个大学校园里上课，你可能每天都会看到很多人。如果你现在正在上大学，你应该意识到校园为你提供了能让你遇见数百个在年龄范围、社会阶层和生活目标方面和你相似的人的机会，这可能是你在踏出校园后很难再遇到的。在茫茫人海中，你如何挑选出那些可能成为自己的恋人的人呢？你怎样才能找到对方？分析这个问题的一种方法是区分开放领域和封闭领域（Murstein，1976，1987）。

开放领域：不可能相互作用 如果你在一个大学校园里上课，校园就是一个开放领域。**开放领域（open fields）是指人们通常不会进行互动，因此很难结识潜在伴侣的环境。** 其他开放领域的例子包括购物中心、机场、大型体育赛场、游乐园、滑雪胜地和公共海滩。这样的地方人多但人们互不相识，这就阻碍了个体与潜在伴侣的互动。

封闭领域：可能相互作用 不管你的大学校园规模有多大，如果你的班级规模很小，你就处于所谓的封闭领域。**封闭领域（closed fields）是指人们很可能会进行互动，从而相对容易地结识潜在伴侣的环境。** 其他的例子包括聚会、教会场所、宿舍、朋友家和小型的工作场所。显然，这样的环境鼓励

你去认识其他人，不管他们是否能成为你的伴侣。

与人会面的传统方式

人们会以各种各样的方式与人交往。然而，如今他们可能会减少对偶然性的依赖，而更多地依靠遇见未来伴侣的理性手段——比如使用约会网站、婚姻介绍服务和报纸 / 杂志广告——以期减少分手和离婚等负面结果（Bulcroft et al.，2000）。这里我们讨论 3 种方法：（1）个人介绍；（2）中介服务；（3）报纸 / 杂志分类广告。随着网络技术变得越来越重要，人们如何定义什么是合适的会面渠道显然已经随着时间的推移而变化，这也是符号互动主义的一个例子。

个人介绍 有很多封闭的场所和活动有助于人们寻找未来的伴侣，比如大学、教堂、俱乐部以及骑自行车、徒步旅行、跑步和唱歌等娱乐活动（Rubin，2012；Wortham，2012）。2012 年 的 一 项 研 究 表明，大多数异性情侣是通过朋友、互联网或者同事认识的，见图 4-3。大多数同性情侣是在互联网上认识的，还有在酒吧或餐馆认识的，或者是通过朋友和同事认识的，见图 4-4。

某一针对"千禧一代"的新闻网站进行的一项研究表明，他们调查的 2 373 名年龄在 18 ～ 34 岁的人中，通过共同的朋友认识自己的另一半的有近 39%；在聚会或其他现实生活的场合中认识的有 22%；在工作场合认识的有 18%；通过约会网站或应用程序认识的不到 10%；通过社交媒体认识的不到 6%；通过其他途径认识的只有 6%（Leibowitz，2015）。

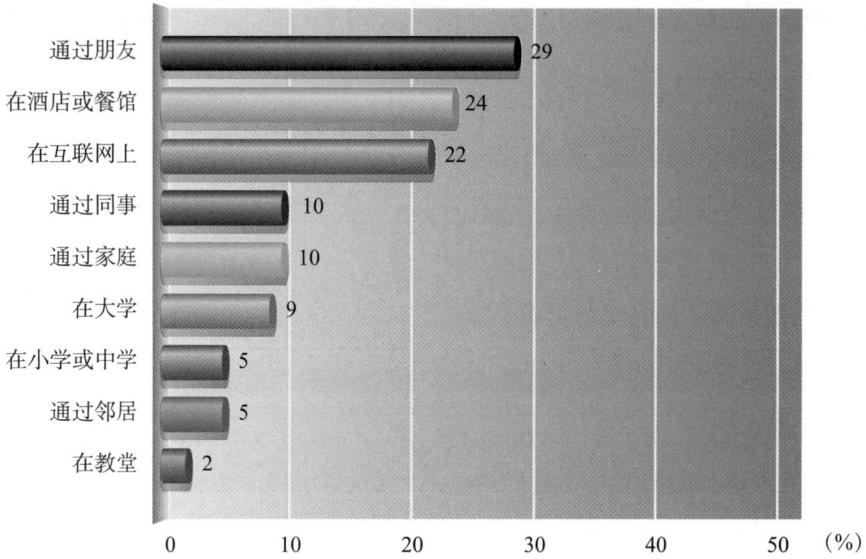

图 4-3 2009 年异性恋者如何遇见他们的伴侣

资料来源：Rosenfeld, M. J. and R. J. Thomas, 2012.

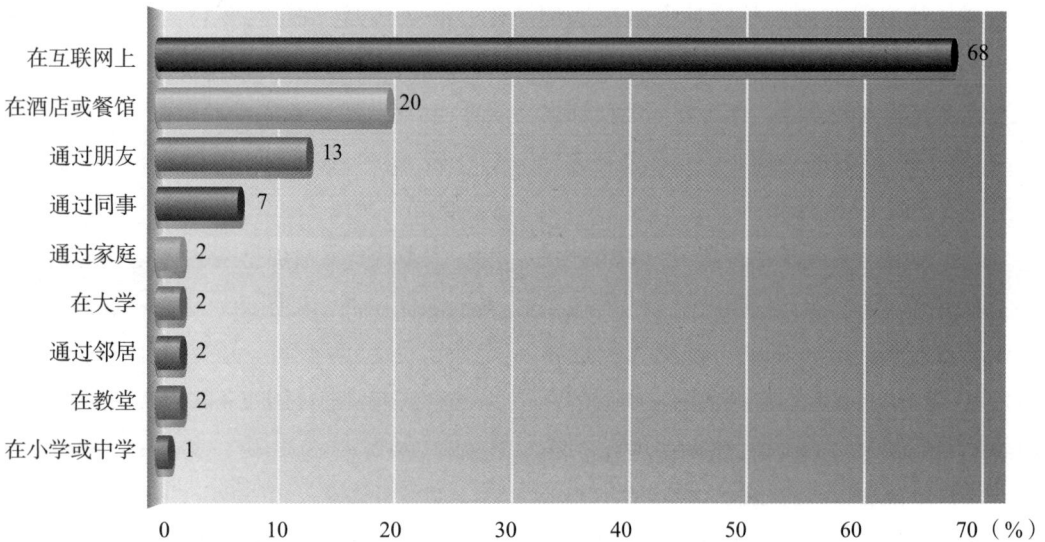

图 4-4 2009 年同性恋者如何遇见他们的伴侣

资料来源：Rosenfeld, M. J. and R. J. Thomas, 2012.

由朋友介绍可能被认为是最好的结识方式，因为这表明双方共同的朋友会觉得两人也许比较合适。比如，Mic 的调查表明，近 40% 的受访者表示他们一开始会建立"柏拉图式的友谊"，然后会开始浪漫的约会，相比之下，35% 的人从一系列正式约会开始。

个人介绍的一种经典形式是相亲（blind date），是指由一个普通的朋友或亲戚介绍两个彼此不认识的单身人士约会。一位作家说，在传统相亲中，约会对象似乎是由相亲对象的朋友或亲戚进行"审核和担保"的（Barker，2005）。另外，如今的相亲也不算盲目，因为人们可以在 Facebook、Instagram 等社交网站上查看未来约会对象的照片，甚至是关系状态。

中介服务　中介服务以有偿的方式将人们介绍给彼此。"约会戒指"（Dating Ring）会使用一个算法从而在网站上生成潜在的配对对象，然后由一个人工媒人对这些配对进行梳理，并且手动选择约会日期（Zimmerman，2015）。萨沙·西尔伯伯格（Sasha Silberberg）是旧金山婚介公司 OkSasha 的经营者，她的客户大部分都是二三十岁的人群，她会向客户收取 1 000 美元或更多的套餐服务费用（Pereira，2016）。

■ 婚姻介绍所　婚姻介绍所（marriage bureaus）是提供有偿介绍对象服务的机构。这类机构在美国以外的一些国家最受欢迎，比如印度。在英国，有"国际 LAJ 婚姻所"（LAJ Marriage Bureau International）、"农民和乡村友谊婚姻所"（Farmers and Country Friendship and Marriage Bureau）等机构。一些媒介，如专为名校的年轻校友而设的"广义常青藤协会"（Ivy Plus Society），以及帕蒂·斯坦格（Patti Stanger）的"百万富翁俱乐部"（Millionaire's Club）会向会员收取 5 000 美元或更多的费用，他们会专门将某些领域的顶级人才或富人聚集在一起。

分类广告　个人分类广告始于 20 世纪 60 年代。现在他们出现在各种期刊上，包括像《纽约书评》（The New York Review of Books）这样的优秀出版物。除了允许匿名之外，这类广告的好处是节省时间，并且可以让一个人接触到许多潜在的伴侣，现在它们已经被网络约会网站和其他形式的相亲网站所取代。

在线约会

恋爱网站通过提供网上交友的机会，将个人分类广告提升到了另一个高度。

网上交友论坛曾经被认为是一种非传统的交友方式，如今却越来越受欢迎。现在，据斯坦福大学社会学家迈克尔·罗森菲尔德（Michael Rosenfeld）所说，大约每 4 对异性情侣中就有一对是在互联网上认识的，每三对同性情侣中就有两对是在互联网上认识的（Ferdman，2016）。根据一项研究，15% 的美国成年人使用过在线约会网站或约会应用软件（Smith，2016）。在符号互动主义者看来，频繁的日常活动会使双方更容易接受对方。

主要有 3 种类型的恋爱或约会网站——在线约会服务、社交网站和约会应用程序。

在线约会服务　在线约会服务或在线约会网站提供了相应的网络论坛，人们可以抱着从中认识合适的潜在伴侣的希望加入其中。大多数的约会网站都要收费（每月 13 美元 ~ 40 美元），但有些网站以"免费模式"运作。任何人都可以免费使用这种网站的常规版本，但若想使用高级功能就需要每月缴费。

美国数以百计的约会网站中的大多数是面向小众的，如针对拥有不同宗教信仰的人、同性恋者、非裔美国人、西班牙裔、农民和牧场主。

社交网络　社交网络网站是允许用户在该网站内创建一个公共档案，并与访问他 / 她的档案的同一网站的其他用户形成关系的网站。尽管社交网站并不是专门为寻找约会对象而设计的，但社交网站却是人们想寻找约会对象时使用最频繁的平台。一些网站会让用户建立个人网页来表明自己的兴趣，以及展示自己的个性（Pulley，2010；Wortham，2014）。

约会应用程序 约会应用程序是一种小型的程序，可以在智能手机和其他移动设备上运行，人们可以用它来联系彼此。

人们在约会网站上寻找什么 根据某网站的一项调查，搜索者在约会网站上寻找伴侣时最看重的 2 种品质是（1）卫生习惯；（2）语法（Wells，2015b）。Match 对 5 300 名单身人士展开的研究表明，96% 的女性最看重良好的卫生习惯，而男性的这一比例为 91%。其次最有意义的品质是语法，88% 的女性和 75% 的男性认为语法和拼写的正确性（比如准确使用"there"和"their"）比自信和牙齿更重要。

数字约会 一些统计数据表明，在线婚介网站变得非常流行，超过 1/4 的互联网用户会访问这类网站。有很多这样的交友网站，对各种族、民族、宗教、政治观点和性取向的人开放。你认为在线约会的优点和缺点是什么？

至于性别差异，一项研究表明，进化论常常适用于在线约会，用户在网上选择伴侣时仍然遵循自然的刻板印象（Abramova et al.，2016）。"外表吸引力是男性看重的关键标准，"研究者们写道，"而女性的要求更高，在选择男性伴侣时她们优先考虑经济条件。"

一些研究也表明，男性和女性通常都会在异性约会网站上追求"比自己更有魅力"的伴侣，一个人的有利条件是由用户从自己认可的人那里收到的消息数量决定的（Bruch and Newman，2018）。女性和男性的有利条件各不相同。该研究报告称，亚洲女性和白人男性被认为是最理想的潜在伴侣。作者写道："年龄较大的女性不那么有吸引力，而年龄较大的男性则更有吸引力。"对普通女性来说，随着年龄的增长，吸引力会下降；对普通男性来说，50 岁时的吸引力达到顶峰，然后开始下降。

在线约会的优点和缺点 皮尤研究中心的一项调查显示，2013 年 59% 的互联网用户（2005 年为 44%）表示，在线约会是"结识他人的好方法"（Smith and Anderson，2016）。皮尤研究中心的数据显示，大约每 10 个美国成年人中就有一个使用过约会网站或约会应用程序。在 2005 年至 2012 年结婚的夫妇中，约有 35% 是在互联网上认识的（Cacioppo et al.，2013）。社会学家迈克尔·罗森菲尔德（Michael Rosenfeld）认为，在互联网上认识的人比在线下认识的人更容易步入婚姻。原因有以下 2 点：（1）他们有更多选择；（2）在第一次约会之前，人们往往会进行广泛的交流，这使人们在真正见到一个人之前可以收集到更多的信息（Ferdman，2016）。

然而，尽管许多人在互联网上找到了他们的伴侣，但他们也面临一定的困境。

■ **优点** 约会网站可以让你接触到更多的潜在伴侣，而这是那些传统的方式，如通过参加学校、教堂举办的活动或俱乐部活动不可能实现的（Finkel，2015）。的确，对那些生活在某种孤立环境中的人来说，互联网尤其是个福音。

此外，在你和对方决定是否要继续交流之前，你只需很少的时间和精力与对方互发信息或电子邮件。

最后，你还可以了解一个人的外貌以外的品质，这些品质可能有助于维持一段长期的关系。

■ **缺点** 许多约会网站都强调其拥有高质量的算法，以便将范围缩小从而得出一个针对用户的合适候选人的短名单（Rutkin，2015）。然而，正如西北大学教授伊莱·芬克尔（Eli Finkel）所指出的那样，这些算法"假定可以从两个完全不知道彼此存在的人那里获取信息，并由此确定他们是否匹配是错误的"（Finkel, quoted in Brown，2015；Finkel et al.，2012b）。

另一个缺点是，通过计算机交流缺乏一些面对面的互动所能提供的信息，这样的一个缺点是人们会说谎。女人说谎的方法是少报年龄和体重。男人说谎的方式是增加身高和夸大收入（Hitsch et al.，2005；Hodge，2012；Rudder，2010；Vitzthum，2007）。事实上，根据 OKCupid 的研究，人们实际上比他们自称的情况贫穷 20%。OKCupid 是由哈佛大学的数学家们创立的一个组织，他们利用统计工具分析网站上的人际关系游戏（James，2010；Walker，2010；Wortham，2010）。

你也有可能和某个离自己住得很远的人一见如故，甚至也许对方在另一个大陆，这可能会让长期关系变得复杂。还有一种可能性是，当你们最终面对面的时候，你会发现对方是心理不正常的，甚至是危险的。因此，你需要知道如何保护自己。

最后一个缺点是"选择过多"，所以你必须给自己设定限制。一篇文章写道："爱情的胡萝卜永远悬在鼠标点击的页面之间。"（Finkel et al.，2012a）。的确，有人指出，某一社交网站的秘密武器就是"只给你有限的选择，不允许你随意浏览"。

实际行动 •••

经营恋爱关系的网站：匿名性、亲昵性和安全性

我们所说的"关系市场"最好的例子可能体现在约会网站和社交网站上。

在线约会的建议

以下是一些安全健康的在线约会建议（Danner，2010；Hodge，2012；McMullen，2013）。

• **保护好你的身份信息，直到你准备公开为止** 如果你在一个交友网站上发布了自己的个人信息，你可以和聊天对象在网站上互发信息，直到你准备好提供自己的联系方式为止。

你在填写个人资料时，应该注意不要泄露任何重要身份信息，尤其是如果你住在小城镇的话。也不要标明你的大学或工作单位名称，并且不要说你的收入。如果交友网站要求你在个人资料中填写，只需写上"我稍后再告诉你"。

建立一个电子邮件账户只是为了约会。不要把你的姓氏、电子邮件地址、电话号码、家庭住址、工作单位或其他身份信息写在你的邮件或约会网站上。

• **慢慢开始，谨慎行事，让别人赢得你的信任**　按你自己的节奏走。不要急着与对方线下见面，你应该花足够多的时间评估对方是否值得信任。人们通常认为约会网站会屏蔽被定罪的重罪犯，但很多网站并不会（Levitz，2016）。

金伯利·谢丽尔建议说："要当心那些好得难以置信的人。留意古怪的行为或前后矛盾的地方……对方真实的情况可能不是他/她所描述的那样。"多问问题，观察对方的回答是否前后不一致。远离那些不尊重你、试图给你压力，或者那些不接受拒绝的人。

关键是要准确地判断别人的行为是否是值得尊敬的、真实的。如果有人让你感到不舒服，不要继续发展这段关系。

尤其要注意对方在回答婚姻状况、工作、兴趣等问题时前后矛盾的地方，或者对问题不回应的情况。还要注意无礼的评论、愤怒的表现或试图控制你的行为。

• **要一张照片**　在交友网站上发布个人资料的人通常会发布一张照片。

一张照片可以让你了解一个人的外貌，但是几张在不同场合照的照片——随意的、正式的、室内的、室外的——会更好。最重要的是，如果有人找借口不提供照片，那他/她可能有意想隐瞒某些事情。

• **发信息或打电话**　观察者杰森认为，发信息可以确保初次接触时个体能相对"安全"，也可以在恋爱关系发展过程中使双方保持联系（Jayson，2013）。顺便说一句，根据某网站所做的一项调查，许多单身人士发现拼写错误和语法错误是发信息时最大的障碍（Carr，2015）。打电话也能帮助你判断对方的沟通能力和社交技能。不要透露你自己的电话号码，你可以使用公用电话或使用屏蔽技术，以防你的电话号码显示在对方的手机屏幕上。

• **如有必要，使用验证服务**　一些公司提供背景调查和客户认证服务，以找出那些从头发颜色到姓氏，再到犯罪记录等方面说谎的人。寻找好伴侣的最有希望的方法之一是了解对方的信用评分——如果对方允许你获得它的话——因为信用评分越高的人越有可能建立稳定的关系（Dokko et al.，2015）。

如果你们决定见面

如果你决定要与对方见面，以下是一些建议。

• **听从你的直觉**　即使你们已经计划好要与对方在一起，如果感觉不太对劲，请停止与对方交往，你必须相信自己的直觉。

• **在安全的地方见面**　不要让你的约会对象来接你，自行往返是较安全的。在周围有很多人的公共场所见面，比如咖啡馆。一定要确保你的朋友或家人知道你的计划，以及如何找到你。

如果你们在外地见面，不要让对方为你做安排。先安排好自己的车和酒店，再安排在另一个地点见面，比如餐厅。如果可以的话，带上手机，以便你对周围的环境感到不安而想要改变计划时能用上。如果有必要，要立刻打电话给警察。

讨论人们遇见潜在亲密伴侣的 3 种方式，并回顾技术是如何影响这种寻找过程的。

4.3　约会中的变化

核心内容：

约会行为的 2 种不同模式

概述　我们将讨论 2 种约会方式。从传统的求爱和"保持稳定"的制度及订婚开始。此外，我们将讨论工作场所中的约会。

在 8 分钟后，"叮！"铃声响了。在纽约的一家夜总会里，一对对男女很快停止了他们的谈话，紧接着奔向其他桌子去寻找新的伴侣。之后，他们上交铅笔和纸质评分表，给他们的 8 个 8 分钟"约会"打分（给大家都知道的 8 分钟约会公司），接着，他们会通过电子邮件了解是否有能与他们发展下去的对象（Belot and Francesconi，2006）。

这就是你所理解的约会吗？用 64 分钟进行 8 次约会当然很有效率。这一约会模式也被一些商业公司纷纷效仿，其中一些在几个城市都有相关业务。

显然，快速约会只是众多约会或求爱中的一种。我们将讨论另外 3 种。

传统的求爱：从约会到订婚

从 20 世纪 50 年代到 70 年代，传统的约会方式很盛行，至少在美国的中产阶级中是这样的。男孩约女孩出去时会先到她家去接她，也许还会和她的父母聊聊天，然后带她去进行某项活动，比如用晚餐或看电影。男孩会为这次约会买单，而女孩被期望给予男孩回报，至少献给男孩一个晚安吻，也可能是一个拥抱。有时约会是非常正式的，比如一些正式舞会，如高中毕业舞会，或者大学的返校聚会等。

"稳定"　如果一对情侣彼此喜欢对方，双方的关系可能会变得"稳定"——双方同意不与其他人约会，而只与对方见面。稳定的关系可能不会最终使双方订婚或结婚，但至少它让其他潜在的约会对象知道自己"没有机会"了。

稳定的关系可能最终比频繁的约会要好。研究表明，青少年在频繁约会的过程中可能会习得社交技能，但却无法习得更深层的技能，比如如何良好地沟通和解决冲突（Madsen and Collins，2004）。研究表明，约会适度的年轻人（16 岁时平均每年约会 7 次）在以后的长期恋情中表现最好（Musick et al.，2006）。

婚约期　正式约会的高潮在过去和现在都是求婚，传统上是男方向女方求婚（可能是在征得女方父母的同意后），然后送给女方订婚戒指。婚约期是指从求婚和正式宣布两人的结婚计划，到结婚（或终止订婚）为止的这段时间。婚约期的平均期限为12 ~ 16个月，它有以下两个目的。

■　**承诺的标志**　当你订婚的时候，你和你的伴侣就是在公开声明你们的关系已经有所改变，你们现在要离开单身世界。你们现在要筹划结婚的仪式，决定你们将住在哪里，以及其他严肃的事项。

■　**准备扩大家庭关系**　订婚意味着你和你的伴侣需要把对方介绍给各自的家庭成员，并扩大你们的家庭系统。

传统的约会系统仍然存在，而且适用于所有年龄的群体。然而，如今的求爱过程包括同居，很多人都将同居视为通向婚姻的途径。求爱的过程通常从约会开始，过渡到同居，最后以结婚告终（Cherlin, 2009; Manning et al., 2011）。

职场约会

另一个似乎即将消失的约会障碍是禁止在工作场所谈恋爱（Graves, 2014; Zimmerman, 2010）。美国人现在每周平均工作47个小时，并且经常需要参与工作团队或与同事共同完成合作项目，这为办公室恋情提供了更多机会。

研究这一课题的人力资源教授查尔斯·皮尔斯（Charles Pierce）说，美国每年有多达1 000万人与同事发生恋情（Dobson, 2007; Salvaggio et al., 2011）。事实上，在一项调查中，有24%的员工表示他们曾经或目前正在经历办公室恋情（SHRM, 2013）。在另一项调查中，56%的人承认这一情况（Vandewater, 2013）。还有一项研究表明，57%的受访者曾经历过某种办公室恋情，其中有16%发展为长期伴侣；有14%发展为维持长期但随意关系的伴侣（Vault Careers, 2017）。

然而，另一项研究表明，73%的美国员工认为，公开与同事约会会危及他们的工作或晋升机会。他们的担忧是正确的吗？在一项调查中，有超过一半的组织表示，他们没有处理办公室恋情的书面条例或口头政策（SHRM, 2013）。一些公司认为，办公室恋情不会对公作产生任何影响，除非恋情发生在主管和员工之间，在这种情况下可能会出现性骚扰和滥用权力的问题。旧金山劳动法办公室的一名合伙人说："经理可能认为他们处在一种两相情愿的约会关系中，而下属却可能不这么认为。因此有些人在分手时会造成难堪的局面，还会互相指责。"（Alden Parker, 2018）

> 形成亲密关系的特质是如何从传统的求爱及随后的承诺转变为其他各种不那么正式的安排的？

4.4　分手是件难事

核心内容：

人们面对关系恶化的4种反应方式，以及结束关系所涉及的影响因素

> **概述**　我们描述了应对关系恶化的4种方式。如果你的伴侣和你分手了，我们也会给出有关这些方面的一些思考。

哪一性别更容易坠入爱河？答案是男性（Harrison and Shortall, 2011）。哪一性别更容易从分手中恢复过来？宾汉姆顿大学

的一项研究表明，还是男性（Morris et al.，2015）。

　　该研究的主要研究者克雷格·莫里斯（Craig Morris）推测，原因是生物学上的：女人已经进化到在一段关系中比男人投入更多。莫里斯说："对远古女性来说，一次短暂的浪漫邂逅可能会导致 9 个月的怀孕，然后是多年的哺乳期，而男人可能在邂逅几分钟后就'离开现场'，而且不做任何进一步的投资。因此，失去高质量伴侣对女性来说'伤害'更大。"（Binghamton University，2015）

　　根据莫里斯的研究，我们大多数人在 30 岁之前平均会经历 3 次分手，其中至少有一次对我们的影响非常强烈，足以让我们的生活质量持续下降几周或几个月。莫里斯说："分手有可能导致人们失去工作、退学，甚至可能会启动极端的自我毁灭的行为模式。"（Binghamton University，2015）事实上，分手和学习成绩不佳是在校园咨询和心理健康中心中出现得最频繁的两大问题（Oliveira et al.，2008）。

　　情侣分手的原因多种多样，从无聊到背叛，从相隔两地到父母施加压力，从遇到新的人到回到从前的伴侣身边。事实上，一项研究表明，导致恋情结束的原因可以是任何事情：身体吸引力减弱、沟通不佳、互不信任等（Field et al.，2009）。另一项研究表明，关系满意度低、高度冲突、攻击性强，或者欺骗也是可能导致分手的原因（Rodrigues et al.，2006）。作家、设计师和狂热的数据收集者大卫·麦坎德利斯（David McCandless）在分析 Facebook 一年中的一万起分手事件后，得出的结论是大多数分手事件都是在周一发生的，一个大的分手高峰出现在春节

假期前，第二个高峰出现在圣诞假期前两周，而且人们喜欢在初夏保持单身（Gross，2010）。分手的原因包括"失去兴趣"（男性 28%，女性 26%）、"欺骗"（男性 18%，女性 22%）、"远距离"（男性 21%，女性 16%）、"父母 / 朋友不认同"（男性 3%，女性 4%）和"其他原因"（男性 30%，女性 32%）（Byron and McCandless，2010）。

　　无论已婚与否，异性伴侣和同性伴侣分手的可能性会随着时间的推移而变化。婚姻是一种强大的"黏合剂"，已婚伴侣（无论是异性伴侣还是同性伴侣），都比未结婚的伴侣更不容易分开（Rosenfeld et al.，2018。）异性已婚伴侣在一起 5 年后的分手率从 3% 下降至不到 1%；在同一时期，同性已婚伴侣的分手率从 8% 下降至不到 1%。然而，对于未婚情侣，无论是异性情侣还是同性情侣，即使在一起超过 23 年，他们的分手率也较高。正如罗森菲尔德所说："一对夫妇在一起的时间越长，他们一起跨越的障碍就越多，他们在这段关系中共同投入的时间和努力就越多，他们的关系也就越紧密。"（Rosenfeld，2014）

应对关系恶化的 4 种方式

　　学者卡里尔·鲁斯伯特提出，人们通常会用 4 种方式处理恶化的关系，她称之为"离开—发声—忠诚—忽略"模式。我们按照忽略、离开、忠诚和发声的顺序来描述（Caryl Rusbult，1987）。

　　忽略式回应："就让这段关系这么继续下去或者分手吧。" 忽视反应（neglect response）是一种破坏性反应，当一个人对这段关系投入不多，不想处理其中的任何问题，并愿意让这段关系枯萎时，往往会采用

这种回应方式。

这种反应在男人身上比在女人身上更常见。它可能表现为长期抱怨、经常批评、拒绝讨论困难、减少与伴侣相处的时间，直到关系最终结束为止。有时伴侣可能会选择婚外恋或参与婚姻关系外的亲密活动。

离去式回应："我们必须结束我们的关系。" 离去式回应（exit response）指退出或威胁要退出这段关系。这种情况往往发生在年轻人身上，他们之间的交往时间很短。这通常是那些对一段关系不满意或投入最少的人的选择，他们相信还有更适合自己的伴侣。做出离去式回应的人可能会与伴侣正式分手并不再见面，或者决定"只做朋友"。

忠诚式回应："不管有什么困难，我们都要坚持到底。" 忠诚式回应（loyalty response）是面对不断恶化的关系所做出的被动的、有建设性的回应；尽管存在某些问题，仍选择和伴侣保持联系，但不尝试去解决这些问题，希望随着时间的推移问题会逐渐消失。有时，被动的人在面对批评时会支持对方，并仍然对关系和伴侣有信心。

那些喜欢忠诚式回应的人可能会觉得自己对这段关系投入了，甚至感到满意，并且认为关系中存在的问题是相对较小的。忠诚通常是那些在一起很长时间的老年人的反应，而且女性往往比男性更倾向于做出忠诚式回应。

发声式回应："我们需要谈谈并改善我们的关系。" 发声式回应（voice response）是指重视这段关系并投入其中，但感觉有问题需要进行讨论的人的选择。这种反应似乎表明他们愿意改变关系中的某些方面——自己的行为、伴侣的行为，或者两者都要改变。

这种回应是一种积极的、有建设性的回应，女性比男性更倾向于追求这一回应方式。它可以促进谈话，寻求妥协，进行咨询，并试图改变自己或伴侣。

忽略式回应似乎是最不成熟的，而发声式回应则是处理人际关系问题最成熟的方法。然而，很明显，当一段伴侣关系根本无法良好地发展的时候，结束这段关系是明智的选择。

结束一段关系

结束一段关系可能会给个体带来巨大的快乐或巨大的痛苦。事实上，在亲密关系中受到伤害会激活大脑中与人们经历身体疼痛时相同的区域（Kross et al., 2011）。

在数字时代，分手是非常强制性的，因此衍生出了"闪退"这个词。闪退（ghosting）是指正处于约会中的一个人，在没有明显原因的情况下，迅速退出了这段关系（Binyam, 2017）。也就是说，他们没有任何解释就突然与对方断绝了一切联系。此外，一位作者说："现在的应用程序能帮助你编写完美的分手信息，网站会让你一步步了解如何与伴侣分手。"（Lang, 2016；Ball, 2015）

当一段关系的纪念品经常以电子邮件和数码照片的形式存在于一个人的计算机或智能手机上时，结束它可能就像按下"删除"键一样敷衍了事（Bahney, 2004；Weiss, 2015）。甚至有一些网站可以帮你分手（Ball, 2015）。另外，频繁的线上互动也让分手变得更简洁，人们都急于清除手机里的前任的电话号码和信息（Kornblum, 2007；Sharma, 2006）。

对一些人来说，一段亲密关系的破裂可

能会导致所谓的"爱情成瘾"，即一个人过分地追求重新获得存在于前一段爱情关系中的愉悦状态（Earp et al., 2017; Mellody et al., 2003）。人们必须处理不信任、被拒绝的感觉，自我价值的丧失，以及失败、失落和愤怒的感觉（Behrendt and Ruotola-Behrendt, 2005）。

另外，一项针对 69 名大一新生的研究表明，大多数人在分手时并不像他们之前想象中的那么难过。那些高估了自己感觉糟糕程度的人，是那些感觉更相爱、更不可能投入一段新关系的人（Eastwick et al., 2008）。另一项研究表明，在非婚姻关系破裂 11 周后，约 75% 的受访者感觉自己通过经历这一事件后有所成长（Lewandowski and Bizzoco, 2007; Phillips, 2015）。在那些失去配偶的人中，男性会比女性更快重新开始约会（Berstein, 2014; Wortman and Boerner, 2011）。

无论你是收到分手消息的人还是主动提出分手的人，以下几点都是你需要牢记的。

如果你的伴侣和你分手　如果你是那个被分手的人，不要花太多时间去猜测原因。对方可能甚至都不知道他 / 她为什么不爱你，你折磨自己去想也于事无补。最好的办法就是让自己和对方保持一定的距离。请考虑以下问题。

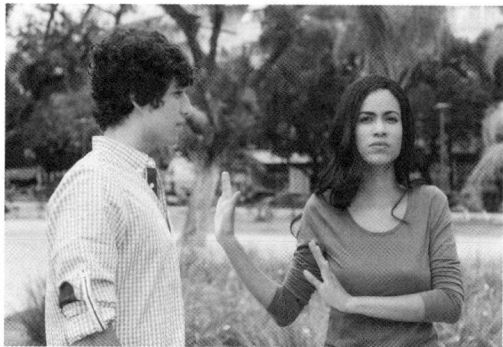

被拒绝　还有比被自己所爱的人拒绝带来的痛苦更糟糕的吗？你是如何克服的呢？

■　**你能接受被拒绝的痛苦是自然的吗**　还有什么比被自己所爱的人拒绝带来的痛苦更糟糕的吗？重要的是要意识到，这些感觉无论多么强烈，都会随着时间的推移而减弱。事实上，一项研究表明，在 155 名年轻人中有 71% 的人用了大约 3 个月的时间才发现分手的积极方面，他们觉得自己作为一个个体有所成长，并且有了清晰的人生目标（Lewandowski and Bizzoco，2007）。

■　**你能采取什么措施来停止对对方的思念**　黛博拉·菲利普斯（Deborah Phillips）和罗伯特·贾德（Robert Judd）在《如何失恋》（*How to Fall Out of Love*）一书中建议，使用行为疗法停止对前任的思念。比如，你可以列出一系列积极的场景和快乐时光，这些场景和快乐时光不会涉及你的前任。当一个关于这个人的想法进入你的脑海时，说"停止"，然后想想清单上最好的场景之一。

■　**你能做些什么来提高你的自尊水平呢**　就像恋爱能建立自尊一样，被拒绝会降低自尊。为了提高你的自尊水平，菲利普斯和贾德建议使用索引卡片，在卡片上写下关于自己的两件好事，或者最近你做过的积极的事情。当消极的想法出现时，说"停止"，然后想想自己的优点。

如果你和你的伴侣分手　你可能会认为，主动提出结束一段关系会更容易一些，但这几乎和主动接受分手一样困难。记住被拒绝的感觉，试着诚实但温柔地说："我对你的感觉不再像以前那样了。"不要承诺一定会"解决问题"。一些需要考虑的问题具体如下（Mann，2007; Soeiro，2018）。

■　**你真的确定你想分手吗，你们的关系不能再改善了吗**　有时人们对一段感情有不切实际的期望，但当他们结束这段感情后，他们会意识到对方其实是一位很好的伴侣。或者你可能认为自己想结束一段关系，因为这段关系中有太多的冲突。你们也许可以通过讨论和妥协来解决这些冲突。另外，如果一段破裂的关系似乎无法修复，你也不应该让它继续下去。

■　**你能诚实地接受你的伴侣会受到伤害的事实吗**　通常情况下，我们无法毫无痛苦地结束一段关系，而对方也会受到一定程度的伤害。但是，如果你为了避免伤害对方，而试图友好地拖延分手，那么你就是对自己（或对你的伴侣）不诚实。

■　**你可以放弃与对方成为朋友而彻底终止这段关系吗**　和你的前任保持"只是好朋友"的关系很容易让人产生矛盾情绪，这么做的部分原因是避免给他 / 她带来痛苦，但更间接的原因是让你们的关系按照你的意愿继续维持下去。然而，更好的做法是等到相当长的一段时间过去之后，或者等到你的前任与其他人交往之后再与对方发展友谊。

情侣分手的主要原因是什么？又有哪些因素会影响这段关系？

总结与回顾

4.1 约会的游戏

约会的主要功能，以及封闭式求爱和开放式求爱的概念

■ 在"同居时代"来临之前，求爱是人们建立亲密关系的主要方式，也是建立婚姻承诺的过程。求爱过程至今仍存在，涉及从包办婚姻的封闭式求爱系统到个人自行选择合适伴侣的开放式求爱系统。

■ 封闭式求爱或包办婚姻的直接体现形式是盲婚。在盲婚中，准备结婚的双方在结婚之前都见不到对方。男方为未婚妻的家人带来财富以获得娶她的权利，或者新娘被要求带着钱、财产或物品步入婚姻。在一些传统社会，夫妻可能会为了爱情而结婚，但也会寻求父母的祝福或认可。如果没有得到许可，这对夫妇可能会私奔，并在其他地方结婚。包办婚姻的一种极端形式是强迫婚姻，即新娘、新郎或双方在违背自己意愿的情况下，在包括身体和精神压力的胁迫下结婚。

■ 现在的求婚系统是一个开放的系统，是一个婚姻市场，在这个市场中，潜在的伴侣会比较符合条件的伴侣的个人、社会和经济资源，并为他们能得到的最好的东西讨价还价。每个人都有所谓的市场价值，它主要被用来寻求伴侣。如今，个人既可能寻求传统的伴侣关系，也可能寻求在性质上更平等的伴侣关系。

■ 约会是为了建立一种排他性的长期亲密关系而与人见面社交的过程。约会的主要功能包括娱乐、陪伴、亲密和性、选择伴侣、社会化和获取地位成就。

■ 一些学者认为，在寻找合适伴侣的过程中，人们会基于门当户对的婚姻，即通过教育、民族、种族、年龄和社会阶层方面的相似性来寻找更令人满意的另一半。接近性，或者说两个人所居住的位置的远近程度，在选择约会对象时也起着关键作用。人们也会因为要根据内部结婚和外部通婚来筛选可能的配偶而感到有压力。内部结婚是一个人在他/她的社会群体内结婚的文化期望，而外部通婚是一个人在他/她的家族群体外结婚的文化期望。社会阶级中存在婚姻梯度，指的是在受教育水平、职业成就方面，男性倾向于与不如自己的对象结婚，而女性则会与胜过自己的对象结婚。在"性别挤压"中，一种性别比另一种性别拥有更多的合格婚姻候选人。因为女人倾向于嫁给比自己年龄大一点的男人，所以总体来说，可供选择的女性多于男性。随着年龄的增长，这种不平衡会加剧，65岁以上的未婚男性会比女性少很多。

4.2 约会：寻找和选择一位伴侣

在寻找伴侣时封闭领域和开放领域的含义，以及技术如何影响人们寻找伴侣的方式

■ 寻找和选择伴侣的过程可能会受到与人们相互作用的环境类型的影响。开放领域是人们通常不进行互动的环境，比如人群密集的环境，所以潜在的伴侣不太可能相遇。封闭领域是人们可能互动的环境，比如工作场所，因此潜在的伴侣更容易相遇。

■ 如今，人们在如何结识他人方面有了更多的掌控权。虽然很多伴侣是通过个人介绍认识的，但也有人通过广告和婚姻介绍服务机构，如视频约会服务、婚介机构等找寻伴侣。最近，越来越多的人通过在线约会服务见面、通过电子论坛和社交网站寻求潜在伴侣。用户可以在社交网站上创建一个公开的个人档案，并与访问自己档案的其他用户发展关系。此外，人们也可以用约会应用程序与他人建立联系。

4.3 约会中的变化

约会行为的 2 种不同模式

■ 我们讨论了 2 种约会方式：传统的求爱及职场约会。

■ 传统的求爱方式从约会到保持稳定关系，再到订婚最后到结婚。婚约期，从求婚和正式宣布两人计划结婚开始，到结婚为止。这是一种承诺的标志，而且能表明这对夫妇计划扩大其家庭关系或亲属圈。

■ 美国人每周平均工作 47 个小时，因此他们有很多机会与同事互动，甚至约会。

4.4 分手是件难事

人们面对关系恶化的 4 种反应方式，以及结束关系所涉及的影响因素

■ 当亲密关系开始恶化时，人们可能会有几种反应。忽略式回应的特征是回避和忽视。离去式回应包括结束关系。忠诚式回应是伴侣依然在一起，但不去努力改善关系，只希望事情会有所改善。发声式回应的特点是发现问题并努力挽救关系。

■ 在分手时，重要的是要考虑你是否能接受被拒绝的痛苦是自然的，确定你可以采取什么措施来停止对对方的思念，并专注于你能做什么来提高自尊水平。另外，你应该明确这段关系是否无法改善，你是否可以接受你的伴侣会受到伤害，以及你是否可以完全终止这段关系。

第 5 章

爱情：多面性

核心内容

5.1 将古希腊人、罗马人对爱情的看法与中世纪和文艺复兴时期的欧洲人对爱情的看法进行比较和对比，并讨论这些观点如何适用于浪漫之爱和友谊之爱

5.2 关于爱情起源的 5 种主要理论，以及这些理论在多大程度上与 6 种类型的爱情有关

5.3 嫉妒的积极方面和消极方面

5.4 成熟的爱情和不成熟的爱情的主要特征

本章导读

在本章，我们将讨论灵魂伴侣的概念以及对爱情的不同定义——尤其是浪漫之爱和友谊之爱。我们描述了 5 种有关爱情的理论：生化式、依恋式、车轮式、三元式和爱情式。我们也会分析当爱情误入歧途时会发生什么——嫉妒、暗恋和企图控制。

大众文化、媒体和技术

什么是爱情

爱情是怎么起作用的

在爱情小说中，情侣们不会在交友软件上相遇。浪漫故事的发生往往源于巧合或毫无目的的相遇。

直到最近，美国出版商才开始让言情小说略微贴近现实。自闭症患者黄海伦（Helen huang）的突破性爱情小说《亲吻商数》（ the Kiss Quotient ）讲述了一位自闭症女性的多元文化爱情故事（Alter, 2018）。

这是进步吗？

"一见钟情""邂逅一份真爱""爱情是盲目的""爱可以战胜一切"，这些都是关于所谓的"浪漫爱情"的描述。

当然，浪漫的爱情是许多电影、歌曲、电视节目、书籍，当然还有情人节贺卡的素材。

■ **电影** 爱很伟大不是吗？这是无数爱情电影所表达的主题。从《爱你，西蒙》（*Love, Simon* ）、《爱与友谊》（*Love and Friendship* ）《爱你，罗茜》（*Love, Rosie* ）《爱是你需要的一切》（*Love Is All You Need* ）到《疯狂的爱》（*Crazy Love* ）和《就像爱情一样》（*A Lot Like Love* ），无不如此。

■ **流行歌曲** 从嘻哈音乐到乡村音乐，爱情和浪漫是当代音乐中经常出现的主题，比如"爱的谎言"（*Love Lies* ），"疯狂的爱"（*Crazy in love* ），"宝贝是我的情歌"（*Baby be my love song* ），等等，这些歌曲都描述了情侣在爱情中的情感起伏。

■ **电视节目** 电视情景喜剧不能让观众感受到每周的真实爱情关系中的戏剧性和痛苦起伏，但所谓的真人秀真实聚焦于爱情中的"过山车"和寻找伴侣的动力，比如，《单身汉》（*The Bachelor* ）、《单身女郎》（*The Bachelorette* ）、《谁想嫁给我爸爸》（*Who Wants to Marry My Dad* ），等等。

在《橘子郡男孩》（*The O.C.* ）、《实习医生格蕾》（*Grey's Anatomy* ）、《欢乐合唱团》（*Glee* ）和《爱情》（*Love* ）等电视剧中也会出现爱情故事。

对现代美国人来说，浪漫的爱情是最高境界，它被视为人类的一种基本需求，并且是推动世界运转的动力。人类学家查尔斯·林德霍尔姆（Charles Lindholm）说，我们用歌曲来庆祝它，诗人和小说家用编年史来记录它的欢乐和痛苦，电影则呈现普通人试图模仿的爱情故事。

5.1 我们能定义爱情吗

核心内容：

将古希腊人、罗马人对爱情的看法与中世纪和文艺复兴时期的欧洲人对爱情的看法进行比较和对比，并讨论这些观点如何适用于浪漫之爱和友谊之爱

概述 爱是两个人之间的亲密、关心和承诺。许多人认为爱情就是寻找灵魂伴侣——最好的朋友、知己和浪漫的伴侣。在其他时代、其他地方和文化中，婚姻不是建立在浪漫的爱的基础上的——强烈的、充满激情的爱——而是根据习俗（如包办婚姻）形成的。浪漫的爱情，可能源于性欲，后来则会转变成陪伴的爱，它强调某个个体与另一个体的亲密关系、情感和承诺。

人们为了爱情所付出的努力总是令人惊讶的。

爱情就是寻找灵魂伴侣吗

当你想到爱情的时候，尤其是当你20多岁的时候，你很可能想到的是灵魂伴侣。灵魂伴侣（soul mate）是指性情相投的两人，彼此是对方最好的朋友、知己和浪漫伴侣。在真人秀节目《单身汉与单身女郎》中的嘉宾需要在25位陌生人中寻找灵魂伴侣（Trinko，2014）。

根据蒙茅斯大学民意调查研究所（Monmouth University Polling Institute）2017年的调查，2/3的美国人相信存在灵魂伴侣。在目前处于恋爱关系中的成年人中，82%的

女性最有可能相信灵魂伴侣的存在，而男性的这一比例为 64%。在目前单身的成年人中，略多于一半的女性和略少于一半的男性表示他们相信灵魂伴侣的存在。

另外，皮尤研究中心早前的一项民意调查表明，69% 的人不同意宇宙中每个人只有一个真爱或灵魂伴侣的观点（Cohn，2013）。

寻找灵魂伴侣就是爱情的真谛吗

真爱至上　如果在关于婚姻和家庭的教科书的词汇表中查找"爱"这个词，通常你可能找不到。这是因为爱能够支配一切因而很难定义吗？毕竟，爱情可以是多种多样的——就像一首感伤的老歌里唱的那样——爱是"一种绚烂的事物"。比如，它可以是充满激情的爱——强烈的、令人兴奋的和让人全力以赴的，也可以是时常陪伴对方的爱——舒适的、平静的、安心的，这主要取决于它是针对爱人、家人还是朋友的。我们试着这样定义它：**爱是对另一个人的亲密、关心和承诺**。它源于需求满足、性吸引和／或亲属关系。

重要数据　⟫⟫ 爱情会伤人吗

- **热恋是一种世界范围内的普遍现象吗**　在被研究的 166 个社会群体中，有 147 个社会群体发现了激情之爱的证据（Hatfield and Rapson，2002；Jankowiak，1995；Jankowiak and Fischer，1992）。

- **浪漫的爱情何时会消逝**　在一段关系发展到 6 ~ 30 个月后，浪漫的爱情倾向于让位于一种不那么充满激情的爱情形式，即友谊之爱（Hyde and DeLamater，2014）。

- **嫉妒在某些文化中比在其他文化中出现得更多吗**　在重视个人财产权的文化中，如美国，人们往往会有更多的嫉妒情绪（Hupka et al.，1985；Kim and Hupka，2002）。在性观念开放的国家，如德国和荷兰，人们则没有那么多嫉妒情绪（Buunk and Dijkstra，2004）。

- **人们有多少次去爱而不被爱**　根据一位社会心理学家的说法，98% 的人们曾经经历过没有回报的爱（Roy Baumeister，2015）。

- **只有男性是跟踪狂吗**　大多数被跟踪的对象都是女性——1/6 的女性曾在一生中的某个时刻被跟踪，但是每 19 位男性中就有一人也曾在某个时刻被跟踪（Baum et al.，2009）。有 46% 的被跟踪受害者不知道接下来会发生什么，有 29% 的受害者担心跟踪永远不会停止（Blauuw et al.，2002.）。

某网站赞助的一项针对 5 000 多名年龄在 21 ~ 70 岁的单身人士的调查表明，59% 的男性和 49% 的女性相信一见钟情；41% 的男性和 29% 的女性表示他们有过这样的经历。另一约会网站的另一项民意调查也表明，相信一见钟情的男性（72%）比女性

（61%）多。

我们将在本章的后文中探讨这个现代的概念，但首先让我们看看其他文化是如何看待爱情的。

在其他时间和地点的爱　在其他时代、地点和文化中，爱曾经出现过，现在仍然有各种各样有关爱的含义和表达形式。而热烈的爱情并不总是被认为是婚姻的坚实基础，具体如下。

■ **古希腊和古罗马**　人类学家林德霍尔姆说："古希腊人和其后的罗马人把充满激情的爱情看作'一种危险的疾病'，它会把体面的年轻人从他们的家庭中'撕裂'出来，让他们遇到不利的事情与不合适的伴侣，它会让成年人变得像傻瓜一样。我们必须严格防范它。"（Lindholm，2002）

热烈的爱是性之爱，或称厄洛斯。对希腊人来说更重要的是利他之爱（神爱）和友谊之爱（菲利奥）。因为希腊的社会组织是建立在父权制或父系血统的基础上的——在这种制度下，男人拥有财产或领导地位，而女人可以被保护——所以基于激情的婚姻被认为很不可靠。因此，婚姻是包办婚姻（arranged marriage），**是一种伴侣由家庭或家族决定的婚姻；个体不会自主选择伴侣**。林德霍尔姆说："婚姻是由长辈们协商安排的，他们着眼于为家族带来更多利益。"

■ **中世纪和文艺复兴时期的欧洲**　希腊人和罗马人对爱情的态度，以及对婚姻作为一种商业和社会安排的态度，影响了中世纪的欧洲。因为土地和财富是由国王控制的——偶尔是由女王或其他贵族控制的——所以人们会极力确保婚姻能带来强大的财富和权力联盟。因此，国王和王子们会从其他欧洲国家显赫的皇室家族中带走自己的结婚对象，商人和其他有财产的人通过包办婚姻把自己的女儿"卖"给支付彩礼的男人。

然而，在 7 世纪到 12 世纪之间，罗马天主教会提倡将婚姻当作一种圣礼，由未来配偶个人进行管理（Edlund and Lagerlöf，2005）。然后，在 12 世纪，出现了"高贵的爱情"的概念——对与心爱的人结合的关注和渴望。这种充满激情的爱情观念促使了大量的艺术作品和文学作品的诞生，这些作品歌颂的是对肉体和精神美的崇拜，就像骑士或牧羊人和他的爱人之间的爱一样。高贵的爱就是我们现在所说的浪漫之爱（romantic love），或热恋（passionate love），**是一种强烈且充满激情的爱，一个人相信一见钟情，也相信只有一个真爱，而爱能征服一切**。后来，随着 17 世纪和 18 世纪的革命削弱了欧洲贵族的权力以及随之而来的婚姻作为一种政治安排的重要性，浪漫的爱情成了将男人和女人结合在一起结婚的首要基础。

■ **如今的其他国家——包办婚姻**　亚洲、非洲、中东和东欧部分地区的一些国家和地区实行包办婚姻（见表 5-1）。在这种婚姻中，年轻人只需见面 15 分钟，甚至只需要一张照片或打个电话，就能被介绍给他们未来的伴侣。这种婚姻建立在这样一种假设上，即婚姻主要是一种经济结合和生孩子的一种手段。

在印度，虽然中上层阶级的女性可以自由选择嫁给谁，但许多人的婚姻还是由父母包办的，因为她们认为包办婚姻比基于爱情的婚姻更稳定。一位印度女性吉塔·拉尼（Geeta Rani）说："我所有的家庭成员都接受了包办婚姻，他们没有抱怨，而且非常高兴。你要么恋爱然后结婚，要么结婚然后恋爱。"

表 5-1　包办婚姻较常见的国家

阿富汗
孟加拉国
埃及
埃塞俄比亚
印度
印度尼西亚
伊朗
伊拉克
以色列
尼泊尔
尼日利亚
巴基斯坦
索马里
斯里兰卡
苏丹

基于爱情的婚姻　在东京明治公园，一对日本新娘和新郎与家人和朋友合影留念。如今，日本的大多数婚姻都是基于爱情的婚姻，就像北美的婚姻一样双方是通过自由恋爱走到一起的，没有媒人的帮助。然而，25% ~ 30% 的日本婚姻仍然是包办婚姻。女方的父母会准备一个关于她的信息包，并在朋友和熟人中询问是否有合适的人选。这个包被传递给一个潜在的男性，如果他感兴趣，他就提供一个关于他自己的包。他们会为这对夫妇和他们的家人安排一次会面，地点一般在餐厅或酒店。如果这对男女感兴趣，他们就会开始约会，并怀着可能（但并非必然）结婚的想法。有趣的是，在日本，包办婚姻比自由恋爱婚姻的离婚率低。你觉得这是为什么？

浪漫之爱和友谊之爱

包办婚姻在美国并不盛行，尽管在 18 世纪和 19 世纪，父母在决定子女未来配偶方面会提供较多建议。然而，随着经济状况的改善，中产阶级的孩子对父母的依赖程度变低，他们在选择婚姻伴侣时也从关注经济基础转变为关注情感基础（Mintz and Kellogg，1988；Murstein，1986）。

但富有情感或浪漫的爱情并不局限于美国和西方文化（Hatfield and Rapson，2002）。两名人类学家在他们研究的 166 个社会中的 147 个社会中发现了伴侣间热恋的证据。他们的结论是，浪漫的爱情是"一种属于人类的、普遍的，或者至少是一种近乎普遍的现象"（Jankowiak and Fisher，1992；Buss，2016；Jankowiak，1995）。其他的报道表明，在印度的部分地区，基于爱情的婚姻正在取代包办婚姻（Jones，2006）。

浪漫之爱：比欲望更多吗　浪漫之爱或激情之爱如同好莱坞电影中演绎的疯狂的、神魂颠倒的状态，这种状态被称为"坠入爱河"，它真的代表人们"陷入欲望之中"了吗？欲望是性唤起，是一种身体上的"兴奋状态"。色欲是区别于性欲的，性欲是一种心理状态。性欲的定义是想要获得一个性对象，以从事以前没有试过的性活动（Regan，2000；Regan and Berscheid，1999）。据推测，性欲是浪漫之爱或激情之爱的基本要素。

友谊之爱：亲密、情感和承诺　白热化的浪漫或热烈的爱情是不能持久的。在进入一段关系的 6 ~ 30 个月后，友谊之爱开始主导亲密关系（Hyde and DeLamater，2014）。友谊之爱（companionate love）是指比浪漫爱情平静，强调与他人的亲密、对他人的爱慕和承诺的爱。当然，在浪漫或者激情阶段，也会有友谊之爱。在一些充满激情的爱中虽然程度有所降低，但在一段关系的后期阶段友谊之爱仍然存在（Acevedo and Aron，2009）。

在友谊之爱中，恋人会注意到彼此的不完美。他们也会经历烦恼、无聊和失望。他们甚至可能考虑结束这段关系。但这种亲密关系也建立在基于现实的稳定和有意义的、持久的爱情所必需的友情之上。

友情和爱情

你能区分喜欢和爱吗？在和某人成为恋人之前，有必要先与其做朋友吗？**友谊是指人与人之间的依恋，也是牢固的恋爱关系的基础，包括性满足和浪漫的承诺**（VanderDrift et al.，2012）。友谊被认为是浪漫爱情的重要组成部分，至少对美国的居民来说是这样的，尽管它并非在所有的文化中都被认为是重要的（de Munck et al.，2011）。在美国的一项研究中，40% 的受访者表示他们在恋爱前是"柏拉图式的朋友"（指非由身体吸引或非性方面吸引），而 35% 的人是通过一系列正式约会开始的（Leibowitz，2015）。

实例：浪漫爱情的表达

接吻

接吻被古希腊诗人奥维德（Ovid）浪漫地描述为"爱情之花"。最近一项针对 168 个社会的研究表明，只有 46% 的社会中的人以浪漫的方式接吻（Jankowiak et al.，2015）。但是接吻的目的是什么？大多数人到底有多擅长接吻呢？

接吻的重要性：你是我的合适人选吗

一项研究表明，许多大学生发现自己被某个人吸引，但在第一次亲吻对方之后，他们就不再感兴趣了（Hughes et al.，2007）。进化心理学家小戈登·盖勒普（Gordon Gallup Jr）指出，有许多因素可以让两个人相爱，但接吻——尤其是初吻——可能会毁了一段感情。他认为，接吻是进化而来的求爱仪式的一部分，嘴和嘴之间的接触代表着一种复杂的触觉和化学信息的交换，这可能有助于双方确定他们的基因是否兼容。牛津大学的另一项研究也证实了接吻的目的是确定潜在伴侣的适合度，或者加强与现有伴侣的关系（Wlodarski and Dunbar，2013a）。因为与男性相比，女性在抚养后代时必须投入更多的时间（9 个月的怀孕加上几个月或几年的母乳喂养），女性在选择潜在伴侣时往往更加挑剔，因此女性比男性更坚信接吻在恋爱关系中更重要（Kissing Helps Us Find the Right Partner—and Keep Them，2013）。

当然，接吻也可以增强性兴奋感，尤其是作为性行为的前奏。牛津大学的调查参与者说，在短暂的恋爱关系中，接吻在性行为前最重要，而在性行为中和性行为后就没那么重要了。在长期的恋爱关系中，接吻被认为是性行为前的重要行为。但有时接吻与性行为无关，因为接吻被认为比频繁的性行为能为个体带来更强烈的幸福感。一项研究表明，尽管大多数美国异性恋者支持同性恋者享有保险和继承权，但不太喜欢同性恋人在公共场合示爱，只有 55% 的人支持男同性恋者在公共场合亲吻恋人的脸颊，而异性情侣这样做被接受的比例是 95%（Doan et al.，2014；Petrow，2015）。

你的接吻技术有多好

迈克尔·克里斯蒂安（Michael Christian）曾用笔名威廉·克兰（William Crane）写了《接吻的艺术》（*The Art of Kissing*）一书，他说："最近的调查表明，现代情侣相信接吻是一段关系中最重要的方面之一。然而，越来越多的男性和女性报告说，他们的爱情生活中没有足够的接吻。"（Peterson，2002）

作家劳伦斯·罗伊·史丹斯（Laurence Roy Stains）和斯蒂芬·贝克塔尔（Stefan Bechtal）在他们写的《女人想要什么：每个男人需要知道什么》（*What women Want: What Every Man Needs to Know*）一书中介绍了一项关于 2 102 名女性的调查（Peterson，2002）。他们说："所有女人都说对男人尤其是已婚男人，不要吻得太多。男人和女人之间的一个主要区别是，女人更喜欢接吻，觉得接吻是最亲密的行为。"史丹斯说："我不会说男人不觉得接吻很亲密。但是他们把接吻看作与对方变得更亲密的一步。"尽管如此，研究人员黛比·赫本尼克说，最近的研究表明，接吻对男性的性满足是至关重要的（Debby Herbenick，2011）。她写道："在婚姻中，经常接吻、拥抱和触摸伴侣的男性往往对性生活更满意。"

在西雅图创办了接吻学校的整体治疗师切丽·伯德（Cherie Byrd）建议，接吻的第一条规则是不要吹毛求疵，因为接吻是一种亲密的行为（Salie，2015）。但强烈的吻会让人倒胃口，初吻应该温柔且缓慢。

男女都讨厌口臭，如嘴里的烟味。男人也会排斥太浓的口红。

你怎么认为

你发现了哪些自己曾经知道的知识？你认为人们有可能在不经常接吻的情况下拥有一段浪漫的关系吗？

除此之外，朋友们喜欢彼此的陪伴，愿意互相支持和帮助，分享感觉和经历，自由自在地做自己（Parks，2006）。虽然美国人的亲密关系可能建立在友谊的基础上，但是浪漫之爱本身还包含其他属性：锡拉丘兹大学（Syracuse University）的一项研究显示，友谊通常会随着时间的推移而更坚固，而坠入爱河只需要 1/5 秒，并能给人带来愉悦感（Ortigue et al.，2010；Younger et al.，2010）。恋爱中的人无法集中注意力，也无法完成需要集中注意力的任务（Steenbergen et al.，2014）。不像大多数的友谊，浪漫的爱情包含了情绪的起伏、不稳定、激情、排他和性欲——所有这些品质都是不稳定的。

同性之爱

你认为男同性恋者与他们的伴侣发生性关系是因为爱吗？根据一项研究，对绝大多数（92.6%）的男同性恋者和男双性恋者来说，他们确实如此（Rosenberger et al., 2013）。这项研究的负责人约书亚·罗森伯格说："这些发现强调了在同性关系中爱的普遍程度和价值。"（Joshua Rosenberger, 2014）

心理学先驱约翰·戈特曼（John Gottman）认为，也许同性伴侣可以教我们一些东西（Gottman, cited in Marano 2015）。审视自己并找到自己的核心身份（即"出柜"）的痛苦过程是澄清。《今日心理学》（Psychology Today）的特约编辑哈拉·埃斯特洛夫·马拉诺（Hara Estroff Marano）写道："向他人展示真实自我的勇气是各种形式的亲密关系的基石。无论是异性恋还是同性恋，我们都渴望被深入了解，但又常常担心自己的某些私人缺陷最终会让我们变得不可爱。"

在同性伴侣和异性伴侣之间的区别中，同性伴侣没有较清晰的由性别规定的角色或任务。当有分歧时，同性伴侣会较少指责对方（Marano, 2015）。

实际行动 ● ● ●

网恋：你能在网上找到完美的另一半吗

近 3 900 家运营在线约会网站和应用程序的公司现在已经成为一个 20 亿美元的全球业务（IBISWorld, 2017）。另外，一些约会工具可以帮助人们缩小搜索范围，比如，宗教、政治立场、食物喜好（素食主义者）、身高（高个子）等（Bravo, 2017）。互联网用户也会通过 Facebook 和 Twitter 等社交网络与人见面。有些人使用谷歌或火狐等搜索引擎来搜索特定名称以获得特定结果。

但是，互联网作为一种寻找完美伴侣的手段，到底多有效呢？对一些人来说，网恋可能会为其带来幸福。正如一位作家所说，这些人不是试图找出如何驾驭一段排除情感的性关系，而是试图找出如何驾驭一段排除性的情感关系。他写道："不像'勾搭'，这些关系都是关于分享你的每一个想法、观点和情感的。"（Jones, 2014）。然而，这种关系最终往往会以失败告终。

2013 年，皮尤研究中心的一项调查显示，59% 的互联网用户认为在线约会是"结识他人的好方法"，这一比例比 2005 年增加了 15%（Smith and Duggan, 2013）。事实上，根据芝加哥大学的一项研究，在 2005 年到 2012 年间，超过 1/3 的婚姻都是从网恋开始的（Cacioppo et al., 2013）。该研究还表明，在互联网上认识并最终结婚的夫妇会拥有更幸福、更长久的婚姻。但正如《纽约时报》（The New York Times）的专栏作家大卫·布鲁克斯所言，两个人在网上相遇后，他们不得不"冒险一试"（David Brooks，2015）。如果人们想要一段真正的感情，他们就必须停止问自己这个人和别人比能得多少分，而应开始问，我们能缩小双方的自我之间的边界吗？他补充道："在爱情中，这种转变始于脆弱，而不是算计。"

尽管一些幸福的夫妻在互联网上找到了自己的另一半，但网上交友存在风险是有原因的。

• **人们在网上说谎** 正如我们在第 4 章"参与"中所说的，女人通常会谎报年龄（要比实际年龄小）和体重（轻于实际体重）。男人通常会谎报身高（高于实际身高）和收入（多于实际收入）（Hitsch et al.，2010；Vitzthum，2007）。

• **在线网站强调表面现象** 人们在约会网站上寻找的最重要的属性是外表，因此上传照片很重要。上传照片的女性收到的电子邮件是不上传照片女性的两倍。那些说他们"希望开始一段长期关系"的男性比那些"只是看看"，或者更糟的是"寻求一段随意的关系"的男性收到的电子邮件要多得多（Hitsch et al.，2010）。其他的重要属性是收入水平和头发的颜色。

• **网络生活和现实生活不一样** 心理学家认为，"脱离实体的电子邮件意识"和现实生活中的相遇几乎没有相似之处（Cohen，2001）。一段网恋往往会迅速发展，导致人们产生理想化的期望。但是，很难说在互联网上相处得很好的两个人在现实世界中是否还能相处得好。

• **有无限选择的文化使人们避免"定居"** 劳拉·范德卡姆推测，就像你的 iPod 允许你播放任何你想要的歌曲，以任何你想要的方式定制播放列表，并在你想要的时候切换下一首歌曲一样，约会网站同样会给你从 4 000 万单身人士中提供无限的选择，让你明确你想在伴侣身上看到的"必须具备"的品质，使你能够保持开放性的选择，而不是"选定"某人并与其发展长期的亲密关系（Laura Vanderkam，2006）。

• **自恋倾向于短期关系而非亲密关系** 圣地亚哥州立大学心理学系教授吉恩·特文奇指出，自 1982 年以来，具有"一切都是我的"这类自恋情结的大学生人数显著增加，这是通过使用自恋人格量表（Narcissistic Personality Inventory）测量出的结果（Jean Twenge，2006）。自恋者倾向于选择短期的亲密关系而不是长期的亲密关系。2005 年，一项针对美国人的大规模随机抽样研究表明，在 20 多岁的年轻人中，近 1/10 的人在一生中经历过严重的临床级别的自恋，而在 64 岁以上的人中，只有 1/10 的人经历过这种形式的自恋（Twenge and Campbell，2009）。一项对 30 年流行歌曲的分析也表明流行音乐中有一种自恋的趋势（DeWall et al.，2011）。根据最近的一项研究，男性通常比女性更自恋（Grijalva et al.，2015）。

尽管如此，互联网确实允许两个人发展真实而非虚假的亲密关系。心理学家斯托姆·金（Storm King）说："在现实生活中，你不会和陌生人说话。在网上，你被鼓励与陌生人交谈。互联网让人们拥有了在现实生活中无法拥有的人际关系。"

你怎么认为

如果你正在寻找完美的伴侣，你最期待在哪里找到他/她？你认为互联网比校园、公司等日常环境提供了更多的机会吗？为什么？

经济学是如何成为包办婚姻和基于个人选择的婚姻的一部分的？

爱有理由吗？有目的吗？为什么我们喜欢或爱某些人胜过另一些人？我们将分析有关爱的5种理论。

5.2　有关爱的起源的理论

核心内容：

关于爱情起源的5种主要理论，以及这些理论在多大程度上与6种类型的爱情有关

概述　解释爱情起源的5种理论：（1）生物化学理论；（2）依恋理论；（3）车轮理论；（4）三元理论；（5）爱情的类型。此外，我们还会描述亲密关系的重要性。

生化理论："爱是自然的高潮"

当你想到"爱的化学反应"时，以下内容可能不是你脑海中所想的。

生化理论（biochemical theory）**认为爱是我们头脑中的化学物质和激素共同作用的结果。**生物学家认为，恋爱关系就是为了繁殖和养育后代，就像在自然或进化中把雄性和雌性结合在一起的方式。两个人的大脑的同一个区域（尾状核）同时被激活会产生信任和爱的感觉（Bartels and Zeki，2000；King-Casas et al.，2005）。

实例：爱情的化学反应

当 T 恤闻起来很香的时候

在一项研究中，男性连续两天穿的 T 恤被放在盒子里。然后，49 名未婚女性被要求闻这些盒子，如果让她们一直闻的话，她们会说出自己更喜欢哪件 T 恤。结果是女性会被与父亲的基因相似，但不是太相似的男性的气味所吸引（Jacob et al.，2002；Groot et al.，2015）。

该研究的研究者认为，这是一种进化的解释。玛莎·麦克林托克（Martha McClintock）说："与太相似的人结合可能会导致近亲繁殖。"（Gupta，2002）而

与太不一样的人交配"会导致理想基因组合的丧失"。

一些作家也认为，这种吸引力的基础是信息素的存在，信息素是一种化合物，它可以在同一物种的有机体之间传递信号，它以油脂或汗液的形式出现，其他生物可以察觉并作出反应（Yuhas，2014）。

研究还表明，寻觅长期关系的女性和喜欢孩子的男性一样，她们可以通过观察男性的脸来判断哪个男性可能有兴趣成为父亲，并知道他们中谁的睾酮水平最高（Roney et al.，2006）。尽管有一些分歧，但进化论认为女性天生就能认出那些可能有兴趣成家并繁殖后代的男性（Scott et al.，2013）。

神经科学家丹尼尔·阿尔肯（Daniel Alkon）说："这项研究表明，有一种基因程序可以提高物种的存活率，因为女性体内的激素会刺激她们对男性激素的反应。"（Babwin，2006）目前还不清楚这些男性的面部表情是否向女性暗示了他们对孩子的兴趣。

相反，其他研究表明，当女性处于生育高峰期，即排卵期时，男性更容易被女性吸引（Miller and Maner，2010）。然而，对处于长期恋爱关系中的男性来说，情况恰恰相反，他们认为女性在排卵期的吸引力较弱。

你怎么认为

你觉得一个女人会被一种特定的男性气味或男性的脸所吸引的原因是什么？进化论的解释是否合理？象征性互动主义者指出，一个女人与其父母和其他有影响力的人的经历，可能会影响她选择何种类型的男人。

充满激情的大脑充斥着化学物质：苯乙胺、催产素和其他物质　研究人员指出，正如我们之前所述，刚陷入爱河时人们会产生"自然兴奋"的感觉（Fisher，2016；Fisher et al.，2010；Ortigue et al.，2010；Younger et al.，2010）。他们认为，这是因为热恋者的大脑会释放一种叫作苯乙胺的物质并使其进入血液，这种物质是一种天然的"兴奋剂"。

另一些人认为与之相关的物质是多巴胺、去甲肾上腺素、睾酮和催产素（Fisher，2004；Flora，2004）。催产素尤其被称为"爱的激素"，因为它会促使个体做出各种类型的社会行为（Gravotta，2013；Mohan，2013；Scheele et al.，2013；Six，2014）。新手妈妈体内的催产素会增加，包括在引产和哺乳期间。它能使有伴侣的男性出轨的可能性降低。它还可以促进个体社交，增强信任感。这就是为什么人们在充满激情的爱情中会感到如此强烈的兴奋和巨大的能量：我们的身体被化学物质所淹没。

化学快感和恋爱成瘾　然而，与任何兴奋剂一样，由这些化学物质引发的愉悦感不会持久。随着耐受性的增强，人们需要越来越多的苯乙胺才能产生同样的效果。因此，一些"爱上瘾"的人很可能会从一段充满激情的关系转向另一段，以重获这种兴奋感（Archon，2017；Earp et al.，2017；Fisher，2014）。

人类学家海伦·费舍（Helen Fisher）在进行关于爱情的大脑研究后发现抗抑郁药物可能会减弱情绪（Fisher and Homson，2007）。这成了支持生化理论的证据之一。她说抗抑郁药"会危害你的感情，并会干预那些有助于维持浪漫爱情和深深的依恋感的机制"（Parker-Pope，2006）。

该理论的批评者说，生物化学本身并不能引发爱的感觉，而社会和心理因素也很重要。这就引出了其他 4 种理论。

依恋理论：亲近是一种生存需要

依恋理论（attachment theory）表明，我们生活的主要动机是与其他人建立联系，我们的恋爱关系反映了我们在还是婴儿时对主要看护者的依恋程度和这段关系的质量。

依恋理论源于婴儿对其看护者的情感依恋的观察。一些作家说："所有重要的亲密关系——尤其是最初与父母的关系，以及后来与爱人和配偶的关系——都是依恋关系。"（Shaver and Hazan，1988）玛丽·安斯沃思（Mary Ainsworth）及其同事的研究表明，婴儿有 3 种依恋类型：安全型、回避型和焦虑 / 矛盾型。其他研究人员发现这些依恋类型会反映在成年人的爱情中（Brennan and Shaver，1995；Hazan and Shaver，1987；Shaver and Hazan，1988）。

安全型："我不害怕亲密。" 安全型成年人发现与他人变得友好或亲密并不困难。他们不会拒绝依赖别人，或者让别人依赖他们，他们通常也不担心被忽视或被抛弃，或情绪被另一个人左右。

回避型："我担心自己不被爱。" 回避型成年人对与他人亲近、信任和依赖他人感到不安。当别人变得过于友好或亲密时，他们会感到紧张，而他们的爱人往往比他们想要更多的亲密。

焦虑 / 矛盾型："我不知道别人是否和我有同样的感受。" 这类成年人觉得其他人与自己没有他们想象中的那么亲密。他们担心自己的伴侣不是真的爱他们，或者他们会离开。他们想和他们的爱人有更亲密的联结，但这有时会产生相反的效果，如把爱人吓跑。

安全型成年人的感情平均持续 10 年；回避型成年人的感情平均持续 6 年；焦虑 / 矛盾型成年人的感情平均持续 5 年。批评者说，依恋理论所依据的研究在方法论上存在缺陷，样本太小，不够随机，涉及的是不正常的家庭。

多近才算太近　最近，研究表明不平衡的依恋需求很常见——人们对"太亲密"的标准有所不同。（Aron and Aron，1986；Aron et al.，2005b；Mashek and Aron，2004）。心理学教授亚瑟·阿伦（Arthur Aron）说："太亲密的最基本的问题就是亲密到让你感到不舒服，对一些人来说，哪怕是稍微亲密都太过分了，而对另一些人来说，非常亲密就很好。"（Jayson，2006）尽管在某些情况下，依赖冲动会使个体因令人讨厌的黏人行为而破坏一段关系，但它还可以在压力大的时候帮助个体巩固恋爱关系（Bornstein and Languirand，2003；Carey，2007）。

大卫·布鲁克斯在一篇关于人类触摸力量的文章中写道："身体接触对生活至关重要，亲密的触摸会激发情感，并将大脑的纤维连接在一起。"（David Brooks，2018）然而，正如预期的那样，亲密程度会影响互动（象征性的互动主义者会指出，这种产品是一个人在其中成长的家庭）。然而，总的来说，经常触碰对方的夫妇对他们的关系更满意。事实上，一份报告指出，"温暖的触摸似乎会触发催产素的释放，这是一种有助于产生信任感并降低皮质醇水平的激素"（Carey，2010）。

车轮理论：爱情的 4 个阶段

爱情发展的车轮理论（wheel theory）认为爱情的发展和维持经历了 4 个阶段：（1）契合；（2）自我表露；（3）相互依赖；（4）亲密需求的满足。车轮理论由社会学家艾拉·瑞斯（Ira Reiss）提出，见图 5-1（Reiss and Lee，1988）。就像一个滚动的轮子一样，这些阶段可能会循环往复，从而使伴侣建立一段深厚的关系，或者轮子也可能会停止滚动，这会导致伴侣只能建立短暂的关系。

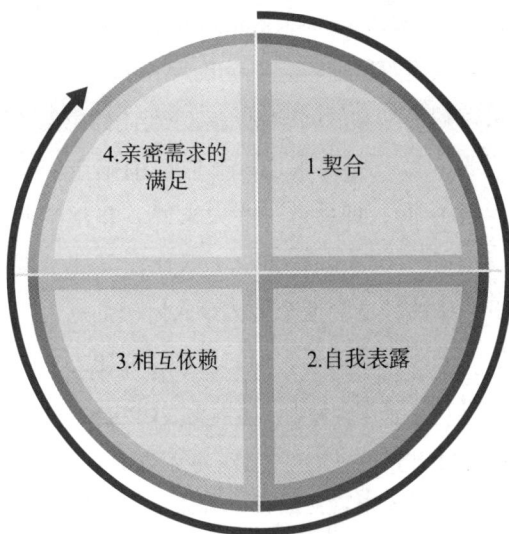

图 5-1　爱情之轮

第 1 阶段：契合——放松的感觉　当你第一次与某人见面时，你可能会很快与对方建立融洽的关系，这种轻松的感觉让你们彼此感到很舒服。在社会、文化、教育背景和教养方面的相似性会增强融洽的感觉。一般来说，我们能与有着相似背景和经验的人更好地沟通且更轻松地相处，他们会与我们分享关于什么是合适的社会角色的想法。

那异性相吸的概念呢？这表明，一些性格不同但互补的人会互相吸引，比如，在电视剧《生活大爆炸》（The Big Bang Theory）中，内向的"书呆子"科学家伦纳德和外向的佩妮。此外，不同民族、种族、年龄和经济水平的人们也会彼此相爱。即便如此，一些研究人员仍然相信，为了克服这些基本的差异，一对夫妇必须拥有相似的社会价值观（Aron et al.，2006；Murray，2004）。

第 2 阶段：自我表露——透露个人感受　融洽的关系会促进自我表露，很明显，那些容易沟通并且彼此感觉舒服的人会想了解对方。

同样，在社会、民族、种族和年龄背景方面的相似性可能会影响我们透露个人信息的意愿，因为我们倾向于不信任与自己不同的人。事实上，人们往往会基于这种差异对另一个人成为情人的可能性做出快速评估（Newman，2010）。

第 3 阶段：相互依赖——相互分享　自我表露会导致相互依赖（mutual dependency），指的是分享快乐、想法、笑话和性的欲望。也就是说，你和你的伴侣成为一对夫妻后你们开始一起做一些你不想独自做的事情，比如散步、看电影、睡觉、周末旅行。在这种情况下，你的社会和文化背景、年龄、价值观等方面都很重要，因为它们会影响你认为可以接受的共同行为。

第 4 阶段：亲密需求的满足——相互加强　在这一最后阶段，你和你的伴侣共同做出决定，强化彼此的目标，给予对方同情和支持，帮助对方满足更深层次的需求。也就是说，这种关系现在已经发展成一种相互依赖和交换需求的连贯模式。随着关系的加深，自我表露和相互依赖也会加深。

瑞斯认为，只要车轮向前滚动，爱就会继续发展。然而，如果其中一个或多个过程减少，爱情之轮可能就会向后滚动，即感情变淡。

三元理论：走向完美的爱情

三元理论（triangular theory）强调爱的三个重要因素：亲密、激情和决定 / 承诺，它们相互影响。这个理论是由罗伯特·斯腾伯格（Robert Sternberg）提出的。

三角形的 3 个分量 这 3 个分量可以被看作三角形的 3 个角（见图 5-2）。

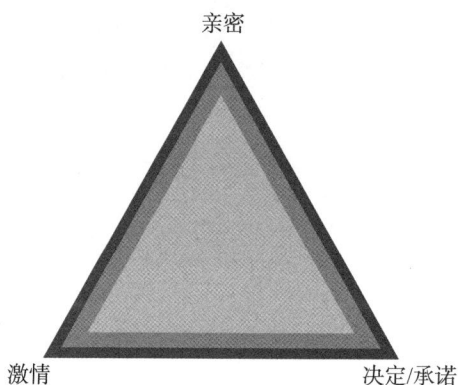

图 5-2 爱情三元理论

■ 亲密 包括在亲密关系中创造温暖和互相结合的感觉，比如分享自我、给予情感支持，以及与伴侣沟通。

■ 激情 包括浪漫、身体吸引力和性。激情可能是由性欲得到满足的欲望所驱动的，但它也可能来自增强自尊和支配或服从伴侣的愿望。

■ 决定 / 承诺 在短期内，这个部分体现了一个人决定去爱某人，这也许是无意识

的。从长远来看，它体现了长期爱那个人的承诺。

爱的不同组合 斯腾伯格说，一段亲密关系在亲密、激情和决定 / 承诺的组合上可能有所不同。当两个人之间的关系失去了所有的元素时，双方可能就会失去爱情。当然，每个人梦寐以求的组合就是完美的关系，即完美的爱情（consummate love），它指的是当你与伴侣在亲密、激情和决定 / 承诺处于相同强度时的状态。尽管在短期的爱情中达到完美的状态是可能的，但这种状态很难长期维持，因为成分会随着时间变化，而每一种元素都必须被单独滋养。

在没有爱情和完美的爱情之间还有另外 6 种可能的组合。正如你可能猜到的，在前面列出的 3 个要素中，一对情侣越不般配，他们对彼此的关系就越不满意。

■ 喜欢——只有亲密 这就是好朋友之间的爱，没有激情，也没有承诺。

■ 浪漫的爱情——带有激情的亲密 这是一种没有承诺的爱，尽管承诺会随着时间的推移而发展。

■ 迷恋——只有激情 这是全身心投入其中的"一见钟情"，但两个人很少同时被迷住。

■ 愚昧的爱——激情和承诺 这是一种愚蠢的爱，它可能会使人以眼花缭乱的速度从相遇到结婚，但却没有亲密。

■ 空洞的爱——只有承诺 在这种爱中，激情可能已经消退，只剩下承诺，但如果没有亲密关系，通常不会维持太久。

■ 友谊之爱——亲密和承诺 这就是激情减退的爱情。不满意的伴侣可能会在与第三人的婚外情中寻找激情。

爱的三元理论因其方法论和基于激情、亲密和承诺经常重叠的理由而受到批评。比如，一项研究表明，三元理论的分类"与个体的相似性判断密切相关"，但数据并没有为三元理论提供强有力的支持（Hassebrauck and Buhl，1996；Graham，2011；Masuda，2003）。

爱情的类型：6 种亲密关系类型

李的 6 种爱情类型（Lee's Six Styles of Love）表明，爱有 6 种基本类型：（1）对美丽和身体的爱，也被称为情欲之爱（eros）；（2）痴迷其中的爱，也被称为狂热之爱（mania）；（3）彼此嬉戏的爱，也被称为游戏之爱（ludus）；（4）互相陪伴的爱，也被称为友谊之爱（storge）；（5）无私付出的爱，也被称为利他之爱（agape）；（6）理性务实的爱，也被称为现实之爱（pragma）。这是由社会学家约翰·艾伦·李（John Alan Lee）提出的，他结合几百部著作汇编了 4 000 份关于爱情的陈述，然后用它们制作了一份调查问卷，调查对象是加拿大人和英国人。他根据他们的回答，构建了 6 种爱情的类型。接下来让我们详细讨论。

对美丽和身体的爱：情欲之爱　情欲之爱是对美貌之爱，其特征是强烈的情感依恋和强烈的性感受。这种类型的情侣被美丽或强大的身体吸引力所吸引，因此倾向于"一见钟情"。这种白热化的爱情在爱情小说和其他文学作品中比比皆是，如莎士比亚的《罗密欧与朱丽叶》（Romeo and Juliet）。

痴迷其中的爱：狂热之爱　狂热之爱是痴迷之爱，它包括强烈的性吸引力和情感强度、极度的嫉妒以及狂喜和绝望交替的情绪波动。对浪漫的痴迷是一个连续体，一端是

求爱行动，如充满调情意味的、体贴的电子邮件、信息和通话，另一端是犯罪跟踪，还有威胁和暴力等极端行为（Sinclair and Frieze，2005；Black et al.，2011）。一位作家指出，"一直以来，恋人之间互动的频率和质量都很重要"（Phillips，2015）。"一天应该给伴侣发一条信息还是一百条？"我们将在后文中进一步探讨这个问题。

彼此嬉戏的爱：游戏之爱　游戏之爱是随意的和无忧无虑的，它是一种嬉戏之爱、游乐之爱。这种爱注重将性当作一种娱乐，享受与许多伴侣的性活动，而不是专注于一种认真的关系。

痴迷其中的爱　被称为狂热之爱的特点是情感强烈和富有嫉妒的情绪，在一段关系结束后，个体对失去恋人的绝望可能会变得极端，他可能会开始跟踪或监视前任，试图将其"赢回来"。你是否曾发现自己陷入一段痴迷其中的爱情中？

互相陪伴的爱：友谊之爱　友谊之爱是一种深情的、和平的、彼此陪伴的爱，也被称为伙伴之爱。它有时被称为夫妻之爱。这种爱通常从共同参与活动和友谊开始，然后逐渐地，随着时间的推移，发展成爱情。由于相互信任，这种类型的情侣通常不会经历巨烈的兴奋和沮丧，他们喜欢定期举办的家庭活动。

无私付出的爱：利他之爱　利他之爱是无私之爱，即无私、舍己为人、自我牺牲的

爱。这种爱情类型描述的是那些试图满足别人的需求，甚至不惜牺牲自己的需求的人。如果走向极端，这类伴侣可能是受虐狂，比如当一个人是一个瘾君子或罪犯的长期伴侣时。

理性务实的爱：现实之爱　现实之爱是现实的爱情，指对潜在伴侣的积极和消极方面进行理性评估的爱情类型。这种类型的爱人会要求伴侣在诸如教育和宗教背景等方面与自己相近。伴侣们会照顾彼此，但他们也会友好地分开。

试着量化爱：亲密是爱情的基础吗

李的 6 种爱情类型和斯腾伯格的多维三元理论建构的现实性如何？许多这样的理论都在试图澄清有关亲密关系的真相，也有一部分是为了帮助改善亲密关系。

在一项研究中，研究人员只关注了一个方面，即亲密的概念，它代表了亲密关系的关键或本质，是可以量化的（Hook et al., 2011）。研究人员将亲密关系定义为（1）爱和情感的存在；（2）知道有人爱我们、认可我们（即个人认可）；（3）相信一个人不会泄露个人秘密（即信任）；（4）表露自我的意愿（即自我表露）。

学者们采用 3 种流行的量表（米勒社交亲密度量表、人际关系中亲密程度的个人评估量表和亲密恐惧量表）对 360 名本科生进行研究后发现女性在亲密因素（2）和（3）上的得分高于男性（Hook et al., 2011）。换句话说，与男性相比，女性"更强调爱、亲情、表达温暖的情感，以及情感分享"。这并不意味着男性不重视亲密关系，也许是"研究人员可能没有准确地听到或测量男性在亲密关系中的声音"，显然这需要更多的

调查。

> 爱情似乎来自一个人的思想和身体。解释前面的句子并提供例子来论证这句话的两个部分。

5.3　爱情的黑暗面：嫉妒、暗恋和企图控制

核心内容：

嫉妒的积极方面和消极方面

> 概述　爱情，尤其是热烈的爱情，往往拥有消极的形式。一种威胁是嫉妒，它可能使个体变得多疑。第二种威胁是不求回报的爱，即暗恋。第三种威胁是一个人试图控制另一个人的行为，比如操纵、跟踪或暴力。

你和你的爱人去参加一个派对，他花了很多时间和别人聊天。之后，你们会为此大吵一架。这是怎么回事？

你觉得有什么东西在威胁你们的关系——那就是，你嫉妒了。但是嫉妒并不是爱情误入歧途的唯一原因，此外还有暗恋和各种控制伴侣行为的尝试。

嫉妒：绿眼睛的怪物

爱到哪里去了？正如一项研究综述所指出的那样，人类是否天生就会离开爱情，离开痛苦和嫉妒，继而展开一段新的恋情（Boutwell et al., 2015）？

根据一项研究，有 1/3 的寻求心理治疗的来访者，尤其是 45 岁以下的来访者认为嫉妒是一个主要问题（White, 2008）。嫉妒

是指对亲密关系的真实的或想象的威胁，通常会使个体持有不宽容甚至是敌对的态度。嫉妒的感觉（莎士比亚称之为"绿眼睛的怪物"）包括从不确定、悲伤、怨恨一直到巨大的情感痛苦和致命的愤怒——这些情绪都隐藏在报纸头条、电影和伟大的文学作品背后。

比如，宇航员丽莎·诺瓦克（Lisa Nowak）在 2007 年驾车行驶了约 1 50 万米（据报道，为了避免上厕所，她穿着宇航员尿布），引起了媒体的轰动。据说她为了赢得一名航天飞行员的芳心而对情敌喷了胡椒喷雾（Schneider，2007）。《嫉妒》（Jealousy）一书的作者彼得·图希（Peter Toohey）指出："丈夫发现妻子有婚外恋是女性被谋杀的主要原因之一。"（Stark，2014）从字面上看，嫉妒是如此"盲目"，以致在一个心理学实验中，女性被试在执行快速检测任务时，无法找到她们想要找到的特定目标，因为在实验中，男性伴侣参与了对其他女性照片的吸引力评分，这让她们感到不安（Most et al.，2010）。嫉妒还能促使我们改变对自己的看法，开始像对手那样思考（Slotter et al.，2013）。

嫉妒是如何运作的　理解嫉妒很重要不仅是因为它给我们带来的痛苦会让我们感觉失控，甚至做出暴力行为，而且是因为我们知道它可以巩固或破坏一段关系，具体包括以下两个方面。

- **嫉妒会为一段关系设定界限**　有人认为，如果嫉妒是有目的的，那么这个目的就是为一个人对一段重要关系的感觉设定界限（Knobloch et al.，2005）。它决定了允许外人进入这段关系的程度。如果越界，就会

引发痛苦的嫉妒感，比如焦虑和愤怒。每一对夫妇都有自己的界限。比如婚姻，嫉妒心在只有承诺、排他性的关系中表现得最强烈。

- **嫉妒可能是怀疑性的，也可能是反应性的**　嫉妒可能是怀疑性嫉妒（suspicious jealousy），它是指当没有证据或只有模棱两可的证据，就怀疑伴侣与他人有牵连时产生的嫉妒（Rydellan and Bringle，2007；Sagarin et al.，2003）。这往往发生在一段关系的早期阶段。"顺便过来看看你还好吗"实际上可能是监视的借口。注意怀疑性嫉妒与反应性嫉妒的区别。反应性嫉妒（reactive jealousy），是指当证据显示伴侣在过去、现在或将来会与他人发生关系时的嫉妒反应。这种情况通常会引起最强烈的嫉妒，因为它表明双方之间产生了信任危机（这可能会导致一个人无休止地询问伴侣过去出差或旅行的情况）。

嫉妒的特点　研究表明了嫉妒的一些有趣特征，如下所示。

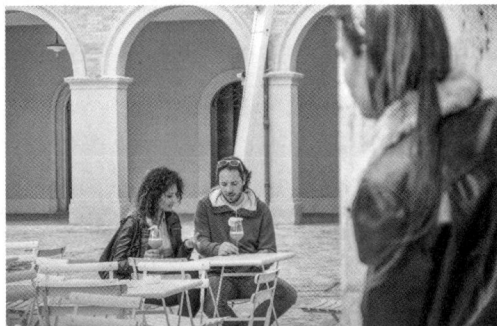

处理嫉妒　嫉妒可能是非理性的——猜疑和怨恨实际上源于对自我认知的不足。嫉妒也可以是理性的——由于发现违反了关系的界限而产生的怨恨和愤怒情绪，就像以上照片中的女人（站着的）发现她的伴侣与另一个人亲密时的感觉。在这种情况下你会怎么做？

- **男人嫉妒性，女人嫉妒亲密**　当男

人害怕他们的伴侣与别人发生性关系时，他们更容易嫉妒。当伴侣陷入一段亲密关系时，女性更容易嫉妒（Frederick and Fales，2014；Levy and Kelly，2010）。当女人认为她们的伴侣在情感上和身体上都和别人有关系时，她们最容易嫉妒（Pytlak et al.，2015）。

■ **男人和女人通常有不同的反应**　两性都会受到婚外情的困扰，并以愤怒回应嫉妒（Jankowiak and Hardgrave，2007）。然而，男人更倾向于表达他们的愤怒，他们可能会通过伤害伴侣发泄负面情绪。女性更容易压抑愤怒和抑郁。这可能与女性权力不及男性、文化禁止女性表达愤怒和男性拥有更多的性自由有关（Cox et al.，2016；Pietrzak et al.，2002）。女性更倾向于破坏财产，而不是用暴力伤害他们的爱人。安全依附型的男人比逃避依附型的男人更有可能经历情感不忠的痛苦（Levy and Kelley，2010）。

■ **嫉妒的人更容易成为没有安全感的人**　那些在亲密关系中缺乏安全感的人通常会依靠伴侣获得自尊，并且觉得他们几乎没有其他选择，而且更有可能产生嫉妒情绪（Farrell，2018）。低自尊的人也更容易嫉妒（Buunk，1991；Stieger et al.，2012）。即使他们不快乐，嫉妒心强的人也会觉得自己与伴侣的关系很紧密。恋爱时间短（一年以下）的人比恋爱时间长（一年以上）的人更容易嫉妒（Knobloch et al.，2005）。

■ **嫉妒并不总是和性有关**　对一些嫉妒心强的人来说，当他们的伴侣不仅花时间和潜在的第三者在一起，还花时间和家人在一起，或者花时间做一些特别的事情时，他们会感到不安（Brehm et al.，2007）。然而，有趣的是，那些嫉妒心强的人往往自己也会不忠（Harris，2003）。

■ **嫉妒在某些文化中比在其他文化中更普遍**　在重视个人财产权的文化中，如美国，往往会产生更多的嫉妒情绪（Hupka et al.，1985；Kim and Hupka，2002）。在性观念开放的国家，则没有那么多嫉妒情绪（Buunk and Dijkstra，2004）。

暗恋：当爱得不到回报的时候

单相思（unrequited love），即没有回报、没有回应的爱。单相思是一种常见的经历。拒绝他人的人和被拒绝的人一样，会感到沮丧（Baumeister et al.，1993；Bringle et al.，2013）。社会心理学家罗伊·F. 鲍迈斯特（Roy F.Baumeiste）指出，有 98% 的人都曾遭受过暗恋的痛苦。暗恋的形式可能有以下几种：（1）对一个没有机会与之在一起的人产生迷恋，比如电影明星；（2）对附近的某个人产生好感，却没有与之建立一段亲密关系；（3）试图和某人建立亲密关系，要么被动（比如说一些模棱两可的话），要么主动（比如提出约会提议）；（4）对过去恋人的思念，比如已经分手的人；（5）一种不平等的关系，即两个人经历不同的结果（比如一个人的高激情和低承诺相对于另一个人的低激情和高承诺）（Bringle et al.，2013）。

一个人拒绝另一个人的两种可能的原因是吸引力的差异和严重的差异性，具体如下所述（Baumeister and Wotman，1992）。

更有吸引力的人拒绝吸引力较低的人　因为约会和结婚的人往往具有相似的吸引力，暗恋者可能会因为外表而被拒绝（Lee et al.，2008）。这对被拒绝的人来说尤其痛苦，因为外表是很难改变的。在这种情况下，人们可能会坚持认为他们能为双方提供除了漂亮外表之外的价值，但往往无济于事。

不太投入的一方拒绝更投入的一方　当一方还没有准备好的时候，另一方可能想"把这段关系发展到下一个阶段"，即一个更认真的阶段。这不仅会让被拒绝的人感到痛苦，而且会让拒绝的人感到痛苦，因为他们面临着如何巧妙地结束这段关系的问题。

控制欲：试图控制爱人

第三种爱情出错的方式是，当一方试图控制另一方的行为时，使用的策略包括操控、暴力等。

操控：从施展魅力到威胁　控制者有一系列的技巧，从施展魅力、奉承、哄骗、生闷气到引诱内疚、羞辱、侮辱和威胁（Ni，2015）。引发对方在爱情中的罪恶感是常见的技巧，比如"如果你真的爱我，你就会……"

跟踪：引发对方不适感的追求　跟踪（stalking）是指恶意追踪、追赶或骚扰他人。大多数被跟踪的对象是女性——1/6 的人在一生中的某个时刻被跟踪，但是每 19 名男性中也有 1 人曾在某个时刻被跟踪（Baum et al.，2009）。46% 的受害者害怕接下来会发生不好的事，29% 的人害怕跟踪永远不会停止（Blauuw et al.，2002）。焦虑、失眠和严重抑郁的发生率在被跟踪受害者中比在一般人群中的发生率高得多（Blauuw et al.，2002；Cupach and Spitzberg，2004）。美国的所有州都有《反跟踪法》，尽管它们的有效性还存在争议。

暴力：精神或身体上的虐待　在这里，让我们简单地说，最糟糕的一种被误导的爱是用爱来合理化情感和身体上的虐待。这可能包括从讽刺、侮辱、压抑感情到推搡、殴打（施虐者还会声称"这都是为了你好"）。

我们可以将嫉妒看成一个连续体，从而解释它是如何演变的，以及它是如何在亲密关系中作为积极因素和消极因素表现出来的。

5.4　你怎么知道这是否是有意义的爱情

核心内容：

成熟的爱情和不成熟的爱情的主要特征

概述　爱情可能是不成熟的，其特征是充满激情的思考、感觉和行为。爱情也可能是成熟的，包含能量、自尊、善良，等等。

心理学家克里斯汀·迈内克（Christine Meinecke）说："没有人会嫁给合适的人。我们约会的时候都会表现出最好的一面。我们一开始被对方迷住了。当幻想破灭时，我们觉得自己可能并没有嫁给对的人……我们必须摆脱幻想，投身于成熟的爱情。"（McCarthy，2011）

索尔·戈登（Sol Gordon）是北卡罗来纳州的心理学家和性教育家，著有 22 本书。他建议我们除了外表和个性之外，还需要考虑自己的某些品质，以判断自己是否是一个好的恋爱对象，如下所述。

■　充满活力　你不会感到累，你有精力去做你想做的事情（热烈的爱情使人精疲力竭）。

■ **有意义**　这意味着你不用去刻意寻找生活的意义，你会在每天发生的事情中寻找生命的意义。

■ **高自尊**　你欣赏自己的价值，你不需要别人的肯定来获得你的价值。

■ **内心坦荡**　你不会被不好的想法过度困扰。

■ **善良**　你对每个人都很友好，而不仅仅是对你的伴侣。

所有这些品质可以用一个词来概括：成熟。戈登认为，一个变得越来越成熟的人会成为成熟伴侣的候选者，这是一个人应该努力的方向。

不成熟的爱与成熟的爱

戈登说："如果人们认为他们在恋爱，他们很可能真的在恋爱。但有些爱情适合长期维持下去，而有些则不适合。"（Ganahl，2002a）很多人无法分辨不成熟的爱与成熟的爱，这可能会引发灾难。不成熟的爱（immature love）指激情之爱或浪漫之爱。成熟的爱（mature love）是陪伴之爱。让我们来展开讨论。

不成熟的爱　戈登强调说，人们不应该仅仅基于激情之爱和性决定结婚，这些都是不成熟的情侣的特征，尽管许多成年人也会落入这个陷阱。不成熟的爱是以充满激情的思维、感觉和行为方式为特征的爱，如下所示（Aron et al.，2005a；Hatfield and Sprecher，1986）。

■ **充满激情的思考**　你总是想着你所爱的人，不能集中精力做其他事情，把对方的一切理想化，比如外表。你会认为："我无法将你从我的脑海中抹去！"

不成熟的爱和成熟的爱，哪一种更令人向往　是一段刚开始时那种白热化的、"无法将你从我的脑海中抹去"的爱情，还是一段没那么有激情但却能长久地持续下去的并能让你感到舒适的爱情？

■ **激情的感觉**　你的身体被心爱的人唤起，总是想和对方在一起，当你们的关系出现矛盾时，你就会感到不安。

■ **充满激情的行为**　你变得痴迷，并且开始研究你所爱的人的行为，试图成为他/她的"佣人"，努力了解你所爱的人对你的看法。也许你常常会想，"我愿意为你做任何事"或者"你在想我吗"等等。

不成熟的情侣对新恋情有不切实际的期望。他们不允许双方先建立友谊。他们被伴侣的能量或个性所吸引，而不确定他/她是否是一个有爱心的和负责的人。他们可能会把嫉妒和折磨等同于爱，甚至忍受身体虐待（"我知道他打了我，但我爱他！"）。而且他们分手了，他们就可能会觉得自己付出的一切都不值得。

成熟的爱情　随着爱情的成熟，人们不再相信老话告诉我们的"爱情是盲目的"和"爱情能征服一切"。你已经确定爱情的浪漫形象或性的热辣形象对你的重要性。你拥有前面提到的品质——自尊、善良、能量，等等。你已经了解了你是谁，并且在自我发现和寻找生命意义的旅途中走了很远。你已经找到了自己内心的声音和价值观，甚至可能发现你更愿意保持单身或有非性伴侣。你意识到自己可以通过很多方法感知爱。

如果你正在寻求与他人的永久结合，你也应该实事求是地看待自己的伴侣，包括以下这些方面。

■　**值得信赖的和情绪稳定的**　你的伴侣是否忠诚，是否能用成熟的方式处理矛盾，会不会暴怒或经常喜怒无常，是不是做父母的好人选（如果孩子对你很重要的话）？

■　**关怀和善良**　你的爱人是否爱你、尊重你？当你和这个人在一起的时候，你会更喜欢自己吗？也就是说，你会拥有更高的自尊水平吗？

■　**你真正喜欢的人**　你喜欢自己的伴侣吗？你们能做朋友，克服不可避免的失望，经历对爱情、性和婚姻的其他方面的未被满足的期望吗？

灵魂伴侣的概念重新出现

亚特兰大精神病学家弗兰克·皮特曼（Frank Pittman）说："没有什么比灵魂伴侣这个概念更让人不快乐了。"（Shulman，2004）原因是我赞同有一个完美的伴侣，就像一位作家所说的，总有那么一个人会"弥补我们的弱点，增强我们的优势，并提供……不懈的支持和尊重"，意思是当我们处于目前的关系时，我们总是"睁大眼睛寻找更好的交易或其他的东西，并倾向于选择一个不可能在一起的或离自己很远的人"。事实上，研究表明，那些认为亲密关系应该是由两个灵魂伴侣完美地结合的人的关系比那些认为亲密关系是不断成长和解决问题的旅程的人的亲密关系糟糕（Lee and Schwartz，2014）。

正如作家马修·黑格（Matthew Hague）所说："建立一段舒适和相互信任的关系需要努力，而不仅仅是运用找到灵魂伴侣的'魔法'。"也就是说，获得真爱和幸福需要通过自我成长而不是仅凭浪漫的命运（邂逅灵魂伴侣）来实现（Knee et al.，2003）。

在最初激情的情感高潮过去之后，爱情的最大回报来自于理性地接近它——也就是说，采取我们所描述的步骤来营造成熟的爱。戈登说，当爱情成熟后，神奇的事情会发生。你们都将体验到高水平的能量去做任何你想做的事情。你的工作和重要任务不会被忽视。你会友好地对待彼此和你圈子里的其他人。你会发现生活中最重要的事情，也会致力于解决你们之间的分歧。

表 5-2 介绍了如何从 3 种主要的理论视角看待爱情，它们是结构 - 功能视角、冲突视角和符号互动论视角。

表 5-2　爱情观：社会学 3 种理论视角的比较

结构 – 功能视角（宏观取向）
• 诸如教育、政府和宗教等社会机构都同意家庭的性质和范围
• 爱情使家庭 / 亲密关系稳定
• 爱情促进家庭 / 亲密关系产生积极情感并有益于身体健康
• 爱情通过繁衍后代和养育后代来促进社会的发展
冲突视角（宏观取向）
• 教育、政府和宗教等社会机构对什么是爱情以及什么是可接受的爱情存在分歧
• 不一致或不同的爱情观点可能导致家庭 / 亲密关系不稳定，并可能对社会造成经济损失
• 暗恋会导致不稳定，可能会带来情感和身体健康方面的风险
符号互动视角（微观取向）
• 通过每天的互动，一个人对爱情的看法会升华
• 爱情是一种社会建构
• 如何定义和看待爱情会影响一个人的自尊和对他人的看法
• 一个人所处的社会环境影响着他如何定义爱情以及给予和接受爱情的能力
• 当一个人处于一段亲密关系时，他 / 她对爱情的看法会改变，这会导致性剧本的改变

总结与回顾

5.1 我们能定义爱情吗

将古希腊人、罗马人对爱情的看法与中世纪和文艺复兴时期的欧洲人对爱情的看法进行比较和对比，并讨论这些观点如何适用于浪漫之爱和友谊之爱

■ 爱情可以定义为与另一个人的亲密关系、关心和承诺。人们希望找到他们的灵魂伴侣或者性格上与他们匹配的人，以及最好的朋友、知己和浪漫的伴侣。电影、流行歌曲、电视和书籍中对爱情的描述有助于定义和影响人们对爱情的看法。

■ 爱的意义是主观的，会因时间、地点和文化的不同而不同。在古希腊和古罗马，爱情被认为对人们的行为有负面影响。这种激情或性生活必须被控制和防范。

■ 对希腊人来说更重要的是利他之爱（神爱）和友谊之爱（菲利奥）。激情之爱被认为是不可靠的，因此，婚姻是包办的，伴侣不是由新郎、新娘自己选择的，而是由他们的家庭选择的。

■ 这些关于包办婚姻的观点影响了中世纪的欧洲，在那里，人们非常小心地确保婚姻会带来更多的财富和权力。

■ 在7世纪到12世纪，罗马天主教会提倡把婚姻当作圣礼。宫廷爱情的概念越来越被社会所接受。到18世纪末，浪漫的爱情成为男女决定步入婚姻的基础。

■ 包办婚姻在世界许多地方仍然存在。不同的文化对情感以及如何表达或不表达爱意的看法大相径庭。

■ 随着美国进一步工业化，人们的工作机会有所增加，孩子们在经济上对父母的依赖程度也有所降低。人们在选择婚姻伴侣时从以经济为基础转向了以情感为基础。

■ 爱情既可以是一种肉体状态，即性唤起，也可以是一种心理状态，即性欲。浪漫之爱或激情之爱可能会发展成友谊之爱，它被认为比浪漫之爱更平静，更强调亲密、情感和对另一个人的承诺。

■ 友谊是人与人之间的一种依恋，是牢固的亲密关系的基础。不过，朋友和恋人之间还是有区别的。朋友们喜欢彼此的陪伴，愿意互相支持和帮助，分享情感和经验，自由自在地做自己，而不是做自己不想做的事。爱情则会涉及情绪的起伏、激情、排他性和性欲——这些品质都是不稳定的。

■ 虽然同性伴侣的爱情体验和异性伴侣一样亲密和强烈，但男女表达爱意的方式在异性伴侣和同性伴侣之间是不同的。其中一个不同之处在于，女同性伴侣之间的关系往往比男同性伴侣之间的关系更持久、更稳定。

5.2 有关爱的起源的理论

关于爱情起源的 5 种主要理论，以及这些理论在多大程度上与 6 种类型的爱情有关

■ 关于爱的起源的理论包括以下几种：生化理论认为，爱情是由我们头脑中的化学物质和激素共同作用的结果。依恋理论认为，我们生活的主要动机是为了获得安全感而与他人建立联系。爱情发展的车轮理论认为爱情的发展和维持要经历 4 个阶段：（1）契合；（2）自我表露；（3）相互依赖；（4）亲密需求的满足。爱的三元理论强调了相互影响的爱情的 3 个重要元素：亲密、激情和决定 / 承诺。李认为爱有 6 种类型：情欲之爱，即对美丽和身体的爱；狂热之爱，即痴迷其中的爱；友谊之爱，即互相陪伴的爱；游戏之爱，即彼此嬉戏的爱；利他之爱，即无私付出的爱；现实之爱，即理性务实的爱。

5.3 爱情的黑暗面：嫉妒、暗恋和企图控制

嫉妒的积极方面和消极方面

■ 虽然爱情通常被视为一种积极的事物，但它也有消极的方面。嫉妒是对亲密关系中真实存在的或想象出来的威胁的一种消极反应，但它有助于建立关系的边界。男人嫉妒性，女人嫉妒亲密。男人可能会做出暴力的反应；女人更容易压抑自己的愤怒，变得抑郁。贪婪的人往往是没有安全感的人。嫉妒可能经常与性有关。在重视个人财产权的文化中，嫉妒往往更普遍。

■ 暗恋，即没有回报的爱，也是爱情的一个常见的消极方面。这可能是因为更有魅力的人排斥相对缺乏魅力的人或者是因为不那么严肃的人排斥更严肃的人。

■ 爱情也可能因为一个人试图控制另一个人的行为而误入歧途。控制的尝试包括操纵、跟踪、情感上和身体上的虐待。

5.4 你怎么知道这是否是有意义的爱情

成熟的爱情和不成熟的爱情的主要特征

■ 亲密关系中成熟的特征是充满活力、有意义、高自尊、内心坦荡和善良。成熟的爱情类似于友谊之爱，而不成熟的爱情是充满激情或浪漫的爱。不成熟的情侣往往对新恋情有不切实际的期望，往往不允许双方先建立友谊。

■ 在有意义的爱情中，伴侣往往是值得信任的、情绪稳定的、关心对方的、善良的，以及讨人喜欢的。

第 6 章

沟通：建立优质的亲密关系

核心内容

6.1 适用于亲密关系的权力概念

6.2 亲密关系冲突的主要领域，以及处理冲突时使用的积极方法和消极方法

6.3 非语言沟通和语言沟通，以及加强沟通的积极方式和消极方式

本章导读

首先，我们将讨论权力如何在亲密关系中发挥作用。其次，我们将讨论冲突，无论是积极的还是消极的，以及夫妻如何才能学会公平"竞争"。最后，我们将介绍亲密沟通的类型、障碍以及与伴侣更有效地沟通的方式。

大众文化、媒体和技术

缺乏连接的沟通

据调查，网络一代或者说 1996 年后出生的人（iGens or Gen Zers）平均每天查看手机 86 次（Wolfe，2018）。还有一篇关于该群体的文章说，这一代人已经深深浸入社交媒体之中（Pappano，2018）。

但《上大学的 Z 世代》（*Generation Z Goes to College*）一书的合著者科里·西米勒（Corey Seemiller）说，尽管他们对信息和移动设备痴迷，但他们更喜欢面对面的交流，渴望现场社交互动，即使他们对此可能并不太擅长（Seemiller And Grace，2016）。

然而，即使是年轻人也会发现，技术往往只能帮助人们进行交流，而无法使人们形成彼此之间的联结。请思考以下情况。

- **独自用餐**　现在的美国人在很多时候都是独自用餐的（Hartman Group，2017；NPD Group，2014）。这不仅是因为每个人都比较忙，而且 16 岁以上的美国人中有一多半是单身。所以我们能与谁一同进餐呢？智能手机和平板电脑如今取代了人类的陪伴

（Greene，2014）。

- **脸书和抑郁**　美国人平均每天花 40 分钟在 Facebook 上。我们可能认为我们需要通过 Facebook 和朋友们保持联系。但一项研究表明，用别人的 Facebook 照片和状态更新来衡量自己的状况，实际上可能会引发抑郁症状

（Steers et al.，2014）。这项研究的作者麦莉·斯蒂尔斯（Mai-Ly Steers）指出，这背后的可能原因是 Facebook 上的朋友们倾向于发布他们生活中美好的事物而不是糟糕的事物，这让我们觉得他们的生活比我们的好（Guynn，2015）。

■ **不幸福婚姻的禁忌** 心理学家雪莉·特克尔（Sherry Turkle）说，Facebook 不是你表露自己的脆弱的地方。因此，人们通常会在社交媒体上以一种非常积极的方式描绘自己的婚姻。作家汉娜·塞利格森说，通常很难在 Facebook 上找到关于压力、不满和婚姻令人痛苦的描述（Hannah Seligson，2014）。

■ **疏离与社交媒体** 严重的家庭裂痕导致父母和孩子之间或兄弟姐妹之间彼此疏远，这不仅会造成巨大痛苦，而且会导致抑郁甚至自杀。在社交媒体时代到来之前，家庭成员之间的疏远更多的是一刀两断式的分离。如今，记者凯瑟琳·圣路易斯写道，分离的亲属可以通过 Facebook、Twitter 和 Instagram 瞥见对方的重大生活事件，提醒他们所错过的事物（Catherine Saint-Louis，2012）。在一项研究中，至少有 24% 的人认为科技对他们的人际关系有消极的或不太积极的影响（Lenhart and Duggan，2014）。

当然，"千禧一代"对智能手机和社交网络是非常满意的（Alton，2017）。但它们真的能帮助人们建立真实的亲密关系吗？

学生们还发现，发信息是避免使他们丢脸的一种简单方法。他们可以通过发信息询问约会日期，而且可以避免在电话中或当面听到"不"，另外还可以在取消聚会时，避免打电话或当面解释（Pressner，2006）。他们已经了解到，一个人可以在某一社交网站上与大量联系者建立关系，而 Facebook 上的个人资料可以

让普通人变得有趣。最后，学生们可能不得不面对隐私问题，因为他们发现自己的 Facebook 页面上的个人更新被转发给他们不一定想要与之产生联系的人，或更糟糕的是，潜在的雇主将在互联网上查看他们的 Facebook 页面和发布在其他社交媒体上的信息。

所有以上这些问题都涉及《社会智能：人际关系的新科学》（*Social Intelligence: The New Science of Human Relationships*）一书的作者丹尼尔·戈尔曼（Daniel Goleman）所说的"势不可挡的科技蔓延"（inexorable technocreep）。在这种情况下，持续使用社交媒体与他人保持联系会削弱我们对周围人的兴趣。但是，正如我们将要讨论的，我们人类的大脑实际上倾向于让我们与他人产生联系，而与朋友面对面沟通或在电话中共情，可以激活我们自己大脑中与我们朋友大脑中的相同回路。

6.1 权力与亲密

核心内容：
适用于亲密关系的权力概念

概述 我们将描述什么是权力，以及不平等的权力对人际关系的影响。我们还将讨论关于权力如何运作的 3 种解释：瑞文及其同事提出的关系中的 6 种权力类型，布拉德和沃尔夫所说的资源理论，以及沃勒的最小利益原则。

保持亲密关系或婚姻的最佳建议是什么？

■ **继续说甜言蜜语** 伴侣之间交谈的方式，而不是他们的说话内容，是婚姻成功的最好预测因素。著名婚姻与家庭学者

约翰·戈特曼说，结婚 6 个月后仍对另一半有喜爱和钦佩之情的伴侣更不容易离婚（Gottman et al.，1998）。

■ **降低你的期望值** 《向婚姻投降》（*Surrendering to Marriage*）一书的作者艾里斯·克拉斯诺说："婚姻并不能带来持久的幸福，但无论如何你都可以幸福。你需要全身心地投入在婚姻中，即使你认为自己没有坠入爱河，也要努力去爱那个人。"（Iris Krasnow，2002）

以上说法都是对的吗？在我们的想象中，亲密关系是一场浪漫之旅。实际上，它也是一场"斗争"。结果如何，在很大程度上取决于我们如何分享权力、如何处理冲突以及如何沟通。现在我们就从探讨权力开始。

权力与不平等权力的影响

我们一般会认为我们所拥有的亲密关系是平等的，但确实如此吗？还是一定要有一个人"在家中当家做主"？

当然，传统上是丈夫当家做主，现在在许多国家，丈夫仍然凌驾于妻子之上。这种支配地位源于男性的权威，通常根植于法律（Ruggles，2015）。然而，在 20 世纪的美国，丈夫凭借法律权威获得支配地位的情况逐渐变少，如今大多数家庭普遍采用平等原则，尤其是妻子在外工作的家庭（Basu，2006）。因此，婚姻中的权力往往不是来自权威，而是来自人格。也就是说，任何在这段关系中具有更强势个性和气质的一方，都可能在这段关系中占据主导地位（Smith and Williams，2016；Weisberg et al.，2011）。

什么是权力以及为什么它很重要 正如前面的讨论所表明的，权力（power）是一种将自己的意志强加给他人的能力或潜力，使他人能思考、感受或从事一些他们通常不会自然而然地去做的事情（Frieze et al.，1978；Randles，2015）。权力是人际关系中不可或缺的一个因素。

重要数据 ➡➡➡ **沟通和权力**

■ **夫妻会隔多久为钱吵架一次** 70% 的已婚夫妇会为钱而争吵，而不是为家务琐事、聚会、性、打鼾和晚餐吃什么而争吵（Love + Money by the Numbers，2014）。

■ **什么时候情感会引起怨恨** 女人憎恨那些只在对性感兴趣时才流露爱意的伴侣（McCarthy and McCarthy，2014）。更糟的是，一项研究中有 10% 的妻子报告称，丈夫强迫她们违背自己的意愿发生性行为（Basile，2002）。

■ **欺骗在离婚中占多大比例** 一项研究表明，不忠占离婚原因的 20% ~ 40%（Marin et al.，2014）。

■ **肢体语言在沟通中有多重要** 据估计，65% ~ 95% 的面对面交流是通过非语言方式，即肢体语言被解读的（Pease and Pease，2006）。

■ **持久婚姻的特点是什么** 婚姻长久的伴侣之间积极的情感和互动比消极的情感和互动多 5 倍（Gottman，1994）。

权力也不一定会带来消极后果。比如，一位教授可能会让你采取一个你自己不会考虑的积极行动（比如，研究亲密关系是如何运作的，这可能会对你自己有帮助）。你的配偶可能会让你尝试烹饪或高尔夫运动，然后你会发现这给你带来了极大的乐趣。

拥有权力感是很重要的，这一概念最好通过回忆你自己没有权力时的例子来理解。比如，一直感到无力或无助的人，如监狱里的囚犯或非常贫穷的人容易变得抑郁，并且容易受身体和情绪障碍的影响（Prilleltensky，2008）。

不平等的权力对关系有什么影响 在亲密关系中，权力平等很重要，原因如下。

■ **权力影响自尊** 拥有权力对一个人的自我形象很重要，因为这会让其觉得自己是一个能够控制事情的人。如果处于一段关系中的每一方都感觉自己有一定的权力，那么他们更容易拥有自尊，并感觉自己能处理大多数任务（Kraus et al.，2010）。

■ **权力抑制了满足感、爱和情感分享** 权力的不平等会降低权力较小的伴侣对婚姻和对伴侣的爱的满足感（Lively et al.，2010）。这也阻碍了伴侣表达真实情感，从而让脆弱的伴侣掩盖或伪造自己的感受（Dunbar，2018）。

■ **权力鼓励操纵** 不平等的权力会鼓励人们为获得或继续拥有权力而斗争。比如，感觉自己拥有的权力较小的一方可能会患上身体或情感方面的疾病，以此有意识或无意识地操纵权力较大的一方（Inesi et al.，2012）。

不平等的权力关系在建立之后就无法轻易被改变。但改变是可以通过谈话、咨询和其他我们将讨论的方式实现的。不过，与一般的改变一样，采取行动有一定的失败风险。所以问题在于，这种关系是否有足够牢固的基础，从而能让我们为之冒险。

实例：权力竞争

再婚家庭

随着父母的离婚和再婚，再婚家庭的数量也在增加。确实，在美国所有新组成的家庭中，有 40% 是伴侣中有一方或双方都是再婚者（Livingston，2014）。一位作家说："每个人都会把自己的过去、生活方式、财务状况、价值观、态度和信念带入新家庭，因此这可能会使情况变得很复杂。"（Hunter，2003）

再婚家庭中还可能存在复杂的权力关系。以宾夕法尼亚州哈里斯堡的海蒂·赛克斯（Heidi Sykes）和罗布·赛克斯（Rob Sykes）的再婚家庭为例，他们各自都与在前一段婚姻中的伴侣育有 3 个孩子。在约会 5 年后，他们结了婚并搬到一起住，不久后，6 个孩子都开始反抗，因此他们不得不开始接受婚姻咨询（Hunter，2003）。

一份报告称，再婚的新家庭面临的最大挑战是学习如何抚养非亲生子女。夫妻双方都需要养育好自己的孩子（Bernstein，2016）。刚开始的时候，55

岁的幼儿园老师海蒂继续采用着她宽容的教育方式，比如继续让她的孩子熬夜；59 岁的房地产经纪人罗布则更严格，他实施了晚上 9 点"断网"的政策。当然，结果是孩子们感到非常困惑和不高兴。

最终，这对夫妇以一种普通收入的继父母所无法解决的方式解决了这个问题：他们在附近买了第二套房子，并临时将一半的家庭搬入其中，这是一种被称为"分开同居"（living apart together，LAT）的模式，这使父亲可以按自己的方式养育孩子，母亲也可以按自己的方式抚养孩子。这种安排持续了 4 年，直到孩子们搬出去上大学为止。

这很复杂 你认为这位父亲会给这个新家庭带来什么样的家族史、养育方式？母亲带来了什么样的态度、价值观和管教方法？为什么再婚家庭中的权力关系比其他家庭中的权力关系更复杂？

再婚家庭必须处理的、存在争执的方面如下。

- **忠诚和关注** 在许多再婚家庭中，忠诚度是个复杂的问题，因为孩子和父母觉得他们必须做出对谁忠诚的选择。当监护父母将他们的注意力转移到新的配偶上时，孩子可能会感到被抛弃，并担心他们得不到爱和关怀。父母则可能会在是花时间和孩子们在一起还是和配偶在一起的问题上左右为难。孩子们也会因为自己对非监护父母的依恋而产生矛盾心理（Ganong and Coleman，2017）。

- **压力** 年幼的孩子担心他们不知道将住在哪位父母的家中。如果是在继父母的家中，则涉及一套全新的家庭规则。继兄弟姐妹之间也可能存在竞争，相比于没有继兄弟姐妹的家庭，前者会给孩子带来更多的压力（Hetherington，2003）。

- **管教** 管教是再婚家庭中最常见的冲突来源之一（Wolchik et al.，2000）。比如，在一个没有人被打屁股的家庭中长大的孩子可能会突然发现自己在他的继父母家中必须面对体罚这种管教方式。

- **财政** 再婚家庭中的成年人在走到一起之前往往已经独自生活了一段时间。因此，他们有自己的财务体系。再婚家庭的财务分配可能很复杂，涉及子女抚养费、赡养费、学费等问题，再婚家庭可能有多个支出账户（"For Richer or Poorer Again"，2002）。

你怎么认为

你是否是再婚家庭的一员或者你了解某一再婚家庭吗？你如何描述该家庭中不同权力的安排？

权力是如何运作的：一些可能的解释

学者们对权力是如何运作的提出了各种解释。我们将讨论 3 个假设或理论。

瑞文及其同事提出的一段关系中的 6 种

权力类型 伯特伦·瑞文（Bertram Raven）及其同事提出，人们在婚姻中可以施加 6 种不同的权力：强制权力、奖励权力、专家权力、合法权力、认同权力和信息权力（French and Raven，1959；Raven et al.，1975；Galvin et al.，2016）。

■ **强制权力——"我担心你会惩罚我"** 强制权力（coercive power）是基于一个人的恐惧，即如果他/她没有按照伴侣的意愿去做，就会被伴侣惩罚。惩罚可以是情感上的，比如讽刺或蔑视，也可以是身体上的，比如殴打（Fontes，2015）。与对婚姻满意的人相比，对婚姻不满意的人更倾向于将强制权力施于他们的配偶（Raven et al.,1975）。

举例：妻子对丈夫的性要求让步，以避免丈夫打她。

■ **奖励权力——"我会和你一起走，希望你会回报我"** 奖励权力（reward power）是基于你的信念，即相信与伴侣达成一致时，会从其伴侣那里得到回报。在通常情况下，奖励是口头的，比如表扬，或者是不受批评。

举例：丈夫不再把纸屑丢到厨房柜台上，以期望他的妻子会称赞他。

■ **专家权力——"你是这个领域的老大"** 专家权力（expert power）是基于你认为自己的伴侣拥有专业的知识。这些专业的知识可以是简单的，比如知道隔多久保养一次车，也可以是复杂的，比如知道家庭投资的所有情况。过去，女性最常会将专家权力交给她们的丈夫（Raven et al.,1975）。

举例：妻子在财务问题上听从丈夫的意见。尽管，讽刺的是，实际账单可能是由妻子支付的。

■ **合法权力——"你问的时候我答应你了"** 合法权力（legitimate power）是基于你的伴侣有权要求你，而你也有义务遵守。传统上，性别角色被赋予了合法性，在许多传统文化中，丈夫可以发号施令，而妻子必须服从。

举例：因为夫妻双方都同意养宠物，所以丈夫会同意照顾狗。

■ **认同权力——"我欣赏你所做的事，所以我想取悦你"** 认同权力（referent power）是基于你对自己的配偶的认同和欣赏，并通过取悦他/她而获得满足感。男性最常将认同权力交给他们的妻子（Raven et al.,1975）。

举例：妻子参与丈夫支持的政治活动，以从丈夫那里获知更多。

■ **信息权力——"你已经说服了我接受你的观点，所以我会做你想做的"** 信息权力（informational power）是有说服力的权力，指的是你被自己的伴侣说服，认为他/她想要的也符合你的最佳利益。

举例：丈夫同意去教堂，因为他被妻子说服，并认为这么做会给孩子们树立良好的道德榜样。

布拉德和沃尔夫的资源理论："谁拥有最多的资源，谁就拥有最多的权力" 一项研究表明，与收入较高的女性结婚的男性更可能使用治疗性功能障碍的药物（Pierce et al.，2013）。另一项研究显示，如果男性在经济上依赖女性伴侣，那么男性就更有可能出轨（Coughlin and Wade，2012）。我们如何理解这些现象呢？资源理论也许有帮助。

由社会学家罗伯特·布拉德（Robert Blood）和唐纳德·沃尔夫（Donald Wolfe）于 1960 年提出的资源理论（resource theory）

认为，婚姻中的权力平衡反映了夫妻双方的相对资源。资源可能是金钱、受教育水平或职业地位，但也可能是性、情感支持、养育子女的能力、家务能力或理财技能。拥有更多资源的配偶能做出更多影响对方的决定（比如，决定如何花钱），从而拥有更多的权力。

请思考以下两种有用的资源。

■ **钱**　收入较高的人（传统上是丈夫）通常在如何使用收入方面拥有更大的发言权。一项对传统婚姻的早期研究表明，在 1/3 的婚姻中，丈夫比妻子多挣 8 000 美元，丈夫是更有权力的伴侣并有更大的权力来决定如何使用家庭收入（Blumstein and Schwartz，1983）。

■ **性**　性当然可以是一种用于平衡权力的资源（Baumeister et al.,2017；Shpancer，2013）。事实上，这似乎是一个古老的故事，因为我们经常读到有经济实力的男性向拥有性权力的女性屈服的故事。然而，这种例子在现实世界中几乎不存在（McClintock，2014；Hamblin，2014）。

资源理论作为对权力关系的解释，在事实上有一定的依据，但也有反证。比如，即使妻子赚的钱多，或者丈夫待在家里不赚钱，男性在这段关系中仍然享有更大的权力（Cohen and Durst，2000；Tichenor，2005）。另一方面，尽管男性可能在工作场所拥有更大的权力，但根据资源理论，女性仍可能是家中的"老板"，这表现在与丈夫讨论解决问题的过程中展现出的霸道的态度和支配性行为（Galvin，2016；Vogel et al.，2007）。

沃勒的利益最小原则："在亲密关系中利益最小的人拥有最大的权力"　社会学家威拉德·沃勒（Willard Waller）发明了一个术语——最小利益原则（principle of least interest），即对亲密关系最不感兴趣的伴侣拥有最大的权力（Waller and Hill，1951）。因此，如果你比你的伴侣在这段关系中更投入，你可能会压抑自己的许多愿望——做你不想做的事情，不去表达不满，总是努力取悦你的伴侣——因为你担心对方会抛弃自己。

最小利益原则可以被认为是相对的爱和需要理论（relative love and need theory）的一个分支，该理论提出配偶一方爱和需要另一方的程度是解释关系中权力的最关键变量。换句话说，从一段关系中获益最多的人是最依赖这段关系的，因此也是最没有权力的。

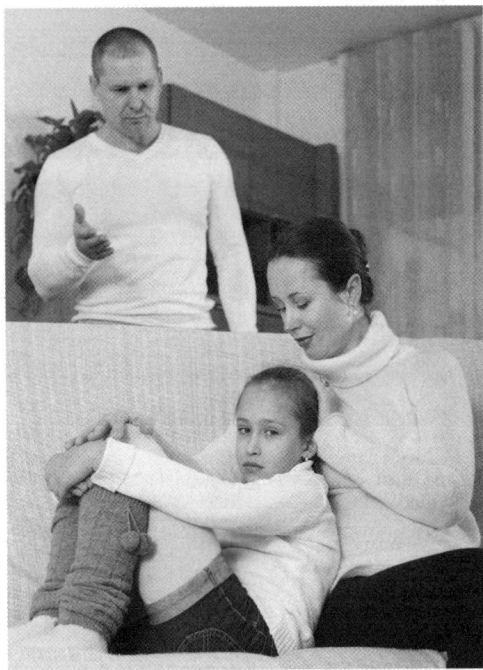

掌握权力　在许多家庭中，一方比另一方拥有更多的权力。也就是说，其他家庭成员会顺从拥有更多权力的一方的意愿。有时，这种力量仅来自纯粹的人格力量，就像图中的丈夫一样（或者你有不同意见吗？）。在你的家庭中，权力是如何被分配的？为什么？

考虑到亲密关系的复杂性和权力的性质，你认为人们有可能在没有任何权力问题的情况下建立亲密关系吗？为什么？

6.2　冲突与成长

核心内容：

亲密关系冲突的主要领域，以及处理冲突时使用的积极方法和消极方法

> **概述**　亲密关系中的冲突是不可避免的。尽管通常它可能是消极的，但有时也可能是积极的。事实上，冲突有其可取之处。我们将讨论亲密关系中 9 个常见的冲突领域。我们还将描述人们处理这些冲突的 6 种方式。最后，我们将总结 5 条公平竞争的规则。

如果你被排斥了，你会不会变得愚蠢（至少在一段时间内）？

令人惊讶的是，答案也许是肯定的。在一项为期两年的研究中，社会心理学家罗伊·F. 鲍迈斯特（Roy F. Baumeister）和他的同事对被试展开了各种智力测试，然后让他们感到被排斥。其中一些人接受了虚假的人格评估，这会导致他认为自己注定要孤独地生活。另一些人则和陌生人混在一起，后来被告知这些陌生人不想和他们有任何关系。在被试体验过这些自我挫败的经历之后，研究人员再次对被试展开智力测试。结果表明，他们的智商分数下降了 25%，分析

推理能力下降了 30%。

鲍迈斯特指出，这些结果显示了人类与他人联系的驱动力有多么强大（Briggs，2002）。当人们被拒绝后，他们甚至会在一段时间内难以正常思考。

幸运的是，一次被他人排斥的影响似乎很短暂（Stenseng et al.，2015）。但是处于一段存在持续冲突和频繁排斥的亲密关系会对你有什么影响呢？

出于亲密的冲突

在任何一段亲密关系中，我们都渴望得到两种相互矛盾的东西。

- **亲密度**：我们希望与对方保持密切合作、达成协议。
- **独立性**：我们想要个人自主权，这意味着我们可能和那个人有分歧。

其结果就是发生冲突，即当一个人的行为干扰另一个人的行为时产生的互动过程。根据一项分析（Canary and Lakey，2006），冲突既涉及（1）离散的、独立的问题（比如，关于看哪个电视节目的争论）又涉及（2）持续的、长期的关系问题（比如，总是为钱争论）。当然，冲突也可能是由各种各样的事情引起的，比如，不同的期望、不同的性别规范，或者其他无法妥协的方面。

我们经常从对立的角度思考，它们包括爱 / 恨、和平 / 战争、合作 / 冲突。因此，在我们的社会中，存在着一种冲突禁忌（conflict taboo），即认为冲突和愤怒是错误的，是合作和爱的对立面。冲突禁忌尤其适用于亲密关系和家庭，大多数人认为这些亲密关系和家庭是抵御来自外部世界威胁的、和谐与安全的理想庇护所（Farrell et al.，

2012）。事实上，冲突显然挑战了民间家庭观念（folk concept of the family），**即强调支持、理解、幸福和温暖的节日仪式。然而，任何处于亲密关系中的夫妻如果为权力而斗争，就会被定义为冲突。事实上，所有的夫妻和家庭，无论多么关心和支持彼此，都会经历冲突。因此，冲突对人际关系来说是自然的现象。更重要的是，正如我们将解释的那样，冲突有其可取之处。

冲突有两种类型：消极冲突和积极冲突。

消极冲突：不利于关系　当人们说他们不喜欢冲突时（就像大多数人说的那样），他们想到的是消极冲突。消极冲突是一种破坏性的行为，通常对亲密关系和家庭有害，甚至对健康不利，比如，伤口难以愈合，并造成动脉阻塞（Friedman et al., 2010; Hicks and Diamond, 2011; Kiecolt-Glaser et al., 2003; Lund et al., 2014）。对身体健康的有害影响似乎对妻子比对丈夫更明显（Wanic and Kulik, 2011）。

一些消极冲突的类型如下。

■　**压抑的愤怒**　压抑的愤怒（repressed anger）是指无意识地抑制愤怒的情绪，使之以其他方式表达出来。一种方式就是麻布袋法（gunnysacking）——把怨气积攒起来，或者把它们装进一个假想的袋子里，直到它们溢出来为止。另一种方式是暴饮暴食、冷漠或抑郁；与之相反的方式则是大喊大叫和使用暴力。

有时，在置换（displacement）中，**愤怒会指向对另一方重要的事物或人**，比如他 / 她的爱好或朋友。

■　**被动攻击**　被动攻击（passive-aggression）是指间接地表达愤怒。在家庭与亲密关系中，这种愤怒会被讽刺、唠叨、挑剔和引发拖延行为（推迟完成你向伴侣承诺会完成的任务）等所掩盖（Brown, 2018）。

冷暴力（silent treatment），**要么忽视伴侣，要么在口头上说一切都好，同时发出非语言信号表明实际上并不好。一项多研究分析（元分析）表明，这种要求—退缩行为（demand–withdraw behavior）是亲密关系冲突中最具破坏性的类型之一，通常也是离婚的预测因素（Schrodt et al., 2014）。

■　**替罪羊**　替罪羊（scapegoating）是指把家庭中几乎所有的问题都归咎于某位特定的家庭成员（Douglas, 2002）。正如你可能猜到的那样，成为家庭替罪羊的人不太可能建立自尊，正如我们从鲍迈斯特关于被他人排斥会导致暂时性智商下降的研究结果中看到的那样。

■　**心理控制**　在 1944 年由英格丽·褒曼（Ingrid Bergman）和查尔斯·博耶（Charles Boyer）主演的电影《煤气灯下》（*Gaslight*）中，一个男人试图把他的妻子逼疯，这样她就会被送进精神病院。他通过逐渐调暗煤气灯来做到这一点，同时在她抱怨房子越来越暗的时候否认她的感觉。煤气灯操纵（gaslighting）是一种精神虐待的形式，伴侣中的一方可能会用讽刺的方式不断地批评或否认另一方对现实的定义，从而使其怀疑自己的记忆并失去自尊（Sarkis, 2018）。

积极冲突：有利于关系　幸福的婚姻就是没有冲突的婚姻吗？社会学家朱迪斯·沃勒斯坦（Judith Wallerstein）采访了 50 对夫妇（大多是结婚 10 ~ 40 年的白人和中产阶级），他们认为自己的婚姻很幸福。她发现，冲突不仅是普遍存在的，而且"这些夫妇认为学会表达自己的意见和坚持自己的立场是良好婚姻的礼物之一"（Wallerstein and Blakeslee，1995）。

积极冲突是一种将分歧表达出来的方式，它能让双方走得更近，提升彼此的自尊。正如我们所提到的，冲突如果得到妥善处理，实际上能发挥一定的积极作用，它提供了以下这些好处。

- **冲突有助于澄清分歧** 如果没有有意识的冲突，分歧就会隐藏起来。当问题被"摆到桌面上"时，它们就可以被澄清，并找出解决方案。

- **冲突能阻止小问题变成大问题** 如果小的冲突得不到持续的处理，它们可能会恶化并引发怨恨，最终引发激烈的对峙。

- **冲突可以改善关系** 一件重要的事情是，对拥有同等权力的伴侣来说，冲突有助于增强彼此的自信，并巩固他们的关系（Gottman and Krokoff，1989；Zacchilli et al.，2009）。

平等者之间的冲突 当两个人用冲突来定义和维持平等的权力时，他们的自信心和控制力就会增强。你是否在一段关系中体验过冲突实际上改善了这段关系的情况？

在当今离婚率如此之高的背景下，显然，冲突可能是重要权力斗争的表现，也是对婚姻的主要威胁。但我们并不总会靠顺其自然克服生活中的问题。通过学习冲突管理，我们的自信心和控制力都在增强。当两个人用冲突定义和维持平等的权力时，双方都会成长。

夫妻之间有什么分歧

你认为大多数夫妻会隔多久吵一次架？一项研究表明，大多数夫妻平均每月有一到两次"不愉快的分歧"（McGonagle et al.，1993）。它们得到解决了吗？事实上，研究表明，婚姻中产生的大多数分歧永远不会得到解决（Crawford et al.，2002；Gottman and Silver，2015；Smith and Huston，2004）。此外，冲突程度在婚姻中不会有太大变化（Kamp Dush and Taylor，2012）。大多数夫妻，无论是快乐的还是不快乐的，都倾向于争吵，特别是在婚姻的早期阶段，而且他们倾向于为同样的事情反复争吵（Gottman，2002；Markman et al.，2010）。

各种研究表明，大多数夫妻不能达成共识的问题是金钱、家务、性、工作、姻亲、酒精、休闲娱乐、情绪化和孩子。分歧会随着时间的推移而变化。一项研究表明，在婚姻的早期，关于性的冲突或夫妻与大家庭的关系以及日常琐事的冲突会凸显，而在随后的婚姻生活中，关于金钱和日常琐事的争吵将占主导（Ahmadi et al.，2015）。

新西兰政府对 1 500 名有长期关系的伴侣进行的一项研究显示，78% 的夫妻会经历一些持续的分歧，其中 40% 的人在金钱和经济保障方面存在分歧，其次是工作压力（31%）、时间压力（29%）、家务活（26%）和性生活（25%）。其他研究表明，在婚姻生活平均维持 12 年的夫妇中，恼人的生活习惯、金钱与开支、有关工作的要求、休闲娱乐、沟通与倾听以及家务是冲突的主题（占所有冲突的 16% ~ 25%），而孩子是最常见的冲突来源（40%）（Papp et al., 2009）。

让我们考虑一下以下 9 个常见的冲突领域：（1）金钱；（2）家务；（3）性；（4）忠诚；（5）权力；（6）养育；（7）隐私；（8）孩子；（9）风格差异（Ahmadi et al., 2015；Papp et al., 2009；Relationship Services, 2008）。

金钱：钱包的力量 2009 年的一项研究表明，夫妻双方并没有将金钱列为最常见的冲突来源，然而"关于金钱的婚姻冲突更普遍，并且很难得到解决，尽管夫妻做出了更多解决问题的尝试"（Papp et al., 2009）。2014 年《财星》（Money）杂志的一项调查表明，"70% 的已婚夫妇会为钱而争吵，金钱问题排在为家务、团聚、性、打鼾和晚餐吃什么而争吵之前"（Love + Money by the Numbers, 2014）。美国心理学会的一项调查表明，62% 的美国成年人认为金钱是压力的重要来源。

金钱问题会引发冲突的原因如下。

■ **金钱代表秘密** 你知道你父母的收入是多少吗？或者如果你在谈恋爱，那你另一半的收入是多少？在美国，问别人挣多少钱被认为是极不礼貌的，这就像问"你和你的伴侣多久做爱一次？"一样。事实上，富达投资公司的一项研究表明，在 25 岁及以上的夫妻中，近 40% 的夫妻中有一方无法确定另一方赚了多少钱，1/10 的夫妻少报了2.5 万美元或更多收入，1/3 的人对他们的资产数额有分歧（Fidelity Investments, 2015）。美国国家金融教育基金会进行的另一项调查

表明，2/5 的美国人在告知自己的财务状况时承认对伴侣说谎或隐瞒有关金钱的信息（Sell, 2016）。

我们可能会在没有充分讨论金钱问题的经历的情况下步入了婚姻。至少在开始的时候，我们可能会犹豫是否要提出不舒服的问题（如"为什么你要花这么多钱买衣服？"），因为我们担心这会不利于和谐与合作。

■ **金钱代表权力** 如果你现在处于一段亲密关系中，你需要意识到，你们两个人现在如何处理钱的问题，但这并不能代表你们婚后的情况。现在你们有各自的收入，因此也就有了各自的权力来源。然而，大多数已婚夫妇会把他们的收入集中起来，这会影响权力关系。

比如，如果配偶中只有一方在外面工作，那么另一方就会在经济上产生依赖性，这可能会成为某一方产生怨恨的来源。如果夫妻双方都在外面工作，但其中一方在如何使用金钱上几乎没有发言权，这也会引发怨恨。

■ **金钱代表价值观** 假设你来自一个连一美元都很难赚到的家庭，而你的伴侣成长在一个更富裕的环境中，他 / 她很少想要什么东西。那么，如果你们的家庭突然获得了一笔巨额的资金（比如，因为你们中的一人在工作中获得了巨额奖金），你们会怎么做？你们会把钱花在去加勒比海的旅行上，还是把钱存进银行，以应对未来的经济困难时期？

金钱决策和优先权反映了我们的价值观、态度和性情。如果她是勤俭节约的女士，而他是挥金如土的先生，你认为他们会相处得怎么样？

家务：关于"第二班工作"的矛盾
62% 的美国成年人说分担家务对婚姻的成功非常重要，它仅次于忠诚和良好的性生活（Taylor et al.，2007）。关于家务分工的冲突在女性当中尤为明显（Basu，2006；Geiger，2016）。社会学家阿莉·霍克希尔德（Arlie Hochschild）在 1989 年创造了"第二班工作"这个术语，这也是她关于 50 对双薪夫妇家务分工的著名研究的标题。**第二班工作（second shift）被定义为职业女性下班回家后要做的家务和照看孩子的工作**，而她们的带薪工作被看作"第一班工作"。

实例：性别角色

谁管钱

当涉及家庭财务决策时，男性和女性是否倾向于扮演典型的性别角色？ TD 银行对 1 339 名美国人进行的一项调查显示，总体而言，事实的确如此，72% 的男性称自己的收入高于伴侣。此外，26% 的男性表示他们会做出重大的财务决策，而女性只有 14%；其他女性表示，这些决策是与伴侣共同做出的；83% 的 LGBTQ 夫妇说重大的决定是双方一起做的。

但《财星》杂志的一项调查显示，浪漫关系中许多伴侣的相处模式并不符合传统模式，现在很多妻子的收入都超过了丈夫，这可能会对她们的财务角色产生深远影响，或许会导致夫妻共同进行财务决策，但也会带来更多的财务压力（Weisser and Renzulli，2014）。

比如，政府检察官吉安·蔡斯（Jehan Chase）一直单身，自己理财，在 42 岁嫁给了 38 岁的塞思（Seth），塞斯在一家非营利性机构工作，薪水比吉安低得多。她之所以继续带头管理他们的钱，是因为她不想放弃控制权，并且塞思忙于照顾他残疾的母亲和妹妹。塞思在前一段婚姻中是收入较多的人，虽然塞思需要一些时间适应收入角色变化的状况，但他对他们的生活感到满意。他说："她似乎真的很喜欢做财务，而且她比我做得更好。"（Weisser and Renzulli，2014）

尽管如此，吉安和塞思的平和心态可能是例外。《财星》杂志调查显示，许多夫妻可能认为他们的财务状况是同步的，但通常他们在各自扮演的角色、所拥有的理财技能或对伴侣真正重要的事情上往往意见不一。

你怎么认为

相比于 32% 的每月谈论金钱和 27% 的每几个月谈论金钱的伴侣，那些表示每周至少谈论一次金钱话题的夫妻感觉他们的关系更幸福。事实上，其中有 42% 的人说他们非常幸福。如果你在一段关系中分享你的财务状况，你和你的伴侣会隔多久讨论一次金钱话题？在你成长的家庭中是怎样的？对你来说，谈论钱的问题有多容易或者有多难？

传统上，男士一直是家庭收入的提供者，而且很少做家务。尽管双职工家庭的比例有所上升，但许多妻子仍承担着家务的重担，这导致她们产生了严重的不满情绪（Davis et al., 2007；Stevenson and Wolfers, 2009）。正如研究者所说，关系紧张是"变化得较快的女性和变化得较慢的男性"引发的结果。在过去的 40 年里，美国男性在家庭中参与的家务劳动几乎翻了一番，但女性仍然承担着大部分家务（Horne et al., 2018；Klein et al., 2013）。

男性和女性经常在家务上有分歧。根据一项调查，在 26% 的夫妻中，这种分歧是持续性的（Relationship Services, 2008）。此外，男性和女性对分担家务有不同的想法，《CLR 家务战争报告》（*CLR Chore Wars Report*）中的另一项调查中有 69% 的女性说，她们认为自己在家里做了大部分工作，而 53% 的男性表示，他们在做家务方面同样努力（Ludwig, 2010）。该调查还表明，1/5 的美国人承认每月会为家务争吵。

有趣的是，一项研究表明，当男性在家务劳动中做出了一定贡献时，夫妻双方的性生活更令人满意（Johnson et al., 2016）。

冲突不仅是家务劳动时间的不平衡，而且包括管理、日程安排和标准。

■ **管理** 从洗碗到修剪草坪，谁来组织或监督家务活？如果窗户需要擦拭，谁来开始这个过程，谁可能不得不向另一方寻求帮助，即使冒着被拒绝的风险？

■ **日程安排** 如果某件事需要做，谁来决定它的优先顺序？谁的时间更宝贵？谁下班等着有线电视安装工来？谁把车开到修理工那里？

■ **标准** 谁来决定质量标准？谁有权判定浴室和厨房的清洁程度，或者汽车可以隔多久洗一次，草坪可以隔多久修剪一次？

第二班工作 母亲从完成赚取收入的"第一班工作"回到家后，接过孩子，紧接着不得不开始她的"第二班工作"——做晚餐、做家务，直到孩子们入睡为止。作为九个常见的冲突领域之一，家务活以及家庭和育儿劳动分工都是让已婚职业女性特别烦恼的问题。你熟悉的家庭中存在这种困扰吗？

性：冲突的真正原因是什么 在亲密关系中感到有安全感的人拥有更令人满意的性生活，并且能够敏感地感受到对方给予自己的情感（Zapian et al., 2011）。通常在一段关系的开始阶段，双方都会觉得彼此在性方面很般配，但这种感觉可能会被证明是错觉。《性激情、亲密和性别》（*Sexual Passion, Intimacy and Gender*）一书的作者说："我们认为性冲动存在性别差异，男性通常比女性有更频繁和更强烈的性欲，而女性性冲动比男性性冲动更依赖于社会、文化和情境因素。"（Vohs et al., 2004）

皮尤研究中心的调查显示，70% 的夫妇认为拥有幸福的性关系对婚姻的成功至关重要，且仅次于忠诚（Taylor et al., 2007）。最近的一项皮尤研究表明，61% 的已婚成年人表示，令人满意的性关系对成功的婚姻很重要，仅次于"拥有共同的兴趣"（Geiger，2016）。

关于性的冲突之所以发生，是因为冲突真的只是关于性吗？或者冲突实际上可能是关于性的，但被双方认定为是由另一个问题引发的？又或者所谓的关于性的争论可能其实是关于其他事情的？让我们考虑以下这些可能性。

■ **关于性的冲突** 他想做爱，但她不想，因为她对第二天的工作中的一个重要会议感到紧张。或者她想要亲热，但他却感到疲倦。所以他们就吵了起来。据一项研究，10% 的女性报告，她们尤其反感只在对性感兴趣时才有感情的伴侣（McCarthy and McCarthy，2014），或者更糟的是，强迫她们违背自己的意愿进行性行为的伴侣（Basile，2002）。

■ **有关性的冲突伪装成其他事情的分歧** 做完爱后，女人可能想被抱一会儿，但他只是转身睡觉了。第二天，她也许会开始为他总是在下班后很久才回家而争吵，或者她可能会批评他从来没有像她要求的和说的那样去刷地板漆。女人真正想表达的是"你没有给予我足够的关注和亲密"。

■ **其他事情的冲突伪装成性的分歧** 他批评她对他没有性冒险精神，但冲突的真正原因也许是他很生气，因为她从来不想和他一起出去看球赛或听蓝调音乐会，或者她可能会抱怨他从不想花时间陪她。但也许真正的问题是，她认为他没有一个很好的收入来源，总是在寻找"更好的工作"，而不是努力在他现在的工作中做得更好。

忠诚：信任和忠贞 我们将忠诚总结为信任和忠贞，这是影响婚姻冲突水平的两个重要方面（Colman，2018）。

■ **信任** 当你的伴侣或配偶独自去某个地方或和其他人一起参加聚会时，你是否感到舒适？信任——相信你的伴侣是支持你的和诚实的——可以让你们在彼此远离时不用担心发生让你们关系分裂的事情。然而，如果妻子在丈夫出差回来给她带了礼物后立刻感到担心（"他是不是因为做错了什么事感到内疚才这样做？"），这便意味着信任已经破裂。

■ **忠贞** 在皮尤研究中心的调查中，93% 的受访者认为忠贞是成功婚姻的最重要因素（Taylor et al.,2007）。忠贞当然是指性方面的忠诚，但也是对伴侣双方宣誓的婚姻誓言的忠诚。与这段关系之外的人发生性关系显然是对忠贞的违背，但较轻微的违反行为也算，比如花太多时间与其他人（朋友或亲戚）在一起，在闲聊时泄露婚姻的秘密，或以某种形式说谎（Haden and Hojjat，2006）。

作为最严重的亵渎行为，婚外恋是导致离婚的重要因素。事实上，一项研究表明，不忠导致离婚的比例占 20% ~ 40%（Marin et al.，2014）。

权力：控制的问题 权力和控制是一个重要的领域，因为这关系到谁可以决定双方该做什么。事实上，不与配偶分享权力是产生冲突的一个重要原因。有一项研究表明，只有那些接受妻子影响的新婚男性才会拥有幸福的婚姻（Gottman et al.，1998）。权力冲突的领域不仅包括我们提到的那些（金钱、家务和性），还包括其他的方面，比如如何管教孩子、酗酒以及与亲戚和姻亲的纠纷。

养育：关于谁照顾谁的冲突 另一个重

要的问题是养育，即谁来照顾谁和以什么方式进行（Dehle et al.，2010）。如果伴侣中有一方觉得自己的情感需求得不到满足，就容易产生冲突。比如，一位丈夫从事压力很大的出版主管工作，他觉得自己需要妻子的大力支持。但是，妻子的兄弟姐妹相继得了重病，并且需要她的关心和照顾，丈夫便开始感到被忽视，于是展开了接下来的一系列的外遇。

顺便提一下，一项研究表明，一种关怀彼此的标准是伴侣对彼此获得的成功会做出怎样的回应，这对一段关系的健康发展很重要（Gable et al.，2006）。正如一位作家所说："一个人回应伴侣所取得的成功的方式——兴奋或是被动认同/自豪或是冷漠——是稳固或破坏夫妻关系的最关键因素。"（Carey，2006）

隐私：独处与互动的冲突 如果你在想"我的伴侣没有给我足够的空间"，那么你正经历着私密与亲密、独处与互动的冲突（Hosman，1991）。比如，一个男人退休后，已经习惯了在他外出工作时享有独处时间和自主权的全职妻子，现在却发现他一直待在家里。或者一位伴侣可能成长在一个较少会进行身体上的接触和拥抱的家庭里，人们互不打扰，但她/他现在与一个在身体上保持亲密的家庭中长大的人结了婚。无论如何，通常我们大多数人都需要一些独处的时间，这就是晚饭后爱人可能会消失在车库或到另一个房间阅读和看电视的原因。

孩子：应对后代 当父母需要抚养孩子时，婚姻满意度会略有下降，在某种程度上，这可能是因为，虽然孩子可以带来巨大的快乐，但他们也需要父母耗费很多精力。

一项研究显示，在平均结婚12年的夫妇中，40%的受访夫妇认为孩子是最常见的冲突来源（Papp et al.，2009）。因此，母亲和父亲（特别是两者都有工作的情况下）可能会发现自己在诸如谁应该负责接送孩子，或者带孩子去看医生等问题上发生冲突。另外由于各自背景的不同，夫妻双方的育儿理念也不尽相同，比如，妻子更喜欢管教孩子，而丈夫对孩子更有同情心。

"他也是我的孩子！" 养育孩子需要父母投入大量的时间和精力，并且会使一些父母不得不面对难以实现的要求。另外，父母可能在如何管教孩子上存在分歧。在你的成长过程中，这是否是你家庭中的一个问题？

风格差异：偏好、气质和品位的差异 她来自加利福尼亚，他来自新泽西。她是悠闲懒散的，他是努力进取的。她不容易发火，他脾气暴躁。她喜欢把房间弄得杂乱无章，他则喜欢井井有条。她喜欢顺其自然，他喜欢提前做好计划。她是感性的，他是理性的。她在处理问题时磨磨蹭蹭，而他则倾向于直面问题。她喜欢出去跳舞，他更喜欢在家看电视。

这样的两个人能合得来吗？实际上，像这样有着不同偏好、气质和品位的两个人能维持很多年的婚姻，但他们可能会因为这些风格上的差异而不断产生分歧。然而，双方都需要弄清楚他们的冲突是源于风格问题还是其他方面。

人们如何处理冲突

学者们观察到了人类表现出不同的冲突方式（Greeff and De Bruyne，2000）。我们将描述 5 种类型的冲突：（1）竞争；（2）平行；（3）迁就；（4）妥协；（5）合作。

- 竞争："冲突就是战争，只有一个人能赢！" 在竞争式冲突（competing style of conflict）中，你是独断的、非合作性的，并且把冲突看作一场为了胜利而强行采取行动的战争。你对自己的关心程度很高，对别人却很低。如果双方都是擅长竞争的对手，这场战争可能会旷日持久而且非常残酷。

- 平行："如果我们忽视这个问题，也许它会消失。" 在平行式冲突（parallel style of conflict）中，你是不独断的、非合作性的。你和你的伴侣完全否认和回避对任何一个问题的讨论，希望它消失。过了一段时间，你们俩可能会开始各自的活动，不再和掺和对方。

- 迁就："让我们设法找到一个和谐的解决方案。" 在迁就式冲突（accommodating style of conflict）中，你不是独断的且擅长合作；你会采取被动的姿态。因此，你不会提出自己的观点，而是试着去了解对方的立场，安抚对方的情绪，并为和谐解决问题而努力。

- 妥协："让我们寻求一个双方都能接受的解决方案。" 在妥协式冲突（compromising style of conflict）中，你是有些独断的，但也是喜欢合作的。你会寻求一个适合双方但不是最佳的解决方案。也就是说，你寻求的结果不会让你喜出望外，但你们都能接受。

- 合作："让我们一起努力使双方都受益。" 在合作式冲突（collaborating style of conflict）中，你会非常关注你的利益，同时会关注伴侣的利益。你既是自信的又是合作的。你将持续应对冲突，直到你找到最佳的双方互利的解决方案为止，而不仅仅是妥协。

对大多数人来说，一种或两种风格可能在大多数冲突中占主导地位（Wood and Bell，2008），在某些情况下，一种风格比另一种更合适。如果经过深思熟虑后，你认为你使用的风格无助于你的情况，并使你疏远了伴侣，你可以改变它们。在本章的其他部分，我们将讨论"良性争吵"和夫妻沟通的技巧。

"不，伙计……" 冲突是每一段亲密关系的一部分，不管是异性恋还是同性恋。这种交流似乎代表了竞争型的关系："冲突就是战争，只有一个人能赢！"在 5 种冲突类型中，哪一种代表了你处理争端的方式？

处理冲突：公平竞争和维护关系的 5 大原则

冲突是不可避免的。保持沉默只会使亲密关系恶化，引发紧张和怨恨。忽视问题并寄希望于它们会好起来，通常是无效的。但是大喊大叫和辱骂也并不能解决任何问题，而且会损害你的健康（Lund et al.，2014；Reynolds，2016；Williams，2012）。处理冲突的最好方法是让双方都学会如何争吵，我们可以使用以下这 5 条原则。

针对问题而不是你的伴侣，并避免变得消极 伴侣双方都需要意识到，处理冲突的方法是针对问题，而不是攻击对方（Gottman，1994；Markman et al.，2010；Martinez，2015）。如果你贬低、指责、威胁你的伴侣，或发出"最后通牒"，他／她会变得更具防御性和愤怒。约翰·戈特曼说，争论中使用的一些消极情绪"比其他情绪更有害"。批评、蔑视、防卫和退出讨论（在男性中最常见）都是特别具有腐蚀性的（Gottman and Carrere，2000）。

最好的关系是恋爱中的一方能在争吵后迅速平静下来并恢复良好状态（Bloch et al.，2014；Salvatore et al.，2011）。最幸福的伴侣在消除分歧的同时会尽量减少负面情绪并表达爱意。幽默是有帮助的，你可以嘲笑自己是个容易犯错的人，但不要嘲笑你的伴侣。

专注于具体问题，使用"我感觉"语句并避免混淆信息 尽管你可能相当生气，但应试着把注意力集中在引起冲突的具体问题上，停留在现在，而不要深挖过去的问题。

使用"我感觉"语句，而不是"你总是""你从来没有"的陈述，也不要问"为什么"的问题。比如，"我为你的迟到感到

担心"而不是"你总是迟到"或"你为什么这么晚"。

避免表达与内心真实想法不符的意见，比如语言上表达同意（"好吧，我可以同意"），但用非语言的方式表达不同意（移开视线和表情扭曲）。

注意时间和地点 不一定要立即与对方讨论眼前的问题。有时候，因为伴侣很累，或者因为过度工作而极度愤怒或紧张，冲突可能会让情况变得很糟糕。比如，在这种情况下，有关金钱的谈话可能会演变成"灾难"。

地点也很重要。最好避免在去聚会之前或睡觉之前在卧室里争吵。建议将讨论推迟到以后。但是，当你们真的发生争吵时，要努力尽快解决争吵，以免怨恨发酵。

说出你自己的意愿，不要说谎或情绪操纵别人，告诉对方你想要的 当你不想出去的时候，你是否应该对你的伴侣说谎？根据美联社和益普索进行的一项民意调查（Associated Press，2006），2/3 的人认为在某些情况下说谎是可以接受的，比如为了保护某人的情感的时候，一些专家称这些小谎言为"缓冲"（Bernstein，2013a）。然而，在大多数情况下，你应该说出你的真实感受和你真正想要的，尽可能清楚地表达你的愿望，不要拐弯抹角，比如"我今晚真的宁愿待在家里，也不愿去看电影"。

不要用说谎、糖衣炮弹、道歉、诱导或以其他方式试图操纵别人。比如，不要说"对此我很抱歉，但是……"或者"你记得吧，上个月你想看电影的时候我可陪你去了"。

**让你的伴侣知道你在倾听，并在努力解

决问题 在讨论过程中，不要打断对方，不要假装倾听，不要在讨论时做其他的事（比如看电视、洗碗），从而向你的伴侣表明你真的在倾听。这样你不仅能了解伴侣的想法和感受，而且能为你的伴侣树立一个榜样，让对方也能学会倾听你的感受（Gordon，2017）。

继续协商，直到冲突得到缓解或解决为止，以免事态恶化，滋生误解和怨恨。你们需要制定一个具体的、现实的、能让双方都满意的解决方案，即一个双赢的解决方案。

实际行动 • • •

当伴侣无法处理矛盾时：尝试家庭治疗与咨询

健康专栏作家简·布罗迪说："最初吸引伴侣的特质，或一开始被忽视又被认为无关紧要的令人不安的行为，最终会成为婚姻的痛点，也是导致伴侣双方反复争吵和长期不快乐的原因。"（Jane Brody，2000）也许夫妻应在痛苦的分居和产生离婚的想法之前尝试接受夫妻咨询服务，这种服务旨在帮助夫妻和家庭习得更有效地沟通和支持对方的技巧（Bernstein，2018）。现在也有应用程序（比如一款名为 Xpression 的应用）能帮助人们追踪和管理他们的情绪（Westervelt，2015），甚至还有一款计算机程序（eHarmony Marriage）可以帮助夫妻更好地沟通（Akst，2015）。

如何开始

要知道，各种各样的人都称自己为婚姻或夫妻顾问。你可以从医生或大学辅导员那里得到推荐，或者询问朋友是否可以推荐某人。你也可以试试在网站上寻找治疗师（Bernstein，2014a），但请一定要查看治疗师的证书（How to Find the Right Therapist，2017）。大多数有资格的治疗师都是美国婚姻和家庭治疗协会的成员。这意味着他们拥有研究生学位，接受过婚姻和家庭治疗方面的专业培训，并持有他们执业所在州颁发的有效执照，见表 6-1。

许多来访者在预约前会在相关网站查找可能适合自己的治疗师（Fels，2015；Kaul，2015）。

咨询方法

可以是伴侣中的某一方接受个人咨询，也可以是双方一起接受咨询，还可以是所有家庭成员都在场的情况下接受咨询。两个大型的全国性的婚姻教育项目：亲密关系技能的实际应用（Practical Application of Intimate Relationship Skills，PAIRS）和预防与增强关系项目（the Prevention and Relationship Enhancement Program，PREP），提供了一些讲习班，主要教夫妻如何相处，而不必说出他们的问题。

整合性伴侣治疗（integrative couples therapy），指的是一系列旨在帮助夫妻了解他们的关系中的问题，并学会接受他们之间的差异的方法。据说，有 3 种类型的伴侣治疗方法在治疗结束后至少 1 年内都可以提高人们对婚姻的满意度（Gilbert，2005）：

- **行为婚姻疗法**（behavioral marital therapy）　最古老的方法是让伴侣学会对彼此更友好、更好地沟通，并提高他们处理冲突的技能水平。

- **洞察力导向疗法**（insight-oriented therapy）　这种方法将行为疗法与理解防御机制、权力斗争和其他导致关系中冲突的消极行为的技术相结合。

- **情绪聚焦疗法**（emotionally focused therapy）　这种相对较新的方法旨在使夫妻双方能够识别并摆脱他们所陷入的破坏性情绪循环，通过揭示他们在这些循环中的感受并建立信任来加强他们之间的联系。一些研究表明，经过 8 ~ 12 次的治疗之后，大多数夫妻都重建了他们之间的信任（Bradley and Johnson，2004；Johnson，2005）。

芝加哥精神病学家普鲁登斯·古尔古乔（Prudence Gourguechon）建议在第一次咨询期间，来访者应该注意自己和治疗师之间是否契合："你对办公室环境和对方的风格感到舒适吗？你是否感觉治疗师对你正在经历的事情有很好的初步了解？"几次会面后，治疗师应该在了解你的所有复杂性的基础上，制订一个治疗计划。

你怎么认为

你避免接受治疗或咨询的首要原因是什么？你想寻找治疗或咨询的首要原因是什么？你喜欢哪种接触治疗或咨询的方法？

表 6-1　美国不同类型的治疗师

咨询类型和费用	等级和教育程度
精神病医生——每小时收费标准是最高的	M.D.（医学博士）——大学毕业后接受医学和精神病学培训 10 年以上的医生，是唯一能开药的治疗师
临床心理学家——每小时收费标准是次高的	Ph.D.（哲学博士）——大学毕业后接受 5 年以上的培训和通过相应州的委员会认证
临床社工——一般人是负担得起的	L.C.S.W.（持牌临床社会工作者），获得进一步培训的学位并通过相应州的委员会认证
婚姻和家庭顾问或夫妻关系治疗师——一般人是负担得起的	硕士学位加上 1 000 小时以上的导师监督培训，并通过相应州的委员会认证
高级执业注册护士——一般人是负担得起的	精神病 / 心理健康护理硕士学位，并获得州的许可执照
相关精神指导的顾问——一般人是负担得起的	心理学、咨询、社会工作、婚姻与家庭治疗及神学培训硕士学位

注：一些治疗师会根据来访者的收入调整收费标准。

就亲密关系的质量而言，对亲密关系中9个常见的冲突领域从最消极到最不消极进行排序，并说明你的选择：（1）金钱；（2）家务；（3）性；（4）忠诚；（5）权力；（6）养育；（7）隐私；（8）子女；（9）解决冲突风格的差异。

6.3 沟通的本质

核心内容：

非语言沟通和语言沟通，以及加强沟通的积极方式和消极方式

概述 首先，我们将区分语言和非语言沟通，并描述非语言沟通的类型和用途。其次，我们将考虑沟通中可能存在的性别差异。再次，我们将考虑沟通的障碍：萨提亚的4种错误的沟通方式，戈特曼的5种破坏性的互动方式，以及自我表露的缺乏。最后，我们将提供有效沟通的4条规则。

丹尼尔·戈尔曼说："一个人的内心状态会影响并驱使另一个人……事实上，我们会像感冒一样感染对方的情绪。"（Matousek，2007）

作为《情商》（*Emotional Intelligence*）和《社会智力》（*Social Intelligence*）这两本书的作者，戈尔曼谈到过社会互动是如何在神经元层面上发挥作用的，这要归功于脑成像和其他先进技术所揭示的新信息。比如，大脑扫描研究表明，被重要的人拒绝，比如配偶或老板，实际上会在大脑中对身体疼痛

做出反应的关键区域进行标记（Eisenberger et al.，2003；Eisenberger and Lieberman，2004）。另外，爱人的口头支持会优化个体的免疫系统，减轻个体的压力（Johnstone et al.，2006）。

以上这些研究都表明，正如我们在本章开头提到的，当面或通过电话进行的沟通远比通过发信息、电子邮件和社交媒体联系更重要，后者实际上可能威胁到有意义的社会联结，让我们开始思考如何改善人类的沟通方式。这里主要涉及两种类型的沟通：非语言沟通和语言沟通。让我们首先思考非语言沟通。

非语言沟通

伴随情绪而来的身体感觉（比如手臂和腿部肌肉在愤怒时紧绷，在悲伤时瘫软；臀部和生殖器在快乐时变热，厌恶时变冷）在不同文化中差异不大（Nummenmaa et al.，2014）。

非语言沟通（nonverbal communication）是指以书面或口头语言之外的方式传递信息。有65% ~ 95%的面对面交流是通过肢体语言来理解的（Pease and Pease，2006）。

非语言沟通的5种类型 声调的变化肯定是一种非语言交流。当你的伴侣提出建议时，你在回答中强调这些词的方式可以表明你赞成或反对。比如，"All right"表示抵抗；"All-right！"表示热情。但还有其他类型的非语言暗示同样能反映你的心理状态（Kinicki and Williams，2016）。

■ **人际交往空间** 什么是可接受的人际交往空间或距离——当一个人与另一个人交谈时，他们之间的距离多近或多远——

会因文化的不同而产生差异（Sorokowska et al.，2017）。北美人和北欧人的谈话距离一般在 1 米左右。拉丁美洲人会在大约 30 厘米的范围内进行对话感到舒适。显然，如果一个美国人在与非欧洲人交谈时向后退以获得舒适感，那他可能在无意中向对方传达了拒绝的信息。

然而，即使在美国文化中，人们也可以通过接近程度来传递接受或拒绝的信号。当你在一次聚会上的谈话中无意开始远离某人（也许你想给自己斟酒），你可能会因此发出缺乏兴趣的信号，而导致冒犯了对方。

人际交往空间　在中东文化中，人们习惯于在 30 厘米或更小的范围内进行对话，而北美和欧洲则是 1 米左右。你在和别人交谈时的舒适距离是多少？如果有人向你靠近或远离你，你倾向于调整距离来让自己更适应吗？

■　**眼神交流**　眼神交流的社会规则因不同文化而有差异，但至少在北美文化中，它可以在交流中起到以下 3 种作用（Beier and Sternberg，1977；Akechi et al.，2013）。

1. 它可以作为谈话开始和结束的信号。当我们开始和别人说话时，我们大多数人倾向于把目光从正在谈话的人身上移开，而当我们结束谈话时，我们需要给对方一个眼神示意。

2. 它可以表达情感。比如，当我们在传递坏消息或与人发生冲突时，大多数人都倾向于避免眼神接触。而翻白眼传达了怀疑或厌恶的情绪。

3. 凝视意味着有兴趣和关注，通常发生在两个人被彼此吸引时。

■　**面部表情**　眼神是很难控制的，这就是为什么销售人员要接受与潜在客户保持眼神接触的培训。面部表情不像眼神交流那样难控制，但它们仍然是难以掌控的。

在北美，我们习惯于认为微笑代表温暖或友好，而皱眉代表不满或愤怒。然而，在其他文化中，这些面部表情则可能有不同的意思。

■　**肢体动作和手势**　开放的身体姿势，如向后倾斜，可以表达开放、温暖、亲密和愿意交流。封闭的身体姿势，如折叠手臂或交叉双腿，代表防御。

有些肢体动作和手势与一种性别的联系更密切。比如，女性比男性更喜欢点头和摆弄她们的手。男性比女性表现出更大程度的身体位移和脚、腿的运动（Hall，1985）。

■　**触摸**　触摸也许是一种亲密的非语言交流方式。触摸的频率因文化而异，比如，法国人在户外咖啡馆中触摸他人的频率更高，每小时触摸 142 次左右，而伦敦人则几乎不会有触摸的动作（Pease and Pease，2006）。人们也倾向于触摸他们喜欢的人，而女性往往会比男性更频繁地触摸其他人（Hall，1985）。

触摸他人的人似乎会更多地披露自己的状况，也会让别人更多地公开自己的情况（Suvilehto et al.，2015）。处于亲密关系中的伴侣间触摸频率变低意味着感情变淡。触摸具有我们在本节开头提到的神经连接的重要性：丈夫的触摸可以使处于极大压力下的妻子的状态立刻有所缓解，而且比陌生人的触摸更有效（Coan et al.，2006）。与爱人牵手可以显著减轻身体上的疼痛（Goldstein et al.，2018）。

你可以看到，当你决定对非语言线索保持警觉之后，这些信号会带给你很多信息。

非语言沟通的使用：6 大功能 在《非语言交流》（*Nonverbal Communication*）一书中，洛蕾塔·马兰德罗（Loretta Malandro）等人指出，与语言沟通相比，非语言沟通有以下 6 种功能。

■ 它可以补充我们的话："我是认真的。"非语言信息可以补充我们所说的话，强化我们所表达的想法的真正意思。

举例：如果你的伴侣在谈话中打断你，说"那不是真的"，同时触摸你的手臂，你会更相信他／她是认真的。

■ 它可能与我们所说的话相矛盾："我不是说真的。"我们的非语言信息可能与我们所说的话相互矛盾，会让其他人感到困惑或有所怀疑。

举例：当你的伴侣说"我爱你"却把目光移开时，你可能会想知道他／她在表达爱意时是否真诚。

■ 它可以强调我们的话："这个非语言符号意味着我在强调我所说的。"我们经常使用非语言符号，如触摸或停顿，来突出或强调我们所说的话。

举例：当你的伴侣在说"我爱你"的时候如果抚摸你，这便强调了这句话的重要性。

■ 它可以重复我们的话："我说的是真的，而且这个非语言符号也向你印证了。"我们的非语言线索可以用非语言的方式重复我们的语言。

举例：你的伴侣说"我爱你"（第一条信息）的半分钟后紧握你的手（第二条信息），这第二条信息便重复了第一条信息的内容。

■ 它可以代替我们的话："这个符号的意思和我说的一样。"我们经常用非语言暗示来代替语言，无声地表达我们用语言可以表达的信息。

举例：你的伴侣可能会"给你一个吻"以表达"我爱你"。

■ 它有助于调整我们的沟通："这个符号意味着我同意、不同意，或者需要打断这次沟通。"我们总是使用非语言信息来调整谈话的流程。

举例：点头意味着"是"，摇头意味着"不"，耸肩意味着"我不知道"，举手意味着"请允许我在这里发言"。

性别差异

男人和女人之间有沟通上的差异吗？畅销书《男人来自火星，女人来自金星》（*Men Are from Mars, Women Are from Venus*）的作者约翰·格雷认为答案是肯定的。心理学家黛博拉·坦农（Deborah Tannen）也认同这一点，她也是两性沟通类书籍的作者，她的著作包括《你只是无法理解》（*You Just Don't Understand*）和《我不是这个意思！》（*That's Not What I Meant!*）。其他一些研究也支持这样一种观点，即由于大脑发育始于青春期，男性更专注和更擅长处理线性任务，而女性更擅长处理复杂的任务（Ingalhalikar et al.，2014）。

一些学者认为以火星和金星的比喻区分男女差异过于简化和刻板（Brannon，2011；Smith，2007）。事实上，最近的研究表明，男性和女性大脑之间的差异比人们之前认为的要小得多（Fine，2014；Joel et al.，2015）。尽管如此，我们也要考虑一下二者之间可能存在的差异（Jantz，2014；Ritchie et al.，2018）。

女性主要以感性的方式进行交流吗　如何概括女性处理人际关系问题的方式？一些人断言，女性会以感性的方式处理人际问题（Derlega et al.，1993；Tannen，2007）。

■ **对女性来说，生活就是亲密行为：追求亲近**　根据坦农的研究，女性的目标是避免被孤立和与他人保持亲密（Tannen，2007）。因此，她们寻求与朋友的亲密、联系、亲近和平等。于是相应地，当她们与伴侣讨论未来的计划时，她们享受与别人交织在一起的感觉。事实上，有些女性会挑起争吵，让伴侣心烦意乱，因为她们的伴侣情绪的强烈程度能展示出他们对这段关系的投入程度（Cohen et al.，2012）。

■ **女性参与"关系式交谈"：谈话本身就是目的**　女性参与坦农所说的关系式交谈（rapport talk）的主要目的是获得亲密和谐的关系。女性通过倾听和给予同情、支持与理解来回应他人的问题。因为男性不常这样做，所以女性通常认为男性对女性的问题不敏感（Tannen，2007）。

■ **女性谈论什么：休闲和男性**　继工作和金钱之后，对女性来说，最受欢迎的话题为（1）休闲活动和（2）异性，即男性（Bischoping，1993）。女性喜欢谈论生活中的小细节，因为这些细节代表着关怀和亲密（Tannen，2007）。

■ **女性的言语是个人化的、具体的和富有感染力的**　女性经常用细节、轶事和个人隐私等具体语言来表达情感。她们还会在进行试探性的交谈时使用"免责声明"和模糊的口头语（如"可能是我的错觉，但是……"），尤其是与男性交谈的时候（McQuiston and Morris，2009）。

男性主要是以理性方式进行交流吗　相对而言，男性会以理性的方式处理人际关系方面的问题（Derlega et al.，1993；Tannen，2007）。

■ **对男性来说，生活就是竞争，因此他们追求地位**　坦农认为，对男性而言，生活的目标是保持独立和避免失败。因此，他们寻求权力和地位。于是，当他们与伴侣商讨计划时，他们会感觉自己正在失去独立性；因而他们比女性更倾向于独自作出决定。

■ **男性参与"报告式交谈"：谈话是用来达成特定目的的**　男性参与坦农所说的报告式交谈（report talk）的主要的目的是传递信息。男人对别人的问题的反应是试图解决它：提供信息、方向、意见和建议。事实上，男人可能觉得女人只会抱怨而不会采取行动来解决任何问题（Tannen，2007）。

■ **男性喜欢谈论休闲活动**　继工作和金钱之后，男性之间喜欢探讨的热门话题是休闲活动，包括运动。男性谈论女性的可能性是女性谈论男性的 1/4（Bischoping，1993）。男性可能会对谈论生活中的琐碎小事感到厌烦或恼火（Tannen，2007）。

■ **男性的语言是抽象的、具有权威性和支配性的**　男性经常用抽象、自信、有力和坦率的语言沟通。他们还设法通过更频繁地表达意见和打断其他发言者来主导对话。女性更倾向于等待着轮到她们时再发言而不是打断别人。

"女性提出要求，男性退缩"模式 在有问题的婚姻中，夫妻通常采用**女性提出要求，男性**退缩模式（female-demand/male-withdraw pattern）进行沟通，这是一个持续的循环，在这个循环中，妻子经常说出负面的言论，而丈夫则会选择退缩（Baucom et al.，2010）。这种不健康的模式不一定是由女性发起的。事实上，她可能正试图把问题暴露出来并进行讨论，因为对关系问题的讨论更多是由女性发起的，而不是男性（Mackey and O'Brien，1999）。但她的态度可能会被丈夫认为是苛刻的，丈夫可能会先尝试解决分歧，然后因为妻子觉得他没有意识到她的需要而退缩。

夫妻对他们沟通的满意度如何 一项对218 对已婚夫妇的研究，夫妻双方都对婚姻中的交流感到满意（Houk and Daniel，1994；Carr et al.，2014，Lavner et al.，2016）。 然而，妻子们对与伴侣的沟通质量的评价低于丈夫们。

比如，62% 的妻子表示，她们会比丈夫更公开、更自由地表达自己的情感。大约24% 的妻子表示，她们与女性朋友的沟通比与丈夫的沟通更容易。大约18% 的妻子说她们觉得自己被忽视了，因为她们的丈夫花了太多时间看体育节目，还有超过37% 的妻子说，她们有时认为自己的丈夫更喜欢看电视，而不是和她们聊天。超过 1/3 的妻子表示，如果两人存在分歧，她们的丈夫会退缩和回避。

这段描述听起来像你认识的任何已婚夫妇的沟通模式吗？

沟通障碍

虽然一段关系中的一方可能真的想和另一方进行有意义的互动，并解决问题，但他们往往不知道自己在做什么，这就会形成障碍。让我们思考一下其中的一些问题。

萨提亚的 4 种错误的沟通方式 已故的维吉尼亚·萨提亚（Virginia Satir）是两本关于婚姻沟通的经典著作《家庭如何塑造人》（Peoplemaking）和《新家庭如何塑造人》（New Peoplemaking）的作者，她说人们熟悉的 4 种错误的沟通方式有讨好型、指责型、超理智型和打岔型。

错误的沟通方式 一个关于谁忘记周年纪念日的争论。图中的男士采用的是哪一种错误的沟通方式？在争论中，你倾向于采用这 4 种方式中的哪一种？

- **讨好型——"只要能让你开心就好，亲爱的"** 讨好型伴侣是被动的人，他们总是和蔼可亲，但表现得很无助。他们最大的愿望是避免发生冲突，并希望讨好他人。所以，无论他们的真实感受是怎样的——他们自己可能都不知道——他们几乎会对伴侣的任何要求作出让步。

- **指责型——"这不是我的错"** 指责型伴侣（blamers）总是试图把出现的任何问题的责任推给其他人。指责者神经紧张，常常愤怒，他们觉得自己不够好，但又不能对自己或其他人承认这一点。因为他们认为自己没有犯任何错误，所以他们很少对问题进行建设性的讨论。

■ **超理智型——"如果你允许的话，我可能会生气"** 超理智型伴侣（computers）总是假装理性，不会透露自己的感受，因为他们觉得情绪具有威胁性。因此，他们可能会以面无表情、极其平静的方式描述自己的情绪感受，就像"如果有人看到我太阳穴的血管跳动，就可能推断出我处于心烦意乱之中"一样。

■ **打岔型——"哦，天哪，我还有件事必须处理"** 打岔型伴侣（distractors）会尽量避免表露自己的感受，所以他们从不讨论问题，而是转移话题。他们总是表现得散漫和心不在焉，因为他们觉得自己不属于任何地方，所以他们经常从一个地方飞到另一个地方。

以上这些沟通方式看起来像是动画片中出现的吗？还是你认识的人或者你自己也会采用这些沟通方式？

戈特曼的天启骑士：5 种具有破坏性的互动 如果伴侣中有一方在另一方谈话时翻白眼，这是离婚的预兆吗？社会心理学家约翰·戈特曼说，事实上确实如此（Gottman，2011；Gottman and Gottman，2008）。戈特曼是夫妻沟通方面的权威，他曾用摄像机记录过许多夫妻的面部表情。戈特曼和他的同事认为有 4 种类型的夫妻互动形式，他后来又增加了第 5 种，这 5 种类型在 90% 的情况下可以作为离婚预测因素（Gottman，1994；Gottman and Silver，2015）。戈特曼称之为天启四骑士，他们是轻蔑、批评、防卫和筑

墙；第 5 种互动类型是好战。

■ **轻蔑** 轻蔑（contempt）（如翻白眼）表示你认为自己的伴侣是低人一等的或是不受欢迎的。

举例："好吧，他又要迟到了！"

■ **批评** 批评（criticism）是对你的伴侣做出不认同的判断或评价。

举例："嘿，你知道自己不擅长烧烤，又何必呢？"

■ **防卫** 防卫（defensiveness）不是在倾听对方，而是在为自己可能会受到的攻击做好防备。

举例："听着，我知道你要说什么，我很反感你这么说！"

■ **筑墙** 筑墙（stonewalling）就是拒绝倾听你的伴侣所说的话，特别是他／她的抱怨。

举例："我们之前已经讨论过这个问题了，再讨论就没意义了！"

■ **好战** 好战（belligerence）是指挑衅和挑战伴侣的权力权威。

举例："等一下，谁说你说了算的？"

戈特曼认为，前 4 种互动很可能会连续发生，随着夫妻沟通的恶化，每一种互动之后都会紧随着另一种互动。

敌对和冷漠是破坏性行为 根据一项研究，导致婚姻陷入困境的两种重要行为是敌对和退缩（Roberts，2000）。

■ **敌对** 妻子对婚姻不满的主要预测因素是丈夫的敌对回应。这与"丈夫袖手旁观、退缩"的传统性别刻板印象相反。

■ **退缩** 丈夫对婚姻不幸福的主要预测因素是妻子的退缩，表现在 3 个方面：（1）避免亲密行为；（2）避免冲突；（3）回

避愤怒。这也与"妻子唠叨、带有敌意"的性别刻板印象相反。

有趣的是，另一项研究得出的结论是，婚姻关系中的敌意和疏离的结合，"是婚姻冲突中最具破坏性的形式，并与整个家庭系统中许多层面的不适应有关"（Katz and Woodin，2002）。成长于夫妻双方交流中既有攻击行为又有退缩行为的家庭中的儿童，往往会产生消极情绪，与其他孩子的交流互动也有困难。在婚姻中，如果夫妻中有一方尝试做出有建设性的沟通（倾听、尝试理解、冷静地交谈），而另一方选择退缩，则离婚的可能性更高（Birditt et al.，2010）。

缺乏自我表露：诚实和平衡的需要　我们所做的很多事情都是扮演角色——员工、配偶、子女、坚强的男人或善解人意的女人。但这些角色都是表面的，它们并不能代表我们真实的自我，真实的自我只有通过自我表露才能展现出来。

自我表露　有时候，当你说出自己的真实感受时，会让人很愉悦，这对夫妇就是如此。自我表露有两个特点：诚实和平衡。你认为你具备这两种特点吗？

自我表露（self-disclosure）意味着告诉别人自己的内心想法和感受　女性比男性更可能进行自我表露，她们希望自己的伴侣也能这么做（Gallmeier et al.，1997；Tang et

al.，2013）。自我表露为相互理解创造了条件，夫妻双方越愿意在对方面前进行自我表露，他们的亲密程度就越深，关系就越发坚固（Derlega et al.，1993；Patford，2000；Waring，2014）。

实现自我表露需要诚实和平衡。

- **诚实**　你对自己诚实吗？还是你会否认或以其他方式假装不了解自己令人不快的现实情况（比如对性和金钱的态度）？如果你对自己不坦诚，你也不太可能对别人坦诚（Hutson，2017）。

当然，人们总是通过推诿或隐瞒来说谎。一段幸福的关系可能建立在不批评你的伴侣的基础上，但严重的欺骗会破坏亲密关系（Finkenauer and Hazam，2000）。

- **平衡**　平衡（leveling）指具体、真实、透明地表达你的感受，尤其是在你们的关系中出现冲突或令人受伤的事情时。即使随着时间的流逝，夫妻双方认为彼此已经和解，但如果伴侣之间无法坦诚地表达不满，就会使许多冲突无法得到解决。

平衡的基本要素是善良和温和。你可以直截了当地传递信息，以避免产生矛盾，但你也应该尽量避免伤害他人。

有效沟通指南

是否有在对抗和争吵中茁壮成长的伴侣呢？婚姻沟通专家约翰·戈特曼表示，确实有。他说："这种类型的夫妻是相当有激情和善于情感表达的。他们经常争吵，但也经常大笑。他们会进行丰富的情感表达。"

但这种对抗性的方法并不适合大多数人。戈特曼发现，婚姻长久的伴侣最重要的一点是，他们体验到的积极情感和互动比消极的情感和互动多 5 倍（Gottman，1994）。其他研究者发现，满意的伴侣往往会公开表达对彼此的尊重和敬意，说出他们真正的想法，并拥有良好的倾听技巧（Erol and Orth，2016）。

这项研究和其他研究提出了以下 4 条有效沟通的规则，它与我们之前给出的关于公平竞争的建议有相似之处。

创造一种高度重视沟通和重视他人观点的环境　你和伴侣以及其他家庭成员需要共同创造一种相互关爱和尊重的环境，把每个人传达的愿望和需求放在首位。这不会自然而然地发生，而需要奉献精神和付出努力。

这种环境有一个重要组成部分就是学会站在别人的角度看问题。

分享权力与希望　不分享权力是引发冲突和最终导致离婚的一大根源（Gottman et al.，1998；Sanford and Wolfe，2013）。为了建立一段令人满意的关系，伴侣们需要把自己看作一个最好的朋友联盟的成员，目的是分享在经济、性、抚养孩子等方面的权力。

你还需要学会分享彼此对未来的希望，包括短期的，比如周末计划；还有长期的，比如在教育、事业、家庭和退休方面的计划。

专注于具体事务，保持诚实和友善　专注于具体事务（"能不能让你的浴室水槽保持整洁？"），而不是泛泛而谈（"你为什么总是把房间弄得这么凌乱？"）。

直接、真实和真诚地交谈。避免使用诸如生闷气、苦肉计、欺侮、愤慨或其他控制对方情绪的策略。

无论如何，要避免以"严厉的爱"为借口来指责、批评或支配对方。相反，应该用友善的态度，对你的伴侣表达欣赏并经常给予赞美。

用积极的语言告诉伴侣你想要什么，询问对方的感受并好好倾听　学会用积极而不是消极的方式告诉伴侣你想要什么。（积极："你能在睡觉前关掉门廊的灯吗？"消极："不要总是让门廊的灯开着。"）

如果你的伴侣对你所做的事情有意见，请询问更多的信息而不要有防卫心理。期待你的恋人成为一个会读心术的人会对这段关系造成伤害（Nichols et al.，2015）。

倾听时，要给出总结或反馈，以便你和你的伴侣都知道你已经理解当下的情况（Bernstein，2014a；Bernstein，2015）。

最后，著名的婚姻专家约翰·戈特曼和他的同事比尔·卡雷尔（Sybil Carrere）说，他们从自己所研究的夫妻们身上学到了很多，并试图将这些知识应用到他们自己的婚姻中，尤其是在两个方面。首先就是在婚姻中建立和维持友谊，这样在困难时期你就可以相信你的伴侣说的话。这需要不断地努力。其次是每次你和伴侣说话时，你都是在做出选择。你既可以说一些对这段关系有益的话，也可以说一些对这段关系有害的话。你可能会在与配偶的某次争吵中取得胜利，但从长远来看，你可能会失去婚姻（Gottman and Carrere，2000）。

实例：争吵后该做什么

你能选择共情吗

吵架后道歉是你自己的自由意志还是由文化决定的?

根据一项覆盖全球 62 个文化区域的研究，一般来说，男性比女性更容易避免冲突和消极情绪（Schmitt et al.，2003）。正如一位记者所写的："女人喜欢谈论问题，男人想继续前进。"（Bernstein，2014b）

那么男人在吵架之后通常会做些什么呢？他们通常会道歉并希望继续生活。

女人也经常道歉，不管她们是不是发自真心的。斯隆·克罗斯利写道："对包括我在内的很多女性来说，道歉与我们的礼貌有着千丝万缕的联系。"（Sloane Crosley，2015）克罗斯利引用了一项研究中的一句话："女性对什么构成冒犯行为的门槛较低。"（Schumann and Ross，2010）因此在日常生活中更容易察觉到需要道歉的情况。

然而，重要的不是道歉，而是达成理解。宾夕法尼亚州切斯特市威德纳大学的临床心理学家哈尔·肖里（Hal Shorey）指出，言归于好有 5 个步骤，它们围绕着经历共情展开，也就是说，回答"你需要我做什么？"这一问题（Bernstein，2014）。这样做的目的是让你和你的伴侣能够理性地讨论现况，开诚布公地交谈，并提出解决问题的方案，具体的 5 个步骤如下所示。

1. 等到你们俩都不心烦意乱的时候

再进行沟通。

2. 放弃自以为是的想法，不要关注细节，专注于你的感受。

3. 用语言表达你对对方感受的理解。

4. 压制任何为自己辩护的冲动。

5. 接受需要一段时间才能感觉好些的事实。

另一条建议是千万不要在道歉中使用"但是"这个词，这会破坏整个进程，即给对方需要的东西。最后一点是记者伊丽莎白·伯恩斯坦所说的："向你的伴侣解释，你真的很关心他 / 她，并愿意改变你的行为。与对方拥抱、抚摸对方的手臂或者与对方眼神接触，在这里都有很大的作用。"（Elizabeth Bernstein，2014）

你怎么认为

归根结底，言归于好是关于共情的，是对被倾听、被了解、被深切感受的渴望。耶鲁大学精神分析学家罗宾·斯特恩（Robin Stern）和研究员黛安·迪维查（Diane Divecha）写道："认识和共享别人的情绪状态是一种复杂的内心体验。它需要自我意识，即区分自己和他人的感受能力。"共情实际上就是一种你可以培养的技能，它不是一种固定的性格特征（Cameron et al.,2015；Schumann et al.,2014）。你认为下次你需要解决和亲近的人争吵的情况时，你能主动激发你的共情吗？你会怎么做呢？

表 6-2 介绍了如何从 3 种主要的理论视角（结构 - 功能理论、冲突理论和符号互动理论）来看待沟通。

表 6-2   看待沟通：3 种社会学理论视角的比较

结构 – 功能视角（宏观取向）
• 有效沟通有助于建立稳定和亲密的关系
• 基于性别的沟通方式有助于增强关系的稳定性，减少角色模糊的情况
• 宗教、教育和家庭等主要社会机构就两性适当的沟通方式达成一致
冲突视角（宏观取向）
• 缺乏有效的沟通在家庭中引发紧张和冲突，进而在社会中引发紧张和冲突
• 人际关系中的冲突反映出，人们对什么样的沟通是恰当的缺乏共识
• 性别化的沟通方式有一定局限性，并可能引发分歧、冲突和性别优势
• 宗教、教育和家庭等主要社会机构在什么是适合某种性别的沟通方式上存在分歧
• 缺乏有效的沟通方式会引发紧张和冲突
符号互动视角（微观取向）
• 一个人生活中的重要他人会影响其沟通方式
• 持续的沟通可能有助于人们重新定义可接受的沟通
• 一个人可以通过持续地与他人面对面交流发展出自我意识或自我概念
• 日常互动创造了共同的意义和理解

本章的内容表明，面对面沟通或电话沟通比通过发送信息和电子邮件联系重要得多。你认不认同这一说法？请结合本章中的具体内容展开论述。

总结与回顾

6.1　权力与亲密

适用于亲密关系的权力概念

■　夫妻之间的许多日常互动都会受到分配权力的方式、处理冲突的方式以及伴侣沟通的方式的显著影响。权力是将自己的意志强加给他人的能力或潜力，从而让他们去思考、感受或做一些他们通常不会自发地去做的事情。在亲密关系中，双方拥有不平等的权力会影响自尊水平、抑制满足感及爱和情感的分享，还会使某一方想操纵另一方。

■　关系中的 6 种不同的权力类型如下。（1）强制权力是基于你担心你的伴侣会对自己施加惩罚。惩罚可以是情感上的，比如讽刺或者蔑视，也可以是身体上的，比如殴打。（2）奖励权力是基于你相信你和自己的伴侣达成的协议会从该伴侣那里得到回报。通常，奖励是口头的，比如表扬，或者至少是不会受到批评。（3）专家权力是基于你认为自己的伴侣拥有专业知识。（4）合法权力是基于你的伴侣有权要求你，而你有义务遵守。（5）认同权力是基于你对你的伴侣的认同和欣赏，并通过取悦他 / 她而获得满足感。（6）信息权力是有说服力的权力；你被你的伴侣说服，认为他 / 她想要的也符合你的最佳利益。

■　布拉德和沃尔夫提出的资源理论认为，婚姻中的权力平衡反映了夫妻双方的相对资源。资源可能是金钱、受教育水平或职业地位，但也可能是性、情感支持、养育子女的能力、家务能力或理财技能。

■　沃勒的最小利益原则指出，谁在关系中的利益最小，谁就拥有最大的权力。

6.2　冲突与成长

亲密关系冲突的主要领域，以及处理冲突时使用的积极方法和消极方法

■　关系中的冲突是不可避免的。尽管它通常可能是消极的，但有时也可能是积极的。事实上，冲突有其可取之处。因为关系中需要亲密和独立，以及试图使这两者保持平衡的过程，所以就可能产生冲突。冲突是当一个人的行为干扰另一个人的行为时形成的互动过程。

■　人际关系中的冲突可以是对关系有不利影响的消极冲突，也可以是对关系有积极影响的积极冲突。一些消极的冲突类型如下。（1）压抑的愤怒是指无意识地抑制愤怒的情绪，使之以其他方式表达出来。一种方法是把怨气装进"麻袋"里，或者把它们装进一个假想的袋子里，直到

它们溢出为止。（2）被动攻击是指间接地表达愤怒。另一种表现是使用冷暴力，你要么忽视你的伴侣，要么在口头上说一切都好，同时发出非语言信号表明实际上并不好。（3）替罪羊是指某位特定的家庭成员对这个家庭中几乎所有的问题负责。（4）心理控制指的是伴侣中有一方可能会用精神虐待的方式，不断地批评或否认另一方对现实的定义，从而使其失去自尊。

■　冲突可以通过澄清分歧、阻止小问题变成大问题对关系产生积极影响。它还可以通过增强彼此的自信来改善关系。

■　研究表明，夫妻之间有 9 个常见的冲突领域，涉及诸如金钱、家务、性、忠诚、权力、养育、隐私、孩子以及解决冲突风格的差异等问题。

■　夫妻之间存在的一个主要冲突源自家务劳动分工。霍克希尔德创造了"第二班工作"一词，其定义为职业女性下班回家后所做的家务和照看孩子的工作。

■　夫妻处理矛盾的方式多种多样。研究者已经确定了一些冲突类型及处理冲突的方法。冲突的 5 种类型：（1）竞争；（2）平行；（3）迁就；（4）妥协；（5）合作。

■　冲突是不可避免的。处理冲突的最好方法是让双方都学习建设性的冲突解决方案。处理冲突的 5 条原则如下：（1）针对问题，而不是你的伴侣并避免变得消极；（2）专注于具体问题，使用"我感觉"这样的语句并避免混淆信息；

（3）注意时间和地点；（4）说出你自己的意愿，不要说谎或情绪操纵别人，告诉对方你想要的；（5）让你的伴侣知道你在听，并在努力解决问题。

6.3　沟通的本质

非语言沟通和语言沟通，以及加强沟通的积极方式和消极方式

■　沟通可以是语言的也可以是非语言的。非语言沟通是指以书面形式或口头语言之外的方式传递信息，可以通过人际交往空间、眼神交流、面部表情、肢体动作和手势以及触摸等因素来影响。马兰德罗和巴克指出，相对于语言沟通，非语言沟通有 6 大功能：（1）它可以补充我们所说的话，强化我们所表达的想法的真正意思；（2）它可能与我们所说的话相矛盾，使其他人感到困惑或有所怀疑；（3）它可以强调我们的话；（4）它可以用非语言的方式重复我们的话；（5）它可以代替我们的话，无声地表达我们用语言表达的信息；（6）它有助于调整我们的沟通。

■　研究表明，沟通中存在性别差异。坦农认为女性主要以感性方式进行交流，而男性则主要以理性方式进行交流。在有问题的婚姻中，夫妻通常采用女性提出要求 / 男性退缩模式，这是一个持续的循环，在这个循环中，妻子经常说出负面的言论，而丈夫则会选择退缩。

■　萨提亚指出了 4 种错误的沟通方

式：（1）讨好型伴侣是被动的人，他们总是和蔼可亲，但表现得很无助；（2）指责型伴侣总是试图把任何问题的责任推给其他人；（3）超理智型伴侣总是假装理性，不会透露自己的感受，因为他们觉得情绪具有威胁性；（4）打岔型伴侣会尽量避免表露自己的感受，所以他们从不讨论问题，而是转移话题。

■ 戈特曼和他的同事认为，夫妻之间有 4 种类型的互动形式，后来又加上了第 5 种，这 5 种类型在 90% 的情况下可以作为离婚预测因素。戈特曼称之为“天启骑士”，它们是轻蔑、批评、防卫和筑墙，第 5 种互动类型是好战。具体来说，5 种沟通方式分别是（1）轻蔑（如翻白眼），表示你认为自己的伴侣是低人一等的或是不受欢迎的；（2）批评，是对你的伴侣做出不认同的判断或评价；（3）防卫，不是在倾听对方，而是在为自己可能会受到的攻击做好防备；（4）筑墙，就是拒绝倾听你的伴侣所说的话，特别是他 / 她的抱怨；（5）好战，是指挑衅和挑战伴侣的权力权威。

■ 自我表露意味着告诉别人自己的内心想法和感受。实现自我表露需要诚实和平衡。平衡指具体、真实、透明地表达你的感受，尤其是在你们的关系中出现冲突或令人受伤的事情时。

■ 研究表明，要想有效地进行沟通，你需要创造一种高度重视沟通和重视他人观点的环境；分享权力与希望；专注于具体事务，保持诚实和友善；用积极的语言告诉伴侣你想要什么，询问对方的感受并好好倾听。

第 7 章

性：性价值观和
性行为

核心内容

7.1 性知识的主要来源，以及它们与性价值观和性脚本的关系

7.2 与性行为有关的主要健康风险

本章导读

首先，我们将讨论性价值观、性学习和性脚本。然后，我们将介绍艾滋病病毒/艾滋病（HIV/AIDS）。

大众文化、媒体和技术

我们如何了解性

电视、科技和大众文化影响着我们对性的看法和感受（Bleakley et al., 2009；Brown 2002；Brown et al. 2006）。2017 年，美国 18 岁及以上的成年人每天会花近 4 小时的时间看电视（eMarketer, 2017）。据心理学家玛丽莎·瓦格纳·厄霍夫（Marissa Wagner Oehlhof）所说，美国电视节目中平均每小时会有 7 个性爱镜头，而且至少有 1/5 的广告中含有色情内容（King, 2012）。厄霍夫指出，人们并不是因为电视或广播告诉他们而外出寻找性伴侣，但媒体确实会影响人们对性爱的态度。媒体让性爱看起来比实际更普遍，让人感觉每个人都在做，没什么大不了的。

有 71% 的青少年（13～18 岁）报告说，他们平均每天会看 1 小时 53 分钟的电视节目。事实上，在年轻人可以接触到的媒体中，看电视的频率仅次于听音乐。但电视和音乐只是青少年媒体体验的一部分：总体而言，青少年平均每天会花费 9 个小时在娱乐媒体上——电视、手机、计算机、游戏机或其他媒体。而 8～12 岁的青少年平均会花费 6 个小时在娱乐媒体上（Common Sense Media, 2015）。这一切会如何影响他们对性的看法呢？

■ **电视**　在美国的 1 100 个电视节目（新闻、体育和儿童节目除外）中，有 70% 被发现含有色情内容，而在主要广播网络的黄金时段节目中，也有 77% 含有色情内容（Parker and Furnham, 2007）。根据一项分析估计，一个每天看 3～5 小时电视的个体每年会目睹大约 2 000 起性行为（Sutton et al., 2002）。另一项研究发现，经常看色情内容

的个体在接下来的一年里更有可能开始做爱（Collins et al.，2004）。

以前，在美国几乎从来没有任何关于安全性行为和避孕的讨论。然而，随着美国的电视节目中提及性风险和性责任的频率从 1998 年的 9% 上升到 2005 年的 14%，情况正在发生改变（Fisher et al.，2004；Kunkel et al.，2005）。

■ **歌词和音乐视频** 一项研究表明，听含有色情歌词歌曲的青少年会比听其他歌曲的青少年更早发生性行为（Martino et al.，2006）。此外，经常观看音乐短片的少女很容易了解到，美国社会最青睐的是那些苗条、高挑、丰满、金发的女性（Grabe and Hyde，2009）。

■ **广告** 年轻人每年仅在电视上观看的广告就超过了 4 万条（Shifrin et al.，2006）。当然，美国的许多这样的广告不仅强调性爱是有趣的，而且强调性爱无处不在（Dale et al.，2013；Pardun et al.，2005）。美国儿科学会（The American Academy of Pediatrics）呼吁美国限制针对儿童的广告，并建议男性勃起功能障碍药物的广告只能在晚上 10 点之后播放（Shifrin et al.，2006）。

■ **电影和互联网** 在美国，尽管有家长指导的等级系统，但是大多数年轻人似乎看 R 级甚至 X 级电影都没问题。以前很难获得的成人色情制品现在变得很容易得到。研究发现，近 90% 的年轻男性和近 1/3 的年轻女性称自己曾观看这些内容（Carroll et al.，2008）。此外，美国的大约 2/3 的年轻男性和 1/2 的年轻女性认为观看色情内容是可以接受的。

7.1 性价值观、性学习和性脚本

核心内容：

性知识的主要来源，以及它们与性价值观和性脚本的关系

概述 首先，我们将讨论性价值观，包括婚前和非婚性行为的 4 种标准以及初次体验性行为的年龄。其次，我们将介绍人们是如何了解性的。最后，我们将讨论性脚本或预期的行为方式。

达特茅斯学院的大卫·布兰奇弗劳尔（David Blanchflower）和华威大学的安德鲁·奥斯瓦尔德（Andrew Oswald）认为，定期性生活给人们带来的快乐与每年的加薪一样多。

当然，对一个人来说似乎是愉悦的性行为，对另一个人来说可能就并非如此。另外，愉悦感似乎也与文化有很大关系：一项针对 29 个国家的 27 500 人的研究显示，在男女平等的国家，人们对性的满意度更高（Laumann et al.，2006）。

当性爱不起作用的时候

当前，在美国美妙的性爱能带来巨大快乐的观念不断得到强化。我们常常被引导去相信，快乐的顶峰是与一个愿意做你想做的一切的伴侣做爱，并能体验到美好性爱所应该有的那种狂喜的"焰火"。

但是，当你和自己的伴侣不想进行某些种类的性活动或在同一时间进行性活动时，会发生什么呢？事实上，几乎每个人在某些时候都有不得不面对自己不想要的性行

为的可能性。2006 年的一项针对 279 名女性的研究报告称，41% 的人感到有性压力，1/10 的人感到被迫屈服——尤其是当夫妻中的任何一方，特别是男性，曾使用过酒精时（Blythe et al., 2006）。另一项研究表明，10.6% 的女性和 2.1% 的男性报告说，在他们的生活中经历过强迫性行为（Basile et al., 2007）。

性价值观

我们对性的偏好和信念往往反映了我们的性价值观。正如我们在第 1 章"寻找"中所说的，价值观是关于什么是对和错，什么是值得和不值得的一种根深蒂固的信念和态度。因此，性价值观（sexual values）是对什么是对的性行为、什么是错的性行为，什么是可取的性行为、什么是不可取的性行为的

一种根深蒂固的信念和态度。性价值观指导着性行为，至少大多数时候是这样的。

你是否坚信一夫一妻制是最理想的性关系形式？如果是，那么你可能会将你的性接触范围限制在一位伴侣身上。如果你的伴侣与你有相同的性价值观，那么你们可能会有一段温暖而牢固的关系。

然而，价值观并不总是决定人们的行为。它们是一般性的，而不是不可避免的行为指南。比如，皮尤研究中心发现，38% 的美国成年人认为有婚前性行为是错误的。然而，在一项针对 38 000 名受访者的调查中，95% 的人表示他们有过婚前性行为（Finer, 2007）。此外，大多数人都非常重视性忠诚，但一些研究人员发现，28% 的丈夫和 15% 的妻子无法做到性忠诚（Atkins et al., 2005）。

重要数据　➡➡➡　性

- **有多少人经历过强迫性行为**　研究表明，10.6% 的女性和 2.1% 的男性报告说他们在生活中经历过强迫性行为。
- **多大比例的人有过婚前性行为**　在一项针对 38 000 名受访者的调查中，95% 的人表示他们有过婚前性行为。
- **谁会不忠**　大多数人都非常重视性忠诚，然而华盛顿大学的研究人员

发现 28% 的丈夫和 15% 的妻子无法做到性忠诚。
- **初次性行为的年龄是多少岁**　大约 70% 的美国青少年女性和 71% 的青少年男性在 19 岁之前有过性行为。
- **谁患有性传播疾病**　美国有大约 50% 的性传播感染和性传播疾病发生在 18 ~ 24 岁的人群中，尽管他们只占曾有性经历人口的 25%。

婚前性行为与非婚性行为的 4 种标准　社会学家伊拉·瑞斯（Ira Reiss）确定了关于婚前性行为标准的 4 种价值观或社会标准，这也适用于未婚、不打算结婚、曾经

结婚、已婚但分居的非婚性行为。

- **双重标准**　双重标准（double standard）是指有婚前或非婚性行为的男性比女性更容易被接受的标准。当然，自 1976 年瑞斯提

出这一价值观以来，美国主流文化发生了很大变化。

如今，这一标准有所松动，以致未婚女性有时被认为是可以发生性关系的，只要她们是在恋爱。现在，这种双重标准似乎正在减少。然而，正如在即将进行的关于童贞讨论中看到的，它在许多文化中仍然盛行。

■ **有感情放纵** 有感情放纵（permissiveness with affection）**的标准是允许男女双方平等地进行婚前或非婚前性行为，前提是他们之间形成了亲密且相当稳定的关系。**

这一标准似乎在今天广为流传，许多人认为拥有几位性伴侣能使人从中选择一位性情相投的伴侣（Grello et al.，2006）。

■ **无感情放纵** 无感情放纵（permissiveness without affection），**也被称为娱乐性行为（recreational sex），其标准是允许男女双方进行婚前或非婚前性行为的标准，无论他们之间的情感状态或关系稳定性如何。**这个标准的观点是，将随意性行为作为实现性快感的一种手段是没有问题的。

■ **禁欲** 禁欲（abstinence）**被定义为自愿避免性行为的行为。**这一标准通常会得到保守宗教团体的支持。在美国，仅限禁欲的性教育政策已经成为许多学区的一种教育标准（事实上，在美国南方 55% 的学区中，这是唯一的性教育方法）。

大学生的性价值观 社会学家大卫·诺克斯（David Knox）及其同事研究了从未结婚的大学本科生，并确定了指导他们在性决策中的行为的性价值观：绝对主义、享乐主义和相对主义（Hall and Knox，2013；Knox et al.，2001）。

■ **绝对主义——"我遵循严格的对与错准则"** 拥有绝对主义（absolutism）价值观的学生往往遵循严格的准则，这些准则通常以宗教为基础，它们规定了什么是正确的、什么是错误的。诺克斯的研究表明，女性比男性更有可能成为绝对主义者。此外，在年轻人中，那些处于恋爱关系中的人和那些既不打算住在一起也不打算离婚的人更有可能是绝对主义者。

■ **享乐主义——"如果感觉很好，就去做吧（只要没人受伤）"** 认同"如果感觉不错，就去做，但在这个过程中不要伤害任何人"这种享乐主义（hedonism）价值观的学生更多为男性。事实上，支持享乐主义的男性人数是女性人数的 6 倍。

■ **相对主义——"你做什么取决于你和谁在一起"** 拥有相对主义（relativism）价值观的学生一致认为，"你在性方面做什么取决于你的伴侣，你们对彼此的感觉以及这段关系的性质"。诺克斯及其同事发现，大多数美国大学生拥有的性价值观主要是相对主义的。

初次性经历的年龄 不像其他国家，在美国，因为文化的过度"色情化"，青春期的女孩经常感受到压力，不是要保留童贞的压力，而是要想办法失去童贞的压力。男孩也是如此。比如，17 岁的尼克说："我确实感到有压力——来自我周围的一切。失去童贞几乎是一种解脱。"

尽管如此，根据研究，如今处于青春期的孩子比过去几年更容易发生性行为这一想法是过于夸张的，而且正如你可能期望的那样，大部分都是非双方自愿的（Finer and Philbin，2013）。相比之下，15 ~ 16 岁的青少年中有 30% 的人有过性行为。大约 70% 的美国女孩和 71% 的男孩在 19 岁之前有过性行为。到 20 岁时，76% 的受访者报告说他们有过性行为。

2011 ~ 2015 年的数据显示，男性比女性更有可能在青少年早期发生性行为，但到了 18 岁，男性和女性发生性行为的概率相似，均为 55%（Abma and Martinez，2017）。在美国，自 20 世纪 90 年代初以来，报告有过性行为的青少年比例已经有所下降。在上高中的青少年中，47% 的人报告有过性行为（Kost and Henshaw，2012；Ventura et al.，2012）。

我们如何了解性

根据一些研究，青少年会通过朋友、父母、老师和媒体了解性，而且随着年龄的增长，他们越来越依赖媒体，如手机（Bleakley et al.，2009）。

朋友的影响　只有 22% 的青少年认为朋友对青少年关于性的决定影响最大，相比之下 34% 的青少年认为家长的影响最大（Albert，2012）。即便如此，朋友（而不是父母）才是关于性的信息的最重要来源（Bleakley et al.，2009）。他们在青少年选择性价值观方面有最大的影响（Thomsen and Chang，2000）。

一般来说，青少年会报告，当他们相信自己的朋友也有性行为时，他们自己的性行为会增加，而不管他们的朋友是否真的有性行为（Leigh and Andrews，2002；Manlove et al.，2001）。此外，性经验丰富的青少年比没有性经验的青少年更有可能说他们的朋友也有性经验（Santelli et al.，2004）。那些认为他们的朋友倾向于推迟性行为的青少年也

比其他人更有可能这样做（Vanoss Marín et al.，2000）。

在一项研究中，大约 45% 的成年人说他们的朋友是最重要的性知识的来源（Prinstein et al.，2003）。然而，一项针对 45 岁及以上成年人的调查表明，只有 16% 的人认为朋友是性知识的重要来源，而更重要的是卫生专业人员（37%）、健康类杂志（30%）和健康类书籍（30%）（Montenegro and Fisher，2005）。

朋友可以产生积极的影响，比如在讨论身体发育问题（如体毛或乳房的生长）和鼓励彼此寻求有关避孕的信息方面（Forbes and Dahl，2010）。在美国，许多青少年会与他们的朋友讨论避孕问题，尽管他们对其中一些信息持怀疑态度。有关这些信息的不太常见的来源是情侣、大众媒体、互联网和医疗保健提供者（Jones et al.，2011）。

教师的影响　一般来说，高中的性教育课程对青少年学习性知识有积极的影响（Bleakley et al.，2009；Song et al.，2000）。事实上，如果在性行为开始前提供正规的性教育，可能会有效地减少青少年的性风险行为，特别是那些较早开始性行为和感染性传播疾病的高危人群（Mueller et al.，2007）。

一些欧洲人接受性教育的时间比大多数美国人早（Druckerman，2014；Leff，2005）。然而，对大多数美国人来说，即使是在高年级，这个话题也是有争议的。在美国的初中和高中，讨论节育和避孕的性教育课在许多地方已经让位于主要旨在提倡禁欲的教育课程（Bernstein，2006；Freedman，2006）。社会学家和法学教授克里斯汀·卢克指出，关于性教育应该是什么样的对立观点代表了

"性保守主义者"和"性自由主义者"之间的分歧，前者认为性是神圣的，需要正式的结构（即婚姻）来保护它，而后者认为性是自然的，婚姻只是许多可接受的选择之一（Kristen Luker，2006）。

社会保守派强烈支持只实行禁欲教育，并将性行为推迟到结婚后。自由派团体提倡对如何使用避孕用具进行普及，并敦促年轻人安全行事。根据《时代周刊》和MTV的调查，在1 061名13～18岁的青少年中，有15%的人参加过禁欲课程，但69%的人反对联邦政府资助只教授禁欲教育课程（Morse，2002）。一些研究人员不认同纯粹的禁欲课程的有效性，因为他们发现这并不能降低学生的怀孕率（Stanger-Hall and Hall，2011；Trenholm et al.，2007）。

此外，大多数单纯的禁欲项目似乎并没有推迟性行为的开始时间，在研究人员所研究的9个计划中只有3个对任何性行为有明显的积极影响，而有证据表明2/3的综合项目对年轻人的性行为有积极影响，包括推迟性行为的开始时间和提高避孕套和避孕用具的使用率（Kirby，2008）。

至于生育率，社会学家菲利普·科恩指出，要求只进行禁欲教育的州实际上比不要求的州青少年的生育率更高（Philip N. Cohen，2012）。要求在性教育课上"强调"纯禁欲教育的州的青少年平均生育率为9.9%，而要求"覆盖"禁欲教育的州的青少年平均生育率为9%。但是没有这种禁欲要求的州的青少年平均生育率为7.3%。

此外，研究还发现，童贞誓言（virginity pledges），即年轻人在保证书上签字，公开承诺在结婚前不发生性行为，在那些誓约者中几乎没有持久的力量，超过一半的青少年在一年内就放弃了誓约（Rosenbaum，2006）。

也许最有效的性教育方法是教导学生了解来自媒体和同龄人的性压力，以及如何抵制这种压力，了解无保护性行为的风险，以及如何避免这种风险（Alford et al.，2012；Jemmot et al.，2010）。

父母的影响 一个新泽西的女孩因为自己15岁还是处女，便和管家谈论性，她说："我问了我的父母，他们都不愿意回答我的问题。"（Mulrine，2002）一个16岁的加利福尼亚少女和她的母亲关系密切，有一天她透露她和自己的男朋友准备进行第一次性行为。虽然并不激动，但母亲是现实的，所以她指导女儿使用避孕套（Silver，2002）。

第二个故事是不寻常的：母亲和女儿实际上在互相谈论与性相关的问题。研究表明，与处于青春期的女儿关系良好的母亲能够影响女儿的性行为（Avelar e Silva et al.，2016）。

然而，我们目前还不清楚父母究竟有多大的影响力。一些研究表明，美国有41%的青少年家长认为，父母对性决策的影响最大，尽管只有38%的青少年认为父母最有影响力（Albert，2012）。青少年倾向于更依赖母亲而不是父亲来获得性信息，尽管存在性别差异（Bleakley et al.，2009）。美国计划生育协会（Planned Parenthood）的一项调查表明，尽管42%的父母表示，他们曾"多次"与自己的孩子谈论如何对性说"不"，但只有27%的青少年表示同意。事实上，34%的青少年表示，他们"从未"或"只有一次"与父母讨论过如何推迟性行为（Moninger，

2012）。

■ **父母的感受** 大多数父母都有所保留，因为他们害怕会让孩子感到尴尬，害怕自己会问到一个孩子无法回答的问题，或者如果他们告诉孩子太多的信息，会促使青少年变得性活跃。有些父母会等到所谓的"合适的时间"再谈论这个话题，或者只讨论一次，然后就会因为完成了自己的职责而松一口气。

■ **青少年的感受** 大多数青少年不愿与父母讨论性问题，因为他们觉得尴尬，认为父母是"老古董"，害怕被问到私人问题，或者不想让父母感到震惊或不安（Moninger，2012）。此外也可能缺乏信任，担心自己受伤害或给他人带来影响（Daddis and Randolph，2009）。父母对孩子的性行为有多了解？一些研究表明，有一半性行为活跃的青少年的母亲错误地认为他们的孩子还是童贞的（Schemo，2002）。根据另一项调查，在 2000 年接受调查的 664 名青少年中，56% 的人说他们第一次发生性行为是在自己家里或伴侣的家里（Meckler，2002）。

在其他国家，父母似乎对青少年的性行为更宽容（Moore and Rosenthal，2006）。比如，一名研究人员采访了 14 名美国青少年的父母和 17 名荷兰青少年的父母后发现，"美国父母认为青少年没有能力控制自己的性冲动，任何性行为都是不负责任的"（Schalet，2000）。相比之下，荷兰的父母认为青少年的性行为不会也不应该带来很多问题，他们认为应该以正常的方式谈论和处理性的问题。

媒体的影响 在布利克莱等人的研究中，43% 的青少年样本不使用媒体作为信息来源（Bleakley et al.，2009）。但有 24.1% 的人认为电视带来的信息量最大的——鉴于研究显示，2005 年美国的 70% 的电视节目含有某种形式的性内容（Kunkel et al.，2005），这并不令人惊讶。18.4% 的人认为电影最重要，7.5% 的人认为是互联网，4.8% 的人认为是杂志，2% 的人认为是音乐。从电影和互联网上学习有关性的知识，会增强人们对性行为可以带来积极结果的信念，比如"性行为会给我带来快乐，让我的自我感觉良好"。但是，正如研究者指出的那样，媒体很少描述性行为的风险和负面后果（Bleakley et al.，2009）。

宗教的影响 在我们注意到的最近的调查中，宗教领袖（如牧师、神父或拉比）似乎只对 12% 的青少年而言是他们性信息的来源（Bleakley et al.，2009）。尽管如此，宗教可以对性行为产生直接和间接的影响。

■ **直接影响** 一些研究表明，宗教信仰和去教堂的频率与初次性行为的延迟有关（Meier，2003）。事实上，在一些青少年中，每天参与宗教活动与推迟初次性行为的时间有关（Manlove et al.，2006）。

■ **间接影响** 个人的宗教信仰越虔诚，他/她就越不容易喝酒，而酒精摄入量越少，危险的性行为发生的概率就越低（Choudhry et al.，2014）。

性伴侣的影响 上述对我们性学习的影响大多是抽象的。然而，在我们有了性伴侣之后，他们就成了帮助我们修改性期望的最重要因素，也就是我们所知的性脚本，我们将在下文中进行讨论。

性脚本

性脚本（sexual script）是对个人如何进行性行为的一系列期望，无论是男性还是女性，异性恋还是同性恋。性脚本代表了我们从社会和其他人那里学到的，对我们在性情境中的期望的解释和行为。比如，男性被期望更多地关注性而不是感情，女性被期望更多地关注感情而不是性。性脚本在青春期和青年时期最有影响力，那时我们正受媒体、朋友和父母的影响；后来，我们更多地受到伴侣的影响。

实例：一个女性脚本

苗条、金发和年轻

小说家詹妮弗·韦纳（Jennifer Weiner，2015）写道："通常来说，我们都知道在特殊场合需要打扮得漂漂亮亮。现在呢？每天都是班级照相日。"

女性似乎对自己的外表很执着，否则为什么她们中有那么多人想要变得苗条、拥有金发和看起来年轻呢？也许是因为她们意识到了文化和物质上的优势。比如，作家艾米·斯平德勒（Amy Spindler）跟随 19 岁的金发模特萨拉·齐夫（Sara Ziff）在纽约四处游荡，想看看她的外表给自己带来了什么。斯平德勒说："她的美貌让她在知名餐厅没有预约就有了座位；下班的出租车都会停下来等她；还让她不需要在夜总会排很长的队，就可以直接进入贵宾房；甚至让她在买衣服时享受折扣，更重要的是，这让她有了一个模特经纪人和一个好莱坞经纪人。"齐夫曾出现在汤米·希尔费格（Tommy Hilfiger）、斯特拉·麦卡特尼（Stella McCartney）和肯尼斯·科尔（Kenneth Cole）的广告中，她的演艺生涯也被记录在纪录片《拍我：模特日记》（Picture Me）中。她是一名模特，也是总部位于纽约的模特联盟（Model Alliance）的创始人。

根据一项对美国中西部学校儿童的研究，大多数女孩在很小的时候就已经开始认为自己是性对象了（Starr and Ferguson，2012；Zurbriggen et al.，2010）。80% 的 10 岁女孩会在她们生活中的某个阶段节食，53% 的 13 岁女孩有身体形象问题（Hepworth，2010）。此外，根据美国饮食失调协会（National disorders eating Association）的数据，源于对超重的负面形象的饮食失调（厌食症、暴食症）影响着美国的 2 000 万名女性和 1 000 万名男性（Navarro，2016）。

至于金发女郎，2011 年的一项研究表明，在夜总会里，金发女郎比黑发女郎或红发女郎更容易被人接近，但同时，黑发女郎被认为更有吸引力，而金发女郎被认为更需要情感支持（Swami and Barrett，2011）。

最后，人们对青春的追求体现在美容整形手术的持续流行上，这可能反映了公众对电视行业聚焦整形手术的反应，如 2002 ～ 2007 年的《改头换面》（Extreme Makeover）、2003 ～ 2010 年的《整容室》（Nip/Tuck）、2015 年的《亚特兰大娇妻》（Atlanta Plastic）和 2015 年的《好工作》（*Good Work*）（Ashikali et al., 2014；Crockett et al., 2007）。美国整形外科医生协会（American Society of Plastic Surgeons）2018 年的数据显示，整容手术的数量从 2003 年的 870 万例跃升至 2017 年的 1 750 万例。这类手术的前五名分别是隆胸、抽脂、鼻子重塑、眼睑手术和腹部除皱。而在 2017 年，缩胸手术的比例增加了 11%。

一个关于女孩性化（sexualization）的特别小组认为，如果年轻女性长期关注自己的外表，她们的意识将支离破碎，并且她们留给其他精神和身体活动的认知资源会更少（Helb et al., 2004）。

你怎么认为

你很注重自己的外表吗？在你选择约会对象时，长得好看有多重要？"美貌偏见"是否干扰了你的其他活动，尤其是学术上的追求？

■ **男人的性脚本**　男人应该是负责任的、自信的、有进取心的，而不是温柔的、富有同情心的。性爱的目的是高潮而不是亲密。男人知道女人在性方面想要什么，并总是为性做好准备。男人会物化女人，谈论她们的身体属性、大小和身体部位的形状。

■ **女人的性脚本**　传统上，女性被期望是美丽的、有爱心的、有教养的和通情达理的。与男人不同，女人不应该谈论性或者对性过度感兴趣，尤其是随意的性行为，当然，除了男人幻想中那些性感诱人的女性之外。

以上这些脚本听起来熟悉吗？

列出并解释个人如何学习性的至少 3 个主要影响因素。

7.2　艾滋病和其他性疾病

核心内容：

与性行为有关的主要健康风险

概述　本节将从讨论艾滋病病毒／艾滋病（HIV/AIDS）开始，探讨性传播疾病和感染存在的负面影响。

爱情或性激情常常会压倒理性，因为人们会冒着婚姻、工作、社会地位或对道德与伦理的担忧和风险，与自己真正喜欢的人发生性关系。这意味着性行为会给人们带来一定风险。

性传播疾病和感染

性传播疾病（sexually transmitted disease, STD）**通常是由于性接触而传播的传染病。**还有所谓的**性传播感染**（sexually transmitted infections, STI），**这是一种典型的通过性接触传播的感染，可能会痊愈或发展为性传播疾病。**今天，人们经常用 STI 代替 STD，尤其是在医学界。虽然艾滋病是最著名的性传播疾病，但还有许多其他疾病，包括梅毒、衣原体和淋病（更不用说乙型肝炎、疱疹、人类乳头瘤病毒和寄生虫感染）。一份报告称，2017 年美国梅毒、衣原体和淋病新发病例的比例增加了近 10%，这表明"由于对性行为缺乏认识和不断变化的性行为"导致病例的不断增加（Alltucker，2018）。

大约一半的性传播感染和性传播疾病发生在 15 ~ 24 岁的年轻人中，尽管他们只占有过性经历的人群的 25%（Centers for Disease Control，2017）。许多性传播感染都没有引起症状，尤其是在女性身上，但无论如何都会传染给性伴侣。这造成了一个真正的困境，因为即使一方目前处于一夫一妻制的关系中，伴侣中的一方或双方在关系之外发生性接触的情况并不罕见。正如公共卫生官员喜欢指出的那样，每当你与某人发生性关系时，你实际上是在与他 / 她在过去 10 年里的每一位前任性伴侣发生性关系。

艾滋病病毒与艾滋病：现代灾祸

我们之所以关注艾滋病病毒和艾滋病，是因为它们是相对较新的威胁，也因为它们让人们产生了各种各样的误解。

■ **艾滋病**　艾滋病（AIDS）是获得性免疫缺陷综合征（acquired immune deficiency syndrome）的缩写，是一种由艾滋病病毒引起的性传播疾病。艾滋病的特点是对人体免疫系统造成不可逆转的损害。因此，身体无法抵抗感染。不是每个感染了艾滋病病毒的人都会发展成全面的艾滋病病例。然而，如果不治疗，艾滋病患者的生存期只有 6 ~ 19 个月。抗逆转录病毒治疗（antiretroviral therapy，ART）可以将一个 20 岁的人的寿命延长到 70 岁（Myrhe and Sifris，2017）。

■ **艾滋病病毒**　艾滋病病毒，即人类免疫缺陷病毒（human immunodeficiency virus），是引发艾滋病的病毒，它会带来各种疾病，包括免疫系统的崩溃。这种崩溃导致了某些感染和癌症的发展，最常见的是卡氏肺囊虫肺炎（pneumocystis carinii

pneumonia）和被称为卡波西氏肉瘤（kaposis sarcoma）的皮肤癌。艾滋病症状通常在首次感染艾滋病病毒后 7 ~ 10 年开始出现。

自 1981 年一名同性恋男子带着一种神秘的免疫疾病走进旧金山总医院以来，全世界大约有 3 500 万人死于与艾滋病病毒相关的原因。2017 年，约有 3 690 万人携带艾滋病病毒，其中包括 180 万儿童和 15 岁或更年轻的人（UNAIDS，2018）。在美国，20 ~ 40 岁的人群是艾滋病感染率最高的人群。

据疾病控制中心报告，美国 24 个州有关于艾滋病病毒的刑事法律，要求艾滋病病毒感染者向其性伴侣披露其状况，14 个州要求向共用针头的伴侣披露其艾滋病病毒状况。在美国的一些州，让他人接触艾滋病病毒或不披露自己的艾滋病病情可能会招致最高 20 年的监禁，无论是否传播了艾滋病病毒。

人们是如何被感染的　在美国，最容易感染艾滋病病毒 / 的人群是那些与同性发生性关系的男性、注射毒品的人，以及与异性性接触的人，该病的"其他来源"可能包括母亲传染给婴儿和意外接触。曾几何时，它还包括受感染血液的输入，但现在相关机构会对捐献的血液进行严格筛选。

同性恋和双性恋男子与艾滋病病毒　2016 年，67%（26 570 人）的新艾滋病病毒感染者是同性恋和双性恋男性，而异性恋者和注射吸毒者中这一比例分别为 24% 和 9%（Centers for Disease Control and Prevention，2018c）。

男男性行为者（men who have sex with men，MSM）感染艾滋病病毒的风险很高，但他们面临的风险因素和预防障碍与通过异性性接触感染的人不同。根据一项研究，

55% 的 15 ~ 22 岁 MSM 不让其他人知道他们对男子有性吸引力，这类男子寻求艾滋病病毒检测的可能性较小，这意味着即使他们感染了艾滋病病毒，他们也不太可能知道。此外，由于不透露性取向的男同性恋者很可能有一位或多位女性性伴侣，因此他们很可能将病毒传播给其他男性和女性（Centers for Disease Control and Prevention，2003）。

异性恋与艾滋病病毒　如上文所述，2016 年，异性性接触占艾滋病确诊病例的 24%（9 578 例），其中女性占 19%（7 529 例），主要是因为与异性的性接触（Centers for Disease Control and Prevention，2018c）。

异性恋者中感染艾滋病病毒的风险最大的是青少年、有多位性伴侣的成年人、生活在艾滋病流行地区（如美国南部和东北部）的人，以及那些感染其他性传播疾病的人。比如，在撒哈拉沙漠以南非洲人口中发现了艾滋病病毒感染率最高的群体，因为这些群体中高达 40% 的青少年和成年男女通常同时有多位性伴侣（Chin，2007；McKay，2018）。

艾滋病的未来：情况会变得更好吗　有些关于艾滋病流行的消息实际上是好的。比如，不是每个被感染的人都会生病；没有人知道原因，但也许进一步的研究将会提供一些有用的线索（Engel，2015；Zuger，2006）。此外，根据在非洲进行的研究，包皮环切术可以将男性因异性性行为而感染艾滋病的风险降低 65%（Baeten et al.，2010；Wakabi，2007）。如今在一些发达国家，由于抗逆转录病毒药物的存在，感染艾滋病病毒的人预计将比 21 世纪初确诊的人多活将近 20 年（Anderson，2015）。最后，基因治疗的新科学前沿，即通过改变病人自身的细胞来产生免疫，为解决这一长期问题带来了希望（Ho，2017；Marchione，2018）。

联合国抗击艾滋病机构（United Nations AIDS-fighting agency，UNAIDS）制定了一个到 2020 年 "90-90-90" 的目标：世界上 90% 的艾滋病病毒感染者能够接受艾滋病病毒检测，90% 的检测呈阳性者服用处方药，90% 的服药者坚持服药，直到血液中检测不到病毒为止（McNeil，2017）。

总结与回顾

7.1 性价值观、性学习和性脚本

性知识的主要来源，以及它们与性价值观和性脚本的关系

- 性价值观是指人们对什么是对、什么是错、什么是可取的、什么是不可取的性行为的根深蒂固的信念和态度。

- 人们获得的许多性价值观来自各种形式的媒体，包括电视、音乐视频、广告、电影和互联网。不幸的是，这些性价值观的来源缺乏真实性，歪曲了性的本质和性角色，把女性当作性对象。

- 在今天的社会，婚前性行为和非婚性行为比 50 年前更被接受。伊拉·瑞斯确定了关于婚前和非婚性行为的 4 种价值观或社会标准：（1）双重标准是指男性比女性更能被接受婚前或非婚性行为的标准；（2）有感情的放纵允许男女平等地进行婚前或非婚前性行为；（3）无感情的放纵允许男女在婚前或非婚内发生性行为，而不论是否对伴侣有感情；（4）禁欲是指自愿避免性行为的行为。

- 除了媒体的影响外，有关性的价值观和信念的来源包括（1）与父母的关系可以影响初次性行为，也可以帮助防止青少年怀孕；（2）宗教可以直接影响推迟初次性行为，也可以通过减少饮酒间接影响危险的性行为；（3）兄弟姐妹和同龄人

对青少年的性行为有重大影响，特别是当他们相信他们的朋友也是性活跃的人时；（4）性教育对个人的性行为有不同程度的影响，这取决于课程的内容，它们可以是单纯的禁欲项目，也可以是帮助学生理解来自媒体和同龄人的性压力的项目；（5）在帮助人们修改其性脚本或对如何进行性行为的一套期望方面，与自己有关系的性伴侣成为最重要的因素。这些性脚本代表了我们从社会和其他人那里学到的，对我们在性情境中的期望的解释和行为。

7.2 艾滋病和其他性疾病

与性行为有关的主要健康风险

- 爱情和激情可能会让人冒险，并有可能进行危险的性行为，从而可能使人感染传染病甚至危及生命的病毒。性传播疾病（STD）是通常通过性接触而传播的传染病。性传播感染（STI）是任何通过性接触传播的感染，可能会痊愈或发展为性传播疾病。

- 可通过性接触传播的最严重疾病是艾滋病病毒（HIV）和获得性免疫缺陷综合征（AIDS），简称艾滋病，它是一种由艾滋病病毒引起的性传播疾病，其特征是对人体免疫系统造成不可逆转的损害。艾滋病病毒是导致艾滋病的病毒，并能引

起各种疾病，包括人体免疫系统的崩溃，导致某些感染和癌症。艾滋病病毒和艾滋病可通过以下途径传播：与艾滋病病毒 / 艾滋病患者的同性或异性性接触，共用静脉注射器注射毒品，接触感染者的血液或其他体液，以及输血时使用了被污染的血液。

第 8 章

婚姻：终极承诺

核心内容

8.1 结婚的好理由和坏理由

8.2 婚姻通常会经历的 4 个阶段，以及家庭可能需要做的调整

8.3 良好的婚姻和持久的婚姻

8.4 成功婚姻的特点

本章导读

首先，我们将讨论结婚的好理由和坏理由、人们对婚姻的期望，以及不同的婚姻合同。其次，我们将描述一个家庭生命周期的 4 个阶段：开始、育儿、中年和老龄化。再次，我们将讨论婚姻关系的 3 种分类。最后，我们将讨论成功婚姻的影响因素。

大众文化、媒体和技术

什么样的婚姻和家庭是真实的

在美国的家庭生活中，政治和文化上的框架建立在 20 世纪 50 年代电视上的乌托邦家庭形象的基础上，这是锡拉丘兹大学媒体与流行文化教授罗伯特·汤普森（Robert Thompson）的观点（Jayson, 2006; Scribner, 2014）。

也许你从没看过《父亲最清楚》（Father Knows Best）、《交给海狸吧》（Leave It to Beaver）或者《奥兹和哈里特的冒险》（The Adventures of Ozzie and Harriet）。所有 20 世纪 50 年代的电视剧都以核心家庭为主角，它们被《今日美国》（USA Today）描述为"不贴近现实的"。汤普森认为，美国人对家庭的信念可能受到了这些乌托邦形象的影响。20 世纪 50 年代和 60 年代电视剧中的传统家庭也并没有真正反映出美国家庭的真实面貌，汤普森说，相反，他们建立了一个什么是美国完美家庭的概念。然而，如今新的家庭模式越来越有代表性，它们包括了离婚家庭、单亲家庭、同性家庭、同居家庭等（Novoa, 2017）。

自 20 世纪 90 年代以来，许多家庭电视节目的价值观变得越来越尖锐。比如，《奥兹和哈里特》(Ozzie and Harriet) 就被喜剧《奥兹和莎伦》(Ozzy and Sharon) 所取代，这是发生在比弗利山庄的真实故事。剧中的父亲是个中年百万富翁也是重金属摇滚明星，而母亲是购物狂也是真正的一家之主，还有两个十几岁的兄妹和一群不守规矩的猫狗，以及一些闯入他们生活的怪人 (Eaton，2014；Gunderson，2002)。

某杂志社的总编托德·戈尔德 (Todd Gold) 表示，如今的电视节目会呈现几乎所有类型的家庭。但是除了那些不正常的家庭，比如《摩登家庭》(Modern Family) 中的家庭以外，"美好家庭"曾在《第七天堂》(7th Heaven) 里出现，剧中有一个由牧师领导的家庭，或者《胜利之光》(Friday Night Lights) 中的高中橄榄球队和球队教练组成的家庭，以及《为人父母》(Parenthood) 中的布雷弗曼一家（由一对年长的夫妇和他们的 4 个孩子及其他家人组成）。然而，在《摩登家庭》中，一个年长的男人娶了一个年轻的女人并与其共同抚养她的儿子，他的女儿已经结婚，有 3 个孩子，而他的儿子是同性恋者。这类节目中的人物并不完美，但他们都是普通观众希望在自己家中看到的人物。

■　**电视剧**　美国电视节目在种族和民族上的多样性如何？有些人认为，如今的电视节目中的美国可能比历史上任何时候都更像美国 (Ryan，2014；Shadow and Act，2018)。比如，美国广播公司（ABC）的情景喜剧《非裔美国人》(Black-ish) 就聚焦于一个非裔美国家庭，还有一个聚焦于亚洲家庭的剧叫作《初来乍到》(Fresh Off the Boat)。在 15 年前，一些影视公司因播出几乎完全没有少数族裔角色的节目而受到批评。2016 年，占美国总人口 13.2% 的黑人在有线电视脚本角色中所占的比例为 13.3% (Statista，2018)。然而，对占美国总人口 17% 的拉丁美洲人来说，这一比例仅为 5.6%。

评论家罗伯特·比安科指出，除了极少数外，电视中演绎的生活通常都是比较美好的 (Robert Bianco，2006)。评论家托德·万德维夫 (Todd VanDerWerff) 认为，除了《家有喜旺》(Raising Hope)、《中产家庭》(The Middle) 和《破产姐妹》(2 Broke Girls) 之外，很少有电视剧会关注个人收入状况不稳定的问题 (Blair，2014)。

■　**电影**　不正常的家庭一直都是好莱坞电影的主题，从《教父》(The Godfather) 三部曲，到《漫漫长夜》(Long Day's Journey into Night)，再到《美国丽人》(American Beauty)。与之相对的是轻松的家庭喜剧，如电影《与灾难调情》(Flirting with Disaster)、《拜见岳父大人》(Meet the Parents)、《阳光小美女》(Little Miss Sunshine) 和《奶奶》(Grandma) 等。

■　**书籍**　人们能通过阅读建议类书籍治愈自己的功能障碍吗？比如，寻求"幸福婚姻"的人可以阅读《幸福婚姻的 7 个秘密》(Seven Secrets of a Happy Marriage)、《1 008 个幸福婚姻的秘密》(1 008 Secrets of a Happy Marriage) 和《从此他们过上了幸福的生活》(And They Lived Happily Ever After)。

结婚和维持婚姻关系显然是一个复杂的问题。让我们开始探索它吧。

8.1　人们为什么要结婚

核心内容：

结婚的好理由和坏理由

概述　结婚的好理由是获得情感上的安全、收获友谊和实现为人父母的愿望。不好的理由是需要保持外表上的吸引力或经济上的安全；来自他人或怀孕的压力等。在结婚的过程中，人们期望通过一个仪式，拥有专一和永久性的关系，并对另一个人做出重要的法律承诺。

在 21 世纪，婚姻到底意味着什么　婚姻被定义为一种社会认可的交配关系，传统上是男女之间的关系。结婚是指两人之间的合法结合，在性、社会和经济上彼此联结；随着时间的推移保持稳定；并赋予每名成员某些权利（Schwartz and Scott，2018）。

2015 年 6 月，美国最高法院明确表示，婚姻不再仅仅是一男一女之间的合法结合。大法官安东尼·肯尼迪（Anthony Kennedy）在奥贝格费尔诉霍奇斯案（Obergefell v. Hodges）中写道："结婚的权利是人的自由所固有的一项基本权利，根据第十四条修正案的正当程序和平等保护条款，同性伴侣不得被剥夺这一权利和自由。"（Richey，2015）以此来支持多数派裁决，即各州不得拒绝同性伴侣结婚的诉求。

这一革命性的决定在很大程度上为大多数美国人所接受。2018 年盖洛普民意调查表明，有 67% 的美国人支持同性婚姻，这是 20 年来的最高水平（Madhani，2018）。

在本章，我们关注的是传统婚姻，即一个男人和一个女人之间的合法结合。当然，这才是婚姻的真谛。因此，几乎所有关于婚姻的研究都是针对异性婚姻的。

婚姻过时了吗

社会学家阿琳·斯科尔尼克写道："尽管今天越来越多的未婚人口和单亲家庭，还有其他一些趋势表明当下美国的离婚率很高，但在发达工业国家中，今天美国的结婚率是最高的。"（Arlene Skolnick，2002）人口统计学家预计，至少 80% 的美国人将在一生中的某个时刻结婚，这一比例低于 20 世纪 50 年代和 60 年代的 95%（Cherlin，2013；Coontz，2006b）。即便如此，在美国，已婚夫妇的家庭还是少数，单亲家庭和同居夫妇的数量超过了已婚夫妇（Coontz，2006a；Vespa et al.，2013）。在 18 ~ 64 岁的美国成年人中，约有一半的人（2016 年为 48.6%）已婚，这是历史最低水平，而在 65 岁及以上的人群中，这一比例为 55.3%（Wang，2018）。

2017 年，18 岁及以上的美国成年人中从未结过婚的比例为 45.2%，创历史新高。美国结婚率下降，尤其是千禧一代，他们中很多人都选择住在家里，一些观察人士担心这对家庭构成的影响，进而可能影响住房行业和经济的其他部分（Regan，2015）。然而，根据一种理论，这种趋势的一个好处是，随着年轻一代美国人结婚年龄的推迟，这个国家的离婚率正在下降（Cohen，2018；Miller，2018）。

事实上，随着结婚的美国人整体减少，没有大学学历的人的结婚率在下降，而大学毕业生的结婚率保持稳定，有人认为婚姻已经成为特权阶级的标志（Miller，2017）。如今，社会学家安德鲁·切尔林说，婚姻状态已经成为一种身份的象征（Andrew Cherlin，2013）。他说："结婚是年轻的成年人在他们自己和他们的同居伴侣有好工作和好公寓之后才会做的事。它已经成为个人生活的顶峰体验，是成功人生的'最后一块砖'。人们结婚是为了向家人和朋友展示他们的生活有多好。"

这就是婚姻的全部吗？当然还有更多的原因。让我们分析一下这个问题。

人们为什么要结婚

人们对婚姻的期望有多现实？研究表明，青少年和成年人似乎都对婚姻状态抱有很高的期望，对婚姻和家庭生活的现实毫无准备（Bonds-Raacke et al.，2001；Martin et al.，2001）。心理学家迪恩·希尼茨（Dean Hinitz）说："人们在结婚前会进入一种理想化的状态。"（Steffens，2002）人们结婚通常是为了获得那种被称为"恋爱"的愉悦感和理想化的感觉吗？

人们为结婚提供了各种各样的理由，尽管一项研究表明，最主要的原因是爱，其次是许下终身承诺、互相陪伴和生儿育女，（见图 8-1）（Geiger and Livingston，2018）。 除了这些经常提到的答案之外，还有许多其他的答案。让我们分析其中的一些答案。

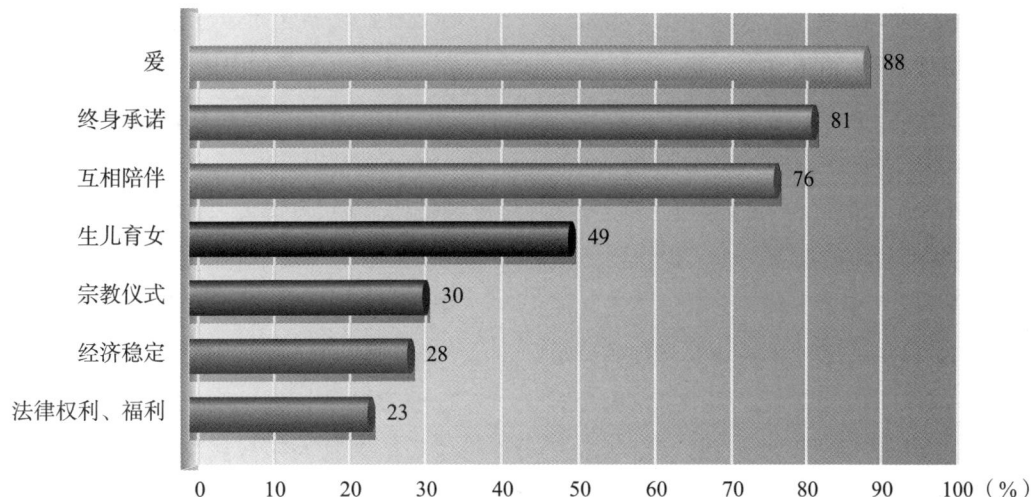

图 8-1　人们结婚的理由

资料来源：G. Livingston, 2018.

为了正确的理由结婚　1975 年，大卫·诺克斯（David Knox）提出了人们选择结婚的 3 个正面原因：（1）情感上的安全感；（2）建立伴侣关系；（3）成为父母（Knox，1975）。在后来出版的一本书中，大卫和他的合著者将这些归纳为 6 个原因或动机：爱、个人成就感、陪伴、为人父母、经济安全和心理健康（Knox and Schacht，2016）。

■ **爱——"我想要一段持久、安全的关系"**在美国，大多数人都说他们为爱而结婚。事实上，在一项经典研究中，只有 4% 的受访者表示，他们会与自己不爱的人结婚（Levine et al.，1995）。一个人希望通过结婚建立情感上的安全感——一种持久的、亲密的情感关系。事实上，一位心理学家说："研究表明情感安全感是亲密关系令人满意的联结中最重要的方面之一。"（Boeder，2017）

■ **陪伴——"我想避免孤独"** 寻求陪伴是"我想避免孤独"的另一种说法。皮尤研究中心之前引用的研究表明，获得陪伴是人们结婚的第三大原因（Geiger and Livingston，2018）。社会学家斯蒂芬妮·孔茨认为，伴侣关系中的爱和被爱，实际上是美国人期望从婚姻中获得的最重要的好处。一项针对未婚成年人的研究表明，4/5 的男性和 3/4 的女性说，如果他们不结婚，他们最期待拥有的是伴侣关系（Edwards，2000）。即便如此，很多人始终没有找到他们生命中的"真爱"。根据一项对 2 000 人进行的调查，73% 处于长期恋爱关系中的成年人说，他们和现在的伴侣在一起是因为他们的"真爱"离他们而去了（Borreli，2013）。

■ **为人父母的愿望——"我想要生孩子并抚养孩子"** 当然，你不必非得结婚才能有孩子。然而，许多美国人更愿意在拥有婚姻之后拥有孩子，这可能是因为当父母合法结婚时，社会的规则和期望能让父母和孩子的生活更轻松。皮尤研究之前提到过，想要孩子是人们想结婚的第四大原因（Geiger and Livingston，2018）。

为了错误的理由结婚 人们还有一大堆其他的结婚理由，而出于这些理由结婚的人或许不太可能维持长久的婚姻，具体如下。

• **身体吸引力或经济安全** 在前面的内容中，我们提到了所谓的美丽偏见——许多男人追求有吸引力的女人，而女人追求经济上有保障的男人。尽管这些选择可能有进化基础（男人可能会寻求有生育能力的伴侣来为他们提供后代，而女人可能会寻求伴侣来保证他们孩子的安全），根据外表的吸引力来选择妻子，或者根据经济条件选择丈夫很少会促成持久的婚姻，至少在美国文化中是这样的。在包办婚姻的文化中，经济状况和生育能力可能确实是结婚的强大原因。

因为女人漂亮而娶她的男人可能会发现随着她年龄的增长，她对自己的吸引力会减弱。或者，他可能会发现妻子缺乏他所看重的婚姻伴侣应有的其他品质，比如敏感或聪明。相反，一个完全出于经济原因而结婚的女人可能会发现，在情感关系中，她与丈夫几乎没有共同之处（尽管经济原因是世界各地包办婚姻的基础）。

• **来自父母、同龄人、伴侣或怀孕的压力** 由于社会或文化的期望，很多人对单身感到不安。一些父母给成年子女施压，让他们找个结婚对象，或者因已经宣布的订婚消息举行婚礼。父母也可能会因为宗教或文化原因强迫他们的孩子结婚，就像新泽西州严格正统犹太人的女儿弗雷迪·赖斯（Fraidy Reiss）一样，她十几岁时被强迫与一个她几乎不认识的男人订婚（Freedman，2015）。这种婚姻可被视为强迫婚姻（Constable，2015；Lemmon，2016）。人们可能会被鼓励维持一段长期关系，这样人们就很难从一段关系中退出。当然，无论是处于约会、同居还是订婚的状态，伴侣可能会给另一半带来持续的压力。

通常，年轻人第一次发生性行为的年龄在 17 岁左右，但他们直到 25 岁左右才结婚（Finer and Philbin，2014）。古特马赫研究所报告称，这意味着"在近 10 年或更长时间的过渡时期，她们意外怀孕和性传播感染的风险可能更高"（Guttmacher Institute，2017）。事实上，一些女性（大概有 7%）从单身变为已婚是因为意外的婚前怀孕，尽管现在这种情况比以前要少见得多，在 20 世纪 70 年代几乎有 30% 的意外怀孕会导致结婚（Lichter et al.，2014）。而在如今，发现婚前怀孕的夫妇更有可能搬到一起住，而不是结婚。不幸的是，为了摆脱单身而结婚的少女通常会离婚，最终恢复单身（Bramlett and Mosher，2001；Wolfinger，2015）。

■ **逃避、反叛、循环或拯救** 即使以激情的标准来看，人们结婚的原因通常是不理性的。

一些年轻人可能认为婚姻是逃避被父母虐待甚至只是逃避父母的权威的机会。一些年轻人通过反叛和与自己爱慕的对象结婚来表达对父母企图干涉自己的婚姻的反对，他们这么做往往主要是为了让父母难堪（Nagaswami，2002）。有些人，无论是年轻人还是老年人，在一段破裂的感情结束后就会结婚，由分手引发的自卑心理成为驱动因素之一。

有时人们会为他们的伴侣感到难过，可能是因为他 / 她酗酒、有悲伤的人生经历等，并决定尝试"拯救"或帮助那个人。拯救者可能相信自己可以改变这个人，尽管改变通常不是那么容易的。

在所有这些情况下，结婚对象都不如其他人重要，比如父母、前任情人，甚至自己作为"救星"的身份。因此，你认为长久的婚姻应具备哪些特点？

■ **绿卡欺诈婚姻** 最后一种因错误的原因而结婚的是假婚姻，即所谓的绿卡婚姻（green-card marriage）：**移民常会通过付出金钱与美国人结婚或假装结婚，其目的是获得一张绿卡，以获取美国永久居留权**。移民与美国公民的婚姻受到美国政府的密切关注，正如《纽约时报》（New York Times）的一篇文章所指出的那样，"美国政府一直在提防那些利用不良手段来获取绿卡的人"（Sinha and Plambeck，2018）。亚特兰大的一名政府官员说，她曾目睹一些持有绿卡的夫妇因为语言障碍而无法相互交谈，其中一些人曾与不只一位所谓的配偶"结婚"，而且甚至不知道配偶的姓氏或出生地（Dell'Orto，2006）。

曾经有一段时间，官方承认与美国公民结婚实际上是合法居留的保证，也足以防止非法移民被驱逐出境。但是，随着最近美国政府对数千名没有犯罪历史的移民的驱逐，那些通过成为美国公民或永久居民的配偶的方式寻求合法身份的人，已经成了被驱逐的目标（Yee，2018）。

重要数据　➡➡➡　神圣的婚姻

- **如果你不结婚，你会期待什么**　在一项对未婚人士展开的研究中，80% 的男性和 75% 的女性说，如果他们不结婚，他们最期待的是陪伴（Edwards，2000）。

- **一场婚礼要花多少钱**　2017 年，美国一场婚礼的平均花费约为 33 391 美元（XO Group/The Knot，2018）。

- **一周一次的婚姻性生活能带来幸福吗**　一项对 3 万名美国人进行的长达 40 年的研究表明，性生活的频率超过每周一次的夫妇并不认为自己更幸福，而性生活频率少于每周一次的夫妇则认为自己的满足感更低（Muise et al.，2015）。

- **谁做家务**　平均每天，22% 的男性会做家务，比如打扫卫生或洗衣服，而 50% 的女性会做家务。在另一项研究中，男性会花 18% 的时间做家务，而女性会花 22% 的时间；男性承担了 33% 的家务，而女性承担了 67% 的家务（Bureau of Labor Statistics，2016a）。

幸福、婚姻和种族：跨种族的经历

正如我们在前文中提到的，在美国有一种强烈的文化观念，即"如果我们彼此足够相爱，我们就能克服所有的问题"。电影导演迈克尔·艾普特（Michael Apted）很好奇为什么离婚率居高不下，但婚姻仍然是理想化的。于是，他历时 10 年，通过采访几对来自不同种族、宗教、民族、地域和拥有不同收入的夫妇，观察他们的表现，并利用这些素材拍摄了一系列的纪录片：《美国制造》（*Made in America*）和《美国制造 2》（*Made in America 2*）。比如，尼尔（Neal）是犹太人，谢丽尔（Cheryl）是菲律宾天主教徒。克里斯（Chris）是纽约出生的警察，而凡妮莎（Vanessa）是哥伦比亚移民并在一家投资公司工作。来自亚拉巴马州郊区的斯科特（Scott）和在开曼群岛长大的安布尔（Amber）对他们想在哪里定居有不同的想法。

然而，就在这些跨种族、跨信仰的伴侣表达他们对彼此的爱的同时，他们也表达了对婚姻可能给他们带来的困难的担忧。他们这样做是对的吗？

异族通婚的背景　在 17 世纪晚期，黑人与白人通婚是被禁止的，因为弗吉尼亚的烟草种植园主认为他们需要支持他们新的奴隶制度。在此之前，当奴隶成为劳动力的基础时，种族间的性亲密，甚至异族通婚都是被允许的。但是，随着奴隶制成为南方农业劳动的基础，跨种族后代有可能弱化白人和黑人之间的界限，从而弱化自由人和奴隶之间的界限。

在 18 世纪，美国所有南部的州和许多北部的州都禁止黑人与白人通婚。即使在美国内战之后，美国仍禁止跨种族通婚。这里的种族通婚（miscegenation）是指白人与另一种族的人结婚或同居。一项研究指出："曾有 13 个州通过了禁止异族通婚的新法律，其中许多条款针对的不仅是白人与黑人的结合，还有白人与亚裔的结合。"（Greenberg，1999）

异族通婚　令人鼓舞的消息是，自 20 世纪 90 年代以来，越来越多的美国人表示能接受异族通婚。跨种族婚姻也有所增加，现在占美国所有婚姻的 17%。你对这样的婚姻怎么看？你的观点与你的父母或祖父母的观点不同吗？

民权运动慢慢地开始改变人们的意识。1958 年，有欧洲血统的白人瓦匠理查德·洛文（Richard Loving）娶了他的生命之光——非裔女子米尔德里德·杰特（Mildred Jeter），这违反了弗吉尼亚州的《反种族通婚法》，导致他将被判处 1 ~ 5 年监禁。1967 年，美国最高法院在"洛文诉弗吉尼亚州"（Loving v. Virginia）一案中裁定弗吉尼亚州（以及其他 15 个州）的《反种族通婚法》违宪，正如由乔尔·埃哲顿（Joel Edgerton）和露丝·内加（Ruth Negga）主演，杰夫·尼科尔斯（Jeff Nichols）导演的电影《亲爱的》（*Loving*）所演的那样（Dargis，2016）。即便如此，禁止异族通婚的法律直到 20 世纪 70 年代依然存在，尽管在法律上无法强制执行（Hartill，2001）。最后一个废除这一法律的州是亚拉巴马州，于 2000 年废除。

容忍和接受：有改进，但还可以做得更好　1986 年，只有大约 1/3 的美国人认为异族通婚是可以接受的。皮尤研究中心的一项民意调查表明，2010 年，超过 1/3 的人表示，他们的直系亲属或近亲实际上与不同种族的人结了婚（Wang，2012）。2017 年，39% 的受访美国成年人表示，越来越多的人与不同种族的人结婚对社会有益，这一比例高于 2010 年的 24%（Bialik，2017）。另一个变化指标是，表示他们反对家庭成员与不同种族或民族的人结婚的比例从 2000 年的 31% 下降到今天的 10%（Livingston and Brown，2017）。

同样在 2017 年，美国有 17% 的婚姻发生在不同种族或民族的配偶之间，这是历史最高水平，而在 1970 年这一比例不到 1%，1980 年这一比例为 3.2%（Bialik，2017；Wang，2012）。一些种族比其他种族更有可能通婚。2015 年，29% 的亚洲人、27% 的西班牙人、18% 的黑人和 11% 的白人选择了与自己种族不同的配偶（Livingston and Brown，2017）。

人们对婚姻的期望

在结婚的过程中，人们有这样几个期望：（1）他们会经历一些仪式——订婚、婚礼和度蜜月；（2）在他们的关系中将有性关系的排他性和持久性；（3）他们做出了重要的法律承诺。

实例：异族通婚

混血夫妇更难寻找幸福吗

尽管异族通婚每年都被越来越多的人接受，但这并不意味着跨种族婚姻对每个人来说都很容易。近一半的"黑人—白人"夫妇认为与异族人结婚会使婚姻变得更坎坷，这一比例明显多于"拉丁裔—白人"或"亚裔—白人夫妇"。更多的"黑人—白人"夫妇也报告说，他们的父母也认为这种关系存在问题。

一些人报告说，他们在餐馆里被粗鲁的服务员忽视，在购物中心里被人用不友好的眼神盯着。33 岁的白人辛迪·特里（Cindy Terry）在华盛顿的布雷默顿嫁给了一位非裔美国人。她描述了他们夫妇在 20 世纪末的新奥尔良之行，她当时感到非常不舒服。她说："我觉得我们就像外星人一样，你无法逃避那些眼神，而且你知道他们在低声说什么。"（Fears and Deane，2001）

主要有 2 个问题可能会影响跨种族或跨民族婚姻的质量：（1）家庭支持；（2）文化差异（Robinson，2017）。首先，人们可能对歧视，比如不恰当的评论或不公平的待遇无能为力；然而，他们可以通过家庭支持缓解自己受到的伤害，比如配偶的父母欢迎他们后代的其他种族的伴侣来他们的家里做客。

至于第二个问题，一位作家说："种族差异实际上是文化差异，从这个意义上说，跨种族夫妇和同种族的跨文化夫妇面临着同样的挑战。"（Ludden，2017）居住在加利福尼亚州瓦卡维尔的 60 岁非西班牙裔白人沃尔特·西蒙（Walter Simon）说，他与墨西哥籍妻子的长期婚姻"并不容易"。主要的困难在于文化，而不是肤色。他说："我妻子不喜欢说英语，我们住的某些地方的人非常种族主义……他们对见她持保留态度。"（Fears and Deane，2001）

你怎么认为

异族通婚夫妇收获幸福的一个关键是，在他们结婚之前能意识到他们的结合在种族问题上会被其他人如何看待，以及他们能从亲戚和朋友那里获得多少社会支持（Kenney，2002）。如果你和一个不同种族的人结婚，你认为自己会得到多少支持？

结婚仪式　传统求爱过程的高潮是订婚，然后举行婚礼（通常是在 12 ~ 16 个月后），接着就是度蜜月。所有这些与婚姻有关的仪式都构成了关键的结婚仪式，**结婚仪式是指标志着某人发生从一种社会地位转变到另一种社会地位的重大变化的事件**。让我们分析一下这些事件。

- **婚约**　也被称为**订婚**，是双方对结婚的承诺，是一对夫妇向世界表明他们打算结婚的方式。订婚期为新人提供了一段时间，能让双方在没有传统约会压力的情况下更好地了解对方。这也是夫妻获得婚前咨询

（来自宗教或世俗）的机会，讨论病史，探讨他们是否想要孩子，以及是否需要基因咨询。正如我们在本章末尾所讨论的，这也可能是一个建立个人婚姻协议的时候。

■ **求婚** 如今，因为很多情侣在结婚前都住在一起，所以求婚通常不像过去那么正式。也许不再有在浪漫的晚餐中赠送订婚戒指的仪式，男人也不再向女人的父亲"提亲"，2015 年的一项网络调查显示，77% 的求婚者仍在遵循异性情侣和同性情侣都信奉的征求父母同意的传统（Shellenbarger，2017）。

媒体喜欢报道引人注目的公开求婚事件，比如说唱歌手坎耶·维斯特（Kanye West）租用旧金山巨人棒球场，向真人秀明星金·卡戴珊（Kim Kardashian）求婚。然而，大多数人（91%）认为私密的、亲密的求婚会更好。比如，61 岁的鲍勃·库奇恩（Bob Kutcheon）在西雅图国王街车站的钟下向 50 岁的米歇尔·维斯托尔（Michelle Vestal）求婚，两人都无家可归。在 6 年前，两人就是在这里相遇的（Pires，2018）。一位专家表示，在设计求婚方案时，最重要的是关注怎样做才能让关系升温（Cain，2014）。

不过，近年来通过语音信息、电子邮件、电子信息，甚至是专门创建的 iPhone 应用程序发送求婚信息的数量有所增加，而且这种婚约经常是在 Twitter 上宣布的，这应该不足为奇（de Choudhury and Massimi，2015；Frank，2015；Mallozzi，2014）。

■ **婚戒** 求婚时应该拿出订婚戒指吗？1992 年，当迈克尔·金（Michael King）向蒂芙妮·怀特（Tifphani White）求婚时，

他没有用戒指，而是用一个加彩虹糖屑的凯菲香草蛋卷冰淇淋，在几年后他补上了戒指（Taylor，2015）。尽管许多年轻人面临着巨额的债务、不确定的就业前景和不断上涨的住房成本，但情侣们仍然倾向于优先购买豪华的订婚戒指，虽然戒指的价格会随着经济的变化而浮动，2017 年平均为 6 351 美元，而 2011 年平均为 5 095 美元。正如人们所预料的那样，越来越多的珠宝商也开始为同性伴侣打造订婚戒指或结婚戒指（Wells，2014）。

■ **新娘送礼会、单身派对、订婚派对** 除了戒指外，还有其他与订婚有关的仪式，如新娘送礼会和单身派对。新娘送礼会（bridal shower）是由准新娘的女性朋友组织的聚会，传统上只有女性朋友会受邀参加。在这个聚会上，准新娘收到一大堆礼物，比如来自家里的礼物。如今，送礼会不再是女性专属的活动（Tan，2016）。

单身派对是由准新郎的朋友组织的只对男性开放的派对，通常会有很多酒，新郎会说他马上就要失去所谓的自由。有时，这些派对活动会在很远的地方举行：一些英国准新郎的单身派对是在东欧地区举行的，那里的酒店和酒吧的物价都很便宜（Bryan-Low，2007）。然而，最近有些人反对举办"兄弟+酒"的单身派对，因此有些想结婚的人会做其他的事情，比如和朋友去露营（Britt，2015）。

在一些地区，女性们会聚在一起，为未来的新娘举办单身派对。然而，这些订婚仪式也在发生变化，男性和女性有时也会参加单身新娘或单身汉订婚派对（有时候朋友们会办一个"情侣送礼会"，大家聚在一起开

派对，互赠礼物。有时，当客人们发现他们期待的订婚派对竟然是正式的婚礼时会因这对新人能够提前几个月就筹备好婚礼，而且能做到严格保密深感惊讶（Strauss，2017a）。

此外，根据一份报告，现在许多夫妇会通过婚礼网站和博客向家人和朋友了解这些事件（Dodes，2007）。与此同时，人们普遍使用社交媒体使策划婚礼的压力显著增加（Kellman and Swanson，2018）。

■ **结婚证、婚礼和司仪**　因为婚礼至少是一个民事事件，涉及国家的权力，所以伴侣必须获得结婚证。美国有 2/3 的州要求伴侣们在获得结婚证后，要等待一段时期才能举行婚礼。

教堂等宗教机构举办的婚礼越来越少，2017 年只有 22%，低于 2009 年的 41%。越来越多的人在乡村俱乐部（12%）；酒店（12%）；古宅（14%）；谷仓、农场或牧场（15%）；或在宴会厅（17%）举行婚礼（XO Group/The Knot，2018）。许多新人选择在家里喜结连理，从而让婚礼更私密（Roth，2017）。在婚礼司仪的选择方面，美国有 43% 的夫妇选择由朋友或家人担任婚礼司仪，而不是由牧师、法官或地方法官担任。但是，一些同性、跨宗教和非宗教的夫妇寻求前州法官和其他有地位的官员来主持仪式。事实上，有一个名为"爱的法官"（judge for love）的组织，该组织由 5 名前纽约最高法院大法官组成，他们"承诺能使一场婚礼有一定程度的个性化，这是市政厅办公室没有的"（Wang，2017）。

■ **婚礼**　对准新娘来说，最初订婚时的兴奋可能会被筹备婚礼的任务所淹没。即使是最普通的活动也可能涉及很多工作：告知朋友和家人、在报纸上发表声明、选择日期、选择地点、确定主题，采访酒席承办人和摄影师，选择音乐和鲜花，试穿礼服等。有时候一对新人会举行两场婚礼。第一场是"影子婚礼"或者"光婚礼"——在重要日子来临前的一个亲密的仪式（Young and Hobson，2013）。有时为了尊重一个人的文化或者另一个人的年长亲戚，举行两场婚礼是必要的（Holmes，2013）。现在，我们可以在应用程序上规划婚礼的所有步骤（Beurteaux，2017）。

通常，仪式的地点、风格等一些其他因素是由新人的开支预算决定的。因此，婚礼策划人建议新人优先考虑哪些因素是最重要的，比如，地点和娱乐活动是否比摄影师更重要。订婚的伙伴当然也需要这样做，决定谁将参加婚礼，以及他们需要扮演什么角色：伴娘、伴郎、花童、迎宾员等。

然而，某一从事调查的婚礼策划网站表示，历史悠久的婚礼传统仪式正在减少。2016 年，不到一半的新娘会抛捧花，85% 的新人会切蛋糕（XO Group/The Knot，2018）。

有一个叫作"婚礼产业综合体"的完整婚礼产业，该产业与结婚有关，我们接下来会进行讨论。

■ **蜜月**　按照传统，在婚礼和喜宴之后，新婚夫妇会度蜜月。无论蜜月是在廉价的旅馆还是环游世界中度过，其目的都是让新婚夫妇从婚礼的压力中恢复过来，开始接受合法夫妻的新身份。

实例：婚庆产业综合体

一场童话般的婚礼要多少钱

一个阿富汗人可能会在他的婚礼当天发现，原先宾客名单上的 700 人（所有的亲戚）几乎翻了一番，其中许多宾客都是不请自来的陌生人，而他预计要支付 3 万美元的费用。在阿富汗，3 万美元是一笔不小的费用，但大型婚礼是文化规范（Goldstein，2015）。

这笔费用也与一场普通美国婚礼的花费相差不远。一场美国婚礼会有大约 136 名宾客、5 名伴娘和 5 名伴郎，2017 年的婚礼平均花费为 33 391 美元（XO Group/The Knot，2018）。这笔费用（包括婚宴，但不包括蜜月的花销）超过了大多数美国学生在毕业时为了缴学费而欠下的贷款（32 731 美元）。在这样的情况下，难怪越来越多的人开始购买婚礼保险，以补偿因疾病、极端天气甚至是突然变心而造成的损失（Melia，2014）。在新墨西哥州，婚礼平均花费为 17 584 美元；在纽约，婚礼平均花费为 76 944 美元。

根据 2017 年收集的 10 521 份调查样本，婚礼的平均花费为 25 764 美元。但是值得注意的是，平均成本和中值成本之间是有区别的，中值成本是按大小顺序排列一组数字时的中间成本。2017 年婚礼的平均花费是 25 764 美元，但那一年婚礼花费的中位数不到 1.5 万美元，即大约比婚礼的平均花费少 1 万美元。中位数可能更贴近大多数人的花费（Latham，2017；Migdol，2013）。

不管怎样，这些费用都不包括婚礼宾客通常在机票、酒店、外出就餐、服装等方面的花费，根据美国运通（American Express）的数据，这些费用平均为 673 美元（Malcolm，2015）。

随时准备为新人提供帮助的是所谓的婚礼综合产业，这个产业集活动策划、接待室、花店、摄影公司、餐饮公司、豪华轿车公司等于一体，价值 720 亿美元，旨在鼓励年轻夫妇实现他们的奢华梦想，即使他们自己或他们的父母都难以承担。社会学家劳里·埃希格（Laurie Essig）说："美国人想要'完美'的婚礼，但他们也想要'名人'的婚礼——没有预算，也没有限制来实现我们的幻想。"（The Wedding Industrial Complex，2013）。

你怎么认为

举办一场宾客众多的奢华婚礼有什么好处吗？一项研究表明，那些报告婚礼上客人越多的夫妇，婚姻质量也越高（Stanley and Rhoades，2015）。但另一项研究表明，那些在婚礼上花费最多的人离婚的风险更大，这也许是因为高昂的费用给婚姻带来了巨大的压力（Francis-Tan and Mialon，2014）。这些结论会影响你举行或不举行盛大的婚礼吗？

婚姻是对性专一和亲密关系的永久性的期待　在一夫一妻制的婚姻中，大多数伴侣认为他们的关系将建立在对彼此的两个承诺上：性独占性和天长地久。

■　**性独占性——"放弃所有其他诱惑"**
性独占性（sexual exclusivity）是指承诺只与**一人发生性关系**。尽管这条规则也有例外，即在所谓的"开放式婚姻"中，但大多数婚姻一开始都假定夫妻双方会对彼此忠诚。尽管有很多已婚人士都违背了这些婚姻誓言，但盖洛普的一项民意调查表明，92% 的美国人认为婚外情是错误的（Dugan，2015）。

■　**天长地久——"只要我们都还活着"**
天长地久指的是伴侣承诺终生在一起。从历史上看，婚姻誓言存在的原因之一是社会想确保经济稳定，从而使人们安全地养育孩子。后来，情感上的安全感成了婚姻的纽带。虽然我们现在生活在一个"连环婚姻"甚至是"起步婚姻"的时代，但人们仍然希望他们能找到自己寻求的持续终身的情感方面的安全和亲密。

性独占性和天长地久确实是许多夫妇的主要问题。由于婚姻需要严肃的承诺，因此越来越多的已经订婚和同居的情侣现在会寻求婚前咨询或伴侣治疗，以帮助他们解决潜在的关系问题（Marx，2015；Rhoades and Stanley，2014）。

婚姻是一种法律承诺　在结婚的过程中，你对自己的伴侣做出了承诺，至少在历史上是对其家庭成员做出的承诺。在过去，甚至在今天，结婚的夫妻会意识到他们也要为彼此的父母承担一定的责任，比如，在假期探望他们，在他们生病或年老时照顾他们。但你也要遵守你所居住的国家的法律。比如，当你和某人结婚时，你可能会发现你有责任在婚后与伴侣共同偿还你们的债务。

在美国，如果你是一名女性，你不想随你丈夫的姓，或者想用连字符的形式（把他的姓和你的姓连在一起，比如"琼·科恩 - 桑切斯"（Joan Cohen-Sanchez），你就必须和你的丈夫说清楚，尤其是当你正在考虑要孩子的时候。孩子们也要用连字符连接的姓吗？用连字符连接的名字并不常见。婚后保留娘家姓的趋势在 20 世纪 80 年代或 20 世纪 90 年代似乎有所下降，但现在似乎又在上升（Miller and Willis，2015）。

一些女性在工作中会使用自己的姓，而在其他场合中会使用丈夫的姓（Miller and Willis，2015；Wexler，2015）。在极少数情况下，男人会用妻子的姓，或者把自己的姓和妻子的姓结合在一起，就像安东尼奥·维拉和科瑞娜·雷戈萨（Antonio Villar and Corina Raigosa）一样，他们的姓合为维拉戈萨（Villaraigosa）。2014 年，某网站对 5 000 对新婚夫妇进行了一项调查，结果显示，在同性伴侣中，只有 41% 的人随对方的姓，而异性伴侣中的这一比例为 83%。

由于离婚是许多婚姻的最终结果，因此会对个体和社会带来重大影响，因此还需要另外三份婚约协议，它们是契约婚姻合约、婚前协议和婚后协议。

■　**契约婚姻合约——"我们想展示出对婚姻更坚定的承诺"**。1997 年，路易斯安那州通过了美国第一部婚姻法，亚利桑那州于 1998 年通过，阿肯色州于 2001 年通过。自此，契约婚姻法案在其他几个州也开始生效。通常，获得契约婚姻的结婚证所花的费用比获得传统的结婚证要少得多，尽管这种经济上的激励可能会使人们对他们实际上所作的法律承诺知之甚少。

契约婚姻是指夫妻双方通过（1）接受婚前咨询；（2）在婚姻中遇到困难时接受婚姻咨询；（3）同意分居两年后或有通奸、家暴行为之前不离婚，以证明双方对婚姻的坚定承诺。

支持者认为，传统的婚姻合同在当今的《无过错离婚法》面前没有足够的约束力，该法允许夫妻在短时间内离婚。契约婚姻合同本身是否真的能降低离婚率还不清楚，因为签订契约的人有可能是那些反对离婚的人。此外，在法庭上证明伴侣有通奸或家暴行为的费用可能会很高，就像在"无过错"离婚之前一样。

- 婚前协议——"婚前，我们想确定离婚时财产的分配问题。"婚前协议是指婚前伴侣双方签署的在离婚或一方死亡时如何分割财产和照顾子女的合同。婚前协议在本质上描述了夫妻双方带进婚姻的财产在双方离婚时如何处理，这是那些再婚的人的"最爱"，尤其是当其中一位伴侣很富有的时候（见表 8-1）。

表 8-1　婚前协议中可能出现的条款

每个人的资产、债务和收入清单
如果离婚或有一方死亡，财产怎么办
谁是养恤金和退休金的受益人
是否会有财产和解或赡养费等

资料来源：Dubin, 2001b.

婚前协议特别适用于那些与前妻有孩子；资产超过 10 万美元；拥有一家企业，是公司的合伙人，或者拥有高薪职业；支持配偶获得更高的学位（如医学博士）的人（Hannon，2006）。另一种经常使用的法律手段是信托，尤其是那些希望免受未来离婚索赔从而保护财产的富裕家庭，它经常被用于税收规划和资产保护（Silverman，2005）。

在 2013 年接受调查的美国顶级婚姻律师中，近 2/3 的人指出，最近选择签署婚前协议的伴侣人数有所增加（American Academy of Matrimonial Lawyers，2013）。尽管如此，一位作家评论道："被要求签署婚前协议是一个敏感的要求，它会让人产生不被信任和无情的感觉。这就好像你的未婚夫在蜜月之前就开始计划如何退出。"也许这就是为什么前披头士乐队成员保罗·麦卡特尼（Paul McCartney）在 2002 年与希瑟·米尔斯（Heather Mills）结婚时并没有坚持这样做的原因。但他在 2008 年离婚时损失了约 2.5 亿美元的财产。

但婚前协议也有优点（Sullivan，2018），因为 60% 的离婚发生在婚后的头 8 年，婚前协议可以起到一定的保护作用。

实际行动　•••

让它成为你的婚礼：
今天的婚礼创意

美国每年约有 220 万场婚礼（The Wedding Report，2018）。因此，婚礼已经成为一项价值大约 720 亿美元的业务，涉及礼服租赁、婚礼仪式、鲜花、音乐、摄影、餐饮，以及蜜月旅行（Schmidt，2017）。但这个传统行业正在经历巨大的变化。举例来说，一个原因是越来越多的男性参与了婚礼的策划，某一市场研究机构的数据显示，参与婚礼策划的男性比例高达 80%

（Caplan，2005）。

多变的婚礼：多元文化及其他庆祝活动

价值一万美元的白色婚纱可能永远不会过时，但现在一些新娘开始穿其他颜色的婚纱，比如令人吃惊的红色。一位专家表示，新娘"可以定制婚纱的颜色或图案、引人注目的珠宝、夸张的鞋子，或者其他有个性的配饰"（Cook，2018）。近年来，从连身衣到可以反复穿的新娘装，各种各样的款式应运而生（Alexander，2016；La Ferla，2016；Strauss，2018）。

如今，婚礼也因后现代家庭的出现而变得复杂，其中可能有继父母，同父异母的兄弟姐妹，有时还有前配偶，甚至前配偶的新男友或女友以及孩子（Dickinson，2002）。

一些夫妇为了避免这些问题——以及为了缩减花在花艺布置和开胃菜上的大量费用——而成为"婚礼蜜月者"，将他们的婚礼和蜜月带到一次远距离的旅行中，比如去夏威夷、意大利、塔希提岛、安圭拉岛或斐济，这些都是蜜月旅行的热门目的地。一些再婚的夫妇甚至会带着他们与之前的伴侣所生的孩子一起度蜜月（Greenberg and Kuchment，2006）。

如果你和自己心爱的人在一场棒球比赛中相遇，你可以在库尔斯球场或道奇体育场租本垒板来庆祝你们的结合。你可以在加利福尼亚州帕萨迪纳市

著名的元旦活动之前，在玫瑰花车上结婚（Associated Press，2016）。你还可以选择从拉斯维加斯到苏黎世通过网络实时直播你的婚礼的服务，这样远方的家人和朋友也可以参与其中（Barker，2006）。一位用户说，由于千禧一代喜欢在婚礼上留下自己的印记，因此一些酒店提供了直升机入场和冲浪主题婚礼等选择（Weed，2015）。

"我们结婚了！" 传统婚礼可能永远不会过时，但现在越来越多的夫妇开始"定制"他们的婚礼。你见过什么样的婚礼？

一些夫妇选择积极帮助慈善机构和社区，比如动员亲友向动物收容所捐赠食物，而不是为他们准备结婚礼物（Ioannou，2017；Strauss，2017b）。有些人为了省去朋友做伴娘和伴郎的麻烦和成本，干脆取消婚礼，而选择为无家

可归的人举办派对，就像印第安纳波利斯的一对夫妇那样（Associated Press，2017；Sloss，2018）。

处理好婚后的失望情绪

结婚是人生大事，这意味着你放弃了单身的生活。你需要在被所有的关注"淹没"后，做好婚礼结束后"撤退"的准备。

婚后协议——"由于我们的婚姻出现了新的状况，我们现在想确定如果将来我们选择离婚该如何分配财产。"最近出现的一个法律协议是婚后协议。婚后协议与婚前协议的不同之处在于前者是由已经结婚的双方共同制定的。通常情况下，人们只有伴侣中的某一方

继承遗产或开始创业，或者带着与前任所生的需要抚养的孩子的情况下，才会制定婚后协议（Lewin，2001；Smith，2015；Steverman，2017）。

虽然杜宾声称这种婚后协议"提供了沟通和妥协的催化剂"，并且"减少了遗嘱认证问题，降低了离婚的概率"（Dubin，2001a），但其他人并不认同这一观点。律师托马斯·奥尔德姆（Thomas Oldham）说："你看过这些协议后就会发现，它们几乎总是赋予较富裕一方更多权利，而剥夺较不富裕一方的权利。"（Lewin，2001）

除了利用这类法律协议之外，夫妻还可以通过订立个人婚姻协议获益。

婚姻是一种仪式，它会改变一个人的地位，需要个体改变自己的行为和承担新的责任。你认为有哪些可能的新职责和行为？

实际行动　•••

这些婚姻是禁忌吗

你有没有被告知你不能和某些异性结婚？

你可能听说过，和表亲结婚会被污名化，因为近亲婚配会增加你的孩子有先天缺陷的风险，比如智力低下等。《纽约时报》的一位作家说："大多数美国人觉得与表亲结婚生子的想法令人不安，甚至令人反感。"（Kershaw，2009）

事实上，美国有 25 个州禁止近亲结婚，另有 6 个州只在特定情况下才允许近亲结婚，比如这段婚姻没有后代（National Conference of State Legislatures，2018；Stritof，2018）。北卡罗来纳州允许表亲结婚，但禁止双表亲婚姻——一个家庭的两个兄弟姐妹与另一个家庭的两个兄弟姐妹结婚。

但这一禁令也经常被忽视，无论

是在美国还是在其他地方。著名的英国博物学家查尔斯·达尔文（Charles Darwin）与他的表妹结婚并生了 10 个孩子，其中 4 个成了杰出的科学家。爱因斯坦的第二任妻子是他的表妹。在沙特阿拉伯的部分地区，25% ~ 42% 的婚姻发生在近亲之间，在卡塔尔，这一比例至少为 35%（Doherty，2012），在土耳其和摩洛哥，这一比例是 22%（Begley，2002；Corliss，2002）。一些文化鼓励表亲婚姻，以整合家庭资源。

8.2 家庭生命周期的变化：来自婚姻的视角

核心内容：

婚姻通常会经历的 4 个阶段，以及家庭可能需要做的调整

概述 家庭生活有 4 个阶段：（1）开始阶段，婚姻满意度最高；（2）养育孩子的阶段，婚姻满意度较低；（3）中年阶段，婚姻满意度较高；（4）老龄化阶段。

精神分析学家埃里克·埃里克森（Erik Erikson）认为，个体在一生中所经历身份的变化，按照人的生命周期分为 8 个阶段，但这些阶段高度依赖我们与他人的关系。其他学者提出，婚姻和家庭也有发展阶段，即家庭生活周期，这个术语是由保罗·格里克（Paul Glick）提出的（Duvall and Miller，1985；Glick，1989）。

家庭生活周期（family life cycle）指的是根据家庭发展的观点，家庭成员的角色和关系的变化，在很大程度上取决于他们如何适应育儿责任的出现和消失。为了便于讨论，我们将婚姻 / 家庭生命周期分为以下 4 个阶段。

开始阶段：婚姻满意度最高

婚姻生活不同于单身生活。突然间，你不再只对自己负责，而是与另一个人分享人际关系、责任，甚至身份。事实上，当你发现和你结婚的那个人不是和你约会过的那个人时，你会感到很震惊。尽管如此，大多数伴侣说他们在这个阶段对彼此的满意度是最高的（Lucas et al.，2003；Vaillant and Vaillant，1993）。

在一项历时 17 年的研究中，苏黎世大学的研究人员要求几千对夫妇在不同时间评估他们的幸福程度，并发现如果从 1 到 10 打分，单身人士给自己的评分是 7.6 分，结婚后升至 7.8 分，但结婚 10 年后降至 7.4 分，部分原因是由于抚养孩子的压力，还有一个原因是女性对性的兴趣下降（Stutzer and Frey，2006）。

"身份博弈" 婚姻的开始包括身份博弈（identity bargaining）。身份博弈是指婚姻的现实迫使夫妻双方调整他们对彼此原来的理想化期望的过程（Blumstein，1976；McCall，2003）。如果你认为自己的伴侣在约会阶段没有抱怨你在外面待得太晚，那么现在你可能会发现，这只是对方求爱时的众多

小伎俩之一。

失去独立性　如果你在单身期间热衷于享受独立的生活，那么你可能需要一些时间才能适应婚后生活。事实上，一些向往自由的人发现自己对婚姻的责任和限制感到非常沮丧。另一方面，即使他们在婚姻中并不完全平等，新婚夫妇也经常谈论关于如何使双方保持平等的话题（Jonathan and Knudson-Martin，2012）。

新朋友和新亲戚　结婚意味着要了解对方的家庭成员和朋友。这一负担可能通常会落在新婚妻子身上，她们通常被期望能主导与姻亲的聚会。她们和单身朋友在一起的时间会变少，并且可能会花更多的时间和其他已婚夫妇在一起。

职业和家庭角色　第一年你们会面临需要兼顾事业和家庭责任的情况，如生活费用的分配和家务的分工等。现在，如此多的女性外出工作，传统的由妻子承担家务以换取丈夫的经济支持的家庭已有所减少（Ackert et al.，2018）。

养育孩子的阶段：婚姻满意度较低

研究表明，婚姻满意度会随着家庭生活周期的变化而变化（Easterlin，2006；Vaillant and Vaillant，1993）。事实上，研究人员提到了婚姻幸福的 U 型曲线，这条曲线表明，婚姻满意度在婚姻开始后的 10 ~ 15 年下降，然后趋于平稳，然后在婚姻的后期开始上升（Blanchflower and Oswald，2008；Cheng et al.，2015；Tsang et al.，2003；Wunder et al.，2009）。尽管这并不一定是由生育和养育孩子造成的，但这段时期的婚姻满意度较低。

社会学家玛丽·贝宁（Mary Benin）也

在对多伦多的 6 785 对夫妇进行的研究中发现，夫妻在有孩子前后的婚姻幸福程度最高（Elias，1997）。其他学者在美国已婚夫妇中也发现了类似的效应（Wu and Musick，2008）。一项对 31 000 名已婚人士展开的 90 项研究的结果表明，第一个孩子出生后，最新一代父母的婚姻满意度要低 42%（Twenge et al.，2003）。皮尤研究中心的一项调查表明，在人们认为与成功婚姻有关的 9 个因素中，孩子已降至第 8 位。皮尤研究中心的一项调查表明，在已婚人士认为对成功婚姻"非常重要"的 7 个因素中，有孩子是第 5 个因素（Geiger，2016）。此外，一些研究人员观察到，婚姻持续时间越长，婚姻满意度会越低，而且没有证据表明在以后的岁月里婚姻满意度会上升（VanLaningham and Johnson，2001）。

正如我们在后文中讨论的那样，孩子可以带来巨大的快乐，但养育孩子也需要父母付出努力和时间。父母本可以将花在孩子身上的钱用于娱乐或投资。养育孩子使夫妻单独在一起的时间变少，此外孩子的各种需求给夫妇带来了很多压力。然而，我们必须指出，除了养育孩子的问题之外，可能还有其他因素导致伴侣对婚姻不满。拥有 21 年婚姻的《纽约时报》的专栏编辑丹尼尔·琼斯写道："没有人会怀疑一段长期恋情的持久益处。但婚姻也会变得无聊，被沉闷的例行公事、周期性的争吵和重复的对话打断。"（Daniel Jones，2014）

抚养孩子的阶段　一种经典的方法将生育和养育分为以下 5 个阶段（Duvall and Miller，1985）。

■　有新生儿的家庭——持续约 2 年

半　大多数美国女性会在 27 岁时生第一个孩子。大多数想要二胎的家庭通常会在两年半之后生育第二个孩子。

■　**有学龄前儿童的家庭——持续约三年半**　在这个阶段，这对夫妇最大的孩子是两岁半到 6 岁。父母尤其是母亲非常专注于养育孩子。

■　**有学龄儿童的家庭——持续约 7 年**　在这个阶段，最大的孩子在 6 岁到 13 岁。通常，母亲会回到就业市场，即使只是做兼职。

■　**有青少年的家庭——持续约 7 年**　在这个阶段，最大的孩子在 13 岁到 20 岁。这段时间对父母来说尤其难熬，很可能父母双方都在外工作（Arnett，2007；Kroger，2007）。

■　**家庭作为启动中心——持续约 8 年**　在这个阶段，最大的孩子是成年人，已经"开始"进入独立阶段。由于这一点，夫妻婚姻满意度开始上升。

我们从以上这 5 个阶段可以明显看出，一对夫妇把他们的精力和收入投入在养育孩子上 20 ~ 28 年（如果他们有一个以上的孩子的话），或者也许会更长。

在养育孩子期间的变化　我们接下来将讨论此阶段中发生的一些改变。

■　**工作及其他职责**　许多夫妻为了承担养育孩子的费用都会外出工作，从而不得不把一个或多个孩子交给别人照顾。

工薪阶层的父母可能会因为通勤、工作不稳定、工资低和照顾孩子的义务感到有压力。中产阶级家庭可能会因为家庭、学校和课外活动（如音乐课）等事情感到紧张。

孩子们给家庭带来的挑战　在家庭生命周期的育龄期间，家庭的责任仍在增加。尽管丈夫和妻子更平等地分担家务和照顾孩子的工作，但女性仍要做大部分的家务和照顾孩子的工作。如果你计划要（或已经有了）孩子，在未来的 20 ~ 28 年里，你和你的伴侣将如何分工照顾孩子和分担家庭责任呢？

家庭责任　在成为父母之前，婚姻中的伴侣必须协商如何分担家务——做饭、购物、打扫、洗衣等。尽管社会现在提倡两性平等主义，但女性在做了一整天的有偿工作之后，仍然在做大部分的家务和照顾孩子的工作，这就是所谓的"第二班工作"。这种情况的发生可能是因为她们倾向于满足男性伴侣的期望，扮演传统的性别角色（Geiger，2016；Hochschild，2012；Klein et al.，2013；Kotila et al.，2013）。在有了孩子之后，这种情况也并没有改善，女性承担了过多的家务。记者塔拉·帕克 - 波普说："有了孩子之后，女性较以前承担的家务是男性的 3 倍。"（Tara Parker-Pope，2009）

■　**性生活的变化**　在第一个孩子出生前，一对夫妇就可能已经开始经历性生活的变化。事实上，即使你和伴侣在婚前有过性行为，你也可能会发现婚后性生活的频率下降了。

即便如此，大多数已婚伴侣报告说，与伴侣的性生活仍然令人满意。2017 年的一项研究表明，目前成年人平均每年做爱 54

次，大约一周一次（Twenge et al.，2017）。这接近于另一项研究发现的每周一次的频率（Muise et al.，2015），该研究调查了超过 3 万名 40 岁以上的美国人，并确定了每周做爱超过一次的夫妇并没有表示更幸福，而每周性生活少于一次的人则表示，他们的满足感更低。

中年阶段：婚姻满意度较高

从传统核心家庭的家庭周期来看，中年被认为是从最小的孩子离开家的时候开始，一直到退休阶段。根据荷兰研究员伯特·范·兰德亨的研究，在 30 ~ 50 岁，个体的幸福水平最低，然后在 60 岁左右开始反弹（Welsh，2011）。

我们曾经的样子　年长的夫妇们希望退休不仅能让他们从抚养孩子的责任中解脱出来，而且能带来足够的收入和休闲时光，这样他们就能做那些年轻时无法做的事情，比如去国外旅游，更好地享受与彼此相处的时光。当然，并不是每个人都这么幸运。离婚、疾病、工作变动、经济困难以及照顾家中长辈的需要可能会使人们不得不取消这些计划。为了让晚年充实，你能做的最重要的一件事是什么？

当然，并不是所有的中年父母都快乐。一些父母，尤其是母亲，会经历所谓的"空巢综合征"，**空巢综合征是指孩子离开家后，父母产生抑郁情绪并且幸福感减少的现象。**另一种情况发生在成年子女离开家几年后，他们会因为高房价、低收入或离婚而回到父母身边，这称作"回旋镖效应"（Mitchell and Gee，1996）。然而，通常来讲当孩子最终离开家时，婚姻满意度会提高（Gorchoff et al.，2008）。

在孩子离开家后，中年时期可能发生的变化包括婚姻满意度的提高或降低。

提高婚姻满意度　孩子离开家后，伴侣之间的关系会有所改善（Gorchoff et al.，2008；Vaillant and Vaillant，1993）。父母可以开始更享受与彼此相处。

然而，满意度可能因文化和性别而异。比如，墨西哥裔美国人的妻子可能会身陷在空巢综合征中，因此在中年时不会体验到更多的婚姻幸福感（Flores et al.，2004）。

婚姻不满意　到了中年，某些事情会降低婚姻满意度，比如，一个成年的孩子每周回家 3 次或 3 次以上；孩子回到父母再婚的家庭；父母的健康状况不佳（Willis and Martin，2007）。此外，如果需要照顾年长的亲戚，这种额外的责任可能会降低婚姻满意度。

心理健康和生活满意度研究员阿瑟·斯通（Arthur Stone）表示，在 20 ~ 50 岁，对金钱、工作和孩子的担忧一直伴随着我们。但是，斯通和其他研究人员发现，焦虑和压力在 50 岁左右开始减少，并会持续下降到 70 岁左右（Steptoe et al.，2015）。

老龄化阶段

在婚姻持续 30 ~ 40 年后，大多数有收入的人将临近退休。这时家庭需要做一些调整，比如，如果妻子习惯让丈夫外出工作，但现在他每天都在家里，假设他们没有照顾子女的责任，这就是一个双方都可以放松和享受与彼此共处的阶段。事实上，作家詹娜·布吕纳（Jeanna Bryner）写道："与压力较大的年轻人相比，老年人往往更乐观，对生活有积极的看法。"这与阿瑟·斯通（Arthur Stone）等人的研究结果一致，即个体在 50 ~ 70 岁的心理健康水平和生活满意度会有所提高。然而，最终，这两个人中有一人（通常是女性）会比对方活得久，由此一方会独自生活，或者与成年子女一起生活，或者住在退休社区。

8.3　不同类型的婚姻关系

核心内容：
良好的婚姻和持久的婚姻

概述　我们将探讨 2 种不同的婚姻关系：（1）5 种持久婚姻；（2）"美满婚姻"的 4 种类型及其内在的"反婚姻"元素。

许多社会科学家试图对不同的婚姻关系进行分类，尽管他们的研究都不是基于有代表性的已婚夫妇的样本展开的。我们将主要介绍：（1）库伯和哈罗夫研究的持久婚姻；（2）沃勒斯坦和布莱克斯利研究的所谓的"美满婚姻"。

5 种持久婚姻：库伯和哈罗夫的研究

约翰·库伯（John Cuber）和佩吉·哈罗夫（Peggy Harroff）在 1965 年出版的《性与重要的美国人》（*Sex and the Significant*

Americans）一书中提出，根据他们对 400 对 35 ~ 55 岁的中上阶层夫妇（当然，并不代表大多数家庭）的采访，长久的婚姻关系可分为功利型婚姻和内在型婚姻。虽然不是所有的婚姻都是幸福的，但所有的婚姻都是持久的（Cohen et al., 2009，2010）。

功利主义婚姻：3 种基于利益的婚姻　功利主义婚姻（utilitarian marriage）是建立在功利基础上的婚姻。在库伯和哈罗夫的样本中，有 75% ~ 80% 的婚姻属于这一类。这类婚姻有 3 种类型：习惯冲突型、失去活力型和消极迎合型。

- **习惯冲突型婚姻——"我们在冲突中茁壮成长"**　习惯冲突型婚姻（conflict-habituated marriage）是以持续的紧张和有未解决的冲突为特点的婚姻。库伯和哈罗夫说："尽管它在很大程度上受到控制。"这种关系中的伴侣发现，无论是口头上的争吵还是身体上的碰撞都是可以接受的，他们还将此视为改善彼此关系的方式。

这些婚姻中的夫妻双方私下都承认，不和谐是普遍存在的，冲突总是潜在的。正如一位结婚 25 年的医生告诉研究人员的那样："当然我们不会解决任何问题，这是一个原则问题。因为有些人不得不让步，这会让他在下次见面时感到丢脸。"

- **失去活力型婚姻——"我们的婚姻是注定要失败的，但是我们不得不接受它"**　失去活力型婚姻（devitalized marriage）是指婚姻中的伴侣失去了他们曾经拥有的牢固的情感联系，因为责任而在一起。他们这样描述婚姻："由于我们在最初的几年里一直'深爱着'对方，在一起度过了很长时间，享受着性，最重要的是，我们对彼此有一种亲密的认同。"然而，后来在接受采访时，他们说彼此在一起的时间很少，性生活也不怎么愉快。

他们在一起通常只是为了履行家庭或社区义务。尽管一方或双方可能会感到不满，他们享受着家庭这一"牢笼"给他们带来的舒适感，看不到"有吸引力的替代方案"，也不考虑离婚。

■ **消极迎合型婚姻——"我们的婚姻是以实际为基础的，而不是以感情为基础的"** 消极迎合型婚姻（passive-congenial marriage）：在这类婚姻中，夫妻专注于各种活动而不是亲密关系，但与处于失去活力型婚姻当中的夫妻不同，前者习惯于专注在活动中。这些伴侣结婚时对彼此几乎没有什么情感上的期待，而且这种情况会一直持续下去。夫妻几乎没有冲突，但每个人都有各自的兴趣，并从与他人的关系中获得满足感，比如他们的孩子和朋友。

这些婚姻以离婚收场的可能性比那些建立在更高的情感强度预期之上的婚姻要小。

内在婚姻：2 种基于内在回报的婚姻 内在婚姻（intrinsic marriage）指婚姻本身就是有益的、有回报的。与功利主义婚姻不同，内在婚姻几乎没有冲突和紧张。这种婚姻有 2 种类型：充满活力型婚姻和全面婚姻。

■ **充满活力型婚姻——"我们真的很享受在一起，我们会分享生命中的大部分时光"** 这是一种罕见的持久型婚姻类型，在库伯和哈罗夫的样本中，只有 15% 的人拥有这种婚姻。充满活力型婚姻（vital marriage）是指双方在心理上紧密结合在一起，并参与彼此生活的许多方面的婚姻。充满活力型婚姻中的夫妻发现彼此的陪伴和分享很重要。当这些夫妻有冲突时，他们会迅速采取办

法解决。他们很容易妥协，经常为对方做出牺牲。

非传统婚姻 女演员朱丽安·摩尔（Julianne Moore）比她的丈夫导演巴特·弗罗因德利希（Bart Freundlich）大 9 岁。大多数女人会嫁给和自己年龄相仿或比自己年龄更大的男人——在美国，新郎的平均年龄比新娘大 2.3 岁——但涉及大龄妻子或年轻丈夫的关系并不少见。已分手的黛米·摩尔（Demi Moore）和艾什顿·库彻（Ashton Kutcher）的年龄相差 15 岁，苏珊·萨兰登（Susan Sarandon）和蒂姆·罗宾斯（Tim Robbins）相差 12 岁，玛丽亚·凯莉（Mariah Carey）和尼克·卡农（Nick Cannon）相差 11 岁。然而，研究表明，与比自己小 7 到 9 岁的伴侣结婚的女性的死亡风险会增加 20%，据推测，这可能是因为这样的组合并不符合常规，因此得到的社会支持更少。你觉得和自己年龄差距这么大的人谈恋爱会如何？

■ **全面婚姻——"我们非常喜欢在一起，分享生活的方方面面"** 全面婚姻（total marriage）指的是在这种婚姻中，双方在心理上紧密联系在一起，而且在所有方面都参与了对方的生活，几乎没有矛盾或冲突。

这样的夫妻不仅相互分享他们的家庭生活、朋友和娱乐活动，而且可能会一起工作。事实上，他们会安排好自己的时间，几

乎总是待在一起。尽管处于这种类型婚姻的夫妻之间的相互依赖可以带来强烈的满足感，但如果婚姻以某一方死亡或离婚告终，伴侣可能会感到非常难过。

"美满婚姻"的 4 种类型及其内在的"反婚姻"因素

在经典著作《美好婚姻：爱情如何及为何持久》（*The Good Marriage: How and Why Love Lasts*）中，朱迪斯·沃勒斯坦（Judith Wallerstein）和桑德拉·布莱克斯利（Sandra Blakeslee）对 50 对北加利福尼亚州夫妇进行了采访，他们中有受过良好教育的白人、中产阶级，但这些夫妇并不能代表所有夫妇的情况，他们的结婚期限为 10 ~ 40 年。沃勒斯坦和布莱克斯利提出了 4 种"美好婚姻"类型：浪漫型、挽救型、伴侣型和传统型。他们指出，在每一种类型中，都存在可能危及关系的"反婚姻"因素。

浪漫型婚姻："我们的激情会天长地久" 浪漫型婚姻（romantic marriage）是指建立在激情和持久的性关系上的婚姻。"命中注定"和"永远在一起"这样浪漫的想法充斥在婚姻中，使夫妻处于幸福的状态。

反婚姻因素：潜在的破坏婚姻的因素是，夫妻双方太专注于对方，忽视了他们的孩子和其他的事情。

挽救型婚姻："我们正在弥补我们过去的不幸福" 挽救型婚姻（rescue marriage）是指建立在一种以治愈对方为核心的关系之上的婚姻。婚姻的意义在于为彼此过去遭受的痛苦和早期的不幸提供安慰。

反婚姻因素：因为丈夫和妻子在过去都受过伤害，所以这种关系往往允许因先前的虐待而重新爆发冲突的可能性。

伴侣型婚姻："我们的关系友好、平等" 伴侣型婚姻（companionate marriage）是指以夫妻之间的平等和友谊作为基础的婚姻。夫妻双方不仅会为彼此腾出时间，而且会平等地为孩子和事业腾出时间。

反婚姻因素：如果夫妻双方都过多地投入在各自的事业中，他们陪伴对方的时间可能会开始减少，他们的关系可能也会变得更像兄妹。

传统型婚姻："男方养家糊口，女方操持家务" 传统型婚姻（traditional marriage）是指丈夫挣钱养家，妻子照顾家庭和孩子的婚姻。当然，这种安排是历史悠久的，甚至可以说这种合作关系是老套的。

反婚姻因素：在这种经典的关系中，夫妻双方很可能会投入在他们传统的角色和责任中，他们唯一的共同点就是对孩子的兴趣。

我们能得出什么结论

如果你仔细阅读上述内容，你可能会得出以下结论。

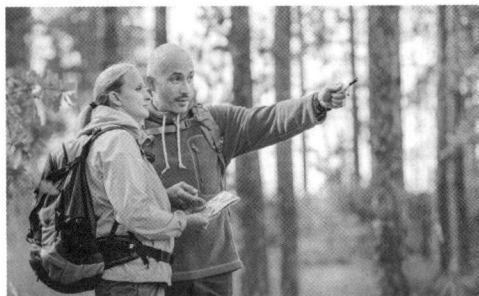

试婚 不像浪漫型婚姻或其他类型的婚姻，婚姻中的配偶关系是建立在平等和友谊的基础上的。如果你正在谈恋爱，你的伴侣也是你的好朋友吗？

1. 非代表性样本 婚姻/家庭关系的 3 种分类中，没有一种被认为可以反映所有北美人的情况，这可能是因为样本太小或不太具有代表性。

2. **不同的婚姻关系**　无论你在自己的经历中观察到什么样的婚姻或家庭模式，这些研究都不会指出某一种必然比另一种好。丈夫和妻子有很多方式维持婚姻，不同的人在一种安排中比在另一种安排中表现得更好。

3. **没有幸福婚姻的指引**　在以上的关系中，似乎没有一种能提供一个稳定而幸福的婚姻秘诀。有指引我们走向成功的秘诀吗？我们接下来将考虑这个问题。

> 除了年龄差异外，非传统婚姻还有什么特点？

8.4　是什么造就了成功的婚姻

核心内容：

成功婚姻的特点

> **概述**　成功的婚姻中双方有相似的背景、共同的特征和利益、经济保障，在完成家务和育儿方面能尽量保持公平和平等。婚姻的质量取决于承诺、接纳、关爱和灵活性。

你会如何定义婚姻中的"成功"？通过保持稳定的关系吗？但有许多伙伴关系是令人痛苦的。通过婚姻持续获得幸福吗？但没有人能一直幸福。通过灵活变通吗？也许一对夫妇不需要在每件事上都达成一致，彼此能一起解决问题，就会感到相对舒适。

也许答案就是这 3 种品质。婚姻成功度（marital success）也称为婚姻质量（marital quality），它指的是通过稳定性、幸福感和灵活性来衡量婚姻的典型特征。

让我们看看要提升婚姻成功的概率需要什么。我们来看看关于幸福婚姻的研究结果以及实现个人婚姻成功的具体建议。

美满的婚姻：研究表明了什么

2007 年，皮尤研究中心对 2 020 名成年人进行的一项调查表明，人们认为对一段成功婚姻"非常重要"的 5 大因素是（1）忠诚；（2）令人满意的性生活；（3）分担家务；（4）充足的收入；（5）良好的住房条件（见图 8-2）。正如我们之前提到的，育儿在榜单上的排名较靠后，已经从 1990 年的第 3 位下降到第 8 位。

皮尤研究中心最近的一项调查表明，在一段成功的婚姻中，被认为"非常重要"的 5 大品质是（1）共同的兴趣；（2）令人满意的性生活；（3）分担家务；（4）共同的宗教信仰；（5）有孩子。在这项研究中，忠诚和良好的居住环境似乎根本不是影响因素（见图 8-3）。

当然，这些都是人们的观点。但这些真的是成功婚姻的特征吗？许多研究者都对这一问题进行了研究。让我们总结一下他们的研究结果。

相似的背景：同质婚姻（homogamous marriages），是指在学历、种族、人种、宗教、年龄和社会阶层方面相近的伴侣之间的婚姻，它比异质婚姻更容易长久（Blackwell and Lichter，2004）。异质婚姻（heterogamous marriages）是指婚姻中伴侣双方的学历、种族、人种、宗教、年龄和社会阶层有显著差异的婚姻。

与成功婚姻
有关的因素

从1990年到
2007年的变化

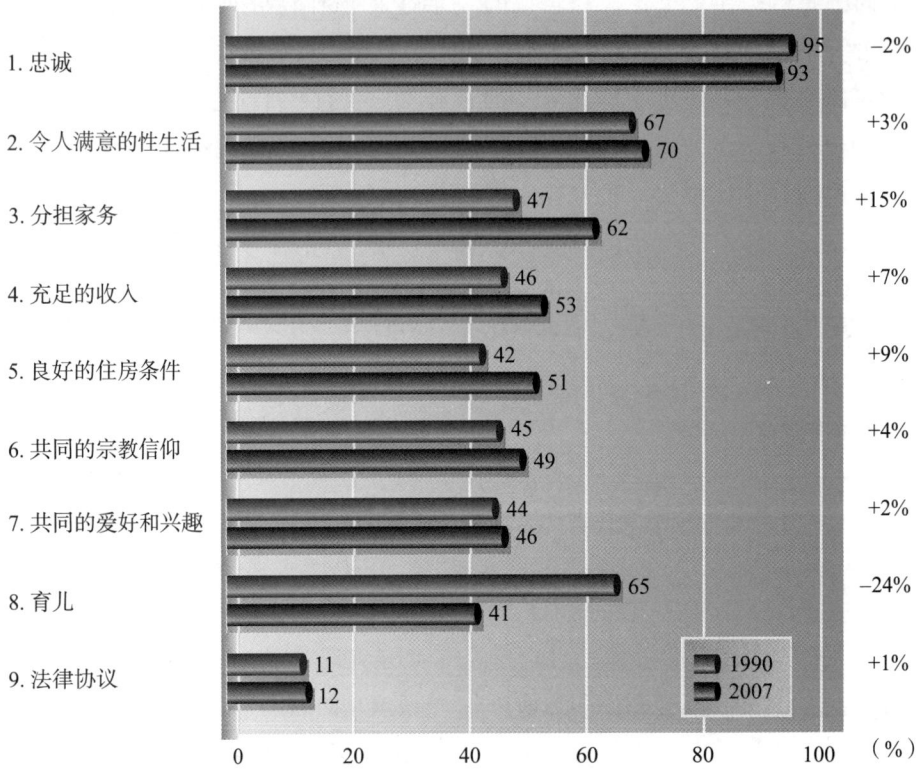

因素		变化
1. 忠诚	95 / 93	−2%
2. 令人满意的性生活	67 / 70	+3%
3. 分担家务	47 / 62	+15%
4. 充足的收入	46 / 53	+7%
5. 良好的住房条件	42 / 51	+9%
6. 共同的宗教信仰	45 / 49	+4%
7. 共同的爱好和兴趣	44 / 46	+2%
8. 育儿	65 / 41	−24%
9. 法律协议	11 / 12	+1%

1990
2007

0 20 40 60 80 100 （%）

图 8-2　是什么让婚姻美满？来自 1990 年和 2007 年的调查

资料来源：Pew Research Center，2007.

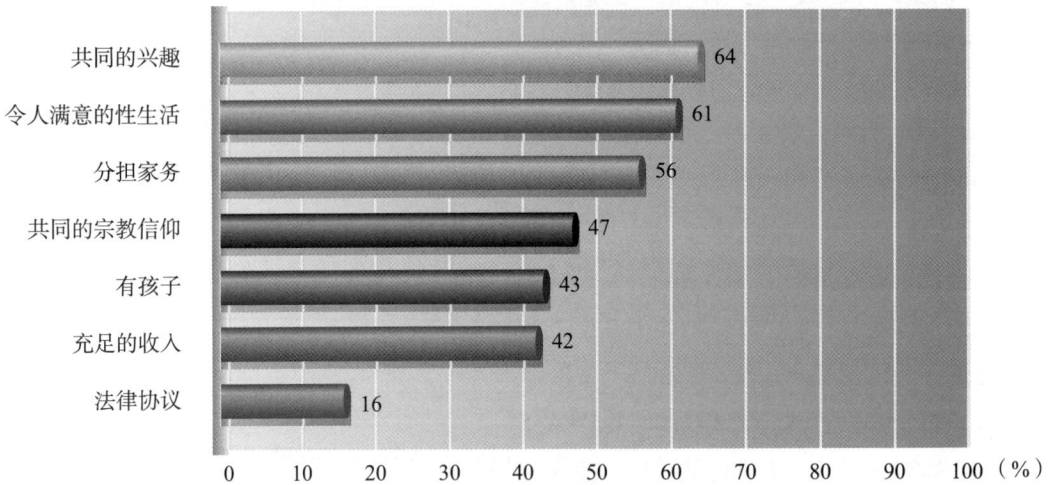

因素	百分比
共同的兴趣	64
令人满意的性生活	61
分担家务	56
共同的宗教信仰	47
有孩子	43
充足的收入	42
法律协议	16

0 10 20 30 40 50 60 70 80 90 100 （%）

图 8-3　对一段成功的婚姻来说什么是"非常重要的"

资料来源：Geiger，2016.

显然，同质婚姻似乎更长久的原因是，拥有相似背景和特征的人更容易适应彼此。

共性：相似的性格和兴趣　不过，拥有相似的背景并不代表一切。一项对 459 名已婚成功女性的经典研究表明，在婚姻质量方面，相似的社会背景不如共同特征重要，具体如下（Whyte，1990）。

- **相似的性格**　这些女性报告说，他们的配偶在性格上与自己有相似之处，比如有条理、脾气好、善于交际。

- **共同的兴趣**　大多数人还表示，夫妻双方有相似的兴趣和娱乐活动。

- **双方都有牢固的家庭关系**　大多数受访者与父母和双方的大家庭都保持着相互支持的关系。

- **对儿童的相似看法**　这些夫妇对孩子的态度大体相同。

经济状况、工作和夫妻二人制　正如我们在第 4 章"参与"中提到的，大多数人会从他们所处的社会经济阶层中选择伴侣。夫妻收入越高、职业地位越高，他们就越倾向于说自己的婚姻很美满（不管双方是否都有工作）。此外，工薪阶层的夫妇可能会发现，为了使工作、生活、通勤、职业、经济状况，以及育儿等方面保持平衡，他们需要做持续的"斗争"。

2015 年，48% 的已婚家庭的夫妻双方都有工作（Bureau of Labor Statistics，2016b）。夫妻双方都工作可能会产生消极的或积极的影响，这主要取决于他们的社会经济地位（Edelman，2018），如下所示。

- **消极的一面**　属于工人阶级的妻子（比如女服务员和秘书）需要薪水，但她们的工作可能并不令人满意，她们回家后往往还会承受工作之外的挫折，丈夫对她们的愤怒，以及为不能成为孩子的全职母亲而感到内疚。工人阶级的父亲们也可能对照顾家庭和孩子的要求感到沮丧。

- **积极的一面**　拥有两份职业（而不仅仅是两份工作）的夫妇通常有更多的收入，这可能使他们能够支付儿童保育和雇用家庭保姆的费用。夫妻双方也可能发现他们的工作足够令人满意，这对他们的心理健康和婚姻有积极的影响。

家务工作和儿童保育：公平和平等的重要性　婚姻质量的两个重要因素是公平和平等（Wilcox and Nock，2006）。

- **公平**　意味着伴侣的付出与他们得到的是成正比的。

- **平等**　意味着伴侣双方地位平等，在家庭、经济和情感方面承担同等责任。

了解以上这些概念之后，你认为已婚女性应该花多少时间在家务和照顾孩子上？根据美国劳工统计局的数据，平均每天，22% 的男性会做家务，比如打扫卫生或洗衣服，相比之下，50% 的女性会做家务。43% 的男性会准备食物或清理垃圾，而女性的比例为 70%。一项针对 500 对夫妻都外出工作的家庭的研究表明，男性花在家务上的时间为 18%，而女性为 22%；男性承担了 33% 的家务，而女性承担了 67%（Klein et al.，2013）。其他研究也表明，在做家务方面，妻子会比丈夫感知到更大的性别差异（Geiger，2016；Lee and Waite，2005）。

显然，家务的分工会造成婚姻关系的紧张。社会学家阿莉·霍克希尔德（Arlie Hochschild）在她的经典著作《职场妈妈不下班》（*The Second Shift*）中指出，妻子不得不完成工作后回到家，做"第二班工作"——做家务和照顾孩子。如果她们没有从丈夫那里得到多少帮助，就会产生怨恨，这种情况往往会影响离婚率。

尽管如此，一些人还是认识到公平和平等的重要性。一般来说，男性受教育程度越高，他们就越愿意分担传统家务。妻子在事业上与自己享有同等或更高声望的男性，也往往会比其他丈夫更多地参与家务劳动。总而言之，2013 年的一项研究表明，丈夫和妻子在分担家务和养育孩子的责任时更快乐，尽管这并不一定意味着夫妻平分家务（Galovan et al.，2014）。至于育儿本身，根据一项调查，共同抚养孩子并平等分担儿童保养责任的夫妇也更快乐（Carlson et al.，2016）。

显然，丈夫和妻子需要协商以下 3 件事。

■ **职责的分配** 谁购物？谁做饭？谁洗衣服？谁修剪草坪？

■ **协议的安排** 什么时候做家务？一周能买两次东西吗？房子的外墙要在夏天粉刷吗？

■ **标准的设定** 执行标椎是怎样的？也就是说，家里要有多干净、整洁、有序？这由谁来决定呢？

这些问题的解决程度反映了双方对婚姻的承诺程度。

你的成功婚姻之旅

假设你有向往的婚姻，那么你如何使自己的婚姻具有稳定性、幸福感和弹性从而提升"婚姻质量"呢？

首先要意识到的是，婚姻是一段旅程，而不是终点，旅程本身就应该是一种回报。

你可能希望这段关系能为你带来充满激情的和浪漫的爱情。然而，研究显示，在激情的求爱中结婚的夫妇不太可能携手走很长时间，主要是因为他们的期望和幻想无法维持婚姻（FrancisTan and Mialon，2014）。更值得期待的是，这种狂喜和激情会转变成成熟的爱，即一种建立在承诺、接纳、互相关心和富有弹性的基础上的爱。

对婚姻长久的承诺 婚姻专家 W. 布拉德福德·威尔科克斯（W. Bradford Wilcox）说，拥有持久婚姻的夫妇要对保证"婚姻的持久性"做出承诺，这种信念给了他们无论好坏，都将陪伴伴侣度过一生的决心（Reiss and Lee，1988）；它使他们能抵制来自他人可能导致婚外情的信号（Billingsley et al.，1995；Wilcox and Dew，2010）；它让伴侣信任对方，并在知道对方不会离开的情况下感到安全。

接纳和关心 婚姻不幸福的夫妻经常试图改变对方，以满足他们自己的情感需求，当他们无法这样做时，就会产生挫败感和愤怒感（Farris，2015）。相比之下，幸福婚姻中的伴侣会接受对方原本的样子——独立的个体和"好朋友"。更重要的是，他们真诚地喜欢彼此，并且尊重、珍惜和关心彼此。他们把对方的生命视为自己的一切。最后，他们在情感上互相支持。在有压力的时候，他们能互相安慰和理解。

弹性 重要的是要认识到婚姻可以是静态的也可以是充满弹性的（Antoniades，2016；Bruze et al.，2015）。

■ **静态婚姻（static marriages）**：不随时间的推移而改变的婚姻，不允许配偶改变，依靠合法的婚姻关系来强制配偶服从性关系的排他性和永久性。

■ 弹性婚姻　弹性婚姻（flexible marriages）：在婚姻中，夫妻双方会随着时间的推移而改变，并在婚姻关系中各自成长。

有一本书写道："在灵活多变的婚姻中，伴侣可以更自由地展现他们不断变化的自我，以及那些不再符合他们既定模式的部分。当他们改变自己生活的外部框架时，他们可以继续在深层次的情感层面上保持联系。"（Lamanna and Riedmann，2000）

看待这一问题的另一种方式是把婚姻视为自我延伸的过程。自我延伸（self-expansion）：**一种假设个体通过建立关系来积累知识和经验以促进自身成长和进步的过程**（Aron and Aron 1986，1997；Sheets，2014）。蒙莫斯大学教授加里·W. 莱万多夫斯基（Gary W. Lewandowski）认为人们有一种基本的想提升自我的动机——如果他们的伴侣帮助他们变得更好，他们就会对这段关系更满意（Lewandowski et al.，2006；Lewandowski and Bizzoco，2007）。

重申婚约和个人婚姻协议　大卫·P. 斯莫利（David P. Smalley）在 7 年中和同一个女人结了 7 次婚。今年 59 岁的斯莫利和他的妻子玛丽安参加了由他们所在的佛罗里达州库珀市举办的一年一度的"我愿意再结一次"的婚礼创新仪式。斯莫利已经结婚 21 年了，他说："我们不能等到明年再来，这样我们明年就可以再来一次。我们相信这个仪式会变得越来越好。"（Silverman，2003）

除了我们之前提到的那些正式的法律协议，如婚前协议和婚后协议之外，也有非正式的并且令许多夫妇都感到满意的仪式。现在我们考虑一下重申婚约和个人婚姻协议。

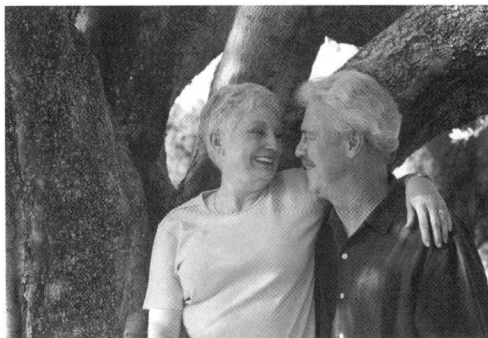

满意　从长远来看，你认为静态婚姻会让你幸福吗？或者你认为弹性是必要的吗，它能让你们自由地展现"不断变化的自我"吗？

■ 重申婚约　重申婚约（vow renewals）：**双方重申彼此承诺的仪式。**这种仪式通常会在一些特殊的纪念日举行，比如结婚 25 周年纪念日。如今，许多已婚夫妇在度假村和游轮行业的帮助下，能享受到一整套服务（包括花束、更新证件、拍照、香槟、蛋糕、音乐）。这种仪式正在变成一种常规活动（Marx，2016）。一位"司仪"（可以是任何一个人）可能会说："在见证了你们刚刚对彼此许下的誓言之后，我现在宣布你们再一次成为夫妻。"（Silverman，2003）

■ 个人婚姻协议　个人婚姻协议（personal marriage agreement）：**已婚伴侣之间达成的书面协议，规定了他们在关系中的行为——偏好、义务以及分担的劳动和任务。**虽然这样的协议看起来并不浪漫，也不拘泥于法律条文，但它不仅在定义关系中的角色和角色期望方面很有帮助，而且在鼓励双方沟通和完善亲密关系方面很有帮助。夫妻可以具体规定的事项有（1）劳动分工，包括工作和家庭方面的；（2）如何处理金钱，由谁来做什么样的决定；（3）隐私需求；（4）性关系、性倾向和性生活；（5）亲属、朋友关系；（6）宗教信仰；（7）生育计划；（8）度假计划；（9）延续或者重新协商婚姻协议。

表 8-2 介绍了如何从 3 种主要的理论视角看待婚姻这个话题，它们是结构 - 功能、冲突和符号互动论。

表 8-2　婚姻观：比较 3 种社会学理论视角

结构 – 功能视角（宏观取向）

- 婚姻通过明显的性调节功能和生育的合法性来维护社会的稳定
- 婚姻被视作配偶和子女提供经济和情感支持的一种方式
- 离婚家庭和单亲家庭曾被视为失败的家庭
- 明确定义性 / 性别角色（工具性和表现性）有助于婚姻的稳定

冲突视角（宏观取向）

- 传统的婚姻和僵化的性别角色阻碍了男性和女性发挥潜能，剥削女性权益，给女性（第二次转变）和男性带来压力
- 婚姻性质的变化（离婚、同性婚姻和契约婚姻）反映了婚姻适应社会压力和其他类型婚姻合法化的需要
- 传统婚姻是社会不平等的根源，并会导致对稀缺资源和权力的冲突

符号互动视角（微观取向）

- 人们通过社会交往创造了婚姻的定义，婚姻不仅包括异性婚姻而且包括同性婚姻
- 人们希望婚姻是一生的承诺，或者至少是一种社会所接受的能持续一生的一夫一妻制
- 个人经历会影响个体对自己想要的婚姻类型的看法，即使其还没有选择结婚

讨论社会经济阶层和经济地位对婚姻的影响。

总结与回顾

8.1 人们为什么要结婚

结婚的好理由和坏理由

- 婚姻是两个人在性、社会和经济上的合法结合，并赋予每名成员商定某些事物的权利。

- 结婚的积极原因包括情感上的安全感、陪伴和实现为人父母的愿望。

- 结婚的消极原因包括外表吸引力；来自父母、同龄人、伴侣或怀孕的压力；以及通过绿卡婚姻获得美国永久居留权。

- 2017 年，美国有 17% 的婚姻发生在不同种族或民族之间。一些种族比其他种族更有可能与异族通婚：2015 年，29% 的亚洲人、27% 的西班牙人、18% 的黑人和 11% 的白人选择了与自己种族不同的配偶。在结婚的过程中，人们有几个期望：（1）他们要经历某些仪式——订婚、婚礼和度蜜月；（2）在他们的关系中将有性关系的排他性和持久性；（3）他们做出了重要的法律承诺。

- 结婚仪式可以被看作一种标志着一个人的社会身份发生重大变化的事件。

- 在做出一夫一妻制婚姻的承诺时，大多数伴侣都认为他们的关系将建立在性关系的排他性和天长地久的承诺之上。性排他性意味着伴侣中的一方承诺只与另一方发生性关系。天长地久意味着双方承诺一辈子与对方在一起。

- 除了对你的伴侣做出关于排他性和永久的承诺外，你还与你所居住的国家签订了法律或合同协议。这意味着，如果你离婚，你如何终止婚姻、如何分割财产和养育孩子会对国家造成一定影响。

- 由于许多夫妇都有离婚的可能，因此除了夫妇与国家签订的法律合同外，美国还制定了 3 种额外的合同协议：契约婚姻合约、婚前协议和婚后协议。

- 契约婚姻合约是一种反离婚的合同。在这种合同中，夫妻双方通过以下方式来证明他们对婚姻的坚定承诺：（1）接受婚前咨询；（2）在婚姻中遇到困难时接受婚姻咨询；（3）同意分居两年后或有通奸、家庭暴力行为之前不离婚。

- 婚前协议是指伴侣双方在婚前签署的一份合同，其中规定了一旦离婚或一方死亡，财产如何分配以及如何照顾孩子。

- 婚后协议与婚前协议的不同之处在于前者是由已经结婚的双方共同制定的。

8.2 家庭生命周期的变化：来自婚姻的视角

婚姻通常会经历的 4 个阶段，以及家庭可能需要做的调整

- 家庭生活有 4 个阶段：（1）开始

阶段，婚姻满意度最高；（2）养育孩子的阶段，婚姻满意度较低；（3）中年阶段，婚姻满意度较高；（4）老龄化阶段。

■ 开始阶段持续2～3年。在这一阶段，夫妻可能会失去独立性，有新的朋友和亲戚，可能需要转变职业和家庭角色。当婚姻的现实迫使配偶调整他们对彼此的理想化期望时，就可能出现对身份的讨价还价。

■ 养育孩子的阶段可以被描述为一段婚姻满意度较低的时期，这段时期也是夫妻关系最紧张的时期。

■ 抚养孩子的时期包括许多阶段，首先是持续两年半的新生儿家庭，还有持续三年半的学龄前儿童家庭，有学龄儿童的家庭持续约7年，有青少年的家庭持续约7年，最后家庭作为启动中心的阶段会持续约8年，正是在这个阶段，孩子们离开家庭去发展他们的独立性。

■ 在养育孩子的阶段，夫妻可能会经历变化，包括家庭责任的转变、对托儿服务的依赖，以及由于额外责任加在他们身上而面对的巨大压力。

■ 中年阶段通常从家中最后一个孩子离开家开始，一直到夫妻退休。在这个阶段，一些父母，尤其是母亲，会经历所谓的"空巢综合征"——孩子搬出去后父母产生抑郁情绪并且幸福感减少的现象。另外一种情况发生在成年子女离开家几年后，由于高房价、低收入或离婚而回到父母身边生活。

■ 老龄化阶段与大多数有收入的人即将退休的时期相似。许多人发现这是一个需要适应新的生活方式和与配偶互动的时期。

8.3 不同类型的婚姻关系

良好的婚姻和持久的婚姻

■ 功利主义婚姻是以功利为基础的婚姻。这种婚姻有3种类型：（1）习惯冲突型婚姻的特点是持续的紧张和有未解决的冲突；（2）失去活力型婚姻是指伴侣双方失去了曾经牢固的情感联系，而因为责任而在一起；（3）消极迎合型婚姻是指夫妻双方更专注于各种活动而不是亲密关系。但与失去活力型婚姻不同的是，这些夫妻似乎一直都是这样做的。内在婚姻是指婚姻本身就是对双方有益的婚姻。这种婚姻有2种类型：充满活力型婚姻和全面婚姻。充满活力型婚姻是夫妻双方在心理上紧密结合在一起，并参与彼此生活的许多方面。所谓全面婚姻，就是夫妻双方在心理上紧密联系在一起，而且在所有方面都参与了对方的生活，几乎没有矛盾或冲突。

■ 沃勒斯坦和布莱克斯利提出了4种类型的"美满婚姻"：浪漫型、挽救型、伴侣型和传统型。他们认为，在每一种类型中，都有可能使关系陷入危险的"反婚姻"因素。（1）浪漫型婚姻有一种充满激情和持久的性关系。反婚姻因素：夫妻双方太专注于对方而忽视了孩子和外界，这可能是潜在的破坏婚姻的因素。（2）挽救型婚姻中的伴侣将他们的关系建立在以治愈对方为核心的关系上。婚姻的意义在于为彼此过去的痛苦和不幸提供安慰。反婚姻因素：因为丈夫和妻子在过去都受过伤害，所以这种关系总是存在基于先前的虐待而重新爆发冲突的可能性。（3）在伴侣型婚姻中，夫妻之间的关系建立在平等和友谊的基础上。反婚姻因素：如果夫妻双方都过多地投入各自的事业中，他们陪伴对方的时间可能会开始减少，他们的关系可能也会变得更像兄妹。（4）在传统型婚姻中，丈夫挣钱养家，妻子照顾家庭和孩子。当然，这种合作关系是历史悠久的，甚至可以说是老套的。反婚姻因素：在这种经典的关系中，夫妻双方很可能会将精力投入在他们传统的角色和责任中，他们唯一的共同点就是对孩子的兴趣。

8.4　是什么造就了成功的婚姻

成功婚姻的特点

- 婚姻成功度也称为婚姻质量，它是用稳定性、幸福感和灵活性来衡量的。
- 同质婚姻是指在学历、种族、人种、宗教、年龄和社会阶层方面相近的伴侣之间的婚姻。异质婚姻是指伴侣双方的学历、种族、宗教、年龄和社会阶层有显著差异的婚姻。

- 研究表明，相似的性格和兴趣对婚姻质量很重要，比如相似的性格、共同的兴趣、双方都有牢固的家庭关系以及对孩子的相似看法。
- 夫妻收入越高、职业地位越高，他们就越倾向于说自己的婚姻很美满（不管双方是否都有工作）。然而，工薪阶层的夫妇可能会发现，为了使工作生活、通勤、职业、经济状况以及育儿等方面保持平衡，他们需要做持续的斗争，这给他们的婚姻带来了沉重的负担。
- 婚姻质量的两个重要因素是公平和平等。公平意味着伴侣的付出与他们得到的是成正比的。平等意味着伴侣双方地位平等，在家庭、经济和情感方面承担同等责任。
- 婚姻是一段旅程，而不是终点，旅程本身就应该是一种回报。成熟的爱是建立在承诺、接纳、关心和弹性的基础上的。
- 静态婚姻不会随着时间的推移而改变，也不允许配偶改变，而是依靠合法的婚姻关系来强制配偶服从性关系的排他性和永久性。
- 弹性婚姻允许伴侣随着时间的推移而改变，并在婚姻关系中成长。许多夫妻会通过重申婚约或签订个人婚姻协议来重申或定义他们对彼此的承诺。

第 9 章

变化：非传统的家庭

核心内容

9.1 一些替代传统家庭的家庭结构

9.2 影响异性恋成年人结婚的趋势、关于单身的一些迷思和现实，以及不同类型的单身人士

9.3 为什么人们会成为未婚同居者，以及同居的经历

9.4 LGBTQ 的含义、同性恋者身份是如何被获得的、LGBTQ 群体感受到的伤害以及同性伴侣的类型

本章导读

首先，我们将给出一些有关较新形式的生活安排的例子。其次，我们将讨论单身人士和单亲父母的世界。我们还会讨论同居和人们为什么住在一起、同居者的特点、为什么同居者的数量增加了，以及同居与婚姻有什么不同。最后，我们将讨论 LGBTQ 的关系。

大众文化、媒体和技术

替代品是什么呢

你仍然爱着你的伴侣，但你长期对他／她缺乏激情，那你会不会不和他／她离婚，而是把被他／她当作家庭办公室的那个房间改成第二间卧室，并且为你的男朋友或女朋友准备一张床？你该如何向你那年幼的孩子解释这件事呢？这就是旧金山的雪莉·里歇特·贝卢（Sherry Richert Belul）在建议她的男友进入婚姻时发现自己遇到的情况。那是 10 年前的事了。

请思考以下替代性结构。

■ **单身人士** 许多美剧（通常是喜剧）中的角色都是单身人士，比如，《好汉两个半》（*Two and a Half Men*）中的杰瑞·宋飞（Jerry Seinfeld）、德鲁·凯里（Drew Carey）、查理·辛（Charlie Sheen）和《家有喜旺》（*Raising Hope*）中的卢卡斯·内夫（Lucas Neff）等单身男士；《杰茜驾到》（*New Girl*）、《破产姐妹》（*2 Broke Girls*）和《明迪烦事多》（*The Mindy Project*）等电视剧中的单身

女孩。

美国的电视剧很早就开始刻画非传统家庭，尤其是单亲家庭。在《活在当下》（*One Day at a Time*）中，离婚的安·罗马诺（Ann Romano）独自抚养两个任性的青少年。在《欢乐满屋》（*Full House*）中，一个鳏夫在他的摇滚乐手姐夫的帮助下抚养他的三个女儿。在《再续前缘》（*Once and Again*）中，一个有两个孩子的离婚父亲与一个刚离婚的、有两个孩子的母亲约会。在《喜当爷》（*Grandfathered*）中，约翰·斯塔莫斯（John Stamos）一开始扮演一个感到满足的单身男人，随后他的生活被他之前不知晓的 20 多岁的儿子和一个孙子颠覆。现实生活是这样的吗？有时，生活也许是这样的，但生活没有那么轻松。

■　**LGBTQ**　同性恋者正逐渐被大众媒体接受，在美国的一些黄金时段的电视剧中，如《急诊室的故事》（*ER*）、《威尔与格蕾丝》（*Will and Grace*）、《恋爱时代》（*Dawson's Creek*）、《兄弟姐妹》（*Brothers and Sisters*）、《老爸老妈的浪漫史》（*How I Met Your Mother*）、《摩登家庭》（*Modern Family*）中就出现了一些同性恋角色。

9.1　不同的家庭和家庭关系

核心内容：
一些替代传统家庭的家庭结构

概述　家庭结构和家庭正在发生变化。本部分涉及柏拉图式的"室友婚姻"，通勤婚姻、分居婚姻、跨国婚姻，隔代家庭，还有和父母同住的"成人青少

年"。我们将讨论家庭住户、非家庭住户和生活方式，还将讨论家庭安排的主要转变及其原因。

2001 年 9 月 11 日，纽约世贸中心的恐怖袭击事件中大约 3 000 名受害者的亲属关系系统给处理赔偿和继承要求的律师及幸存者带来了很大的麻烦。比如，佩德罗·切科（Pedro Checo）的幸存者女伴马米莉·卡布雷拉（Marmily Carbrera）担心会被排除在赔偿范围之外。虽然她与佩德罗·切科生活了十多年，并育有两个年幼的儿子，但是纽约州不承认事实婚姻。"她没有被视为佩德罗的妻子，"她的律师海伦·麦克法兰（Helen MacFarlane）说，"我们的同情心不应该被历史上对关系的狭隘观点限制。"（Crary，2002）

一位参与世贸中心幸存者工作的律师说："在与这些家庭会面时，我对扩展的核心家庭的概念感到震惊——有的家庭涉及多个伴侣的孩子、对受害者的生活至关重要的叔叔和阿姨。"（Cary，2002）还有些受害者是单亲父母，他们幸存的孩子不得不由祖父母收养。

不同生活方式的 4 个例子

"9·11"事件受害者的家庭结构反映了当今美国社会关系的多样性，此外，还有许多其他的关系。举例来说，我们可以考虑以下 4 种常见的变化：（1）柏拉图式的"室友婚姻"；（2）通勤婚姻、分居婚姻和跨国婚姻；（3）隔代家庭；（4）与父母同住的"成人青少年"。

柏拉图式的"室友婚姻"　这种家庭类

型在《姐妹》(Sister, Sister) 和名为《室友》(Roommates) 的电视剧中得到了颂扬。伴侣作为室友与自己生活在同一屋檐下，他们可能会共同生活长达数年。室友之间虽然没有性关系，但是形成了深厚的情感依恋。正如一篇文章所描述的那样，"这些室友伴侣以一种以前只有已婚人士才使用的方式共同生活和相互联结"(Ahn, 2001)。

在现实生活中，柏拉图式的"室友婚姻"尤其容易在住房成本较高的城市地区出现。2017 年，住在合租家庭中的美国成年人的比例从 29% 增加到近 32%(Fry, 2018)。没有伴侣的成年人的比例从 2007 年的 39% 增加到 42%(Fry, 2017)。专门研究人际关系的心理学家伦纳德·唐克 (Leonard Donk) 认为，与"室友"长期住在一起的经历"可以使个体了解如何建立亲密关系，即你是在和某个人建立一个家庭，并学会妥协"(Ahn, 2001)。

重要数据 ➡️ 不同的人

- **美国成年人中离婚单身人士的比例是多少**　2017 年，美国成年人口中约有 9.8% 的人是单身离婚男女，而在 1980 年这一比例为 6.2%(U.S. Census Bureau, 2017)。

- **同居伴侣分手的可能性有多大**　处于同居关系中的人在 5 年内分手的概率为 49%，而初次结婚的人只有 20% 的概率分手 (Bramlett and Mosher, 2002)。

- **同居伴侣结婚的可能性有多大**　20 世纪 70 年代，2/3 的同居伴侣在 3 年内结婚。如今，在第一次与重要他人同居的女性中只有 40% 的人会在 3 年内结婚 (Copen et al., 2013; Manning and Smock, 2002)。

- **同性恋者在人口中的比例是多少**　在一项调查中，2.3% 的男性和 1.3% 的女性表示自己是同性恋者，1.8% 的男性和 2.8% 的女性表示自己是双性恋者 (Mosher et al., 2005)。

- 5.8% 的男性和 12% 的女性表示与同性有过性接触 (Chandra et al., 2011)。

分居：通勤婚姻、分居婚姻和跨国婚姻

一直以来都有一些情况——由于战争、监禁、经济上的需要、出差，婚姻中的双方必须分居一段时间。

根据美国人口普查局的数据，现在美国有 396 万已婚人士分居，从 2000 年到 2017 年，该数值增加了 4%(Shellenbarger, 2018)。尽管这一群体包括住在养老院的配偶或被监禁的配偶，但也有相当一部分人处于所谓的通勤婚姻中。

- **通勤婚姻**　通勤婚姻 (commuter marriage) 是一种双职工婚姻，双方生活在不同的地理区域，但仍然坚守着对家庭的承诺。大多数这样的夫妻（他们每月在通勤和住房上花费数千美元，以便最终赚取更多收入）往往较年轻，受过更好的教育，并居住在城市（Carlozo，2012；Lindemann，2017）。通勤伴侣并不是刻意想分居，他们只是不想放弃各自的事业，也不想放弃彼此。通常情况下，分居的原因是经济上的，比如就业市场紧张，夫妻中的一方需要为工作而搬迁，或者双方都对事业有高要求，事业需要他们分居（Glotzer and Federlein，2007）。比如，43 岁的坎迪斯·诺克斯（Candice Knox）住在加利福尼亚州，她在坎布里亚酒店担任销售总监；而她的丈夫，61 岁的大卫，住在明尼苏达州，他在那里经营着自己的房地产培训业务。他们结婚 13 年，两人平时分居两地并且相隔较远，跨越两个时区。他们通常会在一起待几周，然后分开工作几周（Brambila，2012）。

在没有孩子的情况下，双职工异地婚姻也许会更成功。此外，这种婚姻还需要一定程度的信任和宽容。"夫妻可能无法享受性生活，"一位作家指出，"而热情地通话可能也无法弥补这种缺失。"（Parramore，2013）

美国的社会学家丹妮尔·林德曼（Danielle Lindemann）在最近的一项针对通勤夫妇的研究中发现，在接受采访的 97 对夫妇中，除了一对夫妇之外，其他人都选择回到配偶身边与配偶一起生活，或者计划在未来这样做（Lindemann，2017）。他们的分居时间从 2 个月到 16 年不等，中位数为 5 年。

■ **分居婚姻**　由于其他原因自愿选择不在一起生活的已婚夫妇被称为分居夫妇（living-apart-together，LAT）**或双宿双飞夫妇**（dual-dwelling duos，DDDs）；**这些人是幸福的已婚夫妇，他们对对方有承诺，但住在不同的地方**（Hess and Catell，2001；Levin，2004）。比如，旧金山的音乐家和喜剧演员约书亚·布罗迪（Joshua Brody）和他的妻子朱莉安娜·格伦泽贝克（Juliana Grenzebeck）已经结婚多年，但在此期间他一直住在妻子家的街对面（Lara，2005）。分居夫妇说，如果他们不考虑对婚姻的"好莱坞式"的期望，住在不同的住所有助于保持关系的活力和对彼此的新鲜感。

■ **跨国婚姻**　跨国婚姻（transnational marriages）**是指伴侣中的一方住在一个国家，而另一方——可能还有孩子——住在另一个国家的婚姻**（Charsley，2013）。这种婚姻可能会导致伴侣双方分离数月或数年，许多移民家庭会选择维持这种婚姻，包括那些拥有永久居民身份的家庭和那些没有证件的家庭。由于移民方面的法规很严格，如 1996 年的《非法移民改革与移民责任法》，无证移民父母更难回家看望家人和孩子（Hendricks，2005；Suárez-Orozco et al.，2005）。

隔代家庭是指祖父母抚养孙子女的家庭。哈里亚特·杰克逊 - 莱昂斯（Harriet Jackson-Lyons）独自一人在波士顿的底层社区抚养了 6 个孩子，并供他们读完了大学。但在她 70 多岁的时候，她再次成了全职父母，她在她的女儿病逝后抚养了她 9 岁的孙子。杰克逊 - 莱昂斯是人口普查局发现的 270 多万位祖父母中的一员（Mendoza，2016）。他们通常是由于死亡、离婚、遗弃、监禁或精神疾病等原因成了孙辈的主要照顾者。在大多数这样的"隔代家庭"中，祖父母是白人，年龄在 55 ~ 64 岁，居住在非城市地区；大约 1/3 的此类祖父母是单身，大约 25% 的人年龄在 65 岁以上（Armas，2002；Hayslip et al.，2017）。

2012 年，在全美范围内，约有 700 万祖父母和 18 岁以下的孙辈生活在一起，约有 39% 的祖父母主要负责满足孩子的基本需求（U.S. Census Bureau，2014）。在这一年，约有 420 万户家庭（占美国所有家庭的 3%）同时包含 18 岁以下的孙辈和他们的祖父母，其中超过 60% 的家庭是由祖父母维持的。总体而言，约有 780 万儿童生活在祖父母家，其中一些家庭是多代同堂的家庭（Generations United，2017）。在晚年突然承担责任会引发压力、对孙辈的父母的怨恨以及法律冲突，此外，祖父母面临的最大困难是经济问题。美国的一些州有为祖父母提供监护补贴的项目，但是，要获得合法监护权，祖父母有时需要起诉自己的孩子。在没有监护权的情况下，祖父母的权利很少，所以也很难获得医疗服务，甚至很难让孙子、孙女入学。

妈妈奶奶　以祖父母为户主的家庭的数量近年来显著增加，许多祖父母是孙辈的主要照顾者。你认识在抚养孙子或孙女的、来自"隔代家庭"的老人吗？为什么会出现这种情况？

与父母同住的"成人青少年"　你毕业后有什么计划？你计划找份工作、有一个自己的地方，然后结婚、生孩子，还是回家和父母一起生活？

某些鸟类的后代在到了应该离巢的时间仍能得到父母的支持（喂养）（Radford and Ridley，2006）。同样，许多年轻的单身大学毕业生进入了一个被称为"后现代后青春期"（postmodern postadolescence）的时期（Furstenberg et al.，2004），即回到了他们父母的家中。这样的成人青少年（adultolescents）[或者回头客（boomerangs）]指的是通常在 20 多岁的时候搬回父母家住的成年孩子。

根据密歇根大学对 6 000 名年轻成年人的研究，从 1970 年至 1990 年，与父母同住的 20 多岁的人的数量增加了 50%（Schoeni and Ross，2005）。 自从 2007 ~ 2009 年的"大衰退"结束后，更多的年轻人为了省钱搬回了父母家。2015 年年初，18 ~ 34 岁的人中有 26% 的人搬回了父母家（Fry，2015）。在一项研究中，20 多岁的人中几乎有一半的人从他们的父母那里得到了金钱或住房方面的帮助，但在 30 多岁的人中，只有 10% ~ 15% 的人获得了这样的帮助（Swartz et al.，2011）。"千禧一代"的许多成员推迟了离开父母家的时间，原因是住房成本高、学生贷款造成的债务高，以及就业难（Davidson，2014；Fry and Passel，2014）。令人惊讶的是，一项研究发现，"回头客"与父母同住基本上算是一种积极的生活安排，这对双方都有好处，并会产生最小的家庭冲突（Caseres and White，2018）。还需要指出的是，在美国之外的很多地方，成年年轻人与父母一起生活是非常正常的（Hamlett，2018）。

新的家庭安排

前文中讨论的变化只是当今各种家庭生活安排的 4 个例子。我们还发现，在一些家庭中，妻子是家庭中收入较高的人，甚至是唯一的养家糊口者，即成了所谓的"养家太太"（alpha earner），而丈夫则留在家里照顾孩子和家庭。此外，大家庭的数量也在增加，家庭成员不是分散在全国各地，而是通过迁居住在了一起。事实上，在美国，三代同堂家庭的成员数量在 1980 年占人口的 12%，到了 2009 年，这部分人的比例上升到了 17%，达到了 5 150 万人（Cohn and Passel，2018；Fry，2015）。

以上这些都是替代家庭的例子吗？这些趋势又意味着什么呢？

传统家庭住户、非家庭住户和其他替代安排　为了使这一讨论更加清晰，我们可以对以下内容进行区分。

■　**家庭住户**　传统的家庭住户（family household）**是指由两个或两个以上有血缘关系、夫妻关系或领养关系的人组成的单位，其中一个人是户主（householder），即拥有或租用住所的人**（Vespa et al.，2013）。因此，这个定义不包括寄养家庭、同居夫妇、未婚的同性夫妇，以及由父母以外的人抚养孩子的家庭。

■　**非家庭住户**　这是美国人口普查局使用的一个类别，非家庭住户（nonfamily household）**由独居的人或与非亲属人士（如寄宿者或室友）分享住房的户主组成**（Vespa et al.，2013）。户主的非亲属人士之间可能有关系。显然，所有的家庭都组成了住户，但不是所有的住户都包含家庭。非家庭住户可能包含单身人士、大学生、老年人、同居伴侣（异性恋者或同性恋者）等（Polikoff，2008；Rosenfeld，2009）。

■　**其他替代安排或生活方式**　生活方式（lifestyle）**是一个人根据他 / 她与其他人的关系组织生活安排的模式**，这个人可以是单亲父母、同居的异性伴侣、同性伴侣中的一方等。本章章名中的"变化"一词表明，我们正在讨论替代传统异性婚姻的生活安排，但我们无法确定这些替代方案比传统的制度更好还是更差。

"生活方式"这个词似乎也意味着选择，但许多人的生活方式以及摆脱或重塑它们的能力都会受到教育、财务，甚至生物学问题的制约。

家庭安排的主要转变　近年来出现的几种新家庭模式标志着传统家庭的转变，反映了社会力量（如生活成本的增加、教育需求的增加、新的生育控制形式以及对女性角色的更开放的看法等）的影响。

■　**已婚伴侣的减少**　1960 年，72% 的 18 岁或以上的美国成年人已婚；2017 年，这一比例下降到了 50%（Parker and Stepler，2017）。从 1960 年到 2017 年，从未结过婚的 15 岁或以上的男性的比例增加了两倍多（从 10% 增加到 34.9%），同龄女性的比例也是如此（从 8% 增加到 29.3%）（U.S. Census Bureau，2017），如图 9-1 所示。

这是否意味着婚姻注定会失败？事实上，正如社会学家斯蒂芬妮·孔茨（Coontz，2006）所指出的，90% 的美国人最终会结婚（这一比例低于 20 世纪 50 年代和 60 年代的 95%）。实际数据显示，在 2011 ~ 2015 年美国的男性和女性在 30 岁时结婚的概率为 54%，在 40 岁时结婚的概率为 78%（National Center for Health Statistics，2017）。

已婚人士

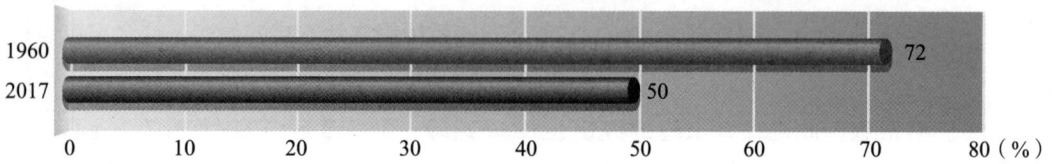

没结过婚的男人

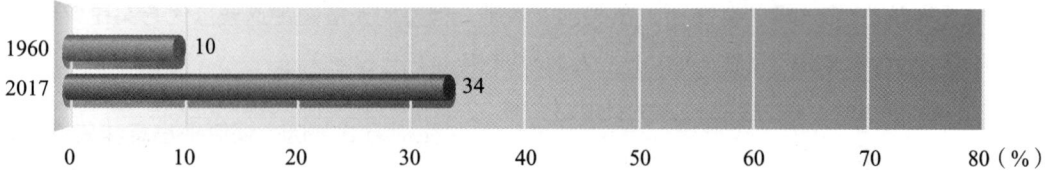

没结过婚的女人

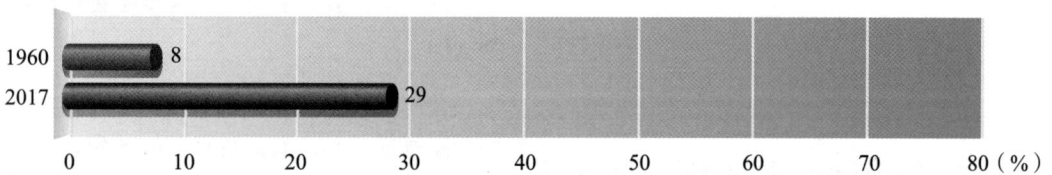

图 9-1　已婚的和未婚的美国人（1960 ～ 2017 年）

资料来源：Vespa, J., J. M. Lewis and R. M. Kreider, 2013; U.S. Census Bureau, 2012.

■ **有孩子的家庭比例下降**　如今，近 57% 的美国家庭没有孩子，该数据创历史新高。2017 年，美国非家庭住户占 53.7%，高 于 2000 年 的 29%（U.S. Census Bureau, 2017）。有子女的已婚家庭的比例从 28% 下降到了 27.8%。在 1970 ～ 2012 年，有 18 岁以下子女的家庭的比例从 40.3% 下降到了 19.6%（见图 9-2）。导致这种情况的因素有以下几个："千禧一代"推迟结婚、出生率降低、每个家庭的孩子数量减少（Sanbum, 2014）。

美国少数民族（这里定义为非单一种族的非西班牙裔白人）比白人更有可能生活在有孩子的家庭中，这主要是因为从整体来说，少数民族中年轻人的比例较大，所以他们更有可能生育和抚养孩子。事实上，从 2010 年 4 月 1 日到 2011 年 7 月 1 日，少数民族人口增长数占全美人口增长数的 93.3%（Passel et al., 2012）。

近年来，由于离婚率的增加、老一辈的去世，以及年轻专业人士的涌入，由妈妈、爸爸和孩子组成的家庭主导的时代似乎正在成为过去。根据布鲁金斯学会（Brookings Institution）的数据，2012 年是"回到城市"运动的高峰期（Sen, 2018）。已婚有子女的郊区家庭似乎正在让位于非家庭住户，比如，由年轻的单身专业人士、单亲父母和老年丧偶女性领导的家庭。房屋所有权被淘汰，而租房成为主流（Sen, 2018）。

然而，目前美国城市核心区的人口增长速度正在放缓，人们正在向郊区迁移，因为他们的年龄越来越大，所以他们想在那里买房养家糊口（Sen, 2018）。作家乔尔·科特金（Joel Kotkin）说："我们对世界各地城市的分析明确表明，有孩子的人倾向于避开城市核心地带，即使在中产阶级化的环境中，情况也是如此。"（Kotkin，2013）许多单身人士仍然生活在城市社区。

家庭和住户发生变化的原因 家庭和住户发生变化的原因如下。

■ **女性的结婚和生育年龄** 越来越多的成年人保持单身的时间延长了。自 20 世纪 50 年代以来，初婚年龄的中位数一直在上升：1970 年，男性初婚年龄的中位数为 23.2 岁，女性为 20.8 岁；2017 年，男性初婚年龄的中位数为 29.5 岁，女性初婚年龄的中位数为 27.4 岁（Griger and Livingston，2018）。此外，女性在生育第一个孩子时的年龄较大。15 ~ 44 岁的美国女性生育第一个孩子的平均年龄从 1970 年的 21.4 岁上升到 2016 年的 26.6 岁（Martin et al.，2018）。

■ **较小的家庭规模** 家庭和住户的规模变得越来越小：1970 年，美国的平均家庭人口为 3.14 人；2017 年，变成了 2.54 人（Statista，2018a）。家庭规模的变化与正在形成的家庭类型——丁克家庭、单亲家庭、非家庭住户——有很大关系（Furstenberg，2010）。

■ **在职父母的负担加重** 仍处于工作年龄的父母的负担增加了，因为他们不仅要抚养年幼的子女，而且要赡养年老的长辈：自己的父母和其他老年亲属。

有18岁以下子女的已婚夫妇

没有子女的已婚夫妇

其他家庭住户
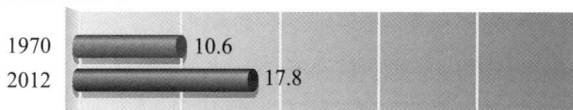

独自生活的男人
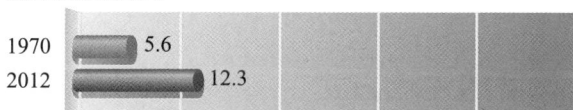

独自生活的女人
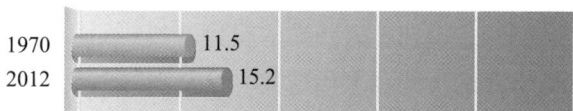

其他非家庭住户
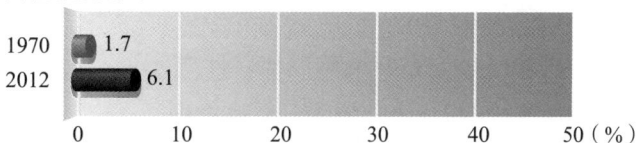

图 9-2 不同家庭的比例（1970 ~ 2012 年）

资料来源：Vespa, J., J. M. Lewis and R. M. Kreider, 2013; U.S. Census Bureau, 2012.

■ **更多的女性户主** 以女性为户主的家庭比例大大增加。由单身母亲组成的家庭数量从 1970 年的 300 万户增加到 2017 年的 1 500 万户（Statista，2018b）。

■ **更多的女性工作者** 参加工作的女性比例增加了，而参加工作的男性比例却下降了。从 1976 年到 2017 年，父母双方都工作的家庭的比例几乎翻了一番，从 31% 增加到 61.9%（U.S. Bureau of Labor Statistics，2018）。2011 年，在所有有 18 岁以下孩子的家庭中，母亲是家庭唯一或主要收入来源的家庭比例达到前所未有的 40%，而 1960 年的这一比例仅为 11%（Pew Research Center，2015）。

> 考虑到生活在一起的各种形式——柏拉图式"室友婚姻"；通勤婚姻、分居婚姻、跨国婚姻；隔代家庭，你对这些类型家庭的婚姻的变化有什么看法？未来 25 年可能会出现哪些新的婚姻类型？

9.2　单身的生活方式

核心内容：

影响异性恋成年人结婚的趋势、关于单身的一些迷思和现实，以及不同类型的单身人士

> **概述**　首先，我们将介绍 3 种异性恋单身人士：未婚人士、丧偶人士和离婚人士。其次，我们将讨论关于单身人士的神话和现实，并介绍不同类别的单身人士。最后，我们将简要讨论一下单亲父母。

心理学家约翰·卡西奥普（John Cacioppo）说："如果我们能与自己信任的人分享内心的感受，我们就能更从容地面对生活中的压力和挑战。"

作为《孤独：人性与社会联系的需要》（*Loneliness: Human Nature and the Need for Social Connections*）一书的合著者，卡西奥普和其他学者认为，人类从根本上来说是社会性动物，与他人建立有意义的联结是我们保持健康、幸福并实现长寿的愿望所必需的，而且许多研究似乎都支持这一观点（Cacioppo and Cacioppo，2014；Cacioppo et al.，2015；Holt-Lunstad et al.，2015；Perissinotto et al.，2012；Qualter et al.，2015）。

当然，单身人士并不一定孤独，事实上孤独的感觉是主观的。"你有可能在人群中感到孤独，你也有可能在婚姻中感到孤独，"哈佛成人发展研究项目主任、精神病学家罗伯特·瓦尔丁格（Robert Waldinger）说，"孤独并不一定与你每天和多少人在一起有关，重要的是你是否感觉自己与他们建立了联结。"（Hellmich，2014）然而，很明显，单身人士——尤其是年长的、宅在家里的单身人士——需要比其他人做出更多的努力来维系与他人的联系（Cole，2018；Levitz，2015；Ornstein et al.，2015；Span，2015）。

值得一提的是，许多人会在 30 多岁时有意地缩小自己的社交圈，斯坦福大学心理学家劳拉·卡斯滕森（Laura Carstensen）针对这一过程提出了社会情感选择性理论（socioemotional selectivity theory）（Carstensen et al.，2003）。该理论表明，"随着人们年龄的增长，他们会缩小社交圈，以保证"圈内人"是那些能为自己提供最大的社交和情感回报的人"。记者克莱尔·安斯伯里（Clare Ansberry）解释道："意义不大的关系会被终止，取而代之的是特定的关系。"这种发展会增强孤独感还是会增强情感联结呢？

异性恋单身人士的世界

单身人士（single）被定义为从未结过婚的人、丧偶的人或者离婚的人（无论他们属于异性恋者、同性恋者，还是其他类

别）。本节主要讨论了异性恋单身人士，尽管有些内容可能也符合同性恋单身人士的情况。

在 20 世纪上半叶，大多数人倾向于结婚，而且倾向于在年轻时结婚。从那以后，这一趋势发生了扭转，许多青少年和年轻的成年人似乎首先致力于发展自己，然后才寻求婚姻。如今，超过 45% 的美国成年人是单身人士——从未结过婚、离婚或丧偶的人，这与 1970 年的 28% 相比是一个显著的变化（DePaulo，2017）。越来越多的人推迟结婚：正如我们提到的，现在女性初婚的年龄中位数为 27.4 岁，男性初婚的年龄中位数为 29.5 岁，高于 1960 年的 20 岁（女性）和 23 岁（男 性）（Geiger and Livingston，2018）。但这并不意味着从未结过婚的人独居：在 25 ~ 34 岁的未婚青年中，有 24% 的人与伴侣住在一起（Wang and Parker，2014）。未婚者和无子女的人（无论他们是男性还是女性）真的能找到幸福吗？有一个孩子——但没有配偶或伴侣——会让他们的生活更充实

吗？让我们思考一下这些问题和其他问题。我们首先考虑 3 种类型的单身人士：（1）从未结过婚的；（2）丧偶的；（3）离婚的。

从未结过婚的单身人士　从未结过婚的单身人士群体主要由那些想结婚的人组成。事实上，当年龄达到 65 岁时，美国只有 4.1% 的男性和 4.2% 的女性从未结过婚。2012 年，25 岁及以上的成年人中有 20% 的人从未结过婚，而 1960 年这一比例约为 10%。男性（23%）比女性（17%）更有可能是从未结过婚的单身人士（Wang and Parker，2014）。

根据皮尤研究中心的一项调查，在从未结过婚的成年人中，14% 的人说他们不想结婚，58% 的人希望有一天能结婚，27% 的人不确定他们是否想结婚（Parker and Stepler，2017）。那些说他们愿意在未来结婚的人给出了他们现在不结婚的各种理由：自己没有找到合适的人、在经济上不稳定，或者还没有准备好稳定下来（见图 9-3）。

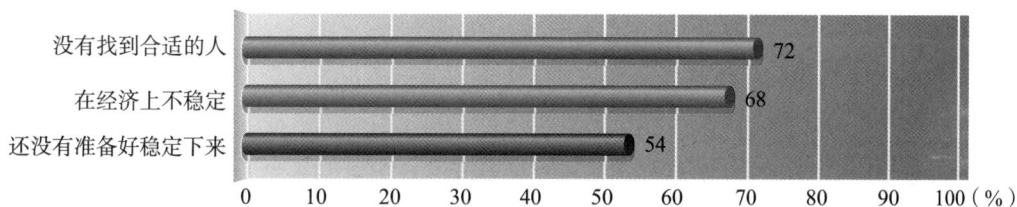

图 9-3　未婚成年人给出的不结婚的理由

资料来源：Parker and Stepler, 2017.

一些鼓励青年不结婚或推迟结婚的社会趋势如下。

■　**缺乏潜在的婚姻伴侣**　性别比（sex ratio）是指某个特定社会群体中的男女比例，通常表示每 100 名女性对应多少名男性。1948 年，美国的男性的人数和女性的人

数大致持平；到了 2010 年，美国的男女比例为 96.7：100（Howden and Meyer，2011）。到 2015 年，美国的男女比例为 97.9：100。在 25 ~ 64 岁的从未结过婚的成年人中，男性的人数大大超过女性的人数（每 100 名女性对应 125 名男性），但在结过婚的成年人

中，男性的人数未超过女性的人数（每 100 名女性对应 71 名男性）（Wang and Parker，2014）。如今，在较年长的群体中，男性人数较少，而在青年群体中，男性与女性的人数几乎相等。然而，非裔美国人、华裔美国人和日裔美国人中的女性已经意识到适合结婚的潜在伴侣较少（Ferguson，2000）。在拉美裔和非裔美国人中，单身的男性和女性的数量都在增加（Raley et al.，2015）。

■　**经济变化**　经济的变化可能会使早婚的吸引力降低（Furstenberg，2010）。比如，目前向女性开放的就业选择比以前更多了，而且更多的女性选择读大学。因此，女性不需要仅仅为了获得经济支持而结婚（Miller，2017）。

另外，在经济衰退时期，如 2007 ~ 2009 年的"大衰退"时期，女性和男性都倾向于推迟结婚（Mather and Lavery，2010）。当非裔美国人面临工作机会减少的情况时，男性和女性都更倾向于不结婚（Wang and Parker，2014）。不过，最近，在所有主要的种族群体或民族群体中，男性和女性的结婚率都有所下降。

未婚单身人士幸福吗？皮尤研究中心的一项调查表明，已婚人士（43% 的人表示非常幸福）比未婚人士（24% 的人表示非常幸福）要幸福得多。但其他研究打破了单身人士一定不如已婚人士幸福的"神话"（Elliott et al.，2011；DePaulo，2011）。我们将在本章之后的内容中进一步探讨这个主题。

丧偶的单身人士　如今在美国的成年人中约有 5.8% 的人是寡妇或鳏夫，该比例低于 1980 年的 8%（U.S. Census Bureau，2017）。在过去的一个世纪里，死亡率的下降降低了青年和中年人成为丧偶者的可能性。然而，随着年龄的增长，女性比男性更容易丧偶，这也许是因为男性拥有"大男子主义"的世界观，并且对自己的身体漠不关心（Williams，2003）。正如我们在前文中讨论的那样，由于婚姻梯度和婚姻挤压，丧偶的女性不太容易找到新的配偶。有关幸福的研究表明，寡妇和鳏夫在配偶去世后对生活的满意度低于结婚前，但丧偶的人比离婚的人更幸福（Grover and Helliwell，2017；Lucas et al.，2003）。

离婚的单身人士　如今在美国的成年人中约有 9.8% 的人是单身离婚男性或女性，而在 1980 年这一比例为 6.2%（U.S. Census Bureau，2017）。如前所述，离婚者的幸福感远远低于已婚者，也低于丧偶者（Grover and Helliwell，2017）。

关于单身的迷思和现实

接近 50 岁的未婚异性恋者不得不应对各种各样的刻板印象。他会被称为"坚定的单身汉"，或者被认定为"害怕承诺"或"标准太高"。这个人如果是"单身女孩"，就可能被认定为"轻浮的"或"找不到丈夫的"。年轻的单身人士也不得不面对被夸大的单身的好处与坏处。让我们讨论其中的一些方面。

关于单身人士的误解　伦纳德·卡根（Leonard Cargan）和马修·梅尔科（Matthew Melko）发现存在着许多关于单身的迷思（Cargan and Melko，1982；DePaulo，2011；Greitemeyer，2009；Hertel et al.，2007）。尽管他们是在一段时间之前完成了研究，但你可能仍然会听到以下这些错误的说法。

■　**"单身人士是以自我为中心的"**　正

如《独来独往》(*Singled Out*) 一书的作者贝拉·德保罗 (Bella DePaulo) 所说，迷思是"单身人士是以自我为中心的"(DePaulo, 2011)。现实是，单身人士实际上比已婚人士与朋友交往得更频繁。他们也更倾向于积极地参与社区服务项目，这可能是因为他们能为这些项目腾出更多时间。

■ **"单身人士的经济状况更好"** 现实是，尽管有钱的专业人士中有不少单身人士，但在处于贫困线以下的人中，单身人士比已婚人士要多。一般来说，已婚夫妇的经济状况更好，这通常是因为夫妻双方都有工作。

■ **"单身人士更幸福"** 单身人士往往认为他们比已婚人士更幸福，这也许是因为他们比已婚人士能花更多的时间参加休闲活动（如看电影、参加俱乐部活动、去餐馆吃饭）。然而，现实是，他们更有可能感受到孤独、抑郁、焦虑和压力。

■ **"单身人士坚守自己的单身身份"** 现实是，大多数单身人士期望只在短期内单身，并在 5 年内结婚。不过确实有些人认为，结婚的好处并不比不结婚的好处多。

关于单身人士的真实情况 卡根和梅尔科发现的以下关于单身人士的特征是相当准确的 (Cargan and Melko, 1982)。

■ **单身人士有更多的自由时间** 与已婚人士相比，单身人士有更多的时间和更多的机会参与休闲活动和志愿活动。他们往往每周都有 2 ~ 3 个晚上处于外出状态。

■ **单身人士更快乐** 幸福和快乐是两回事。单身人士可能不如已婚人士幸福，但他们外出的机会更多，会参加更多的体育活动——简而言之，他们更快乐。

"单身人士更快乐" 单身人士，尤其是年轻的单身人士有更多的自由时间，能参与更多的体育活动，外出机会也更多，换句话说，他们有更多的乐趣。然而，这并不意味着他们比已婚人士更幸福。事实上，单身人士比已婚人士更容易感到孤独。如果你现在是单身人士，这种描述符合你的情况吗？

■ **单身人士和其他单身人士在一起时更自在** 因为已婚人士倾向于从夫妻的角度思考问题，他们没有意识到单身人士并不适合在已婚人士的社交活动中出现，所以他们经常邀请异性单身人士"陪伴"他们的单身朋友。

■ **单身人士是孤独的** 如上所述，单身人士比已婚人士更容易感到孤独。离婚的单身人士比从未结过婚的单身人士更容易感到孤独。

不同类型的单身人士

单身并不总是个体自愿的。此外，单身人士构建自己与他人关系的方式也不尽相同。让我们深入探讨以下 2 点（它们可能同时适用于同性恋者和异性恋者）。

单身是他们自愿的还是非自愿的，是暂时的还是持续的 彼得·施泰因 (Peter Stein) 建议，我们可以根据以下 2 个维度对单身人士进行分类：(1) 他们是自愿的单身人士还是非自愿的单身人士；(2) 他们的单身是暂时的还是持续的 (Adamczyk, 2017;

Reynolds et al.，2007）。

■　**自愿的临时单身者**　自愿的临时单身者（voluntary temporary singles）是指那些对婚姻持开放态度的人，但对他们来说，发现和寻找伴侣的优先级低于其他活动（如接受教育、开始职业生涯或进行自我发展）。这类群体往往包括从未结过婚的年轻人和离婚人士，也包括处于同居关系中的人。

■　**自愿的持续单身者**　自愿的持续单身者（voluntary stable singles）是指那些满足于不结婚状态的人。这类群体包括从未结过婚的人、不寻求再婚的离婚者、不希望再婚的单亲父母、不打算结婚的同居者以及生活方式不允许自己结婚的人（如牧师和修女）。

■　**非自愿的临时单身者**　非自愿的临时单身者（involuntary temporary singles）是指那些想结婚并积极寻找伴侣的人。这一群体中可能有从未结过婚的年轻人、寡妇或鳏夫、离婚人士、渴望结婚的单亲父母以及推迟结婚的年长者。

■　**非自愿的持续单身者**　非自愿的持续单身者（involuntary stable singles）是指那些想结婚，但没有找到配偶，并且已经接受了自己的长期单身状态的人。这个群体包括从未结过婚的年长者、寡妇或鳏夫、离婚人士以及那些有身心缺陷的人（这使他们作为伴侣的吸引力较弱）。

在人的一生中，状态可能会发生改变。比如，一个寻求教育和职业发展的、自愿的临时单身者在 30 年后终于成为一个非自愿的持续单身者。

单身是他们自由选择的吗　罗伯特·斯特普尔斯（Robert Staples）建议，根据单身人士的身份是否是人们自由选择的这一前提，我们可以将单身人士分为 5 种类型，从而描述单身人士与潜在伴侣的关系。

■　**自由型单身人士**　自由型单身人士（free-floating single）是没有约束的单身者，他们可以随意地约会。这一群体包括处于任何年龄段的人（包括年长的单身人士）。

■　**开放型单身人士**　开放型单身人士（open-couple single）是有稳定伴侣的单身者，但其关系足够开放，这使他/她可以与其他人建立浪漫的关系。

■　**封闭型单身人士**　封闭型单身人士（closed-couple single）是被期望忠于他/她的伴侣，并且不会因为与其他人的浪漫关系或性而离开关系的单身人士。

■　**承诺型单身人士**　承诺型单身人士（committed single）与他/她的伴侣生活在一起，也许已经订婚或同意对关系保持忠诚。

■　**适应型单身人士**　适应型单身人士（accommodationist single）已经适应了他/她自己的无约束生活，会与朋友们聚在一起，并且会拒绝浪漫关系或性接触。

单身是一种生活方式还是一个人生阶段　显然，单身可以是一种生活方式，而且可以是一种有益的生活方式。人们保持单身是因为没有伴侣比有不适合自己的伴侣更好，比如有一个有虐待问题、寄生问题的伴侣（Lawrence et al.，2018）。一项调查表明，在 3 000 名单身人士中，55% 的人表示他们没有兴趣寻找浪漫的伴侣（Madden and Rainie，2006）。单身意味着你只对自己负责，可以自由地做你想做的事，花钱买你想买的东西，而不必被配偶或伴侣的意愿影响。

然而，单身也可以是一个生活阶段，是

过渡到下一个生活阶段的过程，在这个阶段，你用自由和自主换取与伴侣的亲密关系以及伴侣的陪伴。

9.3 住在一起：未婚同居

核心内容：

为什么人们会成为未婚同居者，以及同居的经历

> **概述** 首先，我们将讨论人们同居的原因、他们的特点以及为什么同居的人数在增加。其次，我们将讨论同居的经历以及它与婚姻的不同之处。

同居（cohabitation）被定义为处于一段情感关系和性关系中的伴侣在没有结婚的情况下住在一起。同居曾经是一种不常见的生活安排。20 世纪 50 年代末，同居在教育程度较低的人中开始成为一种趋势，自那时起，同居者的人数稳步增加。随着结婚率的下降，美国处于同居关系中的成年人的人数持续攀升。2018 年，约有 850 万对伴侣处于同居关系中。根据美国人口普查局的数据，这部分人口数量比 2007 年增长了 29%（见图 9-4）。

在美国，在 18 ~ 24 岁的人中，未婚同居比与已婚同居更普遍：2018 年，9% 的人与未婚伴侣同居，而与配偶同居的人只占 7%（Gurrentz，2018）。一方面，大约一半的同居者年龄在 35 岁以下。但另一方面，处于同居关系中的 50 岁以上的美国人越来越多（Stepler，2017）。

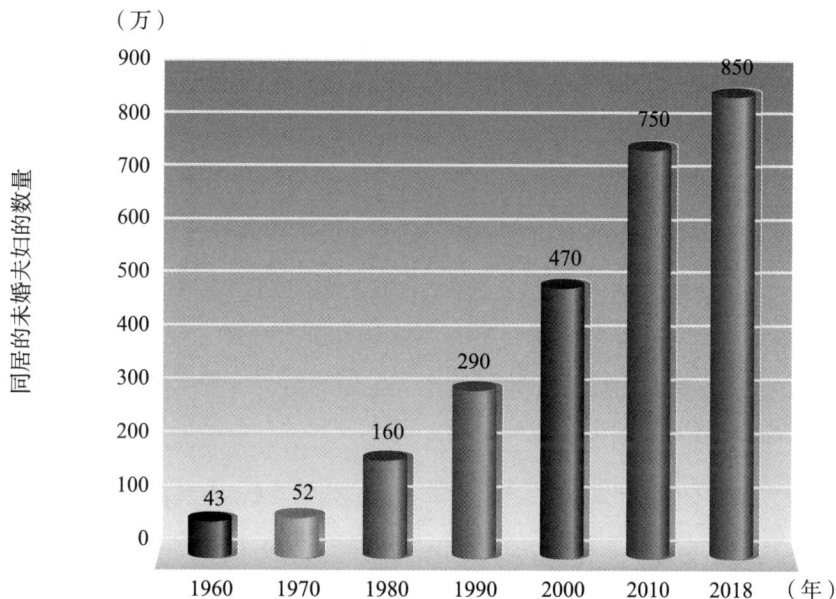

（万）

图 9-4　1960 ~ 2018 年的同居的异性未婚伴侣

注：在此期间，同居的异性未婚伴侣的数量增加了 18 倍以上。大多数同居的未婚伴侣年龄为 25 ~ 34 岁。
资料来源：U.S. Census Bureau，2005；U.S. Census Bureau，2013；Kreider，R. M.，2010.

美国人口普查局将处于这种关系中的伴侣称为"异性共享生活区者"（people of the opposite sex sharing living quarters，POSSLQs）。这部分群体包括没有血缘关系

的异性未婚伴侣。因此，它不但可以包括同居者，而且可以包括异性室友、房东和房客、残疾人士（或患者）和护理人员。它还包括因经济原因住在一起的男性和女性，比如丧偶或与前配偶离婚的老年人。他们担心结婚后会失去一定的经济利益，因为已故配偶的社会保险或养老金福利可能会在他们再婚时被剥夺。然而，我们关注的是未婚同居的异性伴侣。

共享生活的老年人　人们出于各种原因在没有婚姻利益的情况下住在一起。比如，两位老年人可能会作为室友合租一套房子，以使他们的收入变得更多。你认识这样的人吗？

为什么有的人会同居

人口统计学家凯西·科潘（Casey Copen）说："人们不再结婚，而是将同居当作第一次结合。这是一种普遍存在的现象。"

目前，约有 1 800 万美国人与异性伴侣生活在一起。除了刚才提到的那些 POSSLQs 家庭涉及的几个原因外，他们同居的理由还有什么？

同居的 4 大理由　人们已经确定的伴侣同居的理由有以下几点（Rhoades et al., 2009；Ridley et al., 1978）。

■　**寻求安全感**　在这种同居关系之中，其中一方非常缺乏安全感或具有依赖性，用一项经典研究的作者的话来说，他 / 她更喜欢与某个人建立关系，但显然不考虑这个人是谁，或者自己应该在什么条件下建立关系……有人陪伴（即使他 / 她可能对自己不好）比身边没有人好（Ridley et al., 1978）。这种类型的同居可能不会持久，因为更独立的一方会逐渐厌烦喜欢依赖他人的一方的要求。

■　**寻求解放**　一方或双方维系这种关系是为了表达独立于父母的关于性的价值观。因此，人们同居的目的实际上是向父母发表声明，与未婚伴侣同居主要是实现这一目的的一种手段。发展亲密关系对他们来说没那么重要，所以这段关系很可能不会长久。

■　**追求便捷**　虽然没有传统婚姻的好处，但双方的需求都得到了满足。每个人都能得到经济方面的帮助，他们有了栖身之所，还有了性伴侣。每个人都得到了"有规律的性接触和奢侈的家庭生活"（Ridley et al., 1978）。

■　**将同居当作测试**　一对伴侣有可能以一种试婚的方式生活在一起，以了解结婚是否对他们有益。这可能包括已经订婚的人，还可能包括那些不能马上结婚的人，比如其中一个人正在等待与配偶离婚。

这些模式还有其他一些变体。比如，那些拒绝传统婚姻的人这样做可能是因为他们觉得他们的关系是基于情感的，而结婚证的法律合同性质削弱了他们对情感做出的承诺的完整性。有些人想把他们的财务分开。有些在前一段婚姻中有过糟糕经历的人说："我不想再把自己绑起来了。"也许他们想要的是自己可以在不涉及法律纠纷的情况下选择离开。最后一类人可能是保持长期关系但不住在一起的伴侣，他们往返于不同的住所，甚至在不同的城市之间通勤，但在其他方面，他们与同居伴侣有着相同的特征。

实例：谁在同居

欧洲人的同居生活

多里安·索洛特（Dorian Solot）女士和马歇尔·米勒（Marshall Miller）先生是"未婚平等"（Unmarried Equality）的创始人，该组织的前身为"婚姻替代项目"（Alternatives to Marriage Project），这两个人还是《未婚的双方：同居基础指南》（*Unmarried to Each Other: The Essential Guide to Living Together*）一书的作者。他们从 1998 年以来一直是未婚伴侣，那时他们都是布朗大学的本科生。他们决定写这本书是因为他们对美国的一些制度感到沮丧，比如未来的房东想知道他们什么时候结婚、汽车租赁公司因他们中的一个人作为"第二司机"而收取额外的费用（Mead，2002；DePaulo，2013b）。

美国有很多情侣不结婚而选择同居，在欧洲，这种趋势甚至更明显。几十年来，瑞典、挪威、丹麦和冰岛的夫妇在没有结婚证的情况下共享浴室和壁橱。比如，挪威 28 岁的玛丽安·克里斯滕森和 27 岁的汤米·佩特森在女方怀孕后决定买一套房子并搬到一起住，但他们并没有结婚。"我们还不太了解对方，"佩特森说，"所以我们必须住在一起，看看结婚是否可行。"（Knox，2004）事实上，未婚同居现在是斯堪的纳维亚半岛的常态，在瑞典和丹麦，90% 以上的夫妇会在婚前同居（Popenoe，2009）。

在斯堪的纳维亚半岛以及法国和英国，未婚父母生育子女的情况远比美国普遍，在瑞士和意大利等国家，这种情况则没那么普遍。2013 年，在美国，未婚生育的女性比例为 41%，而在斯堪的纳维亚半岛，这一比例从 51.2%（丹麦）到 55.2%（挪威）不等（Child Trends Databank，2015；Eurostat，2015）。2013 年，在挪威，头胎孩子的父母更有可能是处于同居关系中的伴侣（50%），而不是已婚的夫妇（32%）或没有同居的伴侣（18%）（Lappegard and Noack，2015）。记者莎娜·莱博维茨（Shana Lebowitz）指出："当孩子由同居父母生下时，伴侣双方被赋予共同抚养孩子的责任，就像已婚夫妇一样。"

这种态度与美国人的态度有很大不同，美国政府在 2002 年宣布积极致力于提升结婚率。而英国政府已经承认，除了传统的家庭结构之外，还有许多其他的选择（Lyall，2002）。此外，就经济状况而言，欧洲的单亲父母普遍好于美国的单亲父母，前者已经成为一股强大的力量，他们推动着福利政策的实施，给予孩子经济利益、继承权和平等的待遇（无论父母的婚姻状况如何）。社会学家卡尔·莫克斯内斯（Karl Moxnes）说："我们对婚姻制度几乎没有承诺，这是事实，但我们对为人父母有承诺。"（Lyall，2002）

你怎么认为

瑞典已经通过推行税收和福利政策以及文化的世俗化将婚姻非制度化。弗吉尼亚大学国家婚姻项目的联合主任大卫·波谱诺（David Popenoe）问道："如果美国的婚姻制度被另一种形式的亲密关系——未婚同居——取代，你觉得这有什么不对吗？"

同居率增加的原因 曾几何时，在美国的某些州，同居是违法的（轻罪），尽管这并不经常被执行。现在，同居变得更普遍，人们的接受度变得更高了，这可能是由于以下原因。

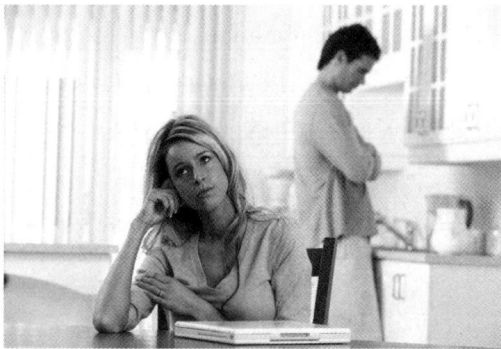

承诺 与已婚夫妇相比，同居的人在一起的时候对彼此没有那么深的承诺。他们知道这种关系随时可能结束。你认识同居 10 年以上的情侣吗？

- **社会容忍度更高** 多年前，只有婚内性行为才被接受。现在，许多人认为两个相爱的人之间的性行为（无论双方结婚与否）是被允许的。可靠的节育措施的出现提高了婚前性行为以及同居的普遍性和可接受性（Casper and Bianchi，2002）。

- **女性与男性更平等** 现在更多的女性参加了工作。因此，女性在经济上变得更自给自足，不再需要依赖婚姻和丈夫维持生活。

- **婚姻无常** 高离婚率使人们觉得婚姻似乎并不能维持一生。许多人害怕仓促结婚，并希望有一段同居的试验期。

然而，同居仍然并不像婚姻那样被社会接受，这不仅是因为它涉及婚外的性关系，而且是因为它似乎并不代表终身的承诺（Manning et al.，2007；Thornton and DeMarco，2001）。比如，与你宣布你要结婚相比，你的父母更可能不赞成你和某个人同居的计划。

同居的经历

一个人是如何从与人约会发展到与人同居的？一位名叫珍妮弗的女士告诉弗吉尼亚大学的心理学系教授梅格·杰伊"事情就这么发生了"（Jay，2012b）。

从约会到在一起过夜，到经常在一起过夜，再到同居可能是一个渐进的过程。作者杰伊写道："情侣们会避免谈论他们为什么想同居以及这意味着什么。情侣之间通常有不同的潜意识计划。女性更倾向于将同居视为迈向婚姻的一步，而男性则更有可能将其视为对恋情的测试或推迟兑现承诺的一种方式。"

一旦你进入同居关系，这段关系可能会

如何发展？让我们思考一下这个问题。

同居的 3 个阶段　处于长期同居关系中的人（其中既有异性恋者，又有男同性恋者和女同性恋者，正如我们在本章的其他地方讨论的那样）可能会经历 3 个阶段（Kurdek and Schmitt，1986；Means-Christensen et al.，2003）。

- **第 1 年：融合**　在这个阶段，伴侣们都很迷恋对方。他们处于激情的顶峰——在爱情中神魂颠倒，性生活非常频繁。

- **第 2 年和第 3 年：筑巢**　随着激情的消退，伴侣们不再注重性，转而注重其他方面，比如如何处理家庭事务。他们的关系中可能会出现一些矛盾。

- **第 4 年和第 5 年：维持**　如果关系持续了这么长时间，伴侣将开始建立某些稳定的模式，如处理冲突的方式、性生活的频率以及处理工作和金钱问题的方式。

然而，与已婚夫妇相比，未婚同居者在一起时的承诺没有那么深。如果他们相爱，他们就会待在一起。但他们知道"逃生门"总是敞开的，这段关系随时都可能结束（Lindsay，2000；Popenoe and Whitehead，2002）。事实上，根据美国国家健康统计中心（National Center for Health Statistics）的数据，同居关系中的人在 5 年内分手的概率是 49%，而处于第一段婚姻中的人在 5 年内离婚的概率只有 20%（Bramlett and Mosher，2002）。在 10 年后，第一段婚姻结束的概率为 33%，而同居者分手的概率为 62%。

婚姻与同居的一些区别　在某些领域，同居关系中的人的处理方式往往与已婚人士不同。

- **工作**　在传统婚姻中，人们普遍认为丈夫的角色是为家庭提供经济支持，而妻子是否工作往往由双方共同决定。而在同居关系中，双方则被期待自己养活自己（Heimdal and Houseknecht，2003）。即使其中一名成员还在上学，情况也是如此。2009年，没有大学学历的同居者的家庭收入中位数为 46 540 美元（而已婚成年人的家庭收入中位数为 56 800 美元），有大学学历的同居者的家庭收入中位数为 106 400 美元（而已婚夫妇的家庭收入中位数为 101 160 美元）（Fry and Cohn，2011c）。

- **经济**　作为承诺的一个标志，已婚伴侣通常会合并他们的收入。而同居伴侣通常会保持经济独立，不太会选择把他们的钱集中在一起，除非他们希望长期在一起或结婚（Cohn，2011）。事实上，同居者可能会抗拒谈论金钱，因为这似乎贬低了他们的爱（Elizabeth，2001；Hamplová et al.，2014）。

- **家务**　在传统婚姻中，妻子的角色通常是家庭主妇。而在同居关系中，女性在家务上花的时间较少。有时，同居女性被期望成为厨师和清洁工，这可能会引起一些人的不满（Batalova and Cohen，2002）。

同居的优势　同居者们列出了生活在一起的几个优点，如下所示。

- **关系测试**　伴侣可以真实地看到他们未来婚姻的幸福程度，可以了解伴侣的习惯、价值观和期望。

- **允许独立性的陪伴**　同居提供了性伴侣和陪伴，但也允许双方在很多方面保持独立。

- **容易终止**　由于法律纠纷较少，解除同居关系比解除婚姻关系更容易。

同居的劣势　然而，同居显然也有一些缺点，如下所示。

■ **缺少承诺**　由于没有类似婚姻的承诺，同居伴侣不会一直保持忠诚，也不会坚持解决问题（Stanley et al.，2004；Waite，2000；Wilcox，2011）。

■ **剥削**　女性可能会被要求支付一半的费用，即使她的收入可能较少（Khoo，1987）。她可能还需要做更多的家务。

■ **更少的法律权利**　除非双方通过合同使约定（如对财产的分配）合法化，否则结束关系的过程可能会非常麻烦。

实际行动　•••

同居之前：为理解设定基本规则

同居"是一个重要的选择，人们不能掉以轻心"，斯泰西·惠特曼（Stacey Whitman）说。她是一本关于这个主题的书的作者之一（Whitman and Whitman，2003）。但是，她说："人们倾向于将它浪漫化。"（Peterson，2002）

这一观点得到了索洛特的赞同，她是未婚平等组织的创始人之一，她与同居男友共同撰写了《未婚的双方：同居基础指南》（*Unmarried to Each Other*）一书（Solot and Miller，2002）。索洛特说："很多人在没有慎重考虑或根本没有考虑的情况下就在一起生活了，这可能会让人们遇到麻烦。重要的是双方应该对重要的问题进行讨论。"

大大小小的问题

同居伴侣事先不谈的问题有很多。他们经常不讨论他们为什么要住在一起，比如，一个人可能认为这是迈向婚姻的一步，而另一个人可能不这么认为。他们不谈论金钱问题，包括如何分配收入、管理支出，或者如何处理银行账户、信用卡、税金或财产所有权。

专家怎么说

你和你的伴侣不必在所有事情上都达成一致，但专家认为，在同居之前，你们应该先解决一些重大问题。事实上，为了给每个人提供法律保护，他们甚至建议你准备一份律师起草的"同居协议"，无论你是 25 岁还是 65 岁（Zaslow，2004）。

以下是一些需要得到解决的问题（Current，2011；Pender，2015；Pisani，2015；Solot and Miller，2002；Whitman and Whitman，2003）。

• **你们足够了解彼此吗**　你们认识对方的时间足够长吗？你们是否需要讨论经济、酒精、毒品或赌博方面的问题，还有性传播疾病或者与以前的性伴侣有关的问题？你们之间有宗教信仰差异吗？你们之间有职业差异吗？你们如何对待彼此的家人和朋友？

• **你们为什么要搬到一起住**　你们同居的目的是什么？同居是短期的还是长期的？这是迈向婚姻的一步吗？

• **你们如何处理金钱问题**　你们会把钱分开存放吗？你们将如何分配收入、管理支出和税金？你们会拥有共同财产吗，比如一辆车？你们会签署公寓租赁协议吗？你们将住在哪里？你们会如何分配家务？你们会养宠物吗？

· **你们打算要孩子吗** 你们会继续工作吗？如果一方已经有了孩子，另一方应该扮演什么角色？

· **如何处理遗嘱和医疗决定** 为了让对方在你死亡时能够继承你的财产，你是否应该立两份遗嘱？你们是否应该有一份医疗保健代理协议，以便一方可以为另一方做出医疗决定？

需要注意的是，同居关系中的人可能比已婚夫妇有更低的幸福水平和更高的患上抑郁症或出现酒精中毒的风险（Brown，2000；Symoens and Brack，2015；Urquia et al.，2013），他们也可能看到更多的家庭暴力事件（Peisch et al.，2016；van der Lippe et al.，2014；Wong et al.，2016）。这些缺点在伴侣已宣布打算结婚的同居关系中往往会被忽视。

同居伴侣结婚的可能性有多大？

在 20 世纪 70 年代，2/3 的同居夫妇在 3 年内结婚。今天，只有 40% 的首次与重要他人同居的女性在 3 年内从同居过渡到结婚（Copen et al.，2013；Manning and Smock，2002）。然而，一项研究表明，与那些非同居的、稳定的约会关系中的未婚伴侣相比，同居关系中的未婚伴侣宣布打算与伴侣结婚的可能性是前者的 3 倍（McGinnis，2003）。另一项研究表明，对于大多数同居者（72%）来说，经济因素在他们考虑何时结婚和是否要结婚时非常重要，这有助于解释为什么同居被认为比结婚的成本低（Smock et al.，2004）。后来的一些研究表明，如果他们的关系持续 8 年或更长时间，同居伴侣最终通常会结婚（Light and Omori，2013）。

同居后选择结婚的人相伴一生的可能性有多大？在那些最终结婚的人中，大约有 40% 的人后来选择了离婚（Nagourney，2000；Smock，2000）。根据研究人员斯科特·斯坦利（Scott Stanley）的说法，与女性同居并且最终与之结婚的男性对婚姻的承诺比从未与女性同居的男性少（Peterson，2002；Stanley，2002）。他推测，原因是与那些没有同居就直接结婚的男人相比，那些想先"尝试"一下婚姻的男人对婚姻制度的承诺更少，尤其是在面对他们的伴侣时。

不过，婚前同居并不一定会提高离婚的风险（与夫妻事先没有同居的婚姻相比）。正如一位研究人员所说："婚前同居并不会直接导致你离婚；然而，过早地选择一个伴侣有可能导致你离婚。"（Fox，2014）根据研究，那些在 18 岁时承诺建立第一段亲密关系的人的离婚率为 60%（无论他们是选择同居还是结婚）。而那些等到 23 岁才选择伴侣的人的离婚率约为 30%。

在选择同居之前，人们应该考虑哪些重要问题？

9.4　LGBTQ 的生活方式

核心内容：

LGBTQ 的含义、同性恋者身份是如何被获得的、LGBTQ 群体感受到的伤害以及同性伴侣的类型

> **概述**　首先，我们将区分异性恋者、同性恋者、双性恋者、跨性别者等。其次，我们将讨论在试图确定同性恋者的比例时面临的问题。最后，我们将描述 LGBTQ 身份的获得、对同性恋者的歧视和暴力、各种类型的同性伴侣和同性承诺等。

加利福尼亚大学为申请进入加利福尼亚大学 9 个校区中的任何一个校区的学生提供了这样的选择：当被问及如何确定身份时，他们可以在 6 种性别和 4 种性取向中进行选择（Matier and Ross，2015；University of California，2018）。

对于性别，申请人可以选择"男性""女性""跨性别男性""跨性别女性""性别酷儿或非常规性别"，我们将在后文中解释这些术语。对于性取向，申请人可以选择"异性恋""男同性恋""女同性恋""双性恋"或"其他"。其他机构的做法有所不同，比如佛蒙特大学提供了"男性""女性"或"中性" 3 种选择（Scelfo，2015）。加利福尼亚大学的目的是"向属于 LGBTQ 群体的学生表示欢迎"。显然，大学申请者在过去的很长一段时间里只能选"男性"或"女性"。

我们已经在前文中讨论了男性和女性的含义，其内容主要聚焦在性别角色和性别差异方面。在这里，我们将进一步探讨男性和女性的传统模式的变化，并讨论异性恋、同性恋、双性恋、跨性别者和酷儿的含义。

性取向：异性恋、同性恋、双性恋、跨性别者和酷儿

专家们表示，解剖学并不能决定性别或性取向（Grady，2018）。然而，从本质上讲，性似乎主要是关于生育（procreation）（即生育孩子）的生物学过程。但是，尽管生育可能是大自然的最终目的，但性（sexuality），**即性唤起的状态，不仅包括性的生物学方面的因素，还包括性的心理、社会和文化方面的因素**。事实上，你的性行为涉及你的情感、思想、信仰、价值观、身份、关系、行为和生活方式，以及你的性取向。

性取向的种类　性取向（sexual orientation）**是指性倾向，即对异性、同性的感觉和性方面的互动**。这些倾向表现为异性恋、同性恋、双性恋、跨性别者和酷儿。

- **异性恋**　异性恋（heterosexual or straight）是指一个人对异性有性倾向。完全是异性恋的人的实际比例尚不清楚。在我们讨论同性恋和双性恋的时候，"异性恋"的说法会更有意义。

- **同性恋：男同性恋或女同性恋**　同性恋（homosexual）是指一个人对同性有性倾向。有同性恋倾向的人也被称为同性恋者，不管他们是男人还是女人。

- **双性恋**　双性恋（bisexual）是指一个人对男性和女性都有性倾向。双性恋并不一定意味着一个人对两种性别有同等的偏好。对一个双性恋组织的 100 名成员的研究表明，有些人倾向于被同性吸引，有些人倾向于被异性吸引，但大多数人以异性关系

为主, 同性关系居于次要地位 (Weinberg et al., 1994)。

■ **跨性别者** 我们说过, 跨性别者 (transgender) 是一个总称, 它是指那些对自己性别的感觉不同于其出生时的生理性别特征指向的感觉的人 (Huston, 2015)。根据加利福尼亚大学入学申请中的有关性别和性方面问题的指南, 它是男人—女人二元结构之外的一种性别, 这可能意味着一个人没有性别或有多种性别。它包括 "跨性别男性" (trans male) (出生时是女性但其性别认同为男性的跨性别者) 和 "跨性别女性" (trans female) (出生时是男性但其性别认同为女性的跨性别者)。

■ **酷儿** "男女同性恋者的父母、家庭和朋友组织" (parents, families and friends of lesbians and gays, PFLAG) 的部分定义为 "酷儿" (queer) 是指任何不认同异性恋—同性恋或男性—女性这一僵化的二元关系的人, 是性和性别少数群体的总称" (PFLAG, 2018)。

"酷儿" 包括性别酷儿 (genderqueer), 即性别认同和 (或) 性别表达超越了与其指定性别相关的主流社会规范、超越了性别, 或者兼具这两个特征的人。它还包括那些性别错位者 (gender nonconforming), 即不认同社会对他们的性别表达或性别角色的要求的人。性别表达 (gender expression) 是指一个人在穿着、行为举止方面如何表达自己, 社会据此将一个人描述为 "男性化的" 或 "女性化的"。正如第3章所讨论的那样, 上述类别被归入 "LGBTQ" (女同性恋者、男同性恋者、双性恋者、跨性别者和酷儿的英文的首字母组合) 之下, 即 "女同性恋者、

男同性恋者、双性恋者、跨性别者和酷儿" 的简称。

每10个人里就有1个人是同性恋者吗 也许你听说过 "每10个人中就有1个人是同性恋者" 或者 "4%~10%的成年人属于同性恋者 (纯粹的同性恋者或以同性恋为主的同性恋者)"。这些数据从何而来? 它们是真的吗?

具有开创性的性研究者阿尔弗雷德·金赛 (Alfred Kinsey) 和他的同事们发现, 同性恋者的比例比人们之前认为的要多, 他们发现在美国男性中, 10%的人至少在3年里以同性恋为主, 4%的人在他们的一生中是纯粹的同性恋者。而在美国女性中, 则只有1%~3%的人认为自己是女同性恋者 (Fay et al., 1989; Kinsey et al., 1948)。需要指出的是, 金赛的抽样调查可能在某种程度上侧重于同性恋受访者。其他研究得出了不同的比例。

人们在试图确定同性恋者的比例时所面对的问题 我们应该如何看待不同的研究结果呢? 为什么我们不能明确谁是同性恋者, 谁不是呢? 以下是一些可能存在的原因 (Black et al., 2000; Diamond, 2000)。

■ **不同的研究方法** 研究结果的差异可以被归咎于对同性恋的不同定义、不同的抽样技术、不同的访谈方式, 以及不同的方法论和分析技术。

■ **人们不愿透露性取向** 尽管在美国的许多地方对同性恋的接受程度较高, 但许多人由于担心受到伤害, 不愿意 (如在人口普查报告中) 透露自己的同性恋取向。

■ **持续变化的性行为** 人在一生中不会一成不变, 即使是在像性取向这样基本的

方面。因为人们的性行为会随着时间的推移而改变，所以我们很难说特定的行为能表明一个人是同性恋者或不是同性恋者。

■ **性取向不仅仅通过行为表现出来**
行为本身并不是性取向的一个明确指标。欲望和吸引力也很重要。一个人可以是禁欲的，但他／她仍然有可能是异性恋者、同性恋者或双性恋者。另外，研究表明，人们可能会认定自己是双性恋者，但身体上的吸引模式（通过身体唤醒来衡量）可能与他们声称的不一致（Chivers et al., 2004；Rieger et al., 2005）。

■ **性取向可能是一个连续体**　此外，性取向可能不是非此即彼的。正如金赛和他的同事建议的，它可以被视为一个连续体，很少有人是纯粹的异性恋者或纯粹的同性恋者（见图 9-5）。这个连续体后来被弗里茨·克莱因（Fritz Klein）提出的"克莱因网格"（Klein Grid）完善，他将性吸引、幻想、情感和社会吸引、生活方式，以及自我认同添加到了金赛的量表中。克莱因认为，一个人的性吸引力不能简单地被归为某个单一类别。

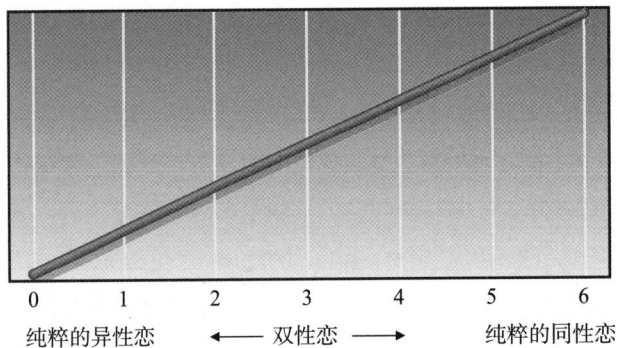

| | 0 | 1 | 2 | 3 | 4 | 5 | 6 |

纯粹的异性恋　　←── 双性恋 ──→　　纯粹的同性恋

图 9-5　同性恋／异性恋评定量表

资料来源：Kinsey, A. C., W. B. Pomeroy, C. H. Martin and P. H. Gebhard, 1953.

研究表明，从 1988 年到 1998 年，美国男性和女性有同性伴侣的概率越来越大。人们不能用年龄结构的变化、城市化进程的加快、教育程度的提高或这一时期美国的种族和民族组合的变化来解释这一趋势。一种解释是近年来针对同性间性行为的社会方面的、法律方面的和经济方面的制裁不断减少。此外，一位作家认为，"媒体中更多的男同性恋者和女同性恋者的正面形象可能使人们更容易认识到他们自己的同性性取向，并采取行动"（Butler，2000）。

获得同性恋者的身份

你认为同性恋者有性取向吗？或者说，他们是否会表达自己的性偏好？尽管许多人交替使用"性取向"和"性偏好"这两个词，但它们的含义并不相同。性取向意味着决定论，即人们的性别认同是先天因素决定的。性偏好（sexual preference）暗示着自由意志，即人们可以自主选择他们的性别认同（Weinrich and Williams，1991；Bailey et al.，2016）。哪一种观点是真的呢？

性别认同是先天的还是人们后天选择

的　一些"脱同支持者"认为，积极性高的人可以克服同性的吸引，但美国精神病学协会、美国医学会和美国儿科学会反对这一说法所支持的那种性倾向扭转矫正治疗（Buchanan，2005；Jenkins and Johnston，2004）。某个组织的研究者认为，这种努力甚至可能是有害的（Cianciotto and Cahill，2006）。2018 年，加利福尼亚州的一名立法者曾试图使与性倾向扭转矫正治疗有关的广告和销售非法化（Mason，2018）。

如今同性恋不再被认为是一种精神障碍——五角大楼在 2006 年将其排除在精神障碍之外，心理健康专家甚至在更早的时候就这样做了（Baldor，2006a，2006b）。我们能确定我们的性取向是生物学的结果还是环境的结果吗？根据 2013 年皮尤研究中心的一项民意调查，42% 的美国人说同性恋"只是一些人选择的生活方式"，而 41% 的人说"这部分人生来就是同性恋者"（Masci，2015）。最近的一项盖洛普民意调查发现，大多数美国人表示，同性恋者的性取向是与生俱来的，而不是由他们的教养或环境决定的（Jones，2015）。

■　**支持先天论的证据：生物因素**　生物学解释意味着你的性别认同是由遗传或激素决定的（Jannini et al.，2015；Ngun and Vilain，2014；Soh，2017）。一篇关于异性恋和同性恋性取向的遗传研究的综述得出结论：（1）性取向差异的原因中至少有一半可以被追溯到基因；（2）性取向往往会遗传（Pillard and Bailey，1998）。另一项研究表明，一个男孩长大后成为同性恋者的可能性会随着他兄弟的数量的增加而增加，而且性取向似乎在一个人出生前就已

确定（Bogaert，2006）。此外，还有研究表明，女同性恋者的大脑回路似乎与女异性恋者不同，女同性恋者处理性激素气味的方式与男异性恋者相似，而且男同性恋者和男异性恋者对两种可能涉及性唤起的气味的反应不同，这可能为性取向提供了生物学基础（Berglund et al.，2006）。

■　**支持选择论的证据：环境因素**　如果你和异性有过可怕的经历（或者和同性有过非常愉快的经历），这是否会影响你对性伴侣的性别偏好？虽然一项关于性创伤经历对女异性恋者和女同性恋者影响的研究发现，性别偏好并不会受到影响（Brannock and Chapman，1997），但是，人们确实会改变他们的性取向，正如一项对 80 名女同性恋者、双性恋者和所谓的"无标签女性"进行的研究所显示的那样（Diamond，2000，2003）。

获得同性恋者身份认同的 4 个阶段　无论原因是什么，人们一般认为一个人的性倾向通常在其 10 岁时（Herdt and McClintock，2000）或在青春期就确定了（American Psychological Association，2008；Satcher，2001；Sexuality Information and Education Council of the United States，2004）。

根据理查德·特洛伊登的一个模型，承认自己是同性恋者的过程开始于童年晚期或青春期早期，包含 4 个阶段（Richard Troiden，1988）。

■　**第 1 阶段——敏感化："我与众不同吗"**　这个阶段发生在青春期之前。大多数儿童和青少年认为自己是异性恋者，但有些人会在不久的将来发现自己是同性恋者。他们会怀疑自己可能是与众不同的。这些儿

童对来自同性的吸引力的反应可能是困惑和否认，他们担心家人会发现他们真正的性取向。

■　**第 2 阶段——身份混淆："我要证明我不是同性恋者"**　这一阶段发生在青春期。在这个阶段，人们开始意识到与同性恋有关的感觉、幻想或行为，但由于这些倾向与他们的自我形象相悖，因此他们可能试图证明自己不是同性恋者。比如，一位男同性恋者可能会和很多位女性约会，或者公开反对同性恋。

■　**第 3 阶段——身份假定："我知道我是同性恋者，但我应该告诉哪些人呢"**　这种情况一般发生在 19 ~ 21 岁的男性和 21 ~ 23 岁的女性身上。在这个阶段，人们接受了自己是同性恋者的事实，但他们会纠结于自己应该"待在柜子里"（隐藏自己的性别认同）还是"出柜"（公开透露自己的同性恋者身份）以及自己应该向谁透露自己是同性恋者。

■　**第 4 阶段——承诺："我是同性恋者，但这不是我的全部"**　当然，一个人的性别认同并不能代表他的一切。在第 4 阶段，同性恋者会向其他人公开他们的性取向，包括其他同性恋者和异性恋者。因此，他们的自我满足感和幸福感都在增加。同性恋者的身份成为一个人整体身份中相对不那么重要的一部分。

对同性恋的偏见、歧视和暴力

同性恋者必须面对的两个方面是偏见和歧视。虽然许多人倾向于认为它们是相同的，但它们其实不是。前者是一种态度，后者是一种行为。

■　**偏见**　偏见（prejudice）是一种态度或预先的判断，通常是针对个人或群体的否定。

■　**歧视**　歧视（discrimination）是针对个人或群体的不公平的行为。

在大多数文化中，包括北美的文化，人们更倾向于"异性恋主义"，大多数人认为异性恋比同性恋优越。一个说法是，"人们认为异性恋者拥有'正常'的男性气质和'正常'的女性气质，而同性恋等同于违反性别规范……这种观点表明越来越多的男女同性恋者遭受了暴力"（Appleby and Anastas，1998）。这种观点导致了恐同症（homophobia）[也被称为反同性恋偏见（antigay prejudice）]，即对同性恋和同性恋者持消极态度。

恐同症的一个变种是恐双症（biphobia），即对双性恋持消极态度。双性恋者不仅可能会受到异性恋者的伤害，而且可能会受到同性恋者的伤害。事实上，根据皮尤研究中心的研究，由于人们对异性恋群体和同性恋群体的刻板印象——人们认为他们是"性爱狂"或无法遵守一夫一妻制，只有 28% 的双性恋者表示他们已经向生活中的重要他人表明自己的性取向（在男同性恋者和女同性恋者中，这一比例分别为 77% 和 71%）。具体而言，在男双性恋者中，只有 12% 的人说他们已经达到了"出柜"的程度，而在女双性恋者中，有 33% 的人这么说。

反对同性恋偏见的升级　人们有可能在没有歧视的情况下心存偏见。比如，一项调查发现，大多数受访者认为同性恋者之间的交往是错误的，这是偏见的一个例子（Schmalz，1993）。然而，也有 78% 的人认为同性恋者应享有平等的工作机会。

但是偏见也可能升级。著名的心理学家戈登·奥尔波特（Gordon Allport）提出，偏见可以在 3 个阶段表现出来。

- **第 1 阶段：攻击性语言** 男女同性恋者经常被贴上具有冒犯性的标签，尽管一些年轻的同性恋者因"酷儿"的称号而感到骄傲（Heredia，2001）。根据同性恋学生权益组织进行的一项调查，2005 年，美国学校中近 2/3 的同性恋学生因为他们的性取向受到了口头骚扰（Kosciw and Diaz，2006）。我们提到的 2013 年皮尤研究中心的研究表明，在 1 197 名 LGBTQ 成年人中，有 58% 的人说他们曾受到污蔑或嘲笑。

- **第 2 阶段：歧视** 同性恋者被剥夺了平等的就业机会、为人父母的权利、收养权等。皮尤研究中心发现，21% 的人说他们曾受到雇主的不公平对待；23% 的人在餐馆、酒店或其他公共场所被不友好地对待；29% 的人在礼拜场所感到不受欢迎。

一项研究表明，男同性恋者的收入比同等条件的男异性恋者少 12% ~ 18%（Martell，2010）。另外，女同性恋者的收入比同等条件的女异性恋者高 30%，这可能是因为女同性恋者可能比有孩子的已婚女性有更多时间专注于事业。

- **第 3 阶段：暴力** 同性恋者会遭受威胁、辱骂、攻击、殴打（"同性恋攻击"）、强奸，甚至会被杀害。2005 年，大约有 17% 的同性恋学生说他们曾遭受身体上的骚扰（Kosciw and Diaz，2006）。2013 年皮尤研究中心的研究报告称，30% 的 LGBTQ 群体遭受过威胁或身体攻击。

反同性恋情绪的根源 在美国，对同性恋的偏见有几个可能的根源（Meyer，2003）。

- **个人的不安全感** 厌恶同性恋的人可能对自己的性别认同和性取向有很深的不安全感。这可能源于对性别角色的刻板观念。

- **宗教因素** 许多反同性恋者有某种宗教信仰。

- **对同性恋的了解不足** 许多恐同者对同性恋者的生活知之甚少。

同性伴侣

2015 年的盖洛普民意调查发现，近 200 万成年人是同性伴侣中的一员，其中有 78 万人已婚（Gates and Newton，2015）。和异性伴侣一样，同性伴侣也希望和他们爱的人保持亲密、稳定的关系。同性伴侣在他们的关系中也有和异性伴侣一样的经历，包括权力分配和沟通问题（Lannutti，2005；Rostosky et al.，2004）。同性伴侣的暴力或殴打发生率（25% ~ 33%）也与异性伴侣趋于一致（Domestic Violence in the LGBT Community，2011）。此外，同性伴侣和异性伴侣都在寻求稳定的关系，都会把他们的关系当作情感和陪伴的主要来源，并拥有相似的关系质量（Compton and Baumie，2018）。

一些从表面上看是异性恋的夫妇的婚姻被称为混合取向婚姻（mixed-orientation marriages，MOMs）或混合取向关系（mixed-orientation relationships，MORs），在这种关系中，一方是异性恋者，而另一方则被同性吸引。

实际行动　• • •

同性恋被接受的另一面：
对直系家庭成员的影响

1984 年，在经历了 25 年的婚姻并生育 2 个孩子之后，阿米蒂·皮尔斯·巴克斯顿（Amity Pierce Buxton）带着她的新角色在加利福尼亚州的 50 名观众面前发表了演讲，她即将成为一个"出柜"的男人的前妻。当巴克斯顿和其他 3 位女性谈论她们对同性恋丈夫的爱、她们努力理解丈夫的困境的尝试，以及她们自己的悲伤和失落情绪时，观众明显被感动了。巴克斯顿说："我们只有坚持不懈地努力才能让人们意识到同性恋的另一面，这一路上会有'诸多伤亡'。"（Marech，2003）

从那天晚上起，拥有博士学位并再婚的巴克斯顿成了研究异性恋配偶面临的问题的主要专家之一。（Buxton，2008）。

混合取向婚姻中的几个问题

2006 年纽约市的一项调查表明，在自称是异性恋者的美国男性中，有近 1/10 的人与其他男性发生过性行为，而在这些与男性发生性行为的男异性恋者中，有 70% 的人是已婚人士（Pathela et al.，2006）。事实上，一份报告中写道："在这项调查中，10% 的已婚男性报告在过去的一年中有过同性性行为。"（DeNoon，2006）

根据"异性恋配偶网络"的数据，在美国有多达 200 万名男同性恋者、女同性恋者和双性恋者处于混合取向婚姻之中，还有未知数量的跨性别者也是如此（Buxton，2006）。同时，并不是所有的伴侣都是在婚后"出柜"的。

大多数男同性恋者或男双性恋者在进入异性婚姻时都相信他们感受到的同性吸引力是可控的，而且他们会在向配偶坦白之前隐藏自己的感受。

一旦真相大白，异性恋配偶就必须处理很多问题，支持性团体可能是有帮助的。巴克斯顿提到的这些问题包括被欺骗感、受伤害感、愤怒、无力感等情感；性排斥反应；性传播疾病；对儿童和其他家庭成员的影响；自己的身份危机。

然而，并不是所有这样的婚姻都注定会失败。巴克斯顿说："一旦真相大白，你就会更接近现实，对于那些结婚很久的人来说，过去的影响使他们很难与对方分离。"（Marech，2003）

你应该告诉你的父母你是同性恋者吗

有些父母甚至在被告知真相之前就怀疑他们的孩子是同性恋者。无论情况是否如此，向父母透露自己的性取向或性别认同通常是相当困难的，皮尤研究中心的调查显示，59% 的人告诉了母亲；65% 的人告诉了父亲。从好的方面来看，在那些把情况告诉母亲的孩子中，46% 的人说这没有改变他们的亲子关系；39% 的人说这让亲子关系更加牢固了；还有一部分人表示，把情况告诉他们的父亲并没有伤害他们的亲子关系。

不是每个人都应该向父母或家庭成员坦白。但如果你正在考虑这样做，以下是一些你需要考虑的事情（Human Rights Campaign Foundation，2014；Nichols，2013；Sauerman，1995；Stewart，2015）。

• **保持头脑清醒** 你确定自己的性取向吗？除非你能坦然接受自己的同性恋者身份，否则请不要告诉父母。

• **为他们的反应做好准备** 想想你的父母是如何看待媒体报道的同性恋者的，以及他们在你生活中的其他问题上会支持你还是会批评你。请选择在他们感到放松的时候，而不是在情感、经济或健康危机存在时这样做。想想你要说的话（比如"我想和你分享一些关于我的事情，因为我非常爱你，我想让你完

全了解我"）。你需要让他们明白你是同性恋者并不代表他们很失败。

你可以考虑先告诉父母中的一方（但你也要考虑到如果另一方因此觉得被忽视了，他／她是否会感到受伤）。一般来说，年轻人更倾向于向母亲坦白"出柜"的事（Cohen and Savin-Williams，1996）。通过先告诉你的兄弟姐妹来"试水"可能是有用的。

如果你父母的反应对你造成了毁灭性的打击，你可以向其他人寻求支持。

• **为理解的 6 个阶段做好准备** 家庭可能会经历的一般阶段：（1）震惊；（2）否认；（3）内疚；（4）表达感受；（5）做决定；（6）真正接受（Human Rights Campaign Foundation，2014）。有些家庭需要几个月来度过这些阶段，而有些家庭可能需要几年。

5 种类型的同性伴侣：从"幸福的婚姻"到孤独 1978 年，艾伦·贝尔（Alan Bell）和马丁·温伯格（Martin Weinberg）对男女同性恋者进行了一项经典的研究，他们研究了 979 名同性恋者，包括黑人和白人同性恋者。研究人员在访谈和问卷调查的基础上确定同性伴侣有以下 5 种类型。

■ **封闭型伴侣："幸福的婚姻"** 封闭型伴侣称自己拥有"幸福的婚姻"，他们与对方"紧密地结合在一起"。他们能从彼此身上获得个人满足感和性满足感。

■ **开放型伴侣："不幸福的婚姻"** 尽管他们和某位性伴侣生活在一起，但他们表

示自己"对当下的伴侣不满意"。他们倾向于从亲密关系之外的人那里寻求性和人际方面的满足。

■ **功能型伴侣：高度关注性** 功能型同性恋者（包括单身男性和单身女性）会从事各种各样的性活动，并围绕自己的性体验构建自己的生活。

■ **功能紊乱型伴侣：受折磨者** 功能紊乱的男同性恋者和女同性恋者报告说，他们遭遇了许多问题，甚至折磨，这些都源自他们的性取向。

■ **无性恋型伴侣：孤独者** 这些单身男性和女性报告说，他们的朋友很少，他们

感到很孤独。无性恋者在表达他们的同性恋取向方面不如其他类别的同性恋者明确。

同性伴侣与异性伴侣有何不同　根据一些重要的研究，同性伴侣和异性伴侣之间的一个巨大的、异性伴侣值得学习的差异是结婚的同性伴侣之间的冲突较少，并且亲密关系质量较高（Patterson，2000，2008；Mundy，2013；Parker-Pope，2013）。这可能是因为同性婚姻中的双方更加平等。这也可能是因为女性觉得与女性沟通更容易，而男性觉得与男性沟通更容易。圣地亚哥州立大学女性研究方面的教授埃丝特·罗思布卢姆（Esther Rothblum）告诉一位记者："我认为，如果男人来自火星，女人来自金星，那么两个火星人可以很好地协商如何解决冲突。"（Parker-Pope，2013）

同性伴侣在以下这些方面与异性伴侣有所不同。

■　**平均主义：双职工关系**　尽管存在刻板印象，但同性恋关系中并不存在"男人和女人"或"丈夫和妻子"的角色区分。相反，他们倾向于建立基于平等主义的双职工关系，收入或家庭责任的分配是基于其他因素，而不是传统的男性或女性、养家糊口的人或家庭主妇的角色（Shechory and Ziv，2007；Weisshaar，2014）。在做决定和分担家务方面，他们往往比异性伴侣更平等。

■　**较少的家庭支持和较低的开放性**　同性伴侣往往只能从家庭成员那里得到较少的社会支持和情感支持，他们不太愿意公开表达自己的性偏好、关系或在公共场合示爱（Erford，2016）。非裔的男同性恋者和女同性恋者在黑人社区几乎不被认可（Lewis，2003）。与异性伴侣相比，同性伴侣从朋友那里得到的支持多于从他们的大家庭得到的支持（Lannutti，2018）。

同性恋者的亲密关系　除了性取向以外，性别社会化似乎对女同性恋者和男同性恋者的亲密关系有很大影响。也就是说，男同性恋者类似于男异性恋者，而女同性恋者则类似于女异性恋者（Peplau and Fingerhut，2007）。即便如此，他们之间还是有一些区别的。

■　**男同性恋者**　男同性恋者似乎比男异性恋者或女同性恋者有更多的随意性行为，他们的性行为似乎更多地以身体为中心而不是以人格为中心（Peplau，2003）。加利福尼亚州的一项研究表明，在 18 ~ 59 岁的男同性恋者中，只有 37% ~ 46% 的人处于同居关系中（相比之下，这个年龄段的男异性恋者中有 62% 的人处于同居关系中）（Carpenter and Gates，2008）。男同性伴侣报告最高水平的亲密度的可能性是异性伴侣的 2 倍（Green et al.，1996）。男同性恋者在他们的关系之外发生性行为的情况通常不会频繁出现（Green et al.，1996）。然而，与异性恋或女同性恋关系相比，暴力似乎在男同性恋关系中发生得更频繁（Tjaden et al.，1999）。

■　**女同性恋者**　加利福尼亚州的一项研究表明，18 ~ 59 岁的女同性恋者中，有 51% ~ 62% 的人处于同居关系中（相比之下，在该年龄段的女异性恋者中，有 62% 的人处于同居关系中）（Carpenter and Gates，2008）。女同性恋者似乎比男同性恋者更强调关系中的忠诚。女同性恋者也比男同性恋者有更少的随意性行为，她们的性行为更多地以人格为中心而不是以身体为中心

（Peplau，2003）。此外，与已婚伴侣和男同性伴侣相比，女同性伴侣被发现与伴侣的关系更亲密、对关系更满意，而且她们在关系中的角色更灵活多变（Green et al.，1996）。只有 11% 的女同性恋者报告了其伴侣的暴力行为，而在男同性恋者中，这一比例为 16%（Tjaden et al.，1999）。

同性伴侣的承诺

同性恋者的性生活很混乱吗？这的确是一种刻板印象。尽管很多同性恋者将对伴侣的忠诚定义为情感上的忠诚而不是性方面的忠诚（McWhirter and Mattison，1984；Passarelli and Vidotto，2016），但据估计，约有 50% 的男同性恋者在任何时候都处于一对一的关系中（Spears and Lowen，2016）。有孩子的由同性伴侣组成的家庭越来越多。让我们考虑一下同性伴侣之间的承诺。

同性恋关系发展的 6 个阶段 在一项经典的分析中，研究人员大卫·麦克沃特（David McWhirter）和安德鲁·马蒂森（Andrew Mattison）提出，同性伴侣的关系随着时间的推移会经历 6 个阶段。很明显，就亲密、联结和承诺的增长而言，同性伴侣与异性伴侣非常相似（McWhirter and Mattison，1984）。

- **第 1 年：融合** 第 1 阶段的特点是双方都产生了强烈的情感、性活动频繁，双方共同建立亲密关系并努力使关系平等。

- **第 2 年～第 3 年：筑巢** 在第 2 阶段，性激情可能会减弱（这与异性伴侣面临的情况一样），一方或双方可能会开始感到矛盾，但他们也会探索双方的可兼容领域，并在家庭生活中确立自己的地位。

- **第 4 年～第 5 年：维持** 在第 3 阶段，伴侣双方开始建立家庭传统，开始在这段关系的框架内重新获得作为个人的独立意识，并找到解决、避免或调和冲突的方法。

- **第 6 年～第 10 年：建设** 在第 4 阶段，双方进一步表露了自己的个性，他们学会了与对方合作，也学会了进一步依赖彼此。

- **第 11 年～第 20 年：释放** 第 5 阶段的特点是双方将财产合并、双方之间的信任加深，并且他们可能开始将对方的存在视为理所当然。

- **20 年后：续约** 在第 6 阶段，伴侣与对方在一起时已经习得了安全感，并有了共同的经历。

同性婚姻的到来 正如我们在前文中所述，2015 年 6 月 26 日，美国最高法院的一个具有里程碑意义的意见中，9 名大法官中的 5 名裁定同性伴侣可以在全国范围内结婚，并确立了一项新的公民权利（Hurley，2015）。

在美国最高法院进行裁决之后，《今日美国》和萨福克大学联手开展的民意调查显示，在地方和州官员是否应该允许同性伴侣在他们的管辖范围内结婚这一问题上，51% 的人表示赞成（即使受访者本人反对同性婚姻），33% 的人表示反对（Page and Raftery，2015）。在这项裁决之后，其他权利也扩展到了同性婚姻，比如即使他们生活在不承认他们的结合的州，他们也可以获得社会保障福利（Bernard，2015）。当然，他们在所有州都获得了离婚的权利（Ellis，2015）。

总结与回顾

9.1　不同的家庭和家庭关系

一些替代传统家庭的家庭结构

■　除了更常见的核心家庭和大家庭结构外，还出现了一些新的家庭结构。以下是 4 种新的变化：（1）柏拉图式的"室友婚姻"；（2）通勤婚姻、分居婚姻和跨国婚姻；（3）隔代家庭；（4）与父母同住的"成人青少年"。

■　在柏拉图式的"室友婚姻"中，没有性关系，但室友之间会发展出一种深厚的情感依恋。通勤婚姻是指一种双职工婚姻，双方生活在不同的地方，但双方仍保持着对家庭的承诺。分居婚姻是指夫妻双方居住在不同的地方的婚姻。跨国婚姻是指一方在一个国家，而另一方（或许还有孩子）在另一个国家的婚姻。隔代家庭是指祖父母抚养孙辈的家庭结构。"成人青少年"指搬回父母家的成年子女，这部分人通常 20 多岁。

■　传统的家庭住户是指由两个或两个以上有血缘关系、夫妻关系或领养关系的人组成的单位，其中一个人是户主，即拥有或租用住所的人。非家庭住户由独居的人或与非亲属人士（如寄宿者或室友）分享住房的户主组成。有些家庭选择了替代性安排或生活方式，生活方式是一个人根据他 / 她与其他人的关系组织生活安排

的模式。

■　近年来出现的几种新家庭模式标志着传统家庭的转变，反映了生活成本的增加、教育需求的增加、新的生育控制形式以及对女性角色更开放的看法等社会力量的影响。从 1960 年到 2017 年，美国已婚的 18 岁或以上的成年人的比例从 72% 降到 50%。此外，从 1970 年到 2012 年，有 18 岁以下子女的家庭比例从 40.3% 降到 19.6%。

■　家庭和住户发生变化的原因是越来越多的成年人保持单身的时间增加了，而女性在较晚的时候才有第一个孩子。家庭和住户的规模变得越来越小，2017 年美国的平均家庭人口为 2.54 人，而 1970 年美国的平均家庭人口为 3.14 人。以女性为户主的家庭和女性工作者也更多了。

9.2　单身的生活方式

影响异性恋成年人结婚的趋势、关于单身的一些迷思和现实，以及不同类型的单身人士

■　单身生活方式涉及 3 种类型的异性恋单身人士：未婚人士、丧偶人士和离婚人士。

■　当今鼓励年轻人不结婚或推迟结婚的社会趋势包括缺乏潜在的婚姻伴侣

（这通过特定社会群体中的性别比或男女比例反映出来）等。

- 丧偶人士约占美国成年人的5.8%。女性比男性更容易丧偶。

- 离婚人士约占美国成年人的9.8%。研究表明，离婚人士比已婚人士更不幸福，也比丧偶人士更不幸福。

- 与20世纪上半叶相比，如今更多的年轻人和成年人偏向于先发展自己，再结婚。一些有关单身人士和单身生活的刻板印象包括单身人士以自我为中心，经济状况更好、更幸福，并且坚守自己的单身身份。

- 研究表明，与已婚人士相比，单身人士拥有更多的时间、更多的快乐，与其他单身人士相处得更融洽，但也更容易感到孤独。

- 单身人士可以被分成几类：（1）他们是自愿的单身人士还是非自愿的单身人士；（2）他们的单身是暂时的还是持续的。自愿的临时单身者是指那些对婚姻持开放态度，但发现和寻找伴侣的优先级低于其他活动（如接受教育、开始职业生涯或进行自我发展）的人。自愿的持续单身者是那些满足于不结婚状态的人。非自愿的临时单身者是指那些想结婚并积极寻找伴侣的人。非自愿的持续单身者是指那些想结婚，但没有找到配偶，并且已经接受了自己长期的单身状态的人。

- 根据单身人士的身份是否是人们自由选择的，我们可以将其分为5种类型：自由型单身人士、开放型单身人士、封闭型单身人士、承诺型单身人士和适应型单身人士。

- 单身可以被视为一种生活方式，或者一个人生阶段。

9.3 住在一起：未婚同居

为什么人们会成为未婚同居者，以及同居的经历

- 同居被定义为处于一段情感关系和性关系中的伴侣在没有结婚的情况下住在一起。

- 同居的主要原因包括寻求安全感、寻求解放、追求便捷，以及将同居当作测试。

- 由于社会容忍度的提高，女性地位的提高，以及许多人的"婚姻无常"的看法，同居现象在美国有所增加。

- 同居者被期待自己养活自己，并保持经济独立，他们在做家务时可能不会遵循传统的性别角色分工。

- 同居为伴侣提供了测试关系的时间，也为伴侣提供了陪伴。同居的伴侣更容易结束关系。然而，与婚姻相比，同居可能更缺乏承诺，并且为伴侣提供的法律权利更少。

- 正在考虑同居的夫妇应该考虑对彼此的了解程度、同居的原因、他们将如

何处理金钱问题、他们喜欢的生活方式的相似性、他们对孩子和养育子女的感受，以及遗嘱等法律问题。

9.4　LGBTQ 的生活方式

LGBTQ 的含义、同性恋者身份是如何被获得的、LGBTQ 群体感受到的伤害以及同性伴侣的类型

■　生育是性的生物学目的，即生育孩子。性欲是指性唤起的状态，不仅包括性的生物学方面的因素，而且包括性的心理、社会和文化方面的因素。性取向是指一个人的性倾向，如对异性、同性的感觉和性方面的互动。

■　异性恋是指一个人对异性有性倾向。同性恋是指一个人对同性有性倾向。双性恋是指一个人对男性和女性都有性倾向。跨性别者是指那些对自己性别的感觉不同于其出生时的生理性别特征指向的感觉的人。

■　酷儿指的是任何不认同异性恋—同性恋或男性—女性这一僵化的二元关系的人，是性和性别少数群体的总称。酷儿包括性别酷儿，即性别认同和（或）性别表达超越了与其指定性别相关的主流社会规范、超越了性别，或者兼具这两个特征的人，他们可能认为自己是男人，也可能认为自己是女人，还有一种可能是他们认为自己既是男人又是女人，或者既不是男人又不是女人。它还包括那些性别错位者，他们不认同社会对他们的性别表达或性别角色的要求。性别酷儿和性别错位者现在被归入 LGBTQ 群体。LGBTQ 是女同性恋者、男同性恋者、双性恋者、跨性别者和酷儿的英文的首字母组合。

■　获得关于美国同性恋者的比例的准确统计数据很难。获得准确结果的一些困难来自于对同性恋的不同定义或测量方法、人们不愿透露自己的性取向、性行为在人的一生中持续变化、性取向不仅仅通过行为表现出来的事实，以及性取向可能是一个连续体的想法。

■　关于同性恋者身份的获得的研究着眼于生物因素和环境因素，有证据支持这两种观点。

■　社会中的同性恋者要面对偏见和歧视。偏见是一种态度或预先的判断，通常是针对个人或群体的否定。歧视是针对个人或群体的不公平的行为。恐同症（或反同性恋偏见）被定义为对同性恋和同性恋者持消极态度。一种变体是恐双症——对双性恋持消极态度。偏见可以通过 3 个阶段表现出来：第 1 阶段——攻击性语言；第 2 阶段——歧视；第 3 阶段——暴力。美国的反同性恋情绪可能源于个人的不安全感、宗教因素以及对同性恋的了解不足。

■　同性伴侣在以下方面不同于异性伴侣：同性伴侣双方建立了基于平等主义的双职工关系——收入或家庭责任的分配

是基于其他因素，而不是传统的男性或女性、养家糊口的人或家庭主妇的角色；同性伴侣得到的家庭支持较少且开放性较低。

■ 男同性恋者似乎比男异性恋者或女同性恋者有更多的随意性行为，前者的性倾向似乎更多地以身体为中心而不是以人格为中心，而女同性恋者似乎比男同性恋者更强调有承诺的关系。女同性恋者的随意性行为也比男同性恋者少，前者的性行为也更多地以人格为中心而不是以身体为中心。

■ 同性恋关系的发展可分为 6 个阶段：融合（第 1 年）、筑巢（第 2 年～第 3 年）、维持（第 4 年～第 5 年）、建设（第 6 年～第 10 年）、释放（第 11 年～第 20 年）和续约（20 年后）。

■ 集体行为和社会运动提高了美国公众对同性恋权利问题的认识。2015 年 6 月 26 日，美国最高法院做出了具有里程碑意义的裁决，同性婚姻在美国所有的州变得合法了。民意调查显示，这项裁决得到了大多数美国人的支持。

生育：有关是否生孩子的决定

本章导读

　　在本章，首先我们将讨论人们对生孩子可能做出的反应、未来父母的选择、影响人们生孩子的因素以及抚养孩子的成本。其次，我们将讨论与流产有关的一些心理健康问题。

大众文化、媒体与技术

通过高科技手段进行生育

　　50 岁的杰弗里·哈里森（Jeffrey Harrison）是一位接受过常春藤盟校的教育的金融高管的儿子，但他选择了一条非同寻常的生活道路，现在他和 4 条狗住在洛杉矶威尼斯区附近的一辆房车上。在这里，他靠打零工谋生，比如照顾别人家的狗。如今，他的生活很拮据，但在 20 世纪 80 年代末，作为捐精者，他每个月可以赚到 400 美元，他需要每周向精子库捐献两次自己的精子。他被描述为"身高 182 厘米，蓝眼睛，对哲学、音乐和戏剧感兴趣"，是精子库中较受欢迎的捐赠者之一（Harmon, 2007; Kolata, 2007）。

　　多年后，哈里森在一份报纸上读到，曾通过他的精子怀孕的两位母亲生育的青少年正在寻找父亲。精子库的工作人员曾承诺会对客户和捐赠者的信息保密，因此拒绝提供帮助。哈里森随后登录了捐精者兄弟姐妹登记处（Donor Sibling Registry），这是一个致力于促进捐精者与其后代取得联系的网站，在那里他发现自己是 6 名青少年的亲生父亲。

　　哈里森担心他们会对他的卑微处境感到失望，但当 17 岁的丹妮尔第一次与他通电话时，她很高兴地发现他是一个无拘无束的人，而且她很喜欢在通话中与他讨论如何养育小狗。从那时起，从美国各地联系他的孩子都惊叹于他们对动物的共同热爱，以及他通过电子邮件发给他们的照片中他那与众不同的额头。

正如我们在第 1 章中提到的，本书的主题是在复杂世界的亲密关系中寻找幸福。当然，让这个世界变得复杂的原因之一是不断变化的技术。关于这一点，最明显的莫过于所谓的"辅助生殖技术"，即运用医学技术和方法对精子、卵子、受精卵或胚胎进行人工操作，达到受孕目的的技术。

也许对你来说，如果你想要一个孩子，你就可以生一个孩子，这件事并不复杂。也许你现在最关心的是不要在不合时宜的时候意外怀孕。但其实有数百万人难以受孕，自 1978 年第一个试管婴儿路易丝·布朗（Louise Brown）在英国出生以来，许多人已经得到帮助，据估计全世界有 800 万名试管婴儿（European Society of Human Reproduction and Embryology，2018）。试管婴儿的数量如此之多，长大的试管婴儿现在已经开始生育他们自己的孩子了（Fox，2107；Lee，2013）。

技术为人们提供了更多的选择。即便如此，年龄的增长还是会削弱你生育后代的能力。因此，你和伴侣需要决定生孩子的最佳时间。不管媒体报道的科技奇迹如何令人惊叹，20 多岁到 30 岁出头是人的生育能力最强的年龄段。

10.1　生还是不生：选择还是命运

核心内容：

有关是否生孩子的选择，以及影响人们生孩子的因素

概述　在本节中，首先，我们将描述人们可能对生孩子做出的反应。其次，我们将讨论未来父母的 4 种选择：不生孩子、推迟生育、生一个孩子或生多个孩子。再次，我们将考察是什么影响了人们关于生孩子的决定：总体生育趋势；种族、民族和宗教；教育和收入。最后，我们将讨论抚养孩子的成本。

孩子对你的幸福有多重要？如果你没有孩子，你还能幸福吗？这些都是至关重要的问题，因为对这些问题的回答可能会给你的生活带来巨大的改变。

重要数据 ⟹ **生孩子还是不生孩子**

- **出生的孩子越来越少了吗**　2016 年，美国的出生率仅为 12.2‰，低于 2007 年的 14.3 ‰，当然也比 1909 年的 30‰低得多。在 1909 年，大家庭非常普遍。
- **大多数女性会在多大时成为母亲**　女性成为母亲时的年龄越来越大。现在美国女性成为母亲时的平均年龄是 26 岁，而 1994 年的平均年龄是 23 岁。
- **养一个孩子需要多少钱**　2015 年，从孩子出生到孩子 18 岁，一个有两个孩子的中等收入已婚家庭花费在抚养方面的费用大约为 233 610 美元。
- **怀孕通常需要多长时间**　据专家称，大多数女性能在 6 个月到 1 年内怀孕。

也许你已经有孩子了，也许你在某一天希望成为父母。大多数人认为他们会成为父母。根据 2013 年的一项盖洛普民意调查，只有少数美国人（大约 5% 的人）表示他们不想要孩子（Newport and Wilke，2013）。根据其他资料，在 50 岁以下的无子女成年人中，37% 的人表示他们从未想过当父母（Livingston and Horowitz，2018）。一项研究显示，65% 的美国男性和 74% 的美国女性有亲生子女（Halle，2002）。一项针对 505 名本科生的研究显示，大多数年轻人表达了生孩子的愿望，女性比男性更敏感地意识到为人父母对自己的就业和职业前景的影响（O'Laughlin and Anderson，2001；Magnusson and Nermo，2017）。这些发现是否意味着大多数人认为孩子是幸福的重要组成部分呢？

如果你突然知道自己要为人父母了，你会有什么反应

如果你突然知道你或你的伴侣怀孕了，你会有怎样的反应？心理学家卡罗琳·考恩（Carolyn Cowan）和菲利普·考恩（Philip Cowan）在他们的著作《当伴侣成为父母时》（*When Partners Become Parents*）中描述了 4 种可能的反应。

共同规划的伴侣："我们有宝宝了！太棒了！" 对那些计划要孩子的夫妻，以及那些详细讨论了这个问题并共同决定要孩子的夫妻来说，当他们得知孩子即将出生时，他们会表现得非常高兴。他们期待在孩子的成长过程中与他们保持一种有承诺的、亲密的关系。

接受命运的伴侣："这真是个惊喜！" 通常这类夫妻不会积极地讨论或计划要孩子，但他们可能会默默地支持这个想法，而且可能不会严格地执行避孕措施。对他们来说，怀孕的消息可能是一个惊喜。

矛盾型伴侣："我们真的不想要孩子，但我们不会放弃这个孩子" 这类夫妻通常不打算要孩子，他们在听到怀孕的消息时会感到震惊。虽然他们可能会产生复杂的情感，但他们还是会选择不终止妊娠，这也许是因为一方想要孩子且另一方选择让步，也许是因为双方都不愿意放弃这个孩子，也有可能是因为双方都想放弃但没有办法实现。

是否型伴侣："我想要孩子，我的伴侣不想要，但无论如何我还是要" 在这种情况下，一方（通常是男方）不想要孩子，但另一方（通常是女方）决定要孩子。结果往往是怀孕或分娩导致分居或离婚。

在你人生的目前这个阶段，你最有可能出现哪一种反应呢？在 5 年后呢？在 10 年后呢？

选择：不生孩子、推迟生育、生一个孩子还是生好几个孩子

显然，在做父母或不做父母这一问题上，人们有多种可能的选择。请考虑一下以下选择：不生孩子、推迟生育、生一个孩子或生多个孩子。

不生孩子：自愿不生孩子 来自加利福尼亚州门洛帕克的艾丽西亚和道格·施特劳斯决定选择不要孩子的婚姻（child-free marriage），即一段双方自愿不要孩子的婚姻。注意，"不要孩子"（child-free）与"没有孩子"（childless）是不同的，后者是被动的结果。道格觉得世界上的人太多了。艾丽西亚在非洲看到了人口过剩对严重营养不良婴儿的影响。这对夫妇是一家专为不要孩子的夫妇和单身人士而设的国际社交俱乐

部——"不开玩笑！"（No Kidding!）——的会员。杰西卡·汉德勒没有孩子，因为基因测试显示，她很有可能将导致她妹妹去世的疾病——白血病——遗传给下一代（Jessica Handler，2009）。

在 50 岁以下的美国父母中，71% 的人表示他们未来不太可能要更多的孩子。根据皮尤研究中心的一项调查，在同一年龄段的不要孩子的成年人中，37% 的人表示他们从未想过当父母。2018 年《纽约时报》（*New York Times*）的一篇报道提到了那些不打算要孩子的人的理由，最主要的是想要更多的闲暇时间、需要找一位伴侣以及无力负担养育儿童的费用（Miller，2018a）。《泰晤士报》（*Times*）的报道称："许多女性表示，做母亲已经成为一种选择，而她们选择放弃它，无论是出于个人原因还是经济原因。"此外，美国人不太愿意批评那些没有孩子的人。2008 年，59% 的人不同意从未有过孩子的人过着空虚的生活，而 1988 年该比例只有 39%（Livingston and Cohn，2010a）。

在 50 岁以下没有孩子的女性和 60 岁以下没有孩子的男性中，大多数人（62%）表示他们希望有朝一日能有孩子。在 30 岁以下的美国人中，76% 的没有孩子的人表示他们希望将来能有孩子（Pew Research Center，2010）。然而，在回顾他们没有孩子的生活时，许多年长的女性和一些年长的男性会为他们的决定深感庆幸，一些人会好奇如果他们有孩子生活会怎么样，而另一些人则宣称他们已经不再伤心，而是心存感激（Miller，2018b；MacNichol，2018）。

最近，随着年轻女性的生育率持续下降，老年女性的生育率有所上升。几十年来，40 ~ 44 岁的女性中没有孩子的人的比例在不断上升；2005 年达到了 20% 的峰值，近年来这一比例稳步下降；2014 年降到 15%；2017 年进一步下降（Hamilton et al.，2018；Livingston，2015）。皮尤研究中心的一份报告称，如今"40 ~ 44 岁的女性中有 86% 的人是母亲，而 2006 年这一比例为 80%"（Livingston，2018）。总体的年度生育率仍在下降，原因是女性成为母亲时的年龄越来越大。现在美国女性成为母亲时的平均年龄是 26 岁，而在 1994 年是 23 岁（Livingston，2018）。英国社会学家凯瑟琳·哈基姆（Catherine Hakim）多年来一直在研究自愿不生育的现象，她说这是一个新的社会现象，现在女性对这种生活方式持开放和积极的态度，她说："避孕革命完全改变了人们的看法。"（Buonadonna et al.，2010）美国人口普查局研究员简·戴伊（Jane Dye）也同意这一观点，她说："过去，人们期望在人生的某个阶段生孩子，但现在很多女性都不这么做了。"（Zezima，2008）选择放弃生育的原因是什么？皮尤研究中心的人口统计学家格雷琴·利文斯顿（Gretchen Livingston）和德维拉·科恩（D'Vera Cohn）说："对女性来说，生育孩子的社会压力似乎已经降低了，所以今天有关是否生孩子的决定被视为一种个人选择。"（Livingston and Cohn，2010a）此外，更多的就业机会和更好的避孕方法为那些希望不生孩子的女性创造了更多的选择。

然而，许多在深思熟虑之后选择不生孩子的人不得不面对我们社会的**鼓励生育偏见**（pronatalist bias），即认为**生孩子是理所当然的文化态度**（May，1997；Morell，2000）。有趣的是，18 ~ 29 岁的人中有 37% 的人表示，更多的女性不生孩子对社会有害，这比年龄较大的人中持相同意见的人的比例高约 9%（Pew Research Center，2010）。对于那些有一对想做祖父母的、处于中年阶段的父母的夫妇来说，生育的压力尤其明显。

直到最近，人们仍认为没有孩子的夫妇比有孩子的夫妇对他们的关系更满意（Gabb et al.，2013；Park，2005；Twenge et al.，2003；Whitehead and Popenoe，2006）。事实上，正如我们在关注家庭生命周期时看到的那样，大多数夫妇说，他们在孩子出现之前和成年子女离开家之后，对彼此的满意度最高（Lucas et al.，2003；Vaillant and Vaillant，1993）。然而，2014 年的一份报告表明，在排除收入、教育、宗教和健康等因素后，有孩子的父母的生活满意度和没有孩子的人"几乎没有差异"（Deaton and Stone，2014）。需要注意的是，有孩子的不幸福夫妇可能更倾向于在一起（"为了孩子"），而没有孩子的不幸福的夫妇更倾向于离婚（Tsang et al.，2003；White et al.，1986；Gottman and Silver，2015）。

推迟生育：晚一些生孩子　女性生第一个孩子的时间更晚了（见图 10-1）。从 1970 年到 2016 年，母亲首次生育的平均年龄增加了 5 岁多，从 21.4 岁增加到了 26.6 岁（DeSilver，2013；National Center for Health Statistics，2017）。美国的新手妈妈们不仅年龄越来越大，而且受教育程度也比 20 年前更高（Livingston and Cohn，2010b）。有报道称："总体来说，拥有大学学历的女性生孩子的时间比没有大学学历的女性晚 7 年，她们往往会利用这段时间完成自己的学业、发展事业和积累收入。"（Bui and Miller，2018）

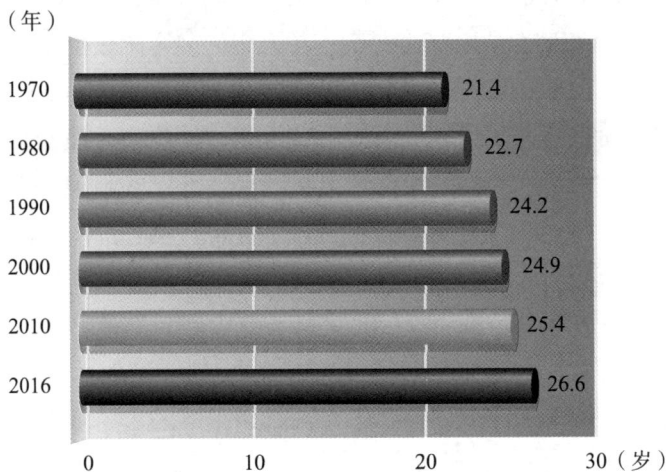

（年）

年份	年龄
1970	21.4
1980	22.7
1990	24.2
2000	24.9
2010	25.4
2016	26.6

0　　　　10　　　　20　　　　30（岁）

图 10-1　女性的等待时间变得更长

注：15 ~ 44 岁的美国母亲生育第一个孩子的平均年龄正在上升。

资料来源：Centers for Disease Control and Prevention, 2003.

当然，推迟生育的关键因素是有效的避孕以及生殖技术。出生率一直在下降，这与"大衰退"有关（Cohn and Livingston，2010）。其结果是，由于预期寿命的延长、晚婚晚育以及没有孩子的人数的增加，美国成了一个以成年人为中心而非以儿童为中心的社会（Whitehead and Popenoe，2006）。

实例：在以孩子为中心的社会中不生孩子

女人的观点和男人的观点

没有生过孩子的人对自己的身份有什么看法？主要有两种观点。

女人的观点

我从未有意识地决定不生孩子。我只是从未决定要他们。我记得大概在我 12 岁的时候，我的姨妈和姨夫带着我的表姐和表姐的新生儿来拜访。他们把孩子放在我的腿上，我记得在他们说话的时候，我小心翼翼地把孩子慢慢地推到地上。当他们看到我所做的一切时，我的姨妈说："你不想等你长大之后要一个孩子吗？"我的回答是"我宁愿要一只骆驼"。我 12 岁的时候就想成为一名动物园管理员。

我丈夫告诉我，他从来没有考虑过要孩子的问题，他只是觉得和他结婚的那个人可能想要孩子。我们的几位男性朋友也说了同样的话。他其实很会带孩子，会成为一位伟大的父亲，但他说他很高兴我们没有孩子。所以我想说，我们在这方面有平等的决定权。我很高兴自己没有爱上一个一心想要孩子的人。我想，在我年轻的时候，我可能会为了取悦家人而改变主意，这将是一场灾难。现在我长大了，我明白了一个事实：如果我有一个孩子，我会很痛苦。

我的一位最近组建了家庭的朋友告诉我，人们生孩子之后，夫妻之间的关系就不再一样了……目前，我更喜欢和那些孩子已经长大或没有孩子的人在一起。我不喜欢感到内疚，因为当我看到一个小孩或婴儿时，我没有一种温暖的感觉，而且我讨厌假装自己有这种感觉。

男人的观点

我从来没有做过不生孩子的决定。对我来说，养育孩子从来都不是我个人的人生重要选择，而我的妻子倾向于不生孩子。在我们婚姻的早期，我们感受到了来自其他人的压力。但总体来说，这个决定并没有让我们的关系变得紧张。因为在我们婚姻的早期，我们都忙于事业（我们创办了一个公司）。我和妻子都在公司里工作，我们过去经常旅行，这种状态持续了四五年……我还认为，目前的社会和环境不利于生孩子。

选择不要孩子的主要好处是，我保留了我的个人身份。我是约翰这个人，而不是某个人的父亲。我也能更加专注于个人发展，保持年轻化的人生观。然而，有时我觉得我和妻子是社会的"弃儿"。因为我们的大多数朋友都有孩子，他们都想做和孩子相关的事情，我们在他们的优先名单中处于末位。我们在刚结婚时感受到了来自家庭和朋友的一些压力。幸运的是，我们的父母都相当开明，一段时间之后，大家都认可了我们的想法。

在我看来，一个孩子是我在这个世界上留下的"印记"，是一笔"可怜的遗产"。我希望人们能记住我取得的成就。

即使没有成就，我至少也能给我的朋友和我接触过的人留下一些美好的回忆，让他们知道我是一个善良的、真诚的人。

总结

有些人是自己选择不要孩子的，而有些人没有孩子是因为他们负担不起生殖辅助技术的费用或没办法领养，也有可能是因为健康状况不佳或其他生活问题。社会是否认为没有孩子的人没有价值？

在情景喜剧《甜心俏佳人》（*Ally McBeal*）中有一个情节，卡莉斯塔·弗洛克哈特（Calista Flockhart）扮演一位未婚、高薪的律师，她幻想着在和男人约会的过程中会有跳舞的婴儿。专栏作家朱利安·马尔沃克斯（Julianne Malveaux）指出，这揭示了我们社会的文化矛盾性："你的收入可能高达 6 位数，住在一个好地方，有令人满意的生活，但跳舞的婴儿告诉你，你还是感到不满足。"

在现实中，对许多在职母亲（无论是已婚母亲还是单亲母亲）来说，兼顾工作和孩子是一种持续的挣扎。

正如我们在前文中提到的，在 2014 年，40 ~ 44 岁的美国女性中有 15% 的人没有亲生子女，这一比例低于 2005 年的 20%（Livingston，2015）。这一趋势可能反映了社会力量，如经济特点的变化或女性经济独立性的提高。马德林·凯恩（Madelyn Cain）在《无子女的革命》（*The Childless Revolution*）一书中说，无论如何，这些女性正在以一种根本的方式重塑女性的定义，但她们在很大程度上被误解了。无论她们是自愿不要孩子的还是因为偶然因素没有孩子的，她们要么被同情，要么被蔑视，很少有人直接在她们面前提及她们没有孩子的问题；没有孩子是一个禁忌话题（Koropeckyj-Cox and Pendell，2007）。然而，许多选择不要孩子的人都对自己的决定感到满意。

当然，我们可以说，没有孩子并不意味着生活有所欠缺。马尔沃克斯指出，许多没有孩子的女性通过帮助朋友照顾他们的孩子过着充实的生活。她写道："我们是那些在星期六把孩子抱起来，让母亲能够休息的女人。我们是一些年轻人倚靠的'公正的肩膀'，我们的生活也因为年轻人的存在而得到了提升。"

你怎么认为

越来越多的育龄成年人选择"没有孩子"的生活。在某种程度上，这代表了人口结构的转变（Wayne，2015）。可以说，是否要孩子是一个人能做的重要的决定之一。如果你一生都不生育孩子，你觉得会怎么样？

推迟生育孩子有好处也有坏处。

■ **好处** 夫妻能更圆满地完成学业、有更多的单独相处时间、有更好的经济条件。推迟生育可以让夫妇完成学业，在事业上站稳脚跟，有更多的时间发展他们之间的关系，还能让他们积累经济资源以便供养孩子。正如我们将看到的，养育孩子所需的费用是个人承担的较大的开支之一。

■ **坏处** 等到双方到了 30 岁以后才生孩子的夫妇可能会发现自己在事业上要求很高，而此时他们正需要照顾年幼的孩子，他们也可能急于回到更令他们快乐的"无子女时代"，那时他们可以享受隐私不会泄露且责任更少的生活。当然，生育能力往往会随着年龄的增长而减弱，因此，一个人决定生孩子的时间越晚，他/她就越有可能面对生育方面的问题，尽管使用生殖技术是有帮助的。40 多岁的女性生出患有唐氏综合征（down syndrome）的孩子的风险也较高，唐氏综合征是一种遗传性疾病，会导致广泛的终生智力障碍、发育迟缓以及身体残疾。

生一个孩子："独生子女"是不同的吗
根据皮尤研究中心的数据，美国家庭的平均规模一直在萎缩，从 1960 年的 3.7 个孩子减少到了 2015 年的 1.9 个孩子（Kelleher, 2015）。2016 年，美国有近 47% 的有孩子的家庭是独生子女家庭。

许多人对独生子女有刻板印象，认为他们是被宠坏的、孤独的和自私的。但研究表明，独生子女的这些特征和其他非独生子女没有明显差别（Mancillas, 2006）。事实上，独生子女往往自信、独立、智商高、语言表达能力强，他们的成绩也很好（Downey, 2001；Falbo, 2012；Goel and Aggarwal, 2012）。

生多个孩子 2010 年，17% 的美国家庭有 2 个 18 岁以下的孩子（低于 8 年前的 20%）；9% 的家庭有 3 个或更多的孩子（U.S. Census Bureau, 2012）。

父母生第二个孩子往往是出于以下原因：他们认为第一个孩子应该有一个兄弟姐妹做伴；他们希望在第一个孩子发生意外的情况下有一个"小保险"；他们还希望第二个孩子的性别与第一个孩子不同，这样家里就会有一个男孩和一个女孩。如果他们已经有两个性别相同的孩子，他们很可能会生第三个孩子，从而得到一个性别不同的孩子（Ceballo et al., 2004；Hagewin and Morgan, 2005；Iacovu and Tavares, 2011）。经济学家认为，抚养孩子的时间和金钱成本是决定孩子数量的关键因素（Duncan and Magnuson, 2002）。

家庭中的每名新成员都会改变这个家庭的动态。比如，当父母的注意力转向新生儿时，年长的孩子的阅读成绩和水平往往有所下降，因为随着其他孩子的到来，大孩子得到的关注变少了（Barber, 2000）。与此同时，关于出生顺序的研究也表明，年长的兄弟姐妹的存在增加了年幼的兄弟姐妹参与危险行为的可能性（Argys et al., 2006）。另外，与小家庭的成员相比，大家庭的成员往往强调合作而不是独立，强调共同发展而不是个人发展。

什么因素影响人们生孩子

一般来说，当人们被问及是什么原因让他们决定要孩子时，你认为那些打算或希望要孩子而目前没有孩子的人会给出什么样的答案？你能相信 84% 的人的回答是"养孩子的快乐"吗？然而，在皮尤研究中心的调查中，这是一个普遍的回答，见图 10-2（Livingston and Cohn, 2010b）。

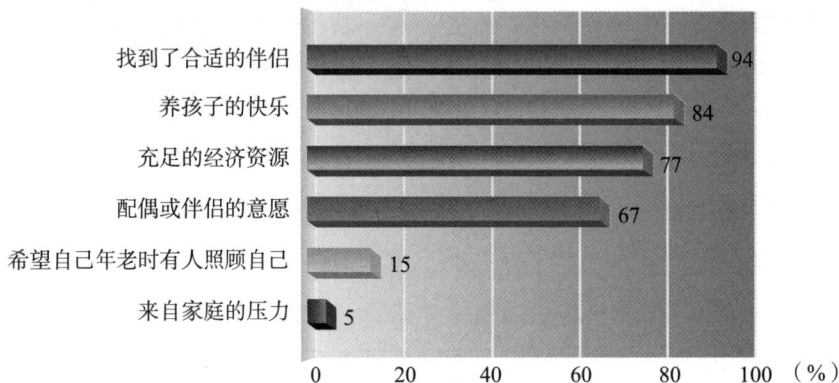

图 10-2　是什么使你决定要孩子

资料来源：Pew Research Center, 2015.

你可能出于很多原因想要或不想要孩子，同样也有很多理由使你决定了会要几个孩子、什么时候生。20 岁左右的年轻人可能会为了被朋友接纳而选择要孩子，因为他们的朋友可能也有孩子。其他人可能想满足自己父母想要孙子、孙女的愿望，还有一些人这样做是出于宗教原因（Mahoney，2010；Marks，2005）。有些人生孩子是为了取悦他们的配偶——事实上，这也是一个重要的影响因素（Thornton and Young-DeMarco，2004）。也有一些人这样做是为了延续家族血统。最后，许多人这样做是因为相信这将增加他们的幸福感，有助于实现他们的人生价值，会给他们带来成就感（Gallup and Newport，1990；Groat et al.，1997）。然而，在最近的一项研究中，有一半的受访者表示，成为父母这件事"只是恰巧发生了"（Livingston and Cohn，2010b）。

此外，还有更大的社会因素和经济因素影响着人们关于是否要孩子的决定，包括（1）家庭规模的总体趋势；（2）种族、民族和宗教；（3）受教育水平和收入状况。

家庭规模的总体趋势　生育能力（fertility）指的是生物学上的繁殖能力和一个人的实际生育表现。生育率（fertility rates）是指每 1 000 名育龄女性（15 ~ 44 岁）每年生育的婴儿的数量。

总体来说，家庭规模越来越小了。比如，在 18 世纪和 19 世纪早期，有 5 个或更多孩子的家庭并不罕见。在一个婴儿死亡率高、以农业为主的社会中，孩子被视为后备工人。而工业革命之后，更多的女性进入了工作场所。同时，随着公共卫生条件和医疗技术的改善，婴儿死亡率开始降低，家庭也变得更小了——大多数父母选择只生 2 个孩子（Thornton and Freedman，1983）。

种族、民族和宗教　生育率因种族和民族而异，西班牙裔生育率最高，美洲原住民或阿拉斯加原住民生育率最低。比如，2016 年平均每 1 000 名育龄女性生育的婴儿的数量如下：西班牙裔——71；非西班牙裔黑人——63；亚洲或太平洋岛民——62；非西班牙裔白人——58；美洲原住民或阿拉斯加原住民——43（Child Trends，2018a）。

受教育水平和收入状况　一般来说，女性的受教育水平和收入越高，生育率就越低，但是这不是一成不变的。

但如今，86% 的 40 ~ 44 岁（接近生育年龄边界）的女性是母亲，该比例高于 2006 年的 80%，而且这种增长趋势在那些一直没有那么多孩子的女性群体（那些拥有高学历的女性群体）中尤其明显。《纽约时报》的一篇报道说："没有大学学历的女性生孩子的可能性一直很高，而拥有大学学历或更高学历的女性生孩子的可能性则相对较低。现在，80% 拥有专业硕士学位或博士学位的女性在 44 岁之前就有了孩子，而 20 年前这一比例为 65%。"（Miller，2018c）

抚养孩子的花费

抚养孩子需要多少钱？根据 2015 年的估计，一个有两个孩子的中等收入已婚夫妻组建的家庭从孩子出生到孩子 18 岁在育儿方面的支出为 233 610 美元（Lino et al.，2017）。即使是对一个孩子的低收入双亲家庭（税前年收入为 59 000 美元或以下）来说，在孩子长到 18 岁以前，他们的支出也可能达到 174 690 美元，而对一个有相同收入的单亲家庭来说，这方面的支出可能是 172 200 美元，而且这笔支出不包括上大学的费用（Lino et al.，2017）。

上大学的费用和经济学家所说的机会成本（opportunity costs）——父母因把时间和精力投入其他追求（即养育孩子）而造成的工资和投资的损失——使育儿成本更高。比如，据某个网站统计，母亲们在 10 项典型工作职能上花费了时间，在 2018 年，全职妈妈们的付出相当于年薪 162 581 美元的工作的工作量，当然，她们并没有拿到这份薪水，这就是机会成本（HRdive，2018）。当然，每个家庭养育孩子的成本是不同的，它取决于一个家庭是低收入、中等收入还是高收入家庭，也取决于家庭是双亲家庭还是单亲家庭（单亲家庭花费更少）。

这些估计成本可能看起来已经足够可怕，但几年前，《华尔街日报》调查了当时父母在孩子 17 岁之前的"额外支出"，它包括从牙齿矫正到服装、汽车，再到大学储蓄计划的一切，并预测了一些富裕的父母可能会为每个孩子花费 77.6 万美元到 160 万美元（Daspin and Gamerman，2007；Taha，2012）。

正如我们将在后文中提到的，抚养孩子的另一项成本是孩子可能带来的焦虑、压力和疲劳。特别是当孩子还处于婴儿期时，父母很难拥有自己的时间。

尽管孩子可以带来巨大的好处、快乐和喜悦，但父母也为决定抚养他们付出了代价。因此，人们能做的最好的事情——无论是为了自己还是为了自己未来的孩子——就是确保生孩子是自己选择的结果，而不是一次意外。

> 推迟生育的利与弊是什么？它们与经济和技术等社会条件的变化有什么关系？

10.2 流产和放弃

核心内容：
自然流产与人工流产，以及与流产有关的一些心理健康问题

> 概述 我们区分了自然流产和人工流产，讨论了与流产相关的心理问题。

有位名叫托莱多的女子是一名优秀的高中生，她曾同时被康奈尔大学和斯坦福大学录取，但后来她意外怀孕，不得不从大学

退学。在那之后，她做过服务员。孩子的父亲，也就是她的丈夫，是一名屋顶维修工人。她怨恨她的儿子，并为她无法实现自己的梦想而责怪他。32 岁时，在经历了多年贫困的、令人绝望的生活后，她写信给专栏作家阿比盖尔·范·布伦，在其专栏"亲爱的艾比"中说："青春一去不复返。一旦你有了孩子，你就不再年轻、不再拥有自由。你的错误引发的痛苦将直接影响你的孩子。"（Abigail Van Buren，2003）

自然流产和人工流产

流产会改变女性的生活吗 流产（abortion）是指在胚胎（第 2 周至第 8 周的受精卵）或胎儿（胚胎的下一个阶段）能够自行存活之前，将其从子宫中取出或排出。并非所有流产都是人们主动诱发的。由于医疗、激素、遗传或其他问题，流产可能会自发地发生，这被称为自然流产（spontaneous abortion）或小产（miscarriage）。自然流产是指在怀孕的前 20 周内发生的流产。在统计数据中，约有 20% 的怀孕以自然流产告终，并且它通常发生在怀孕的前 3 个月内。流产往往会给女性和她的伴侣带来重大损失，他们必然会为此感到悲痛。

与自然流产相比，人工流产（induced abortion）或选择性流产（elective abortion）意味着父母已做出有目的地终止妊娠的决定。

流产与心理健康

一些有计划或想怀孕的女性和夫妇如果因自然流产（小产）而失去婴儿，可能会变得相当心烦意乱，可能会为他们的损失而悲伤，尽管也有一些人感觉影响不大（Gerber-Epstein et al.，2008；Toedter et al.，2001）。

在某些方面，这些反应是可以预见的：女性（和她的伴侣）越想怀孕，怀孕对女性（和她的伴侣）的个人意义就越大，她在情感上接受流产的难度也就越大。但是如果女性意外怀孕，女性在以下 2 种情况下似乎不会经历负面的心理反应：（1）人工流产与她们根深蒂固的信仰并不相悖；（2）人工流产没有被其视为社会污名。事实上，人工流产前的情绪困扰通常比人工流产后的更大，完成人工流产的女性经常会产生解脱感以及其他积极情绪（Kero et al.，2004；Sanger，2017）。美国心理学会心理健康和流产工作组也表示，没有可靠的证据表明一次选择性流产会导致成年女性出现心理健康问题（Mental Health and Abortion，2008）。

总结与回顾

10.1　生还是不生：选择还是命运

有关是否生孩子的选择，以及影响人们生孩子的因素

■ 在美国，儿童占总人口的百分比正在下降。2016 年，美国的出生率仅为 12.2‰，低于 2007 年的 14.3‰，当然也远远低于 1909 年的 30‰，当时，大家庭很常见。

■ 卡罗琳和菲利普确定了有不同反应的 4 种伴侣类型：（1）共同规划的伴侣；（2）接受命运的伴侣；（3）矛盾型伴侣；（4）是否型伴侣。

■ 夫妻在做父母或不做父母方面有多种选择：不生孩子、推迟生育、生一个孩子还是生好几个孩子。

■ 不生孩子的婚姻涉及夫妻双方不要孩子的选择。2014 年，约 15% 的 40 ～ 44 岁的女性没有亲生子女，这一比例低于 2005 年的 20%。拥有高学历的女性更有可能不生孩子。

■ 许多选择不生孩子的人必须应对社会的鼓励生育偏见，即认为生孩子是理所当然的文化态度。

■ 夫妻推迟生育可能是为了完成学业、发展事业、获得更多的时间发展彼此的关系以及积累抚养孩子的经济资源。然而，等到 30 岁以后才要孩子的夫妇可能会发现，追求事业发展和照顾年幼孩子的责任会发生冲突，他们也可能渴望回到快乐的"无子女时代"，那时他们可以享受责任更少的生活。此外，生育能力往往会随着年龄的增长而减弱，因此，个人决定生孩子的时间越晚，他 / 她就越有可能遇到生育方面的问题。将生育推迟到 40 多岁的女性生下患有唐氏综合征的婴儿的风险会增加，这种遗传疾病会导致广泛的终生智力障碍、发育迟缓以及身体残疾。

■ 美国家庭的平均规模一直在缩小，从 1960 年的 3.7 个孩子减少到了 2015 年的 1.9 个孩子。美国有近 47% 的有孩子的家庭是独生子女家庭。尽管人们对独生子女存在刻板印象，但独生子女往往自信、独立、智商高、语言能力强，而且成绩优秀。2010 年，17% 的美国家庭有 2 个 18 岁以下的孩子，9% 的家庭有 3 个或更多的孩子。家庭中的每名新成员都会改变这个家庭的动态。

■ 社会和经济因素影响着人们的生育决定：（1）家庭规模的总体趋势；（2）种族、民族和宗教；（3）受教育水平和收入状况。

■ 生育能力是指生物学上的繁殖能力和一个人的实际生育表现。

■ 生育率是指每 1 000 名育龄女性（15 ～ 44 岁）每年生育的婴儿的数量。

■ 抚养孩子可能很昂贵。除了基本的衣食住行方面的开销之外，还有机会成本。

10.2　流产和放弃

自然流产与人工流产，以及与流产有关的一些心理健康问题

■ 流产是指在胚胎（第 2 周至第 8 周的受精卵）或胎儿（胚胎的下一个阶段）能够自行存活之前，将其从子宫中取出或排出。

■ 由于医疗、激素、遗传或其他问题，流产可能会自发地发生，这被称为自然流产或小产。

■ 与自然流产不同，人工流产或选择性流产意味着父母已做出有目的地终止妊娠的决定。

■ 女性（和她的伴侣）越想怀孕，怀孕对女性（和她的伴侣）的个人意义就越大，她在情感上接受流产的难度也就越大。如果女性意外怀孕，女性在以下 2 种情况下似乎不会经历负面的心理反应：（1）人工流产与她们根深蒂固的信仰并不相悖；（2）人工流产没有被其视为社会污名。

第 11 章

养育：孩子、家庭与后代

核心内容

11.1 父母的类型以及其他因素对孩子的影响

11.2 人们在怀孕、分娩和养育子女时必须做出的一些改变

11.3 3 种养育方式和 5 种养育风格，以及如何成为有效能的父母

11.4 老年人和孩子的角色转换、祖父母的身份和无子女的老年人

本章导读

　　首先，我们将讨论不正常的家庭背景在养育子女方面的影响，并表明除了父母的因素之外，还有其他因素影响着儿童的发展。其次，我们将考察母亲和父亲对怀孕和分娩的适应情况以及向养育子女阶段过渡的过程。再次，我们将介绍 3 种养育方式和 5 种养育风格，并探究如何成为有效能的父母。最后，我们将考察家庭老龄化和隔代教养。

大众文化、媒体和技术

我的孩子们会变好吗

　　将近 75% 的高中生说他们和父母或监护人相处得很好，其余的人中的大部分说他们的关系"还好"，3% 的人说他们和父母相处得不太好（Feller，2003）。

　　以上结果来自霍雷肖·阿尔杰美国杰出人士协会（Horatio Alger Association of Distinguished Americans）在 2003 年和 2008 年对美国青年进行的一项调查的受访者们。在 2012 ~ 2013 年，当被问及"在你目前的生活中谁是你认为最有价值的、至关重要的人"时，绝大多数高中生（80%）和高中毕业生（79%）选择的是某一位家庭成员，47% 的人坚定地选择了他们的母亲（Wolniak et al.，2012）。家长们听到这样的回答无疑会非常高兴。他们也很乐意看到这样一项研究：这项研究显示在 7 ~ 12 年级的孩子中，有 61% 的孩子会因为父母"鼓励我学习"而给他们的父母打"A"；有 72% 的孩子会因为父母"帮助我形成良好的价值观"而给他们的父母打"A"（David et al.，2010）。

对身为父母的你来说，"你养育出了自立、诚实、有爱心、快乐的孩子"难道不是你最想听到的表扬吗？考虑到你在养育孩子方面要付出的所有努力——毫无疑问的是你还需要承担诸多义务，是什么样的想法让你在面对艰难的处境时还能坚持下去的呢？

考虑一下大众媒体和流行文化中展现的以下这些答案（Lemaster and DeFrain，1989）。

■ **"养育孩子会很有趣"** 一则鞋子广告中说"重要的东西就在你面前"。画面中，一个小女孩跑进一个女人的怀里，这个女人可能是她的母亲（Kilbourne，1999）。当然，人们确实会和自己的孩子玩得很开心，孩子也会和父母玩得很开心。但用心理学家大卫·格特曼（David Guttman）的话来说，养育子女也可能使人处于一种"慢性紧急状态"（chronic emergency）。他进一步解释说："在孩子出生后，尽职尽责的父母永远无法完全放松地自我陶醉或自我放纵。从那时起，父母即使在休息时也只能像护士一样时刻'准备待命'——他们在夜里等待着孩子的哭声。"

■ **"我想为我的孩子们做些事情，因为我知道他们会感激我"** "我想让我的孩子拥有我小时候没有的东西"是一个常见的表述。但是，父母的自我牺牲——也许是牺牲几个小时的家庭时间去挣钱给孩子们买"生活中更美好的东西"——真的会得到孩子们的感谢吗？一位人皆自私论者曾经说过，感恩是生活中未充分发挥作用的情感之一。事实上，孩子们可能会简单地认为给他们一切是父母的职责，而不会因此表达任何感激之情。

■ **"养育子女就是顺其自然的事情"** 因为很多人都是"顺其自然"地生下孩子的，所以他们假设几乎所有人都会用同样的方式养育孩子，即认为抚养孩子是一种基于本能的过程，父母不需要任何特殊的训练。人们会说阅读和写作的能力会随着不断练习而提高，但他们不愿意对有关养育子女的训练采用同样的观点。

■ **"只要父母给孩子足够的爱，他们就会变好"** 这种信念是我们刚才描述的信念的一种推论，也就是说，父母不需要知道很多关于养育子女的事情，他们需要做的就是给他们的孩子足够多的爱。但是，仅仅给予孩子爱并不能保证他们成为有责任感、有同理心、有道德、成功的成年人，就像经常打孩子屁股或严厉的道德训诫并不能保证父母得到这样的结果一样。

■ **"好父母养出好孩子"** 经常施暴的父母养出来的孩子往往会觉得自己一无是处、不讨人喜爱、能力不足，不过这并不是必然的结果；投入了大量情感和物质资源的父母往往会养出性格稳定、有责任心的孩子。当然，这也不是一定的。在以后的生活中，温柔且充满善意的父母可能会因为他们的孩子有行为问题或被学校开除而责备自己。但需要指出的是，父母仅仅是影响孩子发展的几种因素之一。

11.1　**为人父母：不同的经历**

核心内容：

父母的类型以及其他因素对孩子的影响

概述　在这一节，首先我们将描述多种

类型的父母：单亲父母、老年父母、少数族裔父母、非传统父母以及工作的父母。其次，我们将考察功能失调的家庭背景在养育子女方面的影响。最后，我们将表明，除了父母之外，还有其他因素影响着儿童的发展。

人们会不时地提出这样的建议：因为如此多的人没有做好养育孩子的准备并且做得如此糟糕，所以政府应该给父母颁发执照，就像它对驾驶、狩猎、酒品供应等所做的那样。比如，对有抱负的父母的要求包括"完成高中学业，学习一门有关婴儿发展的认证课程，获得执照，并签署一份同意不虐待或忽视孩子的合同"等（Favole，2015）。然而，即使有了这些要求，仍然有人会争论，总有这样一些人——"不管你给他们多少指导，他们都会成为可悲的父母"。考虑到不同类型的人将成为父母，我们将对此进行具体的描述。

单亲父母：未婚的父母和离婚的父母

来自纽约的卡罗琳·费尔在30岁时怀孕，她选择了不与男友结婚但坚持生下孩子。她说："这不会是一段美好的婚姻。这对我们两个人都好，对我儿子更是如此。"作为护士的薪资给了她自主选择生活方式的机会。她说："我有一套公寓、一辆车。我觉得我没有理由不把孩子生下来，我可以给他任何他需要的爱和支持，我也从来没有为我的决定感到后悔。"（Kantrowitz and Wingert，2001）

来自加利福尼亚州的查尔斯·克劳迪乌斯今年30岁，是家得宝公司（Home Depot）的主管。在与妻子离婚后，他获得了3个孩子的监护权，孩子的年龄从3岁到7岁不等。这对夫妇很早就结婚了，而且在结婚2年后就有了孩子。但是在9年后，妻子觉得自己已陷入困境并且想去医学院学习。最终，他们就监护权问题达成协议，孩子们在大部分时间里都和父亲在一起。他说："我的前妻想让我承担更多的监护责任，这样她就能有更多发展职业生涯的时间。"（Ginsburg，2001）

来自纽约的卡罗尔·艾因霍恩是非营利组织的筹款人，48岁，单身，想要一个孩子。她向49岁的脊椎按摩师兼朋友乔治·拉塞尔寻求帮助。她用他的精子进行人工授精并怀上了一个孩子。拉塞尔在大部分时间里和他的伴侣大卫·尼蒙斯住在一起，但他偶尔会去看看艾因霍恩，也会去看看他蹒跚学步的儿子格里芬（Kleinfield，2011）。

这就是美国家庭的新世界。在美国，以单身母亲为户主的家庭的数量从1980年的540万增加到了2018年的近1500万（Livingston，2018）。有些单身母亲的情况与卡罗琳·费尔有所不同，她们仍然缺乏经济保障。尽管有一种误解是，单身母亲主要是未与孩子的父亲结婚的女性，但其实她们更可能处于离婚、分居或丧偶状态。

在美国，单身父亲家庭从1980年的61.6万户增加到了2018年的约300万户（Livingston，2018）。最近几年美国大约有20%的孩子和单身母亲生活在一起，而1968年的这一比例为12%。大约有4%的孩子与单身父亲生活在一起，而1968年的这一比例仅为1%。大约有7%的孩子与未婚同居的父母住在一起，这一比例大约是1997年的

2 倍（Livingston，2018）。

单亲父母中占比最大的 2 个群体可能是未婚父母和离婚父母（其他单亲父母包括丧偶人士、祖父母和其他监护人等）。

未婚父母 据儿童趋势数据库报道，在 1960～1970 年的美国非婚生育比例增长得最快的人群是 15～19 岁的群体（Child Trends Databank，2015）。然而，在 1970～2000 年，非婚生育比例增长得最快的人群是 20～29 岁的群体；在 2000～2010 年，30～35 岁群体的非婚生育比例增长得最快。在 2016 年，70% 的非西班牙裔黑人女性、66% 的美洲原住民女性或阿拉斯加原住民女性、53% 的西班牙裔女性出现婚外生育的情况，而在非西班牙裔白人女性中，该比例为 29%，在亚裔或太平洋岛民女性中该比例为 17%（Child Trends Databank，2018b）。

这些数据并不意味着未婚母亲的孩子一定出生在单亲家庭。由于父母处于同居状态，未婚父母的孩子中大约有 1/4 的人出生在双亲家庭。通常情况下，孩子只会在单亲家庭中生活一两年，之后孩子的父母会结婚（Nugent and Daugherty，2018）。

虽然同居和婚外生育在美国越来越普遍，但研究表明，在社会和亲属接受度方面，它们不太可能在短期内获得与婚姻和婚内生育同等的地位（Seltzer，2000，2004）。

离婚的父母 现在已婚成年人的离婚率是 20 年前的 2.5 倍，是 50 年前的 4 倍。有 40%～60% 的新婚夫妇最终会离婚。初婚在 5 年内以分居或离婚告终的概率为 20%，在 10 年内以离婚告终的概率为 33%（National Center for Health Statistics，2002）。2014 年，

每 6 位监护人中大约有 5 位是母亲，有 1 位是父亲（Grall，2016）。

离异母亲和离异父亲的经历是不同的。

■ **离异母亲** 有孩子的离异女性在经济能力上往往不如她们的前夫。2014年，美国人口普查局的蒂莫西·格拉尔报告称："收入低于贫困线的监护母亲的比例（31.2%）大约是收入低于贫困线的监护父亲的比例（17.4%）的 2 倍。"（Timothy Grall，2016）许多离异母亲的生活水平较离异前明显下降，主要原因是前夫在照顾孩子方面的贡献远远低于双方离异前（Bartfield，2000）。但是，在美国，从 1994 年开始，雇主被要求从员工的工资中扣除子女抚养费（无论缺席的父母是否有拖欠抚养费的情况）。儿童抚养费不足是美国儿童贫困的一个主要原因（Office of Child Support Enforcement，2016）。

■ **离异父亲** 过去，离异父亲倾向于越来越少地参与他们孩子的生活（Sodermans et al.，2014）。虽然 1/4 的无监护权父亲每周至少见孩子一次，但根据一些研究，1/3 的离异父亲在一年中完全没有与孩子接触过（Ruane and Cerulo，2008）。其他数据显示，15%～25% 无监护权父亲即使在离婚几年后也会每周探望孩子，而且这一比例可能还在上升（Kelly，2007；Wallerstein and Lewis，2004）。感觉和父亲亲近的孩子进入大学学习或在高中毕业后找到稳定工作的概率是那些不觉得与父亲亲近的孩子的 2 倍，并且前者在青少年时期生育的可能性比后者低 75%；在进监狱的可能性方面，前者比后者低 80%；在出现抑郁症状的可能性方面，前者比后者低 50%（Children's Bureau，2018）。

混乱　在有孩子之前，人们很难预料到孩子给成年人生活带来的巨大影响。你能承受这种需要持续 20 年左右的责任吗？

单亲家庭的挑战　抚养孩子很困难，但对已婚夫妇来说，至少这项工作在某种程度上是由两个人分担的。有可能许多单亲父母得到的帮助并没有在人口普查数据中体现出来，比如同居的男朋友或女朋友，或者其他亲属提供的帮助。然而，单亲父母仍然会面临很多挑战。

■　钱的问题　一些单身母亲——那些自己选择成为单身母亲的人——可能在经济上是稳定的（Bock，2000）。然而，2017年，没有丈夫的女性户主的收入中位数为41 703 美元，而已婚夫妇家庭的收入中位数为 90 386 美元（Fontenot et al.，2017）。离异的单身母亲的收入低于丧偶的单身母亲（Biblarz and Gottainer，2000）。有孩子的未婚男性比没有孩子的未婚男性更容易陷入贫困（Jafee et al.，2001）。

对于那些向缺席的父亲寻求帮助的单身母亲来说，有一个问题是，那些"赖账的父亲"，即拒绝提供法院要求提供的子女抚养费的父亲一旦被逮捕，就会变成因太穷而无法支付抚养费的"破产父亲"。据估计，美国有1 100 万名不与孩子生活在一起的父亲，虽然其中大多数人有稳定的工作，能负担得起抚养费，但仍有大约 250 万无监护权的贫困父亲做不到这些。这些无监护权的贫困父亲中有近 30% 的人在监狱里。事实上，父母中至少有一人在监狱里的儿童的人数有 500 万（Trend Lines，2015）。在其余无监护权的贫困父亲中，有一半的人处于失业状态，而那些有工作的父亲的收入也低于贫困线（Harden，2002）。

老年父母

有一段时期，医生们经常建议女性不要等到年龄大了才要孩子。然而，正如我们在前文中看到的，更有效的避孕措施和女性受教育和就业机会的增加使许多女性可以推迟生育，这给生育模式带来了深刻的转变。正如我们提到的，从 1970 年到 2016 年，初次生育的母亲的平均年龄增长了 5 岁多——从 21.4 岁增长到了 26.6 岁（Martin et al.，2018）。2017 年，在美国，20 岁出头的女性的生育率下降到了历史最低水平；而 30 多岁到 40 岁出头的女性的生育率有所上升（Martin et al.，2018）。加利福尼亚大学旧金山分校母胎医学专业代理主席玛丽·诺顿（Mary Norton）指出，由于生育治疗和基因检测，人们对在 35 岁以后生育孩子可能引发的并发症的恐惧减少了，对此的羞耻感也减少了。年长的父母往往热衷于谈论生孩子的事，并说他们在情感上做好了为人父母的准备（Rowan，2012）。老年父亲的孩子发现，他们的父亲会更多地参与到他们的生活中，这可能是因为这些父亲更成熟，也更愿意专注于养育子女（Tyre，2004）。

少数族裔父母

在某些情况下，种族和民族的因素似乎

对养育孩子并没有影响。当你还是青少年时，你是否经常和父母发生分歧？一项研究表明，无论是哪个种族的父母和青少年都会每天为着装、上学、家务之类的事情争吵（Allison and Schultz，2004）。其他研究也表明，在特定的社会经济阶层中，父母对孩子的期待和愿望都是相似的，无论他们是非裔美国人、西班牙裔美国人，还是亚裔美国人（Jambunathan et al.，2000）。

然而，新移民的身份会引发差异。比如，出生在墨西哥的父母可能会坚持要求孩子遵守家庭纪律和规则，同时鼓励孩子自力更生，而出生在美国的墨西哥裔父母可能也期待孩子能取得一定成就，但同时会给予他们的孩子情感支持（Becerra，2012）。

非裔美国父母　毫无疑问，对非裔美国人来说，养育子女的重要影响因素之一就是种族本身方面的问题：即使有经济上的保障，这也不足以保护父母或他们的孩子免受意外的种族主义事件的伤害。比如，不久前，报纸上的一篇报道描述了一个收入水平处于中上等的黑人家庭的困境，他们试图为他们的孩子雇用保姆，然而就连自己也是非裔美国人的保姆都拒绝为他们工作（因为他们担心工资低，必须做额外的工作，并且认为这种家庭所居住的社区是不安全的）（Kantor，2006）。

尽管如此，也有证据表明，经济阶层的差异确实会影响养育方式（Duncan and Magnuson，2003；Lareau，2011；Pachter et al.，2006）。

■ **贫穷的工人和下层阶级**　陷入持续的财务困境往往会让贫穷的父母无法指导他们的孩子或影响他们的行为——尤其是当他们看不到提升自己的地位的方法时。不识字或只有小学文化的父母可能会以自己为例，告诉孩子什么是他们不该追求的，以此来影响孩子的行为。

■ **工人阶级和中产阶级**　工人阶级父母倾向于强调顺从、服从、做出良好的行为，强调尊重权威和远离可能引来警察的麻烦。中产阶级家庭也经常强调这些价值观，并鼓励对财产、成就、高等教育目标和职业目标的追求。

西班牙裔父母　西班牙裔父母倾向于强调父亲的权威，要求孩子（甚至是成年子女）尊重他们的父母，并坚持要求年长的孩子为弟弟妹妹树立积极的榜样（Becerra，2012）。

亚裔父母　亚裔父母也倾向于强调家庭的权威，鼓励孩子尊重和服从父母，并且不鼓励张扬个性和攻击性（Tran and Phan，2012；Wong，2012）。他们通常也是教育能使个体取得成功的坚定信仰者（Dennis et al.，2005）。

美洲原住民父母　美洲原住民父母倾向于向他们的孩子灌输家庭和部落团结的意识，并且通过劝说和非语言行为（比如不赞成的表情）来管教他们，而不是体罚。孩子们被期望尊重父母和他人，抑制攻击性并保持独立（John，2012）。

非传统父母：单身父亲和亲戚

今天的父母不仅仅指传统的亲生父母——事实上，现在只有不到一半的美国孩子生活在"传统家庭"中（Livingston，2014）。

单身父亲　我们之前讨论过单亲父母。

在由有工作的父母和孩子组成的美国家庭中，以单身父亲为户主的家庭的数量增长得最快。1950 ~ 2017 年，在有 18 岁以下孩子的家庭中，由没有配偶的父亲维持的家庭的比例从 1% 上升到了 4.17%（ElHage，2017）。

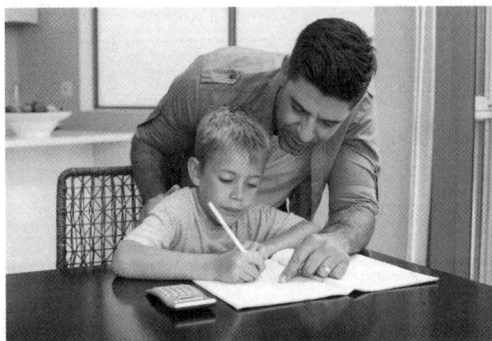

单身父亲 1950 ~ 2017 年，有 18 岁以下子女的家庭中，由没有配偶的父亲维持的家庭的比例从 1% 上升到 4.17%。你认识单身父亲吗（或者你自己是单身父亲吗）？

祖父母及其他亲属 正如我们在第 9 章中所述，在 2012 年，美国大约有 700 万祖父母和 18 岁以下的孙辈共同生活，其中约有 39% 的祖父母主要负责满足孩子的基本需求（U.S. Census Bureau，2014）。那一年，约 420 万户家庭（约占所有家庭的 3%）中有共同生活的 18 岁以下的孙辈和祖辈，其中超过 60% 的家庭由祖父母维持。

抚养孩子的祖父母和其他亲戚越来越多，这是因为亲生父母没有能力抚养孩子（也许是因为药物依赖），或者法院判定亲生父母不是孩子的最佳养育者。在"大衰退"期间，日益增长的经济压力迫使更多的孩子与祖父母或外祖父母生活在一起，他们的人数从 2000 年的 250 万增加到 2008 年的 290 万。祖父母充当主要照顾者的现象在非裔美国人和西班牙裔美国人中比在美国白人中更

普遍。

工作的父母

在过去的几十年里，妈妈的角色发生了重大变化，这也影响了爸爸的角色。妈妈找了一份工作，这要么是因为她想工作，要么是因为她必须帮忙贴补家用。2017 年，在有 18 岁以下孩子的美国女性中，超过 77% 的人有工作（Bureau of Labor Statistics，2018）。2015 年，42% 的母亲是家庭唯一的或主要的经济支柱，为家庭带来至少一半的收入。另外 22.4% 的母亲与父亲共同挣钱养家，在这种家庭中母亲为家庭带来 25% 到近 50% 的收入（Glynn，2016）。根据皮尤研究中心的一项调查，2015 年，在近 50% 的美国家庭中，父母双方都有全职工作。父母双方都在外工作这一事实已经构成了一场社会革命，这带来了以下一些结果。

事业—育儿冲突 选择待在家里不外出工作的母亲（和父亲）可能会发现他们的角色遭到了自己的家庭成员、其他亲属和整个社会的贬低——尤其是当孩子到了上学的年龄时（Brescoll and Uhlmann，2005；Doucet，2004）。与之相对的是，想追求事业发展的父母可能会担心他们的缺席会对孩子的成长产生影响（Cohn et al.，2014）。事实上，虽然进入职场的女性人数激增，但是如今的母亲陪伴孩子的时间至少与 40 年前一样多。不同的是，父亲所做的育儿劳动和家务劳动却大幅增加，尽管女性所做的家务的量仍是男性的 2 倍（Bianchi et al.，2006）。

以家庭为导向的工作场所政策 根据哈佛大学和麦吉尔大学的研究人员的一项研究，美国在以家庭为导向的工作场所政策方面（如育儿假和产假、带薪病假以及对母乳

喂养的支持）落后于许多国家。（Heymann et al.，2007）。

根据联合国国际劳工组织的报告，大多数国家都为刚生完孩子的职业女性提供某种形式的法律保护和部分带薪休假（Brahms，2015）。

目前，一些因怀孕或分娩而休假的父母会受到雇主歧视，并经常遭遇职业挫折（Silverman，2015）。另外，男性似乎不愿意使用无薪假，即便在雇主被要求提供保险的州，情况也是如此。事实上，大多数休陪产假的男性（70%）都有全额工资（Dermott，2008）。最近的一项调查表明，大多数受访父亲的情况是，"与大多数母亲不同，他们每个月只休一天左右的假来陪伴他们新出生的孩子"（Harrington et al.，2014）。还有一些父亲现在正在为能休带薪育儿假而起诉（Scheiber，2015）。

儿童照料服务　单亲在职父母发现，如何照料孩子并灵活地安排时间是他们比较担心的问题之一。事实上，职业女性最小的孩子现在经常由非亲属人士照料。

照料孩子也是已婚的在职父母（尤其是那些贫穷父母）的头等大事。虽然一般家庭会花费约 7% 的收入用于儿童照料服务，但对收入处于贫困线以下的父母来说，这一支出约占 30%，是前者的 4 倍多（Laughlin，2013）。

由于照料儿童的费用昂贵，一些父母被迫把孩子独自留在家里。事实上，近 1/4 的儿童是"钥匙儿童"（latchkey child），即当**他 / 她的父母在工作时经常独自待在家里无人看管的学龄儿童**（Vandivere et al.，2003）。一项研究表明，在美国无人看管的儿童的人数从 2004 年的 1 430 万（占儿童总数的 25%）上升到了 2009 年的 1 510 万（26%）。该报告的结论是，如今有 30% 的中学生和 4% 的小学生在学校的下课铃声响起后无人看管（America After 3PM，2009）。青少年如果在放学后无人看管，可能会比其他孩子更容易沾染酒精等（Borawski et al.，2003；Tarter，2002）。

高质量的儿童照料和学前教育项目——那些鼓励语言、阅读和游戏并持续到青春期的项目——在孩子进入青春期时会为他们带来巨大的收益，还会帮助他们在学业上表现得更好（Vandell et al.，2010）。然而，一些托育机构却采取了"打包儿童"（child-packing）的方式——一排排的儿童躺在婴儿床上或坐在高脚椅上，成年人则坐在旁边看杂志（Senkiw，2003）。事实上，一些研究表明，美国的超过一半的儿童保育机构对幼儿的照料是"非常差的"（Clawson and Gerstel，2002）。当然，儿童保育机构对儿童的影响是正面的还是负面的取决于照料的水平，而照料的水平又取决于员工的薪酬和培训等。

即使是那些将孩子托付给令人满意的儿童保育机构的在职父母也会害怕接到保姆或儿童保育中心打来的电话："很抱歉，打扰您工作了，但是您的孩子发高烧了，需要回家。"许多儿童保育中心的领导甚至会不必要地将患有轻症疾病的儿童送回家（Hashikawa et al.，2010）。工作和生病的孩子是在职父母在生活中面临的矛盾之一。尽管人们都在谈论性别角色的改变，但是承担大部分育儿负担的仍是母亲而不是父亲。在有学龄前儿童的父母中，女性平均每周的缺勤次数多于男性，这通常是由于孩子生病或儿童照料安排上的问题（Halpern，2005）。

为孩子腾出时间 工作、教育孩子的责任和经济责任都对成年人提出了较高的要求。迟早有一天，人们会发现他们已经到了一个需要做决定的时刻：他们是否应该继续一心一意地投身于事业，忽略家庭？或者他们是否应该牺牲自己的职业抱负，为家庭投入更多的时间？当然，过度工作的压力并不利于对孩子进行良好的养育或与伴侣建立良好的关系。然而，从涉及社会和智力的工作过渡到家庭并不总是那么容易。一些减少工作时间以便专注于家庭的人最初会产生一种失落感。

不过，总体说来，消息还是令人鼓舞的：加拿大的一项研究表明，那些抽出时间结婚生子的职业女性比那些把事业放在首位的职业女性更满足（Recer，1992；Hochschild and Machung，2012）。而另一项研究表明，在职妈妈比全职妈妈感觉更好（Buehler and O'Brien，2011）。不幸的是，我们对男性因孩子而减少或暂停工作受到的影响知之甚少。然而，一项对80多名兼职人员展开的研究表明，无论是对男性还是对女性来说，为照顾孩子腾出部分时间不会使事业一落千丈：兼职人员大多得到过至少一次晋升，而且他们的工资增长幅度与休完探亲假后回到岗位上的全职人员没有太大差别（Lee and Kossek，2005）。

你的背景：你是功能正常的父母还是功能失调的父母

不幸的是，许多人是在功能失调的家庭中长大的，比如父母中有一方被酒精或药物影响，或者有情感障碍，这会给他/她的孩子带来许多痛苦。功能失调的家庭（dysfunctional family）是指父母对彼此或对其子女做出消极的或破坏性的行为。儿童可能受到身体虐待或性虐待、情感虐待或语言虐待，可能被忽视、被孤立、被过度控制，可能负担过重或遭受其他虐待。因此，他们的自尊水平通常较低，感觉自己是毫无价值的、不被重视的、不被爱的。不幸的是，被父母虐待或忽视的孩子可能也会虐待或忽视他们自己的孩子，从而使这一循环持续下去，这一循环很可能在几代人中延续下去。

即使一个人成长在一个功能失调的家庭之中，他也有成为好家长的可能性。相反，这种情况可以被视为一种对未来的父母的邀请，可以促使他们积极地行动，从功能失调家庭的影响中恢复过来。此外，正如我们所探讨的，养育项目有助于个人习得那些成为有教养的、功能良好的父母所需要的知识、技能和观念。

实际行动 • • •

"有毒的父母"和超越者：
一些人是如何在父母的虐待
中生存下来的

即使你自己没有参与养育孩子，你也可能会对自己被养育的方式产生的影响感兴趣。你可能也想知道，你被养育的方式可能会直接影响你自己成为什么样的父母。

"有毒的父母"：管教和虐待是有区别的

即使是最好的父母也只是普通人。他

们会对孩子发脾气，也不总是在情感上有回应，偶尔还会颐指气使或控制孩子。

如果你的父母脾气暴躁，或者时常表现得专横跋扈，或者时不时地在感情上疏远你，这是否意味着他们在虐待你？答案可能是"不是"。父母承受着许多压力，我们可能会认为，他们如果偶尔有这样的疏忽也是可以被原谅的，因为他们在大部分时间里都是带着温暖、爱和尊重对待他们的孩子的。然而，也有一些父母（包括继父母和其他监护人）一贯采用消极的方式对待他们的孩子，给孩子造成持续的创伤，持续地虐待和诋毁他们。有时候，不是持续的事件造成了创伤，而是只发生了一次的事件，比如性虐待。很多时候，虐待会以情感虐待的形式出现，比如过度的批评或情感抑制。苏珊·福沃德将这种造成伤害的父母称为"有毒的父母"（toxic parents）（Susan Forward，2009）。她说，这样的父母造成的情感伤害就像化学毒素一样在孩子的福祉中扩散，随着孩子的成长，痛苦也随之蔓延。

如果你经常被独自抛下、反复被羞辱、被殴打或遭受性虐待，你可能会经历大多数受虐待儿童经历的痛苦：感觉自己没有价值、不被人喜欢、缺乏能力。福沃德指出，这些感觉之所以产生是因为"有毒的父母"的孩子在很大程度上会因为父母的虐待责怪自己。正如她所写的："对于一个毫无防备、依赖他人的孩子来说，比起接受这样一个可怕的事实——爸爸这个本应保护他的人并不值得信任，认为自己做了什么'坏事'因此理应接受爸爸的怒火并感到内疚要容易得多。"

超越者：即使是遭受虐待的孩子也能成长为更好的人

在有问题的家庭中长大会引发一系列的健康问题，甚至会缩短一个人的寿命（Kiecolt-Glaser et al.，2011）。事实上，许多孩子从未摆脱过他们遭受虐待的家庭背景。有些人甚至会出现健康问题，需要得到比普通成年人更多的医疗护理（Greydanus and Merrick，2017；Thurston and Matthews，2009）。一些在家里受到严厉惩罚的人习惯于对其他孩子、老师以及社会施以暴力。一些人因为杀害父母而登上头条，成为少年杀人犯（Durrant and Ensom，2012）。还有一些人在接纳自己、重视自己以及与他人建立亲密关系方面一直存在问题。

然而，一些曾遭受虐待的人成功地克服了那些似乎足以击垮大多数人的问题，这些人被称为"超越者"，他们为那些难以摆脱过去的生活困境的人提供了经验（Skogrand et al.，2007）。《超越混乱：不正常家庭的幸存者》（*Transcending Turmoil: Survivors of Dysfunctional Families*）一书的作者、心理学家唐娜·拉马尔（Donna LaMar）写道："超越者们是那些在令人痛苦的、具有破坏性的家庭中长大，而最终塑造了一种有意义的、富有成效的生活方式的人。"

有几位名人曾在童年时期遭受过虐待。电视脱口秀主持人奥普拉·温弗瑞在9岁时曾遭到男性亲戚和家庭成员的朋友的性骚扰。英国演员迈克尔·凯恩（Michael Caine）曾被养母虐待，并且在被亲生母亲救出来之前一直在挨饿。诗人罗德·麦昆（Rod McKuen）曾被继父殴打致双臂骨折。

其他的超越者则是"平凡的英雄"。西弗吉尼亚州的一位名叫伊丽莎白的年轻女子被母亲抛弃，被姨妈殴打致骨裂，从8岁起就被叔叔性骚扰。在伊丽莎白读4年级时，她的姑姑剃掉了她长长的金色卷发。自此以后，伊丽莎白开始拒绝听她姑姑说的话，并开始让她自己的生活变得更好。上述内容来自卡伦·诺斯克拉夫特（Karen Northcraft），

她是一名精神病学社会工作者，并写了一篇关于超越者的博士论文（Rogers，1991）。

有什么东西是超越者拥有而其他人没有的吗？为什么他们没有屈服于心理问题和周围环境中的社会问题的压力？"他们很自信，而且他们很早就懂得为自己考虑，"诺斯克拉夫特说，"他们在情感上与父母保持距离，并且主动选择自己的行为，而不是按照环境对他们的期望行事。"当情况对他们来说极其糟糕时，他们能想象自己正身处别处，想象他们可以排除当下环境中的干扰，去做一些伟大的事情。

资料来源：Healthy for Life：Wellness and the Art of Living by Williams/Knight © 1994 Brooks/Cole, a part of Cengage Learning, Inc.

观点：父母不是影响孩子的唯一因素

父母在迈入中老年阶段后往往会开始思考，他们在养育孩子的过程中本可以做得更好。当孩子离家后，当父母被问到"最令你后悔的事是什么"时，他们告诉一位采访者它们主要是"一些小事"（Shellenbarger，2003）。大多数父母认为他们在培养孩子价值观和保证孩子安全方面做得还不错，但他们后悔为孩子做得过多，比如管他们的钱、阻止他们学会自力更生。

当然，还有其他的影响因素，接下来我们将讨论这些因素。

生物学与遗传因素 每位父母一定想知道，孩子的"绘画能力"是从哪里来的，或者为什么孩子的脾气似乎与家里的其他人完全不同。显然，遗传和生理因素对孩子的行为、思维和性格都有重要影响（Roberts and Jackson，2008）。

社会环境 当然，出生在农村地区的贫困大家庭的孩子与出生在城市高阶层家庭的独生子女有着完全不同的成长环境。环境的影响包括社会经济阶层、种族（和民族）、宗教、地理位置和家庭规模。比如，加利福尼亚州的移民家庭的孩子在"英语学习者"课堂上达到"熟练"这一等级的速度在很大程度上取决于他们父母的受教育水平和收入水平（Jepsen and de Alth，2005）。

兄弟姐妹和亲戚 兄弟姐妹、叔叔阿

姨、堂兄弟姐妹、祖父母的影响力在有些方面与父母的影响力是相同的。比如，一位年长的男性可以代替不在孩子身边的父亲，成为孩子的榜样。

老师和朋友 许多出身微寒的成功人士都指出，他们通过接受老师或朋友的引导，成功克服了家庭的不利条件。

大众媒体 正如我们在本书中一直提到的，电视节目、电影、杂志以及现在的互联网和社交媒体对孩子们的价值观和行为有巨大的影响力。事实上，"常识媒体"（Common Sense Media）的研究发现，父母们的担忧可以被归结为"过多的媒体和科技会毁了孩子，或者让他们变胖、变傻、变坏"（Filucci，2017）。许多人认为，有不良引导作用的电视节目、电影、电子游戏、流行音乐和社交媒体将导致青少年出现暴力行为、反社会行为和过早的性行为。"常识媒体"评估了儿童可能会接触到的电影、电视节目、音乐和社交媒体的种类，它提出建议，但并未要求这些媒体删减其中带有攻击性的内容。这样做的目的是让父母清楚他们的孩子会接触到什么。

"电子保姆" 父母、老师和朋友都会影响孩子的成长，而大众媒体——尤其是电视——也是重要的贡献者。你能说出一个你小时候从电视里获得的对你有重要影响的想法吗？

花大量时间看电视的孩子比那些较少看电视的孩子的血压更高（Martinez-Gomez et al.，2009），甚至仅仅开着电视对小孩子来说也是不利的，会减少他们的游戏时间（Schmidt et al.，2008）。事实上，28 年来的173 项研究表明，80% 的人都同意，频繁接触媒体会增加儿童遭受伤害的风险，这些风险涉及肥胖、吸烟、不当的性行为、物质滥用、注意力问题和成绩差（Nunez-Smith et al.，2008）。

长期以来，美国儿科学会（American Academy of Pediatrics）建议 2 岁以下的婴儿不要看任何电子屏幕（电视节目和视频），2 岁及以上的儿童每天看电视的时间不应超过2 个小时。然而，2015 年，他们承认他们针对 2 岁以下儿童的"杜绝屏幕政策"可能不再有效（Brown，2015）。研究表明，无论家庭收入如何，美国 4 岁以下儿童使用移动设备的比例高达 97%（Kabali et al.，2015）。超过 40% 的 4 ~ 6 岁儿童的卧室里有一台电视机（Gentile et al.，2017）。8 ~ 12 岁的美国人平均每天花 1 个小时在平板电脑上，这不包括在智能手机上玩游戏和看视频的时间（Fowler，2015）。

专家维奇·赖德奥特（Vicky Rideout）说："我一直有这样一种感觉——孩子们都吵着要玩电子产品，而家长们都试图阻止这股浪潮。但结果是，父母自己非常热衷于在孩子的生活中使用这些电子产品。"（Clemetson，2006）尽管人们担心电视对儿童潜在的有害影响——孩子们会接触到有关暴力、性、酒精等的信息，但很多家长似乎仍觉得有必要把它当作"电子保姆"。儿科医生们达成的新共识是，大人应该对儿童看屏幕的时间进行限制，应该鼓励孩子在一定时间段内远离电子产品，并保证玩耍的时间。

> 请解释传统父母和非传统父母之间的差异。

11.2 成为父母

核心内容：

人们在怀孕、分娩和养育子女时必须做出的一些改变

> **概述** 首先，我们将探讨母亲和父亲如何应对怀孕和分娩。其次，我们将考察夫妻双方在为人父母过程中的转变，即他们向母亲（角色）或父亲（角色）的转变。

妇产科医生在一年中的什么时候最不可能休假？答案也许是夏末（尤其是 8 月，其次是 9 月）。在这几个月出生的婴儿人数最多（至少在美国是这样的）（Melina，2010）。虽然大多数人更愿意在春天生孩子，但成功地怀孕需要 3 ~ 4 个月甚至更长的时间，这就是为什么大多数人不能提前计划好孩子的出生日期（在 2 月出生的孩子最少）。

生育高峰月份受纬度和受孕时的气候等因素的影响，各地的生育高峰月份有所不同（Dahlberg and Andersson，2018；Wood et al.，2017）。工业化国家的空调和暖气已经在一定程度上改变了这种情况。

适应怀孕和分娩

准父母如何应对怀孕的消息在很大程度上取决于它是否是计划内的、母亲是否爱着父亲、是否有经济上的困难，以及各种各样

的其他因素。与第一次怀孕的女性相比，第二次（或以后）怀孕的女性对怀孕的看法更消极，这可能是因为她们会意识到养育孩子的成本和责任（Raphael-Leff，2018）。此外，女性的反应也会因丈夫支持程度的不同而有所不同（Redshaw and Martin，2013）。虽然一些疗法可以缓解一些症状，但是仍有 1/4 的女性在怀孕期间会经历抑郁（Manber et al.，2010）。

怀孕：母亲的故事 在最初的几个月（妊娠的前 3 个月）里，女性会出现怀孕的症状，比如乳房不适、反复晨吐（morning sickness），恶心和呕吐的症状不仅会在清晨频繁发生，而且可能在一天当中的其他时间发生。

在之后的 3 个月（妊娠中期）里，母亲开始注意到自己的腰围变大了，母亲可能还会对从前不感兴趣的食物产生渴望——除了泡菜和薄荷冰淇淋之外，她还有可能想吃一些她以前根本不喜欢的食物。在第 4 个月或第 5 个月的时候，她会经历"胎动"——胎儿在她体内活动。

从第 7 个月到第 9 个月（妊娠晚期），她可能会感到越来越不舒服，因为胎儿的成长会对她的膀胱、肺和其他器官造成压力。她也可能出现睡眠困难、背痛和腿部肿胀的问题，她的情绪可能会从焦虑发展到忧虑，再转变为兴奋和对即将到来的宝宝的期待。之后，到了某一天（常常是某个夜晚），她曾幻想无数次的时刻终于来了——宝宝发出信号说自己准备好了，要来到这个世界了。

怀孕：父亲的故事 父亲的故事主要涉及情感上的经历。然而，即使是非常用心照顾怀孕的妻子的父亲，也不像母亲那样容易

得到关注。

一些父亲是兴奋的参与者，会与母亲一起经历怀孕的各个阶段。事实上，有些男性甚至会出现一些与妻子相同的生理症状，这种情况被称为拟娩（couvade）（Conner and Denson，1990）。另一些准爸爸则对自身很关注，会过度锻炼或暴饮暴食（Fenwick et al.，2011）。还有一些人可能会变得非常易怒，甚至伤害他们的伴侣——事实上，在妻子怀孕期间，丈夫殴打妻子的情况的发生率增加了（Redshaw and Henderson，2013）。但是，也有许多伴侣发现，怀孕使他们比以往任何时候都更紧密地联系在一起了（Kitzinger，2003）。

一项研究表明，男人是否感到准备好接受伴侣怀孕的事实取决于他们的关系是否稳定、他们在经济方面是否有保障、是否有意在某个时间点成为父母，以及是否能接受没有孩子的生活即将结束（Dermott，2008；Ng and Kaye，2012）。此外，他们的准备程度还取决于他们之前设定的目标。

孩子出生后：产后适应　产后期（postpartum period）指的是分娩后的 3 个月，在此期间，家庭成员需要调整情绪、适应变化。在新手父母必须处理的许多问题中，我们特别需要注意以下几个方面。

建立联结　有时，孩子在出生后立即和母亲分开的情况是无法避免的；然而，如果分离时间过长，这可能会引发严重的负面影响。一般来说，在婴儿出生后，家人们在一起的时间越长，他们之间的联结（bonding），即亲密的情感依恋，就越强烈（Leon，2008）。事实上，父母和婴儿频繁接触对孩子未来依恋关系的发展是很重要的。

产后忧郁　从 9 个月的怀孕、数个小时的劳累和紧张，到分娩后的激素变化，以及看到孩子出生后的情绪高涨，许多女性经历了一段感到悲伤和焦虑的时期，这被称为产后忧郁（postpartum blues）或新生儿忧郁（baby blues）。这时候女人可能很容易哭，她们时而欣喜若狂，时而昏昏欲睡，并且会感到无助、失控，甚至"疯狂"（Yim et al.，2015）。这些波动的情绪可以持续数周甚至数月，因此了解到这些情绪都是正常的、普遍的和暂时的是有帮助的。

产后抑郁　然而，我们需要将产后忧郁和产后抑郁区分开，产后抑郁（postpartum depression）是一组与重性抑郁障碍有关的严重的持续性抑郁症状，患者需要专业的医疗人员的帮助。令人惊讶的是，14% 的女性患有产后抑郁，许多人甚至考虑过自杀（Northwestern University，2013）。对于那些缺乏情感支持或有抑郁症病史的母亲来说，产后抑郁的后果可能很严重（Beck，2014；Beck et al.，1992）。根据心理学家戈登·弗莱特（Gordon Flett）的一项研究，过度想成为完美母亲的新手妈妈可能更容易患上产后抑郁（Rettner，2010），那些被诊断为对分娩怀有恐惧的人也是如此（Raisenen et al.，2013）。有趣的是，根据一项研究，在新手爸爸和新手妈妈中，患上产后抑郁的人一样多，大约 1/10 的父母会出现这一情况（Matthey et al.，2000；Paulson and Bazemore，2010）。

当然，由于突然到来的照顾新生儿的责任和持续的疲劳，父母双方都会紧张，因为婴儿很可能在夜里不睡觉，在白天经常吵闹。正如一位专家 C. G. 科尔（C. G. Coll）所说，"令人沮丧的事情之一是缺乏控制，尤其是在最初的 3 个月里。婴儿会不断地向你索取，却很少给予回报"（Kutner，1991）。除此之外，父母必须承担的责任还有照顾其他孩子、做家务、外出工作。减轻这种压力的一种方法是母亲求助于她的社会支持网络（包括她的伴侣、近亲或朋友）。较长的产假也会降低女性患产后抑郁的风险（Dagner et al.，2013）。

适应为人父母的阶段

我们在前文中提到，一对夫妇将在 20 ~ 28 年里把他们的精力和财力投入生育和抚养孩子上，如果他们有好几个孩子，时间可能会更长。有人建议分 5 个阶段开展这项工作，见表 11-1。

表 11-1 养育子女的 5 个阶段

- 有新生儿的家庭——持续约 2.5 年：平均而言，美国女性在 27 岁时有第一个孩子。如果还有其他孩子，孩子的出生时间往往相隔 30 个月左右
- 有学龄前儿童的家庭——持续约 3.5 年：在这个阶段，夫妻双方最大的孩子是 2 ~ 6 岁。父母（尤其是母亲）专注于养育孩子
- 有学龄儿童的家庭——持续约 7 年：在这个阶段，最大的孩子是 6 ~ 13 岁。通常情况下，此时母亲已经重返就业市场（即使只是从事兼职性质的工作）
- 有青少年的家庭——持续约 7 年：在这个阶段，最大的孩子是 13 ~ 20 岁。这段时间对父母来说可能特别艰难。父母双方很可能都在外工作
- 作为"启动中心"的家庭——持续约 8 年：在这个阶段，最大的孩子已经成年且逐渐独立

资料来源：Duvall and Miller, 1985.

过渡到为人父母 向父母身份的过渡是否和向其他成年人角色的过渡一样，比如结婚或从事一份新的工作？事实上，社会学家艾丽丝·罗西（Alice Rossi）认为，前者要困难得多，原因有以下几个。

■ **父母的角色是不能被撤销的** 成年人，尤其是已婚夫妇，即使不想要孩子，也会遭受生育文化的压力。一旦孩子出生，大多数成年人就觉得他们必须致力于成为优秀的父母。

■ **为人父母是一份全天候的工作** 为人父母是一种突然被推入连续覆盖系统（continuous coverage system）的经历，**在这个系统中，父母必须在每天的 24 个小时内随时对脆弱的婴儿负责。**这可能会引发伴侣之间关于谁负责和谁享有自由时间的冲突（Doss，2009；Doss et al.，2009；Simpson et al.，2003）。

■ **不现实的期望会导致幻想破灭** 很少有父母接受过有关如何与孩子相处的教育或有相关的经验，所以他们可能会把它浪漫化。因此，为人父母的辛苦工作可能会导致幻想破灭，并引发愤怒和内疚等情绪。

■ **没有关于养育孩子的指导手册** 大多数父母都不知道将孩子培养成健康成年人的正确方法。

■ **养育孩子会改变夫妻关系** 如果你是一个习惯被伴侣关注的男人，你将如何适应关注减少的情况？如果你是一名职业女性，并与你的伴侣处于平等的关系中，你会如何处理不得不待在家里做家庭主妇的问题？大多数夫妻对他们的角色变化毫无准备（Simpson et al.，2003）。根据对 31 000 名已婚人士进行的 90 项研究的调查，在第一个

孩子出生后，新手父母的婚姻满意度下降了42%（Twenge et al.，2003；Jayson，2012）。然而，一些研究表明，似乎拥有深厚友谊的夫妇在成为父母后对婚姻满意度下降的适应能力最强（Shapiro et al.，2000）。

适应 随着这个新生命的到来，这对夫妇的生活将会变得截然不同。你认为孩子会如何改变伴侣之间的关系？

转变并不仅限于上述几点。加利福尼亚州的心理学家卡罗琳和菲利普也发现了一些新手父母可能会期待的变化。

■ **"我不再以同样的方式看待自己"** 一旦有了孩子，人们就会对自己有不同的看法。通常，他们觉得自己现在已经是一个成熟的成年人了，肩负着生活中最重要的责任。曾经看起来抽象且不重要的事情——保险、学校系统、儿童保育——突然变得与自己息息相关。

■ **"我和我的伴侣真的需要适应"** 新的家庭成员迫使爸爸妈妈考虑如何分配他们的任务。谁是赚钱的人？谁待在家里？谁来照顾孩子？这些都是大问题，可能会引发很多不满。孩子带来的疲劳和额外的工作也将迫使夫妻关系的质量发生变化。

■ **"我得和我父母调整我们的关系"** 成为新手父母通常会改变你和自己父母的关系。也许你现在会因为明白他们经历了什么而更尊重他们，并感觉与他们更亲近了。然而，如果他们试图表达自己有关养育子女的观点，尤其是当这些观点与你的不同时，你也可能会心生反感。

■ **"我的雇主、我的朋友和我都得做出调整"** 其他关系也会发生变化。新手父母的责任可能会影响你在工作中的角色（至少在一定程度上），你或你的伴侣可能不得不请一些育儿假，之后可能会面临生病的孩子和工作需求之间的冲突。此外，你可能不能像过去那样灵活地和朋友见面。

考恩夫妇指出，当夫妻在怀孕期间报告说家庭以外的生活压力很大时，他们"更有可能在婚姻中感到不幸福，并在为人父母的最初几年里，在养育子女的角色中感受到压力"。

过渡到母亲 对一些女性来说，成为母亲是她们有意且愿意选择的一种状态，她们会发现这是一段非常幸福的时光（Mcquillan et al.，2008）。对另一些人来说，这只是刚好发生在她们身上的事情，她们也愿意去适应。然而，还有人会发现当母亲使她们遭受极大的挫折，涉及不被社会重视的、琐碎的任务——洗衣、做饭等家务（Leerkes and Crockenberg，2002）。正如你所能预料的，几乎所有的女性都发现当母亲是一件真正改变生活的事情。

过渡到父亲 从传统的角度来看，母亲的角色是表达性的，他们给予配偶和孩子情感上的支持，而父亲的角色是工具性的——他们是收入的提供者和家庭的保护者（Genesoni and Tallandini，2009）。即使在今天，一些父亲仍然主要用经济地位定义自己——他们是所谓的养家糊口的父亲（breadwinner fathers），而另一些所谓的自主的父亲（autonomous fathers）则远离了家庭责任（Henwood and Procter，2010）。但还有一种父亲，即参与的父亲（involved fathers），他们会参与养育孩子的整个过程——在孩子出生时在场、负责或帮忙照顾孩子、帮忙做家务等（Bouchard et al.，2007）。

即便如此，今天的许多父亲还是会感到困惑，他们不知道作为父亲应该做什么，这在很大程度上是因为他们自己的父亲没有树立良好的榜样（女性可以通过模仿自己的母亲习得养育子女的技巧）（Masciadrelli et al.，2006）。事实上，与电视上的父亲不同（他们似乎会给予孩子更多的支持和接纳），受访者倾向于这样评价自己现实生活中的父亲：专注于工作、不善于养育子女（Elias，2007）。然而，研究表明，成为父亲代表一种"道德上的转变"，因为它将男性优先考虑的事情和责任感转移到了工作上，这样他们才能供养他们的孩子（Townsend，2003）。此外，研究表明，父亲在孩子的语言发展过程中发挥着重要作用，这种作用独立于母亲的行为（Pancsofar and Vernon-Feagans，2006；Shannon et al.，2006）。

讨论一个人在为人父母的过程中发生的变化。

11.3　养育子女的方法

核心内容：
3 种养育方式和 5 种养育风格，以及如何成为有效能的父母

概述　首先，我们将描述 3 种养育方式：专制型、放任型和权威型。其次，我们将讨论 5 种养育风格：殉道者型、伙伴型、警察型、导师型和教练型。最后，我们将介绍成为有效能的父母的几种方法：积极强化、培养价值观和责任感、践行良好的沟通方式以及避免体罚。

大多数新手父母倾向于模仿自己父母的养育方式，前提是他们喜欢自己的父母。如果他们不喜欢自己的父母，他们会倾向于采用相反的方法（Chen and Kaplan，2001；Hank et al.，2017）。无论如何，你作为父母的技能可能会受到你自己的成长方式的影响。

3 种养育方式

心理学家戴安娜·鲍姆林德（Diana Baumrind）定义了 3 种养育孩子的一般方式：专制型养育、放任型养育和权威型养育（Baumrind，1968，1989）。

专制型养育："我让你做什么，你就做什么"　在专制型养育（authoritarian childrearing）中，父母强调压制和控制，并且常常会过分严格地对待子女。工薪阶级的父母往往比中产阶级的父母更专制。这样的父母往往是冷漠的、缺乏支持的，他们不鼓励孩子提出自己的意见，并使用体罚控制孩子的行为。这些家庭的孩子往往更喜怒无常，他们不那么开朗，更容易被动地心怀敌意，在面对压力时更脆弱。事实上，经历过这种严厉教养的孩子可能会出现社交恐惧症、分离焦虑和惊恐发作等障碍（University of Montreal，2010）。儿童时期遭受过虐待

的女性对自己养育子女的能力也非常挑剔（Michl et al.，2015）。

专制型父母的例子："你之所以不能在外面待到很晚，是因为我说了算！"与那些制定了明确的规则、在对待孩子时有灵活性且尊重孩子的母亲相比，专制型母亲养育出超重的一年级孩子的可能性是前者的 5 倍（Rhee et al.，2006）。

放任型养育："做别人期望你做的事，因为那就是你想做的"　在放任型养育（permissive childrearing）中，**父母是温和且通情达理的**。与工薪阶层家庭相比，这种养育方式在中产阶级家庭中更常见，其特点是缺乏规则和条例，而且在做家务方面，父母往往不会有太高的要求。但放任型父母也有可能操纵孩子，说服孩子遵守内在行为规范，因为父母认为他们应该"自愿"选择遵守这些规范。

放任型父母的例子："你不能在外面待到很晚，因为你知道自己的职责是什么。"

权威型养育："你知道人们的期望；但你是否那样做也取决于你自己的意愿"　在权威型养育（authoritative childrearing）中，**父母一方面严格地控制孩子，另一方面温和地支持孩子**。这样的父母倾向于使用积极的强化措施而不是惩罚。他们非常关注孩子的感受，并鼓励孩子开放地沟通、独立自主、自力更生。相比于看到孩子被规则和限制束缚，他们更期待孩子在遵守纪律的同时，可以根据具体情况对每件事进行讨论。这样的孩子在处理新的问题时会表现出自主性、好奇心和创造力。

权威型父母的例子："你要记得我们的宵禁时间是 11 点，如果你做完了作业，那么你想在外面待到多晚都由你决定，但你不能

待到 11 点以后。"

鲍姆林德的分类并不包括所有的养育方式。比如，有些粗心大意的父母根本就不怎么关心他们的孩子。

5 种养育风格

与鲍姆林德的方法有点类似的是 E・E. 勒马斯特（E・E. LeMasters）和约翰・德弗兰（John DeFrain）提出的 5 种养育风格：殉道者型养育风格、伙伴型养育风格、警察型养育风格、导师型养育风格和教练型养育风格（LeMasters and DeFrain，1989）。

殉道者型："我愿意为我的孩子们做任何事"　在殉道者型养育风格（martyr parenting style）中，父母为他们的孩子做出了巨大的牺牲，却很少或根本不对他们行使权威。这样的父母在物质上溺爱孩子，允许孩子做大部分的决定，允许他们自己决定想要什么、在什么时候要。这些孩子从未学会自立。

伙伴型："我和我的孩子是伙伴，因为我希望他们喜欢我"　在伙伴型养育风格（pal parenting style）中，父母让孩子自己设定目标、规则和限制，这也被称为自由放任型养育风格（laissez-faire parenting）。尽管父母可能因为希望孩子喜欢他们而采用这种方式，但当冲突发生时，他们有失去权威的风险。

警察型："如果我的孩子不听我的话，他们就会受到惩罚"　与伙伴型养育风格相反，警察型养育风格（police officer parenting style）是一种强调权威的、压迫式的养育风格。父母坚持要求孩子遵守规则，并在孩子不遵守规则时对其进行惩罚。采用这种方式的风险在于，到了青春期的孩子们可能会反抗，坚持独立自主，并避开自身家庭，倾向于结交来自不那么专制的家庭的朋友。

导师型："我要积极地塑造我的孩子的生活的每个部分" 在导师型养育风格（teacher-counselor parenting style）中，父母非常注重指导孩子的行为。父母会帮助孩子完成家庭作业，会随时准备回答每个问题。总之，他们把孩子的需求放在自己的需求之前。虽然这种方法可以产生一些积极的结果，但它也会让孩子觉得父母是他们生活的全部。

教练型："我想鼓励我的孩子在家庭规则的框架下好好做事" 在教练型养育风格（athletic coach parenting style）中，在家庭成员的帮助下，父母为家庭制定规则（团队规则），向孩子传达这些规则，并对违反规则的孩子进行适当的惩罚。他们鼓励孩子努力地发展他们的个人才能，但在必要时他们也要把家庭的需求放在他们自己的需求之前。勒马斯特和德弗兰认为教练型养育风格类似于鲍姆林德的权威型养育方式，并且是最有效的教养子女的方式之一。

如何成为有效能的父母

如果你试图让 6 ~ 10 岁的孩子做一些他们不愿意做的事情（如整理自己的房间、做家庭作业、放下平板电脑或手机上床睡觉等），你认为你该怎么做？你应该礼貌地提出要求、合理地给予解释、恳切地乞求、低声地威胁、强硬地命令、大声地喊叫，还是宣称如果他们不马上行动，自己就惩罚他们？

在某些情况下，这些方法可能是合适的，但是没有一种方法会一直奏效。以下是一些我们从各种资料中找到的、被认为行之有效的育儿原则：（1）积极强化（可预测性、表扬和爱）；（2）培养价值观和责任感；（3）践行良好的沟通方式；（4）避免体罚。

积极强化：可预测性、表扬和爱 当然，为人父母的要点是让孩子有在家庭之外取得成功所需的自立意识。做到这一点的关键是提供一个具有可预测性的可靠环境，使儿童感到他们有一个避风港。换句话说，孩子们需要的是与他们崇拜的成年人之间的安全的关系（Knudsen et al.，2006）。他们与父母的互动最终暗示了他们自己在与未来的爱人的亲密关系中会有多大的安全感（Simpson et al.，2007）。

工作中的孩子 你对带孩子去工作场所有什么看法？如果你已经成为父母，你会尝试这样做吗？或者你是否已经这样做了？你需要克服什么样的障碍？

给予赞扬和爱不仅有助于鼓励孩子做出积极的社会行为，而且有助于孩子形成积极的自我形象，以及提升个体在成年后在恋爱关系中的舒适感。然而，学者们发现，额外的爱和支持并不能弥补"直升机式养育"的负面影响。直升机式养育（helicopter parenting）指的是父母过度参与孩子的生活，包括为他们做重要的决定、解决他们的问题，以及在他们面对矛盾和冲突时进行干预（Nelson et al.，2015）。被过度保护的儿童更有可能在童年时期被同龄人欺凌，也更容易焦虑（Lereya et al.，2013；Mayo Clinic，2013）。据说，由过度控制型（直升机式）父母抚养长大的大学生更容易抑郁，并且对自己的生活不太满意（Schiffrin et al., 2013）。

培养价值观和责任感　作为家长，你无疑希望你的孩子诚实守信、尊重他人、遵守承诺、有责任感。为了做到这一点，家长可以给孩子充分的自由，让他们在严格遵守某些标准的同时，感到更加独立自主。

践行良好的沟通方式　正如我们在前文中讨论的，伴侣不仅需要与彼此进行良好的沟通，而且需要与其他家庭成员进行良好的沟通。当然，我们在第 6 章讨论的许多解决冲突和进行良好沟通的实践方法也适用于这里（见表 11-2）。比如，避免唠叨、说教、质问、苛求和威胁。

表 11-2　解决冲突和进行良好沟通的规则

- 以问题为中心，避免消极情绪。要以问题为中心，而不是攻击对方。不要贬低、指责、威胁、谩骂或下最后通牒，这只会让他人产生抵触和愤怒情绪
- 关注具体问题，使用诸如"我觉得"的语言，避免混淆信息（比如在言语层面上表示同意，但在非言语层面上传达了表示不同意的信息），把注意力集中在你想解决的具体问题上
- 对时机要敏感。人们不需要立刻对问题进行讨论。有时候，冲突会因为某个人的疲劳、愤怒或过度工作带来的紧张而变得糟糕
- 说出你的意思，不要操纵孩子，只说出你想要的。说出你的真实感受，不要拐弯抹角。不要通过说谎、粉饰、道歉、诱导或其他方式来操纵他人。说出你想要的，尽可能清楚地表达你的愿望
- 让别人知道你真的在倾听并努力地解决问题。不要打断对方，不要假装在听而实际上在准备反驳，也不要通过做其他事（如看电视）来表达对对方的不尊重。也就是说，你要表现出你真的在倾听。持续交谈，直到冲突或问题得到解决为止。尽量使用一个具体的、现实的解决方案，尽量让每个人都满意

其中一种方法是每周举办家庭聚会，倾听抱怨、制订计划、解决问题，并通过达成共识而非要求孩子服从父母的命令来做出决定（Nelsen，2006）。

学习责任感　在青少年时期担任教练或辅导员有助于孩子形成积极的价值观和责任感。你在高中时代做过类似的事情吗？

避免体罚　打屁股（spanking）通常是指用张开的手打孩子的屁股，但不造成身体伤害。根据一项研究，人们在 30% 的 1 岁儿童身上发现了这一情况（Lee et al., 2014）。正如你可能猜到的那样，儿童保护服务机构需要针对这种情况进行探访。

根据对 991 名来自不同社会经济群体的父母的研究，90% 的父母使用语言和心理攻击来控制 2 ~ 17 岁的孩子（Straus and Field，2003）。此外，某些父母似乎赞同体罚（corporal punishment），即为了纠正或控制孩子的某些行为，使用武力使孩子经历痛苦但不遭受身体伤害。体罚的例子包括打耳光、摇晃孩子以及用皮带或球拍打人。一项研究表明，有 94% 的三四岁的儿童的父母实

施了这种形式的惩罚，而只有 13% 的 17 岁孩子的父母会使用体罚（Straus and Stewart, 1999）。一项对 962 名美国家长或监护人的调查表明，在 19 ～ 35 个月大的孩子中，父母使用各种管教策略的概率如下：体罚——26%；拿走玩具或食物——65%；大喊大叫——67%；使用"暂停术"——70%；提供解释——90%（Regalado et al., 2004）。

打屁股是否合适？大多数关注儿童福利方面的专业人员认为，打屁股对儿童有害，会导致儿童做出更多的攻击性行为或引发更高的健康风险（Tulane University, 2015; Wang et al., 2014）。

社会学家默里·斯特劳斯（Murray Straus）是研究家庭暴力的专家，他发现了与打屁股有关的各种负面影响：遭受打屁股惩罚的孩子（即使不经常遭受）以后更容易出现以下情况：说谎或对他人刻薄；在学校时不听话；在青春期出现抑郁、药物滥用或自杀的问题。这种惩罚还与约会暴力和儿童对父母的暴力有关（Straus, 1994, 1996, 2001; Straus and Kantor, 1994; Straus and Mouradian, 1998; Straus and Yodanis, 1996; Straus et al., 1997）。事实上，斯特劳斯发现，在世界各地，小时候被打过屁股的大学生更有可能犯罪（University of New Hampshire, 2013）。

然而，一些社会科学家认为，在某些条件和特定文化下，打屁股可能是可以接受的（Baumrind, 1996）。美国心理学会强调，尽管许多育儿书籍强调积极教养的有效性，但父母不应该完全放弃使用诸如"暂停术"这样的措施（Spera, 2005）。

过度保护的养育方式有哪些潜在后果？

11.4　家庭老龄化：父母和孩子变老后

核心内容：

老年人和孩子的角色转换、祖父母的身份和无子女的老年人

概述　在本节，我们将描述当孩子长大成人，必须关心自己父母的福祉时，会发生的情况。这是一种角色转换，一种不同的与彼此关联的方式。我们还会讨论祖父母的身份和不同类型的祖父母及其与孙子女互动的方式。

巴里·奥伦斯坦（Barry Orenstein）是马萨诸塞州的一名独立市场研究员，近年来他已经经历了十几次不得不放下手头的一切赶回家的情况。他在安排自己的业务日程表时考虑到了备用计划以及偶尔出现的工作到很晚的情况（这样他才有时间赶进度）。他说："你总是在想可能出现的意外情况。你必须尽可能地保持灵活。"（Jackson, 2003）

他是一个关心孩子的并且尽责的父亲吗？不，61 岁的奥伦斯坦在做一个负责任的儿子，他要和他的哥哥史蒂夫一起照顾 88 岁的母亲菲利斯。一份报告称："越来越多的男性开始照顾年迈的母亲、父亲和其他亲属，他们在工作和家庭生活之间艰难地寻求平衡。男人们在购物、打扫卫生、购买药品的同时，重新安排日程，以满足年长亲属的需求。"

当然，不只是男人会这样做。长期以来，女性一直承担着或被赋予了照顾老年人的主要责任。在职成年人（无论是男性还是女性）照顾父母的成本很高。一项研究发现，在提供这种照顾的男性和女性中，有 2/3

的人说他们的事业因此受到了影响（MetLife Mature Market Institute，2003）。

父母的过渡

研究者在对中年家庭和晚年家庭的研究方面已经颇有成果（Allen et al.，2000）。比如，当人们步入中年后，他们可能会发现自己是"三明治一代"（sandwich generation），**即被夹在照顾孩子和照顾自己年迈的父母之间的一代**（Harris and Bichler，2019；Grundy and Henretta，2006）。皮尤研究中心的一份报告表明，近一半（47%）的 40 岁或 50 岁的成年人有一位 65 岁或以上的父母，并且正在抚养一个年幼的孩子或在经济上支持一个 18 岁或以上的孩子（Parker and Patten，2013）。有 15% 的中年人在同时为年迈的父母和年幼的孩子提供经济支持。

角色互换：照顾妈妈和爸爸　48 岁的朱莉·巴尔多奇（Julie Baldocchi）是旧金山的一名就业专家。2011 年，她的母亲因重度中风而瘫痪，当时她还没有做好成为家庭看护人的准备。巴尔多奇说："我当时是在靠自己的能力硬撑。"（Dugas，2012）她的父母都是 83 岁，她知道她的父亲无法肩负照顾母亲的重担。尽管巴尔多奇就住在距父母家2 000 米远的地方，但她已婚，有一份全职工作，而且背部有问题，这使她很难抱起母亲。幸运的是，她找到了一位居家看护人。巴尔多奇说："我无法独自完成这一切。"

许多中年人都面临着他们从未考虑过的负担：照顾自己的父母。在极端情况下，他们的孩子也要承担起照顾老人的责任——根据一项研究，这包括了大约 3% 的家庭中的8 ~ 18 岁的孩子（Belluck，2009）。美国退休人员协会（American Association for Retired People，AARP）2015 年的一项调查显示，在过去的一年中，大约有 3 420 万美国人为50 岁或以上的成年人提供了无偿照顾。有1 000 万"千禧一代"成了看护人，并且大多数人还有自己的工作（Jenkins，2018）。

■　**在支撑自己的同时支撑父母**　一篇文章写道："一些孩子不仅没有从父母那里得到经济上的帮助，而且不得不定期给他们提供救助。从医疗支出和信用卡账单到度假和退休住房，一些人在这些方面花费了数万美元。"（Higgins，2003）如果年轻一代足够有远见，他们应该敦促父母购买保险，以支付未来的养老院护理费。

成年子女与父母的关系　正如我们刚才讨论的问题所表明的那样，金钱问题会引发很多压力。然而，即使不涉及金钱的问题，成年子女和他们年迈的父母之间的关系也会变得充满矛盾（Silverstein et al.，2002）。子女及其父母都倾向于让长辈独立生活，老年人即便变得更虚弱了，也可能不愿意寻求帮助。事实上，他们可能会变得更有控制欲，这让孩子们很难知道该在什么时候进行干预（Grundy，2005）。

让我们来看看成年子女和父母之间的一些其他关系特征。

■　**两代人都认为，如果父母有需求的话，子女会帮助他们**　一般来说，成年子女会继续从父母那里得到大量的支持，比如经济上的帮助、对子女的照顾或建议，尤其是当成年子女处于危机之中（比如离婚）时。相应地，年长的父母和他们的成年子女都希望，如果老一辈的人有需要，子女能帮助他们（Arnett et al.，2011）。有时父母不知道如何帮助他们的成年子女，他们可能需要一些指导（Steimle，2015）。

■ **成年子女与父母在情感上的亲密程度各不相同**　根据一项对 2 095 名 80 岁以上的美国人的研究，多达 85% 的人每周和他们的孩子见面或交谈 2 ~ 7 次（Kolata，1993）。大多数成年子女和他们的父母似乎都喜欢对方，并对他们的关系感到满意（Blieszner and Bedford，2012）。但是，有些子女在感情上与年迈的父母保持密切联系，有些子女表现得很超然，还有一些人与父母很疏远（Silverstein et al.，2002）。正如你所能预料的那样，当生活方式存在巨大差异，或者父母有虐待儿童的历史，或者家庭被冲突和带来愤怒的离婚撕裂时，双方疏远的可能性更大（Golish，2009）。当成年子女搬到离家很远的地方时，他们中的一些人可能就会与家人疏远，但大多数人都能从容地面对分离，并与彼此保持联系。

■ **女儿与父母的关系一般比儿子与父母的关系更亲密**　与儿子相比，女儿在一生中往往与父母，尤其是母亲，更亲近，这一点在人生的晚期尤其明显。与儿子相比，父母也倾向于与他们的女儿甚至儿媳保持更密切的联系。事实上，女性更倾向于花更多的时间照顾老人，她们花在这方面的时间甚至比照顾孩子的时间还多（AARP，2015）。不过，正如我们在本节的开头看到的，许多男性也在负责任地照顾他们年迈的父母。

祖父母或外祖父母

为什么祖父母喜欢自己的身份以及这个身份提供的益处　如果你与那些同龄朋友似乎都在谈论孙辈（或他们已经成为祖父母的事实）的老年人交谈，你可能会想为什么拥有孙辈如此重要。也许孙辈的存在使祖父母确信他 / 她的某些东西在其去世后会延续下去——这是一种不朽的力量。祖父母可以通过孙辈了解文化和社会事件，还可以在做家务（如购物）时得到帮助（Dunifon et al.，2018；Mueller and Elder，2004；Perlesz et al.，2006）。

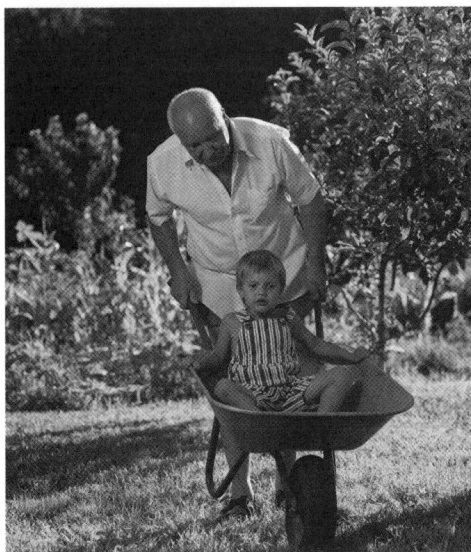

隔代教养　在许多情况下，孙辈使老年人确信，他 / 她的某些东西在他 / 她去世后会延续下去。

此外，许多祖父母通过扮演其他的角色获得自尊，我们列举出了历史学家、导师、榜样、巫师和养育者（或好父母）这 5 个角色（Kornhaber and Woodward，1981）。

■ **历史学家**　作为家族历史学家，祖父母可以提供文化和家族历史，从而带来延续感和归属感。

■ **导师**　导师提供生活方式方面的指导，如帮助母亲在婴儿出生后的最初几周或几个月里照顾婴儿。

■ **榜样**　作为榜样的祖父母为子女和孙子女树立了好行为的榜样。

■ **巫师**　巫师讲述过去的迷人故事，

从而激发孩子的想象力。

- **养育者（或好父母）** 作为养育者（或好父母），祖父母为孩子提供了一个更大的家庭支持系统，并在需要的时候充当代理父母。

当然，扮演这些角色能使祖父母更好地与孙辈相处。此外，祖父母还可以提供实际的帮助，如照顾孩子或提供经济帮助（如果他们有能力，他们还会帮忙支付大学学费或购买住房）（Silvertstein and Marenco，2001）。一些研究表明，孙辈进入大学后，祖父母的导师角色和祖父母与孙辈的关系都会得到加强（Crosnoe and Elder，2002）。

祖父母如何与孙辈互动：纽加顿和韦恩斯坦提出的 5 种类型 研究员柏妮斯·纽加顿（Bernice Neugarten）和卡罗尔·韦恩斯坦（Karol Weinstein）研究了 70 对中产阶级祖父母。他们将祖父母与孙辈的互动分为 5 种类型，从疏远而正式的类型（这通常是相对年长的祖父母的互动方式）到互动水平高而非正式的类型（这通常是相对年轻的祖父母的互动方式）。

- **遥远的角色："我很少见到我的孙子"** 一些祖父母很少与孙辈接触，一般只在节假日和特殊场合与孙辈进行互动。虽然这样的祖父母可能对孙辈表现得很友好，但他们的联系是短暂的，这也许是因为距离的因素，也许只是因为个人选择。

- **正式的祖父母："我是祖父母，不是父母"** 正式的祖父母扮演着他们认定的祖父母的角色，这种角色与父母的角色明显不同。比如，他们把照顾孩子的任务留给父母，也不会提供建议，尽管他们表现得非常想和孩子相处，会和孩子一起玩，甚至偶尔会照顾孩子。

- **家庭的智慧宝库："我知道什么对这些孩子有好处"** "家族智慧的宝库"是一种相对罕见的祖父母类型，这种类型的祖父母充当着特殊技能或资源的来源，比如被视为对育儿了如指掌的一家之长。父母和孙辈都遵从这位权威人物的指导。

- **寻求快乐者："这些小家伙是我的好朋友"** 寻求快乐的祖父母会与他们的孙子女轻松地互动和玩耍。事实上，他们在和孙辈们玩的时候几乎就像孩子的玩伴一样，他们会玩玩具屋或者"警察与强盗"游戏，就像他们和孙辈是同龄的朋友一样。

- **代理父母："我要抚养我孩子的孩子"** 代理父母型的祖父母是承担了照顾孙辈的责任的祖父母。正如我们所提到的，许多祖父母承担起了抚养孩子的责任。

祖父母如何与孙辈互动：切尔林和弗斯滕伯格提出的 3 种风格 安德鲁·切尔林（Andrew Cherlin）和弗兰克·弗斯滕伯格（Frank Furstenberg）基于对 510 位祖父母的采访，对祖父母的养育方式进行了另一项分析。他们确定了 3 种祖父母养育风格，这 3 种风格大致与纽加顿和韦恩斯坦的分类相对应。

- **疏远型："我每隔 2 ~ 3 个月才会见到我的孙子孙女"** 这种祖父母占受访者的30%。疏远型祖父母不经常与孙辈互动——他们每隔 2 ~ 3 个月（甚至更久）互动一次。通常，这是因为他们住得很远。因此，他们的关系主要是象征性的或仪式性的，如他们主要在节假日与孩子见面。

- **陪伴型："我一周见孙子孙女一次或多次"** 占样本约 55% 的陪伴型祖父母每周见孙辈一次或多次。在与孙辈的互动中，他们往往不拘小节、态度随和，但对孩子们几乎不行使正式的权威。陪伴型祖父母通常有自己的工作和休闲生活。

■ **参与型："我每天都能看到我的孙子孙女"** 参与调查的祖父母中约有 15% 的参与型祖父母，他们每天都与孙辈见面，并积极地参与抚养过程。他们有时会对孙辈提出苛刻的期望，并拥有相当大的权威。一些祖父母和他们的孙辈住在一起。

切尔林和弗斯滕伯格的分析的重要之处在于，它比纽加顿和韦恩斯坦的分析更灵活。也就是说，随着孩子年龄的增长，祖父母与他们的互动风格可能会随之发生变化。祖父母与不同孙子或孙女之间的互动也可能不同。与某个孙子或孙女的互动可能是疏离的（疏远型），与另一个孙子或孙女的互动可能是亲密的（陪伴型）。这种差异的产生不仅与孙辈的数量、年龄、性别、出生顺序和人格差异有关，而且与祖父母的年龄和经济需要、他们和孙辈在地理上的距离以及他们与自己成年子女的关系有关。

总体来说，祖父母的角色显然会受到其与成年子女的关系的影响。如果祖父母和他们的成年子女相处得不好，他们与孙辈的接触就会减少（Chan and Elder，2000）。此外，研究表明，孙子孙女似乎觉得他们与自己的外祖父母更亲近，特别是他们的外祖母（Hank and Buber，2008）。这可能是因为离婚率的上升导致在越来越多的家庭中是母亲而不是父亲抚养孩子，所以孙辈可能会较少与父亲的父母（即祖父母）来往。

种族、民族和祖父母养育 虽然大多数成年人在四五十岁时成为祖父母，但黑人与白人的不同之处在于前者更容易在年轻时成为祖父母，甚至曾祖父母（Dunifon and Kowaleski-Jones，2007；Perry，1999）。低收入非裔美国家庭的祖母能够为有孩子的未婚女儿提供重要援助，并能对家庭的稳定起重要作用（Apfel and Seitz，1991；Hunter，1997）。此外，与白人家庭相比，在黑人家庭中，祖父母的角色更重要（Kivett，1991）。

与其他群体相比，亚裔美国人、西班牙裔美国人、美洲原住民、阿拉斯加原住民以及非裔美国人更倾向于参与他们孙辈的生活，这可能是因为他们有更广泛的扩展亲属网络（Fuller-Thomson and Minkler，2005；Schlabach，2014）。

没有孩子或不生育的老年人

我们在前文中讨论了没有孩子或不生育的选择，并指出了它的好处。当然，坏处是，没有孩子的老年人拥有家庭支持系统的机会可能更少。因此，这样的老年人很可能有较少的社会接触，并且更有可能被送进养老院（Connor，2000；Pezzin et al.，2013）。

那些没有结婚或没有伴侣的老年人，在某种程度上需要有意识地建立一个支持网络。一些人与血缘亲属有联系，比如侄子、侄女和兄弟姐妹；另一些人则与朋友或更年轻的成年人建立联系，他们为这些人的晚年生活提供重要的支持（Cornwell et al.，2008）。

表 11-3 显示了如何从 3 个主要的理论视角（结构 - 功能视角、冲突视角和符号互动视角）来看待养育这一主题。

讨论成年人从年轻父母转变为老年父母的过程中的一些潜在问题。

表 11-3　理解养育的视角：3 种社会学理论视角的比较

结构 – 功能视角（宏观取向）
• 通过调节性活动来维持社会的稳定
• 提供新成员以填补社会角色
• 社会化的主要媒介，以及儿童的情感支持和经济支持来源
• 父母教导孩子如何行事、应该相信什么以及什么是可以接受的（显性功能）
• 父母的养育方式会影响孩子，会使其变得更加独立自主，会导致家庭联系的减少（隐性功能）
• 可能会强化传统的性别角色（男性是工具性角色，女性是表达性角色），定义明确的性别角色促成社会稳定
• 社会条件，如经济状况，会影响父母对子女的养育方式和父母与子女间的关系；父母适应社会环境的影响，以保持稳定
• 宗教和教育等方面的社会机构共同努力，通过提供诸如家长培训和课外活动等服务，帮助确保和维持家庭稳定
冲突视角（宏观取向）
• 强调基于传统性别角色的养育方式限制了孩子的潜力
• 作为传统的性别角色社会化的结果，母亲仍然承担着大部分的养育工作，这导致了角色超载和角色紧张，即"第二份工作"
• 由于缺乏经济和教育资源，许多儿童在一段时间内被留在家里自己照顾自己（"钥匙儿童"）。在双亲家庭中，父母双方都需要工作、养家。在单亲家庭中，经济压力更大
• 由于传统的性别角色和经济压力，父亲在亲子互动中处于劣势，这导致父亲与孩子的联系更加微弱
• 与较富裕的社会阶层相比，较低的社会经济阶层的成员获得保姆和儿童保育等资源的机会较少，这导致亲子关系进一步弱化
符号互动视角（微观取向）
• 关于什么是最好的养育方式，人们还没有达成共识
• 日常的互动创造并影响着养育方式以及人们如何定义童年和儿童的角色。有些文化将儿童视作社会和经济资产，而另一些文化则将儿童视为负债
• 全国女性组织等进行的社会运动已经影响了有关性别角色和养育的定义，以及有关儿童权利和日托服务等问题
• 不同的文化对养育问题，如纪律、母乳喂养、童年的定义，甚至孩子的睡眠安排，有不同的看法
• 自然的养育方式取决于时间、地点、经济条件、宗教和政府法规

总结与回顾

11.1　为人父母：不同的经历

父母的类型以及其他因素对孩子的影响

■　父母的类型多种多样，包括单亲父母、老年父母、少数族裔父母、非传统父母以及工作的父母。有孩子的离异女性在经济上往往不如前夫，生活水平可能会显著下降；离异父亲在孩子生活中的参与度越来越低。许多女性推迟生育，这大大增加了老年父母的数量。在有工作的父母和孩子组成的美国家庭中，由单身父亲支撑的家庭的数量增长得最快。少数族裔的父母在养育孩子方面可能会因他们是否是移民而有所不同，他们可能更强调纪律和服从。非传统的父母，如单身父亲、祖父母、其他亲戚都面临着他们自己特有的问题。

■　经济的变化往往要求父母双方都外出工作，这可能导致留在家中陪伴孩子与在家庭之外追求事业的冲突、社会需求与对育儿假和产假的支持之间的冲突、对儿童保育服务的依赖和对职业的期望。

■　家庭可以被看作一个从功能失调组织到功能正常组织的连续体。功能失调家庭是指父母对彼此或其子女表现出消极的或破坏性的行为。这种虐待的后果包括自尊水平低，感觉自己没有价值、不被重视、不被爱。被父母虐待或忽视的孩子可能也会对自己的子女进行虐待或忽视，从而延续一个循环。

■　虽然父母对孩子的成长和社会化有主要影响，但还有其他重要的影响因素：生物学和遗传因素、社会环境、兄弟姐妹和亲戚、老师和朋友以及大众媒体。

11.2　成为父母

人们在怀孕、分娩和养育子女时必须做出的一些改变

■　怀孕和分娩涉及生理和心理方面的调整。女性会有与怀孕相关的症状，如乳房不适、恶心和呕吐（这些症状会在清晨或一天中的其他时间出现）。准妈妈也可能会经历情绪的波动，从焦虑到恐惧，再到兴奋和对即将到来的宝宝的期待。男人对伴侣怀孕和分娩的体验则主要表现在情感层面。

■　婴儿出生后，父母通常要经历产后适应，这是一个为期 3 个月的家庭和情感调整关键期，涉及母子间建立联结、产后忧郁和产后抑郁的问题。产后忧郁是女性经历了整个分娩过程（数小时的劳累和紧张、分娩后的激素变化，以及看到孩子出生后的情绪高涨）之后的结果。有 25% ~ 50% 的女性会出现悲伤和焦虑的

情绪，她们可能很容易哭，时而欣喜若狂，时而昏昏欲睡，并且会感到无助、失控。产后抑郁涉及严重的抑郁症状，患者需要专业医疗人员的帮助。对于那些缺乏或没有情感支持或有抑郁病史的母亲来说，产后抑郁的后果可能很严重。

■ 有人认为养育子女包含 5 个阶段：（1）有新生儿的家庭（大约 2.5 年）；（2）有学龄前儿童的家庭（大约 3.5 年）；（3）有学龄儿童的家庭（大约 7 年）；（4）有青少年的家庭（大约 7 年）；（5）作为"启动中心"的家庭（大约 8 年）。

■ 与结婚或从事一份新工作等成年人角色的转变相比，为人父母的转变可能更加困难。养育孩子是一项全天候的工作，父母必须立即对一个脆弱的婴儿负起全部的责任，同时夫妻间的关系也会随之发生改变。新手父母可能期待的一些变化包括她们不再以同样的方式看待自己，并且她们必须对夫妻关系，与父母的关系，与雇主的关系和与朋友的关系进行调整。

■ 一个人的家庭教养和社会化水平可以帮助或阻碍其向母亲和父亲的角色进行过渡。对女性来说，这段经历可能是一段令人感到非常幸福的时光，发生的事情可以被接受并有助于她们确认自己成年人的身份；这也可能是一段让她们感到矛盾的经历，或者是一段令她们极其沮丧的时期。父亲们常常认为自己是养家糊口的人，主要扮演着工具性角色。一些人试图通过成为远离家庭责任的、自主的父亲来适应对家庭和职业的期望。另一些父亲被认为深入地参与到了孩子的生活中。一些新手父亲面临的问题是不确定父亲应该对孩子做些什么。不像女性可以通过模仿母亲来学习养育子女的技能，许多男性并没有能被视为好榜样的父亲。

11.3 养育子女的方法

3 种养育方式和 5 种养育风格，以及如何成为有效能的父母

■ 新手父母的养育风格在很大程度上受到他们自己接受的养育风格的影响。

■ 鲍姆林德确定了 3 种普遍存在的养育方法。在专制型养育中，父母对孩子要求苛刻、控制欲强、强调惩罚，要求孩子绝对服从。在放任型养育中，父母是温暖的、反应积极的、不强求的。在权威型养育中，父母一方面要求严格、控制性强，另一方面积极地给予响应和支持。

■ 勒马斯特和德弗兰确定了 5 种养育风格。在殉道者型养育风格下，父母为孩子牺牲一切，让孩子为所欲为。在伙伴型养育风格下，父母让孩子自己设定目标、规则和限制。警察型养育风格是一种强调权威的、压迫式的养育风格，父母坚持要求孩子遵守规则，并在孩子不遵守规则时对其进行惩罚。在导师型养育风格中，父母非常注重指导孩子的行为。在教

练型养育风格中，父母在家庭成员的帮助下为家庭制定规则（"团队规则"），向孩子传达这些规则，并对违反规则的行为进行适当的惩罚。

- 一些有助于有效育儿的原则包括（1）积极强化（可预测性、表扬和爱）；（2）培养价值观和责任感；（3）践行良好的沟通方式；（4）避免体罚。

11.4　家庭老龄化：父母和孩子变老后

老年人和孩子的角色转换、祖父母的身份和无子女的老年人

- 当人们步入中年后，他们可能会发现自己是"三明治一代"——既要照顾孩子，又要照顾自己年迈父母的群体。照顾年迈的父母的职责可能包括帮助他们解决财务问题。

- 一般来说，两代人都普遍认为，子女会在父母需要的时候帮助他们。然而，成年子女与父母的亲密程度因物理距离、生活方式和性格的不同而不同。女儿与父母的关系一般比儿子更亲密。

- 大多数祖父母喜欢当祖父母。他们中的许多人通过扮演历史学家、导师、榜样、巫师（讲故事的人）、养育者（或好父母）等角色获得自尊。

- 祖父母与孙辈互动的 5 种方式被描述为遥远的角色、正式的祖父母、家庭的智慧宝库、寻求快乐者、代理父母。祖父母养育的 3 种风格分别是疏远型（几乎每 2 ~ 3 个月见一次孙辈）、陪伴型（大约每周见一次孙辈）和参与型（每天都能见到孙辈）。一般来说，祖父母的角色会受到其与成年子女关系的影响。

- 大多数人在四五十岁时成为祖父母，但黑人与白人的不同之处在于前者更容易在年轻时成为祖父母。在低收入的非裔美国家庭中，祖父母可以起到稳定家庭的作用。与其他群体相比，亚裔美国人、西班牙裔美国人、美洲原住民、阿拉斯加原住民以及非裔美国人更倾向于参与他们孙辈的生活，这可能是因为他们有更广泛的扩展亲属网络。没有孩子的老年人拥有家庭支持系统的机会更少。

第 12 章

工作：经济、职业 与平衡家庭需求

核心内容

12.1 工作、收入分配、经济和社会保障体系的变化如何影响当下的家庭

12.2 传统家庭、共同供养家庭和单职工父母如何影响家庭和工作安排

12.3 影响工作–家庭安排的破坏性因素的作用，并描述平衡工作和家庭需求的 6 种方法

本章导读

首先，我们将讨论工作的历史及工作对家庭的影响，以及收入分配不均和影响当今家庭的经济因素。其次，我们将考察工作和家庭生活的各种安排。最后，我们将考察平衡工作与生活的不同策略。

大众文化、媒体和技术

金钱是衡量爱情的标准吗

爱情是否是一种不能用金钱衡量的极其重要的经历呢？这是临床心理学家赫布·戈德堡（Herb Goldberg）和罗伯特·刘易斯（Robert Lewis）曾经提出的问题。

他们指出，人们对金钱的看法通常是隐秘的，人们在结婚时往往会忽视金钱的重要性。然而，如果人们对金钱有矛盾的感觉，这种感觉很快就会显现出来。接着，这段关系可能会从求爱阶段的对金钱的重要性的否认，发展到结婚后的为金钱而争论，再到离婚后的试图争夺对方的财产。

社会学家玛西亚·米尔曼（Marcia Millman）说："假装爱情与金钱无关是愚蠢的。在市场经济中，金钱不仅意味着权力，而且是衡量价值的'终极尺度'；出于这个原因，它甚至会将自己映射入最私密的场景。"因此，如何支配金钱往往悄无声息地成了对家庭成员的感受的一种象征性的反映与衡量方式：我们会用金钱讨好伴侣，并衡量我们的父母是否真的爱我们，或者考验我们的孩子，等等。

在一个社会中，金钱可以是我们分配商品和服务的手段。然而，它也有许多影响婚

姻、家庭和亲密关系的心理意义。获得和使用金钱的 4 个重要的心理动机是安全感、权力、爱和自由（Goldberg and Lewis，1979）。

■ **安全感** 如今的大多数电影都没有提醒我们直面由缺钱导致的不安全感。2015 年的电影《被遗忘的时光》（*Time Out of Mind*）是一个例外，理查德·基尔（Richard Gere）在影片中饰演一个无家可归的人。基尔告诉记者："当我沉浸于在纽约行乞的角色时，没有人注意到我，没有人……我可以看到人们对我的反应，我好像是一个黑洞……一个失败的黑洞，而他们会被吸进去。"（Young and Hobson，2015）然而，想获得安全感似乎是人们想要钱的首要原因。比如，在一段亲密关系中，对安全感的需求可能意味着，一方可能非常不愿意花钱，而另一方则觉得自己几乎没有任何享受生活的机会。

■ **权力** 米尔曼指出，金钱是人际关系中的权力的主要来源。"拥有金钱使我们能控制他人或摆脱他人，甚至抛弃他人，因为它使我们能摆脱他人的束缚。"当约翰·F. 肯尼迪（John F. Kennedy）的遗孀杰奎琳·肯尼迪（Jacqueline Rennedy）嫁给航运巨头亚里士多德·奥纳西斯（Aristotle Onassis）时，她有一个正式的婚姻协议，这给了她相当大的权力。据报道，她每月将获得 25 000 美元用于家庭开销。她可以在结婚期间使用这笔钱。如果丈夫离开她，她每年都会得到 1 000 万美元。如果她需要离开丈夫，她每年能得到 1 800 万美元。与单收入家庭相比，双收入家庭中的伴侣通常拥有更平等的决策权（Bartley et al.，2005）。

■ **爱** 奢华的婚礼，就像电影《教父》

（*The Godfather*）中呈现的，是父亲对子女的爱的最真实的表达吗？许多人认为金钱是爱的象征。比如，压抑感情的父母可能会把礼物或现金当作爱的"替代品"，这样孩子就会学到"金钱等于爱"。丈夫赚不了很多钱是否就表示他不爱妻子呢？如果你没有多给小费，你会担心服务员"不喜欢你"吗？即使是普通人也会觉得，礼物越贵（餐馆的晚餐、订婚戒指），就越会被视为对爱的充分表达。

■ **自由** 在电影《天才雷普利先生》（*The Talented Mr Ripley*）中，马特·达蒙（Matt Damon）所饰演的平凡的汤姆·雷普利（Tom Ripley）渴望财富提供的、在阳光普照的意大利田园中嬉戏的自由，所以他装成一个有钱的花花公子，因为当一个有钱且虚伪的大人物比当一个贫穷且真诚的无名小卒更好。那些被对自由（相对于安全感）的渴望驱使的人对金钱本身的兴趣并不强，他们其实更倾向于把金钱当作满足个人需求的手段。

戈德堡和刘易斯说："在某种程度上，只要你了解如何使用金钱，以及它对你的心理意味着什么，你就能更好地评估你对待金钱的方式是否理性。"这就是本章的主题。

12.1 工作、财富和幸福

核心内容：
工作、收入分配、经济和社会保障体系的变化如何影响当下的家庭

概述 首先，我们将讨论工作及其对家庭的影响如何随时间的流逝而改变。其

次，我们将描述收入和财富的不平等分配以及各种经济阶级。最后，我们将考察影响当今家庭的经济因素。

记者迪克·莱德（Dick Leider）说："每个人都想有一个早上起床的明确理由。作为人类，我们渴望拥有生活的意义和目的。我们是谁这个问题的核心就在于我们需要感到自己的生活是重要的……我们确实能有所作为。"（Leider，1988）

你认为你的生活有意义和目标吗？它们是什么呢？

"生活从不缺目标，"莱德说，"目标是与生俱来的——但它需要我们每个人独立地去发现。此外，我们必须自己发现它，用我们自己的意识发现它。"

正如我们在第 1 章中看到的，目标是幸福的同义词，至少你要在工作、爱情、养育子女等方面知道并能运用你的长处。你甚至需要运用你的长处为更高的目标服务。你的生活目标是什么？精神分析创始人西格蒙德·弗洛伊德说，对大多数人来说，能为他们提供意义和目标的两件事是爱和工作。用他的话来说，"爱和工作……工作和爱，就是一切"。

不幸的是，许多人并不认为工作能带给他们一种使命感。在 2014 年的哈里斯民意调查（Harris Poll）中，1 000 多名员工中有一半的人表示，他们仍在寻找"合适"的职业，超过 1/3 的人认为他们将在未来两年内换工作。《时代》（Time）杂志中的一篇文章指出，代际差异是存在的——"有 2/3 的 30 岁以下的员工认为自己没有从事合适的职业，超过一半的人希望在两年内换一份工作"（White，2014）。然而，即使是在 60 多岁的员工中仍有 1/5 的人认为自己选错了行业。

职业选择不是本章探讨的重点（为了你未来的幸福，我们当然会鼓励你获取尽可能多的信息）。然而，正如一位观察者指出的那样，工作场所对家庭的影响要大于家庭对工作场所的影响，因此，我们确实想描摹出工作和金钱这些重要问题是如何影响亲密关系和家庭关系的（Crawford，2000）。

重要数据 ⟹ 工薪家庭

- **员工薪酬中有多少是由福利构成的** 在许多国家和地区，健康保障、退休保障和类似的福利都是政府提供的。但在美国，这些福利通常是由雇主提供的。事实上，1929 年，美国员工的薪酬中只有 1.4% 是由福利构成的，到了 2018 年，这一比例达到了 37.6%（Burcau of Labor Statistics，2018c）。

- **如何比较美国家庭的收入** 2017 年，前 1/5 的高收入家庭的收入占美国总收入的 50.1%，这一比例高于 1976 年的 43.3%；处于中间阶层的 1/5 的家庭的收入在总收入中的比例从 17.1% 下降到了 14.8%；处于最后的 1/5 的贫穷家庭的比例则从 4.4% 下降到了 3.3%（Fontenot et al., 2018）。

■ **1900 年和 2013 年职场女性的比例是多少** 劳动力中女性的比例 从 1900 年的 20% 上升到 2017 年的 57%（Bureau of Labor Statistics, 2018c）。

工作如何改变

罗格斯大学历史学家约翰·吉利斯（John Gills）指出，曾几何时，在前工业化社会，工作和家庭几乎是一回事（Curry, 2003）。也就是说，几个世纪以来，家庭是生产单位，整个家庭都会参与到工作中，无论是耕种、马车制造，还是其他工作。

从"工作和家庭"到职工式的家庭　曾经的工厂和磨坊需要大量的劳动力和持续的关注，而 18 世纪末，英国的工业革命改变了这一切。工作和家庭被分开了，男人、女人和孩子不再出售他们生产的东西，而是出售他们的时间，他们成了劳动力的一部分，成了**把自己的劳动力出售给别人的工薪族**（labor force）。熟练的工匠们过去所做的工作被分解为一个个可量化的任务，变得就像亨利·福特（Henry Ford）的汽车装配线上的工作一样。几乎所有人都可以很容易地学会做这些工作，这使工人很容易被替换。

此外，为了充分利用生产线，企业开始强制要求工人延长工作时间。这导致社会对职业道德的颂扬，正如霍雷肖·阿尔杰（Horatio Alger）所呈现的，他的小说中的英雄们白手起家，通过勤奋、诚实以及高尚的品行获得了成功。为了对抗这种剥削，工会成立了，它的主要任务是提高工资和减少工时。他们努力的结果是，1830 ~ 1930 年人们的工作时间减少了近一半。

工作时间增加，休闲时间就减少　在 20 世纪 30 年代的"大萧条"期间，工作机会消失，富兰克林·德拉诺·罗斯福（Franklin Delano Roosevelt）建议让更多人成为消费者，以提升就业率。罗斯福说："这一目标……是通过提高消费能力来重建我们的国内市场。"（Curry, 2003）从那以后，商界和政府的主流观点都认为，工业的目的是制造越来越多的物品，这就需要大量的广告来诱导人们购买。人们想要更多的东西，因此，不得不付出更多的努力来购买这些东西。

在这个过程中被忽略的是，人们应该缩短工作时间，享受更多的闲暇时光（leisure）——那些被工作占用的、人们本可以自由选择令自己得到满足的活动的时间。此外，工会的影响力在 20 世纪 50 年代达到顶峰，但它在改善日益增加的白领的工作状况方面并没有成功地发挥其组织作用，从那时起，工人的工作时间一直在稳步增加（见图 12-1）。

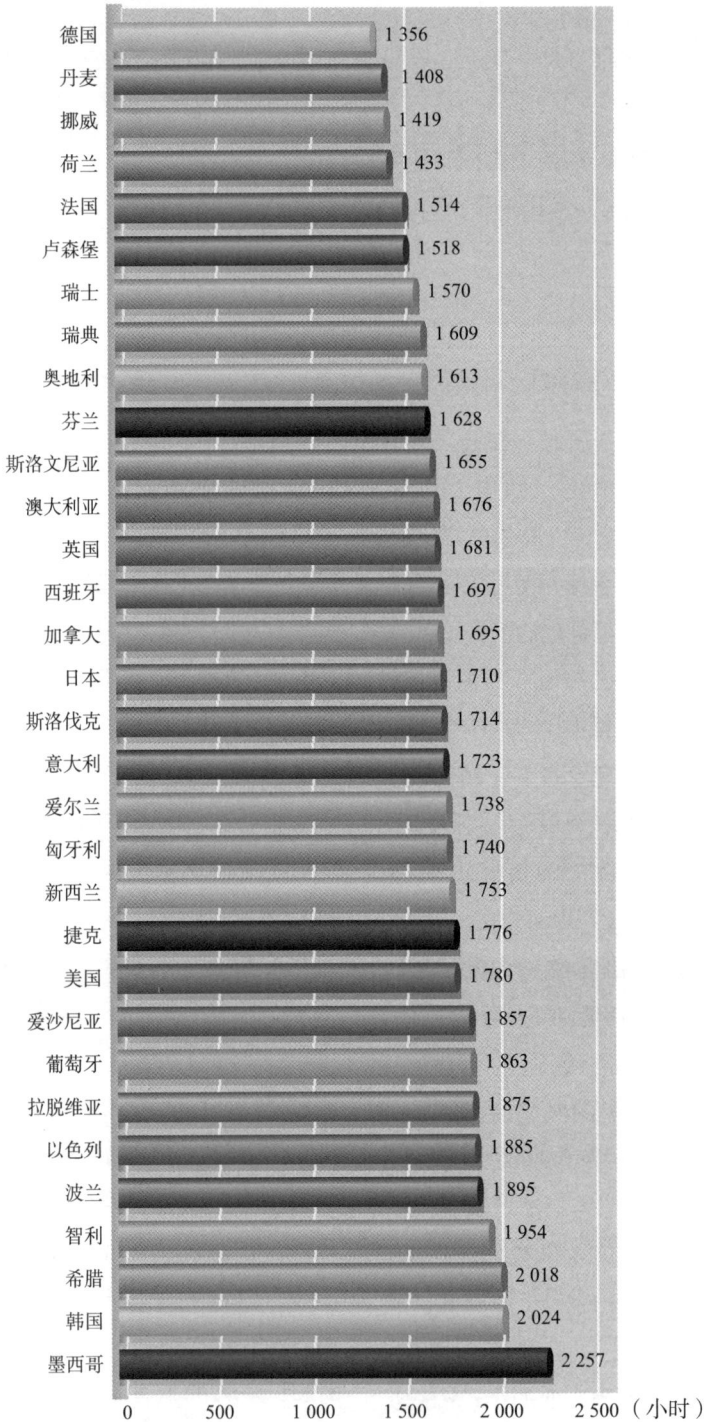

图 12-1　2017 年不同国家平均每人每年的工作小时数

资料来源：Organisation for Economic Co-operation and Development, 2018.

因此，根据一项调查，美国工人的假期在工业化国家中是最短的——人们通常应该有 14 天假期但实际上只休了 10 天假。2018 年，美国工人的休假天数与日本的工人和泰国的工人并列排在末位。欧洲工人每年至少有 20 天的带薪假期，而 25 天的假期，甚至 30 天乃至更长的假期在一些国家是很常见的（Ray et al.，2013）。其他数据显示，与欧洲人平均休假 28 天不同，对大多数美国人而言，没有节日假期也没有带薪假期是合法的，尽管他们有权享有 10 个公共节日假期（见图 12-2）。

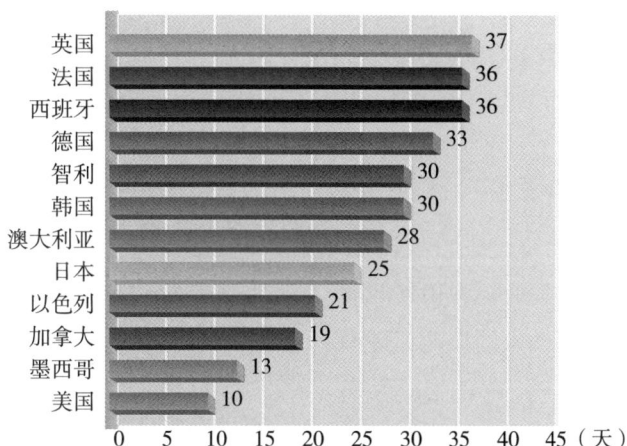

图 12-2　2016 年不同国家的人们合法享有的带薪年假天数（不包括周末）

资料来源：Organisation for Economic Co-operation and Development, 2016.

全世界最严重的工作时间增加发生在双职工家庭，其上升幅度比单职工家庭更大（Jacobs and Gerson，2004）。2007 年，婚姻中的丈夫和妻子每周共同在有偿就业中投入 81.8 个小时——这比 1970 年的每周 78 个小时多了 3 个多小时（Madalia and Jacobs，2008）。然而，根据一项调查，比起更多的薪水，很多人更喜欢更多的休假（Haralson and Mullins，2000）。另一项由某一度假俱乐部展开的研究表明，超过 1/10 的受访员工希望有更多的假期而不是更高的薪水，1/6 的员工希望有更多的假期而不是奖金（Brooks，2012）。

在欧洲，给员工更多的休假是一种典型的做法。研究表明，强大的工会提倡并推动给予员工更多的休假，而不是提高工资（Alesina et al.，2005）。结果是，因为美国人的工作时间比欧洲人长，所以他们花在做家务和照顾孩子上的时间较少。他们通常会付钱让其他人去做家务和照顾孩子（Surowiecki，2005）。

根据美国心理学会的一项民意调查，美国人发现金钱和工作是他们生活压力的主要原因。在美国，对国家未来的担忧是最常见的压力来源（63%），其次是对金钱的担忧（62%）和工作方面的压力（61%）。大约 1/4 的成年人表示，他们在生活必需品方面的支付能力仍然让他们倍感压力。"当然也有例外，"一位研究人员说，"大多数美国工人不再为了逃避家庭和家人而长时间工作。相反，在工作、家庭和自我之间的竞争中，自我似乎处于劣势。"（Gerson and Jacobs，2003）

20 世纪 90 年代，信息技术进一步"侵入"人们的休闲时间，传真机、家庭计算机、电子邮件和手机促使人们在下班时间也要处理工作，家庭成了办公室的"前哨"。这一现象的延伸就是远程办公

（telecommuting），即在家里工作的同时，通过网络和电话与办公室保持联系。历史学家约翰·吉利斯认为远程办公标志着人们回到了循环的原点："我们可能会看到以工作为中心的家庭的回归。"（Curry，2003）2017年，平均每天有 23% 的员工在上班的日子里抽出一些时间在家工作（Bureau of Labor Statistics，2018a）。

非现金利益：可替代的社区福利　在许多工业化国家（如欧洲的一些国家），健康、残疾、退休、病假、失业福利和其他形式的社会福利（对有需要的人的援助）是国家的重大项目。相比之下，在美国，大部分的国家福利（除了社会保障和医疗补助外）主要是雇主提供的附加福利。事实上，在 1929 年，只有 1.4% 的员工薪酬由福利而非现金构成；到了 2018 年，这一比例达到了 37.6%，在一些公司，这一比例甚至更高（Bureau of Labor Statistics，2018b）。这主要是因为"二战"期间美国政府实施的工资管制迫使企业以非现金形式提供激励：更多的假期、健康保险和退休福利。

不幸的是，当公司陷入困境时，福利往往是最先被削减的。尽管美国在医疗保健上的花费是其他发达国家平均值的两倍多，所有这些国家都以覆盖到全民的医疗保健福利为傲，但是，在 2017 年，仍有超过 2 930 万美国人（约占人口的 9.1%）没有任何医疗保险（National Center for Health Statistics，2018）。

收入和财富分配不均

社会科学家区分了收入和财富。他们对收入的衡量主要基于人口普查数据，他们对财富进行衡量时面临多重困难，尽管《福布斯》（Forbes）等杂志会定期根据各种公开数据对最富有的美国人［如杰夫·贝荣斯（Jeff Bezos）和马克·扎克伯格（Mark Zuckerberg）］进行"预估"。

收入　收入（income）是指一个家庭在特定时期内从各种来源获得的收入。当然，这些来源可能是工资和薪金，但也有投资收入、股息等。当社会学家谈到收入方面的中位数时，他们指的是收入中位数（median income）——一半的人赚得更多，另一半人赚得更少。在 2017 年，美国家庭收入中位数为 61 372 美元（Fontenot et al.，2018）。亚裔和非西班牙裔白人家庭的收入高于中位数，而西班牙裔和非裔家庭的收入则低于中位数（见图 12-3）。

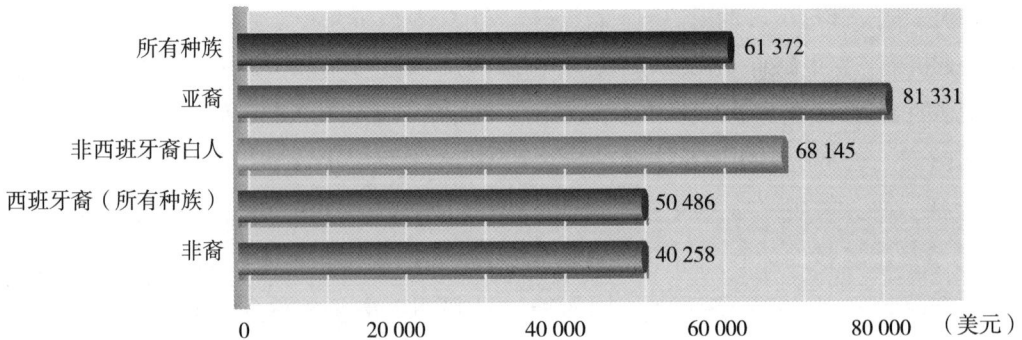

图 12-3　多样性数据：2017 年美国家庭收入中位数

资料来源：Fontenot et al.，2018.

图 12-4 显示了美国 2017 年收入分配极不平等的情况。如你所见，收入最高的 20% 的人——年收入 126 856 美元或以上的人——的收入占美国家庭收入的 50.1%

（顺便提一句，2017 年，收入最高的 5% 的人——年收入在 237 035 美元以上的人——的收入占美国家庭收入的 21.8%（Fontenot et al.，2018）。

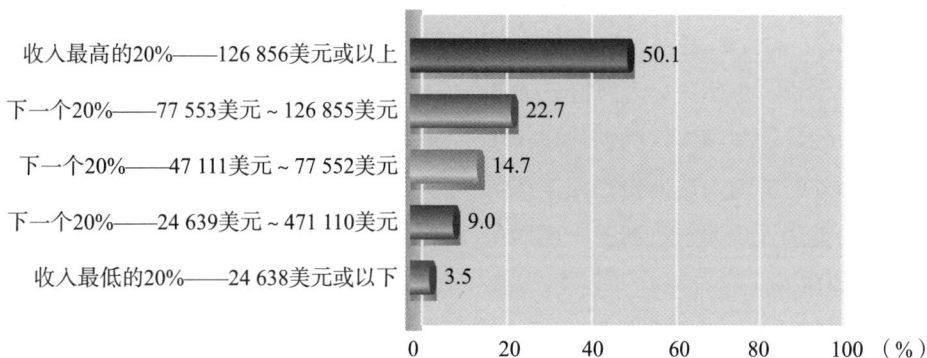

图 12-4　美国收入分配不均——2017 年每 20% 美国人口的年收入占比

资料来源：Fontenot et al., 2018.

换句话说，富人变得更富了，但普通美国人的收入增长速度并不比通胀率快多少。尽管规模保持一致，但与高收入家庭相比，美国中产阶级的地位有所下降（Kochhar，2018）。造成这种差异的一个原因是，大多数美国人都背负着过高的债务——越来越高的抵押贷款、越来越多的信用卡账单和越来越多的学生贷款（White，2018）。一项调查显示，2017 年，71% 的美国劳动者表示负债比去年多了 68%（Dickler，2017）。

财富　财富（wealth），也被称为净资产（net worth），是**一个人实际拥有的所有东西的货币价值——比如财产、股票和保险——减去债务**。与收入不同，财富往往会通过投资活动增加，并且可以由继承人继承，这让那些继承了财富的人在积累更多财富方面有很大优势。

财富的分配也极不平等，根据瑞士信贷银行的一项研究，到 2017 年年底，最富有的 1% 的成年人拥有世界上一半以上的家庭财富（Shorocks et al.，2017）。然而，2015 年世界上有超过 10% 的人每天的生活费不足 1.9 美元，有一半的人每天的生活费不足 5.5 美元（World Bank，2018）。如此多的财富集中在如此少的人手中。

在美国，2014 年跻身最富有的 1% 的门槛是家庭年收入达到 38.6 万美元。两年后的门槛是 430 600 美元。这一收入门槛是家庭收入中位数 54 000 美元的 7 倍多（Zwick，2017）。

在这 1% 的富人中还有更富有的一小部分，最富有的 0.1% 由 16 万个美国家庭组成，这些家庭在 2014 年的年收入至少为 150 万美元。比最富有的 0.1% 更少见的是最富有的 0.01%，这一群体由 1.6 万个家庭组成，他们每年至少挣 1 亿美元，总资产达 6 万亿美元。这 0.01% 的超级富豪拥有总财富的 11.1%，这相当于底层 2/3 美国家庭的总财富（Saez and Zucman，2014）。

总而言之，2012 年，最富有的 1% 的人拥有美国家庭财富的 39.8%，他们的财富是惊人的。据经济学家爱德华·N. 沃尔夫（Edward N.Wolff）称，2016 年这一比例为 40%，它至少高于 1962 年以来的任何时候。

您是哪个经济阶层的　根据最近的盖洛普民意测验，43% 的美国人认为自己属于中产阶级，16% 的美国人认为自己属于中上层阶级（2% 的美国人认为自己属于上层阶级），30% 的美国人认为自己属于工人阶级，9% 的美国人认为自己属于下层阶级（Newport，2018）。

我们可以将这些自我描述与丹尼斯·吉尔伯特（Dennis Gilbert）提出的六阶层模型中的中产阶级的比例进行比较（Gilbert，2018；Gilbert and Kahl，1993）。

■　**资产阶级，1%——典型的收入是 150 万美元（主要来自资产）**　资产阶级中超级富豪的资产超过了底层 90% 的人的所有资产。这些人包括投资者、继承人以及一些顶级企业的高管，他们的权力可以影响数百万人的工作，他们是《福布斯》400 富豪榜中的一员，他们对媒体的掌控权以及他们与政界人士的联系都具有巨大的影响力。有些人继承了家族财富，有些人则创造了新的财富。

■　**中产阶段上层，14%——典型的收入是 20 万美元，对较为富裕的人来说，典型的收入是 50 万美元**　这些人是专业人士、高级经理和中型企业所有者——他们管理着超级富豪拥有的公司，或者经营着自己的企业。他们的成功在很大程度上被归功于教育，因为他们中的大多数人都有学士学位，通常有商业、法律或医学专业的硕士学位。

■　**中产阶级下层，30%——典型的收入是 8.5 万美元**　这些人往往会从事技术职位和较低的管理职位，是级别较低的管理人员、销售人员、工匠等，主要为中产阶级上层服务。他们享受着相当舒适的生活，尽管它经常受到税收和通货膨胀的威胁。一般来说，他们接受过高中教育，可能还接受过大学教育或学徒训练。

■　**工人阶级，30%——典型的收入是 4 万美元**　与中产阶级相比，他们的工作收入更低、更乏味、更不稳定。作为文员、低技能的体力劳动者、低薪销售人员等，他们经常担心自己会在经济困难时期被解雇。一般来说，他们只有高中文凭。

■　**贫困工人，13%——典型的收入是 2.5 万美元**　贫困工人是那些从事不需要技能的、低薪的工作的人，比如清洁工、临时工和移民工人。虽然他们有全职工作，但他们依靠诸如食品券之类的补助生活。很多时候，贫困工人都是高中辍学生。他们主要担心的是自己可能会无家可归。

■　**下层阶级，12%——典型的收入为 1.5 万美元**　他们是没有技能的人，在早期——在农业工业化之前，在工厂工作消失之前，他们可能找到了工作，但现在要忍受多年的贫困和绝望，这种贫困和绝望甚至有可能困扰几代人。当他们能够找到工作时，他们只能做一些卑微的、低薪的临时工作，比如洗盘子或装卸货物。他们的主要支持来自政府援助、食品券等。

我们需要指出，在某些地区——如旧金山湾区和纽约，一个家庭可能有很高的收入，如每年 12.5 万美元，但仍会面对家庭规模、高昂的住房和交通费用以及其他支出引发的入不敷出。事实上，根据某网站提到的调查，在收入为 10 万美元或以上的人群中，近 1/10 的人表示他们通常或总是靠工资生活，59% 的收入为 10 万美元或以上的人表示他们背负着债务（Dickler，2017）。

流出量 除非你有一位私人理财经理来帮你处理你的财务事宜，否则你可能得自己支付账单、开支票。你擅长做这项工作吗？你每个月支付账单的时间都一样吗？

富人越来越富，穷人越来越穷，中产阶级失去了地位 在 20 世纪末和 21 世纪初，收入排在前 1/5 的家庭的收入在美国总收入中所占的比例大幅上升——从 1976 年的 43.3% 上升到 2017 年的 50.1%。这些家庭 2017 年的平均年收入（不是中位数）为 221 846 美元。与此同时，其他 4/5 的美国家庭则失去了地位。比如，处于中间 1/5 的家庭（平均收入为 61 564 美元）的收入从占美国总收入的 17.1% 变为仅占 14.7%。最贫穷的 1/5 家庭的这一比例从 1976 年的 4.4% 下降到 2014 年的 3.5%（Fontenot et al.，2018）。换句话说，如今，最富有的 20% 的人获得了美国一半的收入，而最贫穷的 60% 的人只获得了大约 27% 的收入。

尽管在 2007 ~ 2009 年的"大衰退"以及随后的好时光来临之前，非裔美国人经历了 30 年来最大的经济繁荣，但在 20 世纪 90 年代和 21 世纪初，在衡量经济成功的重要指标上，他们与白人之间的差距几乎没有缩小。2017 年，22% 的非裔美国人生活在贫困中，这一比例在非西班牙裔白人中为 8.8%，在西班牙裔人中为 19.4%（Fontenot et al.，2018）。在 2017 年，非西班牙裔白人家庭的平均收入是 68 145 美元，但（任何种族的）西班牙裔家庭的平均收入是 50 486 美元，黑人家庭的平均收入是 40 285 美元（Fontenot et al.，2018）。

影响当下家庭的经济变化

艾琳·奥多姆是北卡罗来纳州的一位有 4 个孩子的母亲，在谈到自己靠丈夫教书的薪水勉强度日时，她说："我们一直精打细算，但还是花光了所有的钱。"当他们向理财顾问展示自己的收入和支出时，理财顾问宣布："看，你们没有支出问题。但是，你们确实有收入问题。你们没有足够的钱生活。"（Glover，2018）

很多美国人都面临这个问题。生活成本的增长超过了通货膨胀，这使人们很难建立自己的银行账户。为什么在美国，在过去的 40 年里没有更多的人受益？让我们来考虑其中的一些原因。

长期的通货膨胀和下降的购买力 2018 年 12 月的平均时薪是 1970 年的几倍——它从 3.23 美元涨到了 27.48 美元（Bureau of Labor Statistics，2019）。但通胀因素被考虑进来后，美元的购买力就不一样了，所以今天的 27.48 美元买不到早些时候的 3.23 美元能买到的东西。比如，1970 年，在有 9 个县的旧金山湾区，房价中位数为 2.3 万美元。2018 年年末，全美房价中位数为 253 600 美元（YCharts，2019），湾区房价中位数为 81.5 万美元（Brinklow，2019）。

最低工资也没有跟上长期的通货膨胀。1938 年，美国国会在《公平劳动标准法》（the Fair Labor Standards，FLSA）中首次制定了最低工资标准，旨在将所有家庭的收入提高到贫困线以上。1938 年最低时薪为 25 美分，到了 2019 年，它已达到 7.25 美元。然而，如果一个家庭只有一名成员工作，最低工资无论如何都不够使一个家庭摆脱贫困。1968 年，最低工资达到了贫困水平的 90%，这是最高比例，自 1985 年后，它一直在 53% ~ 62%。这是自 1959 年贫困标准得以制定以来的较低比例。

双层劳动力市场：下半部分的落后　美国的市场经济使私营企业在决定扩大资本工厂、开发新产品和解雇过剩工人时比其他工业化国家具有更大的灵活性。然而，企业在进入欧洲、日本和其他竞争对手的本土市场时面临的壁垒比外国企业进入美国市场时的壁垒更高。此外，技术进步——尤其是计算机、医药和航天领域的创新——导致美国出现了双层劳动力市场。在双层劳动力市场中，处于底层的人群缺乏顶层人群拥有的教育资源和专业（或技术）技能，越来越多的人无法获得同等的加薪、医疗保险和其他福利。

自 1975 年以来，几乎所有家庭收入的增长都流向了最富有的 20% 的家庭（IndexMundi，2018）。那些处于底层的人要么停滞不前，要么非常落后。高薪的制造业工作开始从美国消失，并且被低薪的服务业工作取代，其中许多工作提供的是最低工资。一些社区试图通过制定"生活工资法"（living wage laws）来对抗这一趋势，工资和福利被计入了该地区的生活成本，并且高于联邦层面的最低工资。

贫困　贫困线（poverty line）的官方定义是美国政府认定的个人和家庭维持生计必需的最低收入水平。贫困线每年都在变化（它与政府的消费价格指数的变化挂钩），贫困线是相关税费被扣除之前的收入，不包括现金和非现金福利，如食品券、住房补贴和医疗补贴。

贫困线的官方定义是美国政府于 1963 年确定的，人们普遍认为这一定义不够好，因为它忽略了单身母亲照顾孩子和获得交通援助的需要，而且生活需要会因地理区域的不同而不同（Burtless and Smeeding，2001）。

- **哪些人处于贫困线以下**　2018 年，4 口之家的贫困线被定为 2.51 万美元（Lee，2018）。2017 年，3 970 万美国人生活在贫困线以下，占总人口的 12.3%，这一比例比 2014 年低 2.5%（Fontenot et al.，2018）。同样在那一年，有 1 240 万（17.1%）18 岁以下的儿童处于贫困之中。在 18 ~ 64 岁人群中，约有 2 220 万人（11.2%）处于贫困中（Fontenot et al.，2018）。

- **贫困率和种族或民族**，贫困率因种族和民族而异，在大多数非白人中，贫困率明显更高（见图 12-5）。对大多数生活在贫困线以下的人来说，这种情况都是暂时的，而不是永久的。事实上，近 1/4 的美国人是由于离婚、残疾或失业，而在人生的某个阶段需要政府的援助（福利）的。但大多数人能在一两年内重新实现自给自足（Blank，2002；Rank and Cheng，1995）。

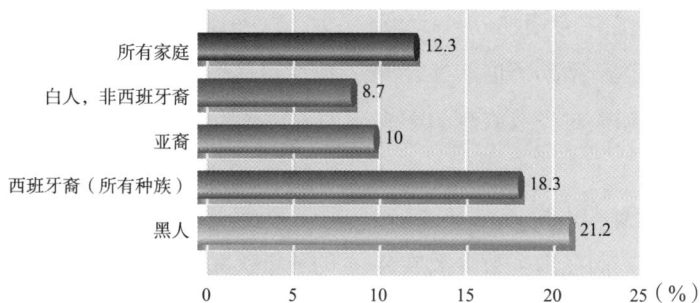

图 12-5 多样性数据：2017 年按种族和民族划分的贫困率

资料来源：Fontenot et al., 2018.

贫困也因性别而异，2017 年，有 11% 的男性和 13.6% 的女性处于贫困中。2017 年，没有丈夫的女性中有 25.7% 的人生活在贫困中，而没有妻子的男性中只有 12.4% 的人生活在贫困中（Fontenot et al., 2018）。

长期贫困在白人中很少见，只有不到 1% 的白人持续贫困 10 年或以上，但在非裔美国儿童中很常见，29% 的非裔美国儿童持续贫困 10 年或以上。此外，到了 25 ～ 27 岁，只有 1/14 的白人仍然贫困，与此同时，有 1/3 的非裔美国人仍然贫困（Corcoran, 2001）。

■ **贫困女性化** 这是研究者戴安娜·皮尔斯（Diana Pearce）创造的一个术语，贫困女性化指的是工作和就业歧视、高离婚率和未婚生育导致女性户主变得贫穷的可能性增高。2017 年，单身女性家庭的贫困率为 27.5%，它比已婚夫妇家庭的 4.9% 更高（Fontenot, 2018）。

■ **贫困的后果** 贫困显然是一个生死攸关的问题：收入较高的 50 岁美国男性预期寿命为 89 岁，收入和年龄与之相同的女性预期寿命为 92 岁。相比之下，该年龄的低收入男性的预期寿命为 76 岁，低收入女性的预期寿命为 78 岁（Committee on the Long-Run Macroeconomic Effects of the Aging U.S. Population et al., 2015）。

正如科学作家莫伊塞斯·贝拉斯克斯-马诺夫（Moises Velasquez-Manoff）观察到的那样，穷人和无权者早逝的风险更大。他说，科学家的"奇怪的主观解释"是这样的——"当人们面对一个特定的压力源时，人们越感到无助，这一压力造成的危害就越大。"（Velasquez-Manoff, 2013）

此外，研究表明，在美国，穷人更容易接触到环境中的有害因素，从含铅涂料到化工厂和垃圾焚烧炉。弱势群体中的高脂肪、高盐、缺乏蔬菜或水果的饮食习惯往往不是个人选择的结果，而是因为市中心的邻近社区中的优质、实惠的超市数量不断减少，城市中快餐厅的数量激增，以及贫困。在非裔美国人社区，高比例的吸烟和酗酒与高严重程度的慢性病相关，这是贫困和就业机会匮乏带来的压力的结果，而不是"对生活方式的自主选择"。

在非裔美国人社区，贫困特别具有破坏性的方面是社区中长期以来较高的失业率。失业率每上升 1%，死亡率就会增加 2%，凶杀案的概率会增加 5% ～ 6%，监禁率会增加 5%，首次入院的精神疾病患者的患病率会增加 3%～4%，婴儿死亡率会增加近 5%。保险的缺失至少是造成这一系列可怕的社会弊病的部分原因，这种缺失对少数族裔的影响相当大。

很大一部分美国人（约占总人口的8.8%）没有医疗保险，而在大多数少数族裔中，这一比例更高（见图 12-6）。其中包括数百万从事低薪工作的全职工人，他们的工作并不提供保险福利。在一个由市场驱动、保险覆盖范围与高薪工作挂钩的医疗体系中，我们可以说，少数族裔和其他弱势群体的健康状况不佳几乎是必然的。

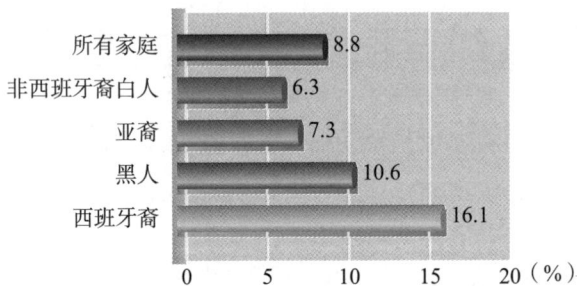

图 12-6　多样性数据：2017 年，按种族和民族划分的缺乏医疗保险的人的比例

资料来源：Berchick et al., 2018.

某一家庭基金会的一份报告指出，尽管《平价医疗法》（Obamacare）出台了，但在2017 年，45% 的未参保成年人表示，他们没有医疗保险的主要原因是它太贵了。"许多人缺乏通过工作获得医疗保险的途径，"报告指出，"一些人，尤其是那些没有扩大医疗补助计划的州的贫困成年人，仍然没有资格获得有关医疗保险的财政援助。一些《平价医疗法》规定的原本具有资格获得经济援助的人可能不知道他们可以得到帮助，而无证移民则没有资格获得医疗补助或市场保险。"对于那些没有医疗保险的人来说，如果他们不能获得早期治疗和定期护理，他们因本可避免的糖尿病和高血压等可控制疾病的并发症住院的可能性至少是那些有医疗保险的人的两倍。

实例：失业的影响

应对螺旋式上升的压力

工作是非常艰难的——根据一项调查，80% 的美国人在工作中至少会面对一件让他们感受到压力的事（Smith，2014）。不工作的压力又如何呢？

马萨诸塞州的罗伯特·托达罗失去了通用动力公司的技术撰稿的工作，这与他的个人因素无关，他只是公司在裁员时解雇的众多员工之一。但他说，这对他的影响"完全是毁灭性的"。"你会觉得好像自己做错了什么事。你担心钱的问题。你担心未来会发生什么。它会用各种方式让你感到身心俱疲。"（Duenwald，2002）

玛丽是一名高管的妻子，她 44 岁的丈夫有着在一个大公司工作 20 年并获得 8 次升职的辉煌职业生涯，后来他被解雇了。她说："在过去的几个月里他变得越来越沮丧，现在他甚至不想面对工作了。"（Fisher，2003）

正如我们在前文中所讨论的，失业——甚至是未充分就业——是一个人可能遇到的较严重的问题之一，它可以对家庭关系产生巨大的影响。一家职业介绍所的总裁雪莉·卡多莱特说："一个人的失业确实会成为一个家庭问题。随着配偶越来越焦虑，这会给失业的人带来更大的压力，进而导致恶性循环。"（Fisher，2003）

心理学家理查德·H. 普莱斯（Richard H. Price）对失业的影响进行了为期两年的研究，他说："人们往往认为给自己带来最大冲击的是失业的那一刻，但其实是它引发的一连串事件造成了更大的、更持久的伤害。"裁员会给个体的经济状况带来威胁，进而导致个体抑郁，导致人们觉得自己完全无法掌控任何事情，随之而来的是绝望、失眠、头痛、慢性疾病和疲乏（Price et al.，2002）。

一些失业的人能利用这种压力探索职业选择，或者更好地与他们的孩子建立联系。当马克·戈佐斯基失去了美国在线服务公司的经理的工作后，他找来了自己 7 岁的双胞胎女儿帮他寻找新的事业。一个女儿对他说："你应该在艺术博物馆工作，去给人们讲有关艺术的故事，因为你热爱艺术和讲故事。"另一个女儿说："你应该去设计主题公园，这

样我们就可以帮你测试。"戈佐斯基说："了解孩子们为我设计的工作是我寻找理想工作的好开始。"当他找到一份小学教师的工作时，他的女儿们几乎和他一样兴奋。邀请他的孩子们参与他的求职过程也帮助他以一种他从未想过的方式更深入地与孩子们沟通（Zaslow，2002）。

戈佐斯基的情况在失业者中是相对乐观的。但对于那些因失业而感到抑郁的人来说，仍然有解决办法。气馁的人可以做的一个练习是，写下 5 件轶事，描述你过去做得很好并且喜欢做的事情，不管它们是不是和工作相关。这有助于你意识到你已经在自己喜欢的事情上获得了成功——这是相信它会再次发生的第一步（Fisher，2003）。另一项练习就是让自己变得更善于寻找工作，比如优化面试技巧、陈述能力和注意力。求职者俱乐部为失业者提供了一个可以与彼此见面并听取职业顾问和其他专家的建议的地方。请职业教练为自己进行一两次培训也会有帮助。

玛丽的丈夫失业了，而她的丈夫拒绝寻求职业指导，也不愿意加入一个团体。如果你是玛丽，你该怎么办？一家再就业公司的顾问艾伦·克莱默说，在这种情况下，她应该找第三方来帮忙说服他。他说："在每个家庭或朋友圈里都有一些人的意见很重要，而且他们很了解情况，但在情感上，他们比你的影响力更弱。谁能引导你的丈夫？在理想的情况下，应该是一位也经历过失业困境的朋友或亲戚。"（Fisher，2003）

你怎么认为

你可能认识一些曾经历过长期失业的人。你观察到了失业给人们带来了哪些影响？你会给出什么建议呢？

那么"社会安全网络"呢

贫穷的美国家庭可以得到什么帮助？当然，政府也为非贫困者提供了许多支持项目——学生贷款、农业补贴和房屋抵押贷款减免。政府还以税收补贴和行业救助的形式支持"企业福利"。然而，与经济状况最糟糕的人（60%）相比，经济状况最好的人（34%）更不可能认同"政府应该为有需要的美国人做更多的事情，即使是那些深陷债务的人"的观点（Pew Research Center，2015a）。也就是说，人们往往认为穷人要为自己的状况负责，这是他们的性格缺陷造成的。

1996 年，比尔·克林顿（Bill Clintor）签署了《福利改革法案》。这一法案取消了旧的"未成年子女家庭援助计划"，取而代之的是"贫困家庭临时补助计划"——它涉及一笔固定数额的资金，其救济期限为 5 年。新法律还要求领取福利金的人在领取 2 年福利金后必须工作、参加职业培训或在职培训，或者从事社区服务。失业年龄在 18 ～ 50 岁、没有抚养孩子的人如果 3 年没有工作，就只能得到 3 个月的食品券。项目由各州管理，各州决定援助的具体形式。

贫困　与其他国家的穷人不同，许多贫困的美国人有自己的汽车，甚至不用汽车也可以生活。事实上，根据美国《管理杂志》对美国人口普查数据的分析，2016 年只有 20% 的贫困成年人表示他们没有交通工具，与 2006 年的情况相比，这已经有所改善，当时有 20% 的人都没有交通工具。你是否认为这意味着穷人实际上"过得更好"？

请解释下面这句话的意思：工作场所对家庭的影响大于家庭对工作场所的影响。

实例：社会流动性

从贫困走向成功有多难

你有财务问题吗？看看和世界上其他地方的人相比，你怎么样。

根据皮尤研究中心的一项研究，2011 年世界上 15% 的人被视为"穷人"，他们每天的生活费不超过 2 美元，

56% 的人被认为属于"低收入群体"，他们每天的生活费为 2 美元 ~ 10 美元（Kochhar，2015）。那些被认为属于"中等收入群体"（10 美元 ~ 20 美元）的人只占 13%，剩下的是"中上收入群体"（20 美元 ~ 50 美元，占 9%）和"高收入群体"（50 美元以上，占 7%）。用每天生活费 10 美元的门槛来定义一个中等收入或中产阶级的人，这反映了一个共识，即一个人只有在这个水平上"才有足够坚实的基础，才能不用为生计担心"。

你的成功中有多少与父母有关，又有多少是你通过"社会流动性"获得的？令人惊讶的是，根据经济历史学家格雷戈里·克拉克（Gregory Clark）和他的同事们的研究，成功可能取决于几百年前的祖先——不管你是出生在美国还是其他地方。研究人员追踪了从 1800 年到现在的同姓氏的人的财富、受教育程度和预期寿命。他们发现，如果在 1800 年和你姓氏相同的人都是精英，那么你也很可能是精英。克拉克说："60% 的人的社会地位在母亲受孕的时候就确定了。"（Dwyer，2012）

打破贫困的循环有多难？依据《匮乏：为什么拥有得太少意味着这么多》（*Scarcity: Why Having too Little Means so Much*）的作者、研究人员森德希尔·穆莱纳森（Sendhil Mullainathan）和埃尔德·沙菲尔（Eldar Shafir）所述，我们要记住的一件事是，经常担心贫困带来的压力耗尽了穷人的脑力，这使他们更有可能做出错误的决策，并使他们现有的地位保持不变。有这样一种说法："仅仅感觉到贫穷就能让一个人的智商迅速下降 13 分。"（The Befuddling Effect of Poverty，2013）

你怎么认为

当你将你目前的收入状况与世界上其他人相比时，你是否感到幸运？你认为要改善你的生活环境有多难？

12.2　改变家庭工作模式

核心内容：
传统家庭、共同供养家庭和单职工父母如何影响家庭和工作安排

概述　首先，我们将讨论家庭生活的不同类型。我们认为，除了男人作为"家庭主夫"的家庭之外，传统的家庭安排是丈夫作为供养者，妻子作为家庭主妇。其次，我们将讨论共同供养家庭，在这种家庭中，丈夫和妻子扮演着经济伙伴的角色。

《华尔街日报》（*The Wall Street Journal*）"工作与家庭"专栏的作家苏·谢伦巴戈尔（Sue Shellenbarger）说："也许是时候制定一种新的婚前协议了，即一种'经济婚前协议'。它不具有法律约束力；它可以是一个简单的不成文的共识或一份非正式的书面清

单。它将为维持婚姻关系提供基本规则，而不是像传统的婚前协议那样供人们在离婚时分割财产。"

人们提出这种方法是为了帮助夫妻在结婚前讨论诸如谁的工作优先级更高、谁需要在家陪孩子等问题。比如，"我们要避免会让我们变成'工作狂'的工作吗？""如果我们有了孩子，收入较低的配偶会选择做兼职吗？""如果主要负责养家糊口的人被解雇了，另一方会努力地挣更多的钱吗？""孩子还在上学的时候，家庭是否应该接受公司迁址？"大多数夫妇同意这一点——他们希望主要通过家庭而不是事业来获得生活的意义，就像许多法律和商业专业的学生在一项研究中告诉采访者的那样（Orange，2003）。尽管经济状况发生了种种变化，但个人对家庭的心理投入似乎并不比过去少（Kiecolt，2003）。

在失业的情况下，夫妻对彼此的期望往往不同。他们还发现，他们需要灵活地将一方的事业置于优先地位。谢伦巴戈尔说："因为当下的经济可能决定了另一方会得到更丰厚的收入和更好的工作保障。"谢伦巴戈尔还指出了另一点："在你怀抱着你刚出生的婴儿之前，你永远不知道你将对重返工作岗位有什么感觉。因此，有关职业优先级的决定要灵活，从而为新手父母的需求腾出空间。"

你认为应该如何安排工作和家庭生活？在本节，我们将探讨各种备选方案。

传统家庭：丈夫作为供养者，妻子作为家庭主妇

我们在前文中讨论了过去大多数夫妻在家庭中所扮演的传统角色。这种家庭形式被称为**双人独立分工**（two-person single career），在这种形式中，**丈夫在外工作，而妻子——即便她也有工作——通过做家务和抚养孩子帮助丈夫发展事业**（Demo and Acock，1993；Papaneck，1979）。这意味着一方，通常是丈夫，扮演着供养者的角色；而另一方，通常是妻子，扮演着家庭主妇的角色。

供养者的角色：传统的"男人的工作" 在美国，自 19 世纪 30 年代以来就被大众接受的"**供养者**"角色（good-provider role）强调男人是家庭主要的或唯一的经济供给者（Bernard，1986；Christiansen and Palkovitz，2001）。这种刻板印象（男人扮演工具性角色）一直占据主导地位，直到 20 世纪 80 年代，美国人口普查局才不再自动假定一家之主是男性。当然，"供养者"的角色仍然存在。对许多女性来说，婚姻满意度的高低取决于她们对丈夫是否能很好地扮演供养者的角色的感知。

"供养者" 从 20 世纪 50 年代到 20 世纪 60 年代，在核心家庭中，丈夫往往要外出工作，是家庭唯一的经济来源，扮演着"供养者"的角色，而女性则扮演着"家庭主妇"的角色，负责操持家务并抚养孩子。你怎么看待从那时起到现在的工作安排上的变化？你怎么看待"家庭主夫"、在职母亲、单职工父母？这些变化是否给了男性和女性更多的自由？

如果男人被期望擅长"养家糊口"——挣钱养家，那么从传统上来说，他们还被期望分担一些家务，比如修剪草坪、修理屋顶和管道、粉刷墙壁等。就其他任务而言，如照看孩子、打扫房间和洗碗，男人有时可以分担一些，但他们并未被期待对这些家务负有同等责任（Hochschild，2012）。

家庭主妇的角色：传统的"女性的工作" 家庭主妇的角色（homemaker role）**强调女性应该主要负责操持家务、抚养孩子以及维持与父母和公婆的家庭关系**（Thompson，1991）。虽然家庭主妇的角色从传统上来说比其他角色更重要，但人们通常认为女性承担的工作并不是"真正的工作"——当一个女人被问及她是否工作时，她会回答说："不，我只是一个家庭主妇。"

一位丈夫写道："在家庭之外，你通常不会被视为一位伟大的家庭主妇或者是一位好的家庭主妇。即使在家里，孩子们也会觉得你是个唠叨鬼，丈夫也不明白你整天都在做什么。"（Tiah，2014）持这种观念的人忽视了年长的家庭主妇创造的经济效益，比如她们为生病的家庭成员提供的无偿护理。

家务劳动的特点之一是它们往往是由家庭主妇独自完成的，而且家庭主妇可能会抱怨自己感到孤独。如果她们在抚养孩子，她们会渴望有成年人的陪伴（Koontz，2016）。因为做家务没有报酬，所以家庭主妇在经济上要依赖丈夫。做家务也是单调的、重复性的、无休止的——一天 24 小时，一周 7 天，家务活永远做不完。然而，这也能为家庭主妇带来一种无约束的、自主的生活方式——没有"雇主"在背后监督。许多妻子会在抚养孩子、娱乐以及与亲朋好友交往的过程中获得满足感。

根据皮尤研究中心的一项研究，有小于 18 岁的孩子的全职妈妈的人数在 2012 年约为 1 040 万，占总人数的 29%（1999 年的 23% 是历史最低水平），但它仍远低于 1967 年的比例——49% 的母亲待在家里（Cohn et al.，2014）。皮尤研究报告的作者之一德维拉·科恩（D'vera Cohn）说，全职妈妈越来越多是"职场上正在发生的重大变化之一"（Bidgood，2014）。女性的劳动参与率在 1999 年达到 60% 的峰值，然后在 2012 年下降到 58% 以下。报告表明，受教育程度较低的女性更有可能成为全职妈妈；事实上，1/3 的全职妈妈生活在贫困之中，而只有 12% 的在职妈妈生活在贫困之中。

"MR. MOM"是例外：男人成为全职"家庭主夫" 与家庭主妇相对的是"家庭主夫"（house husband），**他们也被称为"居家爸爸"**（stay-at-home dad）。2009 年，只有 5.4% 的夫妇处于丈夫不工作、妻子工作的状态。皮尤研究中心对人口普查数据的分析显示，自 1989 年以来，在家照看 18 岁以下的孩子的父亲的数量几乎翻了一番，从 110 万增至 2012 年的 200 万（Livingston，2014）。

有些男人自愿选择"家庭主夫"的角色。当林恩·默里怀上三胞胎时，丹和林恩都是芝加哥的律师。孩子出生后，这对夫妇认为林恩在办公室工作时更快乐。如今，丹要照顾他们的 5 个孩子，而林恩希望他永远都不重返工作岗位（Tyre and McGinn，2003）。

然而，很多男人在不经意间变成了"MR. MOM"。这是工作规模缩减的结果。当加利福尼亚州红木城的亚历克斯·赖特从一个图形设计公司的营销总监的岗位离职后，他的妻子车尔琳（一名未成年缓刑犯监督官）成了养家糊口的人，而亚历克斯成了为他们 10 岁的双胞胎儿子辅导功课和承担大部分家务的人。他说："我妻子开玩笑说，房子从来没有这么干净过，她喜欢家里有一个'家庭主夫'。"即便如此，失去他的薪水意味着他们不得不学着仅凭更少的钱生活，而亚历克斯在用他大部分的早晨寻找一份新工作（Lynem，2003）。

事实上，全职父亲的人数似乎会随着经济状况的变化而变化。比如，1991 年，在工作岗位减少的时期，照顾 4 岁或 4 岁以下儿童的父亲的比例是 20%；随着经济状况的改善，1993 年，该比例下降到 16%，2011 年，在美国经济从"大衰退"中复苏的时期，该比例又回到了 19%。

共同供养家庭：丈夫和妻子作为经济伙伴

在繁荣的 20 世纪 50 年代和 60 年代，许多女性对待在家里感到厌烦，而许多男性觉得自己被困在养家糊口的角色中，但一份薪水加上好的供养者和家庭主妇是一种有效的家庭模式。然而，在 20 世纪 70 年代，经济的变化给家庭的购买力带来了极大的压力。通货膨胀率飙升，高薪的制造业工作开始从美国消失，取而代之的是低薪的服务业工作。

其结果是共同供养婚姻（co-provider marriages）——又叫双职工婚姻（dual eamer mamiages）——的比例显著增加，在这种模式中，伴侣双方都有工作。到了 2017 年，只有 19.1% 的家庭仍在维持传统的丈夫单独供养家庭的婚姻模式，该比例低于半个世纪前的 63%，而双职工夫妇的比例从 1950 年的 20% 上升到了 2017 年的 48.3%（Bureau of

Labor Statistics，2018c）。从 1970 年到 2017 年，有 6 岁以下子女的已婚女性在劳动力中的比例从 30% 上升到了 65.1%。2017 年，有 18 岁以下孩子的母亲中有超过 71.1% 的人在工作。

在过去的几十年里，家庭收入的增长大部分来自女性收入的增长（Council of Economic Advisors，2014）。2013 年，已婚在职女性的收入占家庭收入的比例从 1970 年的 37% 上升到了 44%。24% 的已婚女性比她们的丈夫挣得多，而 1970 年这一比例仅为 7%。

职业女性　在一些环境发生巨大改变的情况下（比如战争），更多的女性进入工作场所。即使没有发生这些事件，女性在职场中的参与度也在稳步上升：除了"二战"后的一小段时间以外，在整个 20 世纪，女性在劳动力中的比例每 10 年都会增长——1900 年，职业女性占所有女性的 20%，2017 年该比例上升到了 57%（Bureau of Labor Statistics，2018d）（当然，我们必须记住，几乎所有的后奴隶制时代的非裔美国女性都不得不外出工作，她们仅仅是为了让她们的家庭生存下去，这一现实持续了很长一段时间）。

在今天的美国，46% 的双亲家庭称父母双方都有全职工作，而在 1970 年这一比例是 31%（Pew Research Center，2015b）。当父母双方都工作时，大多数夫妻说双方的事业同样重要。然而，女性比男性更有可能从事兼职工作。2016 年，19.9% 的在职女性是自愿成为兼职员工的（这一比例在在职男性中为 9.1%），这使她们能在工作的同时照顾孩子或年长的父母（Bureau of Labor Statistics,

2018e）。2012 年，更多的在职母亲（47%）表示，她们更愿意只做兼职工作，而 1997 年这一比例为 44%（Wang，2013）。从事兼职工作的愿望似乎也反映了人们在兼顾工作和家庭责任方面遇到的困难。

研究人员发现，在双亲家庭中，如果有偿和无偿工作都被计算在内的话，母亲和父亲的工作时间大致相同（大约为每周 65 个小时），但女性做家务和照顾孩子的时间仍是男性的 2 倍（Bianchi et al.，2006）。难怪夫妻们发现要收获美满的婚姻，共同分担家务比共同抚养孩子更重要（Pew Research Center，2007）。

女性就业过程的障碍被称为"玻璃天花板"和"妈妈的轨道"。

■ **玻璃天花板** 玻璃天花板（the glass ceiling）是一种隐喻，是指阻碍女性和少数族裔晋升到高管职位的无形障碍。一般来说，消极的刻板印象是阻碍女性发展的主要因素。这些刻板印象与多项研究的结果相矛盾，比如，研究表明，女性管理者几乎在每项指标上都比她们的男性同行更胜一筹（Gallup，2015；Sharpe，2000）。

■ **妈妈的轨道** 妈妈的轨道为女性提供了灵活性，但也迫使她们放弃了野心（Hochschild，1997）。"妈妈的轨道"（mommy track）指的是女性的职业道路应该分为两种，一种是职业主导型女性的职业道路，另一种是兼顾职业和家庭的女性的职业道路。一般来说，以职业为主的女性比兼顾职业和家庭的女性升职得更频繁，前者的收入也更高。这是基于这样一个事实——许多公司仍然保留着过时的传统性别角色的刻板印象，即女性要照顾孩子，而男性会基于在公司的工作获得更多的晋升和报酬。他们并不认为

一个第一次当上父亲的商人会自然而然地变得对自己的事业不再那么感兴趣。

在职母亲 社会学家菲利斯·莫恩（Phyllis Moen）在她的经典著作《女性的双重角色：当代困境》（*Women's Two Roles:A Comtemporary Dilemma*）中指出，有 4 种在职母亲，她们中的大多数人对如何处理自己的工作或家庭角色没有选择权（Phyllis Moen，1992）。

■ **俘虏型**——"我宁愿做一个家庭主妇，但我必须工作" 俘虏型的女性是单身、未婚或已婚的母亲，她们想要时刻照顾自己的孩子。然而，她们的经济地位——工薪阶级层、工人阶级或中下层阶级——要求她们必须工作。

■ **矛盾型**——"如果工作和家庭发生冲突，我就会辞职" 矛盾型的女性认为工作妨碍了她们养育子女，所以只要她们负担得起家庭开销，她们就会辞职，比如当她们的配偶找到一份薪水更高的工作时。

■ **配合型**——"如果这份工作能让我兼顾家庭需求，我就会去工作" 配合型的女性会选择那些通常比较灵活的、兼职性质的和（或）低报酬的工作，这样她们就能把主要精力放在养育子女上。正如我们在前文中提到的，试图平衡事业和家庭需求的女性往往被不公平地限制了——人们偏爱"更专注于工作"的男性，尽管也有许多男性希望工作有更多的灵活性，以便他们能帮忙处理家庭事务。

■ **效忠型**——"我对我的事业和家庭都很忠诚" 效忠型的女性可能是人数最少的群体，她们拥有最大程度的自由。她们通常是有职业抱负的女性，有足够高的收入来

负担好的保育服务。然而，这些女性经常受到"玻璃天花板"的限制——由于负面的刻板印象，她们在职场中的收入低于男性，在职场中的权力也不如男性大。

有些女性既是配合型的，又是效忠型的。比如，内华达州里诺市一家广告和公关公司的客户主管克里斯蒂娜·斯托弗每周都花两天半的时间在办公室工作，在剩下的时间里她则待在家里。这使她能够一边照顾两岁的儿子杰森，一边维持着自己的事业（McAndrew，2003）。

单身的在职父母

有70%的孩子生活在双亲家庭中。大多数和单亲父母一起生活的孩子都是和他们的母亲一起生活的。2016年，23%的孩子和母亲住在一起，4%的孩子和父亲住在一起（U.S. Census Bureau，2016）。一些单亲家庭的父母有同居伴侣：11%的和母亲住在一起的孩子以及22%的和父亲住在一起的孩子同时和父母的同居伴侣住在一起。

从工作和金钱的角度来看，单亲家庭的父母面临的最大挑战是，他们往往需要在从事能带来收入的工作的同时负责家庭事务，没有人可以帮他们分担，虽然有些人可能会在照顾孩子方面得到朋友或亲戚的帮助，但事实上，无论是单职工家庭还是双职工家庭，都很难为他们的孩子找到高质量的日托机构。

实例：种族主义对家庭生活的影响

非裔美国人中的丈夫和父亲到哪里去了？有150万名非裔男性"缺席"了

据《纽约时报》报道，在非裔美国人的日常生活中，与每100名25～54岁的非裔女性相对应的非裔男性只有83名。这意味着总共有150万非裔男性缺席。我们如何解释这一现象？《纽约时报》说："监禁和早逝是造成这一部分缺失的主要原因。"（Wolfers et al.，2015）

较高的监禁率导致了60万名男子在壮年期间缺席，较高的死亡率导致了超过90万名男子缺席。他杀的情况占了很大的比例，而心脏病、呼吸系统疾病和意外事故导致的死亡在这个群体中占的比例更高，因此也扮演了重要角色。结果是，非裔女异性恋者可以选择的伴侣很少，与此同时，男异性恋者在寻找伴侣时不需要那么努力地竞争。因此，经济学家克尔温·查尔斯（Kerwin Charles）表示："男性似乎不太倾向于对恋爱关系做出承诺，也不太倾向于努力维持恋爱关系。"（Wolfers et al.,2015）

一份报告说："在过去的20年里，美国当局已经逮捕了超过2.5亿人，而且每年都会有1 200万人的增量。"（Emshwiller and Fields，2014）其结果是，在美国，每100名成年人中就有1人入狱，这比西欧的比例高5～10倍（Rubin and Turner，2014）。

入狱不仅仅意味着把非裔美国人从他们的社区带走。由于人们对有前科的人普遍存在偏见，因此这严重减少了他们出狱后找到工作的机会（Williams and Vega，2014）。1980 ~ 2010 年，所有男性中被判犯有重罪的非监禁成年男性的比例上升到了 10%，而在非裔男性中，这一比例上升到了 25% 以上（Shannon et al.，2011）。

不只是定罪记录，甚至逮捕记录也会留存在官方和其他数据库中好几年，而且根据美国联邦调查局的数据，现在

有将近 1/3 的美国成年人有犯罪记录，许多美国人，尤其是非裔美国人，在找工作方面存在障碍（Appelbaum，2015；Fields and Emshwiller，2014；Palazzolo and Fields，2015）。

你怎么认为

你有逮捕记录或定罪记录吗？它对你有什么影响？你会建议人们如何应对这些影响？

经济状况如何影响家庭工作模式的变化以及夫妻双方在婚姻关系中的角色？

12.3　平衡工作和家庭需求：一些实用的策略

核心内容：

影响工作 - 家庭安排的破坏性因素的作用，并描述平衡工作和家庭需求的 6 种方法

概述　首先，我们将考察可能发生在工作和家庭中的主要角色干扰——超载、冲突、模糊。其次，我们将讨论平衡工作和家庭需求的 6 种策略。

34 岁的康妮·费尔克洛思住在亚特兰大郊区，她说自己永远不会像自己的母亲那样一边全职工作，一边抚养孩子。费尔克洛思说："很多时候，我妈妈不得不工作到很晚。我是一个自己带钥匙的孩子，我必须独自回

到家里。我无法这样对我的孩子们。"

费尔克洛思是所谓的"X 一代"的一员，"X 一代"生于 1965 ~ 1982 年。1946 ~ 1964 年出生的"婴儿潮一代"给了"X 一代"很多现在被视为理所当然的选择。《第 13 代人》（13th-Gen）是一本关于这代人的书，这本书的合著者之一的尼尔·豪（Neil Howe）表示，有经济能力的"X 一代"的女性正将家庭置于事业之上，而且愿意为此做出经济上的牺牲（Peterson，2003）。虽然康妮的母亲觉得她为了经济上的原因必须工作，康妮自己也错过了一份能带来薪水的工作，但是她对自己的选择感到满意，这样她的孩子就能得到她的陪伴。她说："我想在他们上高中的时候在家照顾他们，这是他们最需要妈妈的时候。"

当主要角色干扰发生时：超载、冲突和模糊

费尔克洛思是幸运的。不是每个人都能选择把育儿放在工作之上。事实上，虽然很多人希望在工作上花更少的时间，但是与此

同时很多人希望延长他们的工作时间——主要是那些有孩子的人，他们希望有能力支持他们的家庭（Reynolds，2003，2005；Wang，2013）。无论如何，那些被迫工作的人会发现一些事情——比如提交文件的截止日期、加班、难缠的客户和老板——影响了他们在家中的情感生活，甚至是家庭的日程安排和财务安排。

反之亦然，家庭需求会影响一个人的注意力或工作表现，甚至有时一个人会因此无法工作（比如当父母必须待在家里照顾生病的孩子的时候）。已婚人士不仅要兼顾工作和养育子女，而且要兼顾作为配偶的角色（Rothbard，2001；Voydanoff，2002）。这可能会导致多种角色干扰。

角色冲突："不同的人对我有不同的期望" 你是否曾感到自己被周围的人相互矛盾的需求"撕裂"了？如果情况是这样，那么你就是角色冲突的受害者，在角色冲突中，个体会体验到来自他人的相互冲突或不一致的期望。正如我们在第 3 章中提到的，**当两个或多个角色的期望不相容时，角色冲突（role conflict）就会发生**。管理者经常经历工作和家庭之间的需求冲突（Kossek et al.，2011；Lyness et al.，2012）。从事全职工作的女性发现她们不能成为一位好母亲——她们无法照顾生病的孩子、参加学校的活动等。那些承担了家务或育儿责任的男性如果不能像他们的配偶那样做好这些事情，可能会觉得自己不够好。

角色冲突会引发与压力相关的问题，包括焦虑、失眠、头痛、各种紧张感和不良的心理健康问题。此外，有趣的是，家庭对工作的干扰可能比工作对家庭的干扰更不利于心理健康（Grzywacz and Bass，2003）。

实际行动 ●●●

选择好的日托中心：帮助职业父母

如果你已经决定把你的孩子送到保育中心或日托中心，你一定想为你的孩子提供最好的环境。在选择保育服务时，你应该参观多个中心。如果有可能的话，你可以带着你的孩子一起参观。

有 3 种受监管的育儿选择：（1）保育中心，这包括日托中心、学前班、托儿所和启智计划。这些机构需要持有执照；（2）家庭日托中心，这是指由一位成年人为一定数量的儿童提供照料的私人家庭，这样的照料者也必须持有执照；（3）团体日托中心，这是指由两名或两名以上的成年人为一定数量的儿童提供照料的私人家庭，这样的照料者同样必须持有执照。

以下指南将帮助你做出正确的选择（Michigan 4C Association，2009）。

拜访日托中心——你最好不事先通知，而且要拜访一次以上

多参观几次并尽可能久地待在那里可以帮助你感受这个地方到底如何。你可以试着"不请自来"。如果员工不允许你这样做，这可能意味着他们要隐瞒什么。请在您的孩子入托后再次拜访。

观察孩子和工作人员的举止

孩子们是在忙着玩耍或与其他孩子互动以及读书吗？你听到了什么声音？如果这个地方太安静，那可能意味着孩子们缺少活动；如果这个地方太吵，那就意味着孩子们缺乏控制。听听工作人员的声音。他们耐心吗？他们快乐吗？他们是如何对孩子做出反应的？这些都是对儿童发展有影响的基本因素。

观察环境是否适宜、课程是否有启发性

工作人员是否每天清洁设备，尤其是浴室和厨房？中心是否有足够的室内空间（每个孩子至少需要 3.3 平方米）和室外空间（每个孩子至少需要 7 平方米）？玩具和游乐设备是否完好？课程是否包括体育活动、个人活动、小组活动和自由活动等？

问问工作人员和孩子的比例是多少

最佳比例是每 3 ~ 4 个婴儿对应一个成年人，每 2 ~ 6 个 2 岁儿童对应一个成年人，每 10 个 5 ~ 6 岁儿童对应一个成年人，每 10 ~ 12 个 6 岁以上的儿童对应一个成年人。你在拜访日托中心的时候，可以先数一数一个游戏小组里有多少个孩子，再数一数有多少个监督他们的大人。

问问员工流动率是多少

频繁的变动将使孩子们感到不安。如果每年有一半的员工离职，这可能意味着他们的工资不高，或者他们不喜欢日托项目的运行方式。

询问关于员工培训的内容

日托工作不是一份有利可图的工作。不过，你应该询问工作人员是否接受过高级培训，他们最好接受过大学教育，最好参加过儿童心理学或儿童发展等方面的实操训练。你也要询问一下中心主任的背景以及该中心是否已获得相关的认证。

询问其他家长的看法

无论如何，你要弄清楚其他入托的孩子家长的姓名和电话号码。给他们打电话，询问这个中心好的和坏的方面。不要选择不提供这类参考意见的日托中心。

资料来源：Michigan 4C Association.

角色超载："我做不到他们期望我做的事！" 当别人的期望超出自己的能力范围时，角色超载（role overload）就会发生。那些想应付全部课业负担、维持体面的社交生活，同时保证每周工作 30 个小时以上的学生非常清楚角色超载的后果。同样，作为父母、员工和配偶，我们也会觉得自己无法完成所有人要求我们处理的事情。

当一个人试图在越来越少的时间里做越来越多的事情时，压力就会增加，个人效率也会下降。

角色模糊："我不知道人们想让我做什么！" 在角色模糊（role ambiguity）的情况下，其他人的期望也是模糊的。当你不知道

别人对你的期望是什么时（这要么是因为他们没有提供必要的信息，要么是因为他们故意不告诉你），你就正在经历角色模糊。比如，组织的新员工经常抱怨不明确的工作描述和模糊的晋升标准。同样，丈夫和妻子可能也不清楚，当双方都必须工作到很晚时，谁将做什么——比如谁将去日托中心接孩子、谁将准备晚餐等。长期的角色模糊会使个体心生不满、表现不佳、自信水平下降。

角色冲突　你是否认为这位母亲正经历着角色冲突——由于工作对她的要求太多，她不能成为一位好母亲？对父亲来说，负责照顾孩子是否会让他觉得，因为自己没有像传统意义上的供养者那样行事，所以自己不够称职？你有没有问过扮演这种非传统角色的父母的感受？他们告诉了你什么？

一些人是如何减少角色干扰的　正如你所预期的，没有孩子的未婚女性在定义自己的角色时不会遇到太多困难，而且她们比已婚女性更有可能有全职工作，事业也发展得更顺利（Dystra and Poortman，2009）。传统

上，已婚或与某个人同居的职业女性无论有没有孩子，都倾向于通过从事兼职工作或与伴侣轮流工作来减少角色干扰（Erwins et al.，2001）。

男性似乎能通过以下方式减少角色干扰：（1）将家庭角色置于工作之上，减少工作时间，从事更灵活或要求更低的工作；（2）平等地对待工作和家庭（Voydanoff，2002）。然而，美国劳工联合会的一项调查显示，职业男性与职业女性一样关注对家庭至关重要的问题，并且展现出对承担育儿责任、拥有带薪家庭假、维护职业女性的权益、打击性别歧视和工资不平等的强烈支持（AFL-CIO，2002）。

男性和女性都可以尝试使用一些实际的策略来平衡工作和家庭需求，正如我们接下来将讨论的。

策略1：把工作和家庭角色从心理上分开

有些父母无论处于单身状态还是处于一段关系中，都能在心理上把他们的工作角色与配偶角色、父母角色或其他家庭角色分开。也就是说，他们在工作时，就不考虑家庭，而在家里时，就不考虑工作。社会学家称之为**角色区分**（role compartmentalization）——**一个人在头脑中将扮演的不同角色区分开，这样与一个角色（比如工作角色）相关的担忧就不会影响其扮演另一个角色（比如家庭角色）时的情绪和表现。**

如果你把这种策略看作实现工作与生活的平衡的一种尝试，那么它似乎是可行的。不过，很明显，要避免受工作溢出效应（即当我们在家的时候，我们所有的对工作和事业的担忧）的影响，我们都需要进行一定的

心理训练（Grzywacz and Marks, 2000）。也许没有孩子，没有高要求、高压力的工作的已婚夫妇更容易实现这种心理上的区分。

策略 2：用积极的自我对话取代消极的想法

这种策略也是指尝试通过头脑改变对形势的看法，而不是改变任何客观现实。积极的自我对话（positive self-talk）包括给自己积极的信息，这样你就能从有利的角度看待情况。因此，如果你是一对双职工夫妇中的一员，你可以说，你在工作上投入的额外时间使你过上了更好的生活；工作给了你更广阔的看待世界的视野，让你成为更有智慧、更健谈的伴侣；你的家庭生活让你更能认识到同事面临的各种问题，并且让你成为能更好地管理下属的管理者。

策略 3：培养良好的时间管理技能和任务委托技能

有些有工作的配偶能有效地运用管理技能管理家庭，就像他们在工作时做的那样。他们会设定目标。他们有一个主日历，上面展示着重复的事件，如音乐课或牙齿矫正的预约。除此之外，他们还会增加一些特别的事件，比如生日、家长会等。除了主日历（它可能是在智能手机上，也可能是在口袋里的"每周一览日记"里）以外，这些人还有每天的待完成事件清单。博思艾伦咨询公司的合伙人德安妮·阿奎蕾（DeAnne Aguirre）说："返校夜、母女出游以及其他的家庭活动和客户会议一样都被置于日程上。"（Nusbaum, M. A., 2002）

在一个双职工家庭中，夫妻双方会就谁来做某件事达成一致，比如去日托中心接孩子或者把车送去维修。有时，孩子们也会被要求做一些家务，比如打扫院子、洗碗或遛狗。一些双职工夫妇会雇用额外的帮手，比如园丁或清洁工。此外，一些夫妻都在外工作的家庭对家庭生活的标准采取了更宽容的态度，他们不太在意除尘量和打扫的次数以及花圃和草坪上的杂草。

策略 4：采用固定的工作安排

你可以根据受教育水平和收入水平、来自配偶的支持的程度、雇主的同情心以及类似的可变因素尝试选择不同类型的工作或家庭安排。

父母轮班工作 空姐金·墨菲已婚，有一个 9 岁的儿子。她有足够的资历，因此可以安排每周从弗吉尼亚飞往欧洲的航班的时间表。这使她可以在丈夫工作的时候用一周中的大量时间在家陪伴儿子（Swoboda, 2000）。

墨菲和数百万双职工家庭的伴侣一样，需要在不同的时间工作，以努力平衡工作和照顾孩子的责任。事实上，我们前面引用过的美国劳工联合会的调查显示，在已婚或与某个人同居的女性中，有 46% 的人的工作时间与她们的伴侣不同（AFL-CIO, 2002）。此外，在有年幼孩子的已婚女性中，有 51% 的人工作时间与丈夫不同。此外，调查显示，1/4 的职业女性在晚上或周末至少要工作一段时间。对于从事年收入不到 2.5 万美元的低收入工作的女性来说，情况尤其如此。

如你所料，轮班工作，比如妈妈白天工作，爸爸晚上工作，不仅会导致疲劳和睡眠不足，而且会对夫妻关系产生负面影响。

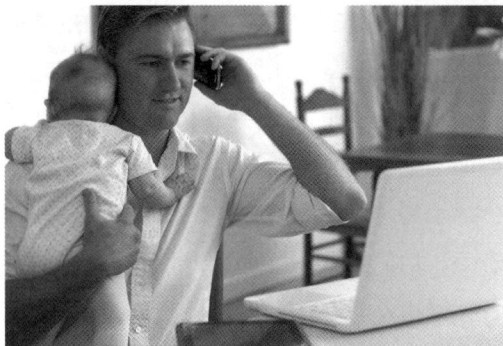

个人助理　当这位父亲一边打电话，一边在笔记本电脑上阅读工作信息时，他还是孩子的私人爸爸助理。你认为他和其他平衡着家庭和工作的人是如何减少他们的角色干扰的？

父母中的一方自主创业　一些就业前景黯淡的大学毕业生转而创业，成为企业家，或者成为合同工。还有一些人之所以选择成为个体经营者是因为他们希望更好地平衡工作和生活（Armour，2002）。

举个例子，厄尼·汀，一位来自加利福尼亚州奥克兰的单身父亲，可以请一个上午的假去参加他女儿的野餐活动（他被安排给女孩们做美甲）。他自愿辞去政府的全职工作，成为一名自营顾问的部分原因是他希望有更多的时间照顾孩子（DeBare，1998a）。

一名女性辞去了她不满意的管理职位，开始了自己的房地产管理业务。她发觉自己在努力工作的同时感到生活在自己的掌控之中，而且她比以往任何时候都快乐。她还意识到了一个意料之外的好处：她 5 岁的女儿过去在学校很不开心，但现在去上学时"又蹦又跳，还唱着歌儿"。可能的原因是什么呢？这大概是因为孩子的母亲对她工作和生活的感觉变好了，她也能更好地倾听和观察她的孩子了（Shellenbarger，1996）。事实上，一项研究发现，如果父母能够决定在何时、何地、如何完成工作，孩子的行为问

题就更少（Friedman and Greenhaus，2000；Greenhaus and Powell，2006）。

一方或双方使用灵活的工作时间表　雇主们已经开始认识到使用所谓的弹性工作时间表是一种招募、留住和激励员工的方式。以下是可供选择的工作时间表。

- **非全日制工作——少于 40 个小时的工作时间**　非全日制工作的工作时间少于每周工作 40 个小时的标准工作时间。一些临时工人和应急工人愿意每周工作 40 个小时以上，但找不到全职工作；然而，另一些人主动选择非全日制工作，以便有更多的时间与家人在一起。还有一些职业女性（比如律师）从事非全日制工作是为了逃避繁重的养育工作带来的疲劳和孤独感，并且维持她们在婚姻关系中的权力。一项对这些人的研究表明，"非全日制工作可以让她们在一定程度上控制自己的经济资源、社交网络和职业身份"（Epstein et al.，2003）。

- **弹性工作时间**　弹性工作时间（flextime）包括灵活的工作时间或任何在工作时间上留有选择空间的制度。比如，如果一个组织的正常工作时间是上午 9 点到下午 5 点，弹性工作时间可能允许员工提前或推迟一个小时开始和结束工作，也就是说，他们可以从早上 8 点工作到下午 4 点。主要的要求是员工在特定的核心时间在岗，以便能够参加会议、咨询等。

- **压缩工作周——4 天工作 40 个小时**　在压缩工作周（compressed work week）中，员工不需要按照标准的 5 天 8（或 9）小时轮班制完成一份全职工作，但他们的工作天数不少于 5 天，比如连续 4 天每天工作 10 个小时。在这种安排下，员工可以有 3 天而

不是 2 天的连续假日。

■ **工作分担制——2 名同事分担同 1 份工作**　在工作分担制（job sharing）中，2 名同事分担 1 份全职工作。通常情况下，每个人工作半天，但也可以有其他安排（比如，双方隔天或隔周工作）。从雇主的角度来看，工作分担制的缺点是它会导致与同事或客户的沟通问题。工作分担者可以根据客户、功能或其他方式来划分职责，但重要的是他们的工作风格能相互融合。还有一件重要的事情是，他们要有一个通用的笔记本，以便记录一整天的事件。

■ **远程办公和其他在家办公的工作表**　正如我们在前文中提到的，远程办公是指在家里工作，即通过互联网、笔记本电脑和智能手机与办公室进行远程通信。加利福尼亚州帕洛阿尔托一家科技公司的质量顾问阿娜莉·爱德华兹建议，不要把工作和个人生活混在一起。在每周两天的远程办公时间里，她不洗衣服，也不和朋友聊天。公司鼓励远程工作者写下项目计划和工作完成日期，这可以让远程工作者保持工作状态，并让管理者相信工作正在被有序完成（Flynn，1997）。

旧金山的菲尔曼基金保险公司的人力资源总监丽莎·威廉姆斯建议，如果你想要一种新的工作和生活安排，尤其是在就业市场不景气的情况下，你应该试着向公司提供更有利的方案（Flynn，1997；Beauregard and Henry，2009）。比如，你可以提出一个有说服力的案例，并说明每周 2 天的在家远程办公可以帮助你完成更多的工作，或者按照压缩时间表工作，即每天工作 10 个小时，可以延长为客户服务的时间。

远程工作者　互联网、笔记本电脑和智能手机等的出现使各种各样的人都可以在家里工作，并与办公室远程通信。有些人喜欢在家工作，但有些人却怀念办公室里的社交活动。你认为你会成为哪种类型的员工？

很明显，一些雇主利用工作 - 生活计划来激励最好的员工，也就是说，他们认为除非员工取得了巨大的成功，否则雇主不应该提供这样的福利。另一些人认为这是错误的方法，他们指出一些员工之所以表现不佳，恰恰是因为他们在工作和个人生活之间缺乏平衡（Kleiman，2000）。

策略 5：采用其他形式的休假制度

前面提到的弹性工作制都是以固定的时间表为核心的，雇主们喜欢这种时间表，因为它们是可以预测的。然而，有些雇主则更加灵活。事实上，与按需使用的休假政策相比，弹性政策不那么受欢迎，使用频率也不那么高（Blair-Loy and Wharton，2002）。

下面是一些休假的例子。

休无薪假　有些员工很幸运，可以带薪休假并照顾孩子，尤其是新生儿。然而，大多数员工必须接受无薪休假。《家庭和医疗休假法》（The Family and Medial Leave Act，FMLA）规定，美国公司如果雇用 50 名或 50 名以上员工，就必须每年为有新生儿（或刚被收养的孩子）的、患有严重个人疾病或家庭成员患有严重疾病的员工提供 12 周的无薪假期。

比如，加利福尼亚州抵押贷款公司主管艾米·卡尔霍恩的父亲患有脑动脉瘤，她就利用《家庭和医疗休假法》提供的假期飞往犹他州。另一位加利福尼亚州人——联邦快递公司的客户主管斯科特·琼斯，在他妻子的休假结束后立即请了 12 周的假来照顾他的宝贝女儿，这样孩子在 6 个月大之前就不必去日托中心了（DeBare，1998b）。

请事假　许多单亲家庭的父母发现，他们不得不拿出个人时间来承担家庭责任。加利福尼亚州一家公司的程序员吉姆·林赛说："在一些公司，如果你提前离开去参加家长会，有人会皱眉头的。但这个地方真的很好。没有人为此有意见。他们的态度是，'只要你把工作做完就好'。"（DeBare，1998a）

因家庭原因请病假　根据一家商业信息出版商的一项调查，现在更多的员工是因为家庭原因请病假的，而不是因为自己生病（Geller，2002）。也就是说，由于家庭问题、压力和个人需求，越来越多的员工打电话请假。只有 1/3 的计划外休假是因为生病（Lovell，2004）。

带孩子上班　带孩子去上班似乎真的很令人绝望，但父母们总是这样做。旧金山一家律师事务所的商业诉讼律师詹姆斯·莫兰多是一位离异的父亲，两个年幼的女儿有一半的时间和他住在一起。他的日历上有客户会议、提交文件的时间、其他重要会议，以及他孩子们的日程安排。有时，他会带女儿们去上班。事实上，他曾经在她们轻微生病时仍把她们带到法庭上（DeBare，1998a）。

策略 6：至少在一段时间内缩小你的职业规模

很明显，有很多父母，不管是单身的还是有伴侣的，都不得不工作。但是，一项针对那些上过名牌大学的母亲的研究表明，一些人——那些来自高收入家庭的人——确实有选择的余地，她们比那些来自普通学校的母亲更有可能选择退出职场（Hersch，2013）。比如，加利福尼亚州的克里斯汀·马斯查既打算要孩子，又打算从事一份高强度的工作，但最终她被解雇了。当她生下孩子后，她和她当律师的丈夫决定，他们可以仅靠一份工资维持生活。马斯查拒绝把在职母亲和全职母亲区分开来的做法。"我估计我会被贴上很多标签，"她说，"几年后，我可能会成为一名在职母亲。"（Peterson，2003）然而，对工作强度大的双职工夫妻进行的研究发现，会在一定程度上缩减工作时间的大多是妻子而不是丈夫（Young and Schieman，2018）。

对于许多夫妻来说，当一方停止工作时，他们首先考虑的通常是缩减开支——削减 30% 的预算，或者使用优惠券并取消有线电视，或者加入一个团购品俱乐部。但一些人还会担心，缩短工作时间会影响他们的职业生涯。然而，一项对 87 名企业专业人士和管理人员进行的为期两年的研究发现，缩短工作时间会减缓员工的职业发展，但这并没有导致他们的职业生涯终结（MacDermid et al.，2001）。事实上，大约 35% 的人在减少工作时间后获得了晋升。成功的关键是，被研究的专业人士们拥有完全支持他们的主管。

在这项研究中有一个人，她叫苏·哈利

迪，她是药品配送产品供应商的财务总监，她与另一位女性共同工作，这使哈利迪可以在某一周工作三天，在下一周工作四天，这使她有时间抚养孩子。哈利迪说，她得到了公司首席执行官的支持（Kleiman，1999）。

最后一句话：母亲外出工作对孩子的影响并不完全是负面的

许多人认为，当父母——尤其是母亲——外出工作时，孩子会受到负面影响。事实上，孩子们在母亲工作时也得到了一些好处。家庭通常会有更多的钱来支持每个人获得想要的商品、服务和娱乐方式。此外，孩子的学习独立性也更强。此外，女儿们有良好的女性榜样。因此，除非经济条件发生巨大变化，否则她们自己有了家庭后可能也想外出工作。

苏珊·奇拉（Susan Chira）认为，母亲是在家做家务还是外出工作并不重要，重要的是她是什么样的母亲。她写道，主要问题是"她对孩子是否敏感"。奇拉讨论了社会和政府应如何加强家庭支持系统，包括儿童保育补贴、福利改革和更灵活的就业管理。她鼓励我们关注"母爱的真正特征"：给孩子坚定不移的承诺、责任感（通常包括养家糊口）和情感敏感度。她最后的希望是"任何母亲都不应该因为毫无根据的恐惧或内疚而限制她的梦想——无论是在家庭中还是在工作中"（Chira，1998）。

发表在《发展心理学》（Developmental Psychology）杂志上的一项研究给出了这样结论：父母外出工作对孩子的负面影响并不是很大。伊丽莎白·哈维（Elizabnth Harvey）是马萨诸塞大学阿默斯特分校的心理学系教授，她分析了美国劳工部进行的长期的全国青年纵向调查（National Longitudinal Survey of Youth，NLSY）的数据，以确定父母的工作是如何影响孩子的学业成就、行为和情感发展的。她发现，父母外出工作对孩子既有积极的影响，也有消极的影响，这些影响可以相互抵消。总体来说，影响很小。

哈维的研究表明，与高收入家庭的孩子相比，工作时间更长可能会给低收入家庭的孩子带来更多的好处。她的结论是，工作的父母带回家的收入对孩子的行为和学业成绩有积极的影响。尽管她的研究没有考虑母亲在工作时儿童所处的保育环境的质量，但这个问题一直是国家儿童健康和人类发展研究所资助的研究的主题（National Institute of Child Health and Human Development，2007）。这项由联邦政府资助的研究表明，保育质量比母亲是否外出工作更重要（Harvey，1999）。

表 12-1 介绍了如何从 3 个主要的理论视角看待工作这一主题。

解释并提供适用于家庭的角色冲突、角色超载和角色模糊的具体例子。

表 12-1　工作观：3 种社会学理论视角的比较

结构 - 功能视角（宏观取向）
• 父母外出工作的家庭有助于家庭、社会和经济的稳定
• 大多数有资质的人都能获得较好的、薪酬较高的工作
• 家庭作为一种社会单位使儿童懂得工作的价值及其对社会的贡献
• 传统功能主义者看到了男性和女性之间明确的劳动分工（男性扮演养家糊口的工具性角色，而女性扮演照顾孩子的家庭主妇这一表达性角色）

冲突视角（宏观取向）
• 从历史来看，大部分女性的工资低于男性，这是性别和性别角色的社会观点带来的结果
• 家务劳动不被视为实际工作，不能带来报酬，不能带来养老金，也不能带来退休后获得社会保障的资格
• 从历史来看，女性获得晋升的机会更少，获得高层职位的机会也更少（即"玻璃天花板"）。这在男性主导的职业中更明显。当男性从事女性主导的职业时，他们升职的速度也比女性快得多（即"玻璃电梯"）

符号互动视角（微观取向）
• 日复一日的互动创造出一种文化，在这种文化中，某些工作被视为更受欢迎、更有声望
• 关于工作和养育子女的传统观点被父母强化，促使人们对工作角色和性别角色产生了刻板印象
• 对许多女性来说，她们的社会化引发了她们的母亲角色和职业角色的冲突
• 童年和青年时期经历的性别社会化导致男性和女性可接受的工作角色范围受到限制
• 现在的一些集体行为和社会运动已经开始打破男性和女性在工作和职业选择上遇到的障碍

总结与回顾

12.1 工作、财富和幸福

工作、收入分配、经济和社会保障体系的变化如何影响当下的家庭

- 金钱有时能为人们带来安全感、权力、爱和自由，而且它与婚姻和亲密关系息息相关。

- 在社会工业化之前，家庭是主要的经济单位；工作和家庭几乎是一回事。

- 18 世纪末英国的工业革命极大地改变了家庭的性质。许多家庭成员不再在家里工作并出售自己生产的东西，而是成为劳动力的一部分，成为由他人雇用的工薪族。

- 工业化的结果是，工人被要求长时间工作以满足生产的需要。这些期望导致了对劳动力的滥用，工会开始为争取更好的工作条件斗争。由于这些早期工会的努力，员工的工作时间大大减少。

- 由于 20 世纪 30 年代的"大萧条"，一种更严格的职业道德出现了。在这个过程中被忽略的是，人们应该减少工作时间，享受更多的休闲活动，把休闲时间花在他们自由选择的令他们满意的活动上而不是任其被工作占用。

- 在 20 世纪 90 年代，信息技术也极大地影响了工作的性质。传真机、家庭计算机、手机等已经进一步侵占了人们的闲暇时间。今天，许多人开展远程办公，或者在家工作并通过互联网、电话和传真与办公室联系。

- 在许多工业化国家，国家向工人提供非现金福利。然而，在美国，大多数非现金福利是由雇主提供的。当经济发展缓慢时，这些福利往往会被削减，导致许多人没有医疗保险。

- 在有关社会阶级和分层的研究中，社会学家区分了收入和财富。收入是指一个家庭在一定时期内从各种来源获得的收入。收入中位数是指个人收入的中间点：有一半的人赚得更多，另一半的人赚得更少。财富，也被称为净资产，是指一个人实际拥有的所有东西的货币价值（比如，财产、股票和保险）减去债务。到 2017 年年底，最富有的 1% 的成年人拥有世界上一半以上的家庭财富。与收入不同，财富可以被传给继承人，后者可以用这些财富积累更多的财富。

- 社会学家认为社会是由基于收入和财富的社会阶级组成的。吉尔伯特和卡尔发展出了 6 阶层模型：（1）资产阶级（1%——典型的收入为 150 万美元，大部分来自资产）；（2）中产阶级上层（14%——典型的收入为 20 万美元，较富有的人为 50 万美元）；（3）中产阶级下层（30%——典型的收入为 8.5 万美元）；

（4）工人阶级（30%——典型的收入为 4 万美元）；（5）贫穷工人（13%——典型的收入为 2.5 万美元）；（6）下层阶级（12%——典型的收入为 1.5 万美元）。

■　较富裕的社会阶层从 20 世纪最后 25 年和 21 世纪初的经济扩张中获益匪浅。然而，这种经济扩张并没有帮到所有人。通货膨胀、购买力下降和双层劳动力市场导致了社会中的阶层较低的人在经济上落后，白人家庭和少数民族家庭之间的净资产差距扩大。

■　在美国，"贫困线"的正式定义为美国政府认定的个人和家庭维持生计必需的最低收入水平。"贫困线"是指扣除相关税费之前的收入（不包括现金和非现金福利，如食品券、住房补贴和医疗补贴）。贫困率因种族和民族而异，非白人、女性和儿童的贫困率明显更高。

■　贫穷女性化表明，由于就业和工资歧视、高离婚率和未婚生育，女性户主很可能贫穷。此外，女性在工作中必须与男性无须面对的"玻璃天花板"和"妈妈的轨道"抗争。

■　贫穷的一些后果包括接触环境中的有毒因素的机会更多；不良的饮食习惯；慢性病增多，死亡率升高；谋杀率、监禁率和精神病院住院率升高；人们缺少保险。

■　在美国，对那些不能养活自己的人，如失业者、残疾人和穷人，福利或政府援助不再广泛覆盖。最近，美国出现了相当多的对这类公共援助的反对想法，美国的新法律已经减少了给他们提供的福利。

12.2　改变家庭工作模式

传统家庭、共同供养家庭和单职工父母如何影响家庭和工作安排

■　经济和社会力量影响了家庭的性质和组成。这些影响塑造了男性和女性在亲密关系中扮演的角色。如今，夫妻最好在结婚前商量一下重要的问题，比如谁外出工作、谁待在家里照顾孩子。

■　在过去，大多数夫妻都扮演典型的性别角色。这种家庭模式被称为"双人独立分工"，在这种模式中，丈夫在外工作，而妻子要通过做家务和抚养孩子来帮助丈夫发展事业，即使她也有工作。持传统的家庭观的人认为男人是好的供养者，并强调男人是家庭主要的或唯一的经济来源。持传统观念的人认为女性是家庭主妇。这种家庭主妇的角色强调女性应该负责做家务、抚养孩子以及维持与父母和姻亲的家庭关系。

■　一种新的家庭形式出现了，它将妻子的角色转变为赚钱的人。相应地，男性成了"家庭主夫"，他们也被称为"全职爸爸"。

■　经济的变化给家庭的购买力带来了极大的压力；因此，单职工家庭模式通

常不再奏效。其结果是共同供养婚姻（又称双职工婚姻）显著增加，在这种婚姻中双方都有工作。

■ 一些在职母亲是"俘虏型"——她们更愿意做家庭主妇，但她们不得不工作；一些人则是"矛盾型"——她们想工作，但如果工作与家庭需求冲突，她们就会辞职；还有一些人是"配合型"——她们的工作足够灵活，这让她们可以处理家庭需求。然而，"配合型"在职母亲往往处于"妈妈的轨道"中的不利地位。最后一类在职母亲是"效忠型"——她们对事业和家庭都尽心尽力。然而，这些女性在工作中经常受到"玻璃天花板"的阻碍。

12.3 平衡工作和家庭需求：一些实用的策略

影响工作－家庭安排的破坏性因素的作用，并描述平衡工作和家庭需求的6种方法

■ 家庭和事业都涉及各种角色的表达。有时，角色期望会让人感到非常紧张，并可能导致角色冲突、角色超载和角色模糊。

■ 当两个或多个角色的期望不相容时，角色冲突就会发生。

■ 当别人的期望超过自己的能力范围时，角色超载就会发生。

■ 角色模糊指的是他人不明确的期望或未知的期望。当你不知道别人对你的

期望是什么时（这或者是因为他们没有必要的信息，或者是因为他们故意不告诉你），你就正在经历角色模糊。

■ 当人们试图平衡工作和家庭需求时，他们就会用各种各样的方式处理角色混乱。

■ 角色区分是指一个人在头脑中将自己扮演的不同角色区分开，这样与一个角色（如工作角色）相关的担忧就不会影响其扮演另一个角色（如家庭角色）时的情绪和表现。

■ 就像角色区分一样，人们也试图通过积极的自我对话来改变对形势的看法，而不是改变任何客观现实；积极的自我对话包括给自己积极的信息，这样你就能从有利的角度看待情况。

■ 时间管理和任务委派技能对处理家庭和事业的各种期望和责任也有好处。

■ 许多家庭能够采用为家庭量身定制的工作安排，比如父母轮班工作；父母中的一方自主创业，因此对时间表和时间的分配有更多的控制权；父母一方或双方使用灵活的工作时间表，如从事兼职性质的工作、采用弹性工作时间制、使用压缩工作周的方法、采用工作分担制或远程办公。

■ 许多人都可以选择通过休假来承担各种家庭责任。一些例子包括无薪休假、请事假、因家庭原因请病假，以及带孩子上班。

- 缩小一个人的职业规模——这也许是暂时的——对于有能力承受收入减少的上班族夫妇来说，也是一个选择。

- 尽管许多人认为父母都工作对孩子不利——尤其是母亲工作，但研究表明，这样做其实有好处。家庭将有更多的钱来购买家庭成员想要的商品、服务和娱乐服务；孩子们的学习独立性更强；女儿们也有了很好的榜样，因为她们有可能也需要外出工作来养家。一些研究表明，较高的收入对孩子的行为和学业成绩有积极的影响。无论如何，工作的父母所做的任何保育安排的质量对他们子女的福祉至关重要。

第 13 章

危机：应对压力、危机、暴力和虐待

核心内容

13.1 辨别压力与压力源、压力源的类型及其对心理应激反应的影响，以及坚韧的特点

13.2 来自内部和外部的压力源、家庭生活周期中一些可预测的压力源，以及6种不可预测的压力源

13.3 发生在约会、同居、婚姻关系中的身体和情感暴力及针对儿童和老年人的身体和情感暴力

13.4 比较良性的压力源和恶性的压力源，列出8种重要的防御机制，区分适应和应对，并且描述5种应对策略

本章导读

首先，我们将区分压力、烦恼和危机。其次，我们将考查一些可预测的家庭生活危机以及一些不可预测的危机。再次，我们将描述亲密关系和家庭中的暴力和虐待的各个方面。最后，我们将讨论可以采取哪些步骤减轻生活中的压力。

大众文化、媒体和技术

危机是一种生活方式吗

你能让你的生活远离冲突和悲剧吗
比如，失去伴侣可能导致个体产生强迫性的想法、感觉和行为。你会问自己 "我做错了什么？" "我会永远孤单吗？" "我不停地打电话、发信息，这能让我们复合吗？"（Bernstein，2011）

社交媒体、智能手机和平板电脑让我们很容易联系到前任伴侣，或者发送一条信息，或者通过查看他们的 Facebook 主页或 Twitter 动态来查看他们的线上的朋友的动态。但这种强迫性的互动只会让你更难和你的前任伴侣保持距离，也使你的生活停滞不

前。一位作家指出，要记住，不管你是发电子邮件，还是发 Twitter，这些都会被永久记录下来（即便你删除所有消息或清空硬盘），我们无从得知自己的线上活动是否将被监控，就像我们在有争议的离婚案件中看到的那样（Kaiser，2012）。危机是大多数人日常生活的一部分，而你往往希望防止小的危机转变成大的危机。

■ **媒体中的家庭危机** 危机和压力是家庭生活的特征——实际上它们是一般生活的特征。电影、戏剧和小说都依靠冲突和危机来制造情节——两种对立力量之间的紧张关系，然后推动故事走向结局。然而，小说中描绘的危机通常能得到解决。

比如，在 1987 年的电影《致命诱惑》中，一个幸福的已婚男人与一个性感女人之间发生了一段短暂的恋情，但是这个女人患有精神疾病，这让她和她的家人如同生活在"人间地狱"一般。然而，正如一位评论家所述，这部电影以一个更适合兰博（Rambo）的结局结束了（Maltin，1999）。

即使一部电影改编自真实事件，它也会忽略一些细节。1992 年，尼克·诺尔特（Nick Nolte）和苏珊·萨兰登（Susan Sarandon）合作的电影《洛伦佐的油》（*Lorenzo's Oil*）改编自一个真实事件：一对夫妇得知他们的儿子患有一种不可治愈的退化性疾病，然后他们自己展开了深入研究，试图找到一种治疗方法，最终他们延长了儿子的寿命。这部电影获得了普通媒体的好评，但医学杂志上的评论集中在电影对事实的描述的不准确性上（Jones，2000；Novella，2013）。

13.1 压力、烦恼和危机：寻求坚韧

核心内容：

辨别压力与压力源、压力源的类型及其对心理应激反应的影响，以及坚韧的特点

> 概述 我们将讨论压力和压力源的类型——烦恼与危机。我们还将描述影响心理应激反应的因素：（1）压力源的数量、种类和大小；（2）你的情绪倾向和自尊；（3）你的适应力。最后，我们将考察应对压力的适应力。

洛杉矶女演员兼电台主持人凯特·罗梅罗（Kate Romero）每天都要应对退行性椎间盘疾病和纤维肌痛，这是一种以肌肉和骨骼疼痛、疲劳和钝痛为特征的疾病。在一次采访当天，当她醒来时，疼痛从脊椎一直蔓延到头部。罗梅罗说："疼痛一直伴随着我。"她使用了运动、热敷、冰敷、药品、冥想和谈话治疗等方法控制疼痛。

你认为你能应付这么糟糕的情况吗？对罗梅罗来说，慢性疼痛显然给她带来了巨大的压力，并极大地改变了她的生活。

压力和压力源

压力（stress）是我们的精神和身体对不寻常的或过量的需求做出的反应。压力既包含身体上的因素，也包含情绪上的因素。对压力的生理反应可能是肌肉紧张、血压升高、出汗、紧张性头痛、肠道不适等。对压力的情绪反应是紧张、焦虑和精神耗竭，甚至是暴力倾向。

压力源的类型：烦恼与危机　压力是由压力源（stressors），即引起压力的突发事件，触发的。压力源可以是烦恼，也可以是危机。比如，思乡之情可能涉及 2 种情况：大约 20% 的大学生说他们想家，这种感觉可能被视为一种烦恼。然而，心理学家克里斯托弗·瑟伯（Christopher Thurber）说，5% 的人有非常严重的思乡之情，它甚至可以被视为一种危机，这是一种导致焦虑或抑郁的情况，为此他撰写了几篇关于这一主题的研究报告（Hoffman，2015）。

我们的定义如下。

■　烦恼　烦恼（hassels）只是令人沮丧的普通刺激，但其长期影响可能很严重，甚至对健康有害。比如，心理学家理查德·拉扎勒斯（Richard Lazarus）说，大学生最常被浪费时间带来的焦虑、必须达到高标准带来的压力和孤独感困扰。

拉扎勒斯还说，几乎每个人，无论其年龄大还是小，都会抱怨 3 种烦恼：东西放错了地方或遗失了、对外表不满和要做的事情太多。

■　危机　危机（crisis）是一种特别强大的压力来源，是事件进程中的关键变化，需要人们改变正常的行为模式。具体来说，它可能是看起来很正常的生活事件，如怀孕、分娩、换工作或退休；它也可能是一件不幸的事情，如车祸、生理疾病、失业、不忠、家人去世或物质滥用。严重和慢性的情绪压力可以导致生物学上的衰老（Epel et al.，2004）。

重要数据 ➡➡➡ 危机和暴力

■　**哪一方的出轨次数更多**　在美国有 20% 的男性和 13% 的女性报告说他们在婚姻中与配偶以外的人发生过性关系（Wang，2018）。

■　**人们使用违禁药物的频率有多高**　2016 年，每 10 个 12 岁或以上的美国人中就有 1 个人在 1 个月内使用过违禁药物。

■　**试图自杀的人最终会成功吗**　大约 20% 的自杀者之前有过自杀企图，而在那些试图自杀的人中，有 1% 的人在 1 年内自杀（Chang et al.，2011）。

■　**恋爱关系中发生虐待的频率有多高**　一项调查表明，23% 的女性和 14% 的男性曾经历过强奸、身体暴力或亲密伴侣的跟踪，他们在 11 ～ 17 岁时首次经历某种形式的伴侣暴力（Centers for Disease Control and Prevention，2011）。

■　**同性伴侣和异性伴侣之间的暴力是一样的吗**　43.8% 的女同性恋者在一生中遭遇过强奸、身体暴力或者被亲密伴侣跟踪，在双性恋女性中该比例为 61.1%，在异性恋女性中该比例为 35%。在同性恋男性中该比例为 26%，在双性恋男性中该比例为 37.3%，在异性恋男性中该比例为 29%（Walters et al.，2013）。

■　**虐待儿童的情况有多普遍**　2016 年，每 1 000 名儿童中约有 9 名曾被虐待或忽视（Children's Bureau，2018）。

对压力的心理反应

对压力的心理反应是一个个人问题，它受到以下因素的影响：（1）生活中压力的种类和强度；（2）你的情绪倾向和自尊水平；（3）你的适应力。此外，它也取决于你的应对能力，我们将在后文中进行描述。

生活中压力的种类和强度　我们已经说过，太多的负面压力会使人生病。20世纪60年代早期，托马斯·霍姆斯（Thomas Holmes）和理查德·拉赫（Richard Rahe）根据这一命题设计了一份"未来疾病"量表，并在几名医学专业的学生身上进行了测试。该量表被称为霍姆斯-拉赫生活事件量表或社会调整评定量表，它可以用于识别某些压力源（生活事件），这些压力源既包括正面的例子也包括负面的例子，从丧偶、离婚、监禁、婚姻破裂，到睡眠习惯的改变、假期、圣诞节和轻微的违法行为。通过把在过去一年里遇到的压力事件的评估值加起来，人们可以看到他们需要适应多少压力，以及这对他们的健康有什么影响（Noone，2017；American Institute of Stress，2018）。

你的情绪倾向和自尊水平　情绪倾向，即你的敏感度，会影响你对压力源的感知和对压力的反应。通常，由于压力的来源是他人，你的反应在一定程度上取决于你在与他人的关系中对自己的感觉，也就是你的自尊水平。

情绪倾向和自尊水平至少在一定程度上是习得行为。如果你在过去从父母或其他人那里了解到，表达愤怒是"不礼貌的"或"不好的"，或者因为害怕被批评而不能将愤怒指向它的源头，那么你可能会将愤怒转向内心。由于缺乏能恰当地引导愤怒的自尊，你可能会以不健康的方式表达它：（1）试图通过酒精、违禁药物、暴食或类似逃避现实的活动来缓解压力；（2）通过对压力的过度反应，如失控地表达愤怒、使用暴力，来缓解压力。

你的适应力　当你还是个孩子的时候，生活压力对你有什么影响？这取决于你表现出的脆弱性和你的适应力。脆弱性（vulner ability）指心理或环境上的困境使儿童在未来出现个性、行为或社交问题的可能性。一项研究对600名在夏威夷农村长大的儿童从出生到20岁的生活进行了追踪（Werner，1989，2012）。研究发现，底层社会环境、父母的心理和经济困难等生活压力因素使1/3的孩子出现行为或学习问题。

然而，另外2/3的孩子表现出了适应力，或者说抗压能力，成了有能力的、独立的成年人。适应力（resilience）被定义为人在面对逆境、创伤、悲剧、威胁或重大压力来源时能很好地适应；它的意思是从艰难的经历中"跳出来"（American Psychological Association，2015a）。

以下这些因素有助于适应力的养成。

■ **积极的性格**　适应力强的儿童可能天生就有对照顾者做出社会响应的遗传倾向，因此他们会得到更多的关注（Armstadter et al.，2014；Gunes et al.，2013）。

■ **替代照顾者**　适应力强的儿童往往有充满爱心的照顾者或导师，这些儿童可以模仿照顾者的社交技巧，照顾者可以代替漠不关心的父母。

■ **社会支持**　适应力强的儿童会从照顾者和其他儿童那里获得支持和信任，并学到有效的社会技能。

努力成为一个坚韧的人

有些孩子具有适应力；有些成年人则具有坚韧的品质。这个概念是由心理学家苏珊娜·科巴萨（Suzanne Kobasa）提出的，**坚韧（hardiness）（或者心理韧性）是 3 种人格特质的组合——担当、控制和挑战，它保护我们免受压力情境的潜在的有害影响，并降低我们罹患疾病的概率**（Joelson，2017；Roudsari et al.，2017）。

■ **担当**　有担当的人在生活中有高水平的自尊并且非常热情和有目标感。

■ **控制**　相信自己可以控制或影响生活中的事件的人会为自己的行为承担责任，并改变有害的行为。

■ **挑战**　人们认为生活中的变化是一种挑战，或者是激励个人成长的机会，而不是一种威胁。换句话说，坚韧的人是乐观主义者，而不是悲观主义者，一些研究表明，乐观的人不太容易死于心脏病（Giltay et al.，2004）。比如，一个坚韧的人会把一段感情的破裂看作某个阶段的结束，而不是一个令人悲伤的事件，在这个阶段中他 / 她得到了教训，这些教训将使其更好地投入下一段感情。这是否也是你的观点？

> 压力与一个人的情绪和身体健康之间有什么关系？

13.2　危机和灾难

核心内容：
来自内部和外部的压力源、家庭生活周期中一些可预测的压力源，以及 6 种不可预测的压力源

> **概述**　压力源可以是来自内部的，也可以是来自外部的。家庭生活周期的 4 个阶段产生了某种可预测的压力源。一些不可预测的压力源则包括失业、不忠、药物和酒精滥用、精神失常、身体残疾、疾病，以及死亡。

51 岁的马利克·米亚和他的妻子借了 5 万美元重新装修他们在南旧金山的房子。几个月后，在与雇主签订的一份新的旨在削减成本的合同中，米亚的工资下降了 13%。现在，他不得不自行支付每月 120 美元的医疗保险费，他担心自己作为航空机修工的工作会被外包给一家私人公司。作为一名左脚被截肢的糖尿病患者，米亚很难再找到一份有同样收入的工作。他的妻子是一名患有乳腺癌的护士，她可能会发觉自己处于类似的困境中（Arndt，2003）。

这些压力只是生活道路上"正常的颠簸"吗？或者这些特别的事件是在要求我们利用额外的资源以求生存吗？

压力事件的类型：内部与外部

我们该如何理解折磨我们的压力？社会学家波林·波斯（Pauline Boss）区分了内部压力源和外部压力源（Boss et al.，2016）。

■ **内部压力源**　内部压力源（internal stressors）是指那些始于家庭内部的事件。

比如，那些在正常的家庭生活周期中被期待、被寻求的事件，比如一份新工作；长期持续的情况，比如糖尿病或药物成瘾。

■ **外部压力源** 外部压力源（external stressors）是指那些始于家庭之外的人或事。比如，地震、恐怖主义、通货膨胀、离婚或彩票中奖等意外事件，以及突然失业等严重的事件。战争带来的压力无疑也属于外部压力源（Zoroya，2005）。

许多内部压力源发生在家庭生命周期内，正如我们即将讨论到的。

家庭生命周期中的一些可预测的压力源

在一个家庭生命周期中，成员的角色和关系会发生变化，这在很大程度上取决于家庭成员如何适应抚养孩子的责任的消失或出现。我们说过，家庭生命有 4 个阶段：（1）开始阶段——也许婚姻在此阶段最令人满意（尽管这是一个充满压力的调适期）；（2）养育子女阶段——人们往往对婚姻不太满意；（3）中年阶段——婚姻满意度较高；（4）老年阶段。有些压力源在某种程度上是可预测的，不同阶段的压力源不同（Olson et al.，1989）。

开始阶段：新婚夫妻的压力 一些开始阶段的压力源在孩子出生之前的婚姻中可能会持续两到三年的时间，比如我们在第 8 章中提到的身份剥夺、独立性丧失、新的朋友和亲戚、事业和家庭的角色冲突（Jonathan and Knudson-Martin，2012）。

工作和家庭带来的压力可能十分严重，因为新婚的年轻夫妇要应对工作上的问题和适应新角色之间的压力（Homish et al.，2006；McCall，2003；Timmons et al.，2017）。

养育子女阶段：来自孩子的压力 正如我们在前文中看到的，第一个孩子的出生当然是一个压力源，即使这是计划中的。如果这不是计划中的，那么压力就更大了。无论如何，父母现在已经开始了持续数年的养育，有时这将带来严重的经济负担，因为要扶持一个孩子需要一大笔钱——从衣食住行到上大学，还有家务和家庭作业引发的争执、兄弟姐妹之间的争吵和意料之外的负面事件会给家庭成员带来沉重的心理负担。

一些夫妇可能也会发现自己是处于照顾孩子和照顾年迈父母之间的"三明治一代"（Parker and Patten，2013）。

孩子去上大学 父母可能会觉得，孩子离开家是一种会带来中等压力的经历，不管他/她是上大学、结婚，还是出于其他原因离开——它几乎和在工作中被降职带来的压力一样大。这是一种什么样的压力源呢？它是内在的还是外在的？

中年阶段：空巢或非空巢　回忆一下我们说过的，在中年阶段，一些父母感受到了空巢综合征——孩子离家后，父母会产生一些抑郁和不太幸福的感觉。他们也可能会感受到回巢效应——由于高房价、低收入或离婚，他们的成年子女会回到他们身边生活（Bouchard，2014；Farris，2016；Mitchell and Gee，1996）。

无论如何，夫妻双方都可能因为经济问题、较低的工作满意度、照顾年迈的父母的责任，以及年迈的朋友和亲戚的去世而感受到压力。或许他们最终会发现这是一个美好的人生阶段，他们拥有属于自己的房子。

老年阶段：健康和经济方面的压力　大多数有收入的人在结婚 30 年或 40 年后，都将临近退休。一些退休的夫妇会发现他们的经济状况很好；另一些人则会担心财务问题，因为退休后的收入通常会下降30% ~ 50%（Karpas et al.，2013）。根据美国人口普查局的数据，65 ~ 74 岁的老年人的平均收入为 47 432 美元；75 岁以上的老年人的平均收入下降到了 30 635 美元（New Retirement，2017）。65 岁或以上的人中约有 14.1% 的人处于贫困水平（Cubanski et al.，2018）。

健康也是一个值得关注的问题，因为医疗费用不断上涨，而健康保险项目通常不能覆盖全部费用。最后，老年人有可能要面对身体机能衰退的问题，有可能需要住进养老院，还有可能要面对配偶去世（我们将在本节的后半部分讨论去世）。

一些不可预测的压力源

我们刚刚描述的普通生活中的压力似乎已经足够令人生畏。然而，也许人生真正的考验是面对令人意想不到的危机。其中比较重要的是（1）失业；（2）不忠；（3）滥用药物和酒精；（4）精神障碍；（5）生理疾病；（6）死亡。

失业和不充分就业　也许你已经失业过一两次。但只有当你找工作找了 6 个月或更长时间之后，你才能真正了解失业者的无助感、自我怀疑感和绝望感——账单堆积如山，你还需要面对其他影响家庭的压力（Landau，2012；Rosen，2014；Woolston，2018）。甚至担心自己可能失去工作也会带来很多焦虑、抑郁和压力（Uchitelle，2004）。

谁是失业者　美国的劳动力包括在职人员和失业人员，美国劳工统计局用失业人数除以劳动力人数得出 2018 年 12 月的失业率为 3.9%，即 630 万非农就业人员（Bureau of Labor Statistics，2019）。在现实中，可能有超过 9 500 万美国成年人没有工作，然而有些人并没有正式跻身失业人员之列，他们属于不充分就业人员，如刚刚离开高中或进入大学的学生、退休工人、全职父母（这是他们的自主选择，而非迫于压力的决定）等（DeSilver，2014；Gillespie，2018）。

■　未就业劳工　未就业劳工（unemployed workers）是指那些正在寻找工作的新劳动力或已经被停职（临时解雇）、被裁员（永久解雇）的劳动力。他们可能是刚刚高中毕业的人、放弃工作去生孩子的父母、正要重返职场的人，也可能是所有那些因所在行业或经济状况发生变化而失业的煤矿工人、技术工人等。

■　消极劳工　消极劳工（discouraged workers）是指那些已经放弃寻找工作并且

退出劳动力大军的人。因此，他们不是"正式"失业，因为他们没有积极地寻找工作。原因有很多：太老、太年轻、技能水平低，或者因种族和民族而受到歧视。有些状况对白人来说只是不景气，对黑人来说可能就是令人绝望的，黑人的失业率几乎是白人的2倍（Bhattacharya，2015；Censky，2011）。

■ **未充分就业劳工**　未充分就业劳工（underemployed workers）是指那些工作要求低于他们的资格水平，或者是正在兼职但想要全职工作的人。他们也不被算作"失业者"。比如，在"大衰退"时期，许多大学毕业生可能会去做售货员、接待员、优步或来福车司机等，这些职位不需要学士学位。

失业或不充分就业的压力　失业或经济拮据对家庭有以下影响。

■ **更多的冲突和问题**　受到失业威胁的家庭会经历配偶和子女之间关系恶化的情况，因为争吵增加了，沟通也会受到影响（Feather，2012；Richter et al.，2010）。随着家庭斗争的升级，儿童的心理健康和身体健康尤其会受到影响（Powdthavee and Vernoit，2013）。抑郁、酗酒、分居、离婚、婴儿死亡、自杀、对配偶的暴力都与失业有关，特别是在失业超过一年的情况下（Macmillan and Gartner，2000；Strong and DeVault，2016）。

■ **家庭角色和生活轨迹的改变**　在某些情况下，家庭成员共同面临的意外事件，如破产，会使夫妻更加亲密，家庭沟通也会得到改善。而在其他情况下，失业会影响家庭角色：男性的自我身份更多地与工作联系在一起，他们可能会因此觉得失去了一部分自我。女性可能也需要找工作，并且会觉得

丈夫没有在家务方面做出贡献，即使他们一直在她们身边（Henry et al.，2015；Strong and DeVault，2016）。

不忠：性和情感上的不忠　不忠（infidelity），也被称为婚外性行为、外遇或出轨，是对婚姻的背叛，它通常被认为是婚姻或核心亲密关系以外的性接触。

不忠是在未经允许的情况下发生的，通常来说，是在伴侣不知情的情况下发生的。根据一项研究，20%的男性和13%的女性报告称，他们在婚姻期间与配偶以外的人发生过性接触（Wang，2018）。另一项研究发现，在男性中，承认不忠的人的比例为20%～25%，在女性中，该比例为10%～15%（Carr，2010）。美国国家意见研究中心的数据显示，在过去的20年里，有婚外情的丈夫的比例保持在21%，而在妻子中的这一比例在2010年上升到了14%。

女性的不忠可能与排卵期有某种进化联系，排卵期是月经周期中最容易受孕的阶段（Haselton and Gangestad，2006）。一些学者认为，不忠有基因和神经激素的基础，比如由基因决定的催产素和抗利尿激素水平（Friedman，2015）。如果一个人（不管是男人还是女人）对性有强烈的需求并且有宽松的性价值观，而且对目前的关系有一些不满（但这还不足以使其离婚），那么这个人更倾向于寻求婚外关系（Treas and Giesen，2000；Wiederman and Allgeier，1996）。

婚外情可以是一个偶然性事件，也可以是持续数周、数月，甚至数年的风流韵事。

短期婚外关系　婚外的许多短期关系开始于办公室聚会上的性接触或外地会议，或者和旧情人的短暂复合，或者在要离婚的时

候试探性地寻求新配偶的行为。对男人来说，短期的婚外关系通常是无爱的性行为。对女人来说，婚外情不仅包括性，而且包括爱（Glass，1998）。男人往往会为了获得征服感和性兴奋而出轨，女人出轨则是因为对丈夫生气，想报复丈夫（Allen et al.，2006；Olson et al.，2002）。

长期的婚外关系　著名的人类性学研究者威廉·马斯特斯（William Masters）和弗吉尼亚·约翰逊（Virginia Johnson），以及他们的同事罗伯特·科洛德尼（Robert Kolodny）将长期婚外关系分为以下几种类型：婚姻维持型、减少亲密型、激活型和享乐型（Masters et al.，1994）。

- **婚姻维持型——"为了弥补婚姻中缺失的东西"**　婚姻维持型外遇（marriage maintenance affairs）是指那些提供婚姻中缺失的东西的关系。这样的关系有时确实有助于维持婚姻。一些研究表明，当中年女性寻求婚外情时，她们其实是在寻找更多浪漫的激情，包括性，而且她们不想和丈夫离婚（American Sociological Association，2014）。

- **减少亲密型——"为了缓冲婚姻中过多的亲密感"**　减少亲密型外遇（intimacy reduction affairs）是在配偶在婚姻中因为双方太亲密而感到不舒服的情况下发生的。

- **激活型——"为了让我对自己的性行为感到安心"**　激活型外遇（reactive affairs）通常发生在伴侣型婚姻里，比如中年配偶的婚姻，他们正在寻求对自己的年轻状态和性行为的重新确认。

- **享乐型——"只是为了乐趣和感官享受"**　享乐型外遇（hedonistic affairs）是发生在那些在自己的婚姻中经常感受不到性满足和幸福的伴侣身上的寻欢行为（Cano and O'Leary，1997，2000）。

无性外遇　虽然我们大多数人认为婚外情与性有关，但婚外情也可以是基于情感而与性无关的（Thompson，1984）。一个例子就是网络性出轨（cybersex affairs）或虚拟出轨——一个人通过电子邮件或网络聊天室与另一个人建立秘密的关系，这种关系耗尽了本应被用在另一半身上的情感。心理学家兼治疗师雪莉·格拉斯（Shirley Glass）说，两个在聊天室相遇的人可能会"开始更多地分享他们自己的事和他们的幻想，当配偶走到他们身边时，他们就会很快地切换屏幕"。一些基于网络或电子邮件的婚外情发展成了实际的婚外性行为，特别是那些涉及与前任情人的接触的网络性出轨（Mao and Raguram，2009；Smith，2011）。

婚外性行为的后果是信任的终结吗　虽然婚姻可能因为婚外情得以维系（比如婚姻维持型外遇和减少亲密型外遇），但一旦被蒙在鼓里的配偶发现了婚外情，随之而来的震惊和愤怒通常会引发重大危机。当然，婚外情是插在婚姻的核心——信任和亲密——上的一把刀。一旦你破坏了伴侣的信任，你怎么能证明你值得再次被信任呢？被冒犯的配偶也许会选择原谅，但信任还能被重新建立吗？另外，被背叛的配偶可能会试图报复，比如，试图通过联系配偶的雇主来破坏他们的职业生涯（Lublin and Hymowitz，2005）。

如果你是受害的配偶，你可能不仅会遭受承诺被摧毁带来的巨大痛苦，而且会怀疑你的配偶是否是因为你不够好、让人缺乏兴趣或缺乏吸引力而出轨（Charny and

Parnass，2008）。你可能还会担心自己有感染性病的风险，并为你们的一部分共同财产可能被浪费在伴侣与他人的浪漫晚餐、给他人买礼物和旅行上而感到愤怒。如果孩子们知道了这件事，它对家庭的伤害会更大，尤其是当最终的结果是离婚时。正如一位作家

所说，因为出轨通常涉及孩子认识的人——家人的朋友、邻居、来自小团体或家长会的其他父母，所以第三者可能会成为孩子们的生活的一部分，这给年幼的孩子强加了一个新的任务，即他们会尝试帮受害者找出坏人（Italie，2015）。

实例：有爱的婚姻并不能阻止不忠

雪莉·格拉斯的教训

雪莉·格拉斯的儿子艾拉·格拉斯说，他的母亲是心理学家、学者和治疗师，被称为"不忠研究的教母"。雪莉·格拉斯博士曾写过一本书——《并非"只是朋友"：保护你的感情不受不忠的伤害，治愈背叛的创伤》（Not "Just Friends": Protect Your Relationship from infidelity and Heal the Trauma of Betrayal），美国的国家媒体经常引用她的言论，她还出现在了各种电视访谈节目中（Glass and Staeheli，2003）。

格拉斯对这个话题的兴趣始于 20 世纪 70 年代，当时她和丈夫在一个周六的晚上在一家餐馆里遇到了一个他们认识多年的男人，他正和一个不是他妻子的女人待在一起。格拉斯感到困惑，因为这个男人的婚姻看起来特别美满，甚至令人羡慕。在那之前，她一直认为只有婚姻不幸的人才会有外遇。然而，他就在这儿，他显然是在约会。这名男子在妻子不知情的情况下已经有数十年的婚外性行为了（I. Glass，2003）。

在了解到即使在充满爱的婚姻中也

可能发生不忠后，雪莉·格拉斯开始研究婚外情这个主题。她在调查中的发现证实了她从数百对伴侣那里得到的结论：当一个人不忠时，这并不一定意味着婚姻中有问题。事实上，正如她在书中描述的那样，在她调查的有婚外情的人中，超过一半的男性和 1/3 的女性说他们和配偶相处得很愉快。

格拉斯的其他发现包括以下几点。

■ **工作场所是新的相遇场合** 工作场所已经成为"浪漫的吸引和机会的新危险区"。很多婚外情始于工作，始于同事关系。从 1991 年到 2000 年，格拉斯的诊所中与不忠的妻子有关的工作事务数量从 38% 增加到 50%。有 62% 不忠的男性是在工作中遇到外遇对象的。

■ **做一个有爱的伴侣并不能防止不忠** 格拉斯把这称为"预防出轨之迷思"。根据她的研究和临床实践，幸福的婚姻并不是婚外情的保险。她说婚外情"与爱无关，更多的是对界限的跨越"。

■ **在较新的关于不忠的定义中，婚外情不一定要涉及性接触** 有些婚外恋，如网恋，主要是情感上的。事实上，她

说，婚外情的发生主要是因为性吸引，这是一个迷思。她说："婚外情的诱惑在于，新欢的爱慕之眼是如何反射出不忠的伴侣的……另一个吸引人的地方是，个人可以在新的关系中体验到新的角色和成长的机会。"

■ **出轨的配偶并不总会给忠贞的配偶留下能察觉到的线索** 传统观点认为，天真的配偶有能察觉到的线索——只要他/她选择注意到它们（Houston，2003）。格拉斯说，大多数婚外情永远不会被发现，因为人们善于说谎，或者能够把生活和性划分开来（比如在商务旅行中发生的婚外情），这样他们的配偶就永远不会发现。比如，人们认为一个有外遇的人在家里对性表现出较少的兴趣，但实际上婚外情的刺激可以使人们在家里有更多的激情，甚至使人对性变得更有兴致。

■ **如果人们发现伴侣有外遇，谈论它不一定会引发更多的沮丧** 人们认为谈论外遇只会引发更多的沮丧，但是格拉斯说，讨论背叛并非"像给脏地板打蜡"一样，让缺陷暴露可以塑造更亲密的关系。

■ **与前配偶离婚，与婚外情对象结婚并不能带来永恒的幸福** 格拉斯说，与婚外情对象结婚的人中有 75% 的人最终离婚（Glass and Staeheli，2003）。

你怎么认为

你同意格拉斯的发现吗？如果你发现你的伴侣有外遇，你会怎么做？

药物和酒精依赖 **药物（drugs）是指化学物质，而不是如食物般维持正常的健康状态的物质。** 能给家庭带来严重压力的药物有合法的处方药、合法的改变精神状态的药物，以及非法的改变精神状态的药物。尼尔森·巴兹曼翠斯（Nielson Buzzmetrics）对卡伦治疗中心的青少年写的 1 000 万条在线信息的一项分析表明，他们经常谈论喝酒、物质滥用和药物滥用、聚会和约会（Leinwand，2010）。

美国卫生与公众服务部的一项调查表明，2016 年，美国的每 10 名 12 岁或 12 岁以上的美国人中就有 1 人在调查采访的前 1 个月内使用过非法药物（Ahrnsbrak et al.，2017）。奎斯特诊断公司的一项研究显示，2016 年美国劳动力中有 4.2% 的人的非法药物检测结果呈阳性，这是自 2004 年以来的最高比例（Brooks，2017）。

药物滥用或依赖 **药物滥用（drug abuse）或物质滥用（substance abuse）的定义是违反法律限制或出于其他非医疗原因使用一种药物。物质依赖（substance dependence）不同于物质滥用，因为使用者在生理上对物质产生依赖。**

改变精神状态（精神活性）的药物——包括合法的和非法的——是根据它们产生的主要作用被分类的。

酒精依赖 **酗酒（alcoholism）是物质依赖的一种形式，被定义为一种慢性的、潜在的致命疾病，其特征是越来越强烈的饮酒**

欲望。虽然许多人认为酒精和毒品是不同的，但酒精确实是毒品。事实上，它是北美最大的毒品问题。根据美国疾病控制和预防中心的数据，2014 年，与酒精相关的死亡率飙升至 35 年来的最高水平（Ingraham，2015）。男性通常比女性喝更多的酒，但在 2002 ~ 2012 年，报告在过去 30 天内饮酒的女性的比例从 45% 升至 48%；对男性来说，这一比例略有下降：降至 56%（White et al.，2015）。

超过 30% 的美国成年人曾滥用酒精或在他们生命中的某个阶段遭受酗酒的折磨。那些接受治疗的人在 30 岁左右第一次接受

治疗——在他们对饮酒产生依赖约 8 年后（Hasin et al.，2007）。然而，只有 24% 的酗酒者接受了治疗。

在一个家庭中，酗酒（尤其是当妻子而不是丈夫滥用酒精时），以及虐待和家庭暴力会成为带来巨大负面影响的压力源（Marshall，2003）。施虐者即使不喝酒，也容易使家庭成为经常出现冲突和不满的地方（Potter-Efron and Potter-Efron，2016）。酗酒者和戒酒者的孩子会比其他孩子产生更多的不安全感、恐惧和焦虑。当这些孩子结婚时，他们更容易在他们的婚姻中经历不满和冲突（Weintraub，2007）。

实例：酒精效应

大学聚会是如何影响我们的记忆的

是的，大学生的压力很大，部分原因是人们必须要记忆很多的知识。这就是 35% 的大学生酗酒的原因吗？根据美国的一项全国药物使用与健康调查，有 59.4% 的大学生报告在过去的 30 天里饮酒（Page，2015）。

多年来，豪饮一直是大学文化的一部分。豪饮的定义是男性在 2 个小时内喝下 5 杯以上的酒，女性在 2 个小时内喝下 4 杯以上的酒。然而，根据美国疾病控制和预防中心的报告，大多数豪饮者的饮酒量都超过了这些量——平均而言，一次 8 杯。

饮酒对你有什么影响？除了是第 4 大死亡诱因之外（继吸烟、营养不良和

缺乏锻炼后），酗酒还威胁着大学生的重要资产：他们的记忆能力（Kuźma et al.，2014；Risher et al.，2015；Sabia et al.，2014）。正如一篇文章所说，大脑直到 25 岁才发育完全，在此之前会受到饮酒的负面影响（Chen，2015）。你难道不需要记忆能力吗？

你怎么认为

医师兼科学家尼古拉斯·克里斯塔基斯（Nicholas Christakis）指出，我们接受的许多思想、行为和外在的规范往往并不取决于我们的推理和对情境的敏感度，而取决于朋友和朋友的朋友的认知、行为，因此我们经常在他人改变的时候改变自己（Christakis and Fowler，2009）。

一项美国政府的研究表明，90% 饮

酒过量的人并不是酒鬼（Esser et al., 2014）。也就是说，他们不被视为酒精成瘾者，因为他们只要稍加努力，就能改变自己的习惯（ParkerPope，2014）。

你觉得你在这个群体里处于什么位置？如果你现在是一个酗酒者，你能减少饮酒量吗？大学文化的哪一部分可能会让你感到戒酒是困难的？

精神障碍 许多人并不对患有心理疾病或精神疾病的人抱有同情心，因为他们不相信心理问题会发生在自己身上。正如小说家威廉·斯蒂伦（William Styron）所言，他们"自鸣得意地相信自己的精神状态坚不可摧"。斯蒂伦本人在经历抑郁症时生活得很好，根据美国药物滥用和精神健康服务管理局的数据，这种疾病每年影响 6.7%（超过 1 620 万）的美国成年人。

抑郁症是众多精神障碍（mental disorders）中的一种，是一种表现为适应过程中的崩溃的心理疾病，主要表现包括思想、感觉和行为的异常，会引发痛苦或功能受损。根据一份报告，精神疾病与寿命的缩短有关。公共系统中患有精神疾病的成年人的寿命比美国人的平均寿命短 25 年（Parks et al.，2006）。

在讨论了酒精和药物滥用之后，让我们讨论一下焦虑症和情绪障碍。我们还将讨论饮食失调。

焦虑症 焦虑症（anxiety disorders）包括 4 种常见的精神障碍：广泛性焦虑障碍、惊恐发作、恐惧症和强迫症。广泛性焦虑障碍包括持续 6 个月或更长时间的过度的或不切实际的担忧。惊恐发作的特征是患者经历强烈的恐惧或恐慌。恐惧症涉及一种特定的恐惧，与特定的地方、事物或人有关。强迫症的特征是出现了重复的思维模式和行为。

情绪障碍：抑郁与自杀 情绪障碍（mood disorders）是一种精神障碍，通常以周期性的抑郁为特征，有时这种抑郁与周期性的情绪高涨交替出现。这些精神障碍也被称为情感障碍，其本质特征是情绪状态的持续性或偶发性夸大。"情绪"一词可能包括抑郁、狂躁、欣快、得意、愤怒、易激惹、快乐、悲伤和其他许多方面（American Psychiatric Association，2013）。作家斯蒂伦说，深度抑郁"是大脑中咆哮的暴风雨"，是"像有毒的雾堤一样"每天涌来的恐惧。临床抑郁症通常持续 2 周以上，会损害人的日常功能，并与诸如感觉自己没有价值、失去了能量和动力、持续疲劳、注意力难以集中以及出现与死亡和自杀有关的想法等症状有关。

女性经历抑郁的可能性是男性的 2 倍，抑郁的母亲如果不接受治疗更容易发现她们的孩子也有抑郁的问题（Weissman et al.，2006）。然而，一位观察者说："家庭成员通常很难看到这种精神疾病的'疾病性'。在与疾病无休止地对抗的过程中，同理心会因疲惫而迷失。"（Hyde, 2001）

饮食失调：厌食症和暴食症 饮食失调（eating disorders）包括厌食症和暴食症。一项针对高中生的研究报告称，15% 的女生和 4% 的男生可能患有饮食失调（Austin et al.，2008）。

■ **神经性厌食症** 神经性厌食症

（anorexia nervosa）是一种自我饥饿，是由扭曲的身体意象导致的，这种意象使一个人认定自己超重了。这种失调在西方国家更常见（但在非西方国家这种失调的比例也在增加），这反映出了文化对"瘦"的追求（Makino et al.，2004）。厌食症通常发生在青少年或20多岁的人身上，多见于女性。在一场名为"支持厌食"的有争议的地下运动中，支持者在社交媒体上控制着留言区和支持进食障碍的社区。

厌食症患者通常是严格的完美主义者（Brown et al.，2012）。他们可能会强迫自己运动、呕吐，或者使用泻药（刺激排便的药物）或利尿剂（增加尿流量的药物）。因为厌食症患者经常否认他们的症状，所以治疗往往有强大的阻力。大约70%的患者通过治疗得到了改善。不幸的是，该疾病可能是大脑失去灵活性且改变缓慢导致的（Foerde et al.，2015）。对于那些不能寻求治疗或对治疗无反应的患者，它还可以导致不可逆的生理变化，有时甚至是致命性的（Brown et al.，2000）。

■ **神经性贪食症** 贪食症（bulimia）**涉及暴饮暴食和清除体内食物的交替发生，**患者反复尝试通过自我诱导的呕吐、使用泻药或利尿剂，以及过度运动来减肥。贪食症的症状似乎比厌食症的症状更明显。总体来说，1%的年轻女性和0.1%的年轻男性符合贪食症的诊断标准（Favaro et al.，2009）。一项研究表明，35%的女大学生运动员和10%的男大学生运动员有患上厌食症的风险，相比之下，58%的女大学生运动员和38%的男大学生运动员有患上贪食症的风险（National Center on Addiction and Substance Abuse at Columbia University，2003）。

"我的上帝" 身体残疾或疾病（无论它是急性的还是慢性的）会给家庭带来很大的压力。如果这种疾病是一种长期的疾病，比如阿尔茨海默病，大多数家庭都会遭受关系破裂和婚姻满意度下降的困扰。你是曾受到严重疾病或残疾影响的家庭成员吗？它是如何影响家庭成员之间的互动的？

贪食症主要发生在十几岁的女性和二十几岁的女性中，但也会发生在中年女性及更年长的女性中。与厌食症患者不同，神经性贪食症患者通常体重正常或超重，这是区分这2种疾病的关键因素（Mahoney，2018）。

不幸的是，只有一小部分贪食症患者因他们的状况寻求治疗（Smalec and Klingle，2000）。如果患者不接受治疗，不良循环会引发严重的健康问题。患者呕吐时，口腔内的酸性物质会损害口腔、牙齿和喉咙。

显然，上述精神障碍和其他类型的精神障碍会给一个家庭造成巨大的压力。

┌── 实际行动　　• • •

你如何知道某个人是否有
自杀倾向

没有可靠的模式可以帮助你预测某个人是否会试图自杀，但这里有一些参考因素（Chaudhury et al., 2016）。

• **注意情绪和习惯的变化**　警惕抑郁的迹象——悲伤、绝望、无助、冷漠。此外，针对青少年的研究建议查找校园矛盾、反社会行为、社会孤立、情绪波动、性格变化、欺凌、损失、排斥和对死亡的关注（American Academy of Child and Adolescent Psychiatry, 2017; Mayo Clinic, 2016）。还有一个标志是一个人把宝贵的个人财产送人。还有一个信号可能是在经历了一段时间的重度抑郁障碍后，突然对生活产生了积极的看法。

• **注意生活事件中的变化**　经历带来巨大压力的生活事件的人（比如与死亡或关系丧失相关的重大损失）有更高的自杀风险（Foster, 2011; Pompili et al., 2011）。

• **注意先前的自杀企图**　先前的自杀企图很重要。在一项研究中，大约有20% 的自杀者之前有过自杀企图。在那些试图自杀的人中，1% 的人在一年内采取了行动（Chang et al., 2011）。一项关于自杀案例的国际调查表明，大约 40% 的自杀死亡者曾尝试过自杀（Cavanagh et al., 2003）。一项对 90 项关于试图自杀并获得医疗护理的人的研究的综述表明，大约 7% 的试图自杀的人最终死于自杀，大约 23% 的人再次尝试自杀，但没有死亡，70% 的人没有进一步尝试自杀（Owens et al., 2002）。

• **谈论者可能是实施者**　如果有人谈论自杀，你一定要认真对待。不要相信"谈论自杀的人并不是真正要自杀的人"的说法。这些谈话可能是关于活下去不值得的，可能是关于别人的自杀的，也可能是关于当他们离开后别人不会想念他们的。

• **警示与没有警示**　通常，想自杀的人会提前发出警示信号。然而，许多企图自杀的人都是出于一时冲动（冲动自杀）；也就是说，他们在尝试之前的24 个小时内就做出了决定。

躯体残疾或疾病　哲学家和批评家苏珊·桑塔格说："每一个出生的人都拥有双重国籍——既属于健康的王国，又属于疾病的王国。"（Susan Sontag, 1978）当我们身体健康时，我们很难理解身体不健康会带来什么感觉。当我们生病的时候，我们也很难不自怜，很难不觉得自己被文化污名化。

躯体疾病可能是急性的（acute）——持续时间短，也可能是慢性的（chronic）——持续时间长或反复发作。几天或几周的疾病或残疾就足够使一个家庭承受压力了。一种长期的疾病，尤其是无法治愈的疾病［如糖尿病、肌萎缩侧索硬化（ALS）或阿尔茨海默病］，会给一个家庭带来巨大的压力，包括巨大的经济压力（Kolata，2015）。实际上，有一项研究将"家庭成员身体残疾或有慢性疾病"列为我们之前提到的严重家庭压力因素列表（即社会调整评定量表或家庭生活事件和变化清单）的第 5 名（Holmes and Rahe，1967；McCubbin et al.，1996；Dohrenwend，2006）。

当家庭中有一个人患有慢性疾病时，大多数家庭都会遭受生活失序和婚姻满意度下降的影响，尽管情况并非总是如此（Karraker and Latham，2015；Lawrence，2012）。生病的配偶因髋部骨折、精神疾病和其他疾病去医院的老年人比配偶死亡的健康人面临的风险更大（Christakis and Allison，2006）。一项研究发现，67% 的癌症患者护理者和 64% 的阿尔茨海默病患者护理者存在严重的心理压力（Kim et al.，2005）。

如果你或你的伴侣得了重病，你需要考虑 3 个方面（Rolland，1994a，1994b，2018）。我们也强烈建议你寻求咨询师（特别是经过认证的康复咨询师）的支持。

■ **防止疾病完全控制你的生活** 我们很难不让严重的疾病成为婚姻中的"第三个伴侣"，它很容易控制所有的决定。为了避免疾病成为伴侣们的主要情绪焦点，他们应该宣布在某些地方，如卧室和客厅，应禁止谈论疾病，这样可以维系他们的亲密关系。

■ **将逆境视为需要家庭成员共同面对的挑战** 慢性疾病会威胁亲密关系，使伴侣想要疏远或紧紧抓住对方不放。不要以恐惧的态度看待残疾，而要把它视为一种需要双方共同面对的挑战，这可以让情况变得更积极——这是一种更有益的应对机制。有人说，这种经历"让我们更亲密，让我们的婚姻更牢固。它指出了那些更重要的事情"

（Peyrot et al.，1988）。

■ **回顾亲密和自主之间的平衡** 我们已经说过，在亲密关系中，我们渴望两件相互矛盾的事情：亲密和自主。当一方患上严重的疾病时，这种平衡就需要被讨论。患病一方的恐惧可能会引发更亲密的需求，但另一方可能想分离，这是走向最终的死亡分离的一步。在评估这种平衡时，双方都需要认识到照顾者需要与除被照顾者之外的人相处的时间。

死亡 你可能会面临突然的、几乎没有痛苦的死亡。但在那一天之前，你很可能会被卷入家人或朋友的死亡——这涉及你无法控制的事件，这给你带来了巨大的悲伤和压力，但也需要你给予他人安慰。

很多人认为，随着时间的推移，释怀（closure）很重要——正如白血病专家斯蒂芬·J. 福尔曼（Stephen J. Forman）所说："这是一种整理过去并帮助自己继续生活的方式。"但是，福尔曼也补充道："事实上，'结束'只是一个神话……失去带来的创伤是每个人的生命中永恒的一部分。"他说，不管事件过去了多久，记忆依然存在。哀悼并不能消除失去的体验。

在家庭生活事件和变化清单中，我们发现最严重的家庭压力源是"子女去世"，其次是"配偶或父母去世"（McCubbin et al.，1996）。

父母的去世 44 岁的埃内斯蒂娜·伊格拉说："甚至在你还没有意识到的时候，这种事情就发生了。也许当时你正开车去上班……忽然间，你就在车里哭了起来。"伊格拉是在谈 3 年前她的父母双双在 80 多岁时去世的事（Larson，1990）。

根据研究人员安德鲁·沙尔拉赫（Andrew Soharlach）的研究，至少有 25% 的成年儿女在想到已故的父母时仍然会哭泣或难过——即使父母去世已经过去了 1 ~ 5 年。超过 20% 的儿女仍然沉浸在对父母的思念中。成年儿女的反应尤其深刻，他们强烈地感到自己成了孤儿，觉得自己不再适合扮演孩子的角色。正如沙尔拉赫所说："只要父母中的一方还活着，就有一个人把我们和我们所害怕的东西隔绝起来。"（Larson，1990）

父母一方的去世，尤其是第二个人的去世，也会深刻地改变成年兄弟姐妹之间的关系，因为他们会重新评估家庭的意义和他们在其中的角色（Greif and Woolley，2015）。当配偶的父母去世时，一些婚姻会受到影响（Stokes，2016）。悲痛的配偶可能会觉得他 / 她没有得到充分的理解和情感支持。另一方可能觉得他 / 她被迫承受幸存者的持续痛苦。

配偶的去世　尽管当今的离婚率很高，但大多数婚姻都以一方的死亡告终——这使幸存者要么成为**寡妇**（widow）（即妻子比丈夫活得久），要么成为**鳏夫**（widower）（即丈夫比妻子活得久）。在未婚伴侣关系中（无论是异性伴侣还是同性伴侣），活着的成员通常被简单地称为"幸存者"或"幸存的伴侣"。大多数时候，女性比男性长寿，因为女性平均比男性能多活 5 ~ 6 年。事实上，有 3/4 的妻子会成为寡妇。

失去配偶或伴侣不仅意味着失去亲密感和陪伴，以及与悲伤、孤独、抑郁斗争，而且意味着经济困难（特别是对低收入的传统女性来说）（Vitelli，2015）。这还意味着一种身份的破碎——妻子或丈夫，一种一方可能已经扮演了很多年的角色。男性在伴侣去世

后比女性更抑郁（Doka and Martin，2011）。康复过程往往漫长且艰难，丧偶男女在配偶去世后的一年中比那些仍有配偶的同龄男女更容易出现健康问题（Hooyman and Kiyak，2011）。

最终，大多数幸存者能在精神和身体方面恢复健康。大多数鳏夫和许多寡妇也开始约会，他们主要是为了获得友谊和陪伴，避免孤独。

子女的去世　根据一些研究人员的说法，这是大多数人可能面临的最严重的一种压力（Brotherson，2000；McCubbin et al.，1996）。根据其他的说法，这仅次于配偶死亡带来的压力（Hobson et al.，1998）。事实上，一项研究发现，孩子的死亡不仅会永远地改变一个家庭，而且会使父母之后因患上精神疾病住院的风险急剧增加（Li et al.，2005）。

■　**流产或自然流产**　流产（miscarriage）或**自然流产**（spontaneous abortion）是指胎儿在出生前从子宫被自然排出，是一种发生在 10% ~ 25% 的怀孕过程中的事件（American Pregnancy Association，2017）。大多数流产发生在怀孕的前 13 周。**死产**（stillbirth）是指胎儿在出生时死亡。

虽然一些失去亲人的父母很少伤心，但流产可能会让人心碎。大多数父母在一段时间内能释然，但一些人会为此哀悼多年（Paediatrics Child Health，2001）。

■　**婴儿死亡**　在过去，婴儿死亡（儿童在 1 岁之前死亡）在美国还很常见——2016 年每 1 000 名活产婴儿中有 5.9 人死亡（Centers for Disease Control and Prevention，2018）。

在美国，许多婴儿死于与贫困有关的问题，其他人则死于疾病、事故或出生时出现的健康问题。如果一个婴儿死于婴儿猝死综合征（sudden infant death syndrome, SIDS）——明显健康的 1 岁以下的婴儿在睡眠中突然死亡而且是莫名其妙地死亡，这往往会导致父母因内疚和悲伤而苦恼。这是因为社会经常认为父母对孩子的死亡负有某种责任，父母总是想知道他们是否可以做些什么来避免孩子死亡。此外，SIDS 被列为自然的死亡原因，它被认为是罕见的。事实上，根据美国国家卫生统计中心的官方数据，大约每 2 000 名活产儿中有 1 人（即 0.05% 的比例）死于这个原因。

在美国，秋天和冬天的 SIDS 病例比春天或夏天多。在 SIDS 婴儿中，男婴比女婴多（约为 6∶4）。非裔美国人和美洲原住民婴儿死于 SIDS 的可能性是其他婴儿的 2 ~ 3 倍（SUID/SIDS Resource Center, 2011）。一些政府机构正在努力向这些人群提供关于 SIDS 的最新消息（比如，让婴儿仰卧而不是趴着睡觉）。

由美国国家儿童健康与人类发展研究所资助的一个研究小组发现，死于 SIDS 的婴儿脑干的一些部位可能存在异常。这一发现是建立在早期一项研究的基础之上的，该研究发现死于 SIDS 的婴儿大脑中被称为弓状核的区域出现异常。大脑的这个区域被认为对调节呼吸、心跳、体温和觉醒起着至关重要的作用（Paterson et al., 2006）。

■ **失去年长的孩子** 如果孩子在去世前已发展出了鲜明的个性，并且他 / 她的死亡是突然发生的或者是暴力引发的——这样的死亡往往发生在孩子 1 ~ 19 岁时，最主要的原因是事故，其次是自杀和谋杀，这时的损失尤其大（Centers for Disease Control and Prevention, 2017）。父母可能不仅有强烈的悲伤，而且有内疚和愤怒的感觉，这可能会导致父母（和兄弟姐妹）在他们最需要彼此支持的时候给对方造成痛苦。

即使去世的孩子已经长大成人，对许多父母和兄弟姐妹来说，这种痛苦也永远无法真正被治愈。2013 年，87 岁的安妮·麦克布雷蒂·乔塔突然失去了 51 岁的儿子迈克尔，死因是心脏病。对任何年龄的父母来说，孩子比你去世得早，都扰乱了我们大多数人所认为的自然秩序。"你失去了自己的一部分，"乔塔在 2017 年说。

> 解释内部和外部压力源的区别，并分别针对两者如何与亲密关系相关联举例。

13.3　暴力和虐待：亲密关系的阴暗面

核心内容：

发生在约会、同居、婚姻关系中的身体和情感暴力及针对儿童和老年人的身体和情感暴力

> **概述**　我们将描述针对成年人和儿童的、身体上和情感上的暴力类型。然后，我们将讨论约会和同居关系、婚姻，以及儿童和老年人涉及的暴力。

来自内华达州的玛莎·切特 14 岁时遇到了一个 18 岁的男孩，并开始了一段浪漫的恋情。她后来说："我们会为一些小事而

争吵，他总是说他那么善妒是因为他不想失去我。"当她 15 岁正处在她第一次怀孕的中期时，在一次激烈争吵中，他打了她的胃，把咀嚼过的烟草吐在她身上——这是他实施身体暴力的开始。她说："但我爱他，我也想相信他会改变。"后来，他开始把她与家人和朋友隔离，还在喝醉酒后回家，这导致了更糟糕的情绪爆发。最终，他决定搬去别的州。此时此刻，玛莎意识到她永远不可能取悦他，于是她提出了离婚（Hiller，2002）。

玛莎是幸运的，因为她没有遭受更大的伤害。尽管如此，她的故事仍呈现了一幅家庭暴力的典型画面，这种事件不仅会伤害女方，而且会伤害男方。另一个值得注意的点是，家庭暴力会发生在所有经济群体、民族群体和种族群体中。举例来说，谁能想到，以自信示人的电视名人梅雷迪思·维埃拉［她是前 NBC《今日秀》（Today）的主持人，一名在当地电视台工作的年轻女性新闻工作者］自尊心竟如此之弱，以致无法离开一个殴打她的男友（Johnson，2006）。

亲密关系中的暴力和虐待的一些定义

暴力是一种特殊的压力源，它丑陋、残忍、经常是突如其来的且令人惧怕的。亲密关系或家庭中的暴力——**对他人身体或情感的威胁或侵害**——不仅会造成身体上的后遗症，而且往往会造成终生的心理影响（无论是人们亲身经历的暴力还是人们亲眼看见的暴力）。暴力有不同的类别，但我们对确切的比例有很大的分歧，因为这经常是一种被隐藏的行为，当然它也被低估了。

在家庭生活事件和变化清单中，"身体或性虐待或家庭成员之间的暴力"这一类别的严重性在压力源中排第 4，仅次于孩子的死

亡、配偶或父母的死亡、配偶或父母分居或离婚（McCubbin et al.，1996）。关于伴侣暴力的研究文献由于难以区分暴力行为而丧失参考价值，比如，打耳光和推搡，或者与杀人相关的行为（Johnson and Ferraro，2000）。即便如此，我们至少也可以从区分身体暴力和精神虐待开始。

身体暴力 身体暴力（physical violence），也被称为殴打（battering），是指威胁或施加身体伤害，从推搡，到打和踢，再到咬和掐，再到刺伤和枪击。女人对男人更倾向于扇耳光；男人对女人则更倾向于抓或推（Lloyd and Emery，2000）。

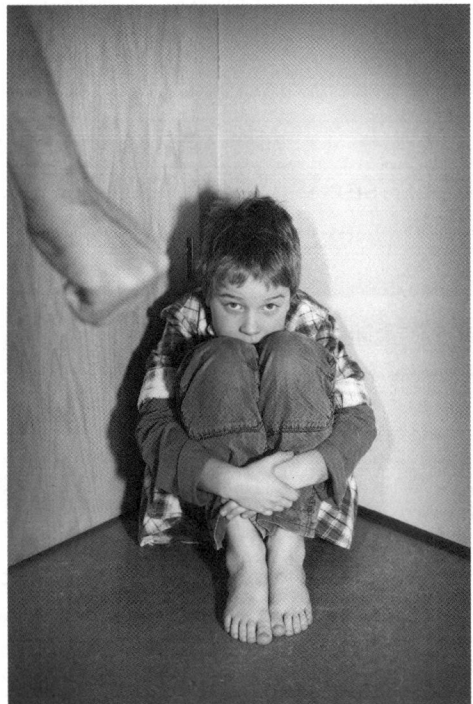

家庭暴力 根据一些研究，3/4 的婚姻虐待包含语言攻击（威胁、咒骂），12% 的异性伴侣遭受过来自伴侣的某种身体虐待。儿童可能面临更大的风险，会遭遇情感和发展方面的问题以及身体伤害。你是否成长在一个成年人互相虐待的家庭中？这对你造成了什么样的影响？

一种特殊的身体暴力是性侵犯（sexual

assault），**这是强奸的法律术语**。强奸可能是陌生人强奸、熟人强奸（包括约会强奸）或婚内强奸，我们之后会解释。在美国，1/5 的女性和 1/71 的男性会在他们生命中的某个时刻被强奸（Black et al.，2011）。

然而，针对女性的暴力是一个全球性的问题。根据世界卫生组织的数据，在一生中曾经成为家庭暴力的受害者的女性比例低至 15%（日本），高至 71%（埃塞俄比亚）（在美国，这个比例约为 20%）。

情绪暴力 情绪暴力（emotional violence）（也叫情绪虐待）是语言和心理上的虐待，是会造成情绪痛苦的侵害或威胁。它的形式可能是批评（"你不能在我回家的时候把晚饭准备好吗？"），可能是讽刺、嘲笑和侮辱（"你真的需要减掉几十斤肉""你真可悲"），也可能是拒绝与伴侣交谈或触摸伴侣，或者限制伴侣用钱、用车或拜访朋友。此外，还有各种各样的威胁——威胁离开、殴打、拘禁、杀死伴侣。

约会和同居关系中的暴力

你可能会认为当两个人约会时，他们会表现出最好的一面。不幸的是，暴力确实发生了，而且经常发生。事实上，据估计，超过 40% 的女大学生在恋爱关系中经历过暴力或虐待（Knowledge Networks，2011）。

一项针对 9 ～ 12 年级学生的研究表明，在过去一年曾约会过的学生中，约有 10% 的人报告称自己曾遭受恋人的身体暴力（Centers for Disease Control and Prevention，2014）。该研究还表明，青少年经历过以下形式的虐待：约会中的网络暴力（14.8%）；约会中的身体暴力（10.3%）；约会中的性暴力（10.4%）；性胁迫（13%）。手机和互

联网的普及使青少年更容易在父母不知情的情况下受到男女朋友的恐吓或情感虐待（Jayson，2007）。

约会暴力的起因 一项调查表明，30.5% 的女性和 25.3% 的男性曾经历过强奸、身体暴力或亲密伴侣的跟踪，他们在 11 ～ 17 岁时经历过某种形式的伴侣暴力（Smith et al.，2017）。约会对象出现暴力问题是因为嫉妒，比如一个人拒绝发生性行为，或者一个人有过度饮酒的问题。事实上，酒精在约会暴力中扮演着特别重要的角色（Rothman et al.，2011；Roudsari et al.，2009）。

非自愿性行为，包括约会强奸 虽然新闻媒体上出现的画面中强奸犯通常是陌生人，但这通常并不准确。最常见的强奸形式是熟人强奸（acquaintance rape）——**互相认识的成年人之间的未经某一方同意的性行为**。熟人可以是朋友、邻居或同事。一种特殊的熟人强奸是约会强奸（date rape），**即约会对象之间的未经某一方同意的性行为**。

《华盛顿邮报》和恺撒家庭基金会的调查显示，在 2015 年之前的 4 年里，20% 的年轻女性（5% 的男性）曾遭遇性侵。另外，20% ～ 25% 的女性会在大学生涯中经历一次强奸或强奸未遂（Hattersley-Gray，2018）。

然而，"约会强奸"一词在显示性暴力发生的频率方面可能具有误导性。非自愿的性行为这个概念会更合适，这一概念指人们被迫进行接吻等性活动。在这一定义下，在美国，有 11.2% 的女高中生和 5.9% 的男高中生表示他们曾被迫发生性行为（Eaton et al.，2006）。在美国，有 1/3 的女性和 1/6 的男性在一生中曾经历过某种形式的性暴力（Smith et al.，2017）。

通常酒精或药物是一个因素。在《华盛顿邮报》和恺撒家庭基金会的调查中，在大学期间经历过性侵犯或非自愿性接触的女性中，62% 的人报告称她们在事件发生前曾饮酒，10% 的人曾服用药物（Anderson and Clement，2015）。9% 的人认为他们是在自己未同意的情况下服用 药物的。

表 13-1 给出了一些避免约会时被强奸的技巧。

表 13-1　如何降低约会时被强奸的风险

- 了解自己的想法，不要给出模棱两可的想法。确认你的感觉，决定你是否想与对方发生性关系——这应该发生在你有准备的情况下，而不是发生在你或对方冲动的时候。注意你的姿势、语气、衣着、手势和眼神发出的信号。清楚地表达自己的想法。不要指望对方能读懂你的心思。语气要坚定、有力。别担心自己会显得不礼貌

- 想想你要在哪里与对方见面，警惕酒精和毒品。特别是在第一次约会时，避免去那些你可能容易受到伤害的隐蔽的地方。去有其他人的地方。要知道，酗酒（你或对方）与约会强奸有关。要有自己的出行方式，这样你就可以自己回家了。自己付账，这样你就不会觉得自己对对方有义务

- 给女性的建议——要独立思考，相信自己的直觉。女性被教育要有礼貌，但不要为了顺从对方委屈自己。如果你担心伤害他的情感，记住，是他忽视了你的感受。如果事情开始失控，请大声抗议，然后离开，去寻求帮助。不要等待别人来拯救你，或者等待转机出现

男性和女性的不同经历　尽管男女都可能遭受到身体和情感上的攻击，但在经历和背景上双方存在着差异。

■　**男性**　维杰·辛格（Vijah Singh）等人的一项调查询问了 500 名男性在与当前配偶或伴侣交往的过程中做以下事情的频率——"推搡或抓；扔东西；拍打或击打；拳打脚踢；殴打；烧伤或烫伤；被刀或枪威胁"。有 19% 的人承认他们至少做过一次这样的事情。这是为了回答一个关于身体暴力的问题。辛格指出："如果男性可以以更私密的形式给予反馈，我们得到的比例可能会更高。我们的调查并没有涉及精神虐待的问题，也没有涉及性虐待的问题。"（Fox，2014）

约会强奸犯也倾向于对女性和性行为持有传统的观点，他们对女性表现出敌意，往往在青少年时期就滥交，有大量的性经历，有嫉妒倾向，难以表达他们的感情（Lloyd and Emery，2000；Senn et al.，2000）。

■　**女性**　女性比男性更容易成为身体和情感暴力以及性侵受害者。遭遇约会强奸的女大学生报告的性功能障碍、愤怒、抑郁和焦虑水平高于比较组中没有遭遇约会强奸的女大学生（Gidycz and Kelley，2016）。不幸的是，每年只有不到一半因强奸或性侵犯受伤的女性向警方报案（Rennison，2002）。

异性同居关系中的暴力　与异性约会关系（不涉及同居）中的伴侣相比，异性同居关系中的伴侣中更易于出现肢体暴力——主要是抓、推和扇耳光。事实上，同居关系甚至比异性婚姻更容易涉及暴力（Kenney and McLanahan，2006）。根据针对美国女性的暴力的调查，只有异性同居历史的男性和女性中，20.4% 的女性和 7.1% 的男性在他们的一生中曾经历过亲密伴侣的身体暴力（Glass，2014）。通常，虐待发生在那些对亲密关

系缺乏安全感的夫妇（尤其是女性）身上（Machado et al.，2014）。

同性恋关系中的暴力　刚刚提到的针对美国女性的暴力的调查发现在与同性伴侣一起生活的男性和女性中，35.4% 的女性和 21.5% 的男性在他们的一生中曾经历过亲密伴侣的身体暴力。此外，美国疾病控制和预防中心发现，一生中曾遭遇强奸、身体暴力或亲密伴侣跟踪的人在女同性恋者中占 43.8%，在双性恋女性中该比例为 61.1%，而在异性恋女性中该比例为 35%。在男同性恋者中这一比例为 26%，在双性恋男性中这一比例为 37.3%，而在异性恋男性中该比例为 29%。

关于男同性伴侣之间和女同性伴侣之间的关系暴力的研究表明（尽管很少），暴力在二者之中发生的概率几乎一致。也就是说，在动力机制上它们与那些有虐待倾向的异性关系是相似的，酒精、毒品和嫉妒往往是主要影响因素（Alexander，2002，1995；Shwayder，2013）。男同性恋者被认为比男异性恋者更少虐待他们的伴侣，但是女同性恋者比女异性恋者更有可能虐待她们的伴侣（Nuwer，2014）。打人的女同性恋者比打人的男同性恋者更倾向于寻求治疗，尽管关于这方面的资料并不多。

跟踪：暴力关系结束后的虐待　跟踪（stalking）是指对他人反复的、充满恶意的跟随或骚扰。我们在一些作品中会看到一些情绪不稳定的人跟踪名人的故事。但跟踪也可能发生在一方试图结束一段涉及身体和情感虐待的关系后，占有欲强、嫉妒心强、被拒绝的一方试图赢回另一方或试图采取报复时。在一项针对 144 名女大学生的研究中，

那些处于虐待关系中的人比那些没有这种关系的人更容易被跟踪（Logan et al.，2002）。

丈夫和妻子之间的暴力

更古老的术语，如"殴打妻子"和"虐待配偶"，已经被一个更通用的术语代替了：亲密伴侣暴力（intimate partner violence），它被定义为一个人（男性或女性、已婚者或未婚者、异性恋者或同性恋者、现任伴侣或前任伴侣）对伴侣的身体和（或）精神的虐待。婚姻暴力是指丈夫攻击妻子或妻子攻击丈夫。

亲密伴侣暴力的发生率是多少　很多亲密伴侣从来没有就他们之间的暴力行为向警方报案，也没有向研究人员承认。

- **一些暴力事件——1/6**　一项对近 900 万对异性恋夫妇的研究发现，每 6 宗婚姻中就有一宗发生了暴力事件（Gelles and Straus，1988）。根据 2005 年行为风险因素监测系统调查，23.6% 的女性和 11.5% 的男性报告了一生中至少经历过一次亲密伴侣暴力（DeNoon，2008）。最近人们发现大约有 1/4 的女性和 1/9 的男性曾经历严重的亲密伴侣暴力、亲密伴侣接触性暴力或亲密伴侣跟踪导致的伤害、恐惧、创伤后应激障碍、对受害者服务的使用和性传播疾病等影响（Truman and Morgan，2014）。

- **言语攻击——3/4**　在美国的一项对异性伴侣的全国性研究中，3/4 的男性和女性承认在以往的一年以内曾口头攻击（威胁、诅咒）他们的伴侣（Straus and Sweet，1992）。

- **身体虐待——12%**　另一项对异性夫妇的研究表明，12% 的成年亲密伴侣遭受了来自伴侣的某种身体虐待（Renzetti and

Curran，2011）。

- **伴侣强奸——9.4%** 在美国，近 1/10 的（9.4%）的女性（大约 1 120 万）在她们的一生中被亲密的伴侣强奸过（Breiding et al.，2014）。

- **亲密暴力的受害者——76%** 在非致命亲密暴力的受害者中，76% 的人是女性，24% 的人是男性（Truman and Morgan，2014）。

很明显，女性比男性遭受了更多的暴力。大约 48% 的亲密伴侣暴力导致了受害者受伤，大多数是瘀伤或割伤（Truman and Morgan，2014）。亲密伴侣暴力的受害者（11%）比来自直系亲属或其他亲属的暴力的受害者（各 4%）更有可能遭受严重伤害，如性暴力伤害、枪击、刀伤、内伤、昏迷或骨折。

2 种婚姻暴力：父权恐怖主义和一般夫妻暴力 社会学家迈克尔·约翰逊（Michael Johnson）在虐待关系方面做了大量研究后确定了以下两种暴力。

- **父权恐怖主义——从完全控制的需要出发** 作为这两种暴力形式中更极端、更不常见的一种，父权恐怖主义（patriarchal terrorism）是男性实施的暴力，他们认为必须采用必要的手段控制"他们的女人"。这是单向暴力，即一个男人指挥一个女人。这名女子被视为"我的财产"，她必须挨打，这样"她才能待在自己的位置上"。

- **一般夫妻暴力——从控制特定情况的需要出发** 它造成的伤害通常不那么严重，一般夫妻暴力（common couple violence）是指伴侣之间因日常分歧被过度放大而产生的暴力。这种暴力可能是女性对男

性的，也可能是男性对女性的，其动机是为了控制争议中的具体情况。

暴力的循环：3 个阶段 丽诺尔·沃克（Lenore Walker）提出了一种特别适合父权恐怖主义的 3 阶段暴力循环（cycle of violence）：（1）紧张加剧；（2）升级和爆发；（3）暴力事件之后的平静、悔悟和善意——在循环再次开始之前。

- **阶段 1——紧张加剧** 轻微的冲突会造成紧张的局面。丈夫可能对妻子有轻微的身体虐待行为。妻子试图与丈夫和解，或者游离在外避免激怒丈夫，但她和丈夫的怒气不断增强。关系的紧张程度继续加剧，丈夫变得更具攻击性。

- **阶段 2——升级和爆发** 状况不断升级，直到丈夫勃然大怒（有时，在长期施虐的案例中，通常是妻子为了"结束某件事"触发的），然后殴打他的配偶。酒精问题通常在循环中扮演重要角色（Kaysen et al.，2007）。

- **阶段 3——平静、悔悟和善意** 当紧张解除后，生活恢复平静。这一阶段通常被描述为蜜月阶段，因为这一阶段有明显的情绪缓解感情升温。丈夫表达了忏悔和善意，送上鲜花和礼物，并承诺不再重蹈覆辙。妻子认为"这一次，他是认真的"，并原谅了他。在第一阶段再次开始前，生活恢复平静。这就是为什么警察在撰写最初的殴打报告时给受害者的伤口拍照（高质量的数码照片）是重要的。通常，受害者之后不会再追究这些事（Buckley，2007）。

婚内强奸 从传统观点上来说，婚内强奸（marital rape）指一个人被配偶强奸。丈夫对妻子的强奸被认为是荒谬的，因为妻子

被认为是他的"财产"。女性运动改变了这种看法，现在在美国的每个州，婚内强奸都是违法的（但在一些州，只有在夫妻分居的情况下，婚内强奸才是违法的）。尽管如此，它仍在出现。根据一项研究，有10%~14%的妻子被丈夫强迫进行非自愿的性行为（Martin et al.，2007）。

在被强奸后，一些妻子责怪自己，因没有成为更好的配偶而感受到负罪感。其他妻子则对丈夫感到愤怒，感到强烈的羞辱感，觉得遭到了背叛（Finkelhor and Yllo，2018）。不幸的是，很少有妻子向警察报告婚内强奸（Gordon，2016；Postmus et al.，2009）。此外，许多人，包括警察和受害的妻子都认为婚内强奸只是正常的"夫妻关系"的一部分，而不像陌生人或熟人强奸那么严重（Hasday，2000）。

暴力家庭的特征　家庭暴力发生于各个社会阶层、种族和年龄。甚至中产阶级和上层阶级的家庭中也可能出现暴力，尽管它不太可能吸引警察的注意，因为他们更有可能避免泄露隐私，他们的医生不倾向于报告伤情，而且他们比下层阶级的家庭的人有更多的机会向朋友和顾问求助（Buzawa and Buzawa，2003）。

即便如此，正如表13-2显示的那样，一些风险因素与家庭暴力的关联度比其他因素更大。正如约翰逊所说："暴力背后的核心动机是男人想控制'他的'女人的欲望。"

表 13-2　引发暴力的家庭风险因素

男性的年龄在18岁至24岁
家庭处于贫困水平，有经济上的担忧
男性失业或从事兼职工作；女性外出工作
男性在高中时辍学了
其中一个人或两个人酗酒或滥用其他药物
男性在口头上和身体上虐待妻子
家庭与邻居和亲戚相隔离，处于孤立状态
男性相信传统的家庭刻板印象和性别刻板印象
男性嫉妒心强，经常与妻子发生冲突

资料来源：Avdibegovic et al., 2017; Edwards et al., 2003; Gelles, 2016; Loseke et al., 2005; Macmillan and Gartner, 2000; Murrell et al., 2007; Rode et al., 2015; Taylor, 2013; Bachman, 1994; Brookoff et al., 1997.

家庭暴力的一个重要因素是**外溢效应**（spillover），**即生活的一个领域（如工作）对其他领域（如家庭）的影响。**正如你可能预期的那样，经历工作压力的男性和在职业等级阶梯中较低的职位上工作的男性，随着经济资源的缺乏，更容易对伴侣采取暴力行为（Fox et al.，2002）。

为什么人们会处于暴力的关系中　受害者——尤其是与有暴力倾向的男性生活在一起的女性——与虐待她们的伴侣待在一起的原因有很多。

■　**对伴侣的恐惧、被孤立或贫穷**　一些受害者担心，如果他们离开伴侣，他们将遭受可怕的暴力，甚至可能被杀害。在美国，至少有 1/3 的女性谋杀案受害者是被男性亲密伴侣——丈夫、前夫、男朋友（或与自己分手的爱人）——杀害的（Gerney and Parsons，2014）。实际上，据称在约 3/4 女性被男性伴侣杀害的案件中，女性当时正试图离开这段关系（Vartan，2014）。

受害者也可能害怕孤独，特别是当施虐者已经有效地切断了受虐伴侣所有的外部关系时（Malkin，2013；Zink et al.，2006）。最后，对依靠丈夫的低收入女性来说，她们担心经济困难。事实上，受害者可能会觉得自己无处可去。

■ **爱、怜悯、责任、内疚、希望**　事实上，受害者可能爱着施虐者并给予过承诺。事实上，她 / 他可能会同情伴侣，特别是在暴力事件后，施虐者卑微地道歉并承诺会有所改变时。受害者可能会觉得兑现他们的婚姻承诺和保持家庭团结是他们的责任，特别是当有孩子的时候。他们可能会因为觉得婚姻的不幸是自己的过错而感到内疚——事实上，他们可能认为自己应当遭受暴力。此外，他们可能希望施虐者改过自新——他们认为如果自己可以再原谅他 / 她一次，最终对方就会有所改变。

■ **低自尊、童年经历、习得性无助**　一个自尊水平高的受害者会留在这样的关系中吗？自尊水平低确实是一个大问题。因为很多施虐者让受害者相信他们毫无价值，受害者可能会相信事实就是如此。有一种理论认为，受虐女性之所以留在这种关系中，是因为她们的习得性无助（learned helplessness）——她们的受虐经历让她们相信自己无法控制影响她们的重大事件（Walker，2016）。这种消极和自卑的种子

可能已经在童年时期就被埋下了（Torr and Swisher，1999）。

逃离家庭暴力　好消息是，当处于受虐待关系中的女性相信她们有能力阻止暴力，并下定决心这样做时，许多人能够做到这一点。根据凯伦·罗森（Karen Rosen）和桑德拉·斯蒂思（Sandra Stith）对 22 名 16 ~ 32 岁、经历过 10 个月至 9 年不等的虐待关系的女性所做的一项研究，逃离的过程分为 5 个阶段。

■ **体验到怀疑**　这位女性开始怀疑继续留在这段关系是否明智。

■ **转折点**　接着是影响这位女性动机状态的转折点，比如，特别严重的殴打。

■ **分离和重新评估**　接下来是一段时间的客观反思——以一种超然的眼光看待形势，然后是重新评估——重新评估其意义和有什么自己可以做的事情。

■ **思想的转变**　也许是受到了像是最后一根稻草的虐待事件的影响，这位女性的思想开始从留在这段关系转向离开这段关系。

■ **突破自由**　最后一个阶段是非常难以完成的。这个女人可能需要使这个男人被逮捕、申请对他的法律限制令、去往一个避难所或安全屋，或者离开小镇（Rosen and Stith，1997）。

第 6 个阶段可能是重建家庭生活，如习得工作技能和一份新工作、让孩子们上新学校等。这一重建过程是非常困难的，有时，如果一个女人试图重建的尝试失败了，她就有可能回到一段受虐待的关系中。

谁是受害者　警方经常收到有关家庭暴力的投诉，但可能并不总是清楚是谁在虐待谁。过去警察常常避免在这种情况下进行逮捕，但现在美国许多州的法律变化使逮捕和起诉变得更容易了。有时，受虐待的配偶会获得保护令，以对抗伤害他 / 她的人。你觉得保护令的有效性有多强？

处理家庭暴力　处理家庭暴力主要有以下 3 个要点。

■ **干预**　当暴力受害者寻求朋友、警察或公共机构的帮助时，他们可以开始扭转乾坤（Gordon，2016）。一项研究发现，寻求**保护令**（protection order）（**一项禁止一个人威胁、骚扰或伤害受害者的法院命令**）的女性受到侵犯性伴侣的虐待、跟踪、工作骚扰等威胁的程度明显降低（McFarlane et al.，2004）。在没有干预的情况下，受害的女性往往会很快再次受害，而且暴力往往会随着时间的推移而增加（Hazler，1996）。

在过去，警方通常避免就有关夫妻暴力的案件实施逮捕，但近年来法律的变化使逮捕和起诉殴打罪变得更容易。根据一些研究，针对虐待行为的强制逮捕政策确实阻止了反复的攻击，甚至将攻击扼杀在"摇篮"里，尽管强制逮捕的有效性仍然值得怀疑（Buzawa and Buzawa，2003；Cho and Wilke，2010）。一些地方也有"不放弃"起诉政策，即由国家而不是受害者提出指控。这样做的理由是，一些暴力受害者因害怕受到施虐伴侣或前伴侣的报复而不敢起诉，因此国家承担起了做这件事的责任。

■ **庇护所和安全屋**　在许多城市，女性和儿童可以通过前往女性庇护所（women's shelter）或受害者庇护所（victim shelter）来逃避施虐的伴侣，该类庇护所不仅提供食物和住宿，而且提供金钱、食品券、咨询以及法律、医疗和就业援助等其他帮助。同样重要的是，这些庇护所使受虐女性意识到她们并不是唯一面临这些问题的人。

女性庇护所是为受虐待女性提供临时住所的私人住宅，它与许多庇护所一起运作，只有居民和庇护所工作人员知道它的存在。

大多数虐待的受害者是女性，但也有一些受害者是男性。他们不被允许住在女性庇护所和安全屋，但他们可以得到汽车旅馆的房间和其他支持性服务。

■ **针对施虐者的治疗方案**　治疗方案旨在改变施虐者的行为，包括有关减轻压力、改善沟通技巧和类似事项的团体和个人治疗。受害女性坚持认为她们的伴侣得到这种帮助非常重要。

尽管这些项目中的一些可能成功，但其有效性难以确定（Babcock et al.，2004；Davis and Taylor，1999；Stith et al.，2003）。根据一些研究，在那些参加志愿项目的人中，2/3 到 3/4 的人已经放弃了他们的暴力行为（Gelles，2008）。

虐待和忽视儿童

作为一名大学生，你在童年时期被虐待的可能性有多大？在一项针对 1 770 名大学生的研究中，有 6.3% 的人说他们曾被父母虐待过。他们说，他们的父母要么太严厉，要么太宽容，他们抑郁、愤怒或酗酒，通常总是处于冲突且缺乏支持的状态（Wright, 1985；Wright et al., 2009）。这样的家庭背景听起来熟悉吗？

虐待和忽视儿童是非常严重的问题。虐待儿童（child abuse）一般指成年人对不满 18 岁的儿童的身体上的或口头上的侵犯行为。性虐待也是虐待儿童的一种形式。性虐待（sexual abuse）涉及成年人操纵或胁迫未成年人发生性行为。

儿童忽视（child neglect）是指针对儿童的身体上的忽视，如没有提供足够的食物、衣服、医疗保健或安全，或者情感上的忽视，如没有提供足够的照顾、关注和指导。身体上的忽视几乎总是会导致情感上的忽视，尽管这一说法如果反过来不一定正确——情感上的虐待不一定会导致身体上的虐待。

2010 年，美国卫生和人类服务部发布了一项调查结果，国会授权的第四次全国发病率研究中对儿童虐待和忽视的研究（NIS-4）估计，在美国，遭受虐待和忽视的儿童从 1993 年的 125 万增至 1996 年的超过 280 万，人数几乎翻了一番（Sedlak et al., 2010）。在同一时期，受重伤的儿童人数从大约 14.3 万人增至近 57 万人。该报告还估计，在 1993 年，被研究确定为受到虐待和忽视的儿童中，只有 28% 的人接受了国家儿童保护服务机构的调查，与 1986 年的 44% 相比，数量显著下降。人们在学校发现的处于危险中的儿童数量最多，然而美国各州只调查了其中的 16%。

NIS-4 调查的其他结果包括以下内容。

■　**单亲家庭的孩子**　单亲家庭的孩子遭受身体虐待的风险比一般家庭的孩子高 77%，受到身体忽视的风险比一般家庭的孩子高 87%，遭受严重伤害的风险比一般家庭的孩子高 80%。

■　**大家庭的孩子**　较大的家庭中的孩子遭受身体忽视的可能性几乎是独生子女家庭的孩子的 3 倍。

■　**低收入家庭的孩子**　来自年收入低于 15 000 美元的家庭的孩子遭受虐待的可能性是来自年收入超过 30 000 美元的家庭的孩子的 22 倍以上。贫困儿童遭受性虐待的可能性是其他儿童的 18 倍，遭受教育忽视的可能性是其他儿童的 56 倍，受重伤的可能性是其他儿童的 22 倍。

■　**女孩**　女孩遭受性侵犯的次数是男孩的 3 倍；不过，男孩比女孩更容易遭受情感忽视和严重的伤害。然而，对所有的儿童来说，性虐待的影响更大，最早的性虐待从儿童 3 岁时开始。虽然儿童期身体虐待在男性中更为普遍，但其在女性中引发的长期健康后果更为严重（Thompson et al., 2004）。

■　**种族和民族**　在虐待发生率方面没有显著的种族或民族差异。

美国儿童局报告称，2016 年，每 1 000 名儿童中约有 9.1 人是被虐待或被忽视的受害者（The Children's Bureau, 2018）。儿童保护基金会（The Children's Defense Fund）提供了一些细节，他们称在美国，每天都会发生以下事情：

4 名儿童因受到虐待或忽视死亡；

6 名儿童或青少年自杀；

7 名儿童或青少年遭遇枪击并死亡；

167 名儿童因暴力犯罪被捕；

384 名儿童因毒品犯罪被捕；

1 836 名儿童被证实受到虐待或忽视。

儿童受虐待的风险因素　儿童虐待存在于各种收入水平、种族、民族和宗教的家庭中，尽管贫困和非白人家庭中儿童遭受虐待的情况比中产阶级和上层白人家庭多。其他风险因素如下。

■　**家庭体罚史**　施虐父母通常曾受到自己父母经常性的体罚，而且他们（和很多人一样）倾向于相信体罚（如打屁股）是一种维持纪律的手段（然而，大多数儿童时期受到虐待的父母自己并没有成为施虐者）。在一些强调体罚的家庭中，夫妻之间也可能存在虐待。

■　**对孩子有不切实际的期望**　父母对孩子的发展往往有不切实际的想法，比如期望孩子在 1 岁前学会上厕所。父母可能认为他们的孩子"不令人满意"，而这仅仅是因为他们是非婚生子女、生来就有先天缺陷（发育障碍、智力迟钝），或者过于挑剔和多动（Kornin，2017）。

■　**其他因素**　通常施虐的成年人是男朋友或继父，他们是那种不太可能对小孩子比对血亲投入更多的人（Alexandre et al.，2010）；他们经常出现酗酒的情况（Widom and Hiller-Sturmhöfel，2001）。许多受虐待的儿童是在遭受社会孤立和排挤、经历经济困难的家庭中长大的，这些家庭位于收入低、不安全的社区。在美国，2 岁以下的儿童在父母完成兵役归来后的 6 个月内可能会面临更高的虐待和忽视的风险（Taylor et al.，2015）。

儿童虐待的影响　曾在儿童时期遭受虐待的成年人倾向于表现出一些不良行为（Hunter，2014；Muller and Lemieux，2000；Windom，1999）。

■　**身体和精神问题**　许多遭受虐待的儿童承受着身体伤害导致的疤痕、身体残疾，甚至创伤后应激障碍的影响，他们往往有自杀企图。

■　**情感和发展问题**　受虐待的儿童往往表现出自尊水平低、攻击性强、抑郁、焦虑、行为问题多、智力低下、酗酒和药物滥用问题，他们普遍不快乐。遭受性虐待的女性可能会变得滥交。

■　**亲密关系问题**　受虐待的儿童可能会有发展亲密关系受阻的问题——感觉自己被孤立、有沟通问题、难以信任他人。大约 1/3 的人长大后会成为施虐者。

儿童性虐待　关于儿童性虐待的数据各不相同。美国卫生与公众服务部发现，受虐待的儿童中有 9.5% 的人遭受过性虐待（The Children's Bureau，2018）。据报道，每年儿童性虐待会发生多达 80 000 次，但是实际的数量可能更大，因为孩子们不敢告诉别人发生了什么（American Academy of Child and Adolescent Psychiatry，2011）。其他研究人员估计，1/6 的男孩和 1/4 的女孩遭受过性虐待（Whealin and Barnett，2007）。

儿童性虐待可能是由与儿童没有亲属关系的个体实施的——家族外虐待（extrafamilial abuse），**也可能是由与儿童有亲属关系的个体造成的，包括继亲属**——家族内虐待（intrafamilial abuse）。性虐待可以有多种形式。一份报告称，"1/4 ~ 1/3 的女孩和 1/7 ~ 1/5 的男孩在 18 岁之前曾遭到性侵，这种情况在家庭中发生的概率非常高"（Fontaine，2013）。

儿童性虐待的许多后果与一般的儿童虐

待的后果是一样的。此外，遭受性虐待的人可能会出现与性有关的问题。比如，女性报告抑郁症、肥胖、适应不良的性发育、自残和更多的重大疾病（Trickett et al., 2011）。男性则报告在射精方面有困难（O'Driscoll and Flanagan，2016）。

虐待和忽视老年人

还有其他形式的家庭暴力——比如，青少年对父母实施的暴力行为或兄弟姐妹之间的暴力行为。大卫·芬克霍及其同事的一项研究发现，35% 的儿童报告称，他们在前一年曾受到兄弟姐妹的攻击。近年来，一种家庭暴力形式已经引起了公众的注意，那就是虐待老年人——孩子（或孙子、监护人）对老年人实施的暴力行为，以及忽视老年人——孩子（或孙子、监护人）在照顾和治疗老年人方面出现的疏忽行为（Carp，2000）。

虐待老年人（elder abuse）可以涉及任何形式的虐待，它会伤害老年人或导致老年人死亡，一般可以分为以下类别：身体虐待、性虐待、心理虐待、经济虐待和忽视。根据美国的全国防止虐待老人委员会（National Committee for the Prevention of Elder Abuse，NCPEA）的数据，有 4% ~ 6% 的老年人曾受到虐待（NCPEA，2008）。

NCPEA 还确定了 3 种虐待类型（France，2006）。

- **新恋情中的人是虐待狂** 尽管一个人可能很幸运地曾经与前配偶在一起幸福地生活，但在生命的最后时期，他的新伴侣可能是一个虐待狂。

- **晚发性家庭暴力** 这种虐待发生于长期的、普通的婚姻中，可能是配偶健康状况恶化（如脑损伤、中风和其他老年疾病）等事件意外地导致了充满暴力和恐惧的环境。

- **年长化的家庭暴力** 这可能是最常见的一种家庭暴力，这种类型的暴力始于早婚，并会持续数十年。日本已经出现了一种变体，在那里，年长的妻子报告说自己患有"退休丈夫综合征"（RHS），这是一种与压力相关的症状，是由最近退休的丈夫突然出现的吹毛求疵、背后说人坏话的问题引起的（Faiola，2005）。

虐待的其他原因包括受害者的身体机能受损（如阿尔茨海默病）（这挑战着照顾者的耐心）；人们必须支付老年人的医疗费用；老年人对照顾者的依赖程度（或者照顾者对老年人的依赖程度）过高（Dong et al.，2014）。一些已经成年的子女或孙辈厌倦了这种责任，可能会抛弃奶奶——在医院门口抛弃一个没有身份证明的老人。

最可能受害的是年老的女性（她们通常患有阿尔茨海默病等精神障碍），这可能是因为她们的寿命比男性更长；53% 的施虐者是男性（Tatara et al.，1998）。表 13-3 列出了虐待老年人的类型、施虐者的一些特征和受害者的特征。

表 13-3　虐待老年人的类型以及施虐者和受害者的特征

虐待老年人的类型
身体虐待——62%
遗弃——56%
情绪 / 心理虐待——54%
经济 / 物质虐待——45%
忽视——41%

虐待老年人的施虐者
配偶 / 伴侣——57%
熟人——19%
子女 / 孙辈——10%
其他亲戚——9%
陌生人——3%
拒绝回答——2%
男性——53%
年龄在 41 岁到 59 岁——38%
年龄在 40 岁以下——27%

受害者
老年人中最有可能受害的人：年龄在 75 岁到 85 岁、有身体或精神障碍的中下中产阶级白人女性
白人——84%
黑人——8%
拉丁裔——5%
亚裔——2%

资料来源：Acierno et al., 2010; Tatara et al., 1998.

13.4　应对策略：处理压力和危机的成功方法

核心内容：

比较良性的压力源和恶性的压力源，列出 8 种重要的防御机制，区分适应和应对，并且描述 5 种应对策略

> 概述　首先，我们将讨论良性的压力源和恶性的压力源的类型，以及人们用来应对压力的 8 种防御机制。其次，我们将描述 5 种减少压力源的生活策略。

正如我们所见，压力源可能是恶性的，比如在爱情中被拒绝、被解雇，或者被殴打。我们在本章前面的内容中讨论的令人沮丧的危机和暴力清楚地代表了一长串恶性的压力源。但是压力源也可以是良性的。

良性的压力源和恶性的压力源

加拿大著名的压力研究员汉斯·塞利（Hans Selye）指出："我们所面对的事件或情境是愉快的还是不愉快的并不重要；最重要的是调整和适应的强度。"

当压力的来源是一件积极的事情时，它

被称为积极压力源（eustressor），它的影响被称为积极压力（eustress）。积极压力能刺激一个人尽自己最大的努力更好地应对和适应。

当压力的来源是一个消极的事件时，它被称为消极压力源（distressor），它的影响被称为消极压力（distress）。虽然当一个人面临身体威胁时，痛苦是有帮助的，但过多的这种压力会引发疾病。当压力源一个接一个地出现时，它们会引发压力源过载（stressor mechanisms）——也就是说，不相关但不断出现的小压力源会导致一个人或他的家人崩溃，可能导致身体疾病、精神疾病或家庭暴力（Boss et al.，2016）。我们不能总是预防压力源，但我们可以学习认识它们并发展管理压力源和压力的方法。

防御机制

消极压力源引发焦虑和沮丧，这常常导致我们使用一些防御机制或无意识的方式来否认、伪装、改变导致焦虑和沮丧的行为，或者为之辩解。虽然防御机制通常是人们处理困难的正常的甚至健康的方式，但它们如果妨碍人们处理现实问题或沟通，就可能成为问题。

下面是 8 种重要的防御机制。

■　**压抑**　压抑（repression）是"有动机的遗忘"，是对任何引起压力的事情无意识的屏蔽。

比如，童年时遭受性虐待的受害者可能会把发生在他们身上的事情藏在他们的记忆深处。

■　**否认**　否认（denial）是指拒绝相信会引发焦虑的信息。

比如，一个娶了个酒鬼的男人可能会否认她有严重的酗酒问题，而选择认为"她可以和最好的朋友一起狂欢"。

■　**合理化**　合理化（rationalization）是指一种断言，即断言非理性行为的原因是"理性的""好的"。

比如，一些讨厌大学生活的人可能会为辍学找借口说："现在没人雇用大学毕业生了。"

■　**置换**　置换（displacement）是指将一个人的感觉从真正的目标转向一个威胁较小的替代品。

比如，一名学生考试不及格并为此而生气，她那天晚上可能会把怒气发泄在男友身上。

■　**投射**　投射（projection）是指将不被接受的冲动或特征归咎于他人。这是寻找替罪羊的基础——指责一个群体，认为其应该为另一个群体的错误负责。

比如，那些说"人人都作弊"（在考试中、在面对配偶时、在纳税方面）的人很可能自己也在作弊。

■　**反向形成**　当人们表现出与真实感觉相反的感觉时，反向形成（reaction formation）就会发生。

比如，为了向世界"证明"自己不可能希望父亲死去，一个冷漠的儿子可能会坚持要求医生尽可能地挽救他垂死的父亲。

■　**退行**　退行（regression）是指人为了"避免"当下的威胁，表现出更孩子气或幼稚的行为。

比如，在父母离婚或弟弟妹妹出生后，孩子可能会再次尿床或吮拇指。

■　**升华**　升华（sublimation）是指一种社会建设性的行为，是人们为了掩饰不可接受的行为形成的防御机制。

适应与应对策略

根据美国心理学会（American Psychological Association）的一项调查，尽管一项对 2 000 名美国成年人的研究发现 47% 的人担心他们生活中的压力水平，但只有大约一半的人在努力控制压力。其他人说他们试图通过暴饮暴食、吸烟和其他坏习惯来应对。许多人（男性多于女性）倾向于通过否认、压抑和不分享自己的感受、责备他人、参加运动和滥用酒精来适应压力（American Psychological Association，2010；Mayor，2015）。**适应（adaptation）并不是改变压力源或压力。**

相比之下，在其他人中，女性比男性更倾向于使用积极的应对策略，其中包括表达情感和分享他们的担忧。**应对（coping）就是改变压力源或者改变你对它的反应。**防御机制是无意识的，而应对策略是有意识的（Cramer，1998，2000）。**应对策略（coping strategies）通常是应对压力、疼痛、恐惧和其他由压力源引起的问题的现实且有用的方法。**重要的是你要意识到，在应对危机、暴力和虐待时，你可以积极地、主动地采取措施。

我们描述了 5 种对抗压力的应对策略（生活策略）：（1）减少压力源；（2）管理你的情绪反应；（3）建立一个支持系统；（4）照顾好你的身体；（5）培养放松技巧。

生活策略 1：减少压力源

"减少压力源"似乎是一个显而易见的建议，但是令人惊讶的是，一些事情之所以会持久地成为压力源通常是因为处理它

是如此令人不舒服。比如，你的工作进度落后了，你必须向你的导师或老板解释你的问题。

这可能不容易，但所有这些问题都是你可以处理的事情，而且咨询顾问的建议可能是有帮助的。逃避和拖延只会让事情变得更糟。

生活策略 2：管理你的情绪反应

学习管理你的情绪反应是至关重要的。很多时候，你对压力源无能为力，但是你可以对你的反应做点什么。以下是一些管理情绪反应的技巧。

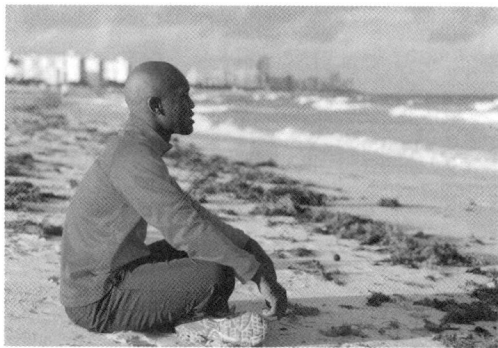

生活的策略　我们都需要找到现实的方法来应对压力和恐惧。幽默、乐观、希望，还有简单的放松，都是改善心理健康的方法。什么方法对你来说是有效的？

面对现实并控制所有破坏性的冲动　你可能会很容易变得愤怒，你责备他人、玩受害者游戏、陷入无助、从情感上脱离你的伴侣或家人，或者退回到酒精中。然而，所有这些活动只会使危机加剧，削弱你与伴侣沟通的能力。一项针对 50 宗成功婚姻的研究发现，更好的方法是尝试以一种现实的观点看待这一情况，并尽早解决它（Wallerstein and Blakeslee，1995）。

利用重构来积极地感受和行动　你真的能让自己积极地去感受和行动吗？你确实可

以。一些研究发现，面带微笑会带来这种表情代表的感觉。事实上，面部动作可以引发情绪变化（Nassif and Shellow，2014）。

你也可以把你"内心的声音"当成能带来成功的力量。临床心理学家哈丽雅特·布莱克（Harriet Braiker）说，积极的自我对话包括给自己积极的信息，如"你能行""你以前做得很好"，以纠正你思想上的扭曲。这被称为重构（reframing）或认知重构（cognitive reframing）——你重新定义一个情况的意义，并将这种方法作为改变你对它的认知的一种方式（Bloom and Bloom，2017）。

寻找乐趣，保持幽默感，保持希望　成功处理危机的夫妇会尽量保持活跃，做以前想做的事情，即使他们已经不再觉得喜欢做这件事了，比如外出吃饭、看电影、旅行，以此来避免悲剧接管他们的生活并使他们患上抑郁症（Firestone，2011）。

生活策略 3：建立一个支持系统

一个人做事情可能很难，所以重要的是记得：你不是一个人，很多人都忘记了这一点。无论你遇到了什么困难，你都可以得到情感上的支持，但是你必须向外寻求它。

社会支持系统　社会支持系统对你处理压力的能力有很大的影响（American Psychological Association，2015b；Mayo Clinic，2018）。

■ **单身**　年龄在 25 ~ 64 岁的单身男性死于心脏病的概率比同年龄段的已婚男性高。事实上，单身、离异和丧偶人群的死亡率总体上高于已婚人群。

■ **社会孤立**　不与他人或组织接触的人更容易患慢性疾病。那些更容易移居的人（我们推测他们的社会联系更少）更容易患

抑郁症、心脏病和肺癌。

■ **利他－利己主义**　利他－利己主义（altruistic egoism）是你在合作的过程中，帮助他人满足他们的需求，他们反过来帮助你满足你的需求（Selye，1974）。

你的应对资源　你与他人的关系有多紧密对你处理压力的能力有重要影响。归属于一个与你志趣相投的人组成的群体对帮助一个人应对生活中的压力源和压力有帮助。下面是一些形式的支持。

■ **在家庭成员中寻找支持**　家庭成员是人在处理危机和压力时重要的、能提供爱和情感支持的资源之一（Harper et al.，2000）。在一些家庭，宗教信仰能带来很大的帮助（Ai，2006；Rettner，2015）。研究表明，简单的依偎实际上可以降低血压、减轻压力（Grewen et al.，2005），而且女性在面对压力事件时，牵着丈夫的手可以减轻焦虑（Coan et al.，2006）。

■ **和朋友聊天，和朋友一起做事**　真正的朋友不只是你认识的人。他们是你可以信任的人，你可以诚实地与他们交谈，并从他们身上获得情感寄托。比如，研究表明，参与活动的学生越多，他们患抑郁症的概率就越低（Reifman and Schetter，1990）。

■ **加入一个支持小组或与顾问交谈**　自助团体（如匿名戒酒会）关注的领域包括药物成瘾、配偶虐待、强迫性购物、中风和各种形式的丧亲。你也可以从心理咨询师那里得到有偿或无偿的情感支持（包括电话热线）。

生活策略 4：照顾好你的身体

当你感到有压力时，大脑和身体之间的

互动会变得特别明显。如果你饮食状况不佳，运动不足，睡眠不足，或者服用药物，这些对身体的虐待只会让你的大脑感觉更糟。以下是一些相关的减压技巧。

■ **合理饮食**　糖是很诱人的。当你感到疲惫时，一块糖或几瓶啤酒（酒中含有糖）似乎能让你振作起来。然而，吃糖带来的好处很快就会消失。脂肪，如汉堡包、薯条和冰淇淋中的脂肪，会让你变得懒散（而过多的脂肪会使你患心脏病和中风的风险增加）。最佳建议：如今大多数健康专家建议减少动物脂肪的摄入量；吃粗粮、蔬菜和水果；喝水和果汁，而不是甜味饮料或酒。

■ **适当运动**　运动是一种极好的减压剂、能量增强剂、精神放松剂、睡眠诱导剂、信心建立剂，以及（如果你做得好）娱乐形式（American Psychological Association，2013）。根据威斯康星大学运动心理学实验室的约翰·雷克兰（John Ragland）的研究，40 分钟的运动可以在接下来的 3 个小时内减轻压力，而相同时长的休息和放松只能减轻 20 分钟的压力。

■ **良好睡眠**　我们可能会羡慕那些每晚只需要睡 4 个小时的人，但如果你能睡 6 ~ 9 个小时，那你就在正常范围内。大多数人都缺乏睡眠，但睡眠很重要，因为它可以帮助你从前一天的压力中恢复，给你能量来应对第二天的压力。睡眠质量也很重要。安眠药或酒精实际上会干扰睡眠，使你醒来时感到疲惫而不是精力充沛。

■ **远离药物**　许多药物的诱惑（无论是合法的药物还是非法的药物）都在于它们能在短期内缓解压力。但从长远来看，它们不仅会强有力地控制你的生活，而且会损害你的身体。比如，酒精对肝脏、大脑和神经系统有极其有害的影响，这大大增加了人们生活中的压力。

生活策略 5：学习放松技巧

一些活动被发现是非常有效的减压方式（Snyder，1988）。它们包括深呼吸、渐进式肌肉放松（通过收紧和放松全身的主要肌肉群来减轻压力）、引导想象（你基本上是在做白日梦，就像这个图像是真实的一样），以及冥想（见表 13-4）。一切都值得你去探索。

表 13-4　冥想

• 找一个扎根于你的个人信仰体系中的重点词或短语
• 以令你感到舒适的姿势安静地坐着
• 放松你的肌肉
• 慢慢地、自然地呼吸，呼气时重复你的重点词或短语
• 采用接纳的态度。不要担心你做得好不好。当你想到别的想法时，你只需对自己说"哦，好吧"，然后慢慢地回到练习中来

注：冥想包括重复一个单词、一种声音、一个短语，或者祈祷 10 ~ 20 分钟，人们每天练习 1 ~ 2 次。

资料来源：Benson, 1989.

表 13-5 显示了危机这一主题是如何从三个主要的理论视角来看待的：结构 - 功能视

角、冲突视角和符号互动视角。

表 13-5   危机观：比较 3 种社会学理论视角

结构 – 功能视角（宏观取向）
• 人际关系中的危机可能有助于将社会成员凝聚在一起，促进社会团结
• 主要的社会机构，如政府、教育机构和宗教机构，都支持人们拒绝家庭和亲密关系中的暴力和虐待

冲突视角（宏观取向）
• 关系中的危机会增加社会冲突和社会的潜在经济成本
• 媒体描绘了男性的主导地位以及对暴力和虐待的接纳
• 社会体系为男性和女性创造了性别角色，导致了对女性和儿童的剥削
• 缺乏有效的经济资源会导致暴力和虐待，并导致人们无法获得负担得起的社会项目，进而无法获得情感和社会支持
• 接受暴力和虐待会导致性别间的不平等

符号互动视角（微观取向）
• 日复一日的互动创造了一个人的社会现实，决定了一个人如何定义压力和暴力，以及在多大程度上倾向于接受暴力
• 在虐待关系和家庭中的早期生活经历促进了暴力和虐待的持续

总结与回顾

13.1 压力、烦恼和危机：寻求坚韧

辨别压力与压力源、压力源的类型及其对心理应激反应的影响，以及坚韧的特点

■ 压力是我们的精神和身体对不寻常的或过量的需求做出的反应。压力既包含身体上的因素，也包含情绪上的因素。对压力的生理反应可能是肌肉紧张、血压升高、出汗、紧张性头痛、肠道不适等。对压力的情绪反应是紧张、焦虑和精神耗竭，甚至暴力倾向。

■ 压力是由压力源触发的，压力源是指引起压力的突发事件。

■ 压力源可以是烦恼，也可以是危机。烦恼只是一些令人沮丧的普通刺激，比如浪费时间带来的焦虑和希望在工作中或大学中达到高标准带来的压力。危机是一种特别强大的压力来源，是事件进程中的关键变化，需要人们改变正常的行为模式。危机可以是正常的生活事件，如怀孕、分娩、换工作，也可以是更严重的事件，如车祸、生理疾病或不忠。

■ 一个人对压力的心理反应受压力的数量、种类和强度，以及一个人的情绪倾向、自尊水平、适应力、应对资源和坚韧程度的影响。

13.2 危机和灾难

来自内部和外部的压力源、家庭生活周期中一些可预测的压力源，以及 6 种不可预测的压力源

■ 压力源可以是来自内部的，也可以是来自外部的。内部压力源是指那些始于家庭内部的事件。外部压力源是指那些始于家庭之外的人或事。

■ 压力源可以是可预测的，也可以是不可预测的。家庭生活周期的 4 个阶段中的每个阶段都有可预测的压力源，从新婚到那些与子女、健康或经济方面的担忧、子女离家和老龄化有关的压力源。

■ 不可预测的压力源包括失业和不充分就业、不忠、药物和酒精依赖、精神障碍、躯体残疾或疾病和死亡等危机。

13.3 暴力和虐待：亲密关系的阴暗面

发生在约会、同居、婚姻关系中的身体和情感暴力及针对儿童和老年人的身体和情感暴力

■ 暴力是对他人身体或情感的威胁或侵害。这是一种特别丑陋的压力形式，无论是亲眼看见的暴力还是亲身经历的暴力，都会对身体和心理造成终生的影响。

- 身体暴力，也被称为殴打，是指威胁或施加身体伤害，从推搡，到打和踢，再到咬和掐，再到刺伤和枪击。一种特殊的身体暴力是性侵犯，这是强奸的法律术语。

- 情绪暴力（或情绪虐待）是语言和心理上的虐待，是会造成情绪痛苦的侵害或威胁。它的形式可能是批评、讽刺、嘲笑和侮辱，或者拒绝与对方交谈或触摸对方，或者限制对方用钱、用车或拜访朋友。此外，还有各种各样的威胁，比如威胁离开、殴打、囚禁，甚至杀死伴侣。

- 暴力可能发生在约会、同居和婚姻关系中。

- 约会暴力可能是嫉妒、性方面的分歧，或者酒精和药物造成的。

- 非自愿性行为涉及人们被强迫进行的从接吻到性交的性活动。强奸是在未经受害者同意的情况下进行的性侵入，对方通过武力、伤害威胁或在受害者喝醉或昏迷的情况下进行。最常见的强奸形式是熟人强奸，这是互相认识的成年人之间的未经某一方同意的性行为。约会强奸是约会对象之间的未经某一方同意的性行为。

- 跟踪是指对他人的反复的、充满恶意的跟随或骚扰。

- 亲密伴侣暴力被定义为一个人（男性或女性、已婚者或未婚者、异性恋者或同性恋者、现任伴侣或前任伴侣）对伴侣的身体和（或）精神的虐待。

- 婚姻暴力是指丈夫攻击妻子或妻子攻击丈夫。

- 婚姻暴力可以是父权恐怖主义或一般夫妻暴力。父权恐怖主义是男性实施的暴力，他们认为必须采用必要的手段控制"他们的女人"。一般夫妻暴力是指伴侣之间因日常分歧被过分放大而产生的暴力。

- 丽诺尔·沃克提出了三阶段暴力循环：（1）紧张加剧；（2）升级和爆发；（3）暴力事件之后的平静、悔悟和善意——在循环再次开始之前。

- 婚内强奸指一个人被配偶强奸，它涉及对配偶使用武力。

- 一个人会因为害怕伴侣、害怕被孤立、害怕贫穷，或者因为爱、怜悯、责任、内疚而处于虐待关系中，并希望关系会改善。一个人也可能因为自卑或童年经历而处于虐待关系中。有些人还会因为习得性无助而处于虐待关系中——他们所遭受的虐待使他们确信自己无法控制影响他们的重大事件。

- 家庭暴力的问题可以通过干预、庇护所和安全屋得到解决。女性庇护所和受害者庇护所不仅提供食物和住宿，还提供金钱、食品券、咨询以及法律、医疗和就业援助等。女性庇护所是为受虐待女性提供临时住所的私人住宅，只有居民和庇护所工作人员知道它的存在。

- 针对施虐者的治疗方案旨在改变

施虐者的行为，包括有关减轻压力、改善沟通技巧和类似事项的团体和个人治疗。

■ 亲密关系中的暴力不仅仅局限于成年人；它也延伸到了儿童。虐待儿童是指成年人对不满 18 岁的儿童的身体上的或口头上的侵犯行为。性虐待也是虐待儿童的一种形式。性虐待涉及成年人操纵或胁迫未成年人发生性行为。它可能从暴露私处和亲吻发展到爱抚和强奸。儿童忽视是指身体上的忽视，如没有提供足够的食物、衣服、医疗保健或安全，或者情感上的忽视，如没有提供足够的照顾、关注和指导。身体上的忽视几乎总是会导致情感上的忽视，这一说法如果反过来不一定正确——情感上的虐待不一定会导致身体上的虐待。

■ 虐待儿童的风险因素包括家庭体罚史、对孩子不切实际的期望和其他因素（如酗酒或药物滥用的问题、在遭受社会孤立和排挤的家庭中长大、家庭中存在经济困难、家庭位于收入水平低且不安全的社区中）。

■ 儿童虐待的影响可以持续到成年，可能包括身体和精神问题、情感和发展问题以及亲密关系问题。

■ 虐待老年人包括对老年人实施的暴力行为，包括身体虐待、性虐待、心理虐待、经济虐待和忽视。

■ 忽视老年人包括在照顾和治疗老年人方面出现的疏忽行为。

13.4 应对策略：处理压力和危机的成功方法

比较良性的压力源和恶性的压力源，列出 8 种重要的防御机制，区分适应和应对，并且描述 5 种应对策略

■ 生活中的压力可能来自好事，也可能来自坏事。当压力的来源是一件积极的事情时，它被称为积极压力源，它的影响被称为积极压力。当压力的来源是一件消极的事情时，它被称为消极压力源，它的影响被称为消极压力。

■ 由于痛苦，个人可能会启动防御机制。防御机制是一种无意识的方式，可以用来否认、伪装、改变导致焦虑和沮丧的行为，或者为之辩解。虽然防御机制通常是人们处理困难的正常的甚至健康的方式，但如果它们妨碍人们处理现实问题或沟通，它们就会成为问题。

■ 8 种常见的防御机制是压抑、否认、合理化、置换、投射、反向形成、退行和升华。

■ 在处理压力时，个人会适应或应对压力源。适应并不是改变压力源或压力。应对是改变压力源或者改变你对它的反应。

■ 为了有效地应对压力，你可以减少压力源，管理你的情绪反应，建立一个支持系统，照顾好你的身体，学习放松技巧。

第 14 章

分离：分居、离婚

核心内容

14.1 分离过程和离婚趋势

14.2 与离婚相关的社会和人口因素，以及与离婚相关的个人因素

14.3 离婚的 6 个方面

14.4 离婚对心理和身体的影响，以及对孩子的影响

本章导读

首先，我们将在第一节讨论离婚趋势。其次，我们将讨论与离婚相关的风险因素。再次，我们将描述离婚的各个方面，如情感和经济方面。最后，我们将讨论离婚对前配偶和子女的影响。

大众文化、媒体和技术

结婚和离婚，爱情和心碎

劳拉·吉普妮斯（Laura Kipnis）在《反对爱情》（*Against Love: A Polemic*）一书中说，婚姻产生了自己的内在规则，这取决于伴侣的倾向。比如，你不能把用过的盘子留到以后才洗，你不能直接喝牛奶瓶里的牛奶，你得用某种特定的方式把洗碗机装好，你不能跳过铺床的步骤，你不能在不同的时间睡觉，你不能在床上吃东西，等等。

在她的那本被评价为滑稽且夸张的书中，吉普妮斯说婚姻是"家庭囚禁"，其结构中包含了监视、约束和禁令（Mead，2003）。事实上，作为一名西北大学教授，吉普妮斯指出，每一部坚持爱是通往未来的幸福和满足的道路的电影都有一个不太乐观的"故事"。

在银幕上演出的人比我们其他人更了解婚姻的不幸吗？或者他们只是没那么有耐心？

1919 年，男演员鲁道夫·瓦伦蒂诺（Rudolph Valentino）与女演员简·阿克（Jean Acker）的婚姻在 6 个小时后告终，这甚至比布兰妮·斯皮尔斯（Britney Spears）

2003 年与杰森·艾伦·亚历山大（Jason Allan Alexander）的 55 个小时的闪电式婚姻还要短。

也许名人的个人生活只是那些为贺曼公司（Hallmark）的信用卡业务工作的潮流达人所寻找的社会潮流的主要指标。1973 年，贺曼公司过早地推出了离婚卡片，而当时人们不想谈论这个话题。一位信用卡公司发言人说："现在正是时候。我们有一个漂亮的系列。"（Wilson，2001）

为什么这么多的爱在心碎中结束，这么多的婚姻以离婚告终？人们是不是就像吉普妮斯所记录的那样，突然厌倦了和另一个人生活在一起，失去了激情？她说："你不能让浴室的门开着，因为有些家庭成员认为这是一种冒犯，但你也不能把浴室的门关上，因为他们可能需要进来，你开车时不能开得太快，或者超过伴侣规定的速度，你也不能跟在后面，或者按喇叭，你不能评价你伴侣的驾驶技术……"

一位离婚女性说，她和她的丈夫在婚礼上只花了 10 分钟就完成了"我愿意"的宣誓，但他们花费了未来的 10 年去确定各自的分工，比如谁照顾孩子、找保姆和家教，以及谁在何时、何地可以用车（Blakely，1995）。

在我们对幸福的渴望中，婚姻是否只是一种令人失望的制度？

14.1　分居、离婚和趋势

核心内容：

分离过程和离婚趋势

概述　首先，我们将讨论如何继续寻找幸福，以及它与分居和离婚或"分离"之间可能存在的联系。其次，我们将讨论衡量离婚的各种方法和离婚趋势。

詹姆斯·莫林今年 24 岁，来自田纳西州的戴尔斯堡，在一个家庭成员亲密无间的家庭中长大。莫林说："我非常想要一个家庭，我忍受不了了。"（Rimer，2002）当他发现短暂地与他交往了一段时间的女朋友怀孕时，莫林与她结了婚。"我爱她，我只是没有完全爱上她，"他说，"但是，我会尽力而为。只要她快乐，我就会快乐。"然而，当他们离婚时，他们才发现原来他们只是在不断地"争吵和狂欢"，两个人都不快乐。

在婚姻中寻求满足感的不仅仅是年轻人。基特·利韦达尔的丈夫与她结束了持续 48 年、有 3 个孩子的婚姻。她 72 岁，而她 74 岁的丈夫遇到了一个年轻的女人。目前，人的平均预期寿命为 78.7 岁，美国律师协会（American Bar Association）的老年人法律委员会主席凯特·韦特拉诺（Kate Vetrano）说，"老年人看到了他们健康的未来，他们决定要让那些岁月变得令人愉快"（Springen，2000）。由于地位的变化，在 40 岁后提出离婚的女性的比例约为 60%（Ellin，2015）。根据美国国家卫生统计中心（National Center for Health Statistics）的数据，在全年龄段的女性中，离婚率为 80%。

持续寻找幸福：我们对亲密关系的期望太高了吗

芝加哥大学社会学家琳达·魏特（Linda Waite）说，婚姻仍然是衡量美国生活的"黄金标准"，因为婚姻可以提供情感、健康和经济利益（Melendez，2002；Wilcox，2015）。事实上，正如社会学家林恩·怀特（Lynn White）所指出的那样，"对于相当一部分美国人来说，它是有效的"（Melendez，2002）。

然而，人们对婚姻中的亲密关系抱有很高的期待，这可能是美国 20 年来离婚率一直如此之高的主要原因，40% ~ 50% 的新婚以离婚告终（Amato，2010；Raley and Bumpass，2003；Stevenson and Wolfers，2007）。一位评论员认为："离婚权之所以在美国文化中根深蒂固，正是因为双方都满意的理想婚姻正是如此。"（Talbot，2000）

重要数据 ⟹ 分居和离婚

- **被解雇会导致离婚吗**　一项研究表明，已婚的男异性恋者被解雇后离婚的概率会提高 32%；然而，妻子的就业状况似乎并不会影响夫妻离婚的概率（Killewald, 2016）。

- **有些种族的离婚率更高吗**　肤色不会导致离婚，但种族和民族往往与其他因素有关，如受教育水平和收入水平，这些可能是离婚的预测因素。黑人的离婚率通常比白人高，因为他们的贫困率过高（Raley et al., 2015）。

- 随着收入水平的提高，黑人的离婚率会下降，就像白人一样（Raschke, 2013）。

- **离婚的主要原因是什么**　一项研究表明，离婚的主要原因是不忠、情感破裂、酗酒或药物滥用，以及日益疏远（Amato and Previti, 2003）。

- **人们需要多长时间来适应离婚**　大多数人需要花 2 ~ 4 年来平复离婚带来的负面情绪（Gottman and Levenson, 1999）。

- 然而，一项研究表明，大约 20% 的父亲和 25% 的母亲在离婚 10 年后仍然在适应离婚（Wallerstein and Blakeslee, 2004）。

- **离婚会如何改变一个人的生活水平**　一项研究表明，女性的家庭收入减少了 41%，女性的损失几乎是男性的 2 倍（U. S. Government Accountability Office, 2012）。

- **离婚的父亲中有多少人不抚养孩子**　大约 50% 的男人在离婚后根本不抚养他们的孩子，甚至不去看望他们（Sorenson and Zibman, 2000）。

高期望　回顾我们在第 1 章中提到的所有期望。

- 我们每个人都有一个灵魂伴侣，他 / 她就存在于这个世界的某个地方。

- 如果我们足够相爱，我们就可以战胜所有问题。

- 伴侣应该是一切：最好的朋友、极好的性伴侣、有共情能力的知己和好的养家者。

- 正常的家庭是由父亲、母亲、孩子

以及近亲组成的彼此联系紧密的单位。

- 完美的家庭"永远在我们身边"，为我们提供爱与支持。

自 20 世纪 50 年代以来，人们越来越强调个人价值观，越来越强调个人成长和自我实现（Guttman，1993；Santos et al.，2017）。当这些价值观与日常的婚姻需求相冲突时，离婚似乎是一个明智的出路。而在婚姻中，那些对婚姻抱有更务实的期望的夫妻似乎会比那些期望婚姻中有更多情感表达和紧密关系的夫妻获得更多的满足感（Pascale and Primavera，2016；Renoult et al.，2016）。

分离：关系的终结　1976 年，社会学家迪亚娜·沃恩（Diane Vaughan）创造了"分离"一词来描述伴侣——无论是已婚伴侣还是同居伴侣无论是异性恋者还是同性恋者——在经历了婚姻的各个阶段后分道扬镳。

分离会产生以下这些结果。

- 不满　这个过程的发起者——我们在这里称之为"她"尽管也有可能是"他"——逐渐变得不满意，开始思考她想从生活中得到什么。

- 尝试改变　她可能会尝试改变关系，但她的尝试往往会以失败告终，这或许是因为她不知道是什么引发了问题。

- 转向别处　然后，她会开始转向别处，试图在其他地方寻找满足感和自我肯定，而不是在一开始就打算离开这段关系。

- 进一步疏远　她会提出更多的抱怨，会让另一半显得可有可无，并且会开始权衡留下来和离开的好处。

- 解决　最终，她将决定不再继续维持这段关系。

- 告诉另一半　她可能会直接告诉她的伴侣，关系结束了。她也可能会有意识地或无意识地打破一个基本规则，比如发展婚外情，然后让她的伴侣发现。

- 承认关系结束　当伴侣双方都意识到他们无法挽救这段关系，并且可以将其抛诸脑后时，解除婚姻关系的过程就结束了。

那么少数群体夫妻或者未婚伴侣是如何离婚的呢　这一章主要是关于异性恋者的离婚的。当然，少数群体夫妻必须处理同样的问题，比如财产分配、经济支持、子女监护权、子女抚养费。未婚伴侣（无论他们是异性恋者还是同性恋者）也必须解决这些问题。下面是一些例子。

- 少数群体夫妻　2015 年 6 月 26 日，美国最高法院在奥伯格费尔（Obergefell）诉霍奇斯（Hodges）案中，以 5:4 的投票结果判定同性婚姻是《宪法》赋予的一项权利，这意味着同性婚姻在美国全境合法化（Masci and Motel，2015）。

根据美国最高法院的裁决，美国与 20 个早已允许少数群体伴侣在其所有管辖范围内结婚的国家站在了一起（Masci and Motel，2015）。2019 年初，实行和（或）承认同性婚姻的国家已增至 32 个。

- 未婚的异性伴侣　在一起生活的未婚异性伴侣在财产和孩子的方面也面临一些问题。在一个独特的案例中，一名男子自他前女友的孩子出生以来就开始抚养他，他抚养了这个孩子 7 年。最终，尽管他不是孩子的亲生父亲，尽管孩子的母亲反对，他仍获得了男孩的合法监护权（Chiang，2002）。

此外，年纪渐长的已婚伴侣发现，他们

会面临相当于国家强制离婚的监护权问题，比如法院指定一个保护服务机构来照顾患有阿尔茨海默病的配偶（Hendrix，2002）。

美国法律研究所（American Law Institute）作为一个著名的法官和律师组织，进行了一项为期 10 年的研究，建议对与家庭相关的法律进行全面改革，这不仅将增强对离婚女性的财产的保护，而且将这些权利的享有者的范围首次扩大到许多同居伴侣，包括异性恋伴侣和同性恋伴侣。报告指出，父母的性取向不应影响有关儿童监护权的决定，法官也不应受到刻板印象或"偏见态度"的影响（Pear，2002）。虽然报告的合著者不鼓励同居，但由于离婚法庭的法官表示有 20% 的案例涉及未婚伴侣，因此这些合著者讨论了这个问题（Peterson，2002b）。

法学教授林恩·沃德尔（lynn Wardle）等保守派批评家表示，这些提议"可能会破坏婚姻制度，并反映出对基于婚姻的家庭关系的意识形态偏见"（Pear，2002）。

人们在结束约会和同居关系时，有时是真诚的，但通常带着巨大的痛苦和怨恨。然而，这种类型的结合与分离在一个重要的方面有所不同：它们通常不涉及国家。相比之下，婚姻契约使政府成为夫妻关系的第三方。

离婚趋势

如果正如我们在第 8 章中所说，2017 年美国婚礼的平均花费高达 33 391 美元，如果 40% ~ 50% 的结婚者在 7 年内离婚，这是否证明了"希望战胜了经验"这句充满讽刺意味的话？离婚趋势是什么？为什么离婚率这么高？

在回答这些问题之前，我们需要考虑如何报告离婚率。

针对离婚的最有用的衡量标准是什么 离婚率以多种方式被报告，有些更有价值（Garg，2016；Kennedy and Ruggles，2014）。

- **原始数据——无用的** 原始数据（raw numbers）是指结婚和离婚的实际人数。2016 年，美国的原始数据显示有 2 245 404 对夫妻结婚，大约有 827 261 对夫妻离婚（National Center for Health Statistics，2017）。这表明约 37% 的婚姻以离婚告终。然而，这些原始数据对概括结婚和离婚并没有帮助，因为这些数据是同一年内的。在 2016 年结婚的人不一定就是在那一年离婚的人。

- **粗离婚率——也不是很有用的** 粗离婚率（crude divorce rate）是指在给定年份中每 1 000 人中的离婚次数。2016 年在美国，这个比例是 3.2‰（National Center for Health Statistics，2017）。近年来，该比例持续稳步下降，从 1985 年的 5.0‰下降到 1995 年的 4.4‰，再到 2016 年的 3.2‰。这个指标的问题在于，这 1 000 个人中包含各种未婚人士——单身人士、离婚人士、丧偶人士等等，他们都没有离婚的风险。

- **精确离婚率——最有用的** 精确离婚率（refined divorce rate）反映了在给定年份中每 1 000 名 15 岁以上已婚女性中的离婚次数。1997 年，在美国，每 1 000 位 15 岁以上的已婚女性中有 19.8 次离婚，这意味着一年中大约有 2% 的婚姻以离婚告终，这个比例比我们经常听到的"两个人中有一个人"（即 50%）的比例要令人安心得多。精确离婚率被认为是可用于衡量离婚的最有用的指标。

今天的离婚率　如果我们考虑到所有的婚姻，在任意一年里，仅有 2% ~ 3% 的人离婚。然而，40% ~ 60% 的新婚夫妻最终会离婚（Raley and Bumpass，2003；Stevenson and Wolfers，2007）。2006 ~ 2010 年，首段婚姻持续至少 10 年的概率在女性中为 68%，在男性中为 70% 。2006 ~ 2010 年，女性和男性的首段婚姻的存活率分别为 52% 和 56%（Copen et al.，2012）。根据 2010 年美国人口普查局的数据，2008 年美国的离婚率是工业化国家中最高的（见图 14-1）。

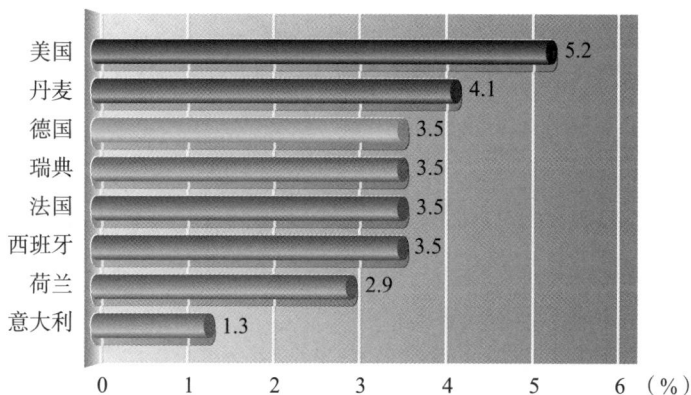

图 14-1　2008 年多个国家的离婚率（15~64 岁的人）

资料来源：U.S. Census Bureau，2010.

14.2　人们为什么离婚

核心内容：

与离婚相关的社会和人口因素，以及与离婚相关的个人因素

概述　导致离婚的因素有 3 个：社会因素、人口因素和个人因素。社会因素包括家庭、宗教、法律、社会融合和文化价值观。人口因素包括教育、收入、年龄和种族（或民族）。个人因素包括沟通问题、不忠、持续的冲突、情感虐待和其他因素。

幸福的婚姻能拯救你的人生吗

"女人可能认为她们正在摆脱一段令人痛苦的关系，"匹兹堡大学的研究员温迪·特罗塞尔（Wendy Troxel）说，"她们的身体能感知这一切。"特罗塞尔和她的同事发现，一段悲惨的婚姻会让女人生病（Troxel et al.，2002）。在一项对 490 名 40 多岁至更年期后至少 5 年的女性进行的纵向研究中，研究人员发现，婚姻不幸福的女性比婚姻幸福的女性或单身女性具有更多的罹患心脏病的风险因素，如高血压和高胆固醇。

而另一项研究表明，在冲突四起的婚姻中，夫妻双方的伤口愈合时间比婚姻幸福的夫妻要长，从各种小伤口到大手术带来的大伤口（Kiecolt-Glaser et al.，2005）。即使"矛盾婚姻"中的夫妻双方对彼此既有高度积极的情感，也有高度消极的情感，他们也不如其他已婚夫妻健康（Birmingham et al.，

2015）。根据英国的一项研究，虽然在分居后的一年里，大多数人的幸福感都有所下降，但在离婚后的一年里，他们因自己的决定感到更幸福（Gardner and Osward，2006）。

当然，尽管许多女性（和男性）身体或情感健康受到影响，但他们仍然维持着不幸福的婚姻。因此，让我们考虑一下离婚的原因：首先是社会和人口因素；其次是个人因素（见表 14-1）。

表 14-1　一些导致离婚的因素

社会和人口因素	个人因素
家庭	沟通问题
宗教	不忠
法律	持续的冲突
社会融合	情感虐待
个人文化价值观	不再相爱
教育	性不满
收入	收入不足
结婚年龄	身体虐待
共同居住	爱上别人
婚前怀孕	厌倦
有子女	
种族（或民族）	
离婚的双亲	
再婚和再离婚	

与离婚有关的社会和人口因素

当你深陷离婚的痛苦之中时，你很难考虑全局。正如社会学家约瑟夫·古特曼（Joseph Guttman）所说，与离婚有关的社会和结构性因素，即那些必须每天应对这些因素造成的个人后果的人基本上是看不到的（Guttman，1993）。尽管如此，让我们来考虑其中的一些因素。

家庭、宗教和法律机构：这些变化是否鼓励了更多人选择离婚　家庭、宗教和法律制度一度使离婚成为一个困难的过程，但随着美国从农业社会转变为工业社会，这些制度也发生了变化。

■　**家庭**　外部机构已经取代家庭承担了许多传统功能（如儿童保育和娱乐功能），比如，医院、学校和大众媒体。在过去，大家庭意味着有更多的人可以满足某个人的情感需求。今天，在一个人口少得多的小家庭里，生活的压力变得突出。

■　**宗教**　现在，许多宗教领袖认为离婚更容易被接受，尽管有些人仍赞同**离婚主义**，即认为离婚是有害的。与不是教会成员的人相比，经常参加宗教仪式的人离婚的可能性较小。事实上，他们参加仪式的频率越高，离婚的可能性就越小（Schafer and Kwon，2017）。具有相同宗教信仰的配偶也更有可能拥有稳定的婚姻（Perry，2015）。

■　**法律**　事实上，无过错离婚的普及导致了离婚率的上升，还是法律仅仅反映了对已经发生的离婚的态度的自由化（Wilcox，2009）。

更少的社会融合：流动性与离婚　社会融合（social integration）指人们彼此之间以及与社区之间的社会纽带的凝聚程度和强度。支持社会融合的社会学家认为，属于大家庭成员、经常做礼拜、居住在少数民族社区、不经常搬家的夫妻往往不太容易离婚（Cherlin，2009）。比如，人们发现，丈夫、妻子与其姻亲的亲密关系预示着初婚的幸福程度会更高（Timmer and Veroff，2000）。美国人的高流动性，以及社区、宗教和语言的多样性可能与高离婚率有关。

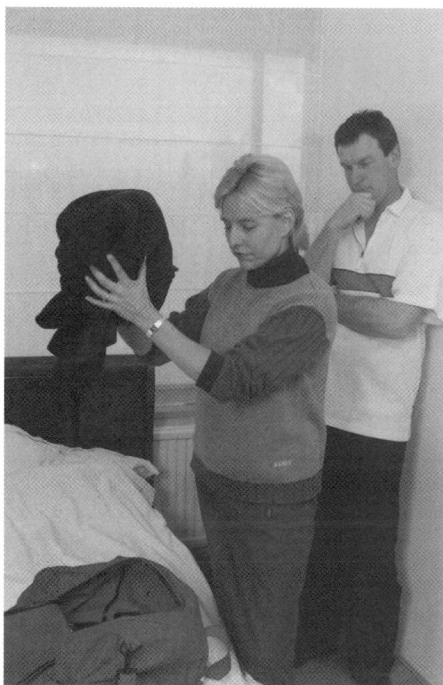

流动性　美国的高离婚率的一个可能的解释是，美国人经常搬家，因此缺乏社会融合，人们与家庭成员和熟悉的朋友的关系不密切，这削弱了社会融合。你搬过几次家？这会让你失去与朋友和大家庭的密切联系吗？

个人主义文化价值观：个人幸福是否比家庭关系更有价值　自20世纪50年代以来，美国人越来越多地学会将个人幸福和成长置于家庭关系和责任之上（Guttman，1993；Santos et al.，2017；Whitehead，1998）。正如我们在本书中提到的，人们期望爱情和婚姻能给他们带来幸福，并期望性别角色变得更加平等。随着经济独立性的提高，许多女性现在不太倾向于维持令她们不满意的关系。事实上，随着越来越多的女性加入劳动力大军，女性更有可能对性别角色持平等观点，并且与配偶保持距离（Guilbert et al.，2000）。此外，就业女性比非就业女性更容易离婚（Sayer et al.，2011）。这并不是说女性就业必然会导致离婚。研究似乎表明，就业并不会导致幸福婚姻走向离婚，但确实增加了不幸福婚姻破裂的风险（Schoen et al.，2002）。

教育和收入：更多的学校教育和更多的金钱能促进婚姻的稳定吗　一般来说，夫妻的受教育水平和收入越低，离婚的可能性就越高（Lawrence et al.，2016）。

■　**教育**　那些有大学学历的人比仅仅受过高中教育的男性和女性更不容易离婚，这是否是因为在学校度过的较长时间给了他们更多的时间去变得成熟，同时使他们得到更好的经济条件？据美国人口普查局报告，在35～39岁、受教育年限不足12年的女性中，离婚率约为36%，而在受教育年限为17年或17年以上的女性中，离婚率为28%（U.S. Census Bureau，2002）。由于大学毕业生的离婚率急剧下降，有大学学历和没有大学学历的人之间可能出现了"离婚鸿沟"（见表14-2和表14-3）（Bureau of Labor Statistics，2013；Martin，2004）。

表 14-2　46 岁以下的男性：与学历相关的婚姻走向

有过婚姻的人的特点	低于高中学历	高中学历	社区学院或专科学院学历	大学或以上学历
离婚率	57.2%	49.07%	46.0%	23.7%
初婚平均年龄	24.3	24.8	25.5	27.2
仍处于初婚中的人的百分比	41.4%	50.0%	52.0%	75.1%
以离婚告终的婚姻的百分比	56.6%	48.7%	46.3%	23.7%

资料来源：Bureau of Labor Statistics, 2013.

表 14-3　46 岁以下的女性：与学历相关的婚姻走向

有过婚姻的人的特点	低于高中学历	高中学历	社区学院或专科学院学历	大学或以上学历
离婚率	52.3%	44.5%	44.70%	32.0%
初婚平均年龄	20.9	22.3	23.2	25.9
仍处于初婚中的人的百分比	33.3%	47.1%	42.4%	63.3%
以离婚告终的婚姻的百分比	59.9%	47.6%	49.3%	35.4%

资料来源：Bureau of Labor Statistics, 2013.

　　社会学家斯蒂芬妮·孔茨指出，教育和离婚之间的联系对女性和男性来说是不同的。一般来说，一个人的受教育年限越长，越不容易离婚。未完成高中学业的女性比完成高中学业的女性有更高的离婚率，高中毕业的女性比上大学的女性有更高的离婚率。然而，随着受教育水平的进一步提高，离婚率确实有所上升（Coontz，1997）。但是有一个很重要的限定条件——"立志获得某个学位或文凭但没能完成的人比获得某个学位或文凭的人离婚的可能性更大"。

　　■　**收入**　家庭收入越高，初婚的配偶就越不容易离婚（Bramlett and Mosher，2002）。经济状况在贫困线以下的夫妻在两年内离婚的可能性是经济状况在贫困线以上的夫妻的 2 倍。如果丈夫收入较低，而妻子不外出工作或有工作但收入较低，离婚的可能性会升高（Barnett and Hyde，2001）。然而，女性的收入越高，离婚的可能性也越高。同样，这可能是因为高收入给她们带来了更多的选择。

　　一项研究发现，被解雇显著提高了离婚的可能性。已婚异性恋男性如果被解雇，离婚概率会提高 32 ％；但妻子的工作状况似乎并不会影响这对夫妻离婚的可能性（Killewald，2016）。

　　结婚年龄：越大越好吗　在美国，在青少年时期结婚的人比在 20 多岁时结婚的人更容易离婚（Bramlett and Mosher，2002）。一般来说，在心智不成熟、财务不稳定的情况下结婚太早的人无法处理嫉妒和冲突等因素，对其配偶角色也没有做好充分的准备（Wolfinger，2015）。早婚也使接受高等教育变得更困难，随之而来的是收入降低（DiDonato，2016）。

同居：婚前同居者更容易离婚 与没有婚前同居的已婚夫妻相比，婚前同居的伴侣有更高的离婚率（Bramlett and Mosher，2002）。其中一个原因可能是有过单次或多次同居经历的夫妻表现出较差的沟通能力和解决婚姻中出现的问题的能力。此外，它还暗示，"许多同居关系带来的不确定的未来会使人产生一种永远都想找一个更有吸引力的伴侣的感觉"，这可能会导致关系不稳定（Cohan and Kleinbaum，2002）。

怀孕和孩子：婚前或婚后生子会影响离婚风险吗 孩子对婚姻的稳定程度的影响在某种程度上取决于孩子是在婚前还是婚后出生的。

■ **婚前怀孕** 婚前怀孕或生育孩子的女性比婚后怀孕或生育孩子的女性面临更高的离婚风险——至少在首段婚姻中，情况是这样的（Campbell，2016）。青少年、高中辍学生或低收入女性的风险尤其高。

■ **婚姻中孩子的存在** 孩子的存在似乎能让夫妻双方待在一起，或者至少能推迟离婚。然而，13 ~ 17 岁的青少年的存在使分居和离婚的可能性更大，这可能是因为青春期带来的压力加剧了已经存在的配偶之间的关系紧张（Kabatar and Ribak，2017）。

种族和民族：民族血统和文化重要吗 非裔美国夫妻离婚的可能性是白人和西班牙裔夫妻离婚的可能性的 2 倍（Bramlett and Mosher，2002；Raley et al.，2004；Sweeney and Phillips，2004）。当然，一个人的种族和民族并不会导致他离婚。然而，

种族和民族往往与教育和收入水平等其他因素有关，这些因素可能是离婚的预测因素。因此，非裔美国人的离婚率总体上高于白人，因为他们的贫困率更高（Raley et al.，2015）。非裔女性的离婚率极高——大约一半的婚姻会在 15 年内结束；而对白人女性而言，在 15 年内结束的婚姻的比例只有 17%。因为黑人女性更有可能面临在少女时期怀孕、婚前怀孕或贫困的风险（Garfinkel et al.，1994）。然而，随着收入水平的提高，非裔的离婚率下降至与白人的离婚率相似（Raschke，2013）。拉丁裔的离婚率相对较低，部分原因是宗教因素使他们不赞成离婚。

离婚父母：离婚的父母会鼓励子女离婚吗 大约 26% 的美国大一新生报告说他们的父母正处于分居或已离婚状态（American Council on Education and University of California，2011；Knox et al.，2004）。你也是其中之一吗？不幸的是，如果你的父母在你还是个孩子的时候就离婚了，这也增加了你的婚姻以离婚告终的可能性（Raschke，2013；Teachman，2002）。事实上，父母离婚可能会使他们的孩子在结婚 5 年内离婚的概率增加 70%（Amato，1996）。

在某种程度上，这一预测因素可能仍与教育和收入相关：父母离婚的孩子不太可能负担得起大学学费，而且更容易早婚，尤其是女性（Amato，1996）。

顺便说一句，有强有力的证据表明，非婚生子女看到自己婚姻破裂的可能性与离婚家庭的孩子一样大（该可能性甚至有可能比离婚家庭的孩子更大）（Teachman，2002）。

再婚和再次离婚：在下一段婚姻中离婚

的可能性更大吗　以离婚告终的初婚的平均持续时间为将近 8 年，分居和离婚之间大约有一年的时间（Kreider and Ellis，2011）。然而，出现了一种新的趋势——再次离婚（redivorce），即在第二次或后续几次的婚姻中离婚。每段婚姻的持续时间的中位数在下降（见图 14-2）。以离婚告终的第二段婚姻的持续时间的中位数约为 8.5 年（男性）和 8 年（女性）。

首次婚姻：以离婚告终的首次婚姻的持续时间

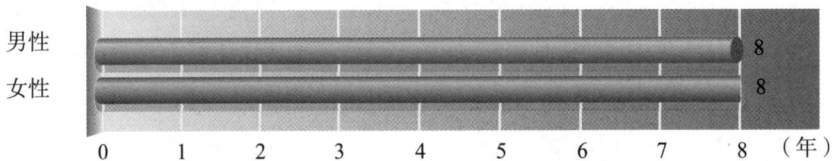

首次离婚与再婚之间的时间

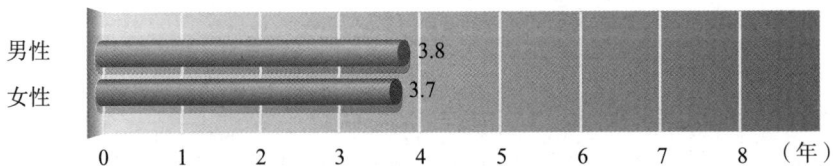

第二次婚姻：以离婚结束的第二次婚姻的持续时间

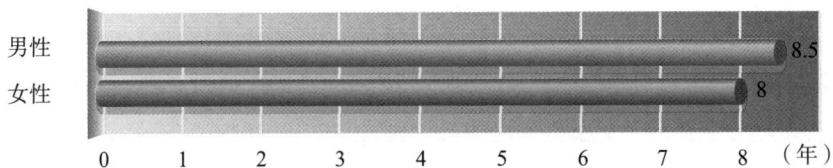

图 14-2　婚姻的持续时间中位数

注：2009 年，15 岁或以上的人婚姻持续时间，以年为单位。
资料来源：Kreider and Ellis, 2011.

为什么在后来的婚姻中离婚风险会增加？可能是继子女的存在加剧了婚姻紧张（DeAngelis，2005）。还有一种可能是，与首次离婚有关的那些因素，如低学历和低收入，在后来的婚姻中仍然存在（Martin and Bumpass，1989）。

与离婚有关的个人因素

正如我们所说，当你处于离婚的痛苦之中时，你无法从整体的角度看待这段婚姻。相反，一切都被归结为个人因素。比如，一项研究发现，离婚的原因是不忠、冲突、酗酒或药物滥用，以及伴侣双方日益疏远（Amato and Previti，2003）。另一项研究发现，原因来自独立性因素、早婚、经济因素、社交技能因素、角色冲突、酒精和药物滥用、冒险行为、伴侣之间的分歧导致的恶语相向，以及宗教因素（Lowenstein，2008）。

总体来说，根据一项美国的全国性研究，我们指出了 10 个较有影响力的个人问题（按发生频率排列如下）（Patterson and Kim，1991）。受访者可以说出所有他们想到的，因此受访者离婚的原因可能涉及多个个人问题（Amato，2001；Fu，2000）。

沟通问题："他 / 她不了解我"　沟通问题被列为美国人离婚最常见的原因。丈夫可能会抱怨他的妻子"不懂我"。妻子可能会说她的丈夫"不了解我是谁"。如果一对夫妻在沟通上有问题，随着时间的推移，问题的严重程度就会因得不到解决而逐渐加剧。

不忠："他 / 她辜负了我的信任"　目前我们尚不清楚，是不忠导致了关系的破裂，还是对婚姻的不满引发了不忠（Previti and Amato，2004）。然而，一项对 9 项分析人们离婚原因的研究中有 8 项提到了婚外关系（Kitson et al.，1985）。

持续的冲突："我们永远相处不好"　"你永远不知道把你的脏衣服从地板上捡起来""你很晚才回家，并且连一通电话都没打"……每段婚姻都会经历冲突，但有些关系涉及持续的冲突，从家务琐事到婚外情，再到关于如何管教孩子的分歧（Galvin et al.，2015）。有时冲突的发生可能是因为一些事件加剧了家庭的紧张程度，如家庭改造项目（Breslau，2006）。根据戈特曼及其同事的说法，无法减少纠纷的夫妻的离婚风险很高（Gottman et al.，1998）。

正如我们所看到的，有些夫妻根本不具备很好地解决冲突的技巧。根据研究，大约有一半的离婚夫妻曾经常发生激烈的冲突（Kelly，1988；Hetherington，2003）。

情感虐待："他 / 她对我不好"　情绪问题会导致关系恶化（Caughlin et al.，2000）。比如，丈夫可能会对妻子的挑剔、易怒、容易出现情绪波动、不说话而感到气愤（Amato and Previti，2003）。妻子可能会因为丈夫喜怒无常、不爱说话、容易生气、

不常在家、有令人恼火的习惯而心烦意乱（Amato and Previti，2003）。

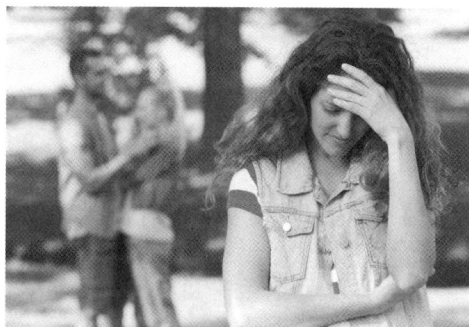

不忠　人们提出离婚的主要原因之一是婚外情。然而，并非所有的不忠行为都必然导致离婚——事实上，对于一些夫妻来说，即使一方或双方持续"出轨"，他们也会在一起多年。你觉得你能处理好这种背叛吗？

不再相爱："我的观点改变了"　特里·马丁·赫克（Terry Martin Hekker）在她的结婚 40 周年纪念日因丈夫向她提出离婚感到震惊和伤心欲绝（Hekker，2006）。"他带他的女友去坎昆，"她写道，"而我要卖掉我的订婚戒指来付屋顶修葺的费用。"人们可能会因观点相似而开始一段婚姻，但他们的观点在一生中会改变，大多数人都是这样的。两个人对彼此的爱会因为伴侣本身的改变而改变。即使婚姻中没有什么冲突，双方也会发现他们不再享受与对方在一起或做那些他们曾经喜欢一起做的事情，或者他们可能不喜欢伴侣的改变（Kelly，1988）。共同点减少会削弱婚姻纽带。

不令人满意的性爱："快感消失了"　事实上，对性的厌倦是一些夫妻发生婚外情的原因。

收入不足："我们没有钱"　正如我们所看到的，有限的教育和有限的收入增加了夫妻关系中的压力。当然，这也是社会经济地位较低的人离婚风险较高的原因之一（Barnett and Hyde，2001；Wolfinger，

2015）。阿玛托和普雷维蒂发现，丈夫对妻子花太多钱感到愤怒，妻子则对丈夫在花钱方面不够明智或收入不足感到不满（Amato and Previti，2003）。

身体虐待："他 / 她打我" 身体虐待（它通常与酒精或药物滥用有关）是对配偶不尊重的终极表现。在这种情况下，很明显，这段关系的弊大于利。

爱上别人："这就是我应该与之结婚的人" 当然，这个原因与其他一些原因有重叠之处，如与配偶不再相爱或有婚外情，甚至随之而来的原因：厌倦。

厌倦："一切都是老样子" 尽管有 64% 的受访者将第一个原因——"沟通问题"——列为离婚原因，但最后一个原因——厌倦——却被 22% 的人提到了。厌倦的另一个名称是饱和（satiation），这是指人们由于反复接触刺激而不再受刺激影响的情况（"狼来了"现象）。当然，"例行公事"是所有关系的基础，而对那些已经结婚很久的伴侣来说，他们面临的挑战之一就是通过寻求令人愉快的经历、旅行、外出就餐等，来使他们的婚姻保持一定程度的快乐。

从历史上看，与法律、家庭和宗教等有关的社会机构曾使离婚成为一个困难的过程。这些机构如何看待今天的离婚？

14.3 离婚的过程

核心内容：
离婚的 6 个方面

概述 有位学者提出了个离婚的 6 个

方面：（1）情感方面——失去感情和信赖；（2）法律方面——法院下令终止婚姻；（3）经济方面——财产的分割；（4）子女抚育方面——关于监护、抚养和探视子女的决定；（5）社区方面——放弃亲属、朋友；（6）精神方面——与前配偶在情感上完全分离。

分离是一个漫长且复杂的过程。让我们来看看它是如何发展的。

漫长的再见：博汉农提出的离婚的 6 个方面

人类学家保罗·博汉农（Paul Bohannan）提出了一种由离婚的 6 个方面（流程）组成的心理模型：情感离婚、合法离婚、经济离婚、抚育离婚、社区离婚和精神离婚（抚育离婚的过程并不一定会发生）（Bohannan，1970）。当人们离婚时，他们会经历这 6 个过程，这些过程不是按照某个特定的顺序进行的，也不是同时进行的，而且带来的感觉的强度也不同。博汉农表示，在婚姻中，你感觉良好的部分原因是你从一大堆人中被选为某个人的亲密伴侣，而在离婚中你感觉糟糕的部分原因是相反的——你被"否定"了。接下来我们将讨论离婚的 6 个方面。

情感离婚——"我不再关心他 / 她了""我已经脱离这段关系了" 情感离婚（emotional divorce）涉及失去感情、信任和对彼此的尊重，双方用冷漠或负面情绪取代积极情绪。在情感离婚中，在采用任何法律手段之前，夫妻双方可能会讽刺、指责、争吵以及伤害对方，或者他们可能只是表现得冷漠，对对方漠不关心。他们可能已经在精神上疏远了对方，尽管他们可能会"为了我的……（结婚誓言、孩子、宗教信仰等）而待在一起"。

情感离婚有以下 3 个阶段。

■ **开始阶段**　在这里，你和你的伴侣开始对彼此感到失望。然而，你可能仍然希望这段关系会有所改善。

■ **中间阶段**　当婚姻中的难题仍未得到解决时，愤怒和受伤害的感觉会变得强烈。其中不开心的一方就会开始权衡是否要离开。

■ **结束阶段**　你和你的伴侣完全不再关心对方。尽管你可能会寻求咨询以推迟离婚，但你会变得冷漠，对对方的感受漠不关心。你可能会试着与对方分开一段时间。之后，你和你的伴侣可能会寻求法律建议。

合法离婚："我想要离开，但我怀念我们曾经拥有的。另外，为什么法律制度这么麻烦"　合法离婚（legal divorce）**即法院下令终止的婚姻**。这一过程的目标是终止"婚姻合同"（这也是唯一对双方真正有利的目标），使两个人可以在经济上分离。他们如果愿意，可以自由地再婚。正如我们讨论的，双方需要在财产分割、儿童监护权［或许还有配偶支持（spousal support）］等重要问题上达成协议。

合法离婚可能会令人非常痛苦，原因涉及以下 2 个因素。

■ **矛盾心理和痛苦**　离婚的伴侣可能会怀疑他们离婚的做法是否正确。他们也可能会为失去一段曾经给他们带来极大好处——爱、熟悉感、舒适和亲密感——的关系而悲伤。然而，很少有离婚律师有很多时间去做悲伤咨询——他们中的大多数人更关心保护或提高当事人的经济水平。

■ **对抗的加剧**　即使在当事人双方本应友好离婚的情况下，他们也可能会发现，对方的律师咄咄逼人地、竭力地为个人（而非双方）争取最佳协议的热情让他们非常恼火。

经济离婚："我怕我没有足够的钱生活，我害怕失去我所依赖的东西"　经济离婚（economic divorce）**涉及对财产的处理**。在美国的大多数州，夫妻在婚内获得的财产——不仅仅是汽车和房子，而是一切——都被视为共同财产（除非有婚前协议）。正如你可能会想到（或经历过）的那样，这个领域可能涉及相当大的冲突。

经济离婚往往会令人相当痛苦，原因如下。

■ **生活水平下降的威胁**　通常情况下，前配偶没有足够的财产（储蓄、房子、家具、养老金）来维持他与对方共同生活时拥有的生活水平。

■ **有关谁得到什么的争论**　谁得到了狗？谁得到了车？谁得到了银器？谁得到了你在海外旅行时买的那块大地毯？人们对事物的依恋会引发很多冲突。

■ **失去最爱的东西**　想到生活中没有了一些你曾经珍惜的东西——从猫到度假屋——会让你很难过。

抚育离婚："他 / 她不能带走我的孩子"　这一点仅适用于有孩子的夫妻（约占所有夫妻的 2/3），抚育离婚（co-parental divorce）**涉及有关子女监护权、子女抚养权、探望权以及每一位父母的持续责任的决定**。

这是离婚中最困难，甚至最悲惨的一

点。离婚的夫妻可能会对彼此非常愤怒，以致孩子们在他们的争吵中变得不情愿、害怕，并且在以后很长一段时间内都是如此。有些人在婚内可能是冷漠的父母，但会竭尽全力争夺抚养权，或者利用孩子们争取大笔儿童抚养费和最低限度的探视权。

本章之后将讨论离婚对子女的影响，以及有关离异父母应采取的行动的建议。

社区离婚："再见，亲家。再见，共同的朋友" 社区离婚（community divorce）意味着夫妻双方都会离开共同的亲戚圈和朋友圈，或者减少与他们的接触。这个社区可能会被新的社区取代，还有一种可能是一方完全失去了社区支持，比如当一个恢复单身的父亲或母亲发现自己因工作和养育孩子太累而无法结交新朋友时。

当人们结婚时，他们通常会结识一群亲戚，也许还有朋友。离婚后，这些关系可能会变得紧张，或者完全破裂。妻子高中时的老朋友，一对曾经与这对夫妻共进晚餐的已婚夫妇，现在可能只会是妻子的朋友。失业期间被供养的丈夫的弟弟可能再也见不到他的前嫂子了。

社区离婚可以在以下 2 个方面产生相当大的影响。

■ **婚姻关系中的亲属关系** 大家庭很容易受到离婚的影响，比如祖父母发现孙辈的父母带着他们唯一的孙辈搬到别处去了。虽然与前亲属之间的关系经常会破裂，但与前姻亲的关系往往会维系下去（Ganong and Coleman，2012）。

事实上，**离婚亲属**（relatives of divorce）是指在婚内得以建立且在离婚后继续存在的**亲属关系**（Johnson，1988）。比如，前儿媳和前婆婆可能会继续见面，即使伴侣中有一方（或双方）再婚。

离婚后的姻亲关系似乎会因家庭成员在离婚中不偏袒任何一方，并对孩子做出主要承诺发展得最好（Wallerstein and Blakeslee，2003,2004）。离婚后，女性更倾向于与姻亲保持密切的联系，尤其是在她们之前就已经这样做并且婚姻涉及孩子的情况下（Floyd and Morman，2013）。

■ **来自婚姻的朋友关系** 当人们单身时，他们可能有很多单身的朋友。当他们结婚时，他们可能会找到更多已婚的朋友。当他们离婚时，他们可能会发现自己失去了朋友。在一项研究中，3/4 的女性说他们在离婚期间或之后失去了朋友（Ganong and Coleman，2012）。

分离 离婚的过程涉及多个方面——情感、法律、经济等。最主要的特征是失去物品、失去宠物、失去喜欢的地方、失去朋友和姻亲，也许还会失去孩子。如果你没有经历过离婚，你认为你会如何处理？

刚离婚的单身人士和他们的已婚朋友可能会突然发现他们的相处不再那么令人舒服。已婚夫妻可能会觉得他们应该站在离婚夫妻的某一方的立场上，并且为失去了一对曾经有过许多共同经历的夫妻而感到悲伤，还会感到他们自己的婚姻受到了单身的威胁。而离婚的单身人士可能会因为自己不再是已婚人士而感到尴尬，他们可能渴望在其他离婚的单身人士中寻求到支持和新的伴侣。

社区关系的转移可能是困难的，离婚的人在这段时间经常感到孤独。

精神离婚："现在，我终于不用关心他/她了；我只需要关注我自己" 博汉农认为这个方面是 6 个方面中最重要的。**精神离婚**（psychic divorce）指经过一段时间的哀悼，一个人在情感上与前伴侣分离，不再受到他/她的影响。

哀悼期至少包括以下 3 个阶段（Brodie，2013）。

■ **否认** 否认通常发生在早期，甚至是合法离婚之前，否认是指一个人无法接受分离是必要的——直到挫败感不断被放大，导致情感离婚，双方才被迫意识到这一点。

■ **愤怒和沮丧** 你是否有可能既对你的前配偶感到愤怒，又为他/她不再出现在你的生活中感到沮丧？离婚的人经常会经历情绪的摇摆不定，即一种情绪和另一种情绪交替出现。

■ **接受和宽恕** 这最后一个阶段代表着精神离婚的高潮：你接受自己在关系结束中的责任，原谅你自己和伴侣，并意识到你属于自己，你有能力独自面对这个世界。

有些离婚的人永远不会完成精神离婚。在某种程度上，他/她仍然专注于前配偶，并对对方感到生气，他/她仍然与这段关系保持着联系。挥之不去的怨恨、苦涩和仇恨使他/她远离自我，使他/她感觉自己的人生不完整。我们之后会更详细地讨论这一点。

14.4 离婚的影响

核心内容：
离婚对心理和身体的影响，以及对孩子的影响

概述 离婚的后果可能涉及心理方面和身体方面，包括抑郁、愤怒、压力和健康问题。其后果也涉及经济方面，这取决于财产分配、配偶支持和儿童抚养费的安排。对孩子监护权的处理方式有重要的影响——孩子可以被父母中的一方单独抚养，也可以由父母双方共同抚养，还可以由第三方负责抚养。最后，离婚对孩子有短期和长期的影响。

当拉琪儿·哈里斯在 40 多岁的时候离婚时，她期望再婚，因为她一直认为她的生活中需要有一个男人。但没有人鼓励她再婚，所以她专注于抚养她十几岁的女儿。

然后，在她 55 岁时，她的女儿去上大学了，她的父母离世，她与兄弟变得疏远，没有近亲，她被诊断为颈部椎骨恶化，这需要她立即接受手术治疗以避免终身残疾。听到这个消息后，她独自一人害怕地开车回家，回到没有丈夫或伴侣安慰她的空荡荡的房子里。

离婚往往会引发令人意想不到的后果。然而，对哈里斯来说，幸运的是，她可以召集一群朋友，他们愿意帮助她完成手术和脊椎重建。哈里斯说，对于越来越独立的女性来说，她们得到的教训是，在某种程度上，每个人都需要朋友的帮助。

情绪、心理和身体影响

离婚并不总会引发孤独。但从情感上讲，对于每个参与其中的人来说，无论性别、种族和民族，以及社会经济地位如何，这通常是一个令人痛苦的过程。一项针对 80 名在 6 ～ 12 个月前离婚的人的研究表明，87% 的人"对前配偶感到愤怒"，86% 的人表示他们"感到不安全"，86% 的人"感到沮丧"（Buehler and Langenbrunner，1987）。

大多数人需要 2 ～ 4 年来克服离婚带来的负面情绪，但也有一些人需要几十年（Gottman and Levenson，1999）。一项研究表明，大约 20% 的父亲和 25% 的母亲在离婚 10 年后仍需要应对离婚带来的负面情绪（Wallerstein and Blakeslee，2004）。对许多人来说，愤怒、敌意和伤害即使在 25 年后也不会消失（Wallerstein et al.，2000）。那些无法完成他们的"精神离婚"的人遭受着所谓的**离婚后遗症**（divorce hangover），他们无法接受离婚的事实，也无法重新定位自己作为单亲父母的角色，或者无法发展新的友谊（Walther，1991）。

以下是离婚引发的情绪、心理和身体影响。

分居痛苦：抑郁、愤怒和焦虑　**分居痛苦**（separation distress）一词可以用来形容分离后的心理状态，这种心理状态包括抑郁、失落、焦虑以及强烈的孤独感。情感和性亲密关系的失去，以及作为已婚人士的身份认同的丧失对夫妻来说是毁灭性的——尤其是对那些伴侣向其提出离婚的一方来说。然而，最先提出离婚的配偶也会经历抑郁、愤怒和内疚，尽管这通常发生在离婚过程的早期（Buehler，1987）。与已婚人士和其他单身人士相比，离婚人士被发现是更抑郁的，甚至是最容易自杀的（Waite and Gallagher，2000）。特别是在刚开始的时候，伴侣往往非常愤怒和痛苦，并且会为财产和孩子争吵，把一切问题都归咎于对方。

孤独和被污名化的感觉　搬出去或者看着你的伴侣搬出去，一个人睡、一个人吃，找朋友和陌生人作伴……这些都会使你的孤独感变得更强烈。分居或离婚也会让你感到被自己的父母和兄弟姐妹，以及前伴侣的家人，甚至朋友和同事"侮辱"（Amato，2001）。比如，你可能会觉得，你的婚姻不成功让你自己和他们都蒙羞了。

压力　显而易见，所有这些负面情绪都令人感到非常有压力，压力的大小可能会随着离婚前婚姻压力的大小的不同而不同（Simon and Marcussen，1999）。即便如此，离婚是一个人在生活中经历的较大的压力事件，它带来的压力仅次于配偶或子女的去世（Holmes and Rahe，1967；Gadoua，2012）。

分居痛苦　离婚带来的负面情绪包括抑郁、焦虑、失落和强烈的孤独感。这种**分居痛苦**甚至可能发生在提出离婚的一方身上。与已婚和单身的人相比，离婚的人更抑郁，甚至有自杀倾向。这是你在亲密的朋友、亲戚，甚至你自己身上观察到的吗？

健康问题　离婚的人面临更高的健康风险，部分原因是持续的压力会损害他们的免疫系统（Gottman，1994）。离婚的人患心脏病、肺病、癌症、高血压、糖尿病、中风的可能性更高（Hughes and Waite，2009）。离婚可能与更高的心脏病发作风险有关，尤其是对女性而言（Dupre et al.，2015）。离婚的人也有更高的酗酒率，更有可能出现精神问题、发生事故和自杀（Gibbet al.，2011）。

离婚 10 年后，一项研究显示，离婚女性报告的身体疾病（从简单的呼吸道感染到心脏病和癌症）比已婚女性多 37%（Wickrama et al.，2006）。一项针对 127 545 名成年人的研究表明，与已婚人士相比，在离婚人士中，吸烟、缺乏运动和酗酒的情况更多（Schoenborn，2004）。

" 实例：离婚反应

如何适应离婚

有些人甚至会举办"离婚派对"，得克萨斯州奥斯汀市的史蒂夫·沃尔夫和前妻一起举办了一场派对来庆祝他们的和平分手，派对上还有她烤的无麸质蛋糕（Associated Press，2014）。有的离婚很不体面。

"当你搬出房子的时候，"作家兼音乐家乔什·马克斯（Josh Max）说，"一开始这会带来一种巨大的解脱感……你可以过一种没有人与你争论的生活。"最终，马克斯发现，"这个世界通常不会关注离婚的'老男人'……你会跌入地狱的。你头脑中的声音将会很响亮……有时你会心碎很久。"

专家建议，你应该给自己两年的时间来走出情感创伤，比如分手（如果你的配偶突然离开，你将需要更长时间），这比大多数人预期的时间要长。伊丽莎白·伯恩斯坦（Elizabeth Bernstein）写道，从离婚中恢复是一个"身份危机过程"，这意味着"在这段时间感到抑郁、焦虑和心烦意乱"是完全正常的。专家建议，不要忽视婚姻的发展过程，也不要急于求成，更不要为了重新开始一段新恋情而远走他乡。伯恩斯坦指出，"重新考虑所有可能被情感创伤破坏的事情需要时间"，从财务状况到职业目标，再到自我形象。

你怎么认为

你见过其他人在离婚后的反应吗？你认为还有其他更好的适应离婚的方式吗？

"

积极影响 然而，令人惊讶的是，许多人说离婚会产生积极的影响，尤其是从长远来看。我们在早些时候引用过的一项研究对 80 名离婚者进行了为期 6 ~ 12 个月的调查。研究表明，大多数人表达了积极的感觉，如"感觉自己是个有价值的人"（96%）、"经历了个人成长并且变得成熟"（94%）、"感觉松了一口气"（92%）、"感觉与自己的孩子更亲近了"（89%）和"感觉自己有能力"（89%）（Buehler and Langenbrunner，1987）。离婚对经历过短暂婚姻的年轻的、受过高等教育的女性以及那些拥有良好社会支持系统的

女性来说往往是积极的 (Greeff and Van De Merwe, 2004)。即便如此, 在朱迪斯·沃勒斯坦 (Judith Wallerstein) 的长期研究中, 只有少数离婚夫妇能够在离婚后重建更美满、更幸福的生活 (Wallerstein and Blakeslee, 2003, 2004; Wallerstein et al., 2000)。

与前配偶的互动 在与前配偶的互动方面, 人与人之间的差别很大。正如人们所预料的那样, 有孩子的前配偶离婚后会更频繁地与对方联系, 尽管与没有孩子的夫妇相比, 前者之间的关系中可能存在更多的冲突 (Amato, 2000; Fischer et al., 2005; Madden-Derdich and Arditti, 1999)。研究人员康斯坦丝·阿荣斯 (Constance Ahrons) 通过对 98 对离婚夫妇进行研究, 发现了离婚夫妇之间可能存在的 4 种关系类型 (Ahrons and Rodgers, 1987)(见表 14-4)。

表 14-4 离婚夫妇 4 种关系类型

- 合作的同事——38% 双方适度地接触, 为了孩子努力地和睦相处, 相互支持
- 激动的仇敌——25% 双方尽量避免相互接触, 在接触的时候会感到痛苦和愤怒
- 愤怒的同伴——25% 双方有一些接触, 可以容忍对方的存在, 但愤怒和苦涩妨碍了令人愉快的互动
- 好朋友——12% 双方频繁地接触, 享受彼此的陪伴; 双方都没有再婚; 双方把孩子的利益放在首位

资料来源: Ahrons and Rodgers, 1987; Stark, 1986.

实例: 儿童的痛苦

父母如何帮助他们适应父母的离婚

"我的父母是虔诚的信徒," 一个孩子在给儿童书籍作家贝弗利·克利里 (Beverly Cleary) 的信中写道, "我爸爸是那种从来不想和孩子在一起的人。""我希望我能起诉我父母的不当行为," 另一个女孩吐露心声说, "但我知道我做不到, 所以我就试着忘记他们的所作所为。"

这是《离婚文化》(The Divorce Culture) 一书的作者巴巴拉·达福·怀特黑德 (Barbara Dafoe Whitehead) 引用的两个例子, 其中包含孩子们给他们最喜欢的作家写的内容, 他们在寻求建议和安慰。"很少有学者密切关注专门研究离婚的儿童文学的出现," 怀特黑德说, "然而, 这些提供了关于儿童在父母离婚方面的经历的非凡记录, 这个故事与大量针对成年人的有关离婚的书籍中所讲述的故事完全不同。"(Whitehead, 1997)

从 20 世纪 70 年代开始发行的针对儿童的有关离婚的书适合所有年龄段的人阅读, 比如有关离婚的绘本、帮助儿童表达情感的工作手册和绘本、离婚字典和建议手册以及离婚小说 [如朱迪·布鲁姆 (Judy Blume) 的《不是世界末日》(It's Not the End of the World)]。

这些书的主题还包括孤独和遗弃、如何与继父母和继兄弟姐妹相处等。怀特黑德指出，尽管解放常常是关于离婚的成年人文学的主题，但失落是儿童小说的共同主题——尤其是父亲不在身边或与父亲分离所带来的失落和痛苦，比如《父亲会搬回家吗》（*Will Dad Ever Move Back Home*）。当他们描述母亲时，他们常常表现得心烦意乱、悲伤。甚至失去祖父母和失去宠物也成了这类书籍的主题。

"父母是孩子最大的资源，"纽约大学的两位医学系教授说，"当父母受到伤害时，子女就会受到影响。不幸的是，正是在这个枯竭的时刻，孩子们最需要他们的父母。"（Koplewicz and Gurian，2001）学者们指出，离婚后重新定义关系和角色对前配偶来说是困难的，因为他们没有相关经验或能遵从的模式（Walzer and Oles，2003）。

以下几条建议可以在这个困难时期帮助孩子们（Garber，2003；Koplewicz and Gurian，2001）。

- **告诉孩子们离婚的情况** 面对那些已经到了能承认父母离婚的年龄的孩子，父母要告知他们父母离婚的事情。成年人应该以孩子能理解的方式将事实告知他们。如果有可能的话，父母双方应该一起告知孩子；否则，消息应该由与孩子最亲近的家长告知。父母不应该指责，指责意味着父母中有一方是坏的，并诱使孩子选择立场。应该有人向孩子解释发生在父母之间的离婚到底指什么，以减轻孩子对父母也会离婚的恐惧。父母应该强调离婚并不是孩子导致的。父母有足够长的时间回答问题，孩子提问的情况可能会持续几个月。

- **明白孩子对分居感到内疚，渴望团聚** 孩子们应该被告知，不是他们导致了离婚，因为大多数孩子会责怪自己，而不是父母。他们应该被告知，他们无法让父母团聚，即使他们对团聚的幻想在一段时间内依然强烈。

- **认识到孩子强烈的情绪** 大多数孩子会表现得悲伤和抑郁，比如失眠、不安和难以集中注意力。他们也会感到被父母中的一方或双方排斥，担心被遗弃或变得孤独。他们可能会对父母中的一方或双方以及自己表达愤怒。父母应该让孩子们知道他们是被爱的和被需要的。

- **不要将孩子置于冲突中，要明确家庭界限** 父母不应该把孩子置于成年人的冲突中，或者让他们充当"间谍"或"信使"。父母应该努力为孩子创造尽可能多的一致性、连续性和安全性，包括让他们提前知道他们在特定的时间会在哪里。父母应该就两家之间的界限达成协议——两家是否有共有财物、是否一起庆祝节日、每个家庭的独立程度是怎样的。

- **父母应该注意自己的愤怒和内疚** 父母应该寻求其他成年人的支持。他们不应该向他们的孩子表达他们自己的强烈感情，也不应该试图让孩子们成为情感的管理者。

无监护权父母的痛苦与愤怒

监护权的归属取决于很多因素，包括可用的收入、父母是否住得很近、孩子的数量和他们的年龄，以及父母在离婚后是否相处得比较好。

父权运动（fathers'rights movement）的兴起促使离婚的父亲在子女监护、探望和抚养方面与离婚的母亲享有同等待遇，这引起了人们对如下这些与监护权相关的问题的关注。

与父亲的分离——父母和孩子的损失　2015 年，32% 的孩子与无监护权的父母——主要是父亲——没有接触过（Grall, 2018）。一项对 84 位父亲（平均离婚时间为 6 年）的早期研究表明，他们很少见到自己的孩子（Dudley, 1991）。其中，40% 的人表示，主要原因是前妻不让孩子接触他们，或者在孩子面前说其父亲的坏话。

即使没有前妻的阻挠，许多父亲在离婚后也会经历角色混淆，并感到内疚、焦虑和抑郁（Leite and McKenry, 2002）。考虑与孩子保持亲密关系的父亲们可能会觉得，他们必须权衡保持联系的好处与情感痛苦的代价。通常，父亲会因为失去对孩子的影响力而感到沮丧，探视次数也会随着时间的推移而减少（Ahrons and Tanner, 2003; Wallerstein and Blakeslee, 2003, 2004）。和未成年子女一起生活的离婚父亲拥有的亲子关系的质量与和孩子一起生活的已婚父亲相似。与婚姻完整的男性相比，无监护权的父亲可能会经历抑郁和其他负面心理影响。这种状态可能不仅仅是由离婚事件引发的，至少有一部分是父亲与孩子的分离造成的（Shapiro, 1999）。

离婚的父亲和孩子之间的关系发生了什么变化？研究表明，他们之间的亲密关系确实会受到影响（Amato and Sobolewski, 2001）。一项针对 18 ~ 22 岁的离婚家庭成年子女的研究发现，2/3 的孩子与父亲的关系不好，1/3 的孩子与母亲的关系不好，这一比例约为非离婚家庭的同龄孩子的 2 倍（Zill et al., 1993）。

父母疏离综合征——当孩子讨厌父母时　父母疏离综合征（parent alienation syndrome，PAS）被定义为一种困扰：孩子们全身心地将父母中的一方视为"好人"，将另一方视为"坏人"。"坏"的一方被憎恨，并在语言上被边缘化，而"好"的一方则被理想化，并被孩子们爱着（Vestal, 1999; Bernet et al., 2010）。

理查德·加德纳（Richard Gardner）是这一术语的创始人，他表示这种失调主要出现在父母就儿童监护权产生纠纷的背景下。他说，它的主要表现形式是"孩子对父母的诋毁运动，一种没有正当理由的运动。它是由父母的灌输和孩子自己对诋毁目标父母的贡献的结合引发的"。当父母虐待或忽视孩子时，PAS 就不再适用。

父母疏离综合征可能源于父亲，也可能源于母亲（Gardner, 1998）。这导致了所谓的离婚相关的恶意母亲综合征（divorce-related malicious mother syndrome），这是指母亲无理地惩罚她正在与之离婚的丈夫或已与之离婚的前夫，企图使他们的共同子女与他疏远，使他人（包括律师）恶意攻击他，不让他探望、不让他打电话、不让他参加学校活动和课外活动（Maturana et al., 2018; Turkat, 1995）。男性的对应反应可能是懒散父亲综合征——尤其是报复心极强的父亲。

父母疏离综合征现在被认为是在监护权案件中被指控虐待孩子的父母的主要辩护理由，他们利用 PAS 来声称他们的孩子被父母中的另一方收买或教唆说谎（Chandress，2006）。一项对涉及配偶虐待的羁押案件中的 39 名女性的小型调查发现，54% 的判决支持被指控的施暴者（Silverman et al.，2004）。但是，有虐待倾向的父亲会不会利用父母疏离综合征强迫孩子接触他们不该接触的东西？一些批评者声称，这个理论是"垃圾科学"，在监护权案件中没有立足之地（Dalton et al.，2006）。

离婚对儿童的影响

在哪种情况下孩子更容易受到情绪压力和自尊丧失的伤害？是留在一个不断被紧张和冲突困扰的完整家庭中的孩子，还是因为父母离婚而失去经济优势和父母中的一方（通常是父亲）的关注的孩子？

选择并不总是那么残酷，但它们有时也可能异常残酷。让我们探讨一下离婚对孩子的短期和长期影响，我们意识到，结果是相互矛盾的。

短期影响　如果你的婚姻冲突频繁，离婚后你的孩子会过得更好吗？研究发现，这些孩子报告说，他们离开父母长期对峙的环境后，情绪逐渐恢复平静并且感觉解脱了（Amato，2000）。一项针对 2 代人进行的长达 17 年的研究发现，在充满愤怒和痛苦但完整的婚姻中长大的孩子更有可能出现婚姻不幸福的问题（Amato and Booth，2001）。父母的婚姻越不和谐，他们成年子女的婚姻就越不幸福。

根据一些研究，在大多数时候，离婚的短期影响是负面的。

■　**不想分开**　大多数孩子不想让父母分开。在一项对父母分居的 28 名儿童的研究中，所有儿童都希望他们的父母能复合（Sheppard，1997）。当父母"利用孩子进行斗争"或者父母中的一方诱使孩子去监视他 / 她的前配偶并向他们报告时，孩子尤其会感到不满。

■　**内疚、愤怒、抑郁、焦虑和退缩**　一般来说，孩子会在短期内感到内疚、愤怒、抑郁、焦虑和退缩（Hetherington and Kelly，2002；Pryor and Rogers，2001）。一项针对 34 个国家的青少年和年轻人的研究甚至发现了离婚率和自杀率之间的联系（Johnson et al.，2000）。

■　**缺乏社交能力和学习能力**　父母离婚的孩子不太善于交际，并对他们的社交技能不太自信（Clarke-Stewart et al.，2000）。他们在学校也有更多的行为问题，包括更多的缺勤问题和较差的成绩（Pong et al.，2003）。

■　**健康问题**　离婚家庭儿童的身体健康评分较低，他们更有可能出现饮食方面的问题和疾病（Troxel and Matthews，2004）。

长期影响　从长期来看，孩子们还有希望吗？孩子们能挺过最初的糟糕时期，变得快乐并且很好地适应吗？朱迪斯·沃勒斯坦和梅维丝·赫瑟林顿（Mavis Hetherington）对此持完全相反的观点——他们分别持悲观观点和乐观观点。

■　**沃勒斯坦的悲观观点**　临床心理学家沃勒斯坦从 1971 年开始跟踪调查加利福尼亚州马林县 60 户人家的离婚后生活。她在她的书中说，在父母离婚 10 ~ 15 年后，孩子们进入成年阶段，他们成了"忧心忡忡、成绩不佳、倾向于自我贬低、有时充满愤怒的年轻男女"（Wallerstein and Blakeslee，2004）。沃勒斯坦在另一本书《父母离婚后：孩子走过的内心路》（*The Unexpected Legacy of Divorce: A 25-Year Landmark Study*）中指出，只有 40% 的父母离婚的成年子女（年龄从 20 多岁到 40 多岁不等）结过婚，而在这一年龄段的总人口中，81% 的男性和 87% 的女性结过婚（Wallerstein et al.，2000）。因为这样的孩子不是在幸福、美满的家庭中长大的，他们不知道如何与伴侣相处。

沃勒斯坦认为，克服离婚的影响往往意味着孩子们必须经历一段令人痛苦的挣扎。她认为由于他们缺乏健康的榜样并且面临着复杂的再婚家庭，这些儿童的社交能力不如拥有完整家庭的孩子，更不容易考入大学，其中的女孩有可能较早有性经验。沃勒斯坦发现，如果父母在一起，孩子们通常会更幸福，即使婚姻是不幸福的、没有爱的。

■ **赫瑟林顿的乐观观点** 在沃勒斯坦和她的同伴的畅销书《父母离婚后：孩子走过的内心路》出版 2 年后，发展心理学家赫瑟林顿出版了基于其 30 年的研究的《更好还是更坏：对离婚的再思考》（*For Better or for Worse: Divorce Reconsidered*）一书。尽管一些关于离婚家庭子女的研究结果令人不安，但赫瑟林顿认为，离婚的危害被夸大了，而其积极影响被忽视了。

沃勒斯坦看到的是负担和烦忧，而赫瑟林顿看到的是增强的适应力，父母离婚的孩子中有 75% ~ 80% 能适应这种变化。赫瑟林顿说，尽管 20% ~ 25% 的孩子被发现有伴随其终身的负面情绪或有出现行为问题的风险（相比之下，在家庭完整的孩子中，该

比例只有 10%），更高比例的孩子的情况是在正常范围内的，有些孩子甚至好得令人感到意外（Duenwald，2002）。事实上，她和她的同事发现，在父母离婚 6 年后，这些孩子与父母保持婚姻关系的孩子一样，适应能力很强，也很快乐。

■ **为什么沃勒斯坦和赫瑟林顿的发现会有所不同** 这 2 位心理学家花了 30 年的时间研究白人中产阶级家庭，其中大多数家庭在 20 世纪 70 年代破裂。那么，我们如何看待这些不同的结果呢？这与他们的研究方法有很大关系（Corliss，2002；Duenwald，2002；Peterson，2003）。

发展心理学家赫瑟林顿在一组研究人员的协助下，采访了 1 400 多个家庭的孩子和父母（其中有一半家庭是离婚家庭），并观察了这些家庭的成员在家中的互动情况。受试者用日记记录他们的行为和感受，并参与了标准化的人格测试。研究人员收集了来自家长、孩子和孩子同龄人的报告。在 24 年的时间里，研究人员收集了 7 次数据。

另一方面，临床心理学家沃勒斯坦在 25 年的时间里，与 60 个家庭的孩子和父母进行了 5 次亲密访谈。研究人员将父母离婚的成年人与 44 个成长于完整家庭的成年人进行了比较。

正如一位评论者所说，这些研究方法的不同之处在于"一种研究的策略广泛、粗浅，另一种研究的策略深刻、范围窄"（Corliss，2002）。因此，赫瑟林顿的样本被认为更具代表性（至少对白人中产阶级家庭来说，情况是这样的），她的数据收集标准也被认为更科学、更严谨。沃勒斯坦则因调查的家庭太少，并声称他们是所有离婚家庭

的代表而受到指责。此外，她的临床样本是由那些曾因与离婚相关的问题寻求帮助的人组成的，所以这一群体面临的问题自然会比随机人群具有更高的难度。尽管如此，沃勒斯坦还是因为比赫瑟林顿挖掘得更深入而受到称赞。社会学家诺瓦尔·格伦（Norval Glenn）说："我认为沃勒斯坦找到了一些用标准化的方法无法找到的东西。"

离婚家庭的孩子 猜猜看照片中的这两位成年人中哪一位是监护父母？一般来说，非监护父母拥有"探视权"，他/她被允许在每个月的几天内探望孩子。大多数孩子不希望他们的父母分开，希望他们能在一起。此外，离婚家庭的孩子在短期内会感到内疚、焦虑、退缩，甚至可能会出现学业和健康方面的问题。从长远来看，你认为父母离婚的孩子会承受什么样的影响？

第三种观点：即使父母之间的冲突很小，父母离婚的孩子也会受到伤害 有人指出，赫瑟林顿的一些发现最初看起来可能是积极的，但一些关于孩子本身的评论却没有那么积极，比如父母离婚的孩子表现

出不愿对关系给出承诺、对关系的态度不明确的问题。伊丽莎白·马夸特（Elizabeth Marquardt）对 1 500 名年龄在 18～35 岁的成年人进行的研究证实了这一观点。该研究表明，即使在"安静的"离婚中，父母友好地减少他们的冲突，孩子也会经历完整家庭的孩子没有经历过的痛苦。

这样的孩子在"两个世界"之间穿梭，经历着失落和愤怒，但他们仍试图照顾自己的父母而不是被照顾（Lewin，2005；Tyre，2005）。换句话说，离婚家庭的孩子表示，在分别面对父亲和母亲时，他们觉得自己是不同的人；在自己的家里时，他们觉得自己是局外人。她的发现得到了其他研究的支持。儿童心理学家罗伯特·埃默里（Robert Emery）发现，大约一半的离婚家庭的孩子觉得他们的童年比大多数人都艰难，而来自婚姻完整的家庭的孩子中只有 14% 的人有这样的感觉。

好的离婚

一个人该如何平复动荡的情绪，尤其是在与前配偶打交道的时候？明尼苏达州的玛布·纳尔蒂（Mab Nulty）在离婚时是一名儿童家庭育儿服务中心的工作人员，现在是一名心理学家。她说，她听从了一位朋友的建议："在你自己的情绪稳定下来之前，你必须非常善于'假装'，'假装'你成了另一个人，'假装'你能轻松地和那个人交谈。"（Cummings，2002）

似乎越来越多的前配偶愿意通过努力地尝试使用策略，来减少对他们的孩子造成的伤害：他们在网络留言板交流而不是争吵，他们加入合作法律运动以避免打官司，并雇用"育儿协调员"为他们做决定（Navarro，

2005）。为了发展更有爱的亲子关系，他们还发现了媒体在监护权纠纷中的好处。埃默里在一项 12 年的研究中发现，在经过调解的家庭中，非监护父母每周与子女进行电话联系的可能性比未经过调解的家庭高出几倍（Emery et al.，2001）。考虑到父亲角色的变化，这类夫妻也在接纳更公平的监护安排。事实上，一项研究发现，在过去的 70 年里，在有关儿童监护权的纠纷中，法院对母亲和父亲的支持程度大致相同（Mason and Quirk，1997）。总之，父母离婚的方式甚至比离婚本身更重要。一些离异夫妇甚至发现，他们可以和孩子一起度假——他们表现得"谨慎、体贴、相互尊重"（Bazelon，2015）。

表 14-5 展现了如何从 3 个主要的理论视角：结构 - 功能视角、冲突视角和符号互动视角来看待离婚的话题。

表 14-5　离婚观：3 种社会学理论视角的比较

结构 – 功能视角（宏观取向）
显性功能：离婚给家庭带来了新的稳定，为孩子提供了一个更健康、压力更小的环境
潜在功能：离开一段不好的关系可以提升人的自尊水平，这对社会的某些部分（如法律体系）有利，并影响社会结构的其他方面（如法律的实施和医疗保健服务）
社会某个部分的变化（离婚率的升高或降低）会带来其他方面的变化（如医疗保健服务、法律的实施和教育）
社会结构的各个部分积极地应对离婚的影响使社会更稳定
冲突视角（宏观取向）
对幸福的追求导致了冲突，而离婚产生了对稀缺资源（夫妻积累的金钱和资产）的竞争
离婚夫妇缺乏共识可能会导致双方产生健康问题（离婚后遗症）
缺乏一致的意见会导致家庭关系的破裂，产生不稳定性，使孩子流离失所
符号互动视角（微观取向）
人们的直接环境（家庭、宗教观念）影响他们对婚姻和离婚的感觉
许多离婚家庭的孩子对婚姻的看法都是负面的
大众传媒可以影响人们对婚姻和离婚的看法，以及他们对什么是幸福的看法

总结与回顾

14.1 分居、离婚和趋势

分离过程和离婚趋势

■ 美国人对离婚权的信念似乎与寻求亲密和婚姻中的幸福有关。"分离"过程描述了伴侣——无论是已婚伴侣还是同居伴侣，无论是异性恋者还是同性恋者——在经历了婚姻的各个阶段后分道扬镳。这些步骤包括不满、尝试改变，转向别处、进一步疏远、解决、告诉另一半，以及承认关系结束。

■ 在研究离婚时，了解如何衡量离婚是很重要的。原始数据指结婚和离婚的实际人数。粗离婚率是指在给定年份中每1 000人中的离婚次数。精确离婚率反映了在给定年份中每1 000名15岁以上已婚女性中的离婚次数。

14.2 人们为什么离婚

与离婚相关的社会和人口因素，以及与离婚相关的个人因素

■ 离婚在今天比过去更容易被接受，部分原因是现在的文化价值观主要强调个人幸福而不是家庭关系。由于人口流动性和对事业的关注，许多人在婚姻中面临压力时没有大家庭提供帮助。社会对离婚的更高的接受度也导致了更多的再婚和更多

的再次离婚。

■ 缺乏教育与较高的离婚率相关。对于男性来说，他们受教育程度越高，离婚的可能性就越小。然而，对女性来说，更多的教育可以促使她们获得经济上的独立性，从而降低她们维持糟糕的婚姻的可能性。未完成高中学业的、来自社会经济地位较低的阶层的女性离婚的风险更大。夫妻结婚时的年龄越小，他们离婚的可能性越大，因为他们不够成熟，无法承担起婚姻的责任。对幼儿的陪伴可以加强家庭纽带和双方对家庭责任的承诺，从而防止或推迟离婚；然而，青少年的存在使分居和离婚的可能性更大。

■ 与离婚有关的个人因素包括沟通问题、不忠、持续的冲突、情感虐待、不再相爱、不令人满意的性爱、收入不足、身体虐待、爱上别人以及厌倦。

14.3 离婚的过程

离婚的6个方面

■ 人类学家保罗·博汉农提出的一种由离婚的6个方面（流程）组成的心理模型：（1）情感离婚涉及失去感情、信任和对彼此的尊重，双方用冷漠或负面情绪取代积极情绪；（2）合法离婚即法院下令终止的婚姻。（3）经济离婚涉及对财产

的处理；（4）抚育离婚涉及有关子女监护权、子女抚养权、探望权以及每一位父母的持续责任的决定；（5）社区离婚意味着夫妻双方都会离开共同的亲戚圈和朋友圈，或者减少与他们的接触；（6）精神离婚指经过一段时间的哀悼，一个人在情感上与前伴侣分离，不再受到他／她的影响。

■ 离婚哀悼期至少包括3个阶段——否认、愤怒和沮丧，以及接受和宽恕。

14.4　离婚的影响

离婚对心理和身体的影响，以及对孩子的影响

■ 离婚会对个人的情感、心理和身体状态产生长期影响。许多人无法完成精神离婚，遭受着"离婚后遗症"的影响。他们无法接受离婚的事实，无法重新明确自己作为单亲父母的角色，或者无法发展新的友谊。分居痛苦可以用来形容分离后的心理状态，这种心理状态包括抑郁、失落、焦虑以及强烈的孤独感。正在经历分居和离婚的人更有可能出现健康问题。

■ 有些人体验到了离婚的积极影响——比如，自尊水平和能力提高、变得更轻松，以及和孩子的关系更好。

■ 离婚会对每一个相关的人产生严重的情感影响，尤其是孩子，还会导致父母疏离综合征，以及与离婚相关的恶意母亲综合征。父母疏离综合征被定义为一种困扰：孩子们全身心地将父母中的一方视为好人，将另一方视为坏人。"坏"的一方被憎恨，并在语言上被边缘化，而"好"的一方则被理想化，并被孩子们爱着。与离婚相关的恶意母亲综合征指母亲无理地惩罚她正在与之离婚的丈夫或已与之离婚的前夫，企图使他们的共同子女与他疏远，使他人恶意攻击他，不让他探望和接触孩子。

■ 离婚对儿童的短期影响包括不想分开、内疚、愤怒、抑郁、焦虑、退缩、社交和学习能力下降以及饮食紊乱等健康问题。

■ 沃勒斯坦及其同事的研究发现，许多离婚的孩子在成年后成了忧心忡忡、成绩不佳、自我贬低、愤怒的年轻男女。贴有离婚的标签的家庭可能无法提供一个充满爱和关心的积极的家庭榜样。赫瑟林顿及其同事们的研究显示离婚的危害被夸大了，而其积极影响被忽视了。孩子们表现出了增强的适应力，以及和来自完整家庭的孩子一样具有良好的适应能力，并且很快乐。

第 15 章

再婚：改造、更新
和混合家庭

核心内容

15.1 刚刚离婚的人在重新约会时必须面对的因素和他们再婚的原因

15.2 第二段婚姻的幸福度和稳定性、混合家庭的形式，以及混合家庭的发展阶段

15.3 当继母、继父或继子女的感觉

15.4 继亲家庭相对于核心家庭的5个潜在优势，以及成为一个成功继亲家庭成员的步骤

本章导读

首先，我们将在第一部分讨论再婚的趋势。其次，我们将重点介绍混合家庭的特点和发展阶段。再次，我们将从继母、继父和继子女的角度描述这个新家庭。最后，我们将讨论继亲家庭的一些优势，以及建立成功的继亲家庭的方法。

大众文化、媒体和技术

改头换面：再婚和继亲家庭

"你那长满疥癣、满身恶臭的邪恶继母让你把房间打扫干净。"

来自纽约布鲁克林的梅格·施莱弗（Meg Schlefer）说，当她试图让继女们帮忙做家务时，这是她对她们说话的方式。她发现，在复杂的人际关系领域，幽默可以发挥很大作用（Herbert，1999）。

《脱线家族》（Brady Bunch）反映了人们理想中的继父母和继子女的形象。但是也有900个故事中写的是邪恶的继母，其中很少有幽默（Recker，2001）。恶毒的继母出现在了《灰姑娘》《白雪公主》等童话故事中，而且在希腊和罗马神话中早就出现了这种刻板印象，这可能体现了古代文明中盛行的反女性传统（Watson，1995）。

在古典文学中，除了《巴黎圣母院》（The Hunchback of Notre Dame）中卡西莫多残忍的

继父外，似乎总体上继父比继母更容易对付。然而，诸如《家庭聚餐》（*Home Fries*）之类的电影弥补了这种不平衡，它们将继父们刻画成骗子、杀人犯和心理变态者。

■ **电影对继父母的描写是基于事实的吗** 这些刻板印象有什么影响吗？与亲生父亲看待自己的方式相比，真正有血有肉的继父往往认为自己是不称职的父亲。但是继母的形象是最负面的，常被认为是缺乏情感的、不公平的、更残忍的，这也导致了继母家庭中所有成员都有负面的自我形象。此外，人们也常常认为继亲家庭不如初婚家庭好。

考虑到这些类似的报道，离异或丧偶的父母把他 / 她的孩子带进另一段婚姻，或者单身男人或女人愿意加入所谓的"重组"家庭似乎都成了一件不寻常的事。然而，当前家庭中的 40% 是再婚家庭，而 65% 的再婚涉及孩子，在美国，每 4 个孩子中就有一个是继子女。基于这种文化的变化，酒店和度假胜地现在提供家庭蜜月（familymoons），以满足那些想要在婚礼后带整个家族一起度假的新婚夫妇（Silverman，2003）。

■ **不匹配的期望** 另一个极端是"名存实亡的继亲家庭"。在这种情况下，一位离异、事业有成、已经有孩子的年长男性向年轻女性求婚，但有一个问题：年长男性不想再要孩子了。反之亦然，考虑再婚的离异母亲可能也不想再要孩子了。一些再婚的配偶一开始可能会同意，甚至会为此签订婚前协议，但随后会感受到巨大的怨恨，这可能会对婚姻产生负面影响（Brooke，2002）。

如今，正如《错配：男性和女性之间日益加深的鸿沟》（*Mismatch*；*The Growing Gulf between Men and Women*）一书的作者

安德鲁·哈克（Andrew Hacker）所说："与其说新娘和新郎一起踏上了一段旅程，不如说他们踏上了两段具有不同目的地的旅程。"（Johnson，2003）这是怎么回事？人们在第二段婚姻（以及其他类型的承诺关系）中希望得到什么呢？

■ **改造文化** 也许我们可以从电视上流行的"改头换面"类节目中得到一些启示。它们成功的原因是什么？社会学家弗吉尼亚·布卢姆（Virginia Blum），提出了一些想法：它们是关于再创造和转型的（Finding Happiness between Advertising，2003）。

布卢姆是肯塔基大学的英语系教授，写过一本关于整容手术的书，他说："我们的文化是一种转型文化。我们有一个前后连贯的故事……我们的文化也是一种移民文化。由于移民浪潮，我们在 20 世纪一遍又一遍地讲述着这些有关改变的故事。"

也许再婚是人们希望改头换面的另一种表达方式。它会发生吗？我们会看到，这其中存在着很多惊喜。

15.1 准备再婚

核心内容：

刚刚离婚的人在重新约会时必须面对的因素和他们再婚的原因

概述 离婚或丧偶后重新约会既令人兴奋又令人恐惧，尤其是对老年人来说。刚刚开始约会的人需要意识到，他们可能仍处于情绪恢复阶段，可能操之过急了。孩子也会使约会过程复杂化。中年单身人士与年轻单身人士有着不同的需求。

已故明星伊丽莎白·泰勒（Elizabeth Taylor）有过 8 段婚姻，其中 2 段是与演员理查德·伯顿（Richard Burton）的结合，2001 年，她在一档节目中表示，她不会再结婚。不过她补充说："只要他可爱、聪明、有同情心、受人崇拜，并且有幽默感，我就愿意和他住在一起。"很明显，泰勒是连续婚姻或连续一夫一妻制的实践者，连续婚姻（Serial Marriage/Serial Monogamy）的定义是一个人进入一系列的婚姻关系，每段婚姻关系只有一个婚姻对象。

虽然经历过 8 段婚姻并不常见，但连续婚姻已是寻常之事。根据 2014 年美国人口普查的数据，在 1945 ~ 1954 年出生的人中，大约有 1/4 的人在 50 岁之前结过两次或两次以上婚。2008 ~ 2012 年，15 岁或以上的美国男性和女性中分别有 13% 和 14% 的人结过两次婚，男性和女性中分别有 3.5% 和 3.7% 的人结过 3 次（或 3 次以上）婚（Lewis and Kreider，2015）。2013 年，每 10 对新婚夫妇中就有 4 对至少一方有婚史，每 10 对新婚夫妇中就有 2 对双方都有过婚史（Livingston，2014）。

想象一下再婚家庭中的复杂情况（涉及前一段婚姻或关系中的孩子的再婚）吧，这是一对有过多段婚姻并有孩子的夫妻及其所属家庭网络带来的。但正如我们在本章中解释的那样，即使新婚夫妇中只有一方带着他 / 她自己的孩子来到新的婚姻，情况也可能非常复杂。

首段婚姻结束后：回到单身生活和再次约会

分居或离婚的人在开始约会时，会向社交圈和前配偶发出一个信号，表明他们又开始约会了（de Graaf and Kalmijn，2003）。然而，无论是在不到 30 岁，刚刚结束（或离开）首段婚姻的情况下，还是在已经年过 30，经历了多年的婚姻生活、养育过子女且承担过工作责任后离婚的情况下，回到单身世界都可能是既令人兴奋又令人恐惧的。

- **令人兴奋的**　它可以是令人兴奋的，特别是对年轻人来说，因为人们可能会记得处于一段热恋中时的激动和活力。他们怀着对亲密关系的所有希望，重新燃起寻找一个真正令人满意的灵魂伴侣和生活伴侣的热情。

- **令人恐惧的**　这可能会令人恐惧，尤其是对那些已经在婚姻中度过了很长时间的人来说，因为这样的人对当今的约会规范知之甚少，可能会像刚开始约会的青少年一样感到尴尬和不安。

首次走出婚姻的人在约会时面临的情况可能与他们十几岁或二十几岁时的情况有很大差别。

以下是一些需要注意的事项。

重要数据　⯈⯈⯈　再婚夫妇和混合家庭

- **有过多次婚姻的人的比例是多少**　2008 ~ 2012 年，15 岁或以上的美国男性中有 13% 的人结过 2 次婚，同年龄段的女性中有 14% 的人结过 2 次婚，同年龄段的男性中有 3.5% 的人结过 3 次婚，同年龄段的女性中有 3.7% 的人结过 3 次婚（Lewis and Kreider, 2015）。

■ **人们在再婚前花在求爱上的时间更少吗** 一项研究的受访者表示，在首段婚姻之前，平均来说，他们的恋爱期（约会加上订婚）为 17 个月。在步入第二段婚姻之前，他们只花了 9 个月的时间谈恋爱（Ganong and Coleman, 2017）。

■ **有多少未婚女性会和比自己年轻的男性约会** 一项针对年龄在 40 ~ 69 岁的 1 407 名单身男性和 2 094 名单身女性的调查发现，在进行约会的未婚美国女性中，超过 1/3 的人会和年轻男性约会，而大约 2/3 的男性说他们正在和年轻女性约会（Montenegro et al., 2003）。

■ **再婚的比例是多少** 在美国，大约 40% 的婚姻是再婚（Ganong and Coleman, 2012; Livingston, 2014）。

约会的离婚人士可能仍处于情绪恢复阶段 有些人从分居和离婚中恢复需要的时间比其他人长。在创造新自我的过程中，人们往往会经历 2 个阶段：过渡阶段和恢复阶段（Galvin et al., 2015; Ganong and Coleman, 2012）。

■ **过渡阶段——1 年** 过渡阶段是指在分离后的约 1 年的时间里，一个人会经历分离痛苦带来的焦虑、孤独和抑郁。但一个人也开始做出重要的决定——关于住所、抚养权、职业、财务、约会等，这些决定有助于塑造一个人的新身份。

■ **恢复阶段——1 ~ 3 年** 恢复阶段会持续 1 ~ 3 年，离婚者的生活和情绪变得更加稳定，孤独感、抑郁感和对前配偶的愤怒开始减少。即便如此，面对恋人时的不安全感或与孩子的争吵，以及工作不顺都会引发他们的自我怀疑。

由此你可以理解为什么心理治疗师会建议人们在再婚之前等待 3 年左右的时间（Sager et al., 2012）。然而，大多数人不会等这么久。

离婚的人可能急于再婚 在一项对 248 个有再婚经历的人进行的研究中，受访者表示，在首次结婚前，平均来说，他们的恋爱期为 17 个月（约会需要 12 个月，订婚需要 5 个月），而在第二段婚姻之前，他们花在恋爱上的时间只有前者的一半：只有大约 9 个月（约会大约需要 7 个月，订婚大约需要 2 个月）（Ganong and Coleman, 2017）。在丧偶人群中，从配偶去世到再次约会，男性需要的时间比女性更短（Bernstein, 2014）。

加速求爱的原因可能是感到孤独、迫切需要经济支持或照顾儿童方面的帮助、对"生活正在离我而去"的担忧，或者我们将描述的其他原因。无论如何，许多离婚者都急于再婚——这可能是再婚离婚率高于首段婚姻的原因。

孩子会使约会过程复杂化 任何带着年幼孩子的监护父母都会告诉你，你在需要先把孩子安置好的情况下，很难主动地寻求约会。孩子们还会以其他方式影响约会——比如，一些监护父母会因为约会导致他们不能很好地陪伴孩子而感到内疚（Coleman et al.,

2000）。即便如此，离婚的父母似乎常常不与子女讨论约会的问题（Zito and De Coster，2016）。一些父母可能会推迟约会，因为他们担心这会打乱孩子的生活。

孩子也会影响一个人的财务状况，从而影响离婚父母在约会和娱乐上的花费。如果你是一位父亲，你的收入可能会受到抚养子女或抚养配偶的义务的影响。如果你是一位母亲，你可能不会得到约会方面的支持，或者不得不通过外出工作来补贴家用。当然，反过来的情况也存在：你可能是一个未能从母亲那得到孩子的抚养费的有监护权的父亲。

性可以是一个全新的世界 对于恢复单身的人来说，与他人发生性关系既有可能是对其自尊的挑战，也有可能显著提升其自信，还有一种可能是两种情况都存在，这取决于伴侣是谁。一般来说，离婚的男人在分居后倾向于享受性爱，并且会得到性爱方面的支持。然而，女性并不觉得性令人愉快，她们的幸福感也与性活动不相关（de Graaf and Kalmijn，2003）。接下来我们将对此展开论述。

中年单身群体：约会、性和生活方式

当 40 岁的离异女演员黛米·摩尔（Demi Moore）在 2003 年与比她小 15 岁的艾什顿·库彻（Ashton Kutcher）约会时，她是否大胆地打破了女性不与更年轻的男性约会的社会规范？他们于 2005 年结婚，而在 2011 年分手。

知识网络（Knowledge Networks）为《AARP 杂志》（*AARP The Magazine*）进行的一项全面调查显示的情况并非如此（Montenegro et al.，2003）。该调查基于研究者随机招募的具有全国代表性的美国人口样本，总共抽样调查了年龄在 40 ~ 69 岁的 1 407 名单身男性和 2 094 名单身女性。令人惊讶的是，调查结果显示在进行约会的未婚美国女性中，有超过 1/3 的人是和年龄比自己小的男性约会。

该杂志的编辑史蒂夫·斯隆（Steve Slon）说："现在女性和比自己年轻几岁的男性约会似乎不再是一件令人耻辱的事了。今天，她们有了工作，有了钱，她们可以有自己的主张。"（Crary，2003）约 66% 的男性表示，他们正在和比自己年轻的女性约会。

虽然我们可能倾向于认为单身人士是 20 多岁或 30 多岁的人，但 AARP 的调查清楚地显示，有很多 40 多岁、50 多岁或 60 多岁的单身人士。并非所有调查中的单身人士都离了婚，事实上，有一部分人从未结过婚：42% 的男性和 24% 的女性，这一组数据令人惊讶。单身人士中有 56% 的人处于分居或离婚状态；在结过婚、如今单身的 50 多岁的人中，有 70% 的人已经单身 5 年或更长的时间。研究者们特别重视离婚率的上升，认为这与中年单身人士的约会习惯、性生活和生活方式等诸多方面的发展趋势有关（中年单身人士不再主要由丧偶的人和从未结过婚的人构成）。

约会 AARP 的调查发现了以下这些关于约会的有趣结果。

- **约会的原因** 男女约会的主要原因（49%）是想与人说说话、一起做事，次要原因（18%）是有趣。只有 11% 的男性和 2% 的女性认为性是主要原因，10% 的男性和 7% 的女性说约会的目的是结婚（Montenegro et al.，2003）。

- **约会的类型** 在 40 ~ 69 岁的单身人士中，约有 9% 的人对约会根本不感兴趣。还有一些人没有约会，但对约会很感兴趣，或者愿意在合适的人出现时约会（27%）。31% 的人处于排他性恋爱关系中，32% 的人处于非排他性恋爱关系中。7% 的男性和 3% 的女性报告说自己有同性伴侣（Montenegro et al.，2003）。

■ **寻找约会对象**　约 29% 的人表示他们很难找到约会对象。约会对象通常源于朋友、亲戚或同事的介绍，也有一些人在尝试求助于单身组织、婚介服务、在线服务以及教堂。约会的困难可能正如许多儿童和青少年时期的孩子体会到的那样，涉及害羞、感觉不自在、不知道在哪里找到合适的人、接触的人太少。

性　研究者观察到，"男性和女性在约会态度和性欲上存在巨大的差异"。

■ **性欲**　59% 的男性认为他们的性行为不够频繁，只有 35% 的女性认同这一点。

■ **性伴侣数量**　46% 的男性表示他们在同一时期内与不止一个人发生过性关系，而该比例在女性中为 21%。

■ **对在第一次约会时发生性行为的态度**　在 40 多岁的男性和 50 多岁的男性中，有 21% 的人认为在第一次约会时就发生性行为是可以接受的，但只有 2% 的同龄女性认同这一点，而在 60 多岁的男性和女性中，男性和女性对这一观点的态度的差异更大了。

为什么要再婚

和大多数人一样，中年单身人士既想保持独立又想体验亲密——这是我们曾提到过的永恒冲突。一方面，他们喜欢单身状态带来的个人自由——他们不需要对别人负责（见图 15-1）；另一方面，他们讨厌没有人与自己一起做事，担心未来孤身一人（见图 15-2）。

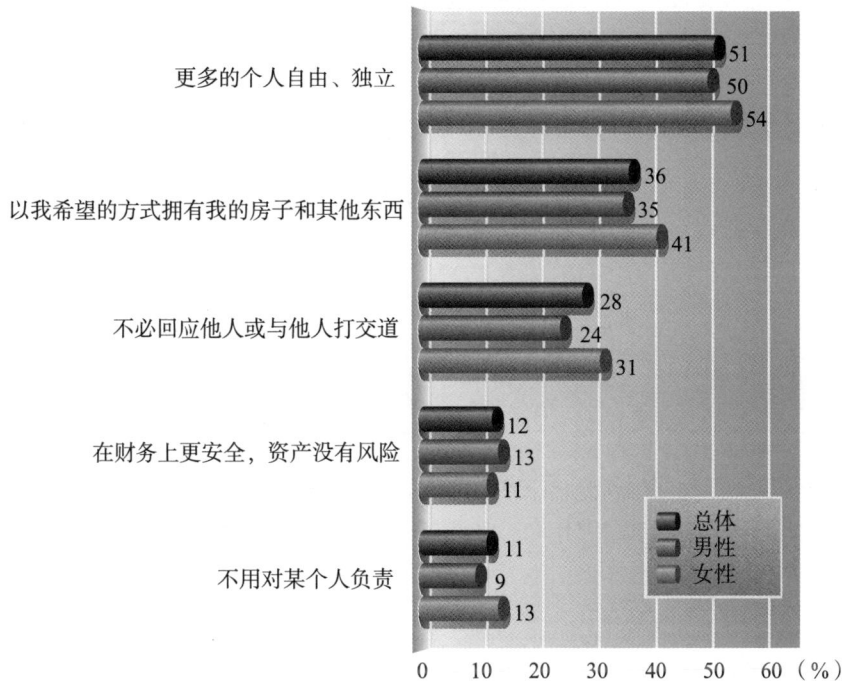

图 15-1　关于单身状态，你最喜欢的是什么

注：中年单身人士喜欢单身状态的原因是什么？上图是关于"在你这个年纪，关于单身状态，你最喜欢的两件事是什么？"这个多选题的回答情况。

资料来源：Montenegro，2003.

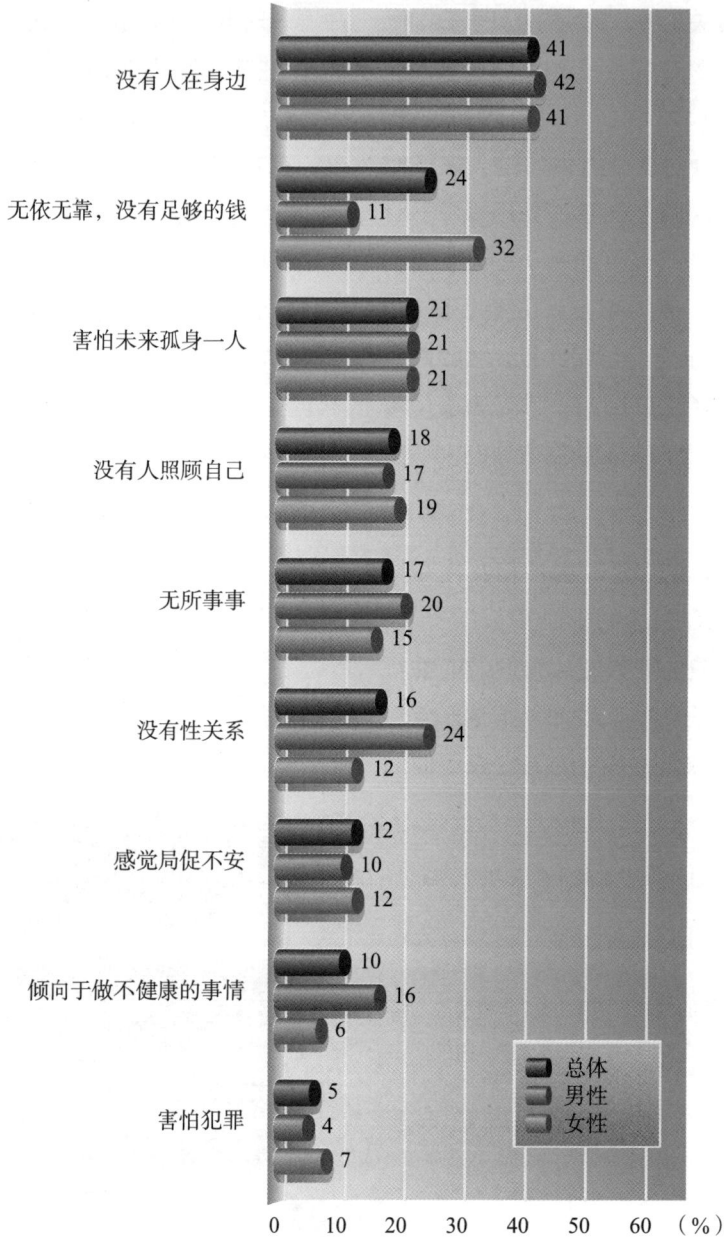

图 15-2　关于单身状态，你最不喜欢的是什么

注：中年单身人士讨厌单身状态的原因是什么？上图是关于"在你这个年纪，关于单身状态，你最不喜欢的两件事是什么？"这个多选题的回答情况。

资料来源：Montenegro, 2003.

抛开约会：同居还是再婚　在 AARP 的调查中，约有 1/3 的男性（32%）和女性（34%）表示，如果他们发现自己处于有承诺的排他性关系中，他们不确定自己是否会结婚（Montenegro et al., 2003）。还有 1/3 的男性表示，他们将进入同居关系，相比之下，女性的这一比例约为 1/5。此外，近 1/3 的女性表示自己会结婚，而男性的这一比例为

1/4。

另一项针对 15 ～ 44 岁美国女性的研究发现，离婚女性在 5 年内再婚的概率为 54%，其中，白人女性的概率为 58%，西班牙裔女性的概率为 44%，黑人女性的概率为 32%（Mosher，2002）。然而，一项国际研究发现，在前一段婚姻或前一段关系中有孩子会降低建立新关系的可能性（Netherlands Organization for Scientific Research，2007）。

再婚的理由：是时候了吗　大约 40% 的婚姻是再婚（Ganong and Coleman，2012；Livingston，2014）。2013 年，每 10 对新婚夫妇中有 4 对至少一方有婚史，每 10 对新婚夫妇中有 2 对双方都有婚史（Livingston，2014）。然而，再婚率一直在下降，这可能是因为同居变得更加容易：社会学家苏珊·布朗（Susan Brown）说，在 2011 年，每 1 000 名离婚或丧偶的美国人中只有 29 人再婚，这少于 1990 年的 50 人。

根据一项对 205 名参与者（包括男性和女性）的经典研究，再婚的主要原因是"时间合适"，这可能表达了他们对亲密关系的需求，见图 15-3（Ganong and Coleman，1989）。

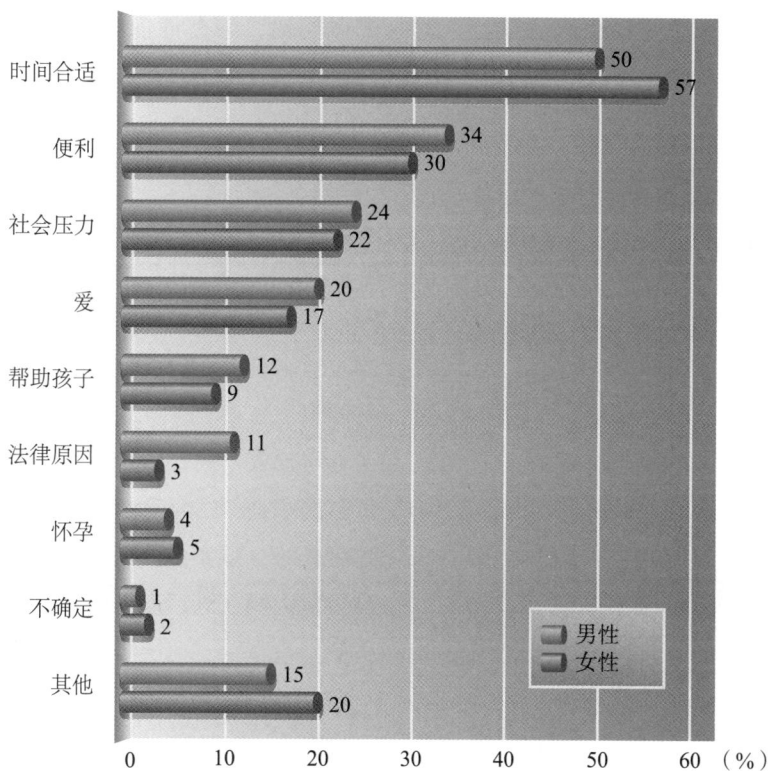

图 15-3　你为什么想结婚？来自一项经典研究的回答

资料来源：Ganong and Coleman, 1989.

从婚姻过渡到单身的过程中，人会经历重大的生活变化，尤其是在这个过程发生在婚姻持续了几年的情况下。请指出一些压力源、行为方式的改变以及与这种改变相关的新责任。

15.2　再婚和混合家庭

核心内容：

第二段婚姻的幸福度和稳定性、混合家庭的形式，以及混合家庭的发展阶段

概述　再婚的人要么和自己在首段婚姻中时一样幸福，要么不那么幸福，但再婚婚姻通常不会很持久。混合家庭有 3 种常见的形式，但亲属关系或准亲属关系可能比较复杂。区分再婚家庭与核心家庭的主要特征至少有 5 个。再婚家庭一般在几年的发展过程中会经历一系列可预见的阶段。

第二段婚姻会和首段婚姻一样吗？正如我们看到的大众媒体对继父母的描述，存在相当数量的"继亲主义"者。与种族主义和性别歧视一样，继亲主义（stepism）是一种偏见、一种歧视——人们认为继亲家庭不如原生家庭。

社会学家艾琳·莱文（Irene Levin）指出，很多人都反对核心家庭垄断模式，核心家庭垄断模式（nuclear-family model monopoly）的定义是初婚家庭被视为家庭的正统模式，而所有其他形式的家庭都被视为

有缺陷的替代方案（Levin，1997）。另一位学者说："原生核心家庭在美国社会中的特权地位导致了所有非核心家庭的污名化，尤其是继亲家庭。"（Jones，2003）

这是真的吗？再婚婚姻和首段婚姻有什么相似之处和不同之处？继亲家庭和初婚家庭有什么相似之处和不同之处？

再婚："这次会不一样"

对爱情和幸福的定义会和首段婚姻一样影响第二段婚姻。正在考虑再婚的离婚人士认为"这次会不一样"，他们在首段婚姻中就嫁或娶错了人，婚姻中的问题是前配偶的错，现在他们有了更好的前景。经历了一次离婚之后，他们不害怕再次离婚（Banschick，2017；Marano，2000）。事实上，人们已经发现，首段婚姻的失败并不一定会影响第二段婚姻的质量（Amato et al.，2007）。第二段婚姻比首段婚姻好多少呢？为了回答这个问题，我们需要区分幸福度（婚姻的质量）和稳定性（婚姻的持续时间）。

幸福度：第二段婚姻会更好吗　一首流行歌曲唱道："第二次恋爱更美好。"事实真是这样吗？事实上，证据表明，第二段婚姻与首段婚姻在满意度上没有差别，前者甚至更低。

■　**满意度相同的证据**　许多研究得出的结论是，首段婚姻与再婚婚姻的婚姻满意度之间几乎没有差别（Amato et al.，2007；Coleman et al.，2000；Ganong and Coleman，2016a；Wang and Amato，2000）。尽管继子女和再婚婚姻中有一些因素很复杂，但情况似乎就是如此（Stewart，2006）。

一项研究发现，影响满意度的不是婚姻

是首段婚姻还是第二段婚姻，而是伴侣是否擅于表达，以及双方是否能从他们的家庭中获得社会支持（Kurdek，1989）。另一项研究发现，曾有过婚姻经历的人与有相似婚姻经历的人结婚的可能性是与其他人结婚的可能性的两倍，这可能比背景不同的两个人的结合更有优势（Ono，2005）。比如，酗酒者的前配偶会再次和酗酒者结合。

■ **再婚不太令人满意的证据**　然而，有一些证据表明，再婚可能不那么令人满意。一项研究发现，与首段婚姻中的人相比，在婚姻的前 8 年，第二段婚姻中的人更有可能反馈婚姻质量下降（Jensen et al.，2017）。在某种程度上，这可能是因为配偶与父母、姻亲和其他能够提供社会支持的人之间的互动较少。此外，与首段婚姻中的夫妇相比，第二段婚姻中的夫妇可能无法很好地处理冲突，只能诉诸愤怒和大喊大叫（Ganong and Coleman，2016a）。

　　稳定性：再婚婚姻能维持多久　稳定性是另一回事。一般来说，正如我们在第 14 章中看到的，第二段婚姻和第三段婚姻都没有首段婚姻持续的时间长。事实上，15% 的再婚者在结婚 3 年后就再次离婚了，而近 1/4 的人在结婚 5 年后选择离婚（Bramlett and Mosher，2002）。

　　再婚婚姻的离婚率高的原因是什么呢？可能的解释有以下几种。

■ **再婚的人更能接受离婚**　有过离婚经历的人对婚姻的看法显然与第一次结婚的人不同。他们更有可能再次离婚，而不是在另一段令人不愉快的婚姻中坚持下去（Ganong and Coleman，2016a）。

■ **再婚伴侣获得的社会支持更少**　再婚夫妇从他们的原生家庭（如父母）那里得到的社会支持往往较少（Ganong and Coleman，2016a）。

■ **继子女会带来更多的压力**　那些争夺父母关注的继子女会使再婚夫妻之间的互动减少。有继子女的再婚婚姻比没有继子女的再婚婚姻有更高的离婚率（Amato et al.，2007；Ganong and Coleman，2016b）。

■ **文化脚本的缺乏使不确定性增加了**　尽管离婚、再婚和再婚家庭似乎一直存在，但在社会学家安德鲁·切尔林（Andrew Cherlin）看来，再婚是一种"不完整的制度"（Cherlin，1992）。也就是说，社会还没有创造出一套相应的文化剧本，**文化剧本（cultural script）指一套社会规范，可以用于指导再婚者管理彼此之间的关系**。初婚配偶和再婚配偶应该如何相处？如果你是继子女，你会称两位男性家长为"爸爸"，称两位女性家长为"妈妈"吗？有些孩子会想办法永远不叫他们继父母的名字。

　　然而，并不是所有再婚的人都有更高的离婚风险。增加的再离婚风险只存在于再婚家庭的前 5 年。在此之后，再婚夫妇继续在一起的概率和第一次结婚的夫妇差不多，前者甚至更高（Scarf，2009）。

　　根据一项全国性的研究，虽然再婚者很可能在婚姻的早期就离婚，但那些在 25 ~ 44 岁再婚的人比那些在青少年时期结婚的人的离婚率低（Clarke and Wilson，1994）。事实上，在结婚 15 年后，再婚的人并不比第一次结婚的人更容易离婚。可能的原因是，年纪大的人在选择第二段段婚姻的配偶时更为谨慎；他们有更多的耐心、金钱和其他资源来让婚姻变得成功；他们也不愿意再次离婚（Coleman et al., 2000）。

此外，单一再婚的夫妇并不比第一次结婚的夫妇更容易离婚，单一再婚（single remarriages）指的是夫妻双方中只有一方此前结过婚。双重再婚的人离婚的可能性是首段婚姻的人的两倍。双重再婚（double remarriages）指的是结婚双方都曾结过婚的婚姻。继子女的存在会使风险进一步上升（Martin-Uzzi and Duval-Tsioles，2013）。然而，有趣的是，其他研究得出结论，与单一再婚的婚姻相比，在双重再婚的婚姻中，冲突发生的频率更低，这也许是因为夫妻双方对婚姻的期望比他们经历首段婚姻时的期望更现实（Stewart，2006）。

混合家庭和亲属网络

离婚后（或后现代）家庭，正如我们在第1章中讨论的那样，涉及单亲家庭、双核家庭和混合家庭。

双核家庭（binuclear family）的定义是家庭成员生活在两个不同的家庭中。单亲家庭是双核家庭的一种形式，混合家庭（blended family）也被称为继亲家庭（stepfamily），是指当两个人结婚时，其中一个人或者双方把前一段的婚姻或关系中的一个或多个孩子带进当前家庭中。如今，16%的孩子生活在混合家庭——有继父母、继兄弟姐妹或同父异母兄弟姐妹的家庭（Broughton，2018）。

混合家庭的常见形式　混合家庭有以下3种基本形式。

他的孩子，她的孩子　单亲、离异或丧偶的父母的孩子通常与他们的亲生父母关系密切。如果父母中的一方（或双方）再婚，你认为这会对他们有什么影响？

■ 生父 - 继母家庭　生父 - 继母家庭（biological father-stepmother family）指家庭中的所有子女都是父亲的亲生子女和继母的继子女的家庭。在这类家庭中，孩子的生母住在别处，或者已经去世。早些时候，这是一种更常见的混合家庭形式，当时很多的母亲死于分娩，父亲再婚主要是为了保证有人照顾他的孩子。

■　**生母 - 继父家庭**　与前一种形式相反，生母 - 继父家庭（biological mother-stepfather family）是指家庭中的所有子女都**是母亲的亲生子女和继父的继子女的家庭。**在这类家庭中，孩子的生父住在别处，或者已经去世。这是一种如今更常见的混合家庭形式，因为有很多已有孩子的未婚母亲或离异母亲嫁人的情况，这个男人会成为孩子的继父。

■　**联合再婚家庭**　联合再婚家庭（joint biological-stepfamily）是指家庭中至少有一**个孩子是父母双方的亲生子女，并且至少有一个孩子是父母一方的亲生子女和另一方的继子女。**

当然，混合家庭有可能会比上述情况复杂得多，它可能涉及被领养的孩子、来自不止一段婚姻的孩子，以及兄弟姐妹和同父异母（或同母异父）的兄弟姐妹；在这些人中，有些人一直住在家里，有些人则住在其他地方。当然，孩子们的年龄也可能相差较大，孩子们当中既有婴儿又有成年人。如今，离异的成年子女会发现他们的父亲再婚了，并且父亲娶的女人比他们年轻，这也不稀奇。

新亲属或"准亲属"　如果你的父母离婚后又再婚了，你可能会有一种失落感，就像许多离异家庭的孩子一样。然而，讽刺的是，你现在有了更多的（而不是更少的）亲戚：你不止有继父母和继兄弟姐妹，可能还有继祖父母、继姻亲（比如，你继姐妹的丈夫）和其他继亲戚。事实上，由于从 20 世纪 70 年代开始离婚率急剧上升，现在几乎一半有孩子的美国家庭中至少有一对祖父母离婚了，而根据老年学家美林·西尔弗斯坦（Merrill Silverstein）的说法，在 20 世纪 80 年代中期，这一比例仅为 1/5（Harmon，2005）。顺便说一句，祖父母离婚的决定会在整个家庭中（包括后两代人的家庭）引发家庭问题，预示着更少的教育、更多的婚姻不和以及更疏远的家庭关系（Amato and Cheadle，2005）。

你怎么在再婚家庭中称呼你父母的新配偶——你生父的新妻子和你生母的新丈夫？人类学家保罗·博汉农建议用"准亲属"（quasi-kin）一词来描述与前配偶再婚的人，更广泛地说，它包括前一段婚姻中的姻亲和再婚后的姻亲（Bohannan，1970）。

通过家谱图发现亲属关系　一个混合家庭可能会产生一个有趣的家谱图，家谱图（genogram）指的是一份清楚地显示了在遗传、情感和法律上组成一个特定家庭的所有成员的图表。以再婚家庭为写作主题的皮特·格拉克（Peter Gerlach）指出，有了额外的信息和符号，家谱图"可以显示家庭联盟、冲突、关系的断绝以及其他有助于描述家庭结构和动态的重要因素"。他补充说，对那些想知道"现在我们都是谁？"的新家庭成员来说，它尤其有帮助。心理健康专家也经常使用家谱图来识别个人周围的积极和消极因素。

再婚家庭的特征：从悲伤开始

没有经历过再婚的人可能倾向于认为再婚家庭与核心家庭在本质上没有什么不同。也就是说，每个人都认为第二个家庭和第一个家庭"大同小异"（Levin，1997）。毕竟，两者不都是由一对已婚的成年夫妇组成的吗？他们都有一个或多个孩子，都住在同一屋檐下。

好消息是，再婚家庭的孩子与父母待在一起的时间和传统家庭的孩子一样多，只有少数例外（American Sociological Association，2008；Willfuhr and Gagnon，2013）。然而，在混合家庭中，的确存在着不同之处（Ganong and Coleman，2012；Visher and Visher，1991）。

大多数再婚家庭成员都遭受过某种损失。混合家庭始于悲伤：大多数家庭成员在某种程度上会为失去与父母或前任伴侣的重要关系而悲伤，即使前一段婚姻并不幸福。未婚、无子女的人与一个有孩子的人结婚的情况会是一个例外。绝大多数孩子都不和他们的生父生活在一起，许多离异的父亲干脆与子女断绝了关系，或者至少降低了在养育子女方面的参与程度（Amato et al.，2007；Schwartz and Finley，2005）。因此，许多孩子会幻想父亲突然神奇地出现，家庭成员再次团聚，"生活就像过去的那些幸福的日子一样"。事实上，有些孩子甚至有可能见不到他们的兄弟姐妹，他们可能被分配到不同的家庭中。许多孩子被迫背井离乡，不得不搬离以前的住所，减少与以前的社区、学校和朋友的接触。核心家庭也会经历这种丧失，但再婚家庭都是从分离、隔绝和孤立开始的，这可能会让人产生抑郁、焦虑、愤怒和怨恨的情绪。

混合家庭的结构更加复杂 混合家庭的结构比初婚家庭更复杂。一方面，继子女在生物学上只与父母一方有关，而在核心家庭中，孩子与父母双方都有关系。这意味着在再婚家庭中，亲生父母中的一方会生活在现有家庭之外（尽管在某些情况下，父亲和母亲轮流与孩子一起生活）。

另一方面，在新的再婚家庭中，孩子们发现自己扮演了新的角色——继子女、同父异母的兄弟姐妹、同母异父的兄弟姐妹，并且有了新的"准亲属"：继祖父母和其他继亲戚，他们可能与彼此联系，也可能不与彼此接触。尽管大多数继祖父母接受他们新出现的继孙子女的速度相当快（Ganong and Coleman，2012），但这种关系是近还是远主要取决于继祖父母所做的努力（Cherlin and Furstenberg，1994）。

家族边界是不确定的 家族边界（family boundaries）指的是关于谁是家庭成员以及每名成员的参与程度的规则。在再婚家庭中，家族边界往往是模糊且不确定的，与核心家庭中的成员相比，这类家庭中的成员对哪些人是"我们家庭的一部分"有不同的看法。

比如，一位父亲的第二任妻子可能不希望他首段婚姻中的孩子在想探望父亲的时候随时来探望他们（"因为这是我们的房子，不是他们的"），然而，父亲可能希望他们可以随心所欲地来去（"因为我是他们的父亲，他们是家庭的一员"）。

再婚家庭中的孩子也可能持有不同的观点。社会学家彭妮·格罗斯（Penny Gross）在研究了60名父母离异的青少年后发现，他们对谁是家庭的合法成员有4种不同的看法（见表15-1）。

表 15-1 你认为哪些父母是你"真正"的家庭的一部分

- **保留定义：34%** 我的家庭包括我的亲生父母，而不是我的继父母，他（或她）与我没有血缘关系

- **增广定义：28%** 我的家庭包括我的亲生父母和继父母

- **约简定义：25%** 我的家庭包括和我住在一起的亲生父母而不是继父母或者非共同居住人的亲生父母

- **替换定义：13%** 我的家庭包括亲生父母中的一方而不是另一方，还包括我的继父母，尽管他（或她）并没有完全取代我失去的亲生父母

注：据报道，认可增广定义的亲生父母之间很少发生冲突，而且他们倾向于在两个家庭之间自由走动。

资料来源：Gross, P., 1986.

角色定义不明确，这可能会带来更多的紧张情绪 任何扮演继父或继母角色的人都有可能认为，随着事情的发展，他/她不得不随机应变。这项工作没有附带任何说明。事实上，在法律上，他/她并非父母，没有权利去干涉孩子的亲生父母（Mason，2002）。有些州要求他/她赡养继子女，但除此之外，他/她永远不知道自己应该做什么（"约翰尼打破了花瓶，我应该责备他，还是让他爸爸回家后责备？"）（Butler，2012；Morgan，2002）。他/她可能会尝试一个又一个角色（朋友、年长的顾问、远亲等），直到找到一个似乎有用的角色为止。当然，孩子们也发现他们必须转变角色。许多人在不同的家庭之间流动，他们的家庭中有可能出现继兄弟姐妹和同父异母或同母异父的兄弟姐妹。他们与亲生父母之间的不同的、专属的纽带必须被分享。继兄弟姐妹可能会与彼此竞争，以吸引监护父母的注意。关于被允许的行为，每个家庭和每一种安排可能有不同的规则和期望（"为什么我不能像在爸爸家时那样看电视？"）。还可能有地盘权和财产权方面的斗争。

所有这一切都可能因为离婚引发的金钱问题而恶化（Mason，2002）。比如，前配偶，通常是丈夫，可能无法支付或者只能不

定期支付子女抚养费。而心怀怨恨的监护配偶，通常是母亲，可能仍然要在周末让孩子们能够被定期探视（Bray and Kelly，1999）。这些原因以及其他许多原因导致再婚家庭成为紧张和冲突的根源。而与初婚家庭不同的是，再婚家庭通常不允许人们逐步适应、调整。

不同的忠诚导致家庭的融合缓慢 如果你是一个男孩，你居住在母亲和她的新婚丈夫的家，但比起他们，你与你父亲和他的新婚妻子更亲近，但他们住所在别处，情况会变成什么样呢？想象一下你对监护父母会有多怨恨。如果你是一个年轻的成年女性，在未获得无监护权的亲生父亲的经济帮助的情况下，完成了大学学业，然后发现他为他的继女（你年轻的同父异母的妹妹）提供了读大学的经济支持，你会怎么办？显然，家庭忠诚的问题在混合家庭中会更突出。由于权力平衡的变化、不断的转变、怨恨以及共同家族史的缺乏，融合是缓慢的。根据一项研究，再婚家庭的成员直到再婚的第二年或第三年结束时才开始像一家人一样思考和行动（Bray and Kelly，1999）。正如我们将看到的，再婚家庭的整个融合过程通常需要 7 ~ 10 年，有些家庭只用了 4 年就完成了，而有些家庭则从未完成。

一个混合家庭的发展阶段

就像结婚或离婚有发展阶段一样，一个混合家庭也有发展阶段。帕特里夏·帕佩诺（Patricia Papernow）、詹姆斯·布雷（James Bray）和约翰·凯利（John Kelly）等研究人员将这一发展过程划分为几个阶段，即"再婚家庭生活周期"，每个阶段又被细分为了几个小阶段，如下所示（Papernow，2003；Bray and Kelly，1999）。

早期阶段：幻想、沉浸和觉察　早期阶段可能会持续 2 年，包括求爱阶段和再婚早期，其特点是成员充满幻想、感到困惑和混乱，并且学着了解彼此。

■ **阶段 1：幻想——"我爱孩子们，他们也会爱我"** 再婚和继亲家庭的发展始于每个人对新家庭的想象（"我们的家庭会重新变得美好"）。一些人希望他们能成为另一个核心家庭（他们没有意识到再婚家庭是不同的），这个家庭也许比任何一个初婚家庭都要好，每个人都能去爱与被爱。

然而，孩子们可能有不同的幻想，他们感到自己失去了原来的家庭，希望他们原来的父母能重新待在一起。他们可能担心，他们如果开始喜欢这个新继父或继母，会以某种方式伤害自己的亲生父母或其中一方。他们也可能担心他们的新家庭也会失败，从而带来新的动荡。

■ **阶段 2：沉浸——"我没想到情况会这么混乱"** 现在幻想被现实取代，意想不到的问题和斗争出现了。继父母可能会觉得自己被排除在了亲子联盟之外，从而产生怨恨和不称职的感觉。亲生父母可能会觉得他们必须取悦所有人，也可能会试图否认问题的存在。

孩子们可能会觉得自己陷入了一个由新规则、忠诚方面的冲突和困惑组成的网络中。他们还可能觉得，对继父母表达爱意就是背叛了不在身边的亲生父亲或母亲。

■ **阶段 3：觉察——"我认为我们现在开始了解彼此了"** 在觉察阶段，家庭成员开始相互熟悉，了解彼此的特点和需求。也就是说，他们会为每个家庭成员绘制"领地地图"。继父母会了解继子女的过去、喜好和朋友等，并试着发现他们需要与继子女保持怎样的距离。亲生父母可能会意识到自己对孩子和新配偶的怨恨（或者对他们的过度保护），开始抛弃对拥有一个完美家庭的幻想。

孩子们可能觉得继父或继母取代了他们的亲生父亲或母亲（"妈妈再也不会早上在床上抱我了"），并对继父或继母怨恨不已。但是，只要他们不被要求他们应该感到这个新家庭"多么美好"，并且被鼓励去留意继父、继母给他们带来的积极的东西，也许他们就会开始欣赏新家庭成员带给他们的好处——新家庭成员会和他们一起玩耍，带他们去餐馆吃饭，带他们看电影、骑马和进行其他活动。

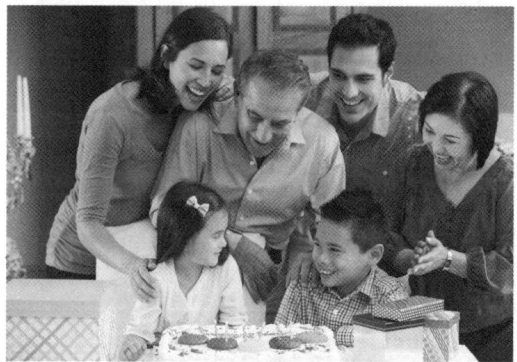

他的、她的、他们的　混合家庭可能会变得非常复杂，可能会将前一段婚姻中的大龄子女与当前婚姻中的新生儿或年幼子女结合在一起。在这样的家庭里，你期待什么样的互动？

中期阶段：动员和行动　在中期阶段，家庭开始重组。许多幻想都被舍弃了，成员们对彼此的需求有了更多的了解；然而，孩子们仍然依恋亲生父母。在这一阶段，家庭可能会分崩离析，除非成员们学会如何在整体上改变情感结构。因此，中期阶段就是努力工作的阶段。

■ 阶段 4：动员——"这个家庭不再有'好好先生'；我要坚持自己的立场"　"催化剂"通常是继父或继母，他们突然意识到自己不可能是理想的继父或继母，也不可能是局内人，并且厌倦了自己的需求一直得不到满足。继父或继母突然的要求（如他们要求孩子们自己拿衣服或做家务）可能会吓到亲生父母，他们可能会感觉被夹在中间，要么试着支持和同情孩子和继父母，要么停止充当缓冲者的角色，让各方自己解决关系问题。

厌倦了和父母的争吵的孩子们可能会开始表达自己的需求，更多地把他们的不满说出来。

■ 阶段 5：行动——"我们已经开始做出一些共同的决定，并接受彼此的不同"　在这个阶段，家庭成员开始采取一些行动来重新组织它的结构、惯例和仪式，以便它能作为一个继亲家庭有效地运作。家庭成员可能会召开家庭会议来处理问题，在有关清洁和秩序的标准上妥协，并对孩子们将去哪个家庭度假做出新的安排。他们对彼此产生了现实的期望。

继父母在决策和纪律问题上变得更加积极，亲生父母不再觉得他/她必须成为每个人的一切，继父母开始以一种不涉及孩子的方式为自己腾出时间。如果一切顺利，结果是每个人之间的联系都得到加强。

后期阶段：联系与解决　在后期，家庭获得了自己的身份，并开始作为一个家庭巩固自身。

再婚，没有孩子　杰夫·冈德森（Jeff Gundersen）50 岁，是成功的华尔街猎头高管。他离婚了，并且是 3 个孩子的父亲。他正在和年轻女性约会，她们大多 30 多岁，而且大多数人想要孩子。然而，他觉得他已经在换尿布、周末踢足球和深夜陪孩子们做作业的过程中历尽苦楚，他很高兴自己的生活又回来了。比他小 10 岁的洛林·怀特（Lorraine White）有不同的看法："什么更重要？更重要的是一段美好的关系还是一个孩子？"结婚前，她同意不生第二个孩子。你能认同这样的决定吗？

■ 阶段 6：联系——"我们之间的沟通变得更容易了，我们对彼此更诚实了"　在这个阶段，家庭成员之间会有情感上的接触，沟通更容易、更亲密、更真实。继父母变成了一个"亲密的局外人"，继子女或至少他们中的一些人可以和继父母谈论一些他们不能与亲生父母讨论的过于敏感的事情，比如关系、性、宗教信仰和离婚。

■ **阶段 7：解决——"我们现在都和对方相处得很好"** 人与人之间的关系总是会因每个人的个性而变化，有些人之间的关系会比其他人的更亲密。然而，在最后一个阶段——这可能需要 7 ~ 10 年甚至更长时间，家里的每个人都会有一种被接纳的感觉。如果主要问题已经得到解决，许多继子女将会接受继父或继母提供的某些好处，甚至是指导。而已婚夫妇也会在他们自己的关系中获得安慰和支持。

> 找出与再婚高离婚率相关的一些关键因素。

15.3 混合家庭内部

核心内容：
当继母、继父或继子女的感觉

> **概述** 在一个混合家庭中，你的经历取决于你是继母、继父，还是继子女。继母承受着最大的负担，一方面背负着很高的期望，另一方面要应对人们"邪恶继母"的刻板印象。继父的角色取决于他是否有孩子，以及结婚对象是否有孩子。继子女必须面对被遗弃的感觉、规则的不确定性，并且需要适应与其他继子女和睦相处。

继亲家庭中的大多数参与者（继父、继

母、继子女）来到这个新的家庭时都有隐藏议程（hidden agenda），即对每个人应该如何表现的期望，但这些期望往往并没有被明确地传达出来。

比如，带着自己亲生孩子来到婚姻中的母亲可能会认为，继父会愿意为他们的幸福做出贡献，包括支付大学费用，就像他们是自己的孩子一样。继父可能认为他将被允许介入，以他自己的方式管教孩子。继子女可能会认为，他们和母亲一起做家务这种事将继续存在。

与核心家庭相比，再婚家庭中会产生一些独特的不满情绪——妻子对丈夫付给前妻抚养费感到恼火，丈夫对妻子不允许自己的亲生孩子随时探望感到愤怒，继子女因父母离婚以及作为"闯入者"的继父、继母的存在感到痛苦等。

正如我们在本章中指出的，再婚家庭确实不同于核心家庭。接下来，让我们考虑一些具体的问题。

作为继母

社会学家菲利斯·拉斐尔（Phyllis Raphael）提出了"继母陷阱"，在这个陷阱中，继母被夹在两种社会观点之间：一种观点是继母是多愁善感的，一种观点是继母是严厉的。继母陷阱（stepmother trap）是指两种相互冲突的社会观点可能会"诱捕"继母：一方面，继母被认为对继子女有着不自然的爱；另一方面，她被认为是刻薄的、虚荣的，就像古老民间故事中的继母一样。

正如我们所看到的，继母加入新的家庭，满怀希望地爱着她们的继子女，就像爱自己的亲生孩子一样，以此弥补离婚带来的痛苦，并试图创建一个联结紧密的家庭，让每个人都快乐。她们希望证明自己不是邪恶的继母，希望立即得到继子女的喜爱（Visher and Visher，2014，1991）。不幸的是，大多数继母都会遭受挫折（Ceglian and Gardner，2001；Nielsen，1999）。其中一些问题如下。

继母和继女　对继母来说，管教是一个棘手的问题。如果继母是家庭主妇，她可能会被期望成为管教者，但这可能会导致她与继女难以发展良好的关系。不过，继女可能会发现和她的继母谈论令人不适的话题比和她的生母谈论更容易。对于继母和继女之间的互动，你观察到了什么？

对爱的期待和被继子女接纳　虽然社会可能期望继父母和继子女像亲生父母和子女一样彼此相爱，但这并不是常有的事（Weaver and Coleman，2005）。心理治疗师说，再婚家庭的成员也不应该期望有这种感觉（Papernow，2013，2017）。对于那些嫁

给了无监护权的父亲的女性来说，做继母尤其困难。这些父亲定期抽出时间看望孩子，继母可能会觉得自己被排除在父子关系之外（Ganong et al.，2011）。此外，继母和继女之间的关系充满了矛盾（Visher and Visher，2014）。

另外，继母可能会被她们的继子女指控给予自己的亲生孩子特殊对待（Ganong et al.，2011）。继子女可能是对的——麦克唐纳和德马瑞斯说，人们可能有"基因倾向"，与继子女相比，他们会对亲生子女表达更多的关心（MacDonald and DeMaris，1996）。

作为一个管教者　对许多继母来说，另一个难题是纪律问题。如果继母大部分时间都在家，那么管教孩子的角色很可能非她莫属，因此她不太可能与孩子建立良好的关系（Henry and McCue，2009）。因此，我们建议继父母在成为管教者之前等待一段时间（Visher and Visher，2014）。

和前妻之间的问题　当丈夫向前妻支付相当于其收入的 1/3 的配偶抚养费和（或）子女抚养费时，再婚的妻子会感到非常气愤，这也许相当于她自己的收入。此外，她的丈夫可能会花相当多的时间与其前妻沟通关于学校、儿童保育、暑期活动和其他有关他们共同孩子的事情。

作为继父

人们对继父没有"残忍继父"这种刻板印象（除了卡西莫多的邪恶继父外）。与继母和生母相比，继父往往会花更少的时间陪伴孩子或继子女。我们提到过，与亲生父亲相比，继父也倾向于认为自己在照顾继子女方面效率更低（Ganong and Coleman，2012）。尽管如此，许多继父还是觉得有了

继子女就像有了亲生孩子一样令人满意。事实上，继父和他的继子女相处的时间越长（包括对他们的管教越多），他在为人父母方面的满足感就越大（Fine et al.，1997）。即便如此，正如一篇文章所说，赢得母亲的心是一回事，赢得孩子的心是另一回事（Jensen and Shafer，2013）。

继父和继子 对继父来说，管教孩子是件很困难的事，尤其是当他们与继子的亲生父亲存在某种影响力方面的竞争的时候。总体而言，继父倾向于认为，与生父相比，自己在管教继子女上的作用不太大。即便如此，有些人还是觉得有继子女就像有亲生孩子一样令人满足，尤其是当他们可以共同参与到活动中时。对继父和继子之间的互动，你观察到了什么？

一位继父将面对什么样的挑战取决于以下哪一种情况会发生。

无子女的男人娶有子女的女人 在混合家庭生活的孩子中，75% 的孩子和继父生活在一起，14% 的孩子和继母生活在一起（Ginther and Pollak，2004）。一个已经有

了自己的孩子的女人可能有很多年的时间来建立牢固的情感纽带。因此，继父不仅要接受他们彼此间的依恋，而且要处理他们对他干扰了他们的特殊关系的怨恨（Wallerstein and Kelly，2008）。继父还必须适应他们做事的既定方式，如处理家务的方式。归根结底，男人是局外人，必须努力进入母亲和孩子之间的封闭圈子（Cherlin and Furstenberg，1994）。

有子女的男人娶无子女的女人 在混合家庭中，大约 1.6% 的孩子与生父和继母生活在一起（Kreider and Ellis，2011）。一个有孩子的男人如果和一个没有孩子的女人结婚可能会面临几个问题。如果男人的孩子不和他住在一起，男人只能在空闲时间见到他们，男人可能会为没有成为一个全职父亲而感到内疚，并且想扮演"迪士尼爸爸"的角色，把大量的时间花在孩子身上，在手头紧的时候坚持给孩子买零食，从而引发新配偶的怨恨。事实上，与继子女住在家里的情况相比，有继子女来探望的情况会给继母带来更多困扰（Ganong and Coleman，2012）。

此外，无论父亲是与孩子住在一起还是定期看望孩子，他可能都希望自己的新妻子积极参与孩子的抚养过程，并与他们建立情感联系。正如我们所看到的，这种联系的建立可能需要 2 ~ 7 年甚至更长的时间，试图加速这种联系可能只会招致新婚妻子（"他们不是我的孩子！"）和孩子们（"她不是我的母亲！"）的怨恨。与嫁给定期看望孩子的男人相比，那些嫁给带着孩子的男人的继母似乎有一条更坎坷的道路。这也许是因为孩子们是由于令人愤怒的监护权纠纷或法院的命令而从生母的家里被带走的，因此，孩

子们特别容易怨恨他们的继母，因为她"试图代替我的母亲"（Wallerstein and Kelly，2008）。

有子女的男人娶有子女的女人 如果再婚夫妇双方都与前配偶育有孩子，所有人都住在同一个家里，这种情况下的满意度会明显低于只有一方在再婚时带孩子的情况（Ganong and Coleman，2016a）。然而，前一种情况也可能是一个有利的安排。父亲或继父被迫在所有孩子面前扮演更积极的角色，并以公正的方式处理问题（Ganong and Coleman，2016b）。

当然，就像其他任何继亲家庭中的继父母一样，这类家庭中的继父母可能在纪律和其他有关孩子行为的问题上意见不一致。另外，继父或许会与继子女的亲生父亲产生影响力方面的竞争，尤其是在继父经常参与孩子们的生活的情况下。

作为继子女

正如我们提到的，2009 年，美国 18 岁以下的儿童中有 17.6% 的人（1 160 万）生活在混合家庭中（Kreider and Ellis，2011）。孩子，尤其是年幼的孩子，可能愿意接受继父母，愿意把他们当作新妈妈或新爸爸，但许多人也可能会立即对继父或继母感到厌恶或恐惧。青少年和年轻的成年人可能会认为新来的人是"爸爸的妻子"或"妈妈的丈夫"，而不是继父母。

在混合家庭长大的孩子和在核心家庭长大的孩子有很大的不同吗？他们是被这种经历摧残了还是变得更强大了？教育家们认为，重组家庭中的孩子在学业上比父母离婚的单亲家庭中的孩子表现得更好。但是，这个观点并没有得到研究的支持；事

实上，有时处于前一种情况中的孩子更糟（Jeynes，2006）。研究还表明，与成长在完整家庭中的孩子相比，在再婚家庭长大的孩子在家庭生活中的适应性较差，压力也更大（Stewart，2006）。然而，这并不意味着再婚家庭的成年子女会受到这种经历的伤害；好消息是混合家庭中 80% 的孩子都表现得很好，并且和那些在核心家庭中长大的孩子很像（Pasley，2000）。事实上，与核心家庭中的孩子相比，再婚家庭的孩子对自己和他人的消极态度并没有变得更多（Ganong and Coleman，1993）。主要的差异是继子女与继父母的关系是基于能被感知到的好处（Ganong et al.，2011）。

尽管如此，继子女们经常要面对一些特殊的挑战。

被遗弃的感觉 继子女面对的一些问题是他们父母离婚的结果。正如我们在第 14 章中描述的，在短期内，这样的孩子会感到内疚、抑郁、焦虑、极度愤怒，并表现得沉默寡言。此外，当父母离异时，孩子会感到自己被遗弃了。但后来，当他们发现自己是再婚家庭的一员时，他们往往会再次感到被抛弃，因为他们的监护人会把注意力转向新的配偶。因此，父母的任务就是花足够的时间与他/她的孩子以及新伴侣在一起，并让孩子们明白离婚不是他们的错，他们依然被亲生父母疼爱。

冲突 在混合家庭中，孩子问题的最大来源是首段婚姻遗留下来的父母之间的冲突（Bryner，2001；Martin-Uzzi and Duval-Tsioles，2013）。当然，无论是初婚家庭还是再婚家庭都有矛盾。而一个经历过离婚的家庭可能会经历更多的冲突。然而，一旦家庭

破裂，冲突就具有了不同的性质。大多数冲突都来自有关忠诚、纪律和同父异母（或同母异父）的兄弟姐妹之间的竞争的问题。

■ **分裂的忠诚**　在第 14 章中，我们提到了父母疏离综合征的问题（在这种情况下，孩子们总是认为父母中的一方是好的，另一方是坏的），以及与离婚有关的"恶毒母亲综合征"（母亲不公正地惩罚她的离婚丈夫，试图使他疏远他们共同的孩子）（Turkat，1999）。父亲们也可能有类似的动机，尤其是报复心极强的"赖账父亲"。他们都在考验着孩子们的忠诚，迫使他们选择立场，或者至少假装同意。

一项针对青少年的研究发现，一半的人报告离婚父母中的一方会说另一方的坏话，这让大多数孩子感到有压力（Lutz，1983）。此外，还有一些基于忠诚的争吵源自孩子喜欢上了继父或继母，但他们是孩子的亲生父母不喜欢的人（Visher and Visher，2014）。

■ **纪律的改变**　请设想一下你在一个没人打过你的家庭中度过了一半的童年，然后你突然发现自己现在和一个要求严格的继父或继母生活在一个新的家庭中。显然，在所有新的生活安排的冲击之外，纪律可能是继子女面对的主要问题，也是混合家庭中常见的冲突来源之一（Ganong and Coleman，2016b）。

对孩子来说，相比于继父的管教，他们似乎更难适应继母的管教，这可能是因为继母往往更积极地参与子女管教（Fine et al.，1997）。亲生父母的干预常常会加剧管教问题，这可能会削弱继父母的权威（Visher and Visher，2014）。

■ **继兄弟姐妹的竞争**　当然，即使在

核心家庭中，父母也可能会偏爱其中一个孩子（"她那么聪明，但他永远做不完作业"，或者"他总是那么阳光，但她脾气暴躁"）。在继亲家庭中，继子女可能会认为，基于血缘关系，继兄弟姐妹会得到更好的对待（"父亲的妻子在孩子犯错时总是给自己的亲生孩子更多的回旋余地"）。事实上，研究发现，有继兄弟姐妹的混合家庭中的孩子比那些没有继兄弟姐妹的家庭中的孩子承受的压力更多，这也许是因为当孩子们都在场的时候，大人们之间更容易发生争执（Galvin et al.，2015）。

15.4　稳固的继亲家庭

核心内容：
继亲家庭相对于核心家庭的 5 个潜在优势，以及成为一个成功继亲家庭的步骤

概述　尽管困难重重，但再婚家庭有 5 个潜在的好处（尤其是对孩子来说），这些是核心家庭没有的。关于一个混合家庭如何获得成功，专家们提供了一些建议。

我们描述的所有问题都是不可避免的吗？或者是否有一种明智的做法可以让再婚家庭的生活更轻松？让我们思考一下，首先，再婚家庭有哪些优势和好处；其次，再婚家庭怎样才能得到进一步的巩固。

再婚家庭的 5 个潜在好处

如果你在一个再婚家庭中长大，你可能不会有一个在完整家庭中成长的人所拥有的

家庭亲密感、安全感和稳定感。但是，在你父母离婚之前，你的第一个家庭可能并不令人轻松。也许它被矛盾、冲突、物质滥用、暴力，甚至性虐待搅乱了。这暗示了混合家庭可能带来的一些好处（Coleman et al.，2000；Portrie and Hill，2005）。

潜在好处 1：家庭更幸福 虽然再婚家庭的成员可能没有初婚家庭的成员那么亲密，但家中可能更平静，危机更少（Amato et al.，2007，2007）。在混合家庭中，妻子似乎比丈夫更幸福。研究表明，如果母亲和新伴侣住在一起，那么她就不会经常对孩子大喊大叫、打孩子（Thomson，2001）。曾经的单亲父母再婚后抚养孩子的压力更小，经济负担也更轻，孩子的经济状况可能因此而改善。从孩子的角度来看，当他 / 她的母亲再婚后，新的完整的伴侣关系可以改善母子关系（Thomson，2001）。

潜在好处 2：孩子们获得了角色榜样 与生活在充满冲突的核心家庭中的父母相比，再婚家庭的父母可能会为孩子提供更快乐、更积极的婚姻榜样（Bryner，2001；Martin-Uzzi and Duval-Tsioles，2013）。此外，一个孩子现在可能有多达 4 个有关父母角色的榜样：母亲、父亲、继母和继父。

潜在好处 3：父母可能更客观 由于父母不得不对离婚和再婚做出一些调整，他们自己也变得更加成熟了，继父母或许能够更客观地处理彼此之间以及与孩子之间的问题。比如，一个处于青春期或正在上大学的女儿是否有人际关系问题或者是否在担心感染性传播疾病？她可能会发现和她的继母谈论这些事会更容易些，因为她的继母不会像她的生母那样对这个话题投入太多感情，也不会那么令人感到不适。

继亲家庭的交往 继亲家庭的一个被忽视的好处是继子女、继祖父母和其他亲属形成的亲属关系网。你知道哪些成功的大规模的继亲家庭？

潜在好处 4：孩子会有更多的兄弟姐妹和亲属 初婚家庭的独生子女在再婚家庭中可能会得到一个他从未有过但幻想拥有的哥哥（或者弟弟、姐姐、妹妹）。当然，并不是所有的继子女都能和他们的同父异母或同母异父的兄弟姐妹相处得很好，但有些人发现他们的生活会因此变得丰富多彩。

此外，再婚家庭的孩子还可能得到由祖父母和其他亲属组成的广泛的亲属网络，他们也可能会给孩子带来爱和安全感。

潜在好处 5：孩子们变得更灵活 在经历了两个家庭的重组后，孩子们可能被迫学习了谈判技巧，在解决分歧时变得更加灵活和包容。他们或许会接触到新的思想、不同的政治观点、不同的价值观，甚至不同的兴趣——比如对体育或音乐的兴趣，这在初婚家庭中是不存在的。因此，孩子们可能会在他们成年后的关系中变得更具适应性。

成为一个成功的继亲家庭的步骤

你或许认为，有助于首段婚姻成功的因素同样适用于再婚，比如良好的沟通。但是否还有其他适用于再婚和继亲家庭的因素呢？以下是为混合家庭的父母提供的建议，这些建议参考了各种相关研究（Lauer and Lauer，1999；Papernow，2003，2013；Visher and Visher，2014）。

协调财务状况："我们想用有限的资源公平地对待每个人"《消费者报告》（*Consumer Reports*）的一篇文章写道："你最好在婚前详细审查彼此的财务状况，这可能不是你想要的美好夜晚，但这样做也许能防止以后的一大堆麻烦。"实际上，再婚婚姻破裂的主要原因可能是金钱上的分歧。如果再婚的夫妇有超过 10 万美元的资产，并且想给孩子或其他继承人留下遗产，一个建议是拟订一份婚前协议（如果双方已经结婚的话，它可以是婚后协议）。婚前协议将保护一方在未来离婚时将他 / 她想留给其他人的遗产与夫妻共同财产分开。

关于双方要做的事情，《消费者报告》建议：（1）相互告知财务状况；（2）制定家庭预算，并决定如何共同支付费用；（3）决定共同财产的所有权；（4）制定遗嘱，包括新遗嘱、生前遗嘱等；（5）及时更新所有的文件。

培养现实的期望："我知道我们的家庭不会马上成为一个幸福的家庭"成功的混合家庭用现实的期望取代了幻想中的期望，比如家庭成员能对迅速地建立亲密关系的希望与对核心家庭的改进。新的继父母应该意识到，不能急于与继子女建立友谊，继父母不能取代他们失去的父母。同样重要的是，继父母不应该希望孩子们发生改变，而应该试着接受他们原本的样子，并通过表达赞美和传递深情让他们认识到这种接受。

让每个人哀悼他们的损失："我们都失去了重要的人或事，我知道这仍然很令人心痛"家庭成员需要互相帮助，以应对因先前家庭破裂而失去前配偶或亲生父母的感觉（Marano，2000）。孩子们尤其需要时间去哀悼，去表达他们的悲伤、恐惧和愤怒，大人们不应该拒绝这些个人反应。显然，非裔美国家庭比白人家庭更善于提供这种支持（Jarrett and Burton，1999）。

把和新伴侣的关系放在首位："我们既要关注对方，也要关注孩子"在成功的再婚家庭中，再婚的伴侣会小心翼翼地与对方建立牢固的关系，花时间与对方独处，与对方一起度过开心的时光。这一点很重要，因为很多的继父母把主要精力放在孩子身上，却没有相互扶持。当成年人之间的关系很牢固时，他们也给孩子们提供了强有力的榜样，能让孩子们学会解决或缓解问题，这同样减轻了孩子们对父母再次分离的焦虑（Michaels，2006）。

公平地对待孩子，给他们自己的空间："继子女应该有回家的感觉，因为那就是他们的家"对于继子女来说，公平往往是一个大问题，他们可能会被迫接受自己不喜欢的新的生活方式（比如同住一个卧室）。因此，重要的是人们都要遵守同样的规则，所有的孩子都明白自己的责任，并且能像其他人一样得到奖励。

继子女有很强的归属意识，但已经在他们的住所或房间里居住的孩子有一定的"领土权"。如果再婚家庭负担不起搬到"中立地区"（如新房子）的费用，一个建议是给所有孩子自己的空间，让他们把自己的照片挂在墙上，鼓励他们结交自己的朋友并邀请朋友过来作客。如果孩子们无法拥有自己的房间，那么每个人都应该有自己的床以及梳妆台和书架上的独有空间，这样每个孩子都"拥有"卧室的一部分。

不要急于作继父母："建立良好的关系可能需要几年的时间"　继父母需要意识到，要发展与继子女的关系，你必须循序渐进。你可能会被拿来和缺席的父母作比较。不要扮演预定的角色，孩子们很可能觉得那是假的。人们大概需要 3 年的时间才能对彼此感到舒服（Bray and Kelly，1999），正如我们之前提到的，要建立一个具有支持性的再婚家庭则需要更长的时间，可能是 4 ~ 10 年（Ganong and Coleman，2012；Papernow，2003）。

虽然继父母融入孩子的生活很重要，但同样重要的是，继父母不要急于展示权威或表现得亲密，尤其是在第一年。继父母在抚养孩子方面需要配偶的支持，双方意见一致是很重要的。在纪律方面，一些人会同意他们（继父母）管教他们的亲生孩子，但不允许他们管教继子女。这可能意味着，当亲生父母不在场时，孩子们将不守规矩。无论如何，成年人都应该平等地对待自己的孩子和继子女，开诚布公地处理问题。

配合缺席的亲生父母和其他亲属："我不必喜欢他们，但他们是孩子生活的组成部分"　也许你和你的配偶都不喜欢你的前配偶。然而，无论你多么愤怒和怨恨，孩子应当能够与亲生父母保持联系。祖父母和外祖父母也是如此，他们可以起到稳定孩子的情绪状态的作用。因此，与前配偶建立合作关系是很重要的，这样孩子们才能顺利地参加学校活动、度过暑假、参加毕业典礼和其他重要的活动。

建立自己的家庭仪式："让我们尝试新的做事方法"　家庭仪式可以是任何事情，从指定洗衣日到指定装修房子、拜访亲戚的日子，再到每年去相同的地方度假。和核心家庭一样，再婚家庭举行仪式的目的也是改善成员之间的关系。在一个混合家庭中，这些仪式可以与以前的做事方式结合起来，不过最好不要和过去的方式相似。比如，如果在以前的家庭里，晚餐时间是神圣的聚会时间，那么你最好改变一下，你可以让孩子们自己做饭、出去吃饭，或者家庭成员轮流做饭。

想着继父或继母的生日，在父亲节或母亲节想着他们　继子女，尤其是忙于应对成年初期压力的青少年继子女，可能不会因继父母为他们所做的一切向他们表达太多感激之情。但是，正如一位青少年的继母所写的那样，"你们在一起的时间不多，但总有一天他们会对你另眼相看……有一天，你可能无法相信，你们之间已经变得如此亲密了"（McClenon，2002）。

当继子女意识到这一点的那一天到来时，一些继子女会通过给他们的继父母寄父亲节或母亲节贺卡来表达他们的感激之情。

表 15-2 显示了如何从 3 个主要理论视角看待再婚问题，它们是结构 - 功能视角、冲突视角和符号互动视角。

表 15-2   再婚观：3 种社会学理论视角的比较

结构－功能视角（宏观取向）
• 家庭团聚促进社会稳定
• 重申婚姻和家庭制度的社会效益
• 创造潜在的经济效益和稳定性
• 家庭的稳定性影响社会的稳定性，并对教育和刑事司法社会机构产生积极影响

冲突视角（宏观取向）
• 家庭的融合可能导致角色模糊、角色混乱和可能的地位下降
• 双方可能会在经济需求方面产生冲突，因为双方需要为两个家庭提供经济支持
• 再婚可能造成来自有血缘家庭的子女和配偶之间的法律冲突

符号互动视角（微观取向）
• 混合家庭的出现为婚姻和家庭提供了新的意义
• 混合家庭的意义和接受度随时间而变化，并因亚文化而不同
• 关于分居和离婚的观点会因一个人与混合家庭的关系而改变

实例：混合关系

在再婚家庭中建立良好的关系

萨拉·奥尔布赖特 15 岁，来自弗吉尼亚州的亚历山大市。她觉得继母很"酷"，并且不由自主地给了她一个拥抱。"你必须留意并尊重你的继父、继母，"萨拉说，"毕竟，她嫁给了你的亲生父母之一。"（Peterson，2002）

继母克里斯汀·李·米德今年 34 岁，她和 47 岁的丈夫路易斯·奥尔布莱特结婚 4 年了，现在她跟丈夫和萨拉住在一起。路易斯的另一个 14 岁的女儿和她的单身母亲住在附近。路易斯 20 岁的儿子之前和他们在一起住了 2 年，现在有了自己的家。米德说她和萨拉"志趣相投"。

根据康斯坦斯·阿隆斯（Constance Ahrons）的研究，在母亲再婚的成年子女中，约 48% 的人对新婚姻感到满意，一半的人认为继父是他们的父亲。然而，在父亲再婚的孩子中，只有 29% 的人喜欢继母，只有 1/3 的人认为继母是自己的母亲。根据赫瑟林顿的研究，只有 20% 的成年继子女认为自己和继母很亲近（Hetherington and Kelly，2002）。

如何解释继母和继父之间的这些差异呢？阿隆斯说继母倾向于过多地介入继子的事情，即便孩子不和自己住在一起，而继父则倾向于袖手旁观。阿隆斯建议，继母需要"非常缓慢地接近继子女。这些女性非常想成为家庭的一员，她们往往很快就会表现得过于强势"（Peterson，2002）。

像米德这样的继母做了哪些正确的事情来维护与继子女的亲密关系？詹妮

弗·格林（Jennifer Green）和苏珊·威兹德姆（Susan Wisdom）（Green and Wisdom，2001）是《继夫妻：在如今的混合家庭中创造并维持稳固的婚姻》（*Stepcoupling: Creating and Sustaining a Strong Marriage in Today's Blended Family*）一书的作者，他们的家族中有 4 个亲生子女、4 个继子女、2 个继孙辈、2 个前夫、2 个前妻、1 个前妻的新配偶、2 个前夫的新配偶。他们给出的重要的建议之一是，再婚夫妇之间应有牢固的关系。

■　**与新配偶建立一种对彼此忠诚的、紧密的关系**　在一种健康的关系中，父母每天至少联系一次——与彼此分享、共同欢笑、有身体上的亲密接触，这些都将有助于使新的家庭变得稳定。这也给孩子们传递了信息，即这种牢固的关系会让他们感到安全。

■　**倾听，保持距离，不要尝试做孩子的父母**　米德说，她在家庭中的角色是"倾听……让亲生父母做父母"。"如果你想当妈妈，那就自己生孩子吧。"请让亲生父母参与管教并解决问题。

■　**加入一个继父母团体**　越来越多的继父母参加工作坊和研讨会，并在互联网聊天室和留言板上得到了和他们一样的人的帮助。

讨论一些新组建的混合家庭可能带来的潜在优势。

总结与回顾

15.1 准备再婚

刚刚离婚的人在重新约会时必须面对的因素和他们再婚的原因

■ 在过去的 50 年里，美国的年轻人第一次结婚的时间变得更晚了。这种延迟的一个原因可能是个人需要接受更多的教育以找到有收入的工作，并且需要花更多的时间发展职业生涯。许多人还对结婚持保留态度，因为他们在童年或青少年时期经历过父母离婚。

■ 有些人需要更长的时间从分居和离婚中恢复、平复情感。在创造新自我的过程中，人们往往会经历 2 个阶段。过渡阶段持续约 1 年：在这一阶段，人们通常会经历焦虑、孤独和抑郁。恢复阶段持续 1 ~ 3 年：在这一阶段，个体的生活和情绪变得更加稳定，尽管孤独和抑郁仍然可能发生。

■ 有些离婚的人急于再婚；原因可能是感到孤独、迫切需要经济支持或照顾儿童方面的帮助，或者对“生活正在离我而去”的担忧。

■ 许多在一段感情结束后才开始约会的人发现，由于他们要照顾年幼的孩子，情况会变得复杂。成年人经常会因为忽视孩子而感到内疚，他们可能会把发展新关系的事放在一边，并等孩子长大一些再说。

15.2 再婚和混合家庭

第二段婚姻的幸福度和稳定性、混合家庭的形式，以及混合家庭的发展阶段

■ 再婚家庭在融合 2 个家庭的过程中需要做出重大的调整。社会上存在的“继亲主义”使这一调整时期变得更加复杂。“继亲主义”是一种偏见、一种歧视，它假设继亲家庭不如原生家庭。

■ 虽然很多离婚的人认为再婚婚姻会比首段婚姻更成功，因为人们会从过去的经验中吸取教训，但一些专家认为，影响满意度的不是婚姻是第几段，而是伴侣是否善于表达以及双方是否能从他们的家庭中获得社会支持。

■ 一般来说，第 2 段和第 3 段婚姻都没有首段婚姻持续的时间长。原因可能包括以下几点：再婚的人更能接受离婚；再婚伴侣获得的社会支持较少；继子女会带来更多的压力；文化剧本的缺乏使不确定性增加了。

■ 单一再婚婚姻——夫妻中只有一方曾经结过婚的婚姻——并不比首段婚姻更容易以离婚告终。

■ 离婚后家庭主要有单亲家庭、双

核家庭和混合家庭。双核家庭是指家庭成员生活在 2 个不同的家庭中。单亲家庭是双核家庭的一种形式。混合家庭（继亲家庭）是指当 2 个人结婚时，其中的一个人或双方把前一段婚姻或关系中的一个或多个孩子带到当前家庭中。

- 混合家庭有 3 种基本类型：（1）生父 - 继母家庭，在这类家庭中，所有的子女都是父亲的亲生子女和母亲的继子女；（2）生母 - 继父家庭，在这类家庭中，所有的子女都是母亲的亲生子女和父亲的继子女；（3）联合再婚家庭，在这类家庭中，至少有一个孩子是父母双方的亲生子女，至少有一个孩子是父母中一方的亲生子女和另一方的继子女。

- 准亲属是一个术语，可以用来描述与前配偶再婚的人，更广泛地说，它包括前一段婚姻中的姻亲和再婚后的姻亲。

- 混合家庭可能会产生有趣的家谱图。家谱图是一种图表，它清楚地显示了在遗传、情感和法律上构成一个特定家庭的所有成员。

- 研究发现了再婚家庭的一些特征：（1）大多数再婚家庭成员遭受了某种损失；（2）混合家庭的结构更加复杂；（3）家庭边界是不确定的；（4）角色定义不明确，这可能会带来更多的紧张情绪；（5）不同的忠诚导致家庭的融合缓慢。

- 研究人员发现，一个混合家庭的建立过程包括 7 个阶段：（1）幻想——"我爱孩子们，他们也会爱我"；（2）沉浸——"我没想到情况会这么混乱"；（3）觉察——"我认为我们现在开始了解彼此了"；（4）动员——"这个家庭不再有'好好先生'，我要坚持自己的立场"；（5）行动——"我们已经开始做出一些共同的决定，并接受彼此的不同"；（6）联系——"我们之间的沟通变得更容易了，我们对彼此更诚实了"；（7）解决——"我们现在都和对方相处得很好"。

15.3　混合家庭内部

当继母、继父或继子女的感觉

- 一个人在混合家庭中的经历会因他是谁以及他被期待扮演的角色而有所不同。继父、继母、继子女来到这个新的家庭时都有隐藏议程，它包括对每个人应该如何表现的期望；但这些期望往往没有被明确地传达出来。

- 根据社会学家菲利斯·拉斐尔的说法，继母会发现自己陷入了"继母陷阱"，她们被认为对继子女有着不自然的爱，但同时被视为是刻薄、虚荣的。继母也可能发现自己身处角色冲突之中，既被期望充满爱心、乐于接受，又被期望做到纪律严明。丈夫向前妻支付配偶和（或）子女的抚养费也会给继母带来困扰。

- 继父们也容易认为自己在照顾继子女方面效率较低。他们面临的挑战在某种程度上取决于他们所处的关系类型：（1）无子女的男人娶有子女的女人；（2）有子女的男人娶无子女的女人；（3）有子女的男人娶有子女的女人。

■ 继子女也会带来一些挑战和问题，这使你很难适应新的家庭关系。继子女经常有被遗弃的感觉，并且会被卷入冲突中。这些冲突可能涉及一些问题，比如分裂的忠诚、纪律改变，或者继兄弟姐妹之间的竞争。

15.4 稳固的继亲家庭

继亲家庭相对于核心家庭的 5 个潜在优势，以及成为一个成功继亲家庭的步骤

■ 尽管再婚家庭可能会面临一些重大的调整和挑战，但是研究表明，再婚家庭也有一些潜在优势：家庭更幸福；孩子们获得了角色榜样；父母可能更客观；孩子会有更多的兄弟姐妹和亲属；孩子们变得更灵活。

■ 除了有助于首段婚姻成功的因素外，研究人员还发现了一些特定的有助于确保再婚家庭成功的影响因素：协调财务状况；培养现实的期望；让每个人哀悼他们的损失；把和新伴侣的关系放在首位；公平地对待孩子，给他们自己的空间；不要急于作继父母；配合缺席的亲生父母和其他亲属；建立自己的家庭仪式；想着继母或继父的生日，在父亲节或母亲节想着他们。

A

abortion 流产 在胚胎或胎儿能够独立生存之前，从子宫中被排出或被取出；可能是无意导致的，也可能是自主选择的。

abstinence 禁欲 自愿避免性交。

accommodationist single 适应型单身人士 适应单身生活，虽与朋友生活在一起，但拒绝浪漫接触或性接触的人。

acquaintance rape 熟人强奸 发生在彼此认识的成年人之间的非自愿性行为。

acquired immune deficiency syndrome，AIDS 获得性免疫缺陷综合征（艾滋病） 由艾滋病病毒（HIV）引起的性传播疾病。它的特点是会对人体免疫系统造成不可逆转的损害。

acute 急性的 持续时间短的。

adaptation 适应 依环境做出调整，而不是改变压力源或压力本身。

adolescence 青春期 与发育期相重合，以反叛和危机为特征的一个独立的社会和心理发展阶段。该词首次出现在 1903 年。

adoption 领养 成年夫妻或单身人士自愿领养其他父母所生子女并将其作为自己的子女抚养的法律程序。

adultolescents 成人青少年 二十岁左右搬回来和与父母同住的子女。

affiliated kin 附属亲属 本无血缘关系的人，被视为有血缘关系的人。

agape 利他之爱 根据社会学家约翰·艾伦·李（John Alan Lee）关于爱的起源的理论，这是爱的六种基本风格之一：无私之爱——无私、舍己为人、自我牺牲的爱。

alcoholism 酗酒 一种物质滥用的形式；是一种慢性的、进行性的、有潜在致命性的疾病，其特征是有越来越多的强迫性饮酒。

altruistic egoism 利他利己主义 一种合作的过程，在这个过程中，一个人可以帮助他人满足他们的需求，接着又可以帮助自己，满足自己的需求。

androgyny 双性化 在一个人身上同时具有男性和女性的特征。

annulment 无效 宣告一对夫妻从未有过有效婚姻的声明，使双方恢复单身状态并允许他们与其他人结婚；既可以是宗教性的，也可以是民事性的。

anorexia nervosa 神经性厌食症 自我饥饿，由于身体自我形象的扭曲而导致的人们认为自己严重超重的信念。

anti gay prejudice 反同性恋偏见 也叫同性恋恐惧症；一种对同性恋和同性恋者的消极态度。

anxiety disorders 焦虑症 出现在四种常见的心理障碍上：广泛性焦虑症、惊恐发作、恐惧症和强迫症。

arranged marriage 包办婚姻 一种伴侣由家庭或家族决定的婚姻。

artificial insemination 人工授精 通过自慰从男性伴侣或匿名男性捐赠者那里收集精子的过程。借助强大的显微镜的帮助，可将精子通过注射器直接注入女性的阴道或子宫中。

assisted reproductive technology，ART 辅助生殖技术 通过操纵人类卵子和精子进行妊娠的所有疗法和程序的统称。

athletic coach parenting style 教练型养育风格 在家庭意见的帮助下，父母为家庭制定规则（"团队规则"）的育儿方式，父母教给孩子规则，并对违规行为进行适当的惩罚。

attachment theory 依恋理论 一种关于爱的起源的理论；它表明，我们生活的主要动机是"与其他人建立联系——因为这是我们曾经拥有的唯一安全感"。研究表明，我们的恋爱关系反映了我们婴儿时对主要照顾者的依恋程度和质量。

authoritarian childrearing 专制型养育 父母的教养方式，父母是压抑的，也是控制性的，并且常常会不合理地严格对待子女。

authoritative childrearing 权威型养育 父母的教养方式，父母一方面要求和控制子女，另一方面也是温和且支持性的。

B

battering 殴打 见下 physical violence。

beliefs 信仰 人们对真实事物所进行的定义和解释；是对陈述的真实性，或对某些存在或现象的真实性的信念。

belligerence 好战 挑衅和挑战伴侣的权力权威的行为。

binuclear family 双核心家庭 家庭成员生活在两个不同的家庭。

biochemical theory 生化理论 一种关于爱的起源的理论；它认为爱是我们的生物、化学和激素作用的结果。

biological father–stepmother family 生父—继母家庭 家庭中的所有子女都是父亲的亲生子女和继母的继子女的家庭。

biological mother–stepfather family 生母—继父家庭 家庭中的所有子女都是母亲的亲生子女和继父的继子女的家庭。

biphobia 双性恋恐惧症 对双性恋持消极态度。

birdnesting 鸟巢式监护 共同监护权的一种变化，即孩子们留在家中，而父母轮流陪伴他们。

bisexuality 双性恋 对两性都会产生性欲的性倾向。

bisexuals 双性恋者 对男女都会产生性欲的人。

blamers 指责型 总是试图将任何问题的责任放在别人身上的人。

blended family 重组家庭 也被称为继亲家庭（stepfamily），即两个人结婚，其中一人或两人都把以前的婚姻或关系中的一个或多个孩子带进当前家庭而形成的家庭。

blind date 相亲 也被称为盲约；一种典型的个人介绍形式，一个普通的朋友或亲戚介绍两个彼此不认识的单身人士约会。

blind marriage 盲婚 直到结婚那天双方都没有见过对方的婚姻。

bonding 联结 家庭成员和新生儿之间亲密情感依恋的发展。

bride price 彩礼 一种求偶习俗，男子必须为未来新娘的家庭带来财富以获得迎娶她的权利。

bulimia 暴食症 暴饮暴食与排泄交替发生的饮食失调。

C

case study method 案例研究法 用于临床研究；临床从业者对个人或家庭进行一对一访谈、直接观察和记录分析的工作。

child abduction 绑架儿童 见下 child stealing。

child abuse 虐待儿童 成年人对儿童的侵犯行为。

child custody 儿童监护权 由法院授权的对子女的监护权；决定由哪一方对子女的抚养和健康负主要责任。

child neglect 忽视儿童 对孩子身体上的忽视，如没有提供足够的食物、衣服、保健或安全保障。

child stealing 偷窃儿童 也被称为绑架儿童或抢夺儿童，指父母中的一方从另一方那里绑架他／她孩子的行为。

Child Support Enforcement Amendments 儿童抚养权强制执行修正案 美国 1984 年通过的法案，要求各州从有拖欠子女抚养费的父亲的工资支票和纳税申报表中扣除相关费用。

child support 儿童抚养费 对子女有监护权的单亲父母从无监护权的父母那里获得的持续性财政抚养援助。

child-free marriage 无子女婚姻 自愿没有子女的婚姻。

childless marriage 缺少子女婚姻 非自愿的无子女的婚姻。

children's allowance 儿童津贴 美国以外的工业化国家／地区使用一种方法，即政府根据该家庭所生子女的数量向其提供儿童抚养费。

chronic 慢性 持续时间长的，或反复出现的。

civil union 民事结合 与婚姻类似的民事地位，最初是为了让同性恋者享受到已婚异性恋者所享有的福利。

clinical research 临床研究 对曾向心理健康专业人员寻求心理、关系或婚姻／家庭问题咨询的个人或小团体进行深入研究。

closed adoptions 封闭式领养 亲生父母和养父母不

知道彼此的身份，也没有进行交流的领养方式。

closed fields　封闭领域　相对于开放领域来说，在这样的环境中，人们很可能会进行互动，从而相对容易地结识潜在的伴侣。

closed-couple single　封闭型单身人士　希望对伴侣忠诚，不会因为浪漫或性而离开关系的单身人士。

co-parental divorce　抚育离婚　保罗·博汉农所谓的离婚六站中的第四站：涉及有关子女监护权、子女抚养权、探望权以及每一位父母的持续责任的决定。

co-provider marriages　共同供养婚姻　也被称为双职工婚姻（dual-earner marriages）；夫妻双方都在家庭外有自己的工作。

coercive power　强制权力　一种权力的类型，它是基于一个人的恐惧，即如果他/她没有按照伴侣的意愿去做，就会被伴侣给予惩罚。注意与专家权力、信息权力、合法权力、认同权力、奖励权力比较。

cognitive development theory　认知发展理论　该理论将性别差异归因于儿童随着年龄增长而产生的思考、理解和推理方式的变化，这是个体成熟和社会经验增加的结果。社会学习理论认为儿童和成年人的学习方式是一样的。相比之下，认知发展理论认为我们学习的方式取决于我们的年龄。这一观点基于瑞士心理学家让·皮亚杰（Jean Piaget）1950年和1954年的研究结果，后来劳伦斯·科尔伯格（Lawrence Kohlberg）1966年和1969年的研究进一步强化了该观点。

cohabitation　同居　处于情感关系和性关系中的伴侣，在没有结婚的情况下住在一起。

cohousing　公共住宅　居民拥有或租赁整个社区的一个特定单元，而提倡公共区域则由非营利组织所有。

collaborating style of conflict　合作式冲突　一种处理冲突的方法，指一个人对自身利益和伙伴利益都非常关心。

collaborative divorce　合作离婚　离婚时，一对夫妻和他们的律师签署一份协议，同意在不提起诉讼的情况下解除婚姻关系；如果他们失败了，律师们保证在案件进入法庭之前退出诉讼。

come out　出柜　公开表明自己的同性恋身份。

committed single　承诺型单身人士　与伴侣住在一起并已订婚或已同意对伴侣忠诚的人。

common couple violence　常见的夫妻暴力　伴侣之间因日常分歧而产生的相互间的过度暴力。

common-law marriage　事实婚姻　同居生活的一种安排，在这种生活安排中，男人和女人在一起生活，表现为已婚并在法律上得到承认；通过双方协议或同居事实而存在的婚姻，没有民事或宗教仪式。

commune　公社　一群成年人，可能还包括儿童，生活在一起。

community divorce　社区离婚　保罗·博汉农（Paul Bohannon）所谓的离婚六站中的第五站：夫妻双方都会减少或离开彼此共同的亲戚朋友圈。

community property　共有财产　夫妻在结婚期间积累的财产。

commuter marriage　通勤婚姻　双职工婚姻中，伴侣双方生活在不同的地方，但两人仍保持着对家庭的承诺。

companionate family　伙伴型家庭　斯蒂芬·明茨（Steven Mintz）和苏珊·凯洛格（Susan Kellogg）于1988年提出的一种相对较新的、20世纪初的家庭形式，婚姻应该提供"浪漫、情感成长和性的满足"；妻子不应该再被性所约束；夫妻双方平等分享决定和任务；允许青春期的孩子更大程度地不受父母监督，有更多的自由。

companionate love　友谊之爱　强调与他人的亲密、对他人的爱慕和承诺的爱。

companionate marriage　伴侣型婚姻　以夫妻之间的平等和友谊作为基础的婚姻；朱迪思·沃勒斯坦（Judith Wallerstein）和桑德拉·布莱克斯利（Sandra Blakeslee）1995年所描述的四种"美好婚姻"之一。

competing style of conflict　竞争式冲突　一种处理冲突的方法，使用这种方法的人是独断的、非合作性的，会将冲突视为一场为了获胜而强行采取行动的战争。

compressed workweek　压缩工作周　员工在不到五天的标准八小时或九小时轮班的情况下完成全职工作的工作周期，比如每四天一班，每班十小时。

compromising style of conflict　妥协式冲突　一种处理冲突的方法，在这种方法中，其中一个人是独断的，而另一个人则是合作性的。

computers　超理智型　那些总是假装理性而不流露感情的人，因为他们觉得情绪是危险的。

conflict perspective　冲突观点　一种社会学的方法，认为个体和群体在权力和稀缺资源方面基本上是相互冲突的。

conflict taboo　冲突禁忌　一种社会态度，认为冲突和愤怒是错误的。

conflict-habituated marriage　冲突习惯型婚姻　以持续的紧张和有未解决的冲突为特点的婚姻。

conflict　冲突　当一个人的行为干扰另一个人的行为时产生的互动过程。

consummate love　完美的爱情　当你与伴侣在亲密、

激情和决定 / 承诺处于相同的强度时的状态。

contempt　蔑视　一种让对方感到低人一等或不受欢迎的表达方式。

content analysis　内容分析　对文化产物或各种交流形式进行系统检查，以提取主题数据并得出有关社会生活的结论。

continuous coverage system　连续覆盖系统　父母每天 24 小时对脆弱婴儿负完全责任的情况。

control group　对照组　在一个实验中，没有被研究者引入自变量的参与者。

controlled separation　受控分离　分居夫妻通常在治疗师的办公室（而不是律师的办公室）中进行协商，其最终目的是挽救婚姻；它会签订一份合同或书面承诺，规定时间限制（通常不超过六个月）、生活安排、财务状况以及两人之间的联系。

cooperatives　住房合作社　居民共同分享所有权和责任的住房单元。

coping strategies　应对策略　处理压力、痛苦、恐惧和其他由压力源引起的问题的现实而有用的方法。

coping　应对　改变压力源或改变一个人对压力源的反应。

corporal punishment　体罚　使用武力让孩子经历痛苦而不引发伤害，目的是纠正或控制孩子的某些行为。

courtship　求爱　形成对婚姻承诺的过程。

covenant marriage　契约婚姻　一种反离婚合同，指夫妻双方通过（1）接受婚前咨询，（2）遇到困难时接受婚姻咨询，（3）同意分居两年或有通奸、家暴行为的情况下才离婚，以证明对婚姻的坚定承诺。

crisis　危机　一种特别强烈的压力来源，一种在事件过程中的关键变化，需要人们改变自己的惯常行为模式来加以应对。

critical thinking　批判性思维　清晰的思维，怀疑的思维，积极的思考——积极寻求理解、分析和评估信息，以解决具体问题。

criticism　批评　一种表达方式，对伴侣做出不认同的判断或评价。

cross-cultural studies　跨文化研究　一种研究方式，社会科学家比较不同类型的社会中的家庭生活数据以得出结论。

cross-dressers　易装癖　一种性别的人，通过穿衣、戴假发等方式，使之看起来像是另一种性别的人。

crude divorce rate　粗离婚率　每 1 000 人中每年离婚的人数。

cultural script　文化剧本　一套社会规范，用于指导再婚参与者彼此之间的关系。

cycle of violence　暴力循环　莱诺尔·沃克（Lenore Walker）将暴力的阶段分为（1）紧张局势的上升；（2）升级和冲突爆发；（3）暴力事件后的平静、悔恨和友善。

D

date rape　约会强奸　约会对象之间非自愿的性行为。

dating　约会　为了建立可能的长期排他性关系而与人社交的过程。

deadbeat dads　懒散父亲　不履行法律所要求的赡养子女义务的父亲。

defense mechanisms　防御机制　否认、原谅、掩饰或改变引起焦虑和挫折的行为的无意识方法。

defensiveness　防卫　不是在倾听对方，而是在防备可能的攻击。

demographics　人口统计数据　人口学特征，如家庭规模、结婚率和离婚率、种族和民族。

demography　人口统计学　对人口及人口特征的研究。

denial　否认　拒绝相信会引发焦虑的信息。

dependent variables　因变量　在实验中，受自变量变化影响的因素或行为。

desertion　遗弃　夫妻中的一方放弃婚姻和家庭。

developmental tasks　发展性任务　根据家庭发展的观点，家庭成员在整个生命周期中必须完成的任务——特定角色的期望和责任。

devitalized marriage　失去活力型婚姻　婚姻中的伴侣失去了他们曾经拥有的强烈的情感联结，但出于责任或习惯而在一起。

discouraged workers　丧志工人　放弃找工作而直接退出劳动力市场的人。

discrimination　歧视　针对个人或群体的不公平对待的行为。

displaced homemakers　失去保障的家庭主妇　因离婚或丧偶而失去经济支持的专职家庭主妇。

displacement　置换　将一个人的情感从真正的目标转移到对另一方来说重要但威胁较小的替代物上。

distractors　打岔型　避免透露自己的感受的人，所以他们从不讨论问题，而是转移话题。

distress　痛苦　苦恼困境的影响。

distressor　苦恼困境　作为压力源的负性事件。

divorce hangover　离婚后遗症　已经离婚的夫妻无法接受离婚的事实，无法重新定位自己作为单亲父母的角色，或无法发展新的友谊的病症。

divorce mediation　离婚调解　离婚夫妻与第三方就财产分割、配偶抚养、子女监护和子女抚养等问题达成协议的过程。

divorce-related malicious mother syndrome　离婚相关的恶意母亲综合征　指母亲无理地惩罚前夫，企图使子女与他疏远，使他人（包括律师）恶意攻击他，不让他探望、不让他打电话、不让他参加学校活动和课外活动。

divorce　离婚　有效婚姻的合法解除。

divorcism　离婚信念　认为离婚是有害的信念。

double remarriages　双重再婚　伴侣双方都曾结过婚的婚姻。

double standard　双重标准　男性比女性更能接受婚前或非婚前性行为的标准。

Down syndrome　唐氏综合征　会导致终身智力残疾、发育迟缓和身体残疾等一系列症状的遗传病。

dowry　嫁妆　女方为婚姻带来的金钱、财产或物品。

drag　异装　一种穿异性衣服的倾向。

drug abuse　药物滥用　违反法律限制或出于非医疗原因使用药物。药物依赖与药物滥用的不同之处在于使用者是否在生理上依赖药物。

drugs　毒品　维持正常健康所需的化学物质以外的化学物质。

dual-dwelling duos，DDDs　同心分居　彼此相爱的、幸福的已婚夫妻居住在不同的地方。

dysfunctional family　功能失调家庭　父母对彼此或对其子女表现出消极或破坏性行为的家庭。

E

eating disorders　饮食障碍　厌食症（自我饥饿）和暴食症（暴饮暴食）。

ecological perspective　生态学视角　一种社会学/心理学方法，研究家庭是如何被环境影响以及如何影响环境的。

economic divorce　经济离婚　保罗·博汉农所谓的离婚6站中的第3站：涉及财产的处理。

elder abuse　虐待老人　侵犯老年人的行为——身体攻击、情感侮辱、言语虐待、经济剥削以及使之与朋友隔离。

elope　私奔　离家出走并在远离伴侣双方原生家庭的某个地方结婚。

embryo transfer　胚胎移植　在排卵期间，将不孕女性的男性伴侣的精子放入另一个女性的子宫进行受精的过程。五天后，胚胎将被移植到不孕女性的子宫里，由她孕育胚胎并分娩。

emergency contraception　紧急避孕　也被称为性交后节育、事后避孕药和RU-486；指的是在无保护的阴道性交后，避免女性怀孕的各种方法。

emotional abuse　情感虐待　见下emotional violence。

emotional divorce　情感离婚　保罗·博汉农所谓的离婚6站中的第1站：包括失去感情、信任和对彼此的尊重，而用冷漠或破坏性的情绪取代积极情绪。

emotional neglect　情感忽视　缺乏足够的关心、注意和指导。

emotional violence　情感暴力　也称为情绪虐待（emotional abuse）；引发个体痛苦情绪的语言和心理虐待。

empty-nest syndrome　空巢综合征　孩子离开家后，父母产生抑郁情绪并且幸福感减弱的现象。

endogamy　内部结婚　约会过程中的一个影响因素；是作为过滤器的一种文化期望，在种族、宗教和社会阶层方面，一个人在自己所属社会群体中与其他成员结婚。

engagement　婚约期　从求婚和正式宣布两人计划结婚开始，到结婚（或终止订婚）为止。

equal-distribution states　均分状态　在美国的8个州中，夫妻其中一方在婚内获得的财产均分给丈夫或妻子。在美国的8个州中，任何一方在结婚期间所获得的财产均属于丈夫或妻子。

equality　平等　伴侣地位平等，双方对家务、经济和感情事务负同样责任的情况。

equitable-distribution states　公平分配状态　在美国，法院决定对离婚双方中的任何一方进行公平合理的分配。

equity　公平　意味着伴侣的付出与他们得到的是成正比的。

eros　情欲之爱　根据社会学家约翰·艾伦·李（John Alan Lee）的爱情起源理论，这是爱情的6种基本风格之一：对美貌之爱，其特征是强烈的情感依恋。

ethnicity　民族　区分一个群体和另一个群体的文化特征。注意与种族（race）区别。

ethnocentrism　民族中心主义　一种思维模式；认为自己的祖国、文化、语言、能力和/或行为优于其他文化的信念。

eustress　积极压力　积极压力源的影响。

eustressor　积极压力源　令人产生压力的积极事件。

exit response　离去式回应　对不断恶化的关系的一种回应方式，即直接退出或威胁要退出该关系。

exogamy　外部通婚　约会过程中的一个影响因素；是一种文化期望，即一个人与家族以外的人结婚。

experiment　实验　在严格控制的情况下，对因素或行为进行测量或监控。

experimental group　实验组　在一个实验中，该组参与者会受到研究者所引入的自变量的影响。

experimental research　实验研究　研究人员试图在受控条件下分离单个因素或行为以确定其具体影响的

过程。

expert power　专家权力　基于某人认为其伴侣具有专业知识的权力类型。

expressive role　表达性角色　从结构功能的角度看，女性扮演的是家庭主妇和养育、支持的角色。

extended family　扩展家庭　该家庭不仅包括核心家庭成员，而且包括叔叔阿姨、侄子侄女、堂兄弟姐妹、祖父母和曾祖父母。

external stressors　外部压力源　由家庭之外的人或事引起的压力性事件。

extrafamilial abuse　家庭外虐待　非亲属对儿童的性虐待。

F

familism　家庭主义　工业革命之前，传统家庭作为一个经济单位的决策哲学：做出决策时，对家庭集体的关注要优先于对个体成员的关注。

Family and Medical Leave Act，FMLA　《家庭和医疗休假法》　要求雇用了50名或50名以上工人的美国公司，每年提供给有新生儿或新领养子女、个人患严重疾病或家庭成员患重病的雇员最多12周的无薪假期。

family boundaries　家族边界　关于谁是家庭成员以及允许每名成员参与的程度的规则。

family development perspective　家庭发展观　一种社会学的方法论，建议家庭成员在经历家庭生活周期的各个阶段中完成相应的发展任务。

family household　家庭住户　由两个或两个以上有血缘关系、婚姻关系或领养关系的人们组成的单元，其中一个人是户主，即拥有或租用住所的人。

family life cycle　家庭生活周期　根据家庭发展的观点，家庭成员的角色和关系的变化，在很大程度上取决于他们如何适应育儿责任的出现和消失。

family of procreation　繁衍家庭　也被称为同居家庭，如果一个人结婚并育有子女，则该家庭开始存在。

family systems perspective　家庭系统观点　一种社会学的方法论，认为家庭成员组成了一个有相互联系、构成整体的系统，其中一部分的变化会导致其他部分的改变。

family　家庭　传统上由两个或两个以上有血缘关系、婚姻或领养关系并住在一起的人所组成的单元。

female-demand/male-withdraw pattern　女性提出要求/男性退缩模式　一种持续不断的循环，在该循环中，妻子经常自顾自地表达负面意见，而丈夫则以退缩回避来回应。

feminism　女性主义　认为女性应享有与男子同样的经济、社会和政治权利的观点。

feminist perspective　女性主义视角　一种社会学的观点，认为女性角色的不平等是男性在家庭和社会中占主导地位的结果。

feminization of poverty　女性贫穷化　指由于工作和工资歧视、高离婚率和单亲母亲的身份而导致女性户主贫穷的可能性。

fertility rates　生育率　每年每千名育龄女性生育的人数。

fertility-enhancing drugs　促生育药物　刺激激素产生进而促进排卵的药物。

fertility　可生育性　（1）生物学上的繁殖能力；（2）一个人实际的生育能力。

flexible marriages　弹性婚姻　在婚姻中，夫妻双方会随着时间的推移而改变，并在婚姻关系中各自成长。

flextime　弹性工作时间　时间灵活、弹性的工作时间安排或在工作时间上给人一些可供选择的时间表。

folk concept of the family　民间家庭观念　一种社会态度，强调彼此支持、互相理解、共享快乐和温暖人心的节日仪式。

forced marriage　强迫型婚姻　包办婚姻的一种极端形式，其中的新娘或新郎或两者，被强迫着违背自己的意愿并在胁迫下结婚，这里的胁迫既可能是身体上的压力，也可能是情感上的压力。

formal separation　正式分居　夫妻分居的一种形式，即夫妻双方聘请律师起草一份法律协议，使他们能够分开生活，且具体说明经济、子女监护、子女抚养和探望安排。也叫合法分居（legal separation）。

foster parent　寄养父母　在短时间内，抚养非亲生子女的成年人，但这个孩子未被正式领养。

free-floating single　自由单身人士　可随意约会的单身者。

friendship　友谊　指人与人之间的依恋，也是牢固的恋爱关系的基础。

G

gaslighting　心理控制　伴侣中的一方，可能用讽刺的方式，持续地批判另一方对现实的定义，从而削弱其自尊。

gay　同性恋者　通常指被其他男性吸引的男同性恋者。

gender dysphoria　性别焦虑症　性别认同障碍，指个体对自己出生时的性别和性别角色感到强烈不满的病症。

gender expression　性别表达　指的是一个人如何通过着装、举止或行为来表达自己，而这种行为被社会表征为"男性化"或"女性化"。

gender identity 性别认同 一个人对自己是男性还是女性的心理感觉。

gender nonconforming 性别错位 用于描述那些不认同性别表达或社会期望所期望的性别角色的人。

genderqueer 性别酷儿 描述的是那些性别认同和/或性别表达不符合其所属社会主流规范对相应性别的要求的人,他们超出了传统的性别类型,或者是对某些性别类型的组合。

gender role 性别角色 在特定文化中女性或男性的预期行为。

gender schema theory 性别图式理论 性别差异的一个研究领域,它表明随着儿童的成长,他们形成了一个知识框架,即关于男性和女性通常做什么的性别图式,然后用该框架来解释有关性别的新信息。

gender stereotype 性别刻板印象 认为男女都应具有传统的性别角色特征的信念。

gender 性别 通过社会习得的,与男性或女性有关的态度和行为。

generalized 普遍化 指调查结果的一个术语:调查样本的结果可以说也适用于人口较多的群体。

genogram 家谱图 一份清楚地显示了所有在遗传、情感和法律上组成一个特定家庭的所有人员的图表。

ghosting 闪退 正处于约会中的一个人,在没有明显原因的情况下,迅速退出了这段关系。

glass ceiling 玻璃天花板效应 这是一种阻碍女性和少数族裔晋升到高管职位的无形障碍。

globalization 经济全球化 世界经济趋向于成为一个更加相互依赖的体系。

good-provider role 好供应者角色 传统角色,即男人是家庭的主要或唯一的经济提供者。

green-card marriage 绿卡婚姻 假结婚,移民常通过付出金钱与美国人结婚或假装结婚,其目的是获得一张绿卡,以获取美国永久居留权。

group marriage 群体婚姻 一种婚姻类型,在其中的每一名成员都与所有其他的异性构成结婚关系。

guaranteed child support 有保障的儿童抚养费 法国和瑞典的一种制度,政府向监护父母提供奖励的子女抚养费用。

gunnysacking 麻布袋法 把怨气存起来,或者装进一个假想的袋子里,直到它们溢出来为止。

H

hardiness 意志力 也被称为心理承受力(psychological hardiness);三种人格特质的结合:承诺、控制和挑战,保护我们免受潜在的有害影响,减少我们患病的可能性。

hassles 困难 令人沮丧的刺激物。

Hawthorne effect 霍桑效应 指当研究参与者因为意识到自己正被观察着,而会改变其典型行为的情况。

helicopter parenting 直升机式养育 父母过度介入孩子的生活,包括为他们做重要的决定,解决他们遇到的问题,干预他们面对的矛盾冲突。

heterogamous marriages 异质婚姻 婚姻中伴侣双方的学历、种族、人种、宗教信仰、年龄和社会阶层有显著差异。相对于同质婚姻而言。

heterosexism 异性恋主义 一种思维模式;认为标准家庭是由异性恋者组成的,由男同性恋者或女同性恋者组成的同性家庭并不能被视为真正的家庭。

heterosexual 异性恋者 被异性吸引的个体。

hidden agenda 隐藏议程 在一个混合型家庭中,对每个人应该如何表现的期望,但它们往往并没有被明确地传达出来。

historical studies 历史研究 研究者通过比较人口普查、社会机构或人口统计数据来确定家庭生活变化模式的研究类型。

HIV,human immunodeficiency virus 人类免疫缺陷病毒 这种病毒通过引起各种疾病和免疫系统的崩溃引发艾滋病,从而导致某些感染和癌症的发展。

homemaker role 家庭主妇角色 女性主要负责做家务、抚养孩子和维持与父母和姻亲的家庭联系的传统角色。

homogamous marriages 同质婚姻 具有相似学历、种族、人种、宗教、年龄和社会阶层的伴侣之间的婚姻。相对于异质婚姻而言。

homogamy 门当户对型婚姻 具有相似学历、种族、民族、宗教、年龄和社会阶层的伴侣之间的婚姻。

homophobia 恐同症 也叫反同性恋偏见(anti-gay prejudice);对同性恋和同性恋者持消极态度。

hormones 激素 内分泌腺分泌到血液中的化学物质。男性通常有更多的睾丸激素(由睾丸产生),而女性通常有更多的雌激素和孕激素(由卵巢产生)。这些激素和构成它们的不同的性染色体会产生不同的生理特征,比如男性的面部毛发和女性的乳房。

household 住户 被美国人口普查局定义为共同居住的任何群体。

householder 房主 拥有或出租住宅的人。

househusband 家庭主夫 也称为全职父亲(stay-at-home dad);专职负责家庭事务的男人。

hypothesis 假设 对某一现象的预测或提出的解释。

I

identity bargaining 身份博弈 婚姻的现实迫使夫妻双方调整他们对彼此原来的理想化期望的过程。

immature love　不成熟的爱　充满激情或浪漫的爱情。相对成熟的爱（mature love）而言。

income　收入　一个家庭在一段时间内从各种来源获得的钱的总额。

indentured servants　契约佣人　为支付来到"新世界"的旅费或偿还其他债务而与雇主订立合约，需要工作数年的仆人。

independent adoptions　独立领养　直接在生母和养父母之间安排的领养。

independent variables　自变量　在实验中，可以被研究者控制或操纵的因素或行为。相对于因变量（dependent variables）而言。

individualism　个人主义　后工业化时代的家庭经济哲学：当作出决定时，个人利益要优先于家庭集体利益。注意与家族主义（familism）比较。

induced abortion　人工流产　也叫选择性流产；有目的地终止妊娠。

infant mortality rate　婴儿死亡率　在每 1 000 名活产婴儿中，1 岁之前死亡的儿童人数。

infertility　不孕症　在没有采取避孕措施的情况下，定期性交一年后仍未怀孕，或能怀孕但胎儿无法活产。

infidelity　通奸　也被称为婚外性行为、私通、外遇或欺骗；婚姻不忠通常指的是婚姻或主要关系之外的性接触。

informal separation　非正式分离　夫妻双方非正式地解决经济、子女抚养权、子女抚养费和探望安排的分居类型；没有起草法律文件。

informational power　信息权力　一种有说服力的权力，指一个人被他／她的伴侣说服，认为伴侣想要的也符合自己的最佳利益。注意与强制权力、专家权力、合法权力、认同权力、奖励权力比较。

inhibited sexual desire，ISD　性欲抑制　对性缺乏兴趣，或无法感受到性欲。

instrumental role　工具性角色　从结构 - 功能的角度看，男性扮演的是养家糊口、勤奋、坚韧和富有竞争力的角色。注意与表达性角色比较。

internal stressors　内部压力源　家庭内部的压力事件。

intersexual　双性恋者　也被称为阴阳人；指同时拥有男性和女性的性器官，或者性器官没有明显区别的人，如女性的性器官（阴蒂）类似于男性的性器官（阴茎）。

interviewer bias　访谈者偏见　访谈法的一个缺点，访谈者的先入之见可能会影响其如何提问。

intimacy reduction affairs　减少亲密婚外恋　因为配偶之间的关系过于亲密而感到不自在，从而发展婚外恋情。

intimacy　亲密关系　与有着智力、身体和情感联系的某人之间存在着强烈的喜爱、承诺和分享。

intimate partner violence　亲密伴侣暴力　伴侣中一人对另一人进行身体和／或情感上的虐待，可以是男性或女性，已婚或未婚，异性恋或同性恋，现任或前任。

intrafamilial abuse　家族内虐待　包括继亲属在内的相关人员对儿童进行的性虐待。

intrinsic marriages　内在婚姻　婚姻本身就是有益的、有回报的。

involuntary stable singles　非自愿持续单身者　指想要结婚，但没有找到伴侣，并已开始接受自己单身状态的人。

involuntary temporary singles　非自愿临时单身者　想结婚并积极寻找伴侣的人。

J

jealousy　妒羡　对恋爱关系的真实或想象的威胁，通常持有的不宽容的甚至是敌对的态度。

job sharing　工作分担　两名同事分担一份全职工作。

joint biological–stepfamily　联合再婚家庭　家庭中至少有一个孩子是父母双方的亲生子女，并且至少有一个子女是父母一方的亲生子女和另一方的继子女。

joint custody　共同监护　孩子们的时间在父母双方之间被分配的情况。

joint legal custody　共同法定监护权　共同监护安排，即子女与父母一方共同生活，但父母双方共同决定子女的抚养情况。

joint physical custody　共同生活监护　共同监护安排，即子女与父母双方共同生活，在不同的家庭之间或多或少平等地分配其时间。

K

kin　亲戚　通过血缘、婚姻、再婚或领养等关系而成为的亲属，从祖父母到子侄再到连襟都是。

L

labor force　劳动力　通过出售自身劳动以获取报酬的人。

latchkey child　钥匙儿童　一个学龄儿童，当他／她的父母在工作时，惯常在一天中的一部分时间会一个人在家，处于无人看管的状况。

latent functions　隐性功能　从结构 - 功能的角度来

看，指的是无意识的或非故意的功能。但有着潜在的作用。

learned helplessness　习得性无助　对所遭受挫折的反应：人们认为自己无法控制那些影响着他们的重大事件。

Lee's six styles of love　李的 6 种爱情类型　社会学家约翰·艾伦·李（John Alan Lee）关于爱情起源的理论表明，爱有 6 种基本类型：（1）对美丽和身体的爱，也被称为情欲之爱（eros）；（2）痴迷其中的爱，也被称为狂热之爱（mania）；（3）彼此嬉戏的爱，也被称为游戏之爱（ludus）；（4）互相陪伴的爱，也被称为友谊之爱（storge）；（5）无私付出的爱，也被称为利他之爱（agape）；（6）理性务实的爱，也被称为现实之爱（pragama）。

legal divorce　合法离婚　保罗·博汉农的离婚 6 站中的第 2 站：法庭下令终止婚姻。

legitimate power　合法权力　一种权力类型，一个人的伴侣有权要求其做某事，而其也有义务遵守。

leisure　闲暇　不被工作占用的，可以自由选择令人愉悦的活动时间。

lesbian　女同性恋者　被其他对其有性吸引力的女性吸引的女性。

leveling　平衡　明确、真实且透明地表达自己的感受，尤其是在关系中可能产生冲突或伤害的事情上。

LGBTQ　少数群体　女同性恋（lesbian）、男同性恋（gay）、双性恋（bisexual）、跨性别者（transsexual）和性别酷儿（queer）的缩写。

lifestyle　生活方式　一个人组织与他人相关的自身生活安排的模式。

living apart together couples　分居夫妻　也被称为同心分居（DDDs）；他们是幸福的已婚夫妻，他们对彼此忠诚，但生活在不同的地方。

living wage laws　《生活工资法》　该法规定工资和福利要考虑到该地区的生活成本；需要高于联邦最低工资。

longitudinal studies　纵向研究　一种研究类型，研究人员利用持续多年的问卷或访谈来跟踪先前进行的调研。

love　爱　对另一个人的亲密、关心和承诺。

loyalty response　忠诚式回应　面对不断恶化的关系所做出的被动、建设性的回应；尽管存在某些问题，仍选择和伴侣保持联系，但不尝试去解决这些问题，希望随着时间的推移问题会逐渐消失。

ludus　游戏之爱　根据社会学家约翰·艾伦·李（John Alan Lee）关于爱情起源的理论，爱的 6 种基本类型之一。这种爱主要将性当作一种娱乐，享受与许多伴侣的性活动，而不是专注于一种认真的关系。

M

macro-level orientation　宏观层面理论取向　专注于社会大规模模式的理论；比如结构 - 功能视角和冲突视角。

magical thinking　奇幻思维　对两个接连发生的事件的解释，认为其中一个事件引发了另一个事件，而不考虑是否存在确实的因果关系。

mania　狂热之爱　根据社会学家约翰·艾伦·李（John Alan Lee）的爱情起源理论，爱的 6 种基本类型之一：痴迷之爱，它涉及强烈的性吸引力和情感强度、极度的嫉妒以及狂喜和绝望交替的情绪波动。

manifest functions　显性功能　从结构 - 功能的角度来看，显性功能是开放的、陈述性的和有意识的。

marital rape　婚内强奸　来自配偶的性侵犯。

marital success　婚姻成功度　也称为婚姻质量（marital quality），指通过稳定性、幸福感和灵活性来衡量婚姻的典型特征。

marriage bureaus　婚姻介绍所　提供有偿介绍对象服务的机构。

marriage maintenance affairs　维持婚姻的外遇　可以提供一些婚姻中所缺少的东西的婚外情。

marriage market　婚姻市场　潜在的伴侣比较合格候选对象们的个人、社会和财务资源，然后反复权衡以求其所能获得的最好的对象。

marriage squeeze　婚姻挤压　影响约会的一个因素：一种性别比另一种性别拥有更多的合格婚姻候选人。

marriage　结婚　两人之间的合法结合，在性、社会和经济上彼此联结；随着时间的推移相对稳定；并赋予每名成员某些商定的权利。

martyr parenting style　殉道型养育方式　父母为子女牺牲一切，很少或根本没有对他们采用权威的养育方式。

mating (marriage) gradient　婚配（婚姻）梯度　社会阶层和约会行为的一个方面；指的是在年龄、教育程度和职业成就方面，男性倾向于向下通婚，而女性则倾向于向上通婚。

matriarchal family　母系家庭　母亲掌权的家庭。

matriarchal　母系的　女性主导，女性认同和以女性为中心的。

matrilineal　母系社会制度　家庭 / 亲属关系制度，根据该制度，子女可以通过母亲的血统追溯自己的血统，也许还有权利和财产。

matrilocal residence 从妻居 新婚夫妻与妻子的原生家庭居住在一起的情况。

mature love 成熟之爱 陪伴之爱。相对不成熟的爱而言。

media-sharing websites 媒体共享网站 成员共享照片、视频和音乐等媒体的在线社交网络。

median income 中等收入 收入中点，高于该点的一半人收入较高，低于该点的一半人收入较低。

mental disorders 精神障碍 以适应过程中的崩溃表现出来的精神疾患或病症，主要表现为思想、感觉和行为的异常，因而导致痛苦或功能障碍。

MeToo movement 美国反性骚扰运动 抗议性骚扰和性侵犯的运动。

micro-level orientation 微观层面理论取向 侧重于社会的小规模模式，专注于特定环境中的个人互动；一个例子是符号互动的视角。

miscegenation 种族通婚 白人与另一种族的人结婚或同居。

modeling 模拟 通过模仿他人进行的学习。

modern family 现代家庭 见下 nuclear family。

monogamy 一夫一妻制 一种婚姻或性关系形式，伴侣中的一个人忠诚于另一个人。

mood disorders 情绪障碍 精神障碍，通常表现为长时间或严重的抑郁或躁狂或在这些极端情绪之间的摇摆。

morning sickness 晨吐 怀孕早期（妊娠早期）时，孕妇可能在清晨或一天中的其他时间经常发生的恶心和呕吐。

mutual dependency 相互依赖 分享快乐、想法、笑话和性的欲望。

N

neglect response 忽略式回应 当一个人对这段关系投入不多，不想处理其中的任何问题，并想让这种关系结束时，往往会出现的一种破坏性的回应方式。

neolocal residence 新居 新婚夫妻建立了自己的家庭，而不与新娘或新郎的父母联系的情况。

neonaticide 谋害新生儿 谋杀出生后 24 小时内的婴儿。

net worth 净资产 一个人实际拥有的所有资产（比如财产、股票和保险）的货币价值减去其担负的债务。

no-fault divorce 无过错离婚 合法婚姻的合法解除，在这段婚姻中没有一方被判有罪或有过错；婚姻被宣布为不可继续，并且由于不可调和的分歧而终止。

nonfamily household 非家庭住户 包括（1）独自居住的人或（2）与非亲属（如寄宿者或室友）分享住房的户主。

nonparticipant observation 非参与式观察 研究者观察他们的对象而不与他们互动的研究方法。

nonrepresentative sample 非代表性样本 不是科学上有效的样本，是研究人员根据方便性或可及性而挑选出的人员样本。

nonverbal communication 非语言沟通 以书面语言或口头语言之外的方式传递的信息。

nuclear family 核心家庭 也曾被认为是现代家庭的典范；是指由父亲、母亲和子女组成的家庭（"家庭"的理想化版本）；该词由罗伯特·默多克（Robert Murdock）于 1949 年创造。

nuclear-family model monopoly 核心家庭垄断模式 在这一模式中，初婚家庭被视为家庭的正统模式，而所有其他类型的家庭都被视为有缺陷的替代方案。

O

observational research 观察性研究 研究人员通过在其惯常的环境中观察研究对象，进而收集数据的研究方法。

online dating services 在线约会服务 也称为在线交友网站，提供电子论坛的网站，人们加入这些论坛，希望能结识与自己相配的潜在伴侣。

open courtship system 开放式求爱系统 人们对自己的婚姻有着决定权的社会。

open fields 开放领域 在这样的环境中，人们通常不会进行互动，因此很难结识潜在的伴侣。

open marriage 开放式婚姻 也被称为性开放婚姻（sexually open marriage）；夫妻双方同意对方可以和其他人有情感和性方面的关系——他们既可以一起约会，也可以分别约会——同时仍然保持着婚姻关系。

open-couple single 开放型单身人士 有稳定伴侣的单身者，但这种关系足够开放，使得他 / 她可以与其他人建立浪漫关系或性关系。

opportunity costs 机会成本 为他人付出时间和精力的父母，所牺牲的工资和投资损失。

P

pal parenting style 伙伴型养育风格 也被称为自由放任型养育风格（laissez-faire parenting），父母让孩子设定自己的目标、规则和限制。

parallel style of conflict 平行式冲突 一种处理冲突

的方法，使人们变得不果断、不合作；发生冲突的人完全否认且回避对问题的任何讨论，只希望问题就此消失。

parent alienation syndrome，PAS 父母疏离综合征 一种让孩子们全身心地将父母中的一方视为好，另一方视为坏的困扰。"坏"的一方被憎恨，并被边缘化，而"好"的一方则被理想化，并被孩子们爱着。

parenting coordinator 育儿协调员 由法院指定或离婚双方选定的协助解决与养育子女有关的问题的人士。

participant observation 参与式观察 一种观察性研究，研究人员与他们观察的对象自然互动，但不会表明他们研究人员的身份。

passive-aggression 被动攻击 间接地而不是直接地表达愤怒。

passive-congenial marriage 被动适宜婚姻 在这类婚姻中，夫妻专注于各种活动而不是亲密关系。

patriarchal family 父系家庭 父亲掌权的家庭。

patriarchal terrorism 父系恐怖主义 认为自己必须用任何必要手段控制其女人的男人所实施的暴力行为。

patriarchal 父系的 男性主导，以男性为中心的。

patriarchy 父系社会 权力和权威主要由男人掌握的社会安排。

patrilineal 父系社会制度 家庭/亲属关系制度，根据该制度，子女可以通过父亲的血统追溯自己的血统和财产所有权。

patrilocal residence 从夫居 新婚伴侣与丈夫的原生家庭居住在一起的情况。

peers 同辈群体 在年龄、阶级等方面相仿的人。

permanence 天长地久 伴侣承诺终生在一起。

permissive childrearing 放任型养育 父母温暖且通情达理的养育子女的方法。

permissiveness with affection 有感情放纵 允许男女双方平等地进行婚前或非婚前性行为的标准，前提是他们之间建立了亲密且相当稳定的关系。

permissiveness without affection 无感情放纵 也被称为娱乐性行为（recreational sex），允许男女双方进行婚前或非婚前性行为的标准，无论他们之间的情感状态或关系稳定性如何。

personal marriage agreement 个人婚姻协议 已婚伴侣之间达成的书面协议，规定了他们在关系中的行为：偏好、义务以及需要分担的劳动和任务。

physical violence 身体暴力 也被称为殴打（battering），已经造成或威胁将对身体造成伤害。

placaters 讨好型 消极被动的人，总是迎合奉承，

但却很少行动。

police officer parenting style 警察型养育风格 威权主义和惩罚性的养育方式，父母坚持要求子女遵守规则，并在不遵守规则时予以惩罚。

polyandry 一妻多夫制 一位妻子可以有多位丈夫的婚姻形式。

polygamy 多配偶制 一个人可以有多位配偶的婚姻形式。

polygyny 一夫多妻制 一位丈夫可以有多位妻子的婚姻形式。

population 族群 社会科学家的术语，用来描述他们想研究的任何熟悉的群体。

pornography 色情制品 为引起性兴奋而设计的书籍和电影等。

positive self-talk 积极自我对话 给自己正面的信息，使人们可以从积极的视角看待某种情况。

POSSLQs，People of the Opposite Sex Sharing Living Quarters 同居对象 住在一起的异性。

postmodern family 后现代家庭 相对较新的术语，描述传统家庭以外的家庭形式的巨大变化，包括双核心家庭和重组家庭。

postnuptial agreement 婚后协议 与婚前协议类似，一种由夫妻双方签署的合同，事先规定在离婚或一方死亡时如何分割财产和照顾子女，然而在这种情况下，协议是在双方结婚后制定和签署的。

postpartum blues 产后忧郁 一些女性在分娩后经历的悲伤和焦虑时期。

postpartum depression 产后抑郁 一组与重性抑郁障碍有关的严重的持续性抑郁症状，患者需要专业的医疗人员的帮助；一些女性在分娩后会经历产后抑郁。

postpartum period 产后期 新生儿出生后的 3 个月，需要进行重要的家庭调整和情绪调节。

poverty line 贫困线 美国政府认为个人和家庭维持生计所必需的最低收入水平。

power 权力 把自己的意志强加给别人的能力或潜力，使别人思考、感受或做一些他们通常不会自发地去做的事情。

pragama 现实之爱 根据社会学家约翰·艾伦·李（John Alan Lee）的爱情起源理论，爱的 6 种基本类型之一：现实的爱情，指对潜在伴侣的积极和消极方面进行理性评估的爱情类型。

prejudice 偏见 预先判断，对一个人或一个群体有偏见的态度，通常是消极的。

premature birth 早产 在怀孕后不到 37 周即进行分娩。

prenuptial agreement 婚前协议 婚前夫妻双方签署

的合同，事先规定在离婚或一方死亡时如何分割财产和照顾子女。

principle of least interest 利益最小原则 威拉德·沃勒（Willard Waller）于1951年提出的规则，即对关系最不感兴趣的伴侣一方拥有最大的权力。

private adoptions 私人领养 也叫独立领养（independent adoptions），直接在生母和养父母之间安排的领养。

procreation 生育 繁衍后代或生儿育女。

projection 投射 把不可接受的冲动或特征归因于他人。

pronatalist bias 鼓励生育偏见 认为生孩子是理所当然的文化态度。

propinquity 接近度 影响约会过程中的一个因素，对某个潜在约会对象在距离和时间上的接近程度，会起到过滤器的作用，与在学校、工作场所、教堂或社交网络有交集的人结识会更容易。

prostitution 卖淫 用性服务换取金钱的行为。

protection order 保护令 禁止某人威胁、骚扰或伤害受害者的法庭命令。

psychic divorce 精神离婚 保罗·博汉农所谓的离婚6站中的第6站：经过一段时间的哀悼，一个人在情感上与前伴侣分离，并不再受他/她的影响。

puberty 发育期 在这个时期，个体的第二性特征开始形成，如乳房发育或面部毛发增多。

public adoptions 公众领养 经有执照的机构安排的领养工作，这些机构将儿童安置在相应的寄养家庭中。

Q

quasi-kin 准亲属 配偶的亲属，包括前一段婚姻中配偶的亲属和再婚后配偶的亲属。

queer 酷儿 根据PFLAG①所述，这是一个团体内用语，指的是那些"不愿意认同任何特定标签的人，如性别模糊的双性恋者、性别模糊的异性恋者、不确定的LGBT人群，以及那些只是觉得自己不太符合社会规范并希望就此与团体建立联系的人。"

R

race 种族 一类人群区别于另一类人群的遗传生理特征。

rape 强暴 通过暴力、伤害威胁，或在受害者喝醉或失去意识的情况下，进行的违背其意愿的性侵犯。

rapport talk 关系式交谈 一种交际方式，通常由女性参与，主要目的是建立融洽的亲密关系。

rationalization 合理化 认为其不合逻辑的行为背后的原因是"理性"和"良好"的断言。

raw numbers 原始数据 在离婚统计数据中的结婚和离婚的实际人数，原始数据对概括结婚和离婚没有帮助，因为这些数字都是在同一年之内的。

reaction formation 反向形成 人们表现出的与其真实感受相反的行为。

reactive affairs 反应性事件 伴侣涉及的婚外情，比如中年配偶，希望通过婚外情获得安全感，让自己感到年轻有活力、性生活有激情。

reactive jealousy 反应性嫉妒 当证据显示伴侣在过去、现在或将来会与他人发生关系时产生的嫉妒反应。

redivorce 离婚周期 在第二段或更多段的婚姻中离婚，每段婚姻持续时间的中位数在下降。

referent power 认同权力 一种权力的类型，该权力基于一个人对他/她的配偶的认同和欣赏，并试图通过取悦他/她获得满足。

refined divorce rate 精确离婚率 反映给定年份中每1 000名15岁以上已婚女性离婚人数的占比。

reframing 重构 重新定义一个情境的含义，以此改变人们对该情境的看法。

regression 退化 重新回归到一种更像孩子或青少年状态的行为方式。

relationship market 关系市场 也称为婚姻市场（marriage market），在其中潜在的伴侣比较合格候选对象们的个人、社会和财务资源，然后反复权衡以求其所能获得的最好的对象。

relatives of divorce 离婚亲属 在婚姻期间建立但在离婚后继续存在的亲属关系。

reliability 信度 当同一研究者或其他研究者使用某一种测量方法进行重复测量时，其所得结果相一致的程度。

report talk 报告式交谈 交际方式，通常由男人参与，主要目的是传递信息，并用来达到特定目的。

representative sample 代表性样品 也称为随机抽样（random sample），目标人群中的每个人被纳入样本的机会都相同。

repressed anger 压抑的愤怒 无意识地抑制愤怒情绪，因此愤怒会以其他方式流露出来。

repression 压抑 "动机性遗忘"，无意识地阻挡引发

---

① PFLAG（Parents, Families and Friends of Lesbians and Gays，男女同性恋者的父母、家庭和朋友）是一个促进男同性恋者、女同性恋者、双性恋者和跨性别者及其家人和朋友的健康和福祉的美国组织。

压力的任何事物。

rescue marriage　挽救型婚姻　婚姻建立在一种以治愈为中心的关系之上，朱迪思·沃勒斯坦和桑德拉·布莱克斯利于 1995 年描述的 4 种"美好婚姻"之一。

resilience　心理弹性　在面对逆境、创伤、悲剧、威胁或重大压力源时能够很好地适应的过程；它意味着从困难的经历中"反弹"。

resource theory　资源理论　罗伯特·布拉德（Robert Blood）和唐纳德·沃尔夫（Donald Wolfe）于 1960 年提出的理论，认为婚姻中的权力平衡反映了配偶双方的相对资源。

reward power　奖励权力　一种权力类型，基于一个人的信念，即相信与他 / 她的伴侣达成一致时，会从其伴侣那里得到回报。注意与强制权力、专家权力、合法权力、认同权力、信息权力比较。

role ambiguity　角色模糊　角色期望未知的情况。

role compartmentalization　角色分割　对某人的各种角色在头脑中进行分割，这样与一个角色相关的忧虑，就不会干扰一个人在另一个角色中的情绪和表现。

role conflict　角色冲突　当两个或多个角色的期望不一致时发生的情况。

role overload　角色超载　别人的期望超过了自己能力所能满足的情况。

role　角色　在某一群体或文化中，处于一定社会地位的某个人被期望展现的行为模式，拥有特定身份的人被预期表现出的行为。

romantic love　浪漫之爱　一种强烈且充满激情的爱，一个人相信一见钟情，而且爱能征服一切。

romantic marriage　浪漫型婚姻　建立在激情和持久的性关系上的婚姻，朱迪思·沃勒斯坦和桑德拉·布莱克斯利于 1995 年描述的 4 种"美好婚姻"之一。

S

sample　样本　被研究的群体中的一小部分。

sandwich generation　三明治一代　在照顾孩子和照顾自己年迈的父母之间"夹着"的中年父母。

satiation　习惯化　由于反复接触刺激而不再受刺激影响的情况。

scapegoating　替罪羊　将家庭中每件出错的事，都归咎于某一名特定的家庭成员。

second shift　第二班工作　职业女性下班回家后做家务和照顾孩子的工作。

secondary analysis　二次分析　对其他研究人员收集的数据进行分析。

self-disclosure　自我表露　告诉别人关于自己的详尽的个人信息和自我感受。

self-expansion　自我延伸　一种假设个体通过建立关系来积累知识和经验以促进自身成长和进步的过程。

semi-open adoptions　半开放式领养　亲生父母和养父母交换照片或信件等信息，但不以其他方式进行交流的领养。

separation distress　分居焦虑　分居后的心理状态，包括抑郁、失落、焦虑以及强烈的孤独感。

separation　分居　停止同居；已婚伴侣不再生活在一起的状态。

serial marriage　连续婚姻　也称为连续一夫一妻制（serial monogamy），进入一系列的婚姻关系。

sex ratio　性别比　特定社会群体中男女的比例。

sex role　性别角色　由生物学因素定义的行为。

sex　性　一个人出生时的生物学特征决定了他是男性还是女性。

sexism　性别歧视　基于一个人的性别或一种性别天生比另一种性别优越的信念而进行的不公正歧视。

sexual abuse　性虐待　成年人操纵或胁迫未成年人进行性行为。

sexual addiction　性瘾　也被称为强迫型性行为（compulsive sexual behavior，CSB）；一种对性的强烈关注，使得仅仅和一位情人保持令人满意的性关系变得困难。

sexual assault　性侵犯　强奸的法律术语。

sexual exclusivity　性独占性　伴侣中的每一方承诺只与另一方发生性关系的情况。

sexual fantasy　性幻想　任何性行为的任意心理表征。

sexual harassment　性骚扰　滥用职权将对方不想要的性关注强加给他 / 她。

sexual intercourse　性交　一般指交媾。

sexual orientation　性取向　指一个人的性倾向，如对异性、同性的感觉和性方面的互动。

sexual reassignment surgery　变性手术　也被称为性别再分配手术（gender reassignment surgery）或性别确认手术（gender confirmation surgery），是指改变变性者的外表和其现有的性特征的功能，成为与其所确定的性别相一致的外科手术。

sexual script　性脚本　对一个人如何进行性行为的一系列期望。

sexual values　性价值观　关于什么是对、什么是错，什么是想要的和不想要的性行为的根深蒂固的信念和态度。

sexuality　性欲　性唤起的状态，不仅包括性的生物学方面的因素，而且包括性的心理、社会和文化方面的因素。

sexually transmitted diseases，STDs 性传播疾病 由于性接触而传播的传染病。包括乙型肝炎、疱疹、人乳头状瘤病毒、衣原体、淋病、梅毒和寄生虫感染。

sexually transmitted infections，STIs 性传播感染 任何一种以性接触为特征的感染，可能会痊愈或发展为性传播疾病。

silent treatment 冷暴力 被动攻击性的一种行为，在这种情况下，一个人要么忽视自己的伴侣，要么说一切都很好，同时发出非语言的信号，表明事情并不好。

single remarriages 单一再婚 在此类婚姻中，夫妻双方中只有一方此前结过婚。

single-parent family 单亲家庭 一个或多个孩子与单亲父母中的一方共同生活的家庭。

single 单身人士 无论是异性恋还是同性恋，或两者兼而有之，或者两者都不是，一个从未结婚的、丧偶的或离婚的人。

six stations (processes) of divorce 离婚 6 站 根据保罗·博汉农的心理模型：情感离婚、合法离婚、经济离婚、抚育离婚、社区离婚和精神离婚。

social construct 社会建构 社会创造的社会机制、现象或范畴。

social exchange perspective 社会交换视角 社会学的一种方法，认为人与人之间的互动代表着每个人为了最大化自己的利益和最小化成本所做的努力。

social integration 社会融合 人们彼此之间以及与社区之间的社会纽带的凝聚力和力量。

social learning theory 社会学习理论 性别差异研究领域，认为我们通过与环境的互动来学习态度和行为。

social networking websites 社交网站 允许用户在该站点内创建公共配置文件，并与访问其配置文件的同一站点的其他用户建立关系的网站。

socialization 社会化 人们学习其群体特征的过程，即人们认为适合他们的社会和文化的态度、价值观和行为，以及人们学习作为个人和社会成员生存所需的技能的过程。人们学习其群体特征的过程，被认为适合他们、对他们的社会和文化的态度、价值观和行动的过程；也是人们学习作为个人和社会成员生存所需技能的过程。

sociobiology 社会生物学 性别差异研究领域认为我们的社会行为和性别行为是由生物差异造成的。

sociological imagination 社会学想象力 社会结构和文化对人际交往决定的影响；这是 C. 赖特·米尔斯（C. Wright Mills）于 1959 年提出的概念，即个人的私人或个人麻烦受到不受其控制的社会力量的影响。

sole custody 专有监护权 儿童由父母一方单独负责抚养，而另一方拥有法律规定的探望权的情况。

soul mate 灵魂伴侣 性情相投的两人，彼此是对方最好的朋友、知己和浪漫伴侣。

spanking 打屁股 在没有造成身体伤害的情况下，用张开的手打孩子的屁股。

sperm bank 精子库 储存精子的地方。

sperm donor 精子捐献者 使其精子可用于人工授精的男性。

spillover 溢出 参与生活的某个领域（如工作）对其他领域（如家庭）的影响。

split custody 分割监护权 子女由父母双方分担的监护权安排。

spontaneous abortion 自然流产 也被称为小产；在怀孕的头 20 周内胚胎 / 胎儿从子宫中自然排出。它可能是由于医学、激素、遗传或其他问题引起的。

spousal entitlement 配偶权利 赡养费之外的另一种选择，即不工作的配偶为他 / 她在婚姻中的"投资"获得一种遣散费，以帮助在婚姻中挣钱者的事业。

spousal support 配偶支持 也被称为配偶赡养费（现在通常比赡养费更重要）；法院命令配偶或前配偶在分居或离婚后向另一方支付经济支持费。

stalking 跟踪 恶意追踪、追赶和 / 或骚扰他人。

static marriages 静态婚姻 不随时间的推移而改变的婚姻，不允许配偶改变，依靠合法婚姻的事实来强制配偶执行性独占性和永久性。

status 地位 附属于社会中某一特定地位上的社会等级或威望。

stepism 继亲主义 一种偏见和歧视，认为继亲家庭不如亲生家庭。

stepmother trap 继母陷阱 两种相互冲突的社会观点可能会"诱捕"继母，一方面，继母被认为对继子女有着不自然的爱；另一方面，她却被认为是刻薄、虐待和虚荣的。

sterility 不育症 完全不能怀孕。

sterilization 绝育 通过手术或非手术的方式，中断某人的生殖能力。通常适用于想要永久避孕的人。

stillbirth 死产 胎儿在出生时死亡。

stonewalling 筑墙 拒绝听取伴侣意见的行为，尤指他 / 她的抱怨。

storge 友谊之爱 根据社会学家约翰·艾伦·李（John Alan Lee）的爱情起源理论，爱的 6 种基本类型之一：一种深情的、彼此陪伴的爱，也被称为伙伴之爱。

stratified random sample 分层随机抽样 目标人群的

特定亚组样本，其中每个亚组中的每个人都有相等的机会被纳入研究。

stress 压力 人对不寻常的或实质性的要求，所做出的心理和身体反应。

stressor overload 压力源过载 不相关但无休止的小压力导致一个人或一个家庭士气低下的情况。

stressors 压力源 引起压力的突发事件。

structural-functional perspective 结构－功能主义视角 一种社会学的方法论，认为家庭是为确保社会稳定而履行基本职能的社会机构。

study method 研究方法 由临床从业人员通过访谈、直接观察和记录分析与个人或家庭进行一对一的工作组成。

sublimation 升华 为了掩饰不可接受的行为而形成的社会建设性行为。

substance dependence 物质依赖 药物使用与物质滥用的不同之处在于使用者在生理上对该物质产生依赖。

sudden infant death syndrome，SIDS 婴儿猝死综合征 也称为婴儿暴毙症，看似健康的婴儿在睡觉时突然莫名其妙地死亡。

supervised visitation 监督探望 试图缓解围绕监护权和探望权的紧张关系的一种方式；无监护权的父母只能在第三方（如法院工作人员或社会工作者）在场的情况下探望自己的孩子。

surrogate mother 代孕母亲 同意进行代孕的女性，也被称为妊娠载体（gestational carrier），法律上约定其使用不孕女性男性伴侣的精子进行人工授精。通常情况下，代孕母亲收取一定的费用，然后将孩子生出来，并将其交给与她签约的夫妻。

survey research 调查研究 通过问卷调查或访谈从小型代表性群体（样本）中收集数据，然后用这些数据归纳出对较大群体（总体）有效的结论。

suspicious jealousy 怀疑性嫉妒 当个体没有证据或只有模棱两可的证据就怀疑伴侣与他人有牵连时，所产生的嫉妒。

symbolic interaction perspective 符号互动视角 一种社会学的方法论，关注家庭内部的互动、持续的行动和家庭成员对彼此的反应。从这个角度来看，家庭不被认为是一个标准的结构（就像在结构功能主义中一样），而是家庭成员的创造物。

T

teacher-counselor parenting style 导师型养育风格 父母非常注重引导孩子行为的养育方式。

telecommuting 远程办公 在家工作，同时通过互联网、电话和传真与办公室进行远程通信。

theory 理论 解释过程和事件发生原因的观点或一组陈述。

third-party custody 第三方监护 子女与父母以外的人一起生活的监护安排。

Thomas theorem 托马斯公理 代表符号互动视角的社会学家威廉·托马斯（William Thomas）发表的声明："如果人们将情况定义为真实的，那么其后果就是真实的。"

total marriage 全面婚姻 在这种婚姻中，双方在心理上紧密联系在一起，不是在某些方面，而是在所有方面都参与了对方的生活，而且几乎没有任何冲突。

traditional family 传统家庭 家庭中男人的角色主要是丈夫、父亲和挣钱的人，而女人的角色是妻子、母亲和家庭主妇。

traditional marriage 传统婚姻 丈夫挣钱，妻子照顾家庭和孩子的婚姻，朱迪思·沃勒斯坦和桑德拉·布莱克斯利于1995年描述的4种"美好婚姻"之一。

transgender 跨性别者 对自身性别的感知与其出生时的生理性别不同的人；适用于那些感觉自己既不是男性也不是女性的人，用该词表明自己对性别的感知介于或超过"男性"和"女性"。

transnational marriages 跨国婚姻 夫妻中的一方在某个国家，而另一方（也许还有孩子）在另一个国家的婚姻。

transsexual 跨性别者 有某一性别的生理性别的人，具有另一种性别的身份或自我概念，并通过医疗技术改变为另一种性别。

triangular theory 三元理论 一种关于爱的起源的理论，强调爱的3个重要因素，它们相互影响：亲密、激情和决定／承诺。

two-person single career 双人独立分工 传统的家庭形式，即丈夫在外工作，妻子即使也有工作，还要通过负责家务和抚养子女来帮助丈夫发展事业。

U

uncoupling 分离 经历了一系列的阶段，伴侣——无论是处于已婚还是同居状态，无论是异性伴侣还是同性伴侣——结束了他们关系的。

underemployed workers 未充分就业者 从事低于其资格水平工作的人，或者正在兼职但希望从事全职工作的人。

unemployed workers 失业工人 新进入劳动力市场的人中被解雇（暂时解雇）、裁员（永久解雇）或被开除（因旷工等原因被解雇）的人。

unrequited love 单相思 没有回报、没有回应的爱。

utilitarian marriage　功利婚姻　建立在便利基础上的婚姻。

V

validity　效度　某一种测量方法实际测量其所声称测量的内容而且没有偏差的程度。

values　价值观　关于什么是对的、什么是错的、什么是可取的、什么是不可取的根深蒂固的信念和态度；被认为是极具价值的、非常宝贵的原则和品质。

variable　变量　在实验中可以改变或操纵的因素。

victim shelter　遇难者收容所　不仅提供食物和住宿，还提供其他帮助，如金钱、食品券、咨询、法律、医疗和就业援助的地方。

violence　暴力　对一个人的身体或精神的威胁或伤害。

virginity pledges　童贞誓言　年轻人在保证书中签字，公开保证在结婚前不发生性行为的承诺。

virginity　童贞　没有经历过性交的状态。

visitation schedules　探望时间表　允许非监护父母探望子女的日期和时间。

vital marriage　活力婚姻　在婚姻中，双方在心理上紧密结合在一起，并参与彼此生活的许多方面。

voice response　发声式回应　重视这段关系并投入其中，但感觉到有问题需要进行讨论。

voluntary stable singles　自愿持续单身者　满足于不结婚的人。

voluntary temporary singles　自愿临时单身者　对婚姻持开放态度的人，不过对他们来说，寻找伴侣的优先级低于其他活动，如接受教育、发展职业生涯或进行自我发展。

vow renewals　宣誓续约　双方重复彼此承诺的仪式。

vulnerability　脆弱性　心理上或环境上的困难，使儿童在以后的性格、行为或社会生活中面临更大的风险。

W

wealth　财富　也叫净资产（net worth），指一个人拥有的一切，如财产、股票和保险减去债务后的货币价值。

welfare　福利　政府为那些无法养活自己的人提供的援助。

wheel theory　爱情发展的车轮理论　一种爱情的起源理论，它认为爱情的发展和维持经历了 4 个阶段：（1）契合；（2）自我表露；（3）相互依赖；（4）亲密需求的满足。

widow　寡妇　比丈夫长寿的妻子。

widower　鳏夫　比妻子长寿的丈夫。

women's safehouse　女性安全屋　只有住宿者和收容所工作人员才知道其位置的地方，为受虐待的女性提供临时住所的私人住宅。

women's shelter　女性庇护所　也称为遇难者庇护所（victim shelter），不仅提供食物和住宿，还提供其他帮助，如金钱、食品券、咨询、法律、医疗和就业援助。

Z

zygote intrafallopian transfer，ZIFT　输卵管内合子移植术　受精过程，收集母亲的卵子和父亲的精子，并将其置于实验室培养皿中。接着，在受精一天后，将受精卵放入女性的输卵管中。

参考文献

为了节省纸张、降低图书定价，本书编辑制作了电子版参考文献。用手机扫描下方二维码，即可下载。